三足乌文库
富育光口述满族说部"乌勒本"系列

阿布卡赫赫赐给我金子一样的嘴，
我心里装着的是世界上所有的男人女人，
他们的忧伤、他们的喜怒、他们的情爱、他们的挣扎……
悉数都在我朱伯西的心上。

要宽恕我只有一张嘴，
把千头万绪的生活乱麻，一丝丝、一宗宗捋清楚，
还要靠我巧妙的口舌，一件件讲给您听。

乌勒本：满族民间口述史
朱伯西：满语讲述者

三足乌文库
富育光口述满族说部
"乌勒本"系列

亦失哈秘传

（上）

富育光　口述　绘画
安紫波　记录　整理

学苑出版社

《三足乌文库·富育光口述满族说部"乌勒本"系列》

总　序

富育光

我自幼深受家父满汉语庭训，并长期受阖族长辈古风古俗熏陶，可以说是在"唱根子""说乌勒本""勤黾好求、不堕锐志"的浓厚氛围中长大的，对"说部"有着天然的钟爱深情。我一向认为，唐宋元以来，汉族书场艺术从来蜚声中外，有独到的精髓和特技，很值得各族汲取学习，以繁荣发展日益增长的活跃民族民间文化生活的精神需要。

三年前，适逢巧识年轻的安紫波，他因满族说部"乌勒本"拜识陋舍，谈吐间欣悉他有一段令我欣慰的书场经历，曾入全国闻名评书大家单田芳先生门下受业。紫波酷爱书艺，并有志同我共展满族传统说部重任，真可谓天生有缘，越说越融洽。借国家和省非遗部门录制我为国家级传承人的经历与成就的返回故乡之机，紫波祭祖拜师，成为我满族富察氏十五代"乌勒本"传人。安紫波的入宗，真是天佑我如虎添翼，满族传统说部将会有崭新的雄姿面世。

我虽居耄耋之年，但仍以记忆滔滔、思路敏睿为乐，乐而忘知疲也。从寒冷的冬日到灼热的夏阳，在那一间小小的陋室里，我们师徒说讲乌勒本，克服重重困难，默默前行。集四载之功，我们完竣了满族传统说部"乌勒本"《群芳谱》《亦失哈秘传》《铁担缘》《西离妈妈》《离恨天》等作品，近300万字。

这上述乌勒本，与已经出版的24部满族传统说部从内容到形式完全是一脉相承的，并有所拓展和延续。它们完全忠实于满族世代传承下来的本氏族哈拉所虔诚崇拜的自然神祇、祖先神祇，是对天地的崇拜、对自然的崇拜、对先民也就是对英雄的崇拜，彰显了满族特有的数千年来传袭不衰的"乌勒本"神圣崇拜观念和古风。它们的宗旨与主题依然是对满族清前史、民族边疆史、民族兴衰史、民族英雄史血泪坎坷窘境的系统整理和阐说。它们是满族"乌勒本"民间说部另一不可忘却的重要有机组成部分。在此，我要强调一点，在此次乌勒本说部的出版之际，我们由衷地感谢满族说部前三批主编已逝谷老（吉林省委原副书记谷长春）的热心支持和审校，养病中到我家里，依然仔细认真地提示我："《萨哈连老船王》《兴安野叟传》中故事确实很好，但感到尚有许多你作为讲述人还需深思熟虑的细节，有待发掘、丰富和补充。"另外，我还要感谢吉林省民间文艺家协会主席曹保明先生的热心整理和贡献。

值得强调的是：此次几部满族说部"乌勒本"，潜心总结了以前讲述说部的利与弊，力求动情，力求恸心，力求烙印感，力求启迪力，从内容和形式上都有较大的提升和突破。在讲述整理过程中，一改过去平淡繁琐的语言，更加力求直抒胸臆，把故事讲活、讲透、讲细，力求讲得感人、让人入迷。我们特别吸收了中国传统评书中所蕴含的手眼身法步等一些技法、技巧与心法，力求让乌勒本具有更鲜活的渗透力和生命力，使一段段满族故事更加趣味无穷。另外，在讲述形式上，我们既遵循数百年来讲述传统乌勒本需原汁原味、不造作、配手鼓、彩石等和谐自然讲唱的艺术特点，又在形式和创作上有很多的微妙变化。

如：安紫波在讲述《群芳谱》时，增加了对人物鲜活特征的描述，改变了满族乌勒本讲述时比较死板、单调的状态。比如，对妙手回春长臂猿、一阵风小豆子、爱绅泰等人物的描述，惟妙惟肖、活灵活现。在讲述《亦失哈秘传》时，更显出了安紫波受师传的功底，口才和表演技法倍受赞服。

早年，讲演传统乌勒本靠听众以敬慕神灵的心情来维系秩序，加入了评书声形并茂的技巧后，形象地模仿和表演出了人物内心非常微妙的心理情态变化，让人物情感格外细腻动情，大大增加了乌勒本的魅力。

《离恨天》，是以20世纪70年代我和一些考察者在数次乌拉街民间考察中所获得的"离恨天"口碑资料为母本提炼而成的。1978年秋我到乌拉街一带考察满族民间习俗的蕴藏情况，受到原乌拉街镇镇长关晓彦同志的周到接待。他本人就是满族，是该镇张老村人，著名的"乌拉通"。在他的热心帮助下，我们连续住在该镇一个半月，收获很大。我们先在镇内考察民俗、经济和历史约半个月，后到旧街（原为乌拉部宫城地）住了半个月，又在韩屯和北兰住了半个月，结交了很多好朋友，了解和熟悉了乌拉街和明清以来的乌拉部的兴衰史。"离恨天"，又称"母子恨"或"母子泪"，讲述明代乌拉部部主、满泰女儿阿巴亥可歌可泣的故事和悲怆史。这个故事来源于吉林省乌拉街满族镇，是早年乌拉街民间深受妇孺老幼喜爱传诵的皇妃奇闻。

我与紫波在整理后续的满族乌勒本中，想到了"离恨天"这部遗存，深感应该保存下来。因为无论大小，乌拉镇每一个村屯都知道这段痛史，这个故事因为出在乌拉街，又成了这里的人们感觉很荣耀的一桩往事。说起"离恨天"这个传说，不要忘却乌拉街曾有一群可敬的故事家。他们是乌拉镇旧街村赵文金、燕德林、许明达。

赵文金是满族故事家，住后街，是大队饲养员。他本家祖上就是乌拉部的后人，他聪明好学，当时的乌拉街有个"白花点将台"，他小时候常在白花点将台上玩，当时点将台上有圆通楼，有供娘娘的三霄殿，圆通楼上有许多"吉林三杰"写的楹联，他都能背诵下来。他只读过小学，他的文才是完全自学的。燕德林也是位"乌拉通"，他祖上是山东人，但他生在乌拉街，对乌拉历史通晓，能讲述许多乌拉部的早年故事，而且自己就能创作故事，在当时的吉林省《民间故事》刊物上常有燕德林和赵文金发表的故事，在省内有影响。乌拉街的大秀才许明达，算是乌拉街的著名人物，他是汉族，从小在当地参加"土改",后来参军又回到了故乡,在旧街大队当党支部书记,一直干了30多年,他对乌拉街的建设和文化保护做出了许多贡献。他为了发动群众,自学东北大鼓,嗓音又好,又会编故事,"离恨天"这个词就是他编出来的。他经常用东北大鼓唱《离恨天》,所以当地人都知道阿巴亥,阿巴亥的故事由此传了下来。许明达还有几个战友也是讲述阿巴亥故事的。

另外,北兰的罗汝通、关世英、罗玉林,这三位也是当地著名的故事家,还是秧歌队的领队人。罗汝通在部队当过兵,在北兰当过书记。关世英善讲乌拉部的故事,善讲满泰和布占泰不和的故事。罗玉林是卖豆腐的师傅,自称满族祖上罗关人,土生土长,善讲乌拉部故事。他们几个心心相印,合在一起就把乌拉部的"离恨天"越讲越有意思,越传越远,听说渐渐就讲到了七十里外的吉林市。后来,在吉林省许多地方都听说过"离恨天"的故事,要是溯源的话,都离不开他们几位的功劳。讲"离恨天"的故事,是民间的天才口碑艺术,其中既有历史,又有一些民间传说。我们整理的民间故事《离恨天》就是根据他们讲述的源流复原的。

满族传统说部《西离妈妈》,是继《天宫大战》《乌布西奔妈妈》之后,又一部脍炙人口的满族创世神话长歌"给孙乌春乌勒本"。

《西离妈妈》神话故事主要唱咏的是:藤子女神西离妈妈受阿布卡赫赫之命,速降人间,在长白山率领原始部落兄妹们一起开拓生存领域,与恶魔耶鲁里不断斗争,战胜种种磨难,英勇不屈,最终为长白山氏族繁衍兴旺而献身。其故事情节跌宕起伏,雄浑壮阔,激昂心魄,充满美妙的神话艺术魅力。与《天宫大战》等均属同一时代。

《铁担缘》,特别突出了故事中的"缘情"。主人公既有明朝镇守辽东的名将,又有元末降明的万户太尉讷哈出及其男女护从,还有辽东开原海西女真原住民,人物活动充满着爱、恨和情缘,层层矛盾盘根错节,人物心理活动复杂细腻。它的内容、情节及讲述者的功力,决定着本部故事的成败、吸引力和诱人力,这些都需要讲述者自己反复地深入摸索,这些安紫波都做到了。

此外，本系列乌勒本在结集出版时，第一个特点就是力争做到图文并茂。以图解文、以图释文、以图说文，让读者更加简易地洞察整个历史故事的原貌，看图入境、看图入情。这些做法延续中国宋元以来民众喜闻乐见绣像小说的传统构图技法，尽量仿效学习，继承和弘扬。

第二个特点就是更加注重了说部的"活态"传承与展现，就是以文入史、以形写声，入心抓魂、化语为境。安紫波通过三四年的学习，曾把这门口口相传的说部艺术归纳为四个字：观、看、表、相。我非常同意他的观点。观，就是要善于观察。朱伯西（说书人）不但要学会跳进整个历史故事中去观察，还要学会跳出整个历史故事以外来观察，同时，还应当学会站在第三者的视角来观察。看，就是要看到，不但让讲述者自己能看到，而且力求让受众准确地看到，做到如临其境，如看其人。表，就是表演，表演者要眼中有物、物中有情、情中有神、入情入境、神形交融。相，就是真相。通过"观、看、表"这三个环节，最终让受众感受到整个历史故事的真相所在。

朱伯西（说书人）的讲述是要"抓心"的，讲到人们心里去的，故此，他必须要以心会心、以心交心、以心印心，不能背书，不能背死书，要真正体悟到满族说部的"抓骨、入心、葡萄蔓"的真谛。这五部满族说部乌勒本的"活态"表现技法，有安紫波师承单田芳先生对其传授传统评书的技巧，但它已经有了质的飞跃，绝不是早期评书的复演。它仍然是满族说部的本相和灵魂，绝不是评书化的满族说部，而是满族说部"活态"的传承与发展，是秉承"锤炼天赐金子一样的嘴"的祖训血脉的延续。

总之，上述几部满族说部乌勒本，看点多，形象生动，为讲好中华民族满族民间故事做出了应有的贡献。

2019 年 4 月 28 日于长春

（上）

部分人物介绍

1	第一回 亦氏祖源渊述先贤 门突呼感恩鲁班爷
18	第二回 鲁班爷密授元宝船 黄龙府夺城起波澜
35	第三回 神五子穿越续神谈 小不点探海遇奇缘
51	第四回 小海娃勇闯锡霍特 亦家人扬名功勋传
64	第五回 疯太乙观星紫微垣 元祚帝陨落掳亦囚
79	第六回 元末帝应昌得归宿 紫真人携徒谵孤童
95	第七回 朱国瑞应天登大宝 封功臣降旨藩九子
141	第八回 重兵车护送悄入藩 朱燕王漠北求名匠
156	第九回 紫真人苦盼贵人至 双幻梦梦境已成真
172	第十回 万福山结拜攀皇亲 小豹子降难陷泥潭
188	第十一回 皮货商勇闯三江口 神狗军屡屡显淫威
203	第十二回 蓝大姑奉命结蛮人 苔希哈设计戏罕王

219	第十三回	朱燕王漠北招兵勇	小刘清危难见恩公
235	第十四回	亦失哈获宝成丁礼	紫真人还阳解谜团
251	第十五回	万福山侥幸得生还	神五子探穴得宝卷
269	第十六回	亦失哈称雄制木滑	巴拉特再战三江口
285	第十七回	察尔法终于显真身	紫霞观倾诉奇世缘

（下）

301	第十八回	康大腊选定拧劲子	众族人伐木长白山
318	第十九回	恶河口屡次遇险境	小皮库命丧风门口
335	第二十回	老船工无奈举良贤	亦失哈诚请长命鬼
356	第二十一回	田将军拜师学真经	亦家船精求良心匠
379	第二十二回	新巨船试航屡遇险	明船厂史料留踪影
393	第二十三回	靖难役朱棣登宝殿	亦侯爷入宫勤学礼
406	第二十四回	亦失哈北巡奴儿干	巴拉特心向御膳宴
421	第二十五回	巴拉特私藏奉史官	确船厂拆迁起波澜
436	第二十六回	众功魂祭土贵子沟	请海神二巡奴儿干
451	第二十七回	蓝大姑亡魂驻东海	建永宁千古史流芳
469	第二十八回	善霞姑梦中得神子	扎克善箴言任狂程
485	第二十九回	小雷公拜帅传神技	祭蓝姑倾诉女儿泪
500	第三十回	御膳官情断殉松江	依兰保巧缘拜名师

目 录

514	第三十一回 福康王力荐牛庄港	二十载北巡谱传奇
529	第三十二回 亦侯爷出山镇辽东	微私访躬身察民情
542	第三十三回 依兰保忍辱求侯爷	擅权术王振蛾扑火
557	第三十四回 斗权宦险遭奸人害	二真人闭目参天机
571	第三十五回 小红姑论道袖吞金	贼王振恶报丧黄泉
585	第三十六回 明宪宗重新记功账	宴终散解甲归故里

595	讲述结稿有感
601	后记

606	富育光自述小传
608	安紫波自述小传

部分人物介绍

亦失哈：明代漠北船王、永乐帝钦差太监（乳名"小牛"）

门突呼：亦失哈喇氏始祖

鲁班：班爷爷、班玛发、神匠

完颜阿骨打：金朝开国皇帝

耶律延禧：辽顺宗（追封）耶律浚之子、辽朝最后一位皇帝

完颜娄室：金朝一代名将

完颜雍：金太祖完颜阿骨打之孙、金睿宗完颜宗辅之子、金朝第五位皇帝

吴乞买：金太祖完颜阿骨打四弟、金太宗完颜晟、金朝第二位皇帝

完颜希尹：本名谷神，金朝宰相、女真文字的创制者

海娃：亦失哈第二代神授老船王（乳名"小不点"）

妥懽帖睦尔：孛儿只斤·妥懽帖睦尔，元朝第十一位皇帝、大蒙古国第十五位大汗

紫霞真人：原名"太乙真人"，绰号"疯道婆"

小道童"一心"：紫霞真人的弟子

亦失哈胜责：亦失哈喇氏族主的书童、曾代替族主行事

亦失哈胜晟：亦失哈喇氏少族主、亦失哈的生父

莲花：亦失哈的生母

雅克娜：北巡奴儿干御膳官

朱棣：明太祖朱元璋之四子燕王、明朝第三位皇帝

徐彩凤：魏国公徐达之女、燕王妃、徐皇后

徐达：明朝开国军事统帅、淮西二十四将之一、魏国公

朱元璋：明朝开国皇帝、明太祖

刘伯温：元末明初军事家、政治家、文学家，明朝开国元勋

李善长：明朝开国元勋、中书左丞相、韩国公

马秀英：滁阳王郭子兴的养女、明太祖朱元璋的原配妻子

叶百臣：明朝著名训导史

蓝大姑：徐达的义妹、徐彩凤的奶娘、北巡奴儿干的御膳官

胡惟庸：明朝开国功臣、最后一任中书省丞相、左丞相

纳哈出：大蒙古国开国元勋木华黎的裔孙、元末太尉（开元王）、明朝册封"海西侯"

马云：镇守辽东的大将

康旺：镇守辽东的大将、奴儿干都司同知

石喇铁机：纳哈出心腹

万福山：完颜希尹后裔、福康王

刷彦亦尔哈：万福山之女、骠骑将军刘清之妻

巴拉巴拉特：乞烈迷部落的罕王

苔西哈：尼布赫部落罕王乌勒汉的妹妹、巴拉巴拉特之妻、乞烈迷部落的王妃

多罗罕：诺霍苏苏部落的罕王

乌勒汉：尼布赫部落的罕王

刘清：骠骑将军辽东都司都指挥使，乳名"小豹子"

察尔法：纳哈出之子、宣抚史、翰林院编修

田甸：纳哈出义子、平东巡检步骑军大将军、亦失哈之弟子

吴信：平东巡检步骑军副都指挥使

普兰老爹：长白山猎手

皮库普：普兰老爹的孙子

部分人物介绍

云芝：普兰老爹的孙女

柏星阿：包鲁卡霍通首领

其木尼、其木奇、其木卡：柏星阿的三个儿子

赫思痕妈妈：白山部老罕王

庆海、庆江、庆河：白山部三位行船的老船工

潘胜：完颜图们后裔，行船总舵公，绰号"长命鬼"

丹特尔：乞烈迷部落老首领、奴儿干都司衙门第一任总管

鲍海：都指挥使

程凯：骠骑将军

康福：康旺之子、奴儿干都指挥

火神爷：托阿玛发

霞姑：铁架山下女真人之女、扎克善之生母

扎克善：霞姑之子、御封"雷公"

依兰保：亦失哈的弟子、内宫小太监

朱瞻基：明仁宗朱高炽之长子、明朝第五位皇帝

曹义：辽东总兵官

朱祁镇：明宣宗朱瞻基之长子、明代宗朱祁钰异母兄、明朝第六位和第八位皇帝

王振：双花大太监

也先：瓦剌罕王、太师

白云真人：紫霞真人的师妹、红姑的师父

红姑：刘清之女、白云真人的弟子

王佐：明兵部尚书

于谦：明兵部尚书

石亨：明大将

朱祁钰：明宣宗朱瞻基次子、明英宗朱祁镇异母弟、明朝第七位皇帝

第一回

亦氏祖源渊述先贤
门突呼感恩鲁班爷

人生最喜贵人多，生来何惧背运时。

本书梦生天成文，留下英名千古知。

我们满族说部"乌勒本"开篇这个引子，文辞朴素，但是仔细思忖，颇有意韵，全书总览辽金元明四朝，有点破全豹之妙。

朱伯西我要说的"亦失哈"这部书，真可谓惊天动地，书源甚广。唠起这本书流源中的每段故事，都让人惊叹不已，甚至有时让您啼笑皆非。这么说吧，喜怒哀乐忧恐惊全在这部书里。为什么呢？因为亦失哈这个人物太了不起了，功名伟业、济世北疆。亦失哈的"亦家船"为北方地区的贡献整整延续了一千余年。古语说：独木不成林。亦失哈全书有个书引子，汇成枝繁叶茂的泱泱巨篇。这书头一个引子，就能吸引您听得津津有味，回味无穷，一准儿感到挺新鲜、长见识。

※※※

列位，您可晓得"亦失哈"是啥意思呢？

说起亦失哈，是东夷女真语"松鸦"的意思。在将近大金时代，女真人过着母系氏族部落原始的生活，夏居树屋、冬住地穴，是林中人。选出的部落头领都是能征善战最有智谋又善于率领部落的人，是先天强壮、鹤立鸡群、能号令众部的这么一个人。这些头领最能管家护家，都是女酋长。她们最有权势、最有声望，部落里的男孩、女孩都是女酋长所生，一大铺炕一窝孩子，就是一个部落。

女性当家，只知有其母不知有其父。原始社会中，北方民族尚女轻男。最初始，男孩女孩跟大人同住一个部落，跟随大人狩猎。女孩子由额娘说话算数，在部落里选人定亲；男孩子终要被额娘撵到外部落去，他们狩猎网鱼、自谋生路、自选婚配。萨满敬天敬地，祭礼后由额娘和神示而定部落神圣的名字。这个部落的名字，也可能是狼，也可能是熊，也可能是鹰，也可能是乌鸦……亦失哈的祖先从生下来到有名字，都是额娘给起的。

亦失哈，女真语"松鸦"的意思。那这个松鸦是什么动物？就是住在松树上蹦来蹿去的松鼠子。女真人为什么叫松鼠子为松鸦呢？因为松鼠子非常灵活，在松树枝上蹦蹦跳跳，可以从这棵松树上一跃就跳到另一棵松树上，给人以飞翔的感觉。松鼠子生在松树上、长在松树上，吃松子又保护松塔和松林，还是除松毛虫、防鼠患的大功臣。另外，松鼠子很抱窝，它在松树下打个洞，到了秋天便到松树上采松子。它把腮帮子塞得鼓鼓的，然后钻到洞里，把松子吐出来，保存在洞穴里，等到其他季节再吃。小松鼠是非常有智慧的，非常灵巧。

※※※

亦失哈祖先选"松鸦"做部落的名称，说明他们祖上最先认识松鼠、崇敬松鼠，就是因为他们生活在松林里，吃松林、盖松林、用松林，也最了解松树。松树的种类非常多，有油松、黑松、马尾松、赤松、白松、黄花松、雪松、樟子松，还有罗汉松、白皮松、黄山松、高山松等。亦失哈部落对这些松树了如指掌，与松林有着血浓于水的不解之缘。

另外，亦失哈族人还认识一种拧劲子松。拧劲子松非常有意思，它能全部浸到水里头，在水中不浮出来，它的木质非常沉。造船必须要用木质沉的木头，因为船是要漂在水面上，浪一大，就把整个船给打翻了，所以，拧劲子松对造船来说是非常关键的。它最适合做船的什么呢？桅杆和龙骨！亦失哈部落造船厉害，其中最关键的一项技能就是能够非常清晰地识别出各种造船的松木。这些都是亦失哈族人口口相传的东西，外人怎么能知道呢？这也是后来为什么明朝船王兼钦差大臣"小牛"亦失哈在吉林船厂选址造船，并八次北上奴儿干都司，抚慰漠北诸部，建功北疆的世族情缘。

《亦失哈秘传》太有意思了，您就听我细细道来吧！

这部书最令人感到奇怪和有趣的，是亦失哈的祖源发迹传说。

※※※

说来亦失哈的先祖，早先并没有住在松花江畔，而是居住在萨哈连中游的衣罕窝稽，这个地方就是黑龙江中游的牛满江一带。这事还得从大辽国圣宗耶律隆绪时期说起，按西历来说，也就是公元 984 年，这在东夷来讲，是旧石器中期时代。

衣罕窝稽，女真语是"老牛沟"的意思。那时候的衣罕窝稽，住有十几户女真人，他们过着打猎捕鱼的生活。

就在这个屯里，有个叫门突呼的人。门突呼是女真语，就是傻子、愣头青的意思。这个门突呼，不懂得吃喝玩乐，就知道傻干活。他虽然东西南北都分不出来，但是对道路认得非常清楚。这条道只要他走一次，就会认得清清楚楚。哎，你说这傻人还有这傻本事。

门突呼从小没阿玛没额娘，自己住一个窝棚，一家人满打满算就他这么一个人，平时门突呼见人就知道"嘿嘿"傻笑。这孩子虽然傻，但是为人老实厚道，就知道闷头干活。大家都挺同情他的，这家给碗米、那家给块布，门突呼就是这样吃百家饭、穿百家衣长大的。别看门突呼外表傻乎乎的，但他手脚并不笨，而且还挺灵巧，缝缝补补的针线活他都会，这真是老天爷饿不死瞎家雀儿。衣罕窝稽女真部落的穆昆达（族长）看这个孩子挺好的，不怕吃苦，于是，有活都叫门突呼去干。

"门突呼，这个脏活交给你干吧！"

"哎，嘿嘿，你就瞧好吧。"

"门突呼，这个累活谁都干不了，那就你来干吧，干完了，给你做好吃的。"

第一回　亦氏祖源渊述先贤　门突呼感恩鲁班爷

"哎，嘿嘿，我又有活干喽！我又有饱饭吃喽！"

每次门突呼都是高高兴兴地、蹦蹦跶跶地领活就走了，这让部落里的许多人省了不少的事。

※※※

有一天，这个部落的人捡到一个瞎老太太，女真人从来都是敬老爱幼的。一个族人对部落的穆昆达说："族长，我看这个瞎老太太怪可怜的，既然让我看到了，我也不能看着她被饿死啊，咱们得养啊，我就把她给背回来了。"

穆昆达一想：你的心挺好啊，想法对啊！别人的老人也就是咱们部落的老人，咱们就养着吧，那放哪儿养着呢？

有人提议："让瞎老太太跟门突呼过吧。门突呼是大伙养的，他也没人做伴，一老一少住在一起，也相互有个照应。"

穆昆达心想，养一个也是养，养两个也是养，就让这个瞎老太太跟门突呼住一块吧。于是就说："行吧，就让这一老一少组建一个家吧。"

就这样，有人就把瞎老太太背到门突呼住的地方。

来人告诉门突呼："这个老太太以后就和你一起住了，你得给她做吃的，就像对你亲奶奶一样，听见没有？"

"嘿嘿，听见了。"

"你对老太太要大点声音说话，要不，她听不清楚。"

"知道了。"

说完，门突呼"唪儿"在老太太脸上亲了一口，嘴里还说呢："以后，我门突呼有奶奶喽！"

瞎老太太被感动得够呛，说："我儿子早就没了，我出来是找自己的儿媳妇的。儿媳妇也不知道去哪了，我走错道，不知走了几座山、过了几道岭，也不知道走了多远的路。"

"行了。老太太你以后也别走了，就住这吧，让门突呼给你养老送终。"

"哎，我也不走了，就住这了。"

门突呼傻咧咧地笑着，就跟瞎老太太住到一块了。门突呼不嫌弃瞎老太太脏，也不嫌麻烦，天天给瞎老太太端水端饭，像对待自己的亲奶奶一样，毫无怨言。

日子就这样一天一天过去了，门突呼也在一天天长大。

※※※

当年，衣罕窝稽，是南来的猎人和商人们坐船北上外兴安岭，到北海去打雕、打北极熊、捕鲸的一个中转站，每年每季来到衣罕窝稽的人非常多。来的人不单是当地人，还有许多长城以内的关内人，到鄂伦山来打雕，到北海来采鲸珠。鲸的眼睛非常出名，过去真正的珠子是鲸的眼睛，甚至皇上帽子上戴的明珠就是鲸的眼睛。鲸珠非常明亮，是一个结晶体，太阳一照，会反射出许多光来，所以说它是宝珠。

牛满江北边有一个大岗，有一座高山，高山的下头就是北海，现在地图上叫鄂霍次克海。当时许多人都愿意在衣罕窝稽的牛满江这块儿划船北上，过了大岭以后，下了山就是北海了。

下海捕鱼啊、挖大海蚌啊、采药啊，人们都需要坐船。这样呢，有许多人就希望附近有人帮着做点服务性质的事情，比如，到水的发源地啊、上山怎么走啊、哪条道儿近啊、别走迷路了……另外，万一带的衣服少了、鞋坏了、腿肿了、缺药了，或者饿了，都需要有人给他们帮助，做点饭吃、带路、过江等。

过了那边，还需要爬个高岭，下了岭之后才能入海，入海就得坐船。当时的小船，都是水划子，就是一些小木板钉在一起，像个木排似的，漂在海里。这样呢，凡是到北边来的人都希望在这儿能找到帮手。

许多衣罕窝稽的人都不愿意去做帮手，离家这么远，而且那里又有虎豹狼虫，在山里住着，你以为那么容易嘛！起五更爬半夜的，人家什么时候盼咐你，你就得什么时候走。另外，你什么都得会。人家不会修船，你得会修船；人家不会治病，你得会治病；人家不会做饭，你得会做饭；你还得什么都懂。许多人都不愿意去干，哎，这事自然就落到门突呼身上了。

就这样，每到有人来的时候，门突呼就早晚都住在河口那块，晚上也不回来。提前给瞎老奶奶做几天的饭，蒸些大馒头、烙些大饼什么的，够吃几天的，他就进山了，在山里采些野菜什么的，就这么过日子。

门突呼主要的活，就是给北上的人引路、做饭、修船，爬高山、下北海，帮助他们捕获他们想要的珍稀猎物，然后，还要帮他们安全返回。这些人把珍稀猎物带到关内，就能赚一笔大钱。门突呼这个人，为人忠厚，从来不骗人、不撒谎，从早到晚一心就知道帮人，这也是老天让他积德。

有一段时间，来到牛满江这里的人特别多，门突呼就显得特别的忙，里里外外就他一个人，可把他累坏了，累得后脊梁骨都疼。即使这样，门突呼也不偷懒，不干完活不睡觉。门突呼为了这帮人经常好几夜都没能睡个囫囵觉，北上的人都心急啊。门突呼做事非常细心、尽心，凡是来过的人，没有一个不说他好的。门突呼不在乎这些赞扬，只是一门心思干好大家交代的每一件事。

※※※

有一天，夜深人静，三星出齐，满天星斗。古代女真人是以星定时、以星定位、以星定岁的。书中讲的这"三星"，指的就是依蓝乌西哈，所属参宿东斗星星座，是东升西落的季节星，冬夜测时。三星出齐时就是子夜。门突呼在山中搭的小窝棚里，给北上的人修穿破的鞋和整理被折碎的背夹子。

突然，门突呼住的山窝棚的门"吱扭"一声开了。冷不丁，从外面"呜—呲"吹进来一股冷风，"噗"一下就把门突呼眼前的油灯给吹灭了。门突呼心想：这房门关得好好的，怎么就开了呢？

他起身来到门前，把头探出去，看看窝棚四周没有人，就把门闩死了，反身又来到桌前，把油灯点亮，二次坐下，继续干活。哪承想，一个洪亮的声音突然在门突呼的耳边响起。

"孩子啊，你够勤快的。你好啊，你能不能帮帮我呀？现在，我的乌拉坏了，你能不能给我收拾一下？"

"谁？你是谁啊？"深更半夜的，有人突然说话，可把门突呼吓了一跳。

"噌"，门突呼从凳子上蹦了起来，四下瞰摸了一圈，没有发现有人啊，他的心里有点发毛了，头皮发炸了。这也就是门突呼，不做亏心事不怕鬼叫门啊。门突呼硬着头皮，问："你是人还是鬼啊？你在哪儿呢？我怎么光听到你的声，看不到你的人呢？"

"我就在你跟前儿呢。"

"你、你可别吓唬我，我怎么看不见你呢？"

"你不用看见我。你看到你脚跟前儿的那只鞋没有？"

门突呼一低头，看到自己脚跟前儿有一只熊瞎子爪做的鞋，就在这个皮壳的外边，缝了几个布条就算一只鞋了。现在这只鞋可惨了，前后左右都磨出了几个大洞，鞋子底都快要掉下来了。

门突呼说："这也不是鞋呀！"

"唉！孩子啊，我就穿这个呀。我穿上它，走起路来跟飞似的，几千里的路一天就到。你就给我先缝一下吧。"

"那好吧。你是内补还是外补啊？"

内补是把补丁补到鞋的里面，比较费事，但是穿起来不磨脚。外补就简单了，把补丁直接补到外边，把鞋洞盖住，然后用针线缝好，就算完事。

门突呼感觉对面有一个人对他说："那就内补吧，免得以后穿起来磨脚。"

"那行吧。"

要说不害怕那是假的，但是门突呼还是壮着胆子，找来了几块鹿皮，在鞋洞上比量了几下大小，剪出几块补丁，而后他穿针走线，一针一针缝补起来。哎，缝着缝着，门突呼就把害怕的事给忘了。你还别说，门突呼还真有一手好的针线活。他每个补丁都缝制得非常精细，每一针每一线都排列得非常均匀、密实，一个线花儿压着一个线花儿。

原来这只熊鞋磨出的鞋洞边沿儿都毛毛糙糙的，非常的不规整。门突呼真有耐心法儿，先用剪刀简单处理了一下这些毛边，而后，把这些鞋洞的毛边反窝到鞋里面，左手拿起刚才剪好的补丁，手指先伸到熊鞋里，压住反窝的毛边，再用右手用针尖仔细地挑拨好后，就用均匀密实的针线花儿缝制起来。每个线口之间，大小是非常的一致，还非常受看。一针、两针、三针、四针……也不知道缝了多少针，最后，终于把这只鞋给缝补好了。他拿着鞋前后左右又仔细检查了一遍，实在找不出什么毛病来了，就弯腰把鞋放回到了原处。

就在门突呼刚要抬身的时候，突然，一位白发白胡子、慈眉善目的老人出现在他的面前。这位白发白胡子老人笑着看了看门突呼，说："孩子啊，缝得挺好的，我太谢谢你了。"

大半夜的，冷不丁出现一个人，谁不害怕啊？门突呼的心也是"怦怦"直跳。当他看到这位白发白胡子老人慈眉善目的，不像是坏人，也就稍微好了一点。不过，他说话的声音还是变了，用手指着这位白发老人说："玛发（老爷爷）、玛发，你是怎么进来的啊？"

"哎呀，这风真大啊，我是骑着风来的。"老人家也不客气，二话没说，伸脚就把门突呼刚缝好的鞋给穿上了。他活动活动脚，感觉挺舒服的，没有磨脚的地方，说："孩子啊，你的针线活不错啊，玛发非常满意啊！"

门突呼吃惊地看着这个老人，心说：我怎么不认识你呢？你也不是我们附近的人啊！想哪说哪，门突呼傻呆呆地问："玛发、玛发，我怎么不认识你呢？"

老人爽快地笑着说："你能认识我吗？我是尼堪人（汉人），我住的地方离这儿老远了。我生在周代，鲁国人。"

门突呼揉揉眼睛，再扑棱扑棱脑袋，没想明白，就说："鲁国是啥地方啊？我们这方圆百里也没有一个叫鲁国的呀！"

"孩子啊，鲁国啊就是现在的山东，你日后就会知道的。另外，庙里都有我的像。那个白头发、白眉毛，头上戴着银簪的那个老头，就是我。"

"庙里那个白头发、白眉毛，头上戴着银簪的白发老头？哦，我好像在庙里见过，但是就是想不起来叫什么。"

门突呼曾经帮人在庙里干过活，有人告诉过他，庙里的那个白头发、白眉毛，头上戴着银簪的老头，叫什么什么，是管什么的。但是时间一久，门突呼光知道干活了，哪能记住这事啊！

老人看到门突呼低着个脑袋在那使劲想，还真是那股实在劲儿，就跟他明说了："门突呼啊，我的傻孩子，我实话告诉你吧，我是谁啊，我是鲁班。你叫我鲁爷爷就行了，叫班爷爷也行。"

"还是班爷爷好。班爷爷，我叫起来感觉有劲。"

鲁班笑了笑，也就随他去了。

※※※

门突呼这时根本不知道什么是南方人、什么是北方人、什么是汉人、什么是蒙古人，他只关心对方长什么样、多大岁数、让他干什么活、什么时间干完，其他的他一概不过问。

于是门突呼就问鲁班："班爷爷，那你能告诉我，你多大岁数了？"

"嗨,孩子,说起我的岁数来,我都一千多岁了。你信吗?"

门突呼闻听此言,只是傻呵呵地站在那发愣。鲁班爷怕吓着他,于是上前拍了拍他的肩膀说:"孩子,你现在就不要问了。我看你帮别人干的这些活,都真不错,非常好。你是太勤快、太辛苦了。你看你是又修鞋又修船,又帮人领道又帮人下海,里里外外没有你干不了的。多干好啊!这都是积德行善的事,连我这老头都被你感动了。但是,孩子,你这样干也太笨了。现在,班爷爷问你:你愿不愿意跟我学点儿手艺啊?"

门突呼听说自己能学手艺,当然高兴了,忙说:"班爷爷、班爷爷,你教我学手艺,那太好了。我要是学会其他的手艺,不就能给更多的人干活了吗?班爷爷,嗯!不知道,你要教我什么手艺啊?"

"孩子,看你有没有志气。你是想学小手艺,还是想学大手艺呢?是想学苦手艺,还是想学轻巧一点的手艺呢?这个得需要你自己选。"

"班爷爷,我不怕苦,也不怕累,在我们大山里,山最多,河最多,上山下河都是大活,哪有小活啊!所以,我想学大活。你能教我吗?"

鲁班听了门突呼的话,不由得满意地点点头,笑着说道:"门突呼,我的好孩子,那我就教你大活、大手艺,而且我还教你水上活。"

门突呼傻咧咧的,到此时还不知道眼前的这班爷爷到底有多大能耐呢。他心想:你也就经的事比我多点呗,你再强,能强过我们罕王啊?

鲁班说:"孩子,你看,你用这些小板钉的木筏也不行啊!这么大的大海,你得有船啊,你有船才行啊!"

门突呼说:"我们祖祖辈辈都是这样做的啊!都是用小木板钉的这样的船啊!只要在水上能走就行。"

"这个不行啊!我帮你弄船,我告诉你怎么造更好的船。它不但能在江河里行走,也能在大海里行驶。"

"嘿嘿,那倒挺好。"

门突呼只见鲁班爷爷用手一招,"嗖儿"从窗户外吹进一股风来,而且这股风里还夹带着一个白色发亮的木片。鲁班爷爷轻轻地把这个白色发亮的木片托在手上，又轻轻地对着它，从下往上，"呋"吹了一口气。再看这个木片是越来越大、越来越精美，最后，竟然变成了一个大船的模型。

门突呼清清楚楚地看着这艘大船，它有桅杆、风帆和船桨，门突呼耳边还能听到船工的号子声和划桨发出的声音：哗——哗——哗——哗——

"孩子，想不想到大船里面看看啊？让它也带着咱祖孙俩到北海去逛一圈啊？"

"班爷爷，我太想了，做梦都想。"

"孩子，你抓住我的衣服，无论发生什么事，你都不要害怕。班爷爷带你到大船里看一看，然后，再到北海透透风去。"

门突呼用他那粗壮的大胳膊，"嘭"一下就把鲁班爷的后衣襟给拽住了。他还在自己手上打了一个结，怕衣襟拽秃噜手了。

"拽好没？"

"班爷爷，你就赌好吧。你就是飞到天边，我都掉不下来啊。"

※※※

鲁班带着门突呼身形一转动，"嗖"一下就跳进了这艘大船里。门突呼在大船里可开了眼界了。他看哪里都感到新鲜，摸摸桅杆，拉拉风帆，又用劲划了几下船桨，感觉还不过瘾，就跟着班爷爷来到了大船舵的位置。

"孩子，你站班爷爷旁边，现在班爷爷就带你到北海走一圈，看看你造的船快，还是班爷爷造的船快。"

"哎！"门突呼刚答应了一声，就感觉脚下的大船起航了，而且是越来越快，顺着牛满江，一眨眼的工夫，就到了北海。门突呼对这条路线太熟悉了，今天算是开了眼界了——这艘大宝船简直太快了，耳边带风啊。

到了北海之后，这艘大宝船劈波斩浪，像离弦的箭一样，"唰"，在北海绕了足足一大圈。门突呼觉得还不过瘾，就拉了拉白发老人的衣襟，试探性地问道："玛发、玛发，我能不能驾驶一下？"

"孩子，好啊！"

门突呼上前握住船舵，突然感觉自己像一个大将军一样，威风凛凛。门突呼驾船行驶了一段距离后，老人看了看远处的天空，说："孩子啊，海上要起大风了，咱们今天就玩儿到这吧。以后，等你自己学会了造这大宝船，你再到北海任性地来玩儿吧。"

"嗯！玛发，我听你的。"

"孩子，你把玛发的衣服拽住了。千万别松手。"

"好嘞！玛发，我抓住了。"

门突呼感觉自己"呼啦"一下从高处落了下来。他不由自主地就喊了一声"哎哟额娘啊"，眼睛一闭，心说：坏了，我不是掉海里了吧？门突呼潜意识地用手这么一划拉，就抓住了鲁班的胳膊，抱住就不撒手了。

"孩子，睁开眼吧，到家了。"

"不可能吧？"门突呼睁开眼睛一看，可不是嘛，自己和鲁班面对面坐着，只是自己的双手紧紧地抓住了他的一只胳膊。

"玛发，刚才我不是在做梦吧？"

"孩子，刚才你看到的，都是真的。以后，你也能造那种大船。"

门突呼听完乐了，嘿嘿傻笑着说："我也能造那大船，太好了。我门突呼真是傻人有傻命啊！玛发，你这不是神人吗！"

这时，门突呼也不知道哪来的那股机灵劲了，"扑通"一声就给鲁班跪下了，"咚咚咚"磕了三个响头，嘴里还说呢："玛发啊，你是大神人！你能教我造这种大船，我太喜欢它了。我不怕吃苦，只要你把这些本事教给我，千难万险我都不怕。这玩意儿太有意思了，你现在就开始教吧，我撒泡尿的工夫都等不了了。"

※※※

鲁班看着门突呼求学若渴的这股傻劲，也憋不住乐了，就说："好啊，孩子，你把你的双手伸出来吧。"

"哎，给！"门突呼怕自己的手脏，左右拍了一下，就伸了出来。

只见这位白发老人把自己的双手，往门突呼的两只手上用力这么一压，门突呼感觉自己的这双手像被磁铁牢牢地吸住了。"哎哎哎"，门突呼感觉一股热浪，"唰"一下顺着他的七经八脉快速地传遍了全身，浑身是说不出的那么一种热，滚烫滚烫的，烫得他每一个关节都麻酥酥的，像过电一般。门突呼不由自主地就活动了一下关节，哎，特别的灵巧，而且柔韧性非常强，这真有意思。

然后，也就是一袋烟的工夫，鲁班爷松开了门突呼的双手，让门突呼坐在床上，双手摁住了门突呼的头盖骨，口里是念念有词："阿布卡恩都力，阿布卡恩都力，阿布卡恩都力……"

鲁班爷有口音，所以门突呼听不明白他到底在说些什么，但是，他能感觉到自己的百会穴这块，是"刺刺"地往自己脑袋里不断地注入一股凉气。这股凉气跟刚才那股热浪完全不同，它是润物细无声的、慢慢的，让门突呼感觉到自己的整个大脑像一汪清泉水一样清澈透明。自己以前所经历的许多事，像有一个账本记录似的，一篇儿一篇儿的，是那么的清清楚楚。以前，自己许多不明白的事情，也突然一下子想明白了。

"哎，这是怎么回事啊？"门突呼是百思不得其解。

转眼间，一炷香的工夫就过去了，鲁班爷这才把自己的双手从门突呼的百会穴上收了回来，又掏出一块白色的手绢，擦了擦额头上的汗，安慰地说道："孩子，你整天在这忙活，你家的瞎奶奶还好吗？"

门突呼大吃一惊，忙说："玛发、玛发，你没到过我们屯，你怎么知道

第一回 亦氏祖源渊述先贤 门突呼感恩鲁班爷

我有个瞎奶奶呢？"

"傻孩子，我都一千多岁了，天下的事哪有不知道的啊！你心这么好，我也替你惦记你的瞎奶奶啊。"

有道是：再坚强的人，也会有他脆弱的软肋。你别看门突呼平时半傻半愣的，再苦再累他不怕，但是他就怕别人提起他的这位瞎奶奶。有时门突呼干活累得实在不行，只要别人一说"门突呼，快点干，干完了好回家照顾你的瞎奶奶"，门突呼便不知从哪来的那股邪劲儿，再重的东西，他都能背在身上，健步如飞。

今天，鲁班爷一提起瞎奶奶，门突呼不由得鼻子一酸，"吧嗒"眼泪掉下来了，嘴里还说呢："我门突呼天天住在大山里，让我最挂念的就是瞎奶奶。她眼睛不好使，也看不见东西，我不在她身边，东家给一碗粥，西家给一碗饭，就这么饥一顿饱一顿地活着。我不在她身边，我这瞎奶奶可遭罪了。瞎奶奶，门突呼对不起你啊！呜——"门突呼咧开大嘴这顿哭啊，让白发老人也跟着掉了几滴眼泪。

"傻孩子，你别哭了，你现在就可以回家给她治，她眼睛会好的，你们会团圆在一起的，你们祖孙俩能为大家干不少的活呢。"

门突呼听了鲁班爷的话，立马不哭了，眨巴眨巴眼睛，半信半疑地说："玛发、玛发，你是在做梦吧？我离家一百多里地，我划趟船回家得三天三夜，何况我也没那个能耐来治瞎奶奶的眼睛啊？"

"孩子，凭你这份孝心，孝感动天，我一定会帮你的。你把嘴张开！孩子，这么的，我给你嘴里放个东西，然后你再吹气，这东西对治你瞎奶奶病特别好使。你张嘴！"

门突呼也没多想，就直接把嘴张开了，门突呼的嘴有多大，他就张多大。

鲁班从自己怀里掏出一个小药葫芦，从里面倒出一粒白色的小药丸来，往门突呼的嘴里"嗙儿"一扔，一个凉飕飕的小圆球似的东西就进了门突呼的嘴里。"骨碌"一下，白色的小药丸就被他咽肚子里去了。门突呼感觉自己从肚子里，顺着嗓子眼儿往外冒凉气，甭提多清爽了。

"行了！你可以回家给你瞎老奶奶治病去了。只要你嘴巴对准她的眼睛吹一口气，她就会慢慢地睁开眼睛，看到周边的一切情景的。她肯定会好的，你快走吧。"

这时，门突呼上来那股细心劲了，说："班爷爷，我走了，这些手头的活怎么办呢？"

"去吧！去吧！别耽误时间了，这块有我替你干活呢。"

"好吧！"

※※※

门突呼来到江边，坐上一艘自己做的小威虎（小独木船）上。

这时，鲁班爷也跟了出来，说："门突呼，班爷爷助你一臂之力，你也好快去快回。你坐好了，我可要推船了哟。"

只见鲁班用手这么轻轻往前一推，可不要紧，门突呼就感觉自己耳边生风，"唰"一下就到家了。

门突呼又从小威虎上下来，快步来到自己的门院前。

"奶奶、奶奶，你的门突呼回来了。"门突呼还没进屋，就站在院子外喊上了："奶奶啊奶奶，你的门突呼回来了，咱家可有大好事了。"

瞎奶奶正坐在火炕边上想孙子呢，一听是门突呼的声音，可把她高兴坏了。她摸着火炕边，扶着里屋的门框，急着往外迎自己的孙子："是门突呼吗？我的好孙子，你怎么回来了？让奶奶摸摸，你瘦了吗？是不是把你累坏了？"

"奶奶，你的门突呼没瘦。你看看。"话到人到，门突呼抬脚就进了屋了。门突呼把脸贴过去了，瞎老太太用手摩挲了半天，而后生气地说道：

第一回　亦氏祖源渊述先贤　门突呼感恩鲁班爷

"安班门突呼（意为"最傻的孩子"），谁说你没瘦啊，奶奶都看到了。对了，奶奶还给你留着好吃的呢，这就给你拿去。"

"奶奶啊，门突呼不饿。"

瞎奶奶不听门突呼的劝阻，摸着门框、扶着墙，就摸索到了外屋的灶台前，她从灶台上边的墙上取下了一个篮子，从里面摸出来两块饽饽和几块牛肉，递到了门突呼的面前："好孙子，你快吃吧。这几块肉干，奶奶给你留了好几天了。你吃了长力气。"

"哎，奶奶，我吃。"门突呼一看几块牛肉都成干了，眼泪"唰"下来了。

"好吃不？"

"好吃！"

"好吃，你就全吃了它，奶奶也咬不动了。"

门突呼悄悄地把两块饽饽和几块牛肉重新放回篮子，忙扶着瞎奶奶回屋："奶奶，我今天回来，可是有件大好事啊，咱们回里屋再说吧。"

门突呼扶着瞎奶奶回到里屋的火炕上，等着瞎奶奶坐好了，这才说话："奶奶，我有一件天大的好事。鲁班爷爷教了我许多造船的东西。"

瞎老太太不听则已，一听就不由得长叹一声："安班门突呼，你让我怎么说你才好！"

第二回

鲁班爷密授元宝船
黄龙府夺城起波澜

第二回　鲁班爷密授元宝船　黄龙府夺城起波澜

瞎老太太一听门突呼说鲁班教了他许多造船的东西，就摇了摇头，说："安班门突呼，你不是在说梦话吧？鲁班爷爷那可是造船的始祖啊，他怎么能教你啊？"

"奶奶，是真的，门突呼没有骗你，他真教我好多手艺呢。"

"那你跟他学啥了？说出来让奶奶听听。"

"他说在大海上能造成船，不像咱们这样的。他说我造的船不行。我说老人们讲的，把石头烧红了，抱起来，往木头上钻，钻出个眼儿来，然后再用小铆一钉就行了。我都是听大人们这样讲的，用石头烧出来的眼儿。他说不能这么做。他有凿子，可好看了，还有刨子、推子、小锯。那新鲜玩意儿可多了。"

瞎老太太一听，鲁班爷向自己的孙子门突呼传授造船的技艺，心里可乐坏了，心想：难道是鲁班仙人真的显灵了？那对我们祖孙俩来说，可真是天大的好事。但是，瞎老太太转念一想，又怕门突呼吃亏上当，就问："他给你这些叫凿子、刨子、推子和小锯的东西了吗？"

门突呼一扑棱脑袋，嘿嘿一乐说："他给我一些，我自己也会造了。这些玩意儿特别好造。我用小铁片一造就是了，用起来也很顺手。奶奶呀，这次我回来得太急了，等我下次把它们都带回来，让你也好好看看，也让你高兴高兴。"

"好！奶奶活这么大，还真没见过这些新鲜玩意儿，我也好好看看。"

说到这，门突呼突然一拍自己的大脑袋："哎哟，奶奶啊，我差点把正事给忘了。我这次回来，是专门给你治眼睛的。我怎么把正事给忘了呢？"说到这儿，门突呼"咣咣"给了自己胸口两拳。

瞎奶奶一听治自己的眼睛，刚才替门突呼高兴的心情，一下子就低落下来了。她叹了一口气说："嗨，我都这么大岁数了，能活着就很好了。奶奶的眼睛也都瞎这些年了，也没想它再能看到，就这样维持吧。"

"奶奶，你眼睛能看到多好啊！你的眼睛能看到，也能帮我多干点活，

19

我出去也就放心了。要不然，我出门也总是惦记你。"

"安班门突呼，奶奶何尝不是这么想的呢！可是这眼睛怎么能治好呢？"

"奶奶，今天我这次回来，是给你专门治眼睛的。你把脸扭过来，把眼睛对着我就行。你不要动，我给你吹一口气，你的眼睛就好了。"

瞎奶奶一听门突呼这么说都气乐了："傻孙子，你是在说胡话的吧？天下哪有这么简单的事啊？你这个安班门突呼，我这眼睛已经瞎了半辈子了，我知道你的孝心，天天挂念奶奶，这就够意思了，我老太太哪有那个福分啊！"

门突呼也不给瞎奶奶解释，上来他那股虎劲，趁瞎奶奶说话这工夫，两只手把瞎奶奶的脸捧住，二话没说，对着瞎奶奶的眼睛"呋、呋"吹了两口气。门突呼怕一口气功效不够，又连吹了两口气。也不知门突呼用了多大的劲，直吹得瞎奶奶的眼睛"哗哗"直往下流眼泪。

瞎奶奶一边埋怨自己的傻孙子，一边用衣襟擦着流泪的眼睛："安班门突呼，你也太实在了，什么话都信。你看把奶奶给吹的，眼泪都止不住了。"

门突呼也不管瞎老太太说些什么，反复念叨一句话："阿布卡恩都力！阿布卡恩都力！"

瞎老太太闻听门突呼口中在不断地祈祷天神，就感觉自己的眼前突然一亮，心说：难道我这瞎老太太真的会重见光明不成！

"哎、哎"，瞎奶奶感觉一股热气从自己的丹田直往头顶冲，顿时觉得胸脯发热，太阳穴这块热乎乎的。一会儿，这股热气又从太阳穴这块"唰"一下冲到了两只眼睛上。虽然稍微有那么一点灼痛感，但瞬间就没了。瞎奶奶感觉自己两只眼睛里像多出来一层膜一样，夹在自己的眼皮里面。瞎奶奶眨巴眨巴眼睛，哎？这层膜就慢慢地聚集在了一起，滑到自己的眼角处。瞎奶奶抬起手来，从眼角处慢慢地捏住这层膜露出来的一个小边儿，慢慢往外这么一拽，这层膜竟然出来了。瞎奶奶又把另一只眼睛里的膜拽

第二回 鲁班爷密授元宝船 黄龙府夺城起波澜

了出来。她的两只眼睛的眼泪也不出了,再眨巴眨巴眼睛时,突然发现自己眼前有亮光,而且亮光越来越亮,眼前的物体是越来越清楚。最后,瞎奶奶就看清了站在自己面前的傻孙子门突呼。这下可把老太太高兴坏了。生活了多半辈子,能重见光明,她能不高兴吗!

瞎奶奶这时不瞎了,她摸了摸门突呼的脸,又摸了摸门突呼的肩膀,然后,祖孙二人是抱头痛哭:"我的傻孙子,奶奶终于能看到你了。"

喜悦的泪,再哭也是高兴的。

※※※

祖孙二人哭罢多时,奶奶突然想到了一件事,就擦了擦眼泪,对门突呼说:"孙子啊,咱们高兴是高兴,我现在眼睛能看清东西了,咱可不能忘了救我的大恩人啊。我要见见这个神人。咱们不能忘了这个大恩人。你快背着奶奶,去见见这位神仙,他可是真神啊。咱们得回报人家啊。不管他是神还是鬼,咱们都必须要知恩图报。孩子,你听明白了吗?"

"奶奶,我听你的,这就背着你走。"

门突呼看着奶奶眼睛治好,比奶奶还高兴呢。他半蹲在火炕前,让奶奶趴在自己的后背上,转身出了屋,三步两步就来到江边的小威虎前。把奶奶先放到小威虎里,他坐在前面,拿起一把大桨,用力一撑岸边的一块石头,这只小威虎就离了岸了。

门突呼也不知道哪来的神力,这把大桨让他给抡圆了,是左右开弓,"哗哗哗哗——哧",这只小威虎像一支离弦的箭一样,贴着江面的水在飞行。若是门突呼再用点劲,小威虎就能飞上天。

奶奶在后面坐着,直拍门突呼的后背:"傻孙子,你慢点、慢点。"

"奶奶,现在慢不下来。你看这不到了吗?"

门突呼是回家多快,返回来就有多快。他是划水靠岸,又扶着奶奶登

21

上岸，转身背着奶奶往自己那间窝棚走。

　　这时，鲁班爷也没有闲着，帮着门突呼凿了好几个小威虎，还帮着他做了许多干工匠活用的锛凿斧锯等工具，让门突呼以后能有个替换的家伙什。

　　鲁班爷见门突呼背着奶奶从船上下来了，急忙迎了上去。三人见面后，奶奶和门突呼二话没说就跟鲁班跪下了。奶奶带头给鲁班爷磕了三个响头。

　　鲁班忙把奶奶和门突呼拉起来，说："你们祖孙俩是一对苦难人，神人哪能不相助呢？我跟你们祖孙俩说实话吧，我是天上的木匠神，世人叫我鲁班爷。这次来，我是专门来传授门突呼手艺的，让你学会做木船、做帆船，做世人盼望的大海船。"

　　鲁班爷还拍了拍门突呼的肩膀，语重心长地说："门突呼啊，你学会这些特别的手艺后，心里千万要装着天下，装着像你奶奶这样受苦的人啊。只有这样，你才能万世亨通，基业永恒。"

　　奶奶在一旁听真真的，忙替自己的孙子打保证，说："神人啊，我孙子就是傻点儿，但是他心还是比较实诚的。"

　　"班爷爷，我记住了，我现在就想学。"

　　"今天就算了吧！你一宿也没有好好睡觉，先陪着你奶奶休息一下。天快亮了，我也该走了。咱们从明天晚上开始学。"

　　"班爷爷，那明天晚上你什么时候来呀？我不想让你走……"

　　"安班门突呼，我的孩子，每天三星一出来，我就会来到你这儿的。黎明鸡叫之前，我是必须要走的。你千万要记住，此事只能你们祖孙二人知道就行了。不可轻易外传，免得招来不必要的麻烦。"

　　"班爷爷，我记住了。"

　　鲁班说完，就不见了。这时，屋外突然传来"叽咯咯、叽咯咯、叽咯咯"的声音，这真是鸡叫三遍到天明。

　　白天，奶奶在忙着给门突呼做点饭什么的，门突呼还是照样帮着北上

第二回　鲁班爷密授元宝船　黄龙府夺城起波澜

的人，该带路的带路，该划船的划船。

※※※

简短截说。转眼就到了第二天晚上的三星高照，这时从屋外又吹过来一阵凉风，鲁班又来了。

鲁班爷是真教，门突呼是真学。祖孙二人摽着膀子这一教一学，门突呼造船的手艺可以说是突飞猛进啊！一日不见，如隔三秋，这话形容此时的门突呼一点都不为过。你说：神仙教徒弟，那还能差得了吗？

开始，鲁班爷先手把手教门突呼，他手头的这些船怎么修，这个地方应该怎么怎么补，那个地方应该怎么怎么做……门突呼开始没上道，学得比较慢。但是经过一两天的师父带徒弟，这么一实践，门突呼一下子全明白了，脑袋开窍了。从此之后，只要鲁班爷说一遍，或者做一遍示范，门突呼马上就会了。你说，这玩意儿奇怪不奇怪？鲁班爷又口传心授了门突呼许多修船、造船、行船的秘诀。比如：

　　元宝船、元宝船，
　　浪里飞行滚如球。
　　船行八百不用帆，
　　忘请神仙必玩完。

还有：

　　风信旗子别小气，
　　红蓝两色常换替。
　　瞬息万变紧跟住，

转瞬即失空伤泣。

还有：

舵翁人中仙，全船掌手间。
只缘神技巧，恶浪永安然。
万事求圆融，唯在心投缘。
和舟千朋喜，贵有万家援。
暖船济万户，菩萨心中住。
多求人人乐，积德千载福。
…………

这些造船、行船的秘诀，门突呼也是过耳不忘，而且还能把它们熟烂于心，倒背如流。鲁班爷是看在眼里，喜在心上。

光阴似箭，日月如梭。转瞬半年的时间过去了。这时的门突呼可是非同小可了。他已经学会了满身的能耐，真有点：小马乍行嫌路窄，大鹏展翅恨天低。鲁班爷手捋着胡须在旁边看着门突呼的一招一式，都是非常的满意。

※※※

单说这一天晚上，鲁班爷爷问了问门突呼昨天做的几个大元宝船的模型情况后，点了点头说："孩子，班爷爷把该教你的东西都教给你了，你该学会的也看也学得差不多了，往后啊，你就按照我教的造船、行船的秘诀，慢慢实践就行了。我把所有造船、行船的精华都装到你肚子里去，你还需要一个慢慢消化吸收的过程。班爷爷相信，你只要平时多练多思考，你的

第二回　鲁班爷密授元宝船　黄龙府夺城起波澜

技艺、技能一定会越来越好的，说不定哪一天还超过我呢。现在班爷爷还有其他的事情，以后就不来了。今天，也算咱们祖孙俩一个告别吧。"

一听班爷爷说要走了，门突呼可不干了，咧开大嘴就哭上了："班爷爷，门突呼不让你走。你走了，我想你怎么办啊？呜——"门突呼毕竟还是一个孩子。

门突呼的哭声把屋里的奶奶给吵醒了："门突呼，是不是你又惹班爷爷生气了，哼！你这孩子，能不能让班爷爷省点心啊！"

说着，奶奶披着一件衣服从屋里就出来了。鲁班爷把事情的经过一说，奶奶什么都明白了。虽然她心里也舍不得鲁班爷走，但知道鲁班爷既然说走了，必然有他的道理。于是就说："鲁班爷啊，你是我们祖孙俩的救命恩人，我们一定不会忘记你的。你走后，我们也会天天供着你，天天给你烧香、磕头的。"

鲁班爷说："你们不用供我，我也不需要供。"

"那可不行！你对我们祖孙俩恩重如山，我们哪有不供之礼啊，你现在要走了，我们祖孙俩给你磕头了。"说完，奶奶拉着门突呼跪在地上，"咚咚咚"就磕了三个响头。

"快快请起，快快请起！既然你们有这份诚心，那就这么办吧。你们要是供我的话，就供个松树疙瘩，以后你们行船的时候，挂在船上就行了。"

松树疙瘩就是松结子，就是松树根的大疙瘩。从此，每艘亦家船上，都有一个独特的标志，那就是一个松树疙瘩的神位。时至今天，黑龙江上运行的大船上，仍然保留着供奉一小疙瘩松树根子的，这是亦家船留传下来的习俗。

门突呼此时也不哭了，问："班爷爷，那我以后有事，再找你怎么办呢？"

"孩子，你们以后有事，直接叫我名就行。你就说：鲁班爷，班爷，我给你磕头了。班爷，我的船要开船了。班爷，我遇到风了怎么办？等等。

25

你们这么一说，我就知道了，我就会来帮你们的。"

"嗯，班爷爷，我记住了。"

门突呼说完话，再看鲁班爷的时候，早已不见了踪影。门突呼和奶奶是仰天呼喊，依依不舍。

这时，夜空中"唰"的一声，鲁班爷又显身，飘落在他们的面前，也是恋恋不舍地说道："此次离别，也不知何时才能相见。我还有件事没给你办，你来看！"

说着，鲁班爷用右手拍了自己的左肩，突然一只小鸟"突突突"飞到了他的左肩上。这只小鸟扇着翅膀，冲着门突呼和奶奶是"呱呱、呱呱"叫个不停，好像在对他们祖孙俩问好。

鲁班爷把自己的右手一伸，这只小鸟"突突突"，就落到了他的手心里，是非常的乖巧。鲁班爷对门突呼说："孩子，你可别小瞧这只小鸟，它的岁数跟我差不多。它是'万事通'啊。它跟了我这些年，也有了半仙之体。我走了，就把它送给你们祖孙吧。你如果有许多不明白的事，直接问它就行了。"

"哎，谢谢班爷爷！"门突呼伸手接过这只小鸟。

小鸟非常听话，从门突呼的手上，又蹦到门突呼的肩上，扇着翅膀叫了几声，好像是说：小主人、小主人，以后我就听你的了。

这只小鸟太可爱了，非常有灵性，门突呼爱不释手，摸摸它、亲亲它，别提多喜欢了。这时门突呼才看清楚：这只鸟的头、翅膀和长尾全是蓝色的，小长嘴是黑色的，只有小肚皮儿是灰色的。门突呼看罢，抬头问鲁班爷："班爷爷，这不是小喜鹊吗？我们屯子里就有这种喜鹊。"

鲁班爷笑着说："孩子，你太不长见识了。它是著名的崂山悟雀，我喜欢叫它'五子'。'五子'最聪明了。它不但能识天气、认星辰，而且还通灵性。以后啊，它最能帮你干活了。你有了它以后就有了真朋友、好师傅，从此，它能佑护你一辈子。你们也算是有缘啊。我走了！"

第二回　鲁班爷密授元宝船　黄龙府夺城起波澜

说完，鲁班爷是再次踪迹皆无。

※※※

门突呼和他奶奶依依不舍地送走了神师父鲁班爷。虽然他们相见时间很短，可受益是终生的。门突呼哭跪倒地，伤心的奶奶含着老泪安慰自己的孙儿："快起来吧，起来吧。班爷爷早就升天了，你上哪能看到人家啊！"

这时，门突呼和奶奶就听有声音传来："哎，门突呼和老奶奶，人有感情，神也是有感情的。你们还有什么事？为什么这么离不开我，我已经向你们交代清了，难道还恋着我不成吗？"

这时，门突呼和老奶奶才发现鲁班仍然站在他们身边。门突呼忙抱住鲁班的大腿，说："班爷爷，你我这么有缘，我就破天荒再问一句神仙话，望你真实告诉我，不要骗我。"

鲁班爷笑着说："看你这么诚心，我能骗你吗？我说的话都是箴言，你可能也不懂，不过，不懂就不懂吧。我说了，你记住就行了，它能预见五百年，也管你五百年。说完以后，我就不会总到你这来了，你们好自为之。善哉，诚哉，永哉，恒哉！"

说着，鲁班爷唱念几句。他们祖孙俩似是而非地听完，鲁班已不知去向。

朱伯西我将箴言铭记在心，歌曰：

　　手握阴阳知坤乾，天辅两日一线牵。
　　得意风流人睡云，哀鸿凄凄坐牢监。
　　天祚散宴洪武连，钦蒙圣心拯孤援。
　　紫霞愠暖北漠垣，亦侯世献亘古帆。

各位，读了这八句箴言，可能就对这个亦姓家族五百年的历史有所洞察、惋惜、惊叹了！

鲁班爷走了之后，门突呼更加发奋努力造船。漠北江河纵横，周围各族百姓的生活与经济往来必依舟楫相系。自从门突呼把他精湛的造船技艺传授给大家后，整个漠北是屯屯设渡口、户户有舟船，故水运极其繁忙。各水域均由各地猛安谋克管理。猛安谋克就是一地之长、一地之王，统理所辖江域的人口、物产、法律及纳贡品，按期交付当朝王府等，事务是非常繁多的。

门突呼由于造船技艺超群，开明的辽圣宗耶律隆绪特赐姓"亦失哈"，其部落也以门突呼为荣，改名"亦失哈喇部"，并得到迅速发展壮大。亦失哈门突呼被任命为猛安谋克总头人，掌管着整个漠北江域的舟船航行，成了整个漠北水域名副其实的一代船王。

※※※

辽圣宗耶律隆绪驾崩，辽兴宗耶律宗真继位。耶律宗真在位期间，不仅政治上无法延续其父的盛世，致使国内矛盾逐渐尖锐，而且对外出兵西夏又大败，使得辽朝日渐衰落。重熙二十四年（1055年）七月二十六日，辽兴宗在外出巡幸时身染重病，不久驾崩。

随后，辽道宗耶律洪基即位。他为人昏庸，忠奸莫辨，迷于酒色，因广印佛经和建筑寺塔，劳民伤财，使社会矛盾激化，致使辽国更加衰落。

门突呼作为女真人也深受大辽皇帝的欺压。当得知有奸人谗言，朝廷将要抄家法办他时，他带领亦失哈众族人一夜消失得无影无踪。等到这些进谗言的奸臣反应过来时，马上命令辽兵再去查找亦失哈门突呼所绘的造船宝卷时，已是荡然无存了。大辽国多次派重兵沿江查寻门突呼及其整个亦失哈喇部好几年，皆是杳无音信，这事就被后来的人们束之高阁了。

第二回　鲁班爷密授元宝船　黄龙府夺城起波澜

其实，老船王亦失哈门突呼率领族人东躲西藏了几年后，就病逝了，门突呼的儿子也跟亦失哈部失去了联系。亦失哈部族的大多数人就投奔到了逐渐崛起的女真完颜部。岁月沧桑，从大辽至金元明几代，亦氏家族的祖先有史可查，是从大辽耶律隆绪时代发端，到辽天祚帝耶律延禧天庆四年的这段时间。

凡事皆有成因。从前书吟诵鲁班爷的箴言里，就可看出：后来女真族最终成为辽国的掘墓人，这完全是天赐、神赐，也是被迫害者的顺天而事、顺势而为、顺史而成。

※※※

完颜阿骨打自小就有股反抗的骨气。他与众兄弟相依为命，诚诚恳恳为大辽卖命。天庆初年，阿骨打在孰不可忍的境遇下，就在天祚帝大摆天鹅宴的酒席上，一怒掀翻了桌子，并大喊："我阿骨打在此宣誓，我与大辽决一死战。不夺辽宫，我阿骨打死不瞑目。"

阿骨打的这一举动，让从没有见过疯狂反抗的辽朝官吏目瞪口呆，措手不及。在座的不少天祚帝的护卫都与阿骨打交过手，深知阿骨打是出山老虎、入水蛟龙，从没摔倒过。辽金时代，两国交兵不像中原王朝，用鼓号吹、铜锣响，而是摔跤，用腿和收身压倒对方。阿骨打就是这样，不但赢过天祚帝的侍卫，还压倒过天祚帝。天祚帝欺软怕硬，亲自上前给阿骨打献上热酒，安慰他说："阿骨打，阿骨打，朕知你是喝醉了，朕不怪你。女真人是朕的好兄弟。"

阿骨打并没有被天祚帝软硬兼施的话给蒙蔽。他摔了天祚帝的酒杯，反身出门，骑马回营。阿骨打如此表现，其实早有准备，就是要在这冠冕堂皇的场面上给他一个难看。

辽国确实没有认真准备，而且严重地轻视了阿骨打。

天庆四年（1114年）夏天，阿骨打起兵反辽。天庆五年，阿骨打自命为完颜勃极烈，即金国皇帝，国号为金。辽朝对阿骨打一系列举动惊慌不已，不到三个月，便退到了黄龙府。三月底，阿骨打就攻占了黄龙府。从此，威震一时的北国契丹大辽朝，就此灭亡。

各位，都看过大金国的地图，它完全来自于大辽，并承袭辽朝而得天下。辽朝只重视牧业，以武治武，以军治民，故而国运不长。阿骨打与他的祖先完颜部深刻地总结了辽朝的兴衰，认识到：要长命百年地管理大辽朝的土地，以武以军治乱治民必会适得其反，终归要受到刀枪之苦。所以，阿骨打和他的弟弟吴乞买，也就是金太祖与金太宗，含辛茹苦，拜八方叩八方，辽朝不少官员讥笑阿骨打兄弟：治国真没有出息，只会当土地爷。

从大辽朝头一个皇帝到最末一个皇帝天祚帝，都没把女真人放在眼里，结果，结束天祚之命的恰恰就是女真人阿骨打兄弟。那么，阿骨打兄弟为什么能够赢来大辽的土地呢？

史书记载：辽金以降，北方水运得到突出发展，因此，中原王朝要想治理庞大的北疆，就要安抚和联络好各地猛安谋克首领。朝廷要按时拜访和疏通与各猛安谋克的安抚恩惠关系，赐给铁器、盐和布帛，一一讨好各地头人，这就必须大力发挥舟船之便，随时有水手和向导。朝廷的使者也真够艰辛的。金因辽俗，这种习俗一直沿袭了数百年。

金太祖阿骨打尤重水运，奖励水运，特别是在与辽的争战中，运兵粮、运物资最便利的都是靠水运。金代水运比辽代更发达，金代不忘后方水运设施和匠师培训，因此源源不断地从后方补给财力，迅速打败强大的大辽朝，建立了大金帝国，这才是关键。

金朝，实际上是一个庞大的北方民族的部落联盟和姓氏联盟。金朝分白号和黑号。白号是完颜老金家的亲族人，黑号是完颜老金家的外姓女真人。白号和黑号女真人组成的联盟，一举反辽。

第二回　鲁班爷密授元宝船　黄龙府夺城起波澜

阿骨打身边有许多著名的战将，如完颜宗望、完颜宗必、完颜宗峻、完颜希尹、完颜娄室等等。其中，完颜娄室是完颜宗翰的侄子，著名的女真战神、驰骋东北的著名大将。完颜娄室为什么出名呢？金史里面记载，他善于组织人使船。北方打仗，首先要会使船。在完颜娄室身边有这么几个部落的人，其中一个就是亦失哈喇部落。

※※※

要说起来，老亦家的声名大震，不得不说一下，阿骨打和吴乞买兄弟是怎么战胜黄龙府的！这里面有许多事都是和亦家船王海娃有关系的。

阿骨打收国二年，也就是他坐殿的第二年，此时大金国可谓兵威强盛。大辽朝的兵马，秋风扫落叶是一败涂地。完颜娄室、完颜宗望和完颜雍兄弟三人，齐到太祖阿骨打和太宗吴乞买身边敬酒。几人不约而同高举牛角杯，不约而同地说：夺取黄龙府与诸君共饮耳！

"夺取黄龙府与诸君共饮耳"这句话，正是阿骨打在起兵时说给每个将军的口头禅，它也成了阿骨打的一个誓言。如今，胜利在望，黄龙府明天就要被马踏黄城，大金国的皇帝就要重新占领黄龙府，完颜娄室、完颜宗望和完颜雍三兄弟说出的这句话，是完全代表阿骨打的心里话的。

阿骨打心想：自己苦斗了多年，受过多少屈辱，吃过多少苦，咽过多少泪，安抚了多少金人姊妹！畏根（丈夫）啊查里甘居（妻子），额娘啊阿古雅，奶奶啊兄弟们呀！咬咬牙、挺挺劲，希望在前，盼头快到了。如今，这些声音和呐喊马上就要变成现实，能不令人兴奋和高兴吗！

正在一片欢乐声中，却听到了一种不同的声音："吴乞买啊，你听没听说过这么一句话？"

"什么话？"

"风大闪了舌头。"

"听是听过，但是我真没见过。"

"那你明天就好好见见吧。"

大家这时都瞪眼瞅着完颜雍和吴乞买二人。

脾气暴躁的完颜娄室，气得是挥着拳头要狠揍完颜雍，并大声说："太扫兴了！你能不能说一句吉祥的话呀！你不说话，我们没人把你当哑巴。"

完颜雍这个人心非常细，从来都是遇事不慌，即使火上房了他也从来都不慌忙。他与吴乞买有一种同样的性格，按女真语就叫作"图勒漫"。什么意思呢？就是非常个别。别人说快，他就说慢；别人报喜，他就报忧。但阿骨打非常愿意听他们的不同意见。阿骨打心想：咱攻大辽朝都是顺心不行，我最爱听的是个别的声音，这样的人难求啊！

站在旁边的阿骨打赶紧过来说："兄弟，有啥说啥，谁说都是好话，都不是哑巴。"

阿骨打的话，使场面马上平静下来。

吴乞买举着酒杯说："阿浑德完颜雍，说得有道理。你们想了吗，黄龙府就这么好攻吗？大辽朝用了四十年的军力，天天在修黄龙府，派进去的兵马不下四五万。各位知道，知己知彼百战不殆。黄龙府有鹰兵有熊兵有蛇兵，还有虎豹兵，最令人头疼的是，他们有迷魂阵。不知道用什么做的九桶白烟，只要见到这种白烟就会马困人不醒，九死一生。这些，咱们都想到了吗？怎么对付它们呢？要知道，咱们是鏖战，要夺黄龙府，有你无我、有我无他，瞬息万变！咱们想明白了吗？各位兄弟，现在不是喝酒祝贺、推杯换盏的时候。各位主将，拿出每个人的真本事、真功夫、真能耐吧。"

吴乞买的一席话，不仅打动了阿骨打，且在位饮酒的将领都没了声音，是哑口无言。吴乞买一时成了焦点。上上下下、大大小小，连给各桌送菜、送酒的兵丁们都用敬慕的目光看着吴乞买，并都在默默地思索着吴乞买提出的每一个问题。这个夏日夜晚，金营一场决战前的誓师酒会，被吴乞买

第二回　鲁班爷密授元宝船　黄龙府夺城起波澜

的话改变成了攻伐黄龙府鏖战的反思大会。

阿骨打首先站起来说："诚谢完颜氏先祖的在天之灵，给我们大智慧。贤弟，你倒让我想起来了，咱们还要请能人相助。能人不来，顽敌难倒。"

完颜雍和吴乞买忙问阿骨打："皇上，您说这个能人是谁？"

阿骨打说："刚才贤弟说了这么多事，说到底关键还是九桶白烟的事，这是问题的症结。我大金兵多将广，早已安下了灭大辽的千员大将。我大金现在不是缺勇将，而是缺少巧智。现在看来，咱们要请的这个能人就是智。要请智人，我要在各位兄弟面前表表心意，我要以大金国完颜博吉烈身份亲自出马，亲自去恭请这位世上高人。"

吴乞买听后乐了，便紧握着阿骨打的手说："好皇兄，你此番亲自出面是对的。这才显出我们的诚请之心。"

※※※

说来，凡事并不那么如意，好事多磨嘛！没想到，一个小小的黄龙府竟花费了难以想象的智谋和心思。这是多年来，阿骨打兄弟从没有料到的、摆在面前的棘手的难题。

阿骨打在此番发兵之前，早已派出几路人马。据各路探子回来禀报，黄龙府近一个月来并没有增派兵马，街市内人心安定，市场叫卖声声不断，连剃头匠和唱大鼓的都是日夜繁忙。如果看不到辽兵探寻打更漏哨和斗殴、打架的人，那么根本看不到辽军的兵将，宛如一般闹市。这些异常情况反倒使阿骨打心中称奇：这倒怪了，难道大辽朝不知道火烧眉毛，已到短命日子了吗？没有准备？没有预防？怪了！怪了！

身边的吴乞买说："皇兄，你可不要小瞧延禧，他可是九尾狐狸也难斗的鬼精鬼精的人。兔子不拉屎必有它自己的道道。我们看来要小心才对了。"

站在身边的完颜希尹，那可是智多星，又是完颜部最著名的大萨满。他慢声慢语地说："现在看来，我们不要慌张，要小心应对，大辽朝越这样做，我们的心越要稳。我们如果越急，那耶律延禧这只老狐狸就更高兴了。现在数来数去，还是皇上说得对，我们何不到松阿里江畔敬请一位世外的高人？如果他肯出山，夺取黄龙府可谓信手拈来！"

第三回

神五子穿越续神谈
小不点探海遇奇缘

完颜部最著名的大萨满完颜希尹慢慢地说："我们应该把智人请出山了。我们要当面去拜谒这位高人，听听他的高见。"

这位高人是谁呢？就是隐居在辽北松阿里江畔的一位造船大师。这位大师老迈苍苍，驼背、挂杖、龟行，但仍然精神矍铄。他身边的神雀五子呱呱叫着，让老人喝水、安坐，走一步都帮着探寻深浅。

当众人来到老人身边时，阿骨打自报身份躬身下拜。老人吃惊地望着客人们说："哎呀，是什么神把众位英雄请到敝舍，我感到蓬荜生辉，光彩至极。"

接着，老人似乎像有预见似的，说："老朽我，仅仅是一个造船人，你们现在要想借我之力，我没有这个能耐，你们另请高明吧！"

朱伯西我凭着一张金子一样的嘴，将给大家讲一段神交的故事。

※※※

神雀五子扎扎翅膀，呱呱叫着，点点头，叼着客人阿骨打诸位的衣襟，一个个的，安置在太师椅上。五子忙来忙去，意思是说：请各位稀客，慢慢饮桌案上的香茶。

五子照应着一切，它飞来飞去，呱呱叫着，好像说：我的老主人年纪太大了，我代表他欢迎贵客的到来。你们的心事，我全知道。我有千年的道行。大辽必亡，黄龙府就在你们手里。

这时，阿骨打也通灵了。五子的叫声，他听了并不陌生，反而感觉那么熟悉，一下子就明白了五子的意思，就说："五子师父，我现在不明白，为什么黄龙府还那么样的闹市如常、兵员很稀少，那耶律延禧在耍什么把戏？难道他不怕我们大金朝？人之将死其鸣也哀。如今，我没有看到辽国的悲伤，这究竟是在耍什么花招，敬请五子师父给愚下一个明示。"

五子重又展开双翅，盘旋房梁，然后飞下，落到阿骨打饮茶的案前，

第三回　神五子穿越续神谈　小不点探海遇奇缘

伸着小脖，双翅展开，双脚轻抬，又像舞蹈又像说话，呱呱叫个不停。阿骨打瞪眼瞅着五子，站起身来深深施礼，说："师父、师父！你的叫声，我还没懂得，是说耶律延禧在耍花招呢，还是说他不耍花招呢？师父，据我所知，黄龙府这块有这么一种旧俗。相传黄龙府早年有九条旱龙，平时没有水没有河，可是一到盛夏和晚秋，所有的地方都水草葱绿，小溪纵横。在星光日月映照下，哎呀，那真是一片一望无际的沼泽湿地。也不知道哪来的那么多水，家家到时候，旱鸭子变成水鸭子，不会使船也变得会使船。黄龙府这块太怪了！家家都得备用湿地的船，人人都会船工的活。过去到秋的时候，不是要做许多小舢板吗？这里不光使船，而且到处芦苇丛生、蒲棒如海。河龟、河鳖、河螺、水鸭、老雁，嗬！它们都出世了，一时黄龙府就成为一个飞禽爬虫的世界。人们都说：这是九条旱龙养育的天禽。所以，黄龙府从唐宋以来，就曾建有镇龙的七层响铃古塔。朝朝暮暮，这七层响铃古塔是金铃盈耳、响彻云霄，成为黄龙府的一大天赐仙境。今年可怪了，自我出兵以来，黄龙府是河床干涸、水草枯萎，往年到访的旱龟旱鳖、银螺水鸭都失去了踪影。这一切奇怪的现象，难道是因我大金兵马践踏了七层古塔，镇妖的神仙见怪了不成？果真如此，我乃是大金皇帝，马上收兵，从此不再踏入黄龙府半步。我阿骨打说到做到。如果是天祚延禧必亡之天兆，那黄龙府必是我大金之福地。这样，攻占下黄龙府后，我保证大金兵马不毁黄龙府一砖一瓦、一草一木，所获战利品是物归原主，一切闹市商埠经营如常，而且我还给他们免税赋三年。我阿骨打说话算数，如有违背，神人共诛。五子师父，我提出的这两条，望先师审断：哪个对、哪个错！如果我说的前一条对，你呱呱两声；如杲我说的后一条说准了，你让我保护好七层古塔，让黄龙府年年还是水草丰美、五谷丰登，就麻烦你连叫七声，小王一定遵你神命。"

阿骨打说完，向五子师父拱了拱手。只见小五子，舞动着小翅膀是展翅高飞，围着阿骨打、吴乞买及众将，转了好几圈，都快把众人给转迷糊了，这才停在阿骨打面前，向他点头示意，呱呱、呱呱、呱呱呱，连叫了七声，随后又是一阵的欢叫。接着，它才落到了一直静静地坐在旁边、一声不吭的老人的右边肩膀上。小五子用它那小嘴，轻轻地蹭了蹭老人的脸颊，意思是说：主人，我完成使命了。

紧接着，小五子又双翅一展飞了起来，飞到老人右边衣袖旁，用小嘴叼着老人的袖子，让他站起来，呱呱叫着，意思是让老人和它一起送客。

阿骨打和吴乞买及诸将把这一切看在眼里，记在了心上，似乎都听懂了小五子的话，看明白了小五子的举动，是既高兴，又可乐。只是年迈的老人还愣怔在那里，还没有反应过来。吴乞买笑着，拉起阿骨打的胳膊，说："皇兄啊，人家主人现在都送客了，咱们该走了。"

就这样，阿骨打和吴乞买及众将都谢过老人和五子师父后，转身要返回抗辽大帐。然而，五子又呱呱叫着，展开它的小翅，张着嘴飞到老人身边的护卫面前。这个护卫因长期与小五子接触，早已精通鸟语。只见这名护卫被五子小嘴叼着，来到了客房东炕炕头，炕头上铺的一床锦褥子。小五子呱呱、呱呱连叫四声，护卫立刻明白什么意思，急忙掀开褥子，从锦褥下拿出一张图来。这张图画得挺乱，别人也看不懂。小五子叼着这张图交给了阿骨打。阿骨打打开这张图一看，马上明白了。

这张图是黄龙府的城墙军事结构图。图中间画有高高的一座塔，塔的周围构筑了许多的暗壕和军舍。东南西北有四门，东门有一个"对号"，旁边还站着一个小人，小人肩头上还有一只小鸟，用手标示着从东门进，而后转向南门。在南门处又画了一个大圈，然后，点线从西门出去。阿骨打一看就心中有数了。这明明是叫人从东门进，必须战胜南门那一圈辽兵，然后从西门出来，就占领了整个黄龙府。

阿骨打问五子："五子师父，这个小人是谁啊？他肩头上怎么也有一只鸟呢？"

"海娃、海娃，呱呱！"

第三回　神五子穿越续神谈　小不点探海遇奇缘

阿骨打马上明白了，这位高人的名字叫海娃，另外还有神雀相助，夺取黄龙府指日可待。于是，阿骨打率众人辞别老人和五子，就直接返回了帅府进行攻城前的准备。

※※※

第二天傍晚，帅府门前来了一名青壮男子，口口声声要求面见阿骨打。阿骨打闻听此事后，马上派人把这名青年壮士请进帅府。阿骨打一看这位青年壮士肩头的那只鸟，一下子就乐了，这不是神雀五子吗？此时，神雀五子也是扇着翅膀呱呱向阿骨打问好。阿骨打举手相迎："欢迎海娃巴图鲁和五子师父前来助阵夺城。"

海娃巴图鲁也是拱手相告："久闻陛下大名，海娃今日特为此事专程前来献夺城宝卷密函一册。此乃是我亦失哈先祖《营造巨舰宝卷之施毒防毒秘法》"。

阿骨打接过海娃手中的《营造巨舰宝卷之施毒防毒秘法》，打开仔细一看，心里不由得连连称赞。宝卷上清清楚楚地写着何谓毒烟、毒烟的制作秘诀、防御与破解以及严格的施用戒规，等等。阿骨打把宝卷还给海娃，说："海娃巴图鲁，此次夺城就以您的计策行事。以您之见，我们何时夺城为妙呢？"

"事不宜迟，今日子夜正是天赐良机。"我们应该如此这般这般。

"太好了！就以海娃巴图鲁妙计行动。"

简短截说。阿骨打完全按照海娃巴图鲁的安排，是天神做主，一切都非常顺当，次日凌晨黄龙府就插上了大金国的黄龙旗，黄龙府城的七层古塔是完好无损。后来，黄龙府改名为农安，直到如今。这里年年五谷丰登，人财两旺，难得的风水宝地。

海娃怎么突然现身黄龙府了呢？他手中怎么会有亦失哈喇先祖的宝卷

呢？海娃的出现，自然是神雀五子的功劳，而他手中的宝卷却是他自己努力得来的。

※※※

话说亦失哈门突呼病逝之后，他的儿子带着家眷就与部族分开了，从此彼此之间再也没有音信。

光阴似箭，日月如梭。一转眼五十六年的时间就过去了。此时，在东海边上，锡霍特-阿林东麓一处临海而居的小茅草屋里，住着一对老两口，他们靠着大海为生，为海而活，平时吃的都是海虾、海蟹、海鱼等等，如果捕捞的鱼呀、虾呀吃不了了，他们就在茅草屋旁边搭了一个鱼圈，在里边养着。家里除了老两口外，还有一条黄狗和一只花猫。这个家庭里里外外都算上，就这四口，在一起过日子。

老两口心地非常善良，他们把这大海当成自己的靠山，每天都在海边溜达，清理一些从海中漂来的乱草乱柴，堆在岸上，一是把它们晒干了能生火做饭用，二是让大海永远都保持着碧蓝的样子。如果发现从海上漂来鲸鱼、海狮、海豹或者小兽、小鸟的尸体，他们也都想办法给捞出来，埋在岸边的山岗上。这些动物也算有了一个最终的归宿地。几十年过去了，整个锡霍特阿林东麓海边的山坡上就有一片老两口埋下的无数个鲸鱼与海狮等海中动物的墓葬。

老两口就这样日复一日地守护着大海，小日子过得也算非常的滋润。

俗话说，养儿防老。随着老两口年纪越来越大，他们心里慢慢就有了一个遗憾：膝下没有儿女，将来老了、走不动了，可怎么办啊？

老太太总是埋怨自己，说："老头子啊，就是我这肚子不争气，没能给你生个一男半女的。"

"老婆子，到时你走不动不是还有我吗？我走不动不是还有你吗？"

第三回　神五子穿越续神谈　小不点探海遇奇缘

"唉，但愿如此吧！咱们只有祈求海神帮助了，能让咱们有个儿女，哪怕是一个拇指大的孩子也行啊，不管是男是女，是俊是丑，咱们都会好好地爱他、疼他，只求将来他给咱们送终就行，也是为了咱们生活的这片海更干净继续做些事，也算咱们没白在世上活这么一回啊！"

"吉人自有天相，咱们一心守着大海，会有好的回报的。"

说来也巧，老太太没事就天天念叨，可能是他们的善良与真诚感动了天地与大海。一天晚上，老两口刚熄灯睡下，老太太在睡梦里就觉得从门外传来一个小孩子的呼叫之声，"额娘，额娘，我来了，快开门呐。"

老太太起身披上一件衣服，来到屋门前，把门打开，探出半个身子来一看，门口也没有人啊。"额娘，我在这呢。"

老太太顺声音往下一看，只见门口外的地上，站着一个大拇指大小的一个小胖孩，上身只穿了一件红肚兜，光着小脚丫，正挥动着小胳膊向老太太招手呢。

老太太越看小胖孩儿越高兴。小胖孩儿张开双手一下子就扑进了老太太的怀里。老太太搂着小胖孩儿，乐得都合不上嘴了："我的宝贝孩子，额娘想死你了。"

老太太这高兴得一下子就从梦里醒了过来。她睁眼一看，窗外明亮的月光照进来，海边的小屋很亮堂，老头睡在身边，并没有什么小孩儿。

老太太在梦里听得清清楚楚，看得真真切切的，怎么就是一个梦呢？

"老婆子，刚睡下，你怎么一惊一乍的呢？快睡觉吧。"

"老头子，我梦见一个孩子在门外叫我额娘，还让我给他开门呢。"

"嗨，老婆子，哪有这天大的好事呀？你天天念叨孩子，梦里能不想吗？快睡觉吧。"

哎，世间的事真奇怪，自打老太太做梦之后，没几天的工夫，他就觉得自己的身子越来越重，肚子就像气儿吹得一样，"呼、呼"就大了起来，鼓得也越来越高了。

"老婆子,你是不是真有喜了?"

"老头子,自从我做过一个孩子叫额娘的梦之后,肚子里真的好像是有喜了。"

"太好了,这真是老天爷保佑啊。"

老两口打心眼里高兴,天天到海边给大海叩头拜谢。说起来真是神奇,不过多少天,老太太就真的分娩了。因为老两口独自住在大海边,四周山岩陡峭,没有人烟。老太太肚子一疼起来,顿时把老头子忙坏了,他是站也不是,坐也不是,不知道如何是好。最后,还是老太太刚强,让老头子给自己烧了一锅开水,然后,自己给自己接生。生孩子哪那么容易啊,更何况一个年近七十岁的老太婆要生产呢。这孩子可把老太太给折腾坏了,疼得、累得老太太是筋疲力尽,还是没有顺利生产。这时,老太太累得是口干舌燥,缓了半天气后,强撑着身子,说:"老头子,我太口渴了,浑身一点劲都没有,你能不能给我舀碗海水喝。"

"老婆子,那海水能喝吗?"

"我就想喝口海水,要不然,我身子可能支撑不住了。"

"好!好!好!我这就给你舀碗海水来。"

老头子这时候也没招了,只能顺着老太太,马上到海边舀了一碗海水回来。

你说奇怪不奇怪?老太太只喝了一口东海水,肚子就不疼了,而且很快就生下一个大拇手指大小的男孩,跟她梦里见到的那小男孩长得是一模一样,小鼻子、小眼儿、小胳膊、小腿儿,浑身肉突突,小胳膊、小腿儿还特别有劲,非常招人喜欢。

孩子虽然长得小,但是他声音洪亮,目光锐利,生下来就东看西看,一刻也不闲着,而且还会主动地给老两口"哦、哦"地说话、唠嗑呢,还会笑,可把这老两口给逗坏了。

"老头子,天遂人愿,咱们老两口总算有自己的儿子、自己的骨肉了。

第三回　神五子穿越续神谈　小不点探海遇奇缘

你看给这孩子起个什么名啊？"

"老婆子，我看咱们不如以实为实，就给孩子起名叫'小不点'吧。"

"行！'小不点'就'小不点'，我同意。"

小不点虽小，但他毕竟是老太太身上掉下来的肉。更何况，这孩子如此懂事，这更让这老两口把一切烦闷都抛到九霄云外去了，一天就是个高兴了。

老两口家里的小猫和小狗见多了这么一个孩子，也特别的欢实。老头出去赶海，老太太烧火做饭，小猫和小狗就主动地看护着"小不点"。

※※※

岁月如梭！

一晃小不点都三岁了，但是他个子一点都没有长高，还是大拇手指那么大。老两口为此没少操心，最后也是没办法，只能听天由命了，只要小不点身体健健康康的，比什么都强了。让老两口感到惊奇的是，小不点非常喜欢海水，只要他身上沾些海水，就不生病，不起疖子、疮啥的，所以，老太太就常用海水给小不点擦洗身子，让他高兴，乐呵。

这一天，老头子驾船赶海，一网下去，打上来很多黄花鱼，一堆一堆的，可把老头子乐坏了。一网接着一网，从没有空网的，最后老头把整个小船的鱼仓装得满满的，实在不能再装鱼了，他才慢慢地驾船往回赶。每次赶海，小黄狗都跟着老头子一起出海，返回海边后，小黄狗又是先跑回茅草屋第一个去报信。但是今天，老头打得鱼太多，小船划回来时又赶上退潮，所以，等到老头和小黄狗返回岸边时，天色已经很晚了。

老太太还向往常一样，等着老头回来呢。她是左等不回来，右等不回来，这下可把老太太给急坏了，心说："我右眼皮直跳，是不是有什么不好的兆头？"就在老太太六神无主的时候，远处突然传来了"汪！汪！汪！"

小黄狗的叫声。

小黄狗叫三声是告诉老太太，今儿鱼打得多，是个大丰收。要是一般多，它就叫两声，要是平常，就叫一声。

老太太一听小黄狗连叫了三声，心里顿时乐开花了，赶紧下地，给老头子热些酒菜，让老头子暖暖身子，解解乏，也高兴一下。老头进屋之后，两壶烧酒一下肚，真感觉有些累了。他把碗筷一放，倒到炕上就呼呼大睡起来。剩下的活，全是老太太一个人的了，她撤桌洗碗忙活了半天，不知不觉就到了下半夜，这才给小不点用海水擦身子。可是，擦完身子，小不点还是不愿离开浴盆，还想在浴盆里再玩一会儿。老太太想想也行，"孩子既然不愿意出来，就让他玩一会儿吧。"

也该着出事。老太太忙活半天也是太累了，她想在炕边侧个身休息一会儿，然后再把小不点从浴盆里取出来。可她一躺下身子就睡着了。什么事就怕凑巧，今天小猫、小狗也累了，也在老太太的身边睡着了。

就在这个节骨眼上，老头起夜，等到他迷迷糊糊从屋外回来，借着月光，发现地当央放的大浴盆，心想：老伴太累了，给孩子洗完身子，连洗身子的水都没倒，我给倒了吧。

老头二话没说，迷迷糊糊地端起大木盆，也根本就没注意水盆里有没有小不点，走到门外，来到大海边，"哗"地一下，连小不点和海水都倒入了东海。

小不点开始不知道自己玛发要干什么，等到他明白过来是怎么回事时，一切都晚了。他随着盆里的海水迅速融入大海之中，老头子转身拎着空盆就回到屋里睡觉去了。

再说，小不点被老头倒入大海之后，一个大浪就把他卷进了一个激流之中。小不点是上下翻滚，不知不觉就顺着翻滚的海浪被带入茫茫的大海之中。小不点在一望无际的大海上不但没有害怕，反而是越游越开心，一点都不感觉累。小不点在大海中可能游的时间太长了，正感觉没什么意思

第三回　神五子穿越续神谈　小不点探海遇奇缘

时，忽然间，从头顶打过来一个大浪，一下子把他卷入到海底的一个金碧辉煌的海神殿里。只见这个海神殿里面，到处都是金光闪闪的稀世珍宝。小不点算是开了眼界，他随着一群身穿着各式美丽衣裙的众鱼神也悄悄地进了这座海神殿的内宫。这座海神殿的内宫更是金光夺目，到处都陈放着海中各种各样的宝器，让人目不暇接。

就在这时，小不点突然听见一座石柱后面的几个银棱鱼神正在说悄悄话："今儿个，咱们海神的三个女儿都来了，她们正在宫中议事呢。咱们可要小心侍候着，千万别惹出什么乱子来。否则，咱们可是吃不了也得兜着走。"

众小银棱鱼神们听后，也都是频频点头称是。

小不点隔着石柱，心想：海神的三个女儿在宫中商议什么重要的事呢，我倒要听听她们具体在说些什么。对，就这么办。

于是，小不点就悄悄地尾随着众小银棱鱼神们进入到这座海神殿内宫中的内宫。然后，他闪身形先隐藏在一座珊瑚礁的后面，定睛观瞧。只见一只大龟神正对众侍者说："大家不要喧哗。到海神身边，都要恪守规矩，绝不可偷听三姊妹女神传讲机密大事，没有她们的命令也绝不能放任何一个人进入内室。"

"是。"

小不点趁龟神正在训话的这个机会，就偷偷地先进入了海神殿内宫的密室。小不点躲在密室的门后面，放眼往里面观瞧，只见海神殿正中央的三把玉石椅上，端坐着三位漂亮的姊妹女神。此时，位于正中央的大姐说道："两位妹妹，此等事你们可要当心，不要传扬出去。"

二妹和三妹齐声说道："姐姐，你说吧，我们绝不告诉别人。"

"好吧。在我们东海的蓝宝岩石之中，有一个岩洞，里面藏着辽代传下来的宝船图。"

"啊？宝船图？"

大姐激昂慷慨地说："对呀！这可是女真先人们相传数百年，专门建造大海巨船的唯一神秘图样。说起这事，只能怨人间世人私心太重，为了能把这些建造大海船图样占为己有，他们互相厮拼，人死无数。最后，大辽国道宗皇帝一气之下，就让人收来女真先人们传世图录九函，密封好后，派人秘密存放蓝海宫中。咱们可要保管好，不能让坏人得到这造巨船的宝图。"

"姐姐，有一句话不知小妹当说不当说？我们可以好好保守这个秘密，但是最后还得物归原主，那么谁该是掌握这神秘宝图的人呢？"

"二妹、三妹，你们尽管安心保管。这些造巨船的图样，只有世上那些最善良、最聪明的人，懂得关爱山川大地，关爱大海、保护大海的人，才应该得到它。"

"大姐，这个人在哪呢？我和二姐还要等到什么时候，他才能出现呢？"

"对呀！大姐，小妹说的也是有道理的，你让我们这么甘等死守，这个要求是不是太苛刻了？"

"二位小妹，好好看好这个造船宝图。其实到时候，宝图的新主人会找到东海中的这条绿色的海沟，然后顺着海沟潜入进去，只要他是不怕生死，不畏惧苦难的大胆英雄，才有可能靠近图样，找到它，得到它，拿到这张世上最奇幻的巨船图样。胆小的人是永远与它无缘的。"

小不点藏在密室的门后面，把三姊妹女神所讲的话，一字不落的都听清楚了，并暗暗下决心，"我将来一定要成为一个最勇敢、最大胆的人，成为这些巨船宝图的主人。"

想到这里，小不点一下子笑出声来。"谁？"三位女神突然身形猛一转动，一股暗浪直接从海神殿的密室中涌出，一下子把小不点打出。这股暗浪的力量太大了，一下子把小不点像离弦的飞箭一样，足足地冲出一百多海里。就在小不点六神无主的时候，一只大海龟一下子把他给拉住了。"孩子，快躲到我身后去，等到这股暗流过去了，你就安全了。"

第三回　神五子穿越续神谈　小不点探海遇奇缘

"哎，谢谢海龟爷爷。"

等到小不点趴在大海龟背上，漂到一岛礁处，这才停了下来。大海龟就问小不点："孩子，你怎么跑到这里来了？这可是海中世界呀，你应该回到父母身边呢！"

"海龟爷爷，我是被我阿玛一不小心，给倒进大海里来的。你能把我送回家吗？"

大海龟听完小不点的简要说明后，点了点头，说："可怜的孩子，如果是这样的话，现在你的阿玛和额娘一定急坏了。来，快趴在我背上，我现在就送你回家。"

"海龟爷爷，太好了！太好了！我现在就能回家去看阿玛、额娘喽！"

大海龟心肠非常好，看到小不点如此活泼可爱，不由得又摇了摇头，说："孩子，你长得也太小了。人要长得小，也就没有力气。你得长得又高又壮，才能帮助父母走海、赶海，成为海上无所不能的人！"

"对呀，海龟爷爷，你可有好办法让我长得又高又快呢？"

"当然有啊。孩子，你回到家后，告诉你额娘，让你天天吃海狗肾就行了。"

"海狗肾？"

"对！就是海狗肾！它可是人类强健身体的一种神药啊。人最重要的就是两肾健全，肾乃先天之幸。肾壮而后天壮，肾一壮，你就能多吃多喝了，营养就丰富。营养一上来，身体也就自然地壮实起来了，你就会像小树一样，一天变一个样，很快就会长成世界上最强悍的人，也会成为世上最勇敢的人。"

"啊，原来这样。"

"对啊。孩子，你记住没有？"

"嗯！记住了。"

"孩子，我会很快滑游，把你驮到大海边。你在我背上抓住了。"

小不点惊奇地问："海龟爷爷，你怎么知道我住在哪啊？大海这么大，这么辽阔，你能找到我的家吗？"

大海龟哈哈大笑，说道："孩子，你这是小看爷爷了。老爷爷我在东海活了千千岁，哪块有什么，哪块新添了什么，一切我都知道，这都在我的千年记忆里。"

"啊呀，这太奇了。"

"你家我知道，东海边就你们一家人，你们是大海的清洁工。我们呢，都感激你的父母为大海做了那么多好事，要不，我也不会来主动帮助你的。孩子，快快坐好，爷爷可要滑游了。不要怕，闭上眼睛，一会儿你就到家了！"

"好嘞！"

小不点趴在大海龟的硬壳背上，用自己的一双小手紧紧抠住大海龟背上的大节骨，身体紧贴在硬壳上，他刚闭上眼睛，就觉得耳边水浪汹涌犹如万马奔腾一般。小不点还没过足瘾呢，就听大海龟说："孩子，你到家了。"

小不点睁眼一看，东海岸边那幢泥草房、用黄土裹着的木烟囱，小院落，清清楚楚地呈现在他的眼前。"啊？海龟爷爷，怎么会这么快呀？"

"孩子，我不是告诉你了吗，只要我驮你，咱们说到就到。"

"谢谢海龟爷爷。"

"孩子，不用谢，等你长成最勇敢的人时，你再谢我吧。现在你就快点上岸吧。你阿玛、额娘都等急了。"

小不点上岸后，刚想回头向大海龟挥手告别，但此时大海龟早已不知了去向，只听到巨大的海浪在咆哮和远处几只海鸥在振翅高唱。

小不点高兴地来到自己家的门槛，站在门槛上轻轻地拍门："额娘，我回来了！额娘，小不点回来了！"

尽管小不点使尽了最大的嗓门喊，可是他的声音太小了，屋里的老头

第三回　神五子穿越续神谈　小不点探海遇奇缘

和老太太根本就听不到。这下可把小不点急坏了，这可怎么办呢？哎，有了。小不点随手从地上捡起一块小土疙瘩，开始用它打门。叭叭叭、叭叭叭，小不点连敲不止。

小猫小狗先听到了动静。小猫小狗竖起耳朵去听：什么动静？好像谁在敲门。

※※※

这天，老头和老太太倒在炕上，正唉声叹气呢，忽然听见小黄狗汪汪叫了起来，小花猫也是喵喵叫着。它们告诉老两口，好像门外有动静。

小狗满地跑，小猫在炕上直撒欢，老头和老太太想：这是怎么回事呢？难道是我们的宝贝儿子小不点回来了？

想到这儿，老两口几乎是同时跳下了地，也来不及穿鞋了，就各自趿拉着鞋，前去开屋门。等到他们打开门一看，只见小不点站在自家的门槛上，正在冲他们俩笑呢，"阿玛呀，额娘呀，你们的小不点回来了。"

老两口简直不敢相信自己的眼睛，老太太抢先抱起小不点，问："我的儿呀，真的是你吗？"

小不点一手拉着老头，一手拉着老太太，说："阿玛、额娘，真的是我，我就是你们的小不点呀！"

小狗、小猫上去咬小不点身上那件老太太亲手做的小花袄，使劲地往屋里拽。老太太一手抱着小不点，一手打了打小狗和小猫的头说："行啦、行啦，我知道这不是在做梦了，是我的小不点回来了。"

老头子也一把抢过小不点，也仔细端详了一番，一看小不点还是小胳膊、小腿的，小鼻子、小眼的，那还有错吗。

老两口一起抱着小不点激动得眼泪都流出来了。从此，海边的这间茅草屋里又有了欢声笑语。

这次小不点回来之后，他总管阿玛、额娘要海狗肾吃。老头子问小不点到底怎么回事。小不点就把海龟爷爷的原话告诉了老两口。老头一听乐坏了，说："要说金山银山，咱家还真没有。要说这海狗肾啊，有的是。阿玛就是一个捕捉海狗的能手。咱们家的舱房里至今还留着不老少晒干的海狗肾。咱们靠海这么近，以后阿玛天天出海给你捕些新鲜的海狗肾来，这样定了。"

就这样，老头子天天出海，每次回来都带回很多新鲜的海狗肾，给小不点吃。

哎，你还别说，小不点自从吃了新鲜的海狗肾之后，如同吃了仙丹，没出半年的工夫，竟然长成一位身材高大魁梧、力大无比的英俊珊延哈哈（壮汉子）。老两口更是高兴得不得了，心中无时无刻不在祈祷："感谢阿布卡恩都力天神辅佐，我亦失哈喇家族又重续龙根龙脉，何愁先人祖业不重振河山！"

第四回

小海娃勇闯锡霍特
亦家人扬名功勋传

这天，小不点把老两口叫到身边，郑重地说，他已经长大了，要干点大事。

老两口非常高兴，就问他要做什么事。

小不点就把他在海神殿内宫密室中，偷听到三位海神姊妹们讲述的话，给老两口讲了一遍。他去寻找那片蓝色海宫所在的地方。

老两口住在东海边上已有六七十年了，听小不点这么一提醒，老头子一下子想起一件事来。很多年以前，他就曾到过那片蓝色的海宫，于是就对小不点说："孩子，那片蓝色的海宫，就是那东海岸锡霍特阿林的蓝岩洞林中的洞窟。它是一个非常神奇的地方。但是，那里地势非常险要，山峦重叠，有无数顶天立地的巨石如林塔，高耸入云。上面有古松，横卧云中，终年有神鹰神雕飞翔。在那里，确实有不少幽深的古洞穴。相传，在辽朝时，有许多海盗深藏其中。他们都是一些擅用船渡海巡游的征战之人。难道，那里真是有古代的战船图样深藏在洞岩之中？"

小不点一听，甭提多高兴了，就说那些古洞穴正是自己要去的地方。不管路途千难万险，自己一定要找到那些古洞，力争再找到那些巨船制造宝图，真正成为一个能在大海上擅使巨船之人。

老两口也都非常支持。老太太连夜给小不点缝制了一套新衣服，老头还特意给小不点准备了一套贴身佩带的弓箭和防身的武器。临行前，老两口又让小不点带上小黄狗，能做个伴，必要时还能给他们通风报信。

老两口送了一程又一程，再三叮咛小不点路上要多加留意，千万别出什么差错。转眼间就到前面的三岔路口了，说什么小不点也不让阿玛和额娘送了。老太太还想再送一段路，还是让老头子给劝住了，转身对小不点非常郑重地说："儿啊，你现在已长大成人，就别再叫小不点了，应该名正言顺地有个大名，我看就叫海娃吧。"

"海娃？"

"对了，孩子，我实话告诉你吧。咱们是北方女真人亦失哈喇部的后

第四回 小海娃勇闯锡霍特亦家人扬名功勋传

裔,你的祖太爷的太爷就是当年名扬整个漠北的船王门突呼。你不经意间到大海中去周游了一次,现在又要去大海中寻宝。这是我们的先祖对你的召唤啊。你一次次离不开大海,这苍茫的大海不仅是你的出生地,更是你的恩人啊,我给你取名海娃,就是让你永生永世不忘记大海的恩情。"

"嗯!阿玛,我会铭记在心的。"

于是,海娃和老两口在奔往东海的岔路口再次告别。小黄狗在头前引路,海娃沿海边的小路,直奔东海岸锡霍特阿林而来。

海娃不知浑身哪来的那股使不完的劲,一口气就爬过了十几座大山大岭,又经过了十几片古红松林,跨过了十几条大深涧,足足走了三天三夜。沿途之中,群鹰在他头顶欢叫,野兔在他身边满山奔跑,香獐子、小狍子、大马鹿也时时在他身边出没,真是非常有意思。特别是一群群色泽斑斓的东海彩蝶,足有巴掌大小,总是在海娃身前背后上下飞舞,追逐跟随。

海娃被东海锡霍特阿林的处处美景所吸引,他哪还感觉到一丝的劳累啊?现在海娃也顾不上欣赏沿途的众多风光美景了,满脑子就是想早点找到筑造巨船的神秘宝卷,让自己早日驰骋于东海。

东海古地锡霍特阿林,是大地震和火山爆发而形成的古老地貌,到处都是大小沟谷和山洞。海娃领着小黄狗,又走了七天七夜,走遍了众多的高山大崖,青山密林,都找遍了,也没有找到蓝宝宫洞崖的具体地址。此时,海娃随身准备的干粮也全部吃光了,这可怎么办?海娃就问黄狗,自己怎么就找不见那座神秘莫测的巨船宝卷藏匿的地方呢?

黄狗对海娃"汪汪、汪汪"地叫了四声,仿佛在说:你好好想想,是不是落掉了一些细节。

"不能啊!我回到咱家时还给阿玛和额娘讲了,阿玛说,他也听到过这营造巨船宝卷之事呀。这是怎么回事呢?为何一到此地,就一无所见呢?"

黄狗低下头来,"嗯嗯"哼着,仿佛劝说海娃说:别急,你再好好想一想,肯定是有些地方不对。别急,会有办法的。

有道是：天无绝人之路。突然，黄狗竖起了耳朵，向远处仔细听了又听，而后，"汪汪、汪汪、汪汪"大叫了起来。海娃顺着黄狗仰起脖子叫的方向望去。原来海娃和小黄狗正蹲在山顶的一块大石崖之上，远处对面的下方，正是碧蓝色波浪汹涌翻滚着的大海，一个大浪接着一个大浪，在岩石上掀起无数朵白色的浪花。在一群海鸥上下穿梭飞舞的岩石上，海娃看到了一只大海龟正扬着前趾，向他和黄狗频频挥动。"这不是海龟爷爷吗？它怎么在这里？这真是太好了。"

海娃高兴得眼泪流了下来，二话没说，站起身来，纵身就从高高的石崖上跳入了大海之中。小黄狗紧随其后。

海娃快速地划水，很快就来到大海龟的身边，一把抱住了大海龟，"海龟爷爷，你快快帮我个忙吧。造巨船宝图到底藏在了哪个大山的洞崖里呢？"

大海龟笑了笑，告诉海娃，你是大海之子，此宝图本来就应该归属于像你这样无畏的人，一心一意能为世人办大事的人。它已经等你多年了，如今你终于由一个小不点变成一位顶天立地的大男子汉。大海龟让海娃和小黄狗一块儿上了它的龟背，然后向大海中游去。海娃也不知道大海龟驮着他游了多少海里的路程，眼前突然出现了一个新的山崖。大海龟告诉海娃，这段海路叫擂鼓滩，没有勇敢意识之人，是休想通过此段海程的。特别是那种胆小如鼠之人，根本就渡不过去擂鼓滩。过了这里之后，就是平常之路了，你们自己去吧！并叮嘱海娃，一路上，还会有许多惊心动魄的事情，千万要稳住神，不要害怕，要用自己坚强的意志来战胜一道道关隘。

海娃铭记在心之后，在海滩处与大海龟告别，带着小黄狗又重新向海岸边的群山走去。

走啊走啊，海娃和小黄狗又走了很长的一段山路，前面突然出现了一群五颜六色的陡峭山崖，有白色的、有黄色的、有黑色的、有灰色的，还有红色的，各种颜色的悬崖杂叠在一起，形成一座座高大、吓人的山峰。

第四回 小海娃勇闯锡霍特亦家人扬名功勋传

海娃找了半天，也没有发现一处是蓝色的岩崖。那蓝色的岩崖到底在哪儿呢？继续找。

海娃抱定了必胜的信心后，也就多了许多的耐心，带着小黄狗一个山崖挨着一个山崖的寻找。

工夫不负有心人。这一天，当海娃用尽全身的力气翻过脚下的这座黄色岩崖后，眼前突然呈现出一座高大、广阔的蓝色岩崖。海娃禁不住大声叫了起来，转身冲着远处的大海高喊："海龟爷爷，我找到蓝海宫啦！"

海娃这么一高喊，还没等到声音落地，就出事了。只见两只金钱豹突然从两处高大的石柱背后，张开血盆大口，双爪举起，猛向海娃和黄狗扑来。说时迟那时快，眨眼间就到了海娃和黄狗的面前。海娃根本没害怕，反而是迎着两只金钱豹而来。海娃把双拳抡圆了，冲着前面那只金钱豹的豹头就来了，"呜"。两只金钱豹一看不好，吼叫着从海娃头上蹿了过去。海娃欻拉一转身，再找这两只金钱豹，却瞬间消失得无影无踪。

海娃见到蓝色岩崖，知道这儿就是藏宝之地，于是他二话没说，继续迈步向前。哪知道，五条巨蟒突然又从岩缝的空隙中窜了出来，个个扬着头，张着大口，吐着长长的舌信子，向海娃进行攻击。

海娃一定神，心想：我不能硬来了，好汉难敌四手，更何况五条巨蟒呢？于是海娃往前一探身，说时迟那时快，他顺手掏弓搭箭"欻欻欻欻欻"，五只利箭射出，分别直奔五条巨蟒的七寸而去。这五条巨蟒一见五只利箭而来，身子一晃，也是瞬间消失得无影无踪。

海娃一看乐了，心说：今天这宝卷我要定了，谁挡我都不行，我要誓死一搏。海娃信心十足地往前就走。他三步并作两步，很快就到了蓝色悬崖底部的山洞前。海娃没有贸然进去，而是用手扒着山洞口往里仔细观瞧。只见山洞里湛蓝湛蓝的，景色非常的艳丽。海娃再往里一瞧，顿时出了一身的冷汗，就在靠近洞口的一侧，有一头千年老棕熊，巨齿獠牙，能有三四人那么高，稳稳当当地蹲坐在洞窟里，千年老棕熊一见海娃要往里进，大吼一声："哦！"吼叫声震得整个山崖地动山摇。山洞两侧山崖上的土、石头什么的"咕噜噜"都滚落下来。石头一滚，风声骤起，大风掀起了一片灰黑的迷雾。

海娃把身子紧贴着山崖的石壁，记起了海龟爷爷的嘱咐："遇事千万要冷静、沉稳，无所畏惧，这样才能获得巨船图样。也只有无畏之人，才配得上先民藏匿的巨船图样。"

想到这，海娃把阿玛给他准备的三支特殊的黑箭杆的雕翎箭抽出来，突然闪身在洞口，冲着这只千年老棕熊说了一声"看箭！""欻欻欻"这三支雕翎箭分别向老棕熊的两只眼睛和咽喉而去，海娃自己一闪身，躲回原处。就听见"嗷"的一声，瞬间，整个山洞一阵剧烈抖动，之后就恢复了平静，是山也不摇了，地也不动了，四处静得出奇。海娃壮了壮胆，二次闪身往洞里走去，那只千年老棕熊也不知了去向。

一看一切都恢复了平静，于是，海娃带着黄狗，大步流星地走进山洞里。海娃走进山洞才发现，在山洞的上方有一个用蓝石镶嵌的大神龛，大神龛上有一个小石匣。海娃蹬着旁边的几块石磴，取下小石匣，打开一看，里面有一个鹿皮包。海娃轻轻地打开鹿皮包，宝卷赫然呈现在面前，上面有一行字：营造巨舰宝卷（九函），钦命御造舟船正二品衔耶律兴财绘，大辽国道宗清宁二年冬月。

海娃急忙展开宝卷，只见上面写着：

巨舰宝卷九函

一、巨舰制造御旨

二、巨舰制造匠师名册

三、巨舰筑制秘籍之一

  甲、独行舟制法要诀（从伐木至凿木为舟）

  乙、两体舟制法要诀

  丙、三体舟制法要诀

第四回　小海娃勇闯锡霍特亦家人扬名功勋传

　　丁、多体舟制法要诀

四、巨舰筑造秘籍之二

　　甲、何谓巨舰：可乘百负者为巨舰，战船攻防用者曰巨舰

　　乙、巨舰杆、舵、篷，数目定巨舰大小

　　丙、巨舰之食、宿、舱、库的布局

五、巨舰施毒防毒秘法

　　巨舰弓箭土石墩外必携毒烟，以防敌攻击

　　甲、何曰毒烟

　　乙、毒烟制诀

　　丙、毒烟防御与破解

　　丁、毒烟施用与戒规。不可害人、谋一己之利

六、巨舰之木料选取

七、巨舰之大木煨、烤、燔的秘诀

八、巨舰之四季保养

　　夏坞与冬坞的修筑与保护。

九、奉御旨：制巨舰规约与恪守秘法律条

　　甲、违规惩处律条。

　　乙、传徒规约，生死不渝，严不外泄

正函九册，一一记载得都非常的翔实。

海娃如获至宝。他赶紧收起来，背起宝卷，领着黄狗，给神龛叩了三个头，就出了神洞，原路返回家园。

回来的路上，是风也停了，浪也没有了，道路也好走了。

海娃见到父母之后，全家甭提多高兴了。

"老伴啊，赶快炒几个菜，咱们好好庆祝庆祝！"

工夫不大，荤素搭配的四盘菜都上来了，全家坐在一起好好吃了顿庆功宴。之后，海娃是终日苦读宝卷，竟如醉如痴，闭门苦读，没过三年，

57

就成为一代真正的船师。①

※※※

朱伯西我说到这，还得赘述几句。

辽正是继承了女真之先世挹娄、靺鞨之江海行舟之秘法，概千年古经古训，非常人常常以为此人不习水性，无有舟楫之利，岂不短见哉。女真自古依山傍水而居，又有江海之利，故往帆使船，腾比坐骑，尤其远远胜过坐骑也。

正当海娃技艺成熟想要开创一番大业时，神雀五子突然飞来，说："海娃，你出头之日到了！你马上随我赶赴黄龙府，向阿骨打献夺城施毒防毒宝卷，欲立奇功。"

于是，海娃辞别二老这才出现在金太祖阿骨打的帅府大帐之内。

等到黄龙府被顺利夺取之后，海娃就跟随阿骨打专司水运之事。完颜阿骨打去世后，没有把权力交给自己的儿子，而是把权力交给了自己的亲弟弟吴乞买。吴乞买这个人非常聪明，而且信念很足，意志非常强，还善于团结人、笼络人。他能把自己身边的其他部落的人统一在一起。

金太宗吴乞买继续重视水运，深知黑号②姓亦失哈喇家族世世代代通行江海，素称"尼玛哈尼亚满"（水民、水上人）。虽然亦失哈家族丁口不多，但是他们男网鱼、女熟皮做衣，家族皆推额娘女性为管家，是非常的抱团。由此，亦失哈族人蒙恩完颜氏家族的器重，太宗吴乞买任命海娃为黑水猛安漕运安抚使兼负筑造江海风帆总舵博吉烈。正因为亦家人有漕运

---

① 富先生原本手稿《满族传统说部——萨哈连老船王（萨哈连萨克达扎呼台罕）》（一）。

② 完颜阿骨打创立大金后，女真人姓氏分为"白号"和"黑号"。因女真人崇尚白色，白色也代表着金，故完颜氏为"白号"。其他有功女真部落的姓氏则为"黑号"。

第四回　小海娃勇闯锡霍特亦家人扬名功勋传

机密和筑船特技，所以，海娃率领着亦家人和亦家船在金代是颇有盛名。

民间传讲"抢到亦家人，探海安民不用愁"，认为抓着了亦家人，北疆江海就在手掌之中了。金朝强盛确有亦失哈全族之功，因此，亦失哈族人在金朝诸帝中皆获宠幸。亦姓家族由于有其独特的漕运机密和筑船特技也是声名远扬。海娃也就成为亦失哈家族第二代名副其实的神授老船王。明代船王亦失哈收大将军田甸为徒时，为什么要摆放海娃的神像，这也是事出有缘、事出有根的。

亦失哈始祖的故事不仅源远流长，而且它还有自己鲜明的传奇色彩，直到清末民初，在黑龙江瑷珲仍有振奋人心的传说，至今人们仍津津乐道。

※※※

光阴流转，一眨眼就到了元至正二十八年。

这一年，正是大元朝最末一个皇帝妥懽帖睦尔交账，大明朝朱天子朱国瑞登基，这么一个改朝换代的关键历史节点。虽然此事在诸多世人眼里，看起来可谓是天机，但是它早已被远在塞外松花江畔的九龙山紫霞观里的一位世外高人所参破。

这位高人是谁啊？非是旁人，就是九龙山紫霞观的女观主，她的名字叫"太乙真人"。有人因为她住在九龙山紫霞观，因观而又得名"紫霞真人"。朱伯西我随行入世，按照民间最通俗的叫法，在本套书中，就称她为紫霞真人。

这位紫霞真人在本套"乌勒本"说部里，可是一位了不起的人物。她非常聪明，有非常高的道行。往脸上看，她是眉似弯月、目似秋水、鼻若琼瑶、齿白唇红；头上高挽着道家的发髻，用白绸子扎紧，两根丝带飘洒脑后，发髻上扎着的一枚银簪在阳光下闪闪发亮；身上穿着一件用椴树皮做成的道袍，道袍的前后各绘制一幅斗大的八卦图；背着一把八宝闭月剑，脚下蹬着一双藏蓝色翘头厚底儿的白布鞋，手里拿着一把雪白的拂尘。她说话的声音既清脆悦耳又婉转悠扬，既掷地有声又余音绕梁。她往你眼前这么一站，一颦一笑、举手投足间，无不散发着一种超凡脱俗的仙风道骨，而且还会让你亲身感触到一种无爵而贵、无禄而富、不言而信、不怒而威、穷处而荣、独居而乐的君子之气。

虽然紫霞真人这么优秀，民间还有一小部分人在私下议论她，为什么呢？

因为紫霞真人，不仅仅是在九龙山紫霞观里坐禅修道、调养身心，而且她还经常云游整个漠北地区，甚至整个中原地区。她所到之处，都是在传道授业解惑，济万民于水火之中。她经常由浅入深、由易到难、由简到繁，给人们讲述一些道家的思想以及一些前无古人、后无来者的玄妙之事。许多人开始都非常愿意听，而且是越听越有瘾，但是到了讲授道家上乘经典的时候，大部分人都是听个热闹，似懂非懂，似是而非。

有道是：公要馄饨婆要面——众口难调。再加上元末明初，漠北大部分地区还是蛮夷之地，大多数人还未曾开化，所以有人对紫霞真人说的道家一些玄妙之事，就理解不了了。

人就是这样，他在你身上得实惠的时候，内心非常高兴，对你不惜一切言语大加赞赏。如果他感觉你说的这些对他毫无用处时，他就对你的言行指手画脚，妄加评论。

九龙山脚下，就有这么一高一矮一胖一瘦四个人，他们都得到了紫霞真人的点拨，也都得到过紫霞真人给他们带来的实惠。但是实惠哪能天天有、年年有啊？时间一长，这四个人经常看到许多陌生人高高兴兴地走了，就对紫霞真人有意见了。说来也巧，这一天，他们四个人凑到一块了，东拉西扯、拉三扯四，说着说着就谈到紫霞真人了。

第四回　小海娃勇闯锡霍特亦家人扬名功勋传

※※※

高个儿先说话了："紫霞真人，要说她讲的以前所发生过的事，我信。为什么呢？包括她跟我占卜的、推算的，发生在我身上亲自经历的几件事，没有一件不准。我对天发誓，我是从心往外对她是口服、心服，外加佩服！她确实是一位世外的高人。但是，她有些话说得有点不太着边儿，咱们也不能全信。比如，她说将来再过几百年、上千年，到那个时候，每个人都会有什么千里传音的本领，还能看到许多诸如'灯头朝下'的奇异现象，说实话，这话我不爱听！"

矮个儿马上点头表示同意，说："老哥，你说得对，我支持你。紫霞真人这些话，我听着也不靠谱。我一说话，千里之外的人都能听见。可能吗？打死我都不信。再说了，灯头本来就是朝上的，你非得把它倒过来，这不是见鬼了？我不信。"

胖子把自己的大脑袋一扑棱，说："你们知道的这些算啥呀，我这还有更玄的呢。有一次，紫霞真人告诉我，说将来啊，人们要是一高兴了，还能到天上飞上一圈。这不是痴人说梦吗？我这么大坨儿，又没长翅膀，我怎么飞？"

瘦子在旁边听着乐得肚子直疼："嘿嘿嘿，哎呀，紫霞真人太有意思了。她说的这些话都没边儿了。我看呐，咱们也别叫她紫霞真人了，干脆叫她'疯道婆'算了。"

这一高一矮一胖一瘦四人，哈哈一笑，感觉"疯道婆"这个绰号挺有意思，一拍而合。于是一传十、十传百，没过多长时间，整个九龙山和漠北地区都传遍了。

俗话说，世上没有不透风的墙。人们传来传去，"疯道婆"这个绰号就让紫霞真人知道了，她不但没有生气，还感觉挺有意思，并且为自己这个绰名还作了一首诗，诗云：

　　他人嗤笑我疯癫，道为天秘谁看穿？
　　婆婆额娘非醉语，唯有圣者晓其间。

※※※

　　说归说、笑归笑。紫霞真人确实真有两下子，她最拿手的绝技，当属夜观天星。按照紫霞真人亲口所言："天下夜观天星者，吾言其二，谁人敢言其一。三国之孔明，当世之伯温，不过一俗人尔！尔等观星，多占卜筮法，怎知星道之玄机也。"紫霞真人这话的言外之意，就是：三国时期的诸葛亮和当世的刘伯温，在她眼里就是个俗人。他们观星看东西，只是占卜猜测而已。真正观星的深层次奥秘，他们根本就没有彻底弄清楚、整明白。

　　你说，紫霞真人讲的这话，口气有多大啊！于是，有些人听了感觉刺耳，心里不舒服。就有那么几个好事者，登门与紫霞真人观星论道，往往都是兴冲冲地来，灰溜溜地走，再没有什么下文了。

　　朱伯西我说到这，有人可能就产生了疑虑：九龙山紫霞观，它位居何处，又建设几何啊？怎么像你说的，不就是一个破山洞吗？

　　哎，还真让你猜对了。此时，九龙山紫霞观就是一个非常简陋的山洞。庙宇殿阁都是后来才建的。紫霞真人在简陋的山洞里设置了几个神位，又搭建了几个禅床，就成了紫霞观。几百年来，许多北方民俗学者也被紫霞观的"紫霞"二字所迷惑，他们光从"紫霞"二字的字面上来理解了：紫色云霞。太阳一照，天空中出现的七彩霞光。这七彩霞光就为紫霞。那么，九龙山上的紫霞观的庙宇殿阁，肯定建设得非常恢宏雄壮。他们按照自己的主观想象，寻找了多少年，都没有发现满族口传说部中的那座"紫霞观"。后来，有位真正的道家人一语点破天机，说"紫霞"二字，道家喻指的是山窝里，有白石砬子，有山崖，在此坐禅，在此生活，身心与大自然会融为一体，方为"紫霞"。人们这才恍然大悟，此"紫霞"非彼"紫霞"也。而"紫霞观"所位居的九龙山更是暗藏玄机。

紫霞真人坐拥的这座九龙山，据考就是位于松花江中上游的现在的吉林市北山。

吉林市的北山原名叫"九龙山"，因为此山有九座山峰犹如九龙翘首嬉戏而得名。吉林市的北山地理位置绝佳：左盘青龙——龙潭山，西踞白虎——小白山，南落朱雀——朱雀山，后卧玄武——玄天岭，且山南不远还有一江天水——松花江。松花江又呈太极流转之势，绕山前而过，千年奔流不息。山下荷花池是星罗棋布，每逢盛夏，荷花怒放、碧玉连天，与山上的参天古木是交相呼应。此乃是远离中原，深居漠北，在此静心坐禅修道的一处风水绝佳的世外桃源。

说书讲究的是说古比今。地上的山川河流，可能因为人为因素的变化而变化，但是天上的日月星辰运转却是人类难以改变的。其实中国人的观星之路，世世代代相承已有几千年的历史，至少自周朝以来也有三千多年的历史。所以说，人们要搞大学问，就必须客观公正地学习和继承古代先人对天体星象观测认识的宝贵经验。

※※※

这一天，紫霞真人看到九龙山上空是皓月当头，满天的星斗。她也是意随境转，内心非常高兴，就把自己的小徒弟一心叫到了身边，师徒二人并排而坐。紫霞真人指了指天上的星星说："徒儿，你不是总想学观星之术吗？今天正好是观星的好时机，为师就传授你观星的十六字真诀。"

第五回

疯太乙观星紫微垣
元祚帝陨落掳亦囚

第五回　疯太乙观星紫微垣　元祚帝陨落掳亦囚

紫霞真人想传授徒儿一心观星的十六字真诀，小道童一心一听可高兴坏了，说："师父，太好了。您讲吧，我会专心听讲的。"

紫霞真人盘坐在蒲团之上，轻声说："观星之术，其一：庶者观星，圣者观道。此诀何意呢？庶者，俗人也。其观星之举，只观星之外在，大小、多少、明亮度而已，绝无内涵可言。譬如：天上偶现流星，长尾破空，惊艳无限，庶者只知其外美，不晓其内理，仅走马观花，水中望月，此为'庶者观星'。"

紫霞真人此番话是什么意思呢？就是一般人观星，只是看天上星星的大大小小，哪一颗星更亮，一团一团的星哪个更扎眼，哪一片区域的星星更热闹。偶尔天空中"唰"地出现一颗流星，这颗流星在空中拖出一条长长的尾巴，看起来太漂亮了，仅此而已。关于它们各自代表的什么寓意，人们根本就不关心了。

小道童一心听得最认真，眨巴眨巴眼睛说："那圣者观道呢？"

"圣者，晓也。晓者，慧也，快也，智也。星道，即为星气。其星气何来？地之映也。地生万物，汇至一气，气转而星移，为观星之本。"

紫霞真人这话的大体意思是："圣者观道"，主要是看天上星星所运行的道路，这种星道的运行痕迹，就是"星气"。星星的星道、星气，是怎么来的呢？它是地球的反映，是人类现实生存状况在天上的真实反映。其实，地球上生存的万物所产生的"气"，都能反映到天上。天上反映哪来的？地上的反映啊！地上反映哪来的啊？是地上万物所产生内在的一种"气"的反映。天上星星的运转，都是靠地上万物好坏所产生的各种不同的"气"来推动的。

一心双手托着小下巴，听得非常认真，也在不住地点头。紫霞真人又开始给她讲观星的十六字真诀的第二诀："道气相融，称谓天灵。"

紫霞真人讲得清楚，一心也是听得明白。师徒二人讲着讲着，一个时辰就过去了。

一心非常用心地把紫霞真人教的观星十六字真诀"庶者观星，圣者观道；道气相融，称谓天灵"全部记在了心里。

紫霞真人一看天色已不早了，就要起身返回禅床。一心有些意犹未尽，突然好奇地问紫霞真人："师父，徒儿看您天天夜里在紫霞洞坐禅念经，也没有到洞外观星啊，您怎么知道天上星星的变化呢？"

紫霞真人听完徒儿一心的问话，突然乐了："鬼道的徒儿啊，你真是小有心机啊。其实师父已经修炼到了洞穴静禅而坐，即可外观天星之道。小小的紫霞洞和洞外的高山、古树，岂能阻挡住为师的观星之路呢？那为师自誉为通灵之圣师，岂不是徒有虚名乎？"

紫霞真人言外之意，又道出了圣者观星更高的一种境界：居室而观星。居室而观星，是什么意思呢？按照咱们现代人的话讲，就是我们晚上在屋里睡觉，外面虽然有几层、几十层高楼挡着，而且还有一道道厚厚的水泥墙，是常人视线根本没法穿透的，但是当你练就成居室而观星的本领后，你就会意念轻松地穿过这一层层障碍，把当时天上星星的位置以及它们鲜活的形态，清清楚楚地看在眼里，记在心中。

紫霞真人告诉一心："会居室而观星者，方可通神，神知不等于人知，人知不等于神知；会居室而观星者，方可通灵，灵慧则智生，从而独享静观宇宙之妙变，亲历大将军八面之威风，洞悉真天子百灵之相助。徒儿，观星之术非一日之功也，望徒儿遵照初学者观星之'五要'，日日兼修研习，方知星学之妙哉。"

说着，紫霞真人从自己怀里掏出一本书来，一心接过此书一看，书皮上写着"观星五要秘籍"六个大字。这下可把一心高兴坏了。她知道"观星五要秘籍"可是紫霞观的镇观之宝。一心听紫霞真人说过，紫霞观有三件镇观之宝，一件是紫霞真人身后经常背着的那把"八宝闭月剑"，一件是《观星五要秘籍》，另外一件，到现在紫霞真人还没有告诉一心。

紫霞真人把这本《观星五要秘籍》交给一心，告诉她：观星是一门大

第五回　疯太乙观星紫微垣　元祚帝陨落掳亦囚

有学问的上乘之学。宇宙万物发展到一定程度，必须有一定的因果变化。真龙天子该出来的时候，自然就出来。这些内藏天机，都能从天上的星星中清晰地看出来。所以，紫霞真人最后告诫小道童一心："人在世上活，事在天上记。行善莫作恶，头前有神灵。观星者必须要做到什么程度呢？人睡觉时，你都能看到星星，看到星星的变化，这才是通神了、通灵了，这才是真正认识星星的人，不是一般人能知道的，是大有学问啊，大有讲究啊。不说了，今日天色不早了，咱们回观休息吧。"

一心答应一声，随着师父紫霞真人就进了紫霞观，在各自的禅床和衣而睡。

得到了镇观之宝《观星五要秘籍》，小道童一心激动地躺在禅床上翻来覆去睡不着。后来，一心悄悄地下了地，轻轻地穿好鞋，双手拿着《观星五要秘籍》，是高抬脚轻落步，慢慢地来紫霞洞外。借着明亮的月光，开始仔仔细细地翻阅起来。

《观星五要秘籍》里面都是古文，竖着一排一排，写的是密密麻麻，字里行间，有的地方还没注释。你别看小道童一心年纪不大，但这些古文她都能看懂，不知不觉，她就进入书里面去了。

※※※

由于《观星五要秘籍》里面记载的东西比较多，内容也比较深奥，朱伯西我就用大白话，给大家简单介绍一下。《观星五要秘籍》主要记录的观星"五要"，是：一要看位，二要看色，三要看度，四要看向，五要看事。

一要看位，就是看天上星星的位置，是什么方位。星分四面八方，如：东西南北，东南、东北、西南、西北。宿分二八，如：东方苍龙七宿为角亢氐房心尾箕，北方玄武七宿为斗牛女虚危室壁，西方白虎七宿为奎娄胃昴毕觜参，南方朱雀七宿为井鬼柳星张翼轸。它们也是各有所宗，各有所旨，亘古不移。北方民族的先人们古时多是以星定位，以星定时，以星定事。所以，观星首先要观其位，才能定其时，定其事。

二要看色，就是要善于观察星星的颜色。星光源于太阳的反射，分为红橙黄绿青蓝紫，瞬息万变，颜色非常重要，基色为白色，一般多为黄色。一旦有啥事的时候，人们能看到星星的颜色它发红色。如果地上的社会要混乱的时候，天上的星星发乌，不太明亮，颜色也看不清。

三要看度，星分五度，分别是一度星、二度星、三度星、四度星、五度星。星的度数越大，它的星位、它的星运、它的神位和神气就越大。如果天上的星星有几层亮度，映衬露气、水气和景气欣欣向荣，就显示天灾人祸也比较少。所以，观星定事是比较准的。

四要看向，就是看星星转动的动向，即看它动不动、摇不摇、晃不晃、眨不眨眼睛。真正的恒星、灵星，它是不眨眼睛的。你有时看它在眨眼睛，那是天上的气运所致。其实星星本身是不眨眼睛的，这都是地上万物在天上的反映。

五要看事，就是断吉凶，看星星当时形成形态的时辰与观星者左右星辰之间的那种相生相克相补的关系，从而参悟天地之吉凶祸福。

※※※

小道童一心正在紫霞洞外看得如醉如痴呢，突然听到紫霞真人高喊道号："无量天尊，哎呀，大事不好！"

吓得小道童一心一激灵，忙收起书来，转身问紫霞真人："师父，发生什么事了？"

"徒儿，你来看。"

一心顺着紫霞真人手指的方向，突然发现天空中流星如雨。

"师父，难道是天怒了、天哭了？究竟何意？"

第五回　疯太乙观星紫微垣　元祚帝陨落掳亦囚

凡得道的高人，与宇宙间的任何变幻都息息相关。这时，紫霞真人就感觉自己的天灵盖热得发烫，轻声说："不好！哦！有灾难出在西方。"

泥丸宫发热必有奇事出现。头顶西，即是灾难在西。

"师父，有什么灾难在西方啊？"

"徒儿你看！天上紫微星（北极星）的旁边是不是有一颗非常亮的五度星？"

"是啊！师父，这颗五度星怎么摇摇欲坠似的，而且还红一阵、白一阵、紫一阵的，看着也是模糊不清的，是不是要有什么大事发生啊？"

"是的。好在这颗五度星的旁边，还有一颗不太亮的辅星。你再看紫微星的南侧，也就是银河系的下面还出现了一颗五度亮星。这颗五度亮星的颜色非常红亮耀眼。在这颗五度亮星的旁边也出现了一颗小一点的五度白色亮星。这颗小一点的五度白色亮星，老是在那晃荡，老是往北晃荡。它往哪去呢？感觉它是直向北方的紫微星靠拢。这颗小一点的五度白色亮星，未来肯定要北移，要在北边做王，将来这颗星要压过和替换紫微星以及紫微星旁边的这颗摇摇欲坠的五度亮星。"

有道是：童言无忌。一心突然看见紫微星周围灰蒙蒙的，就问紫霞真人："师父，紫微星周围突然灰蒙蒙的，是不是地上要有杀身大祸呀？"

紫霞真人急忙用手捂住了一心的嘴，厉声说："徒儿切记：观星乃天道星秘也，观者切不可直言不讳。凡是天机星秘，必与观者生死相连。信口雌黄而不守星秘者，往往会失明断肢，或夭亡断嗣，切不可随意妄言，故善观星者皆寡言少语，内秀于心，此乃观星之天规也。"

紫霞真人告诉一心，凡观星之事都是涉及天机的，不能穷嘚瑟，看到啥，瞎说啥，这是造孽啊！观星的人尽量少说话，最好不说话，自己心里明白就行了，更不能信口开河，随意妄言。会观星的人，一定要做一个有内蕴、内涵的人，这是道家讲的，也是星象学的规矩。

"嗯，师父，徒儿记住了。"

紫霞真人看了看一心，说："此时正逢丁未与戊申交替之年，天上突然出现三颗五度的亮星，这说明当今世道要变。也就是说，要有新的真龙天子出现啊。"

"师父，那真龙天子将出现在哪个地方啊？"

"徒儿，你来看。此时银河下面正对着哪里呢？它正对着地上长江中上游的应天府。看来世道要变啊。"

紫霞真人掐指一算，此时是元至正二十八年，是元朝的最末一个皇帝妥懽帖睦尔执政。紫霞真人仔细一查妥懽帖睦尔这个人的人生经历："哎，这个人是一个好人啊。他是当世的一位明君，是一个好皇上啊，天星怎么会摇摇欲坠呢？"

紫霞真人用手指往前一推算，一下子就明白了："这个孽果不是妥懽帖睦尔酿成的，而是元朝开创之时的前几个皇帝造的孽。"

有道是：父债子还，天经地义。紫霞真人心想：现在妥懽帖睦尔是生不逢时，正赶上大元朝气数已尽、最后交账的时候。他只不过是一个替死鬼而已。虽然这颗帝星欲坠，早已无力回天，但我看在他是一位不错的皇帝的份儿上，帮他在漠北找一个安身入葬之地，也算是观天机而尽人事吧。

于是，紫霞真人又叮嘱自己的爱徒一心和众弟子："观里的鸡鸭、鱼池、莲池好好看守，一定按时读好道德经，不许旷废半课。哎，你们还要在道观地里盖出一栋泥房，你们的好邻居快来了。这也是善事啊！为师要出去几日，众弟子好心迎客吧。"

说完，紫霞真人找出几件换洗的衣服，用布简单打了一个包裹，往身上一背，手提八宝闭月剑，就走下九龙山，踏过莲花池，步行向西北大漠之地飞奔而去。

说到元朝的最末一个皇帝妥懽帖睦尔当时的处境，朱伯西我不得不多交代几句。

元代自忽必烈创业开始，前面的几个皇帝仗势着大元朝有马蹄之功，

第五回　疯太乙观星紫微垣　元祚帝陨落掳亦囚

目空一切，犯下了许多不可饶恕的错误，所以必遭天谴。老天都给他们记着账呢。唯独到了元武宗海山的时候，他觉得有点问题，改了一些才好点。最后到了妥懽帖睦尔。元末帝妥懽帖睦尔大高个，浓眉大眼、大颧骨、大脸盘子，挺胖的，头戴舍利帽，身穿黄色龙袍，是一位仪表堂堂的美男子。他走路时是龙行虎步，一晃一晃的，非常威武。更主要的是妥懽帖睦尔不沾酒，不近女色，很有正事。他在位四十多年，换了好几个年号，为啥呢？他也想好好做一下，力图把大元朝推向正常的发展轨道。但是天道不容，积重难返啊！没法办了。当时全国反元的力量越来越重了，这个恶果都是以前酿成的。生米已经煮成熟饭，妥懽帖睦尔难以力挽狂澜。好在妥懽帖睦尔对应的五度星的旁边，还有一颗不太亮的辅星。这颗辅星预示着妥懽帖睦尔身边还有一个贵人相助。

※※※

紫霞真人饥餐渴饮，晓行夜宿，经过多日奔波，这一天终于来到了离乌兰巴托五百多里地的一个叫应昌的地方。她停下脚步，暂时找了一休憩之处，住了下来。

应昌是个什么地方呢？它是出牛羊的地方，是蒙古人的聚居地，元朝时期蒙古人还把掠来的女真人、达斡尔人、赫哲族人安居于此。它是这么一个以蒙古人为主的聚居地。这里的帐包非常多，人也非常密集，挤奶的、做奶糕的、放羊的、做豆干的，人非常多。最不利的一个自然条件，就是这里的风沙多了一些。但总体上看，应昌是塞外一块难得的风水宝地。

紫霞真人到达应昌后，在此歇脚，静等一个人，暂且不说。

※※※

单说元至正二十八年，徐达的北伐兵已到了大清河一带，也就是河间府的北部江河一带，最远已临近到了元大都南边的房山一带，还没有打到元大都。

妥懽帖睦尔得到频频传来军情战报之后，感觉元大都保不住了，他要避开徐达他们的进攻，准备走人。

妥懽帖睦尔为什么要走人呢？主要是妥懽帖睦尔这个人，心怀仁慈之念。他心想：我不能再跟明军打。现在明军的力量越来越强。我要是打的话，要死伤多少人啊！死伤的，可都是平民百姓啊！死这么多人不是造孽吗？为了让天下的百姓少受刀兵之祸、战争之苦，我最好不正面与明军冲突。既然天命已定，我干脆把这个地方——元大都，拱手让给朱元璋吧。我走，也算我为祖上最后再积一份阴德吧。

这时，妥懽帖睦尔身边的重臣脱脱还没有死。脱脱是元朝著名的汉学家，他的文采特别好，是元朝的丞相。大元朝许多事都是他定的。

脱脱也赞同妥懽帖睦尔主动北退故里的意见，同时，也避免再犯杀掠之罪。

于是，妥懽帖睦尔带着皇后皇子皇孙，后宫的佳人、太监，身边的重臣以及他们的家眷，还有从金代以来俘虏的女真人各部的要犯，浩浩荡荡就出发了。

俗话说得好："穷家值万贯。"你搬个家，那些缸缸罐罐、盆盆碗碗，哪样东西不得带走呀？更何况是皇帝搬家呢！所以，妥懽帖睦尔北上的队伍是非常的庞大，再加上从金代以来俘虏软禁的女真人各部的要犯以及他们的家眷，更让这支队伍行动起来非常的缓慢。

开始，妥懽帖睦尔身边的大臣几次进谏，说："皇上，咱们带这么多家眷，带这么多人，还要带着从金代以来俘虏的要犯，他们已是咱们的负担了，尾大不掉啊。咱们现在自己命都不保了，还带着他们干什么啊，不如杀了算了。"

书中代言：金代时，亦姓族人就受到牵连了。元军也到处寻找亦家人，

第五回　疯太乙观星紫微垣　元祚帝陨落掳亦囚

认为他家全通水性，是船家里手，得他就等于占领大金全境，于是，一夜间元军兵将冲入黑水猛安漕运安抚使亦氏府宅，家中大大小小、男女老幼一律被俘，绑了几大串，游街鸣锣示众，全部成了元朝的阶下囚。元帝如获至宝，先是把他们押入水牢，后把他们放置在一个把守森严的特定区域，按时送水送饭。说白了，就是软禁。元末帝妥懂帖睦尔挟持亦家族人北逃十分不便，妥懂帖睦尔思来想去，便下令挑老的杀、小的留，走一路杀一路。亦族人忠心不事二主，宁死不屈，是大骂不休。

本来妥懂帖睦尔带人北逃心情就非常低落，再听到亦族人不断的骂声就更加烦躁了，于是，他下令："亦族人凡是有谩骂本王者，一律斩首。"

亦族人这才消停下来。

※※※

让元末帝妥懂帖睦尔万万没有想到的是，他前脚刚撤出元大都，后脚明军就把元大都攻陷了。明军稍做休整之后，又兵分三路，分别攻打山西、古北口和漠北。攻打漠北的明军第三路兵马，兜着妥懂帖睦尔的屁股，就追来了。

这一天，妥懂帖睦尔刚刚走到应昌，正在歇脚呢，报事的老太监又慌慌张张向他禀报：元军全线溃败，整个大元朝彻底散了。妥懂帖睦尔听罢是仰天长叹："先皇列祖在上，我妥懂帖睦尔无德无力执掌于天下，愧对列祖列宗。今日小王本想退守故里，重整河山。哪承想江河日下一泻千里。短短几日，那明军就已攻陷大都，又兵发三路，穷追不舍。如先皇列祖当前再不明示小王我路归何处，我、我还不如挥剑自刎，就此了却，倒也安心。我干脆死了算了。"

说着妥懂帖睦尔就把自己佩带的龙泉宝剑拿过来，一摁绷簧，"当啷"一声就把龙泉宝剑抽出剑鞘，反手"欻"一下就把明晃晃、冷森森的剑刃横在自己的脖子上，两手一较劲，就彻底算是了却一生了。

报事的老太监看到皇上这种异常的举动，可把他吓坏了，拼了老命一把把妥懽帖睦尔的双手给拉住了，然后是苦苦相求："皇上，万万使不得啊！皇上，如果您能出气，奴才甘愿以死效忠。"

报事的老太监这一喊，随行的文武群臣也赶快跑过来相劝。这么一折腾，等到妥懽帖睦尔稍微平静下来后，太阳就偏西了。

执事官一看，今天也走不了了，干脆就提前在应昌半道的一个小屯安营扎寨了。

等到帐包都搭建完了，太阳刚好落山。妥懽帖睦尔草草地吃了几口御膳，又简单地洗漱了一下，就到自己的帐包里和衣而睡。帐包外，只剩下当班的一老一小两个贴身太监。

这该着有事。天色刚一摸黑，妥懽帖睦尔躺在帐包里翻来覆去睡不着，干脆起身喝酒吧。有道是：一醉解千愁。

工夫不大，酒席设下，妥懽帖睦尔独自一人是举杯就喝。有道是：借酒浇愁愁更愁，酒不醉人人自醉。妥懽帖睦尔越喝越感到浑身难受。唉，正在这么一个节骨眼上，他突然又听到远处传来了谩骂声，这下，心中的火"腾"一下就上来了，"嗯——气死我也。"他双手举起一坛子酒，一扬脖"咚咚咚"，整个坛子酒全喝下去后大喊："谁人谩骂，都给我押过来。"

一会儿，几十名侍士手拿利刃把为首的一男两女等十一个人，五花大绑押到妥懽帖睦尔面前。

妥懽帖睦尔借着醉眼一看，原来是亦失哈族主胜责和他的两个夫人，以及三老五少共八名亦失哈喇部族的人。妥懽帖睦尔指着亦失哈胜责的鼻子怒斥道："胆大的胜责，你竟敢谩骂于朕，难道你就不怕死吗？"

"你这个狗皇帝，一路之上对我们亦失哈族人是杀老留小，做尽了坏事。今天，你们又无故不给我们水喝、饭吃，我倒可以忍受，可是我这两位夫人身怀六甲，岂能受得了这种折磨，干脆你把我们都杀了算了，也免得让你这狗皇帝惦记着。"

"对！你这狗皇帝把我们都杀了算了，我们亦失哈族人绝不会为你们出半点力。"亦失哈众族人也是异口同声。

妥懂帖睦尔一听，起因是在自己的手下，而不在亦失哈胜责，但是，他此时早已喝醉了，一听这么多人都在骂他，他哪还管得了那么多了，大喝一声："把亦失哈胜责的嘴给我堵上，先把后面那三个吱声的老家伙给我推出去斩了。"

一个侍卫拿着一条白布，就把胜责的嘴给堵上了。其他侍卫过来，不由分说，两个人一组，一边一个，把这亦失哈族人里三个老人家推到帐篷外面给砍了。亦失哈胜责真急眼了，虽然他被两名侍卫摁在地上，但是他还是顽强地撅搭撅搭在那反抗。

亦失哈喇部族里五名年轻人一看自己的三个长辈都被推出去砍了，他们也不怕死了，心说：早晚都是死，还怕这狗皇帝什么呀？干脆就骂个痛快吧。

妥懂帖睦尔也真杀急眼了："他们五个人也都给我推出去，斩了！我看你们服不服！"

"咔嚓、咔嚓……"五名亦失哈喇部族的青年人眨眼间就人头落地。

亦失哈胜责哪能干啊，在地上是又滚又蹬，他的两位夫人也是骂不绝口。妥懂帖睦尔借着酒劲，把心一横，一咬牙，说："好好好，罢罢罢，既然你们自己找死，也别怨我了，来人呐，把亦失哈胜责和他的两位夫人都给我推远点，斩了！"

妥懂帖睦尔怕杀孕妇给他带来晦气，于是让侍卫把他们仨人带到远点的地方进行处决。六名侍卫又上前架起他们仨人，来到帐篷外较远的一个小土包跟前儿。三名侍卫把鬼头刀举了好几次，没忍心往下落。为什么啊？

胜责的两位夫人此时是身怀六甲，他们不忍杀戮。这虽然看起来是杀一个人，可却是两条生命啊！但是皇上的命令谁敢抗旨啊。只见三名侍卫把眼一闭，就要落刀。就在这时，突然从远处传来人语："度人无量天尊，刀下留人，贫道来也！"

※※※

就在三名侍卫犹豫的这么个工夫，只见一位仙风道骨的老尼飘落到了他们面前。来的这位老尼是谁啊？不是旁人，正是那位善观天象、能预知未来吉祥祸福的九龙山紫霞观的紫霞真人。

紫霞真人是口诵上天好生之德的道德真经，上前施礼："三位壮士且莫枉杀无辜，贫道自有解救他们的办法。"

三名侍卫一听，那敢情挺好，顺水推船，说："道长啊，你能救他们更好，免得让我们也结孽怨。"

"你们在此稍候，我去去就来。"

紫霞真人转身来到妥懽帖睦尔驻扎的营帐外，让人上里面报信儿。此时，妥懽帖睦尔正倒头睡着，鼾声大作。执事的老太监开始说什么都不让见，最后，紫霞真人捎话说："贫道此番不远千里从东夷国而来，特在此等候皇上，且有天机相告。如若尔等阻拦，触犯天机，必遭天谴。"

老太监一听，知道此事重大，就急忙屈身进帐房，躬身跪拜："皇上、皇上！你醒醒、你醒醒！"

妥懽帖睦尔以为发生什么大事了呢，一骨碌身起来了，问道："发生什么大事了？"

"禀报皇上，外面有一个女道长想求见皇上。"

"不见、不见！你就告诉她，朕行程劳累，且已睡下。如她有要事，就让你捎个话，就行了。"

"皇上，刚才奴才也是这样答对她的。可是，这位女道长说，此番她是不远千里从东夷国而来，特在此等候皇上，且有天机要事相告。"

第五回　疯太乙观星紫微垣　元祚帝陨落掳亦囚

嗯？她不远千里从东夷国而来，特在此等候，且有天机要事相告？难道她是特来指点我迷津之人不成？我自幼信佛信道，无论自己当下处境几何，也不能不明世故、不尊礼仪。有道是饿死事小，失节为大。大元朝越是在破败之时，越要尊礼守矩。我不能拒而不见，否则，这也显得自己心胸太狭窄了，也太没礼貌了，最后让人家一想，我大元朝皇帝也太不懂事了。

想到这，妥懂帖睦尔酒醒了一半，忙命贴身的老太监："马上另备一小屋，朕要以礼相见。"

"嗻！"报事的老太监是应声而去。

工夫不大，在另外一个小帐包里，重新在地上铺上地毯。北方人都是席地而坐啊，所以，就在地上铺上了厚厚的地毯，然后，放一张小桌，小桌上面放上了两壶奶酒和许多点心等。等到这些都准备妥当了，妥懂帖睦尔也早已更换好龙袍，主动席地而坐，并吩咐贴身的老太监，赶快请女道长进来。

随着帐包的门帘挑开，报事的老太监和紫霞真人是一前一后走了进来。紫霞真人拱手施礼，妥懂帖睦尔也是以礼相待。老太监给紫霞真人敬上奶酒。妥懂帖睦尔一摆手，老太监就退下去了，屋里就剩下他们两个人。

紫霞真人也不客气，是该吃的吃，该喝的喝。等到一壶奶酒下肚之后，紫霞真人挺高兴，开门见山地说："真不愧为大元朝的皇帝。你的为人，贫道我非常佩服。你做得非常好，也非常明智。为啥我来看你呢？现在天下已定，大元朝气数已尽，要结束了。大明天下即将是红日升天。俗话讲，识时务者为俊杰。你懂得这些，你也做得非常对，不动干戈，主动让贤，主动退到北边，回到你的故地，这是对的。这是天之愿，人之所愿也。如此看来，你还是一位有德的明君啊！所以，贫道我非常佩服你。"

紫霞真人虽然说辞的声音不大，但是她说的每一个字都深入到元惠宗妥懂帖睦尔的心里去了。

妥懽帖睦尔也是扪心自问：女道长以上所言，确实不假。我从元大都主动北退这事，知之者甚少。知我内心想法者，更是少之又少啊。女道长一言即点破我心，她绝对是一位世外的高人，我何不请她给我指点迷津。

第六回

元末帝应昌得归宿
紫真人携徒谵孤童

妥懽帖睦尔想到这儿，心里突然生出一丝希望，马上说："如大师所言，我大元朝已经不行了，明朝的徐达他们已经攻过来了。我把元大都都给他们让出来了，我已尽了仁德之心。既然大师特意前来见我，还请大师给我指点迷津，赏我一条明路。"

"度人无量天尊！今日贫道可实话相告，但不知皇上，是否听之？"

"我听！我听大师的话，我尊重你。"这时的妥懽帖睦尔早已放下自己皇上的架子，是虚心请教。

"那好！如能听之，贫道就送你两句箴言：天定事人应之则人昌，天定事人反之则人亡。尊天道而行人事，得此地而保安康。"

妥懽帖睦尔听完紫霞真人的箴言后，大脑高速运转来回掂量：应则昌，反则亡。应昌，反亡！应昌！哎呀呀！

这真是：一句话点醒梦中人。妥懽帖睦尔精通蒙古文、满文、汉文，而且熟读史书经典，他又非常睿智，于是，瞬间就明白了紫霞真人这句箴言的真谛所在。

"大师，恕我直言：难道此地应昌，就是小王我退居漠北的安身之地？"

紫霞真人点了点头，说："然也！"

紫霞真人的言外之意是，应昌这里，谁都来不了，大明朝的兵马也不会到这里来的，你还跑到哪去啊？现在大元朝的天下一下子变成大明朝的天下了，你到哪去啊？妥懽帖睦尔冷静下来一想当前的形势，真如女道长紫霞真人所言，应昌地处塞北，是昔日先祖创业之时一块难得的发启之地。最后，历史上也是果然如此。妥懽帖睦尔五十多岁平平安安地就死在了应昌。这是后话了。

妥懽帖睦尔又问道："大师，你说我现在想着什么？你能告诉我吗？"

紫霞真人说："你想什么你知道，我也知道。你现在愁的，不是与明朝的兵打仗。而是你带着从大金朝掠来的这一帮人。你不觉得他们是累赘吗？他们不是让你寝食难安吗？贫道我现在就可以告诉你，我就是为这事来的，

第六回　元末帝应昌得归宿　紫真人携徒谞孤童

我替你解脱来了。我不管你愿不愿意听，我是从道家的角度来讲的。道是什么？道讲的就是人生一世，你要懂得生存之事，才能活得安稳，才能永远得到喜讯。如果你横冲乱撞、滥杀无辜，最后，你会撞得灰头土脸。恕我直言，刚才，我把胜责和他的两位夫人从刀下给拦下了。我看你，现在还是把他们放了最好。我认为你应该放！"

妥懽帖睦尔略有所思地对紫霞真人说道："大师啊，您刚才讲得非常对，我现在想的就是尾大不掉。我最担心的就是带着他们感觉是累赘。这是几代先皇让我带的，我能不带吗？恕我直言，我现在不想带他们了，但是现在亦失哈喇部族的族主胜责这个人不能放。"

紫霞真人马上反问到："你认为胜责是亦失哈喇部族的族主吗？你是根据什么认定的？"

妥懽帖睦尔说："多年来，亦失哈喇族人所讲，而且传续几代，亦失哈喇氏族的族主就是胜责啊！"

紫霞真人讲："既然这样，你要杀胜责也可以。佀是，我劝你最好先要弄清楚，他是不是真正的亦失哈喇的族主。你现在可以先了解这事，然后，我再帮你解决这事。恕我实言相告，胜责不是他们的人，更不是他们的族主，你们弄错了。"

"大师之言差矣。亦失哈喇族人已被我们关押了整整一百多年，他们生活起居都在我朝监视之内，胜责千真万确是他们的族主啊。是不是大师对此事，搞错了？"

"嘿嘿，天下之事，我知道得最细啊。虽然我生活的地方是九龙山紫霞洞，远距此地有千里之遥，但是那里的松花水系最为丰沛，而且是女真人曾经生活过的地方。那里的人都知道哪些是亦失哈喇的人，哪些不是亦失哈喇的人。我听的这些东西太多了。"

妥懽帖睦尔听紫霞真人这么一说，突然问："请问大师，您到底是哪个地方人？尊请法号何名啊？"

紫霞真人也不藏着掖着，非常坦诚地说："我是松花江边的东夷人。紫霞真人是我师父给我起的名字。我师父已经故去好多年了。你啊，就不用叫我紫霞真人了，就叫我疯道婆吧。我是出家之人，到处走。人间吃什么苦，我都跟着尝。我到处走，无论是绑匪还是谁，没有不认识我的。我跟丐帮也有接触。我不但跟你们大元朝上面的官员有接触，而且下面的什么人我都接触。所以说，我知道的世上的事最多。你不要以貌取人，其实我的岁数比你大得多了。"

妥懂帖睦尔听紫霞真人这么说，突然一下想起来了，曾经有人跟他禀报过，说塞外有这么一个世外的女高人、女道长，此人是神龙见首不见尾，经常是救别人于水火之中，从不留法号芳名，只说自己是一位疯道婆。今天自己落难于此，才得以与高人相见，此乃三生之幸也。

妥懂帖睦尔非常好奇，就问："大师，您到底多大岁数啊？我看您很年轻啊！"

※※※

妥懂帖睦尔眼前的这位太乙真人，眉清目秀，头发上面扎着银簪，身穿着椴树皮做成的道袍，脚下蹬着一双白色的薄底快靴。身材虽然较为清瘦，但浑身上下、由内而外散发着一股子清爽的气息，而且说话的声音非常洪亮、有力。

妥懂帖睦尔上上下下仔细把紫霞真人打量了一番，从她的衣着打扮和面部表情，以及她的肤色来看，她的年龄最多也就四十多岁的样子，看起来跟平常人没什么区别。妥懂帖睦尔心想：你也不是老太婆子，很年轻啊，最多就四十多岁的人。

妥懂帖睦尔此时也不避讳什么了，直接问道："敢问大师，我能问一下您的岁数吗？"

第六回　元末帝应昌得归宿　紫真人携徒谙孤童

紫霞真人听完笑了："哈哈，说起来，我还年轻啊。你的先祖忽必烈坐殿的时候，我记得当年自己一百岁，现在又过去九十多年了，我也记不太清自己多大了。"

"哎呀！"妥懽帖睦尔一听，酒劲全醒了，敢情坐在自己面前的这位女道长岁数都一百九十多岁了：这不是女神仙下凡吗？自己真是有眼无珠啊。于是，他赶紧从自己坐的皮垫子上站了起来，急忙往后退了一步，"扑通"给紫霞真人跪下了。

现在妥懽帖睦尔完全放下了自己帝王的架子，跪拜施礼："小王我今天是真遇到神人了，愿听神人所示。"

此时，妥懽帖睦尔对紫霞真人是言听计从，他再也不敢怀疑了，是跪着听从紫霞真人训导的。

"先师，小王我现是落难之时，未来怎么办，一切听神的安排。您说怎么办，就怎么办，我一切听您的。"

这次妥懽帖睦尔不叫紫霞真人大师了，而改称为先师了。

"以后，你就叫我疯道婆吧。我就是女道姑，别先师先师的。我还要活下去呢。你先把亦失哈胜责的事处理明白了，咱们再聊吧。我先到别的帐包休息一下，听你的消息。"

"好的，先师您先休息一下，小王我马上去核实。"

妥懽帖睦尔根据疯道婆的建议，先给她安排了一个住的地方，而后把身边的文武大员和贴身太监都找来了，说："今天我身边真来了一个神人。她让我们先确认一下胜责，到底是不是亦失哈喇氏族的人，你们马上分头行动，重新核实。"

这些人接旨后，就把亦失哈喇的人分别集中到不同的帐包里，进行重新核实，胜责到底是不是亦失哈氏族的人和族主。

整个亦失哈喇氏族的人是异口同声："胜责就是亦失哈人，他就是我们的族主，千真万确，我们没有说谎。"

元朝的这些人就点化他们，说："我们这儿现在来了一名世外的女高人、女道长，她说了：胜责不是亦失哈的人。你们如果承认的话，我们可以饶你们不死。"

让许多元朝官员和太监没想到的是，这些亦失哈喇氏族的人，对紫霞真人所说的话，一致否认，并破口大骂："这从哪个石头缝里蹦来的一个疯婆子，自古以来，三姑六婆就没有一个好东西，你们怎能信她呢？我们说的都是实话。你们不要听这个疯婆子的。我们以性命担保。"

这时有人也把胜责押回来，就问他："你到底是不是亦失哈喇的族主？"

胜责也是非常坚定地回答："我就是亦失哈喇的族主。有事就找我，要杀要剐随便。"

整个亦失哈族里的人，一致把胜责给推出来了。其实，亦失哈喇部族人的这些话，都传到了在隔壁一个帐包里休息的紫霞真人的耳朵里。紫霞真人笑了，就告诉妥懂帖睦尔说："既然他们都说亦失哈胜责是亦失哈族的族主，那就按大伙说的办吧。"

※※※

书中代言，亦失哈人非常抱团，他们早就做好了这个准备了。亦失哈胜责都八十多岁了，他原本是给亦失哈主人负责挑书担子的一个小随童，根本就不是亦失哈族的人，是亦失哈老族主从山林里捡来的一个奄奄一息的苦命孩子。亦失哈老族主用自己掌握的女真医术，为他精心治疗，没想到竟然把这个孩子给救过来了，于是，就把他留在了身边，做自己的随童，给他起名叫亦失哈胜责。胜责从小就非常忠于主人。后来，亦失哈老族主老来得子，给他起名叫亦失哈胜晟。亦失哈老族主临死前，再三叮嘱胜责："你无论如何也要把亦失哈喇氏族的这根独苗胜晟给我保护好。你最好让他当你的佣人，以避免元人的迫害。"

第六回　元末帝应昌得归宿　紫真人携徒赍孤童

"老罕王，您放心吧，我宁可死，也得把少主人保护下来。"

从此，亦失哈胜责对外宣称自己是亦失哈喇的族主，暗地里对胜晟进行保护。现在亦失哈喇氏族里剩下的这三四十人中，就有亦失哈胜晟，这才是亦失哈氏族的真正主人。但是他此时早已成为胜责多年来的手下用人，他的名字也不叫胜晟了，而是用了"巴失哈"这个名字。

巴失哈是什么意思呢？它是女真语"打杂的"意思。胜晟对外宣称是胜责的佣人，专门伺候胜责的两个夫人。亦失哈人忠心不事二主。他们都非常清楚这事，实际上他们是把亦失哈胜晟给保护起来了。

亦失哈胜责为报主恩，冒名胜晟被杀后，疯道婆紫霞真人对妥懽帖睦尔说："我要走了，我还要云游天下。你既然把他们的族主给杀了，剩下的他的族人和佣人都交给我得了，我来给你处理这个麻烦。你就当做好事吧。你带着你的人到前面的应昌去吧，其他的事你也别做了。从今以后，只要你少吃少喝少近女色，出家人从来不打诳语，我保你有个很好的善终。切记，切记！"

"先师啊，我听你的。"

于是，紫霞真人用善言巧语，安抚了妥懽帖睦尔，不仅给他指出了光明之路，也帮他卸下了杀人犯罪的重负。就这样，被妥懽帖睦尔一连几代元朝皇帝囚禁的亦族人，平安地来到九龙山紫霞观。

后期妥懽帖睦尔有点破罐子破摔了。自个儿觉得大草原除了风沙也没有什么，要死也死不了，要活也活得没啥意思，于是他就炼丹，有点走火入魔了，最后就死在了应昌。

紫霞真人带着亦失哈族的这三四十人就回到了松花江畔的九龙山紫霞观。好在道观周围自有一些田亩和荷塘，这伙生民就在道观周围种田、养鸡、养鸭，清整荷塘，养鱼、收莲藕，倒也是有趣儿。愿出家修道的直接留在道观，不愿出家的就在九龙山周围搭建一些房舍，独立门户，许多人过上了靠渔猎生活的日子。生存下来的亦失哈族人们都由衷感激紫霞真人的深恩大德。

事后，紫霞真人便叮嘱亦失哈的族人们："你们的身世，不可言讲是亦失哈姓，望你们谨记。有朝一日，等到有贵人登门造访时，再公布也不迟。"

亦失哈族人都将紫霞真人的话铭记在心。从此，他们就消失在了世人的记忆中。直到明燕王朱棣派蓝大姑万里求艺寻亲时，老天有眼，亦失哈人才有幸出世，一举成名。

亦失哈喇的族人都知道，松花江畔是女真故地。这件事虽史无记载，但本套满族"乌勒本"中却是有民间口传记载的。

※※※

单说被整个亦失哈喇氏族受尽万般苦、尝尽千般难而极力拯救下来的亦失哈胜晟，有一天，他单独找到紫霞真人，说："先师啊，我想出家。"

紫霞真人看了看亦失哈胜晟，突然笑道："少主人啊，你在我面前就不用再演戏了。我知道你的苦衷。关于你和二夫人莲花的婚事，还是由贫道来处理吧。"胜晟跪地是感恩不尽。这是怎么回事呢？

其实亦失哈胜责的二夫人莲花，实际上是胜责为少主人胜晟挑选的原配夫人。为了蒙蔽元人，好让少主人亦失哈胜晟传宗接代，胜责只是承担了名誉上的夫妻之名。紫霞真人挑破胜晟与莲花的这层关系后，二人在紫霞真人的主持下，在族人的祝贺声中，正式拜了花堂，成为一对恩爱的夫妻。胜责的大夫人年事已高，她在胜晟夫妻二人精心的照料下，过上了几年好日子，就去世了。

暑去寒来，十七年的时间，转眼就过去了。胜晟夫人莲花怀孕了好几次，但每次不是中途小产，就是孩子刚出生就夭折了，这下可把夫妻二人愁坏了。后来，紫霞真人给胜晟夫妻二人出了一个主意，让他们在"慈航

第六回　元末帝应昌得归宿　紫真人携徒谵孤童

普度天尊"面前，连续诵经祭拜九九八十一天，而后，如若再得子，一切都会平安无事的。"慈航普度天尊"就是人们常说的观世音菩萨。

胜晟和莲花真动了诚心，九九八十一天，他们一天没落，天天在"慈航普度天尊"面前诵经祭拜。哎，你说神奇不神奇？当九九八十一天过后，莲花真的怀孕了。这下，可把胜晟和莲花高兴坏了。胜晟为了给莲花补充营养，经常到外面打猎捕鱼。紫霞真人也把道观里的羊奶留给莲花喝。

莲花的肚子一天天渐大，马上要临产的时候，也该着出事。洪武十八年新年刚过，亦失哈胜晟为了给夫人莲花多准备点好吃的，他感觉过年闲着也是闲着，不如自己趁这几天再上山多采一些松塔，多剥出一些松子来，压出些松子油，来调剂生活。这一天，他一大清早就拿着袋子上山采松塔去了。临行前，五子是呱呱叫，说什么都不让胜晟去，胜晟也上来一股犟劲了，非要去。五子呱呱叫得厉害，胜晟就不带五子了，干脆把它关到鸟笼里，还用一块黑布给它罩上，五子这才消停了。临出门时，莲花站在门口还再三叮嘱胜晟："今冬天冷，松树枝比较脆，你上树时千万小心，别踩空了。"

"莲花啊，你就放心吧。我都打这么多年松塔了，不会出事的。你回屋吧，外边天冷。"

"哎！"

※※※

亦失哈胜晟独自一人连翻了两座山，来到了一处采松塔的好地方。这里很少有人来，所以松塔相对比较多。胜晟不到半天的工夫就打了满满的一大包松塔，收获颇丰。胜晟想，走吧，天色还早点，再说前面还有一小片松塔，丢下的话怪可惜的。不如这样，我今天把它们全打下来，堆放在一起，用雪埋上，做个记号，明天我拿袋子来，直接把它们装走就完了。

对！就这么干。

胜晟主意打定之后，就是上树、下树、再上树，是打个不停。眼看也要打完松塔了，脚下一个没留神，就听见"咔嚓"一声，脚踩的松枝断了，他整个身子像大麻袋一样"呜"一下就从高高的松树上摔下来，顿时吐血而死。

莲花正挺着大肚子在家做饭呢，突然，听到鸟笼里的五子"呱儿"的一声惨叫，它是破笼而出。五子在屋里飞转了一圈，直接去了紫霞观。

此时紫霞真人正六神无主。她百思不得其解，刚才她正在禅床上打坐呢，突然，她看到天上三清天尊身边的"舍利转世"是身带血光，向自己飞奔而来。这到底是怎么回事？吓得紫霞真人一下子就从禅床上跳了下来。她掐手一算，不由得高诵道号："无量天尊，罪过啊罪过。"

就在这个节骨眼上，小五子呱呱叫着飞进了禅房。紫霞真人一下子明白怎么回事了，马上派几个年轻力壮的道士跟着五子走，说："亦失哈胜晟肯定出事了，你们赶快跟着五子去看看吧。"

五子在前面快速地飞，道士们在后面拼命地追，他们翻过两座山，就来到了亦失哈胜晟出事的地点。人们一看胜晟早就没气了，于是，就找来两根细点的松木杆，做了一个简单的担架，把胜晟放在上面，抬回九龙山紫霞观。

挺着大肚子的莲花一见到死去的丈夫时，一口气没上来，"哦"一声晕死过去了。紫霞真人帮着掐人中捶后背，好不容易把莲花救过来。莲花扑在胜晟身上是放声大哭。她这一惊一吓，再这一哭，坏了！莲花肚子里的羊水就破了。

紫霞真人一看势态不好，又马上命令几个上了岁数的老道姑，烧水的烧水、生火的生火，七手八脚忙活了半天。紫霞真人亲自为莲花接生。哪那么好生的啊，疼得莲花是死去活来："大师娘啊，我不想活了，我实在是没力气了，就死了算了。"

第六回　元末帝应昌得归宿　紫真人携徒谙孤童

"莲花啊，你不要再说这些傻话了。你再用点力，孩子的头都快要出来了。这是你和胜晟的希望啊！再用点力。"

"哎，我和胜晟的希望，对！我再用力！嗯——"

女人生孩子真可谓九死一生！为什么说每一位母亲都是伟大的啊，就因为生孩子是一道鬼门关。因为是早产，所以，莲花更是千难万难、千苦万苦。无论怎么难怎么苦，莲花在紫霞真人的鼓励和帮助下，总算把这孩子生下来了，还是一个男婴。孩子虽然保住了，但莲花因失血过多，已经是奄奄一息。临终前，面色苍白的莲花苦求紫霞真人："大师娘，我们一家子都是您救的。胜晟走了，我也要走。我现在最惦记的，就是这个孩子了。他可是整个老亦家的命根子啊！大师娘，我临走前求您一件事，就是等到我儿成丁那天，求您把这个香包交给他。这、这可是亦失哈家族传下来的秘宝。我现在只能拜托给大师娘您了。"

说着，极度虚弱的莲花从怀里掏出一个用绸子做的小香包。这个小香包缝制得密密麻麻，非常精致，小香包的上面还挂着一条细细的小银链。紫霞真人把这个男婴轻轻地抱到了莲花跟前儿，莲花慢慢地转过头来，看看自己的儿子，眼泪唰地就流了下来，哽咽着对紫霞真人说："大师娘，你把它挂到孩子身上，等到他长大成丁时，再打开。"

而后，莲花极深情地看着熟睡的儿子，就那么恋恋不舍地闭上眼睛，走了。

胜晟和妻子莲花给紫霞真人留下了一个哇哇待哺的男孩儿。紫霞真人因为这个男孩是洪武十八年乙丑年生的，所以就给他起了一个乳名，叫"小牛"。"小牛"这孩子是谁啊？他就是本套书的书胆人物，也就是明代船王亦失哈，此为后话。

亦失哈胜晟和妻子莲花去世后，紫霞真人就让人把紫霞观最好的西大间中间那屋给倒出来了，她和小牛搬了进去。每天紫霞真人亲自给小牛喂羊奶、擦洗身子、换尿布。平时紫霞真人还特意让五六个贴心的道观侍女

小牛亦失哈所戴灰鼠皮香包

　　帮着她看管小牛。紫霞真人真是把"小牛"含在嘴里怕化了，捧在手里怕摔了。小牛成了全紫霞观最最重要的一个大宝贝。

　　让所有人没有想到的是，小牛仅在紫霞观平平安安地生活了半年，远在北平的燕王朱棣就带着王妃徐彩凤以及随行的十几名侍卫化装乔扮皮货商，是寻梦寻影而来，从此彻底改变了小牛一生的命运轨迹。

　　这到底是怎么回事呢？如果要是让朱伯西我说得清楚、讲得明白，咱们还得回到洪武元年（1368）朱天子朱国瑞登基说起。

第六回　元末帝应昌得归宿　紫真人携徒谙孤童

※※※

话说 1368 年，也就是戊申年春正月，吴国相、李善长等人力劝朱元璋在应天府坐殿成帝。

李善长说："吴王千岁，该到你当皇帝的时候了。这个旗啊，您要不打，就没有别人可打了。只有您打，咱们反元的力量才会越来越强。吴王千岁，你此时称帝是得民心占地利，万民之福啊。望吴王千岁，早日定夺。"

李善长在元代时就是一个大谋士，这个人相貌宽厚谦和，善于察言观色。他通晓法家之学，饱读诗书，有智谋，文韬武略都很擅长。自从跟了朱元璋之后，他给朱元璋出了不少主意，让朱元璋对他是刮目相看。但李善长不足的地方，就是心胸比较狭窄、爱嫉妒人、没有容人之心。只是他善于隐藏自己，平时说话笑呵呵的，谁也不会想到他是这样的人。

此时，身为吴国相国的李善长当着文武群臣的面这么一提议，文武群臣也都纷纷表态，支持朱元璋称帝。

"吴王千岁，我赞成相国的提议。"

"我也举双手赞成！"

朱元璋见文臣武将们都赞成，自己整个人也飘飘然。当官谁不愿意啊，更何况是当今的天子！但是，此时的朱元璋内心还是有主见的，他还是有些顾虑：此时西南、西北、东北等地还都被元朝控制，自己这时登基是否妥当？是不是再往后推一推为好？

朱元璋考虑的是自己登基时间早晚的问题。当他对这个问题拿捏不准的时候，就把目光转到了军师刘伯温身上。

刘伯温与李善长这个人在为人处世上完全不同。刘伯温非常了不起，他博通经史，尤精象纬之学，能掐会算。他能上下掐二百年，时人比之诸葛亮。中国民间广泛流传着"三分天下诸葛亮，一统江山刘伯温；前朝军师诸葛亮，后朝军师刘伯温"的说法。朱元璋从请到刘伯温那天起，内心就早已把他尊称为"军师"了。但是刘伯温对外从来不把自己当作军师，往往是说半边留半边，他认为自己说多了事多，太麻烦了。朱元璋多次公开称刘伯温"吾之子房也"。

子房是谁啊？是秦末汉初杰出的谋士、大臣，与韩信、萧何并称为"汉初三杰"的张良。这也足以说明，朱元璋对刘伯温的信任。

现在，刘伯温对整个大元朝的形势再清楚不过了，他想得也比较细。当他看到朱元璋的目光转向自己时，马上清了清嗓子说："吴王千岁，伯温以为此时登基是恰逢天时。"

"哦？不知军师何出此言？"

"吴王千岁，您可知道唐朝袁天罡和李淳风编写的《推背图》？"

"知道啊。"

"您看《推背图》中的第二十七象，不是说得明明白白吗？其中谶曰：'唯日和月，下民之极。应运而兴，其色日赤。'颂曰：'枝枝叶叶现金光，晃晃朗朗照四方。江东岸上光明起，谈空说偈有真王。'"

"军师啊，是这么说的，但我就不明白它具体指的是什么意思，望军师明示。"

"吴王千岁，这句'唯日和月'说的是一个'明'字，也就寓意着元朝的灭亡，一个新朝代的更替，这个朝代应当是'明朝'。其中'下民之极'暗指的这位帝王，应当是出身贫寒之人，这与吴王千岁您再适合不过了！"

朱元璋出身贫贱，他少年时有要饭、后来被迫做了和尚的这么一段经历。

刘伯温接着说："'应运而兴，其色日赤'说明新的朝代应运而起，应该建立新的王朝。而这'赤'字，意为红色，实质喻指一个'朱'字，不

第六回 元末帝应昌得归宿 紫真人携徒耆孤童

正是吴王千岁您的姓氏吗？下面的'枝枝叶叶现金光，晃晃朗朗照四方'也是喻指一个'明'字。'江东岸上光明起'就是说吴王千岁您应该在江东的应天府（今南京）称帝，建立明朝。再看最后一句，也是非常关键的一句就是'谈空说偈有真王'，指的就是佛门出了帝王。再看图中的两个圆各指日和月，合在一起又是一个'明'字。树上挂曲尺，即'木、匚'，合起又为一个'朱'字。吴王千岁，这个称登基称帝之人不是你，还是何人呢？"

"哦！"朱元璋听后，不住地点头，但也是略有所思。

刘伯温接着讲："吴王千岁，您再看，大元朝经五世十一帝，历时九十八年。因其对百姓残酷欺压，再加上多年来水灾、旱灾、天灾、人灾频频不断，全国的老百姓怨声载道，此乃大元朝气数已尽。如吴王此时登基坐殿，可谓顺天时，占地利，得人和，千载难逢之良机也。"

文武群臣听罢刘伯温的解释，有听懂的，也有没听懂的，反正都知道是好事，无不拍手称快。

朱元璋一听：此时正是自己登基称帝的千载难逢良机，那还等什么？于是，他马上下令布告天下，于戊申年正月初四在应天府称帝，国号大明，年号洪武，定都南京。

※※※

说到这，朱伯西我有必要简单简介一下朱元璋这个人。

明太祖朱元璋，姓朱，名元璋，字国瑞，原名重八，濠州钟离人，也就是现今的安徽凤阳人。朱元璋十七岁为僧，二十五岁起兵滁州，初依郭子兴，后遂渡江，拔牛渚、下太平、取集庆路，以次略定江左。至正二十四年，朱元璋自为吴王，建百官，遂降陈理，执张士诚，走方国珍，尽有淮南、浙东、江西、荆楚之地。正至二十七年，又命诸将移师北定。到了

93

戊申年春正月乙亥，祈天地于南郊，即皇帝位，追尊祖考为明太祖高皇帝。

朱元璋从一个穷苦孩子出身，自元至正十三年起兵到应天府登基坐殿，仅用时一十五年，这真印证了人们常说的一句老话：时也，运也，命也！谁能想到，小时候曾给地主放牛的放牛娃朱元璋，四十年后能当皇帝啊？打死谁，谁都不信，甚至连朱元璋自己都不会相信。

第七回

朱国瑞应天登大宝
封功臣降旨藩九子

朱元璋在走投无路的情况下，毅然决然地投奔到了安徽凤阳县皇觉寺，剃度为僧做了一个小行童。他在寺里每日扫地、上香、打钟击鼓、烧饭、洗衣，等等，经常受到老和尚斥责。不久，当地闹饥荒，寺里得不到施舍，住持只好打发和尚们云游化缘。这样，年仅17岁的朱元璋只好离开寺院托钵流浪。

朱元璋边走边乞讨，从濠州向南到了合肥，然后折向西进入河南，到了固始、信阳，又往北走到汝州、陈州等地，东经鹿邑、亳州，三年之后又回到了凤阳的皇觉寺。在这流浪的三年中，他走遍了淮西的名都大邑，接触了各地的风土人情，见了世面，开阔了眼界，积累了丰富的社会生活经验，同时，艰苦的流浪生活也铸就了朱元璋坚毅、果敢的性格，但也使他变得残忍、猜忌。这段生活对朱元璋的一生产生了深远的影响。而在外云游的三年，也正是元末农民起义风起云涌的时期。

朱元璋本来就有一个大下巴颏，小时候生过天花，脸上留下许多麻子，整个脸上坑坑洼洼的，再加上从小营养不良，整个小脸是又瘦又黄，后脊梁骨一块一块的都撅撅着，两边的肋叉骨一根一根的清晰可见，说话又瓮声瓮气的，所以，很多人都看不起他。但是，朱元璋有报国之志，最主要的是他特别善说，语言极具煽动性和鼓动性。他到处讲，大伙只要抱团，一定能推翻大元朝。

朱元璋擅长说，主要得益于凤阳当地的一个风俗——凤阳花鼓。当时的凤阳府，自唐宋元以来，凤阳花鼓是最有名的，凤阳人基本上都会唱上几句、说上几段。朱元璋从小就受凤阳风俗的影响，虽然家里穷不能供他读书，但是他一有工夫就听当地的凤阳花鼓。老人们常讲，听书看戏长知识，朱元璋就从听书唱戏上学知识。朱元璋天资聪颖，有过目不忘的本领，一部书、一台戏，只要看一遍、听一遍就会了，而后他"吧吧吧"原汁原味地给人们演唱。更让当地人感到惊奇的是，无论是面对好人还是坏人，朱元璋吧吧一讲，哎，他就能讲出一些事来，讲出一些理来。虽然朱元璋

第七回　朱国瑞应天登大宝　封功臣降旨藩九子

善说这是他成功的条件,但是关键的还得说是时势造英雄。

※※※

元朝自统治中原以来,对天下的老百姓压榨得太厉害了,简直不把人当人看。元朝统治者把全国的人分为四等人。最上等的是蒙古人,其次是色目人,最下面的是汉人和南人。汉人和南人分别指的是金和南宋的遗民。汉人不光有汉族人,也包括汉化的契丹人和女真人,就连附属的高丽人也属于汉人阶层。蒙古人具有至高无上的权力,他就是第一。什么事,他们都是对的。你只要是与蒙古人不和,就是犯罪。平时和蒙古人在一起,你要是先走一步,就是触犯元法。轻者遭受一顿皮肉之苦,重则被杀头。再比如:蒙古人没说让你吃,你先一动筷子,也是触犯元法的,就是犯罪。让你喝水了,你的嘴比蒙古人先张开了,也是犯罪。你说,这还让天下的老百姓活吗!所以说,当时的老百姓是寸步难行。

当时元朝政府还有一条不成文的规定:庶人无职者不许取名,只以行第及父母年齿合计为名。什么意思呢?就是老百姓的名字,都是直接用自己的出生日期命名,或者把自己的父母年龄相加就行了。如果自己以后当官了、上学了,才可以取名字。为什么朱元璋原名叫朱重八呢?就是因为朱元璋出生于八月初八,生日中有俩八,那就叫朱重八吧。户籍官大笔一挥,就这么定了。

明朝大将常遇春的曾祖父叫常四三,爷爷叫常重五,父亲叫常六六;大将汤和的曾祖叫汤五一,爷爷叫汤六一,父亲叫汤七一,等等,这些名字都是这么来的。这也从另一个侧面见证,元朝对汉人的残酷统治。

※※※

明太祖朱元璋后来能崛起,成就一方霸业,对他起到关键作用的一个人，就是元末群雄之一的、江淮地区的红巾军领袖，也是后来朱元璋的岳父郭子兴。

郭子兴这个人善于容人，善于团结人，善于组织人，所以，他领导的这支义军力量在当时是最大的。朱元璋最初投靠郭子兴时，郭子兴就感觉朱元璋不是一般人，相貌与众不同，非常气派。郭子兴断定：此人以后必有大的发展。这个发展有两种。一种是好的，能成王成侯；另一种是坏的，成为某个地方的一霸。所以，郭子兴就把朱元璋收于自己的帐下。后来，又经过一段时间的仔细观察后，郭子兴发现朱元璋非常有才，将来必有大福，于是，就把自己的义女马秀英嫁给了朱元璋。

马秀英是朱元璋的第一夫人，也就是后来历史上著名的马皇后。马秀英是郭子兴从征战的过程中捡回来的。马秀英内心仁慈，有才智和见识，好读史书，而且刀弓石马步箭的功夫也在常人之上。郭子兴对马秀英就像对自己的亲女儿一样疼爱。马秀英嫁给朱元璋后也是非常能干，时时都是手缉甲士衣履佐军，夫妻俩也很抱团，帮助郭子兴干了许多事。马秀英常劝说朱元璋："治天下以不杀人为本。兵家常讲，上兵伐谋，其次伐交，其次伐兵，其下攻城；攻城之法为不得已。春秋时期兵圣孙长卿尚知如此，我们怎不能学而用之呢？"朱元璋对别人的话可以不听，但是对夫人马秀英的话却是言听计从。

后来，郭子兴死前，就把权交给了朱元璋。朱元璋是借机起势，并在同乡豪绅徐达、汤和和常遇春等人的辅佐下，领导的这支反元力量，像滚雪球一样越滚越大，就成了气候了，最后，问鼎中原。

※※※

朱元璋当了皇帝，立马秀英为皇后。朱元璋还想封官马皇后的族姓人，马皇后说："爵禄私外家，不合正法。"一个成功男人的背后，必然有一个

第七回　朱国瑞应天登大宝　封功臣降旨藩九子

伟大女人的默默支持与付出，马秀英马皇后做到了这一点。

朱元璋顺利登基没过多长时间，心里就有一点小膨胀了。朱元璋心想：我和夫人，一个皇上，一个皇后。未来江山都是我们老朱家的了。我大儿子朱标已十四岁，应该立他当太子，我也好培养自己的接班人啊。

于是朱元璋就把李善长和刘伯温两人找来了，表面上是商量"立朱标为太子之事"，实际上就是让他们俩具体研究一下这事应该怎么办。李善长是一位特别爱溜须拍马、阿谀奉承的人。他一看朱元璋基本主意已定，心说皇上怎么想，我就帮着说好话呗。所以，李善长是顺杆爬，完全支持朱元璋立大儿子朱标为太子。

朱元璋满意地点了点头，接着就问刘伯温："军师啊，我想立大儿子朱标为太子，你看意下如何啊？"言外之意，就是你对比事是怎么个看法？

刘伯温对汉朝的"天下三分"与明朝的"天下三分"都有自己的考虑，但他始终把自己的这种想法藏在了心里，并已经顾虑到了朱元璋的想法。为什么呢？因为朱元璋这个人爱张扬，而没有收容之心。你看前几年和文臣武将包打江山的时候，他可以虚心听取每个人的意见和建议。但是今非昔比，现在他是大明朝的皇帝，万岁朱天子，身份地位变了，当然他的想法也变了。现在他说的每一句话都是金口玉言，都是圣旨。这一年来，刘伯温慢慢就发现朱元璋原来潜藏在骨子里的那股张扬劲，一点一点显露出来了。刘伯温是什么人啊，他也算是半个神仙啊。有一天，他在观察星象的时候，私下就跟朱元璋掐算了一下。他不掐算到好，一掐算倒吓了他一跳。因为刘伯温掐算到：朱元璋未来必有大杀群臣之心。自己以后跟朱元璋再说话的时候要千万小心，得给自己留有余地。因为朱元璋这个人心机太重了，免得自己一时口有失言，将来他找自己的后账。故此，刘伯温在朱元璋登基以后，每次说话都是鼓励朱元璋，但也处处留有余地。

今天，刘伯温一听朱元璋立太子朱标这事已成定局，再加上李善长又在那顺情说好话，什么"朱标这孩子是好样的，从小熟读儒家经典，性格仁慈宽厚，立他为太子当之无愧"，等等，反正好话都让李善长说了，刘伯温一想：立朱标为太子，虽然从象纬之学上来看，为时尚早，但是朱标作为朱元璋的长子继承皇位，也是顺理成章的事。再说了，从现在朱元璋的九个儿子来看，也只能是朱标了，舍他还有谁？

※※※

当时朱元璋有九个儿子，大儿子朱标、二儿子朱樉、三儿子朱㭎、四儿子朱棣、五儿子朱橚、六儿子朱桢、七儿子朱榑、八儿子朱梓、九儿子朱檀。前五个是马氏所生，后四个是在战争中朱元璋和这个女人生一个、和那个女人生一个。马氏这个人宽宏大量，从来不过问这些事，丈夫怎么高兴都行。战争年代，有人就有一切。其他"夫人"生的孩子，马氏都把他们当作自己的孩子看待，对于其他"夫人"也能姊妹相待。马氏很会处世，也从来不嫉妒，她们相处得也非常好。

马氏常讲："人在战火中相遇的，不容易啊，应当珍惜这种缘分。"

虽然朱元璋也对这几个儿子非常满意，但是最喜欢的还是大儿子朱标。因为朱标是马氏在战火中的马上所生。一次正打着仗呢，马氏肚子一疼，"哎哟，哎哟"要生孩子了。

徐达、常遇春等人把自己的嫂子往中间一围，马氏在战场上就生下了大儿子朱标。朱元璋一看马氏给他生了一个大胖小子，高兴坏了，就说："我的儿子就是一个标。"

标，在战场上能打出去，在过去还有旗帜的意思。所以朱元璋说："我的儿子标的出生，证明我的旗打得对了。我的儿子就能做证明。所以，我给他取名叫朱标。"

朱标这个孩子从小就很精明能干，也非常踏实，但是他长得不像朱元璋，而像他母亲马氏，小伙子长得非常标致、帅气。

第七回　朱国瑞应天登大宝　封功臣降旨藩九子

朱元璋开始坐殿的时候，朱标已经十三岁了。可以说，朱标是在战火中一天天长大的，是在马蹄中历练出来的，他身手灵巧，打又非常能打、战又非常能战，又有一定的智谋，颇有朱元璋的气魄。所以，朱元璋对大儿子朱标非常喜欢，马氏也对大儿子非常喜欢。现在一个皇上、一个皇后都同意朱标当太子，刘伯温也不想讨人嫌，想了想，也就表态同意了。就这样，在洪武二年，朱元璋立长子朱标为太子。

有道是：得道多助，失道寡助。朱元璋感觉家里都安排明白了，又任命李善长、徐达为左右丞相治理朝纲，同时，兵分三路乘势追剿元兵。一年间，西北、西南和东北三路兵马是战报频传。先是征南将军汤和攻克福建，征南将军廖永忠攻克广东；征虏将军徐达、常遇春大破元兵于洛水北，元梁王阿哩衮（察罕特穆尔之父）以河南降之。而后是都督冯胜攻克潼关。七月，明师攻克通州，元末帝妥懽帖睦尔北去。八月徐达攻入元大都北京，元朝灭亡。年底十二月份，徐达攻克太原，元库库特穆尔远走甘肃。

※※※

转眼间，就到了第二年（己酉年）春正月。

朱元璋坐在应天府八宝金殿，就感觉：现在整个长江、黄河南北都是我大明朝的了，都是我老朱家的了。

他想大封群臣和为九子分藩。虽然朱元璋觉得应该封臣，但是心里最惦记的还是他的九个儿子。朱元璋想在大封群臣的同时，对九个儿子进行分藩。主意打定之后，他派人把李善长和刘伯温叫来了。二人来了之后，躬身施礼，然后按君臣落座。朱元璋就把自己想大封群臣，还想分封九个儿子为藩王的这事简单一说，而后先问李善长有什么意见。李善长多鬼道啊，他一听，马上就明白朱元璋什么意思了，急忙起身道贺："吾皇万岁万万岁，这是好事啊，我没啥意见。皇上，就应该这样啊。皇上真是英明，百室替群臣拜谢皇上。"

百室是李善长的字。李善长多会来事啊，他跪地上先给朱元璋磕了个头。朱元璋看罢，虽然嘴上说"李爱卿免礼平身、免礼平身"，但是心里非常高兴。这也是后来朱元璋大封诸将为公侯时，只封了其中的五大将、一大臣为开国元勋。这一大臣就是李善长，他被封为韩国公。这是后话，暂且不提。

朱元璋反过头来问刘伯温："军师，我现在想大封功臣。另外，我还想分封九个儿子为藩王，让他们帮助我来治理国家，你意下如何啊？"

刘伯温听完之后，想了半天，心说：朱元璋给群臣封功是应该的。因为他所创建的大明朝江山是全靠这帮群臣南征北战给打下来的。明朝的大英雄太多了，可以说英雄如云。但是对于九子封藩之事，有待商榷。

等到刘伯温主意打定之后，拱手说："回禀皇上，这是两件事！大封功臣是好事啊，太应该了，应该论功行赏。皇上，您做得非常对啊。咱们是大明的天下，光明磊落呀。这些人出生入死争得的天下，应是有功之臣啊。我们不应当忘记他们，应当多奖励他们，多奖赏他们。但是，关于第二件分封分藩之事……"说到这，刘伯温心里画魂了，话说一半不说了。

为什么啊？下面的话怎么说呀？说实话还是说假话呢？分藩是啥意思呢？刘伯温太明白朱元璋是什么意思了。朱元璋此时心里想的是：自己夺得的天下，怕别人给再夺过去。自己在时，还可以。如果自己不在了，这事就不好说了。我走后，天下还应该是我老朱家的。

朱元璋心里是这个意思。

但是刘伯温想：大明的天下，可不是你朱元璋的儿子帮你夺来的，而是这帮出生入死的功臣们帮你打下来的。再说未来的事情，你能不能现在就定下来呢？明天的事情，今天能不能定下来呢？这都不好说。只能是今天的事情今儿做主，明天的事情明儿做主。这是天做主的事情，不是人做主的。现在分封分藩的事还不能定。如果这些孩子一闹起来，事就不好办

第七回　朱国瑞应天登大宝　封功臣降旨藩九子

了。但是我现在应当给他怎么说呢？

刘伯温略一迟疑，还是比较委婉地回答朱元璋这个问题："皇上，这是一件好事，也是太子们建设大明朝的事。但是孩子们还需要发展，让他们再锻炼几年。不用忙。您德高望重啊。过去有一句话叫大将军百面威风，真天子百人相助。您身为皇上着急什么，怕什么？早着呢。先让他们锻炼几年。当前国家的事情太多了！皇上，您想没想大元的旧主妥懽帖睦尔还活着呢，现在，他在北方还建立了北元。他们并没有偃旗息鼓，并没有缴械投降，大元朝的名字还在到处喊着呢，大元朝的旗还照样在飘着呢，大元朝的臣民和猛士还在跟咱们打着呢！皇上，您想没想到过咱们大明朝的将士们还在流血呢？咱们虽然在金陵坐上殿了，但是咱们的基础还不牢呢，咱们怎么才能永基万年，这才是皇上之福啊！"

朱元璋现在特别傲气，所以，今天他提出来的事，压根就没有想到刘伯温会不同意，还在那理直气壮地等着刘伯温赞成呢，没想到刘伯温说出这番话来。

朱元璋听刘伯温这么一说，一下子什么都明白了，心想：确实，儿子们还都小，缓几年也行。另外，大元朝末帝妥懽帖睦尔还在北边领着他的辅臣，伺机东山再起呢，他们还没灭呢。再说，我亲自抓的大元朝丞相纳哈出现在是被放到北边去了，但他心里是反明的，这也真是个事儿。

"那就先大封群臣吧！"

于是，朱元璋先谕旨功臣位次，以徐达为首，依次是常遇春、李文忠、邓愈、汤和、沐英、胡大海、冯国用、赵德胜、耿再成、华高、丁德兴、俞通海、张德胜、吴良、吴桢、曹良臣、康茂才、吴复、茅成、孙兴祖等二十二人，立庙鸡鸣山下。战死的，立像祭祀，年年享受香火；活着的，设立虚位，也照样常年享受香火。又以廖永安、俞通海、张德胜、桑世杰、耿再成、胡大海、丁德兴七人，配享太庙。圣旨一下，此事在大明朝文武群臣中产生极大的反响。

103

俗话说，人过留名，雁过留声。人活这一辈子不就图个功名利禄吗，所以，大明朝将士们的气势和战斗力就更高了。明军在战场上是节节胜利，元军在战场上是屡战屡败。

※※※

但是，朱元璋拟定为九子分封分藩的事，是不会轻易放弃的。前边咱们不是讲了吗，朱元璋曾经三年艰苦的流浪生活铸就了他坚毅、果敢的性格，但是也使他变得残忍、猜忌。随着大明朝的疆域不断扩大与巩固，朱元璋在高兴的同时，内心总觉得：军师刘伯温在为自己九个儿子分封分藩这件事上，没看得起自己。看起来他还是不放心自己啊。别人没什么看法，但是他还是觉得我的江山没坐稳。

朱元璋没事就在心里老猜忌这事。当时刘伯温说得条条在理，朱元璋当时没再吱声，但并不代表他同意了。

转眼到了洪武三年（1370），朱元璋一看全国形势一片大好，他是一道圣旨封子九人为王。朱标身为太子坐立南京应天府，辅助朱元璋处理国事。这是早就定完的事了。朱元璋把九子先分到各地，长大成人后，他们再对这些地方的军事、政治、经济、民事等诸事进行管理。圣旨中明确：二子朱樉为秦王，封于西安；三儿子朱㭎为晋王，封藩于太原；四儿子朱棣为燕王，封藩于北平；五儿子朱橚为吴王，封藩于开封；六儿子朱桢为楚王，封藩于武昌；七儿子朱榑为齐王，封藩于青州；八儿子朱梓为潭王，封藩于长沙；九儿子朱檀为鲁王，封藩于兖州；侄孙朱守谦为靖江王，封藩于桂林。

同时，朱元璋诏令群臣："帝惩宋元孤立，失古封建意，于是择名城大都，豫王诸子，待其壮而遣就藩服，外卫边陲，内资夹辅，其制禄，亲王岁万石，置相府官属，护卫甲士，少者三千人，多者至万九千人，隶籍兵部,冕服车旗邸第,下天子一等,公侯大臣,伏而拜谒,礼无与钧,体到崇重,惟列爵而不临民。分藩而不赐土,与周汉封国稍异焉。"

军师刘伯温一看朱元璋"封子九人为王"诏令已下,都既成事实,没有再说什么。谁都没想到这件事情过了六年后,半路里又杀出一个程咬金来。这一下好了,朱元璋肚子里的这股底火,因为这个人的一份奏折又勾起了他的旧火。朱元璋是"账房先生打算盘,新账旧账一起算"。他就把从刘伯温那里惹来的气,全撒到了另外一个人身上。这人是谁啊?叶伯巨!

※※※

叶伯巨这个人在大明朝的时候非常出名。他是元代末年的一名大儒。徐达北进,攻下山西之后,叶伯巨已投降大明,成为大明的臣民。因为叶伯巨在当时非常有影响,又是著名的儒士,所以徐达就遵照军师刘伯温的意思,封他为训导。刘伯温曾叮嘱徐达:"凡是你徐达将军攻下的地方,所有元代降民,你都要以礼相待。要是过去的文士旧臣,我们更应该百倍以礼待之。如果是过去的文士名臣归顺了大明朝,我们也不要忘记他们的贡献,不要记恨前仇,不要老想着以前。我想办法给他们提供机会,让他们为大明朝再做贡献。"

什么叫训导呢?就是宣教大明朝的文化、大明朝的德性、德教,德化于民。说白了,就是训导人们清楚地认识到大明朝与大元朝有什么不同。大元朝怎么欺压人?元朝分了四类人,蒙古、色目、汉人、南人各是什么?像当时的女真人根本就不入流。大明朝不是要求天下平等,大明天下吗?所以,徐达就对叶伯巨说:"你是儒士,更懂得儒家的文化,你就多给人们讲讲儒家的这些文化,我月月来给你发俸禄。你无定职,可以到处走,我们给你俸禄。"

叶伯巨一听,哎,这事挺好,就高兴地答应了徐达给他的这个差使,并到处宣传大明朝的功德。虽然叶伯巨没有什么实权，但是他在当时是非常有威望的。叶伯巨这个人非常的耿直，做什么事都能想到朱天子。他到处都这么讲："当今朱天子朱洪武体察天下百姓倒悬之苦，他是一个好皇上啊！我们历史上这么多年都没有出过这么好的皇上了，这是我们大明臣民的福啊！"

叶伯巨心想：自古以来良禽择木而栖，贤臣择主而事。我叶伯巨恰逢明主，我更要孝敬这么好的皇上。

所以，叶伯巨为了自己训导和说教更加有理有据，没事就翻阅明朝过去的一些档案，来找一些鲜活的事例。他翻来翻去，一不留神，就翻到了六年前朱元璋"分封藩王"的这个旨意。叶伯巨仔细一看，不由得大吃一惊：这事不好。怎么能这么分呢？我要上书陈述它的利害。

旁边的人说："这是皇上的旨意，都过去六年，既成事实了。你不能随便说。你要是反对，那可是犯了杀头之罪啊。"

"不行！我国自商周以来，历来都在提倡我们文人儒士对皇上有秉承纳谏之责，做臣子的更应当有举荐之能，这是我们的责任啊！我们既是大明朝的臣子，就得想着大明朝的事，不应当先想到自己的脑袋掉不掉的问题。"

好多人劝叶伯巨，说："大师啊，我求求你了。这事你就别管了，咱们做好自己分内的事就完了，别操这心了。"

"不能，我绝对不能放手不管这事，我要上书直言。"到最后，叶伯巨还是没听从周围好心人的劝阻，上书朱元璋《驳分藩三谬，正建藩之误》的奏折。

奏折主要阐述了三件事。一是分封太侈，文中所言："先王之制，大都不过三国之一。今秦晋燕齐梁楚吴蜀诸国，无不连城数十。异时尾大不掉，然后削其地而夺之权，则必生觖望。愿及诸王未之国之先，节其都邑之制，减其兵卫，限疆理以待封诸王之子孙。割一时之恩，制万世之利，莫先

第七回　朱国瑞应天登大宝　封功臣降旨藩九子

于此。"

后面还有"用刑太繁"和"求治太速",等等,洋洋洒洒直抒万言。他写好之后,派人就送往了京城。

叶伯巨说得对吗?对!后来,燕王朱棣在朱元璋驾崩之后,先装病,把自己的三个儿子骗回燕王府,才发动靖难之役,起兵攻打自己的侄子朱允炆建文帝,后在南京称帝。这就是一个历史的铁证。但是此时朱元璋怎能听进忠言呢?他看罢此份奏折之后,传说他是大发雷霆。最后叶伯巨这位一心报国的名儒,就因为这份奏折,活活饥寒而死牢中。

朱元璋下旨杀掉叶伯巨事小,而以儆后效群臣事大呀。这件事对整个大明朝群臣触动很大,以后谁都不敢再提朱元璋降旨藩九子之事。人们不提此事,但并不代表此事就圆满画上一个句号。

※※※

说句实在话,在洪武三年朱元璋降旨藩九子这事中,对谁最有利呢?绝不是长子朱标。因为长子朱标此时已被立为太子,他不用分地方而坐镇金陵,等着接班呢。朱元璋在南京分藩的事,主要是对其他的八子一孙进行的。说实话,在朱元璋这九个儿子当中,他的四子朱棣分的地方最好,分到了燕京一带,做了燕王。

为什么说朱棣分的地方最好呢?因为北平这个地方对于整个大明朝来说太重要了。它不仅仅是元大都所在地,更重要的是它还管辖着整个漠北这一片广阔的疆域。大家都知道北平是一块肥肉,为什么没有人来争呢?是因为整个北边蒙古反明的力量还很强,不是一般人能够驾驭得了的。朱棣为什么能行呢?说起这事来,朱棣还真得要感谢一个人,那就是开国大将军徐达。可以说是永乐皇帝称帝,赢来自己的辉煌成就,他的许多高超的好点子,全要归功燕王朱棣的老丈人大元帅徐达。

说起这事话就长了，不能不追溯到朱洪武朱元璋和马皇后的几个儿子中，他们打心眼里最疼爱的四儿子朱棣。朱棣自打进入娘胎，就没有消停过。十月怀胎，可把马秀英折腾坏了。马秀英总算盼到临产这一天了，你说怪不怪？马秀英夜里突然梦得一条三角怪龙缠身，正在她张嘴惊恐之余，只见这条三角怪龙瞬间变小，从她口中是穿肠而来，就进入腹中。

　　"哎呀，怎么回事？"马秀英从梦中惊醒，一摸自己脑袋都是冷汗。一看身边也没有什么异常之处，她就想再躺一会儿。就在这时，马秀英就感觉自己肚子里的孩子直往下坠，心说：坏了，孩子要生了。

　　"来人呐！"

　　宫女、接生婆这几天早在外屋准备好了，她们是随声而至，大家一起帮马秀英助产。工夫不大，随着一声婴儿的啼哭之声，小朱棣降临人世。等到母子平安，又调养了几天之后，马秀英才把自己夜里突梦三角龙入身这事告诉了朱元璋。朱元璋也觉是上苍赐福，此儿未来必有吉星高照。朱元璋让好多人帮着破解。因为三角龙是天魁、天蟾，李善长也帮着破解，说："未来这位四王子朱棣必成大器，因为天上三角龙非常少见。"

　　你还别说，朱棣还真跟其他小孩不一样。朱棣这个人从小就聪明心细，长到五岁时，什么事都懂，凡事他过眼一遍，准给你留下某些印象，别人过眼烟云，早忘得一干二净，可他却能给你再讲得真真切切的，如玩弄于股掌之间。徐达大将军和李善长大谋士都惊叹此儿不凡，并齐为朱元璋和马皇后道贺。

　　朱元璋登基时，和马皇后坐在龙椅上，而坐在马皇后怀里的那个小孩子就是朱棣，明史资料里有这么一张像。其他孩子谁都不敢坐，唯独朱棣敢坐。这也足以证明朱元璋和马皇后是非常喜爱小朱棣的。

　　徐达是怎么成为朱棣的老丈人的呢？这事还得从马秀英做王妃时说起。

第七回　朱国瑞应天登大宝　封功臣降旨藩九子

※※※

朱元璋一生中最亲最近的群臣之中，只有一个人，就是徐达。朱元璋和徐达是老乡，都是凤阳人。他们同举义旗。徐达也愿意与朱元璋和马皇后联系。徐达的夫人也是凤阳人。她生的第一个孩子是姑娘。当时马王妃一听说自己的弟妹生孩子了，还是一个姑娘，心里也非常高兴，就给这个女婴送贺奶。

当马秀英看到襁褓中的小胖丫头之后，是喜欢得不得了。徐夫人就问马王妃："王妃啊，您看我生的这个姑娘咋样？"

马秀英说："好啊，这孩子太好了，眉清目秀，五官端正，将来肯定是大福之人。"

说完，马秀英摸摸小姑娘粉嘟嘟的小脸蛋，突然想到了自己刚一岁的四儿子朱棣了。马秀英心想：自己生小朱棣时，梦见三角龙缠身。不知弟妹生这丫头时，有没有类似的征兆。

想到这，马秀英就随口问了徐夫人一句："弟妹啊，你生这孩子时，有没有什么反应，或者说什么兆头啊？"

"反应倒没有。要说兆头啊，我不瞒王妃您说，还真有一个，我家老爷不让我对外边人说。既然王妃您问了，我就实话告诉您吧。我在生丫头的前一天晚上，突然梦见一只彩凤在我身边飞舞。我也不知道自己怎么来的那么大的劲，一伸手，就把它抓住了。由于用力过大，肚子一疼，我就从梦里疼醒了。紧接着，这丫头就生下来了。你说奇怪不奇怪？"

"这丫头原来是只彩凤啊，我说她长得这么喜人呢！哎，对了。这丫头取名了吗？"

"王妃啊，还没有呢。今天正好您来，您就给起一个吧。"

"我起就我起。你不是梦中抓到彩凤了吗，我看就叫'彩凤'吧。你家彩凤跟我家小朱棣,一龙一凤,这真是天生的一对地造的一双!"

马皇后随口说出的一句戏言,却真的促成了一对世间难寻的一段姻缘。

※※※

马王妃给小姑娘取名叫"彩凤",她是越看越高兴,越看越喜欢,就说:"弟妹啊,我看咱们两家不如亲上加亲,结亲戚吧。等到彩凤长大了,跟我四儿子当媳妇吧。"

"好啊。我们同意。"

在马秀英第一次看到"徐彩凤"时,朱棣的这个娃娃亲就算定下来了。徐达是非常高兴。从朱棣和彩凤小的时候,徐达就非常注意培养他们,让他们在一起学习、练武。徐达也非常注重自己子女的教育,从小就让徐彩凤在自己的闺阁里读史书、通礼仪。小彩凤也天资聪明,没过几年,所有的古文她都精通。由于徐达擅长军事兵法,所以,徐彩凤也受父亲的影响,对兵法颇有研究,而且棍棒武术也是样样精通。这些都是跟徐达学的。小彩凤比朱棣的武功还要好,是一个少年巾帼英雄。后来,徐彩凤与朱棣结婚后,真帮了朱棣很多的忙,也是朱棣身边一位难得的智多星。

徐达在军事上非常厉害。徐达镇守北疆,屯兵燕京和古北口要冲,对朱棣安据燕京、遥控元故地北域、联络安抚北疆元朝重压下的女真等东夷野民,出谋献策帮助最大。徐达就是朱棣夫妻的智多星。常遇春控制着西北的天水和新疆一事,主要任务是进行安抚。另外,徐达控制着北方京津冀以及长城以北,主要任务是擒拿元朝的皇帝以及顽固反明的遗孤和余孽旧臣。元朝最怕徐达。

所以,洪武三年,徐达在分藩的时候,他最想的是:最好是将来把我的姑爷朱棣,分到我控制的北平去。

其实朱元璋也有这样的想法。所以圣旨一颁,果真如此。朱元璋把朱

第七回　朱国瑞应天登大宝　封功臣降旨藩九子

棣分封为燕王，也是有自己的想法的。朱元璋想：俗话说，帮理不帮亲！话虽如此，但是天下也没有胳膊肘向外拐的父母。我四儿子朱棣由他的老丈人徐达辅助，不单单是少走弯路的问题，而且还能在徐达的极力辅助下，做出一番自己的事业。再说了，从徐达那边讲，自己的姑爷，他能不向着吗？

朱棣分藩到北平，朱元璋和徐达想到一块去了，是不谋而合。后来，事情的整个发展真如朱元璋所想，朱棣被分藩到北平后，徐达是处处为朱棣着想。朱棣一生中最大的贵人就是徐达。特别是分藩之后，徐达在北方就更尽心尽力了。徐达不仅把自己身边的许多心腹大将、战将如马云、康旺等人都派去镇守燕京，控制着北元的一些反抗力量，还把自己的一些兵力部署到了山西、张家口一带。

那个时期，明朝的力量还没有到长城以北，只到了山西、张家口和口外一带。长城以北和现在的蒙古国一带，当时的蒙元力量还是挺强。元朝历经五世十一帝坐了九十六年的江山，在中国的大地上留下了很深刻的历史印象，它在军事上是非常厉害的。可惜，他们像熊瞎子掰苞米一样，掰一个掉一个，光知道打，不知道镇守。他们走过许多地方、走过许多山河，等到他们回来以后，那些地方又让别人给占了。

徐达帮助自己的姑爷朱棣做了许多事情。等到洪武三年分藩圣旨已颁，也就是第四天头上，年仅十来岁的朱棣，就对自己的老丈人徐达说："岳丈大人，您现在能不能带我到北边去看一看呀，我想看一看我分藩的那个地方是什么样。"

徐达对小小的朱棣有如此的心机，感到非常的高兴，正好也赶上自己去北边有事，于是就答应了。徐彩凤也抢着说："我也去，我也去，我也想看一看。"

徐达说："行！带你们俩一块去。"

就这样，徐达在朱棣和徐彩凤没结婚前，也就是分藩颁圣旨的第四天，就带朱棣和小彩凤到北边巡查。

相传，他们一老二小骑着马，在众将士的保护下，一直到了万里长城的天下第一关——山海关。后来明代一个进士听说了朱棣上过这个山，有感情地写下了"天下第一关"这五个大字。

※※※

朱伯西我在这简单介绍一下山海关。

山海关的名称，源自明代初年在此设山海卫而得名。山海关地处辽西走廊西侧，为华北通往东北的咽喉要冲。它北靠燕北，南襟渤海，长城纵贯，重关锁隘，而且东有峻岭，成为自然屏障；西有石河，是一条天然壕堑。山海关这个隘口，远在隋唐时期，就已显示了它的重要性。隋朝两次东征都是走的这条路。唐太宗东征时，往返都是经过临渝关。五代后梁幽州卢龙节度使周德威恃勇不修边备，遂失渝关之险，致使契丹人得以进入渝关，甚至"刍牧于幽平之间"。自明初建关设卫、修建长城以后，山海关的形势更加险要，各种防御工程不断增修，故素有"两京锁钥无双地，万里长城第一关"之称。

这时候，朱棣上到长楼上，双手扶墙，通过女儿墙往远处观望，整个长城之外是烟波浩渺、隐隐笼罩，而且只能看到些飞鸟，一片片从北往南飞过。天空中的云彩聚焦，雾蒙蒙的，看不到前面多远。在天地交会之间，有些山脉，是山连山、岭连岭，山岭相连，绵延到了远方。

这时朱棣就说："哎呀，岳丈啊，这咋那么远呢？"

徐达说："孩子，这算什么啊，往北走还有老远老远的路呢。要说起来，将来这些地方都得你管，你的父皇都交给你了。孩子啊，你管的这可是宝地啊。你的责任大啊！将来它们都是你的土地。现在咱们的脚还没有插到那里。北方现在还有许多是咱们不知道他们语言的人占着呢，现在只

第七回　朱国瑞应天登大宝　封功臣降旨藩九子

有咱们大明朝的飞鸟去过。你赶紧长大，早点到北达留下咱们的足迹，这些事都是你的责任。现在北边，咱们都没去过。你啥时候得去看一看北边。现在你的父皇既然把任务交给你了，那你就应该亲自去看一看，熟悉那块的人、熟悉那块的物、吃那块的东西、喝那块的水。这样的话，你才能当一地之王。你要真做一地之王，就必须得去啊。"

"岳丈，您放心，我一定会去看一看。"

徐达告诉朱棣："北边啊不像一般地方。据我的部下马云、康旺他们讲，北方有好些民族，有的民族就是一个部落，就是一个头领，部落和部落之间的话都不一样。"

"跟南京人说话是一样吗？"

"不一样、不一样，你根本听不懂他们说的是啥，他们之间的话也不一样。"

朱棣的好奇心一下子就上来了："他们不一样能到什么程度？"

"哎呀，他们可能鼻子都比你高啊，眼睛都是洼下去的，眼珠都是蓝的，这可都是咱们大明天下的臣子啊。"

朱棣听完徐达的简单描述，激动得不得了。这时，小朱棣更进一步认识到了：父皇把我分封到这个北边，看起来是父皇对我的信任啊。他给我的是半个天下啊，远远比那个长江以北、长江以南的江山要好。这都是新地方、新土地、新人新物新事，一切都是新的。

所以说，这次看似平常的北边巡查，对朱棣的教育很大，使朱棣知道了自己肩上的责任重大，担子非常重。

"岳丈，我记住了。我会早点到北边走一走的。"

此时小彩凤拉着小朱棣的手说："到时我也去，咱们一起去！"

徐达看了看两个孩子，语重心长地说："孩子，到北边去，绝不是游山玩水啊。我派出许多弟子，如马云、康旺等回来告诉我，他们都觉得北方难治啊。长城之外还是有高人的。有道是：人外有人，天外有天。孩子，你不要觉得长城之外的野人就拿他们不当回事，大明朝的未来也有可能让人家给夺过去啊，你要千万小心。"

这话后来真应验了。二百多年以后，清朝确实把大明朝的江山给夺过来了。其实徐达挺有远见的，早就看出来了。

毕竟当时朱棣是一个没长大的孩子，他光注意听那些新鲜事了，根本没有把徐达的这些话放在心上。他对那些新鲜事是越听越爱听，越听越觉得好奇，觉得长这么大、活那么大，在宫里头也常听那些翰林院的大师大人给讲，学到不少古文、古诗、古书，也不是没读过书，而是博览群书，但是书里都没有这些东西。朱棣从小就很聪明，他听徐达说长城之外还有高人，心里的小九九就开始盘算上了：以后，我一定要去看看北方，我就不相信北方人比我还聪明，比我还厉害，能超过我朱棣！

有时候是说者无心，听者有意。徐达以长辈的角度，发出的这番内心的话，对小朱棣触动很大。

※※※

小朱棣从山海关回北平府之后，确实累坏了。当天晚上草草地吃了一口饭，简单地进行了洗漱，就躺炕上睡着了。

小朱棣睡得正香的时候，突然做了一个梦，梦到的是：子夜时分，正当明月当空之时，一大一小两头牛突然来到他的身边站着，并且哞哞叫唤，声音是越来越大。两头牛的叫声一下子把朱棣从梦中叫醒了。他穿上衣服、下了炕，走到窗户前把窗扇打开，往外一看，此时，窗外果然是子夜明月当空。朱棣对自己刚做的这个梦是百思不得其解，一直到天亮也没有把它琢磨清楚。

天刚放亮，小朱棣把自己做的这个梦告诉了小彩凤："彩凤，我晚上睡觉的时候，突然梦到一大一小两头牛站在我身边哞哞直叫。这是什么意思？

第七回　朱国瑞应天登大宝　封功臣降旨蕃九子

你给我解解梦吧。"

彩凤说："梦到两头牛站在你身边哞哞直叫，这能是什么意思啊？我也不知道，问问我爹吧。"

彩凤和朱棣就来问徐达。徐达看兵书战策非常了得，但是他对解梦根本没有那么深的研究。他听完朱棣简单说了一下梦的情况后，想了半天，也不能解，于是，他就说："我不懂不要紧，你俩跟我回应天府，我让你们的伯父刘伯温给你们解一下，他最擅长解梦了。"

"好吧。"

就这样，徐达带着朱棣和彩凤就回到了应天府。他们前脚刚到家，后脚刘伯温就推门进来了。徐达说："军师，你来得正好，要不我还要专门登门拜访呢。现在小朱棣有这么一个梦，你给破解一下吧。"

※※※

刘伯温一听这个梦，又看了看朱棣就笑了。他摸了摸小朱棣的头，说："哎呀，孩子，这是好梦啊。许多人想做这梦还做不着呢。你这梦叫双幻梦。我看啊，你得要寻知音啊。"

小朱棣问："伯父，您说双幻梦是啥意思？"

刘伯温的岁数比朱元璋大，所以说朱棣一般都叫他伯父。

"双幻梦是一般人不太容易梦到的。一般人梦到一个事就是一个事。你这个梦是梦中加梦，是两个梦。咋回事呢？一个梦是子夜明月当空，一个梦是一大一小两头站在你身边哞哞直叫的牛。明月当空正当是北雁南飞的时候，子夜啊，正是又一天的开始，子也是一年之初的开头啊。所以说，你的第一个梦是最早的梦、最先的梦。第二个梦是一大一小两头牛，就在这个时候先到你这来了，而且它们挺急啊，急着见到你。一般人很少梦到这种梦啊。这个梦证明你啊是有贵人相助！你身边有两头牛站着，说明它们能助你啊！看起来这两头牛将来对你帮助很大。从这个天干地支说起来，你做的这个梦与动物属性连在一起，这一大一小的牛会对应着两个人肯定是属牛的。你将来要认识的这两个人肯定跟牛有关。另外，还说明啥呢？说明他们不是一般的'牛'啊！他们还有地位啊，一定对你将来有发展。既然他们能叫出声来，证明他们将来在大明朝历史中会留下声音的。孩子，这梦对你来说是好事啊。你找你的朋友去吧，找你的知音去吧。'牛'字上边不一个'人'字吗？下边一个'十'字。'十'字在古时为'拾'，说明你在遇到他们时，还能得到一些宝贝，一些好东西啊。看来，这是一个好梦，是一个上上梦。"

徐达、朱棣和徐彩凤一听说是一个上上梦，都高兴得不得了。徐彩凤高兴得在书房围着刘伯温、徐达和朱棣转了一大圈。

徐达指着自己的姑娘，笑骂道："这孩子都十岁了，还像个疯丫头似的，一点稳当劲都没有，都是让她妈惯的。别跑了！"

"天德啊！"

天德，是徐达的字。

刘伯温说："天德啊，你还别说，未来小燕王和小彩凤，不跑的话，还真拾不到这个山的宝贝。"

说着，刘伯温指了指朱棣说："孩子，你必须去找它。两头牛站在那，代表着两座山，山下应该有东西。这两座山离得肯定不远，你先找到这两座山吧。这两座山所在的这个地方，应该是有水的，你应该去追梦。这是个好事。梦兆梦兆，就是预示着你有好兆头的。"

徐达和朱棣、彩凤仨人简直不敢相信自己的耳朵，朱棣的这么一个梦，能让刘伯温破解出这么多信息来。

※※※

刘伯温拿起笔来，把墨蘸饱了，在桌上放着的一张宣纸上，左右各写

第七回　朱国瑞应天登大宝　封功臣降旨藩九子

了一个"牛"字。刘伯温在两个牛字的中间空白处，比画了半天，也没有下笔，把毛笔放下了。他左右端详着宣纸上的两个牛字，半天才说话："孩子，你无论如何也要想办法把这两个人找到，他们对你太有用了。"

刘伯温说完，就向身边的徐达使了一个眼色。

徐达马上领会军师刘伯温什么意思了，就对朱棣和徐彩凤说："行了！梦也解完了。你们俩先出去玩吧，我和军师还有点别的事。"

"哎！"朱棣和徐彩凤答应一声，就出去玩了。

刘伯温让徐达将门窗关好，二人重新落座。

刘伯温低声地说道："元德老弟啊，我先道个喜了。"

"军师，不知我喜从何来啊？"

"你这姑爷将来了不得啊。他这只小燕，如果你能帮他找到梦见的这些宝贝，将来他定会越飞越高，前程不可限量啊！"

"军师，您的意思是？"

刘伯温急忙摆了摆手："天机不可泄露啊！我只能送你四句话：臣见都城虽巩固，只恐燕子悄飞来。此城御驾尽亲征，一院山河永乐平。你来看！"

刘伯温又拿起笔来，在两个牛字的中间位置，写了一个细长的"朱"字，而后就问徐达："你能看出来，这是哪三个字的组合吗？"

徐达看了看，说："这不是一个'犇'字，加一个'人'字吗？"

刘伯温说道："一牛之力力大无穷，三牛成队成列，狂奔而至，势必形成摧枯拉朽、排山倒海之势。如人在其中，能轻松驾驭而驰骋天下，此子绝非池中之物。再单看二'牛'并列为牪，意指牛件，寓指为宝。小燕王如得此宝，实必如虎添翼。"

说到这，刘伯温"啪"把那张宣纸往上一翻，又顺势往怀里一带，那张宣纸横于书案之上，突然，宣纸背面又赫然出现"升、升、升"，三个"升"字和一个"人"字。它们组成的图案，犹如一只小燕子，在天空中

117

快速飞翔；又像一条飞鱼在广阔的江河和大海里自由游弋。

茅塞顿开的将军徐达低声问："军师，我当如何助之呢？"

刘伯温附在徐达的耳边，悄悄地说你应当如此这般、这般，"待小燕王入藩地之后，再伺时而动，方能让小燕王将来成就一方霸业，从而光耀千古、永基万年。"

说完，刘伯温拿起那张宣纸，"欻欻欻"撕了个粉碎，往身后一扬，起身甩袖而走。

徐达望着刘伯温的背影，是深施一礼："伯温兄，慢走！"

这次密谈之事，刘伯温与徐达对外都是守口如瓶。

※※※

此时，朱棣也没闲着。当他知道自己做了这么一个上上签的好梦后，在徐府再也待不住了。他和彩凤分手后，就高高兴兴地跑回了内宫，见到他爹朱元璋和母后马秀英二话没说，先跪在地上磕了三个响头。

朱元璋一时被他给造愣了，以为小朱棣又惹什么事了呢，就问："儿啊，你有啥事啊？"

"父皇，我跟我岳丈去北边看了您让我管的沿疆，这是父皇和母后对我的相信，今后我一定不负父皇和母后的栽培，一定管好北方。"

朱元璋一听原来是这事啊，心里就非常替朱棣高兴，忙说："好啊、好啊！你有这个志气就好。将来你要做的事很多！"

"父皇，您放心，我不恋这块的珍馐美味，不恋这块的美女，我就想去北边闯一闯天下。"

朱元璋听了朱棣的话，是既感到欣慰又感到担心，于是就说："儿啊，北边啊你要知道，咱们夺了人家的天下，最恨咱们的人也就是北边。现在那边的人跟元朝的皇上是一个心眼儿，他们跟咱们大汉族不是一回事啊。

第七回　朱国瑞应天登大宝　封功臣降旨藩九子

虽然大元朝那么欺压他们，但是他们骨子里还是比较认同大元朝而烦大明朝的。"

朱元璋现在最关心的问题是：我坐镇没问题，有徐达、常遇春等大元帅各镇一方，北边人不敢再惹是生非，但是等到我们这些老人都走了，你们这帮小的能不能镇得住，就不好说了。将来弄不好啊，咱们这江山，也可能被北边的人夺去。

这时的朱元璋不是没有看出来整个社会的变化和未来朝代的变化，并不是万世一系就是大明朝的。他看得挺清楚的。朱元璋为什么要提前分藩呢？也就是想尽早地打破这个局面。但他内心是知道的，未来天下不都是他老朱家的，弄不好就是北边人的。

朱元璋拍了拍朱棣的肩膀，语重心长地说了声："好儿子，好自为之吧。父皇今天有点累了，你先退下吧。"

有道是：人无远虑必有近忧。年仅十一岁的朱棣还是颇有心机的，原本他想把自己做的那个上上签的"双幻梦"告诉父皇朱元璋和母后马秀英，但是他一看父皇没有听下去的意思，话到嘴边他又给咽回去了。小朱棣的脑海里突然闪出一个奇怪的想法：我要是把这个"双幻梦"告诉了父皇，会不会引起他的反感？如果将来自己把一大一小的丙头"牛"找到，把北边都治理好了，父皇他能不能再把北边跟我收回去？若是被收了回去，那我到头来还不是竹篮打水一场空，白费了一番心血！

小小的朱棣在十一岁时，竟然有如此深的心机，他愣是没把"双幻梦"这事告诉朱元璋和马皇后。

作为朱棣的老丈人徐达，可把朱棣和徐彩凤这两个孩子的培养上了心了。

※※※

徐达明白：小燕王和自己的女儿彩凤入藩是早晚的事。他们一个作为燕王，一个作为燕王妃，镇守北方，就必须要了解大元朝的历史。元朝统治中原九十八年，他们有许多宝贵的历史经验。你不能光看他们残酷统治的一面，你还要看到他们超人的长处与远见。另外，你管辖的北方曾经还是女真人创建的金代辖地。朱棣梦到的这一大一小的两个'牛'，很可能与金元那段历史有关。孙子兵法上讲：知己知彼，百战不殆；不知彼而知己，一胜一负；不知彼，不知己，每战必殆。我必须让他们两个人要掌握北边金元的那段历史，越详细越好，然后，让他们按图索骥，当父辈的只能做到这些了。"

刘伯温给小朱棣破解完"双幻梦"的第二天，徐达就把蓝大姑独自叫在了身边，吩咐道："蓝大姑啊，从今天起，你就专心伺候小燕王和彩凤，其他事你什么也别管了。你现在就开始给他们物色一些生活在北方的一些女真人，将来小燕王和彩凤正式接管藩地之后，必有大用。蓝大姑啊，这事就让你费心了。"

蓝大姑二话没说，就爽快地答应了："没事，您就放心吧。"

蓝大姑是谁啊？蓝大姑是徐达的义妹、徐彩凤的保姆，凤阳人，武功非常厉害。蓝大姑这个人出身非常苦。她是徐达的母亲在淮河一带的山外采野菜的时候捡回来的这么一个穷孩子。后来，她就做了徐达母亲的贴身丫鬟，后被收为义女。时间长了，蓝大姑就慢慢成了徐家的人了。蓝大姑一生没结婚，忠心为徐家做事，后来成为徐达家的大管家。徐达的两个妹妹都是蓝大姑接生的。老太太走后，蓝大姑又接着伺候徐达和夫人。小彩凤出生后，蓝大姑自然又成为小彩凤的保姆。蓝大姑给徐家做出了这么多的贡献，所以，徐达对蓝大姑非常尊敬，平时都称她为蓝大姑。徐彩凤出嫁后，徐达就让蓝大姑随着徐彩凤来到了燕王府。蓝大姑懂得的礼节非常多。这些年，她和马皇后也来往密切，懂得许多宫里的事。这位蓝大姑在朱棣和徐彩凤寻找一大一小二"牛"和帮他们治理北疆上可以说是立下了头功，这是后话暂且不提。

第七回　朱国瑞应天登大宝　封功臣降旨藩九子

蓝大姑

从这天起，徐达就不间断地请先生教朱棣和徐彩凤关于金元两朝的一些知识，蓝大姑也在暗地里派人到北方物色合适的人选。

※※※

时间过得飞快，转身就到了洪武九年。朱棣已长成十七岁的大小伙子了，是一表的人才。徐彩凤比朱棣仅小一岁，也长成了一个十六岁的大姑娘了。俗话说，男大当婚，女大当嫁。这一年，马皇后和徐夫人一商量，就选了一个黄道吉日，给朱棣和徐彩凤举办了一个隆重的婚礼，光酒席就连摆了半个月。到了最后，徐达就把朱元璋给请来了。他们俩本来就是同

121

乡，出生入死这么多年，现在又是亲上加亲，所以是越喝越高兴，越谈越投机。说着说着，他们就把话题聊到了北方元朝残余时而作乱这事上了。

※※※

朱伯西我先给大家简单介绍一下，近些年来北方的变化。

元顺帝在明军的追击下，初奔上都，再奔应昌。洪武三年四月二十八日，元末帝妥懽帖睦尔于应昌驾崩，皇太子爱猷识理达腊继位。不久后，明军破应昌，爱猷识理达腊逃奔和林，改元为"宣光"，史称北元。

宣光的年号取自杜甫的《北征诗》"周汉获再兴，宣光果明哲"，妄图像周宣王、汉光武那样，复兴元朝的统治。要是单论起爱猷识理达腊这个人来，还真不错，是一个有志青年。他早年接受儒学教育，有很大治国之心。至正十三年（1353），他被册封为皇太子。后来，爱猷识理达腊看到自己的父皇妥懽帖睦尔荒淫纵欲，就联合扩廓帖木儿欲夺帝位。当时妥懽帖睦尔以孛罗帖木儿为支柱，在至正二十四年（1364），他们父子之间就爆发了内战。爱猷识理达腊联合扩廓帖木儿驱除了孛罗帖木儿一派，获得胜利。父子之间哪有那么大的仇恨，只是政见不同而已。父子二人经过推心置腹的交谈，彼此间消除了隔阂，实现了和解。

爱猷识理达腊继位之后，对属下将士也不像以前几位皇帝那样苛刻，而是很能体贴人，能吃苦，有不服输的想法。他力图中兴元朝，起用扩廓帖木儿，后来虽然几次击退明军，但是想推翻大明朝太难了。最近一段时间，北元突然又冒出来几个自命的"丞相"，他们在松花江和嫩江交汇处，同江、特林和黑龙江入海口等处，频繁活动。他们主要想利用女真人的力量，还有达斡尔、鄂伦春等族人，组织反明力量替元朝打抱不平。这些人觉得妥懽帖睦尔太软弱了，自己光知道逃跑、护命，不管国土。他们不管，我们管，于是，有人就率领一小部分骑兵几次偷袭、压近到了冀北。冀北

第七回　朱国瑞应天登大宝　封功臣降旨藩九子

就是现在的天津一带，直接威胁着北平的安全。当大明朝的军队一有风吹草动时，他们就快速退守到长城以北，消失得无影无踪。这帮人专门干起偷鸡摸狗的勾当来。

※※※

徐达负责镇守北方，于是他和朱元璋酒过三巡菜过五味时，就谈到了北方元军群龙无首，最近闹得有些厉害这件事，并建议朱元璋应在适当时机出兵北方平匪。

朱元璋说："好啊！大明朝战将如云，你看哪个最合适带兵出征，你派就行了。"

"皇上，我认为哪个战将都不如现在长大成人的小藩王们。"

朱元璋闻听此言，突然来了兴趣："哦？此话怎讲？"

"皇上，恕我直言。好马你得骑啊，你得让它跑而不能光养着啊。马是越骑越能跑，人也是如此啊。这几个皇子你得用。你现在不用，让他们在家里吃香的喝辣的，他们什么时候才能出名啊？你得锻炼他们，让他们出去打打仗。就像咱们当年几个兄弟凭着几个拳头、几个锤子，就敢跟大元朝干。现在我看是时候了，该把他们放出去锻炼锻炼了。即使死了，他也是一个顶天立地的英雄。"

朱元璋听后是连连点头，说："天德老弟啊，你说得太对了！我何尝不想如此呢！那你说，现在我应该怎么办？你给我出个主意。我放到你那的小燕王，您是怎么培养、怎么锻炼的，你先给小燕三指条路，也让其他人看一看，这样，我也知道叫其他几个皇子怎么办。现在许多武将还在外面打仗呢，将来这些孩子分到各自藩地后，怎么能让这些武将服呢？是让皇子们尊重他们呢，还是让他们尊重皇子们呢？我还真没想好。你正好给出个主意，咱们可以先试试。"

徐达说:"皇上,这好办。既然您发话了,我就知道用了。燕王既是您的皇子,也是我的姑爷,我知道怎么用了,您等好吧。"

朱元璋对徐达还是非常信任的,毕竟他们是老乡,又是亲家,可以说是亲上加亲,这是别人无法相比的。所以,朱元璋说:"人都交给你了,你怎么锤炼都行。模子都交给你了,就看你的了。"

※※※

朱元璋走后,徐达马上就把朱棣叫到了身边,说:"好姑爷,这次你也显显你的能耐。如果皇上下旨,平定北方元匪这事,你要报名,要接受这个重任。"

"岳丈,我能行吗?"

"你怎么不行呢?就是你真不行,不是还有我呢嘛!什么事都在于勇、在于胆,以后遇到什么事都不能怯懦,要勇敢地去面对,不能软,要敢于担当。你有了这种担当之后,再沉的担子,一百斤、二百斤都没问题。如果没有了担当,可能三斤的担子就能把你压倒。"

"岳丈,我明白了。"

也该着有事。洪武十年,这一天朱元璋刚刚早朝。当时明朝不像清代,皇上传旨的时候一般女的不参加,明朝皇后可以坐旁边。特别是朱元璋的时候,马皇后都是坐在他旁边。再说了,马皇后也是从马上历练出来的战将,从来都是跟朱元璋一起冲锋陷阵,两人无特殊情况从来是不分开的。所以,他们经常是一起安排些军务,往下传旨。

今天,左丞相胡惟庸突然呈上一封辽东都指挥史的"八百里飞书",上面插着三根鸡翎。朱元璋一看,这是有急事发生啊,于是他二话没说,马上打开这封"八百里飞书",仔细观看。朱元璋不看则可,看罢之后是勃然大怒,一拍龙案,是离案而起。

第七回　朱国瑞应天登大宝　封功臣降旨藩九子

※※※

朱元璋看完左丞相胡惟庸呈上"八百里飞书"后是勃然大怒，离案而起，马皇后在旁边坐着呢，她马上拉了一下朱元璋，让他坐下，劝说道："发生什么事了，让你如此动怒？别管有啥事，你先坐下。"

"嗯！气死我也。"

马皇后让侍卫太监把"八百里飞书"当众一念，满朝的文武群臣都明白是怎么回事了。

原来在诺温江一带，也就是现在的嫩江，最近几天，蒙古兵凭借着一千匹骆驼和两千匹战马，踏遍了嫩江沿岸的四十多个村落。所到之处，每个村落的人和物全给抢光，人是死的死，物是该掳走的掳走。实在拿不走的，他们干脆一把火全给烧了。至于他们是蒙古族的哪一股残余势力，现在尚不明确。

从"八百里飞书"来看，这股反明力量非常的强大。此事正是丞相胡惟庸统管。胡惟庸上前禀奏："皇上，如果我朝不彻底把这股反明势力一举铲除，对于整个漠北的其他少数部落来说，会带来极坏的示范效应。卑臣恳请皇上速速出兵平匪，以绝后患。"

朱元璋心里最清楚，真正使北方民族安稳下来，这次必须举全朝之力，予以彻底的铲除。如果大明朝不理此事，漠北当地的民众就会对明朝失去信心。如果民心散了，那就直接增加了元朝的残余力量，这样对大明朝太不利了。可是，"八百里飞书"指的这是在哪块呢？

于是，朱元璋就问："这是什么地方，离咱这多远啊？"

胡惟庸马上拿来地图，指给朱元璋看："在这，长城之外的嫩江流域。"

朱元璋看了一下地图，说："哎呀，挺远呢。"

朱元璋就让魏国公徐达、太师李善长围上来看个究竟，并问他们这事应该怎么办。古代打仗讲究的是兵马未动,粮草先行。

"这么远的征程,我大明朝得派多少兵马,备下多少粮草啊?"朱元璋考虑的是出战前的军需情况。

太师李善长连地图都没看,就说:"应该去,这时候最应该去了。"

此时,丞相胡惟庸和太师李善长可以说是朱元璋治理朝政的左膀右臂,他们都同意出兵了,满朝的文武群臣也跟着说:"皇上,应当出兵!"

"皇上,我们应当杀一儆百,给整个漠北的元匪残余一点颜色看看。"

朝堂之上,主战氛围骤起。

有人对此事的议论也是不屑一顾,私下非常轻蔑地说:"我大明朝国力昌盛,如日中天。小小漠北一股元匪残余对于我朝来说不过是小菜一碟,杀鸡焉用宰牛刀?我看,我朝派几员小将,足以能把他们铲平。"

其实,这话是故意说给丞相胡惟庸听的。

朱元璋一抬手,之后见大家都肃静了,说:"众位爱卿,哪位愿领兵前往呢?"

太师李善长这个人好惹事,他总觉得自己挺聪明,另外他最善于阿谀奉承。太师李善长急忙上前一步,拱手说道:"皇上,卑臣百室,有话要奏。"

朱元璋说:"太师啊,你还有什么话要讲呢?"

"百室认为,皇上皇恩浩荡,三年降旨藩九子。此时,已过七年有余,九位藩王也羽翼丰满。此次漠北平残匪,不正是锻炼他们的好机会吗?百室以为,还是应该用太子好。"

太师李善长故意把话音拉得挺长。

太师李善长刚把话说完,丞相胡惟庸急忙拱手,说道:"皇上,此番漠北平匪,绝不可掉以轻心。卑臣以为此次挂帅之人不宜派小将出征,而是必须由大将掌印。卑臣推荐魏国公徐达,他统兵北去必能镇得住漠北的这些顽寇。"

第七回　朱国瑞应天登大宝　封功臣降旨藩九子

朱元璋想想也是，徐达镇守北疆，他为人谨慎，善于治军，戎马一生，为明朝建立了不朽的功勋。他能去是再好不过了，于是就说："魏国公当然是最佳人选。"

满朝文武都以为朱元璋就此敲定此事呢。

太师李善长却一反常态，说："皇上，您让小藩王们出去，后面有大将压阵，又有何不妥呢？"

"这个……"朱元璋心说：这可不行！此次漠北剿匪可不是小孩过家家，随便骑个木头马，跑着玩没事。这可是真刀真枪地干。另外，这股元匪力量究竟如何，目前还不清楚。我怎么能贸然派太子出征呢？

但是太师李善长把这话说到当面了，一下子把朱元璋给弄住了。朱元璋心里暗自嘀咕：百室啊百室，你溜须也不能拿我的儿子开玩笑啊，他们还都那么小，而且从来也没独立出去过，你建议让他们去，可是万一他们没了小命怎么办！

所以说，朱元璋的脸色"吧嗒"一下子就撂下来了，满朝的文武都看出朱元璋不太对劲。

※※※

太师李善长今天为什么非得力推小藩王出征呢？这里面还是有原因的。

因为李善长的二夫人老家在山西，她是山西人。有道是：朝廷有人好做官。这些年来，在山西为官的官吏，通过李善长二夫人这层关系，不断地往他家供给些山西产的特产。年年北边给的这些肉啥的，都成车成车地往李善长家送礼。封建社会都是"当官不打送礼的"。

这些人常常说："我就是对太师表示一下自己的心愿，也不求他给自己办什么事，这点薄礼算什么呀！"

谁都知道：积少成多。山西那块的兵部司司长、总兵官、各州衙府县的官，年年没有不给李善长送礼的。久习成癖，太师李善长也没少给山西的这些官吏办实事。前几天，李善长想帮二太子朱樉扬名立万，若是未来二太子入藩到山西，肯定忘不了自己！于是，他就私底下，替二太子朱樉找机会和设计机会。

但是朱元璋心里可不是这么想的。他把脸转到了徐达的身上，意思是说：魏国公，你久经沙场，看这事咋办？你赶快跟我找个台阶下啊！

徐达就在旁边站着。他一听太师李善长所言，开始就是一愣，但是随后他马上就洞察到太师李善长话里有话，心中不由得一乐，就想看看李善长接下来还要耍什么花招，于是，就说："皇上，刚才太师所提之策是对的。卑臣也认为，此次漠北剿匪对太子们来说是一次很好的锻炼机会。有道是：虎是生在虎窝里，鹰长在鹰窝里，应该让太子们出去锻炼。这是好事啊。"

太师李善长一看徐达都支持自己，就感觉今天他这一招太妙了，二太子朱樉出头的机会来了。正当太师李善长手捋胡须，美滋滋启奏呢，突然身后传来一声洪亮的声音："父皇，儿臣愿意接旨，领兵漠北剿匪。"

声到人到，殿下群臣只见一位身穿黄袍的小伙子，快步来到龙案前，是跪倒接旨。

大伙一看，来者不是别人，正是四太子朱棣。很多人想的是：这下有戏看了，咱们今天有热闹看了。

有人就是私底下小声议论："谁去都行，就你四太子初出茅庐不怕虎啊？什么都敢操弄！你别觉得你是你爹的宝贝儿子，你现在又分藩到了燕京，别人都不敢出声，你出声，这不是去北边送死吗？"

"你说得对啊。说实话，现在四太子还毛嫩着呢。哎，别说了，祸从口出，咱们还是少说为好。"

大伙都站那，伸着头看热闹。

朱元璋一看自己的四儿子朱棣出来了，心想：也好！你后面有你岳丈徐达指挥着。再说了,这股元匪都是元朝的败北之将,也没什么了不起的。另外,我的四皇子也参加过会考单斗,他比以前能打,不至于到那有什么事。

于是,朱元璋一道口谕:"好吧,朕就委任你为此次漠北剿匪大元帅,领兵三千,即日出发。你要速战速决,早去早回。"

"儿臣,接旨!"

朱棣接过令牌,顿时感觉自己威风不可一世。他迈着方步,一路上趾高气扬的,认为自己肯定会所向披靡!他走出了金銮大殿,殿下点兵,暂且不说。朱元璋一抖龙袍,说了声"退朝",马皇后便搀扶着朱元璋,到后宫去了。

此时整个朝堂上的人都陆续退下去了,唯独太师李善长傻呵呵地站在那里,干嘎巴嘴说不出话来。

这、这、这,这也太荒唐了吧?怎么能让朱棣领兵去呢?应该让二太子朱樉啊!他能行吗?不行,你还能再启奏皇上把这道口谕收回去,重新再颁布一道?若真如此,魏国公徐达还不得把我给吃了。哎,也怨自己嘴巴慢半拍,早提二皇子朱樉不就得了吗?今天眼看自己的计划告成了,没想到半路杀出个程咬金来,四皇子朱棣蹦出来给搅局了,把我整个完美的计划给破坏了。现在是木已成舟,米已成炊,那就下次再说吧。

太师李善长,无奈地转身离去。

当天晚上,朱元璋和马皇后特意把魏国公徐达叫进宫内,再三说:"此次朱棣漠北剿匪,还得魏国公背后多多受累。"

徐达说:"皇上、皇后,你们就放心吧,有我呢,没事!"

※※※

第二天,炮号一响,朱棣就带领三千御林军离开应天府,出发了。一般太子出兵只能配备三千御林军。除了御林军以外，徐达自己还有兵。另外，燕王被分封了以后，燕王府还有一些兵将、大臣，文官武官加在一起也有近万人呢！这些人浩浩荡荡开着战船北上，从南京顺着京杭大运河到天津、通州。在通州下了船以后，朱棣领兵进了燕王府，重整旗鼓，然后再东征。东征就是从北京到山海关，出了山海关奔着赤峰，赤峰往西奔着嫩江，这一路上都是徐达派兵。徐达没有亲自跟着，因为徐达明白：将在外虽有君命，但不受君命。

徐达主要还是坐镇在北京和大同、保定一带，这是徐达待的地方。徐达虽然没有跟着自己的姑爷往北走，但是他还是派自己身边的人在暗中保护朱棣。另外，更主要的是此时朱棣太傲气了。

徐达劝朱棣："要多注意观察，不要冒进，要多动脑子，多用智谋。"

"岳丈，您就放心吧，我会注意的。"

徐达给了他一些兵，又给了他一些"色克"。"色克"就是了解情况的侦察兵。

朱棣说："岳丈，不用，我没事的。我打过不少仗，干过多少次，蒙古兵我也干过，没事，你不用怕！"

徐达再三叮嘱朱棣："你千万别露出自己的名字，你现在是燕王，是众矢之的，应当更加低调为好。"

朱棣嘴上虽然答应了徐达，但是心里却不是这么想的。他想：我为啥不能露名字啊？燕藩之地是父皇给我的，这是我的地儿，我要露一下名字让他们知道知道我的厉害。我要上北边去，你不是说北边我也管吗？我要管的话，我朱棣的名字就得露出来！

有道是：画人画虎难画骨，知人知面不知心。朱棣脑子里怎么想的，徐达怎么能猜透呢。但是，徐达是看着朱棣长大的，太知道朱棣的秉性脾气了，于是为了保险起见，他就暗中给远在辽东的都指挥史马云和康旺写了一封信，让他们在坐镇辽东的同时，多派出一些色克，打探这股元匪的

第七回　朱国瑞应天登大宝　封功臣降旨藩九子

消息，并派人暗中保护朱棣。

其实，马云、康旺坐镇辽东，还有一个特殊的使命，那就是暗中监视金山元朝投诚过来的纳哈出。马云、康旺受徐达之命，主要看着纳哈出。纳哈出最好别动，只要一动就马上抓他。那么，这次嫩江元匪作乱，跟远在金山的纳哈出有关系吗？太有关系了。虽然纳哈出表面上老老实实地在金山待着，但是他也是暗中布棋，早已派他的儿子察尔法秘密潜入北方各女真部落中，进行巧妙的布局。

说到这，朱伯西我给大家简单介绍一下纳哈出这个人。

※※※

纳哈出，大蒙古国开国元勋木华黎的裔孙，元末大臣。他初为太平路万户（今安徽当涂），后官至辽东行省左承相，加太尉衔、丞相。其人英勇善战。元顺帝时，他曾率军与红巾军打仗。元至正十五年（1355年），朱元璋攻克太平城时，纳哈出被俘。朱元璋欲留用他，所以"待之甚厚"，但是纳哈出表示："我本北人，终不能忘北。"

朱元璋看纳哈出是难得的人才，杀了他太可惜，于是就想放了他，所以，就对徐达等人说："纳哈出，元之世臣，心在北归，令强留之，非人情也，不如遣之还。"

徐达当时就提出来了："虏心难测！若舍之去，恐贻后患，不如杀之。"

朱元璋未接受徐达等人"杀之"的意见，同年十二月，将纳哈出等"因资而遗之"。朱元璋万万没有想到，纳哈出趁红巾军忙于在南方攻城略地之机，占据了开元路（今辽宁开原市北），迅速发展为一股强大的割据势力。

至正二十八年（1368）八月，明军攻陷大都，顺帝北迁，元亡。至此，在漠北的元君臣仍沿用元朝年号，史称北元。同年正月，朱元璋在应天

（今南京）称帝，定国号为明，建元洪武，是为明太祖，开始了明朝统治。这时，东北有元太尉纳哈出，屯兵20万大军雄踞辽东，屯驻金山（今吉林省双辽市）。还有其他几股元军势力，彼此相依，互为声援，整个北元的兵力不下百余万众，地域不下数千里，严重威胁着明王朝的生存。纳哈出虽然受明军屡屡攻击，辖地逐渐减少，但他仍控制着西至蒙古、北至女真和朝鲜等地，与北元大汗遥相呼应。朱元璋为了尽快占领辽东，多次派使招降纳哈出。纳哈出表面上是向着明朝，因为是受明朝皇封的"海西侯"，朱元璋亲自封的，而且，还拿大明朝的俸禄、吃民饷，但是背地里还在组织一些反明力量，做着一些反明的事。明朝开始对待纳哈出采取的战略策略分为两个阶段：前期以招抚为主，进攻为辅；后期由防御转为进攻，并最终使其降服。

明朝改辽东指挥使司为辽东都指挥使司，任命吴立、张良佐、房暠为辽东指挥佥事。洪武三年（1370）七月，又设定辽都卫，以马云、康旺为都指挥使，吴泉、冯祥为同知，承袭了元朝辽阳行省的指挥权。九月，明太祖"诏谕辽阳等处官民"，以"率众来归，官加擢用，民复故业"为号召，诱使辽阳周围的元朝残余势力刘益、高家奴、也先不花等纷纷率部降明。明洪武四年（1371）二月，平章刘益"以辽东州郡地图"奉表降明，被任命为明朝辽东卫指挥使司指挥同知。五月，刘益被元平章洪保保、马彦翚、八丹等杀死。六月，亲明派右丞张良佐、左丞房暠，起而又杀死马彦翚等，投归大明。

明洪武五年（1372）正月，朱元璋命靖海侯吴祯，率舟师运饷至辽东，支援定辽都卫都指挥使马云、康旺。六月，马云、康旺发兵攻占辽南，设金、复、盖三州，又平辽阳、沈阳。定都卫都指挥同知冯祥率兵攻占十万山，俘获元平章高家奴、知枢密院高大方，同佥高希古、张海马，辽阳路总管高斌。马云、康旺又挥军北上，进攻银州（今铁岭）、开原，迫近纳哈出故地金山。为收复失去故地，纳哈出于十一月，率军攻陷牛家庄（今辽

第七回 朱国瑞应天登大宝 封功臣降旨藩九子

宁海城市），烧毁舱粮十余万石，杀伤军士五千多人。明洪武六年（1373），纳哈出犯辽阳，马云、康旺率军迎击大破之。纳哈出"弃辎重奔开原"。明洪武八年（1375）十月，纳哈出又进攻辽东，越过辽、沈、海、盖等地，直逼金州，明守军前后损失两万余人。1371年至1381年，朱元璋遣将出独石口，对古北口、大宁、赤峰、高州、嵩州、武平等地反复征伐，再连克四川、云南二地后，为北讨纳哈出做准备。

朱元璋再次遣使劝降，被纳哈出扣留，拘而不遣。洪武八年，明将马云、康旺率军进攻，在青石山打得纳哈出"仅以身免"。洪武十一年（1378）八月，明朝再次遣使前往金山，告诫纳哈出"能观天地变化之机，知时势而不失者乃为杰丈夫"，并表示不咎既往，但纳哈出仍不归服。洪武十五年（1382），中原地区相继统一，纳哈出已成为国内唯一的割据势力，并在北元汗廷的支持下，跃马扬鞭，虎视南方的元朝故地。

纳哈出极其顽固。到了洪武二十年（1387），明将冯胜等率20万军大举进攻辽东，纳哈出才被迫真正投降于大明。明太祖朱元璋二次封纳哈出为海西侯。1388年，纳哈出出征云南途中，在武昌病逝，这是后话暂且不提。

※※※

单说洪武十年，徐达派出自己的两名爱将马云、康旺，就是专门监视纳哈出的。

朱棣哪里知道整个漠北的这些背后故事呢。年仅十八岁的朱棣带兵出征，是初出茅庐不怕虎，也有那股闯劲。他这一出了长城，就有点不服管了。他觉得自己这次肯定会凯旋！他临走时跟皇上和皇后还说："你们就瞧好吧，过两天我会报喜回来的！"

小燕王他头一次带队出征，他让人把所有的旗号都打起来，浩浩荡荡的，好远就能看到那个"朱"字大旗，而且他们走道都是按照明朝部队行军的方法，吹牛角号、连唱带喊，搞得是惊天动地。

你想：那个人家元朝的残余势力，是喝西北风的人呢，那是非常狡猾啊。他们早就知道朱元璋把他的四太子朱棣派出来了。

纳哈出就密传他的心腹石喇铁木儿，说："他不是一般人啊，将来是燕王啊！将来咱是要受燕王管的，将来辖区都是燕王管的地方，所以，这跟皇上出来一样，咱们必须要给他一个下马威，一定要把这个初出茅庐的虎羔子的尾巴给剁下来！不剁下来尾巴也要打下一个爪子！不这样的话，我告诉你，我们大元朝就是真的不行了！我们大元朝不是没有力量，我们绝对不能逃跑。"

石喇铁木儿这个人，你别看他鼻子有点不好使，说话囔囔的，其貌不扬，但是非常聪明，坏主意特别多。要不然，他怎么能在明朝大军的多次追剿之下，还能生存下来呢！石喇铁木儿就跟朱棣在暗地里玩起了猫捉耗子的游戏。石喇铁木儿还说呢："哎，你这小燕子朱棣越露出自己的声势，我就越不出来。反正是你在明处我在暗处；你越出动静，我好远就看到你，你那个大黄旗一打，角号一吹，我就完全隐藏在柳林子里头。到时候，有你小燕王好看，你就给我等着吧。"

石喇铁木儿心领神会纳哈出的意思，就采取了诱敌深入的策略，先沿途零星放几个元兵，见朱棣的大军一到，马上落荒而逃，而且还故意丢弃一些马匹和物品等。朱棣缴获了很多的马匹和物品，高兴得更是找不到北了。他像一阵旋风一样，就到达了嫩江流域。

朱棣是完全按照南方、跟他爹打仗时的打法，两军开仗，双方角号一吹，旗子一打，从气势上就能把敌人给镇住了呢。我把声势搞得越大，角号声音越高，可能就把敌人给吓怕了。你们蒙古人都好骑马，那我就好好拉开阵势，给你公开拼杀一番。他还有这样的想法。

第七回　朱国瑞应天登大宝　封功臣降旨藩九子

※※※

嫩江这边完全是沼泽地，每年大水过去以后，余下的都是些柳条冲，而且河流纵横，没有正河。到了嫩江进入到松花江那块，好些个水流。那些沙子冲开的地方就是河道了，沙子堆积多的地方就变成小岛了。时间长了，小岛上还长出许多树。这些树隔老远一看，那是一片一片、绿茫茫的，要是有人和东西藏在里头，人的眼睛根本就看不见，只能见到树叶子、鸟啊这些东西。

因为北方人善于用水，所以石喇铁木儿率领的这支元军都是水上军，水兵挺厉害。北方有船，但多数是小船。此时石喇铁木儿用的是什么呢？用的是小舢板。这大大超出了朱棣的想象。石喇铁木儿没有用马，而是早在嫩江这片沼泽地里给朱棣设下一张密不透风的"天罗地网"，准备跟朱棣打一场世间罕见的水战。躲在暗地里的石喇铁木儿一看朱棣上钩了，心中大喜：小燕王朱棣，你的马一到湿地都陷进去了，你马上的将士再有能耐也是白费，这次你还给我往哪里跑！

石喇铁木儿为了激怒朱棣，这天的子夜时分，他派小分队突然偷袭朱棣大军，并把他们引到嫩江岸边。石喇铁木儿带着他的手下，慢悠悠地坐着船，并在船上张灯结彩，唱着歌、跳着舞、弹着乐器、喝着酒，敲锣打鼓走了。

朱棣带领大军站在江边是干着急，没有任何办法。有人问朱棣："大元帅，我们怎么办？"

"气死我也！不铲除这股元匪，我难出心头之气，给我追！"朱棣一声令下，他带领的这一万多兵马就进入沼泽地，追下来了。

石喇铁木儿一看时机成熟了，就命令弓箭手，向空中放了三支响箭，"吱吱吱！"

※※※

  沼泽地里的树丛里，元匪是两个人一组划着一艘小舢板。这种小舢板是用小薄板做成的，不但在水里能划，而且在沼泽地里也能划，非常轻巧、非常快。等到有路的时候，其中一个人将它往自己后背一背，也能带走。等到有水的地方，把它从后背放下来，划船就走。这种小舢板比小威虎还小。这小舢板是一个人划船，一个人拿着网，由沼泽地里的树丛做掩护，悄悄地靠近对方。你过来一帮人，他"呼啦"一下子，把那种特制的、像丝袜子一样的网抛开，一下子把人套得死死的。他再一拉网线，人都挤在一起，越动越紧，最后想动都动不了，只能乖乖地听对方摆布。石喇铁木儿就是要和朱棣打这么一个仗，不靠人多，靠的就是这种小舢板。

  朱棣带着这一万多人跑进沼泽树丛里也找不到人啊，看到前面有两个人影，等到赶过去的时候，人家早跑了。明军是拿枪拿刀找不到人，低头也找不到人。人家元匪前后左右就跟抓鱼似的："哗"一网兜几个、"哗"一网兜几个，不停地往外抓人。有的人陷在沼泽地里，也被人家俘虏了。

  如此明军的人是越往里去人越丢，最后朱棣带来的一万多人都没了，就剩下他孤零零一个光杆司令了。

※※※

  这时，石喇铁木儿才说话："四太子恭贺你了！我们千不看万不看，看在你是燕王的份儿上，咱们还会有关系，将来我们要受燕王您的管理，你还要管我们，那我们也是有好生之德的。我们先放你，你回去吧。你回去可以跟朱元璋和大明朝的人讲，你是胜了也行，败了也行，但是我没有杀你。其他人等你走了以后，我们都送回你那。你走吧。"

第七回　朱国瑞应天登大宝　封功臣降旨藩九子

朱棣光杆司令一个人，是哭哭咧咧地回到了北平，跟徐达一顿哭诉："岳丈，这次我丢大人了，丢脸是丢尽了。我这大将都不知道自己的人是怎么没的，最后就剩我一个人，人家没杀我，让我回来了。"

徐达安慰了朱棣几句，说："你的情况我都知道了。你走后，要不是马云和康旺带我的腰牌去找海西侯纳哈出，你以为你还能回得来吗？此事虽然过去了，但是你必须好好从中吸取教训。我来问你：你觉得最初输在什么上了？"

"输在什么上了？"

"你第一个是输在'骄'字上了。你太骄傲了。你是皇上的太子，你总觉得你是天下第一。事实证明，你不是天下第一。你到北边看一看，你是老大吗？骄兵必败啊。你输在一个'骄'字上了。你第二个是输在'船'上了。你还缺一样东西——船。你没船，人家有船。你就懂得用马，你会骑马，马上用到枪都行。可人家不跟你马上来打，用船跟你打，你就没招了吧。"

朱棣说："我也没想到他仗这么打，不像我们啊，我们打都是敲锣打鼓的，两军对垒。我这次输得太窝囊了，我都不知道是怎么让人家弄成光杆司令的。"

徐达告诉朱棣："你得接受这教训，知道北方是多厉害了吧！北方人看起来多聪明，这叫'北人难欺'。"

后来就有了"南人怕丑、北人难欺"的说法。这都是明朝在与北边战斗中得出的经验教训。

"另外，北方水系比较发达，你要想统治北方必须要有自己的船啊。我告诉你，你别看南京长江有船，北方江河上也应该有咱们自己的船。另外，北方人的水性也非常好。咱们这次是吃亏在没有自己的船上了。咱们不能光会土遁，还得会水遁。"

水遁，就是水上的功夫和船上的功夫。

"咱们为什么抓不着他们？就是咱们不能在水里走。他们在水里比鱼虾还要快，咱们怎么去抓呀？咱们只有变成水中的鱼，成为水中的龙王，才能行的。孩子，这事说起来，对你也算是一件好事。你将来统治北方，道还长着呢。这次出征也算是给你一个教育。现在看来你光有十八般武艺不行，光有智谋也是不行的。你还得成为龙宫里的龙王，这样才行。这样的话，你才能变成北方的燕王。"

"岳丈，我知道了。我这就去向父皇和母后请罪去。"

徐达说："你别跟你父皇说，还是我跟你父皇讲吧。这事说起来，你还是个孩子，年轻不懂事，你要讲的话涉及军令状的问题啊。你不被斩首，最少也得挨板子啊。立下军令状的人，你必须得交差啊，给你的三千御林兵哪去了？那三千御林兵咋没的？你别说了，我给你说吧。"

※※※

两天后，朱棣带的那一万多人，原队人马都回到了北平。徐达让人一查，人数一个不少，于是，他就和朱棣到应天府复命。朱棣一声不响回家痛哭了好几宿。

不管咋的，徐达还是帮自己的姑爷说话的，他对朱元璋说："皇上！这次小燕王出师是败北犹荣啊。不管咋的，朱棣还挺勇敢，他不怕敌人凶猛，敢于身先士卒，虽然最后失败了，但说起来还是与北方建立了关系，这也算是一个很好的开始。"

朱元璋也心疼自己的儿子，他对朱棣说："不吃一堑，怎长一智啊，你先回去吧。"

朱棣起身与父皇朱元璋和岳父徐达道别："父皇、岳丈大人，我告辞了。"

朱棣走后，朱元璋就埋怨徐达："我把儿子交给你了，你怎么不管着他

第七回　朱国瑞应天登大宝　封功臣降旨藩九子

点呢?"

徐达笑着说:"他一出关,就像一只小猫一样,我想抓他,他都不让我抓着边儿,你让我怎么管他?孩子就应该让他摔打摔打。"

要说朱棣真是好样的,大丈夫是能屈能伸啊。三天后,朱棣在夫人徐彩凤的开导下,终于想明白了,于是请示了父皇朱元璋,批准他到国史楼看元代以及元代掠夺金代的档案史。朱元璋二话没说,就同意了。

※※※

朱棣就和夫人徐彩凤住进了应天府靠边儿的国子监的国史楼,整整住了七天七夜。夫妇二人,努力查阅许多宝贵的历史档案,这些档案都是大明朝攻占元大都之后保留下来的。

朱棣夫妇这七天七夜的时间,看完历史档案后,发现元代非常重视女真人对金代水路的控制、部落的控制和地域的控制。他们把这些情况都记载得清清楚楚。

北方打仗,首先得会使船。金代的北疆,最北方可不是黑龙江,而是远在黑龙江以北的出海口,还要渡海过鞑靼海峡抵达"库兀",也就是今称其为"库页岛"的广袤地方。若不算从中原到"库页岛"的旱路里程,就光是算江海与中原故地就关山重重、雾霭茫茫,相距足足有万里之遥。每次要与生活在那里河套港湾的各个部落的猛安谋克头目们相互联络,不用说是兴兵作战,就是想要见上一面也费很多时日和周折,相当不易啊!

北疆土民素以渔猎为生,世代离不开山水,周围处处是大小河川密布如蛛网,你若不会泅渡,就必须得学会在任何风浪中能摆弄船。完颜娄室早年谙熟水性,为人正义,一生中结交了许多好朋友和几位当地很闻名的部落头领,其中一个就是亦失哈喇。亦失哈喇部落造船非常厉害,关键是他们祖先是林中人,尤其是对松木名目情有独钟,非常了解。俗话说:近朱者赤，近墨者黑。完颜娄室自打结识了亦失哈喇，也爱上了船，并成了金朝能摆弄帆船的里手。

当朱棣看到金史中关于完颜娄室手下有一个亦失哈喇家族擅长造船时，眼前不由得一亮，心想：我找的人肯定与亦失哈喇族有关。

朱棣又翻阅到《金史·熙宗完颜亶》里面有一段载述：金朝赫赫有名的丞相完颜希尹的辉煌功绩和他后来不幸被诛杀的历史。在史书里，虽然明确记载了完颜希尹后被朝廷平了反，但是这里面却因株连而留下了许多的疑案和谜团。

天生好奇的朱棣对于这些疑案和谜团是彻夜难眠。

第八回

重兵车护送悄入藩
朱燕王漠北求名匠

这些疑案和谜团让天生好奇的朱棣彻夜难眠。为什么呢？因为完颜希尹那可是开创大金朝的几朝元老，战功赫赫，位列朝纲。金太祖起兵伐辽的时候，他为反辽急先锋，是金太祖身边难得的一位智慧超群的参赞和谋将。太祖阿骨打不少棘手的难事，都交由完颜希尹来办。完颜希尹还真有这能耐，任何难题在他的手下都会迎刃而解。另外，完颜希尹还有一个了不起的功绩，那就是金朝新兴的大小女真文字，也都是由他创造并通行的。所以，完颜希尹在整个大金朝非常有声望。

完颜希尹这个名，女真语谓"谷神""谷煞吉"，意思为世间万物的东西都吃在自己的肚子里。所以，后来全朝一致公认完颜希尹为"通灵使者"，成为完颜部著名的大萨满，主宰占卜、观星和重要的祭祀等重大部族和国事活动，谁也离不开他。故此，完颜希尹可以说得到了整个大金国朝廷和部族的一致尊敬。

金熙宗完颜亶时，完颜希尹为尚书左丞相兼侍中加开府仪同三司，封为陈王。完颜希尹为丞相期间，倡导学习汉文化，协助熙宗改定礼仪、制度，特别倡导金朝北方水运和发展农业生产，并与完颜宗弼奔走北疆，开发水运，广招贤才，在极短的时间内就扩大了金朝与北方诸族的密切联系。完颜希尹这人从来对各族都是以礼相待，不分大小贵贱，有事从来都是以理服人、以法服众，从不与各族酋长闹半红脸。

而完颜宗弼这个人脾气急躁，办事豪爽，但是，他是粗中有细，警惕性非常强。完颜宗弼主张在与北地各处的联络过程中，应该分出亲疏远近。他认为，有的民族部落与塞外蒙古人接触频繁，有的还私下收受蒙古人的好处，与大金朝似有二心，必然要多加防范。

完颜希尹曾辩驳道："金国初建，国力虚空，而南有宋朝，北有蒙古，不宜论战，故此应以和为上。"

完颜宗弼不同意完颜希尹的这一主张，至此二人在处理北地各民族间的关系上就产生了分歧，各有各的说法、各有各的见解。最后，完颜希尹

第八回　重兵车护送悄入藩　朱燕王漠北求名匠

说："咱们各退一半，还是以大局为重。"完颜宗弼也点头同意了。

完颜希尹这个话说完了，此事就算过去了，也没太在意。但是，完颜宗弼这个人却把这件事放在心上了，就在天眷二年（1139），他将对完颜希尹心怀不轨的疑心，上奏给了熙宗。为什么完颜宗弼选择这个时机呢？因为此时，完颜宗弼在熙宗心里那是与南宋战争有功之将，声名最红，一切准奏。于是，完颜希尹遂以"奸状已萌，心在无君"的罪名，由熙宗下旨被处死。

完颜希尹一死，整个朝野瞬间就沸腾了，很多人不服，替完颜希尹打抱不平，说什么的都有。但是人死不能复生啊！到了皇统三年（1143），熙宗良心发现了，也觉得完颜希尹"死非其罪"，就特赠以开府仪同三司、邢国公，改葬在冷山，也就是现在的舒兰市小城子镇一带，这才平复了一些人的怨气。

天德三年（1151）时，完颜亮追封完颜希尹为豫王。完颜希尹案真可谓是一波三折，而且刑部处理此案时，也是从熙宗天眷二年一直拖到完颜亮的天德五年，从处死到平反再到追赠，几起几落，这期间足足有十三四年之久，最后，终于大白于天下。但是，与完颜希尹案有关的亲眷、密友、家奴等，因此案被株连的就有数百人之多，他们的冤情怎么办？死的死、亡的亡、逃的逃，含冤而隐姓埋名者也不在少数。完颜希尹在金朝太有影响了，他的死牵扯多少人为其愤愤不平，甚至同情，进而反抗，说起他的后事更是传讲纷纷，成为街谈巷议的重要话题。

其中，传说当年办案行刑的人寥寥，刑部只好采用朝廷老军充当，可是朝中多数朝臣都很敬重完颜希尹，都找借口不是身体欠安，就是家有急事，纷纷回避此事。有几个老军被逼得没办法了，硬着头皮来办此事。这几位老军在行刑时，也怕完颜希尹大萨满阴魂降罪，借故尽量往后是能拖就拖。当年，金朝刑律均是死刑枭首、重者凌迟（刀割刑），轻者杖刑。杖刑也是非常惨的，不少被处杖刑者被装进袋里乱棍打残、打死，然后行刑者画押结案上报朝廷了事。完颜希尹的案子从来就是一个谜案，是一本糊涂账、乱账，究竟出土多少骸骨、多少冤魂，谁也说不清，由此流传下来的许多奇闻逸事，不胫而走，如行刑中有多少死亡者、有多少伤残者，或有多少婴儿被悄悄抱走、偷走，都是未知数。

※※※

朱棣是最喜欢读书、喜爱探索问题和凡事求真的这么一个人。他总觉着：那场灾难，有些婴儿不至于如此的短命，百年了，应该活着吧？如若活着，必是"百事通"，必会为我所用！

更因为朱棣做了燕王后心怀求才若渴之策，急着要寻找到为他来治北的名臣，所以，他总是梦想着：哎，我要是能寻找到当年被株连数百人中的、刀下亡人的后代，该多好啊！

朱棣再一翻史料，还真发现了此事的一段传言，说：曾有人偷偷抱出一个未满三个月的婴儿，流转到了世上，不知下落。虽然此段记载只是传言，是真是假无法考证。但是，朱棣看到此文后还是如获至宝，心中大喜，说："俗话说，无风不起浪，凡事都有缘由。我不管此事是真是假，必追它个水落石出。如果是真，我必将得到一位举世的人才；如果是假，我也能了却自己的一个心结。"

主意打定之后，朱棣就把他的想法，一五一十说给了徐彩凤。徐彩凤安慰朱棣说："凡事不必急。我们需寻找的亡人和事太多了。只要上心了，老天终会眷顾的。俗话说，有缘千里来相会，无缘对面不相逢。有缘之人总会有相见的那一天。"

朱棣和徐彩凤在国史楼里整整待了七天七夜，查找材料。这些档案有户籍档、运船档，还有船的渡海图，都非常珍贵。这些清档官一直被关押到元武宗海山时期。

第八回　重兵车护送悄入藩　朱燕王漠北求名匠

后来，元代继续掠抢金代行船入海的一些资料，一直到元帝末年妥懽帖睦尔。赶到元顺帝妥懽帖睦尔被打败时，他到处跑，感觉带着这些档案和这些清档官以及他们的后裔是一种累赘。妥懽帖睦尔命令人对这些档案是该烧的烧、该埋的埋。对于长期关押的这些清档官以及他们的后裔是就地正法，该杀的杀。史料上记载，元至正二年的时候，元朝关押的一百多人都给活埋了。从仅仅收集的一些材料看，在元至正十五六年的时候，妥懽帖睦尔让人活埋了他们，但不知道埋在什么地方了。诸多疑案更增加了朱棣去北疆寻访亡人后裔与史书谜团答案的欲望。

朱棣还把考察重点，投注到了长城以北、松花江、嫩江和黑龙江以及黑龙江以北库页岛一带广泛的水域与疆土。

那里到底有多少船？它是藏龙卧虎之地，必须亲访亲找。虽然说北疆万里河山，要想找到几个人，犹如大海捞针、海里淘沙，但是朱棣坚信：真金向来都是有出头之日的。金元两代北方女真人最谙熟北土，是他们祖先故地，江海练就了天生的翻江龙、神舵手，家家户户最擅长造船使船。我们要拜人家为师，没有唐僧取经的虔诚之心是向他们学不来技术的。

经过北方剿匪的磨炼，朱棣是吃一堑长一智，越来越通达事理了，处处虚怀若谷、彬彬有礼。

※※※

凡事都是有一利必有一弊、有一弊必有一利。

朱棣漠北剿匪这事过去之后，朱元璋就把"九子入藩"之事摆到议事日程。经过三年的准备，到了洪武十三年的时候，朱元璋对自己的几个儿子说："你们都到自己的藩属去吧，不要在我身边了。"

于是，朱元璋一道圣旨，就把几个儿子都给轰走了。这几个儿子到达各自管辖的藩王属地之后，最有成就、最有出息的，还是朱元璋的四儿子

145

朱棣。此时，朱棣已经是二十一岁的美男子了，完全成了一个大将军。

说来朱元璋颁旨让"九子入藩"本是一件大喜事，结果却闹得朱棣和徐彩凤夫妻二人痛哭一场。为啥呢？朱元璋旨意说得明白："朕思念孙儿，留在宫中翰林院习读诗文。"

朱棣和徐彩凤一想：留下两岁多的大儿子朱高炽在翰林院习读诗文，平时有马皇后照看着，也是好事。

但是让朱棣和徐彩凤万万没想到的是，他们刚出生几个月的二儿子朱高煦还在待哺状态下呢，也被朱元璋给留下了。这时，朱棣的三儿子朱高燧还没出生呢。

朱棣一下子就明白自己的父亲朱元璋是什么意思了，心想：父皇度量太小，这是怕自己日后在外反目啊。朱棣当即要翻脸，徐达赶紧给他使眼色。事后，徐达告诉朱棣和徐彩凤："日后遇事要沉稳一些。你们如今已经飞出鸟笼了，还愁你们的小雀不回窝吗！"

朱棣原来想坐轿早早离开这个是非之地。徐达很是老练，便告诉朱棣："姑爷，现在大明朝表面上形势良好，但实质上北元的许多势力都渗透到了大明朝的许多地方，是非常危险的。你要是受害了怎么办？我在皇上面前也受不起啊，还是低调出行为主。乘兵车走最为安全，我让马云和康旺护驾。"

徐达所说的"兵车"，其实与轿车也没什么大区别，只是外面都贴上兽皮。晚上到达住宿的地方时，吃住都在帐篷里。外人根本不知道朱棣到达北京的事。

后来，朱元璋也采纳了徐达的建议，其他太子也都是乘兵车走的。

朱棣到了北平之后，把元大都改为燕王府。按照皇上的规定，应天府南京是皇宫，北平应是燕王府。徐达就住在离燕王府不远的北辖控度史官邸。徐达是北平和南京来回跑。

徐达又私下给朱棣出主意："姑爷，你应当按照南京皇宫里的规格，做

第八回　重兵车护送悄入藩　朱燕王漠北求名匠

好燕王府内部的一些准备。你身边也得选一些贴身的太监和佣人，这些，马皇后没给你讲吗？"

"母后没说这么细，说一切都听您的。"

徐达说："好吧。我早就安排了。这事就交给蓝六姑和彩凤去办吧。"

反过身来，徐达对蓝大姑说："大姑啊，燕王和彩凤这事就让你费心了。"

"老爷，您就放心吧。"

徐达向朱棣、彩凤和蓝大姑又提出了选用太监和佣人的三个先决条件："第一，要以隆重的礼仪来召请北方名匠为明宦。选什么人非常重要。第二，要首选最听话、最老实忠厚的北方女真人，他们是人才济济。在元代，女真人是最底层的人，受欺压受苦最多。金朝被元朝灭，所以他们最恨元朝。第三，不但要让大明朝的文人、武将去选，你燕王和燕王妃要亲自去选。这三条非常重要。你们要有三顾茅庐的举动，来表示出自己的诚心。"

后来燕王朱棣就是按照徐达的三条意见来选人的，同时，大将军徐达也是想尽一切办法为自己的姑爷朱棣扫除外围的不利局势。

洪武十三年冬十一月："北元"平章完者不花与乃儿不花率骑兵数千，蹿入桃林口，攻打永平（今卢龙）。徐达派刘广战等奋勇迎击，在迁民镇（今山海关）大败蒙古兵，活捉完者不花。徐达鉴于防边的长久之计，应筑长城，并亲自踏勘线路，利用潮河口港运粮保障军需民食，为兴修长城做了必要准备。到了洪武十四年（1381）正月，徐达"发燕山等卫屯兵一万五千一百人，依山阻海筑长城及修永平、界岭等三十二关"。原迁民镇设卫（按：明代，几个府或一个府划一个防区设卫，卫城驻兵五千六百人），北倚燕山，南临渤海，形势险要，因名山海关。从此，山海关就真正成了京东锁钥军事重镇，这一带长城固若金汤，从而保卫了长城沿线数万百姓生产生活的安定。

后来到了明景泰五年（1454），朝廷敕令在山海关城内为开国功臣太傅

中山王徐达立庙祭祀,以表彰他筑长城的功绩,还留诗为证:

开国功臣豹略奇,长城重镇寄安危。

平西也是元戎贵,独拜秋风太傅祠。

※※※

光阴似箭,日月如梭。这时,朱棣到达燕王府都五年的时间了。

在这五年的时间里,对朱棣触动最大的有两件事。一个就是母亲马皇后于洪武十五年(1382)农历四月,突然抱病去世。第二件就是岳丈徐达于洪武十八年春二月病逝。这两位最亲的人离开,对于朱棣来说是很大的一个打击。徐达连年在外带兵打仗,也是积劳成疾。在洪武十七年,徐达就突然得了一种怪病,从头到脚,还有后背,都长满了大大小小的毒疮。开始朱棣在北平,给老岳丈徐达找来了御医医治,治疗还有点效果,可是转过年来,病情不但没见好,反而加重了。朱元璋闻听此事,就把徐达召回应天府。临走之时,徐达也感觉自己身体可能要不行了,就把自己的姑爷朱棣和姑娘徐彩凤叫到了身边,说:"我这病一时半会儿也好不了了,我就要回南京了,以后北边之事全由你和彩凤承担了,为父不能再为你分忧了。临走之时,我有几句话,望你们夫妻二人记住为好。"

徐彩凤听完眼泪就下来了,说:"爹,您的病一定能治好的。"

"傻孩子,为父心中有数。别哭了。"

朱棣上前说:"岳丈,您回南京安心养病吧。燕藩之地,我和彩凤会管好的。"

徐达看了看朱棣,又看了看徐彩凤,点了点头说:"燕藩辖地浩渺万里,五年间你的确做了不少事情,但是对于整个藩属之地而言,可谓是九牛一毛。北边少数民族的许多事情,我们还不清楚呢,未来燕藩之地,你不能光凭着太祖皇爷功绩而混此一生。大英雄绝不可鼠目寸光,漠北万里

第八回　重兵车护送悄入藩　朱燕王漠北求名匠

广域、民众浩渺，理应尽属尔之掌中，天下同心，方可堪称大明啊。"

"岳丈，我会铭记在心的。另外，也想访北实地探访一个漠北的民风实情，并把几件压在心里的事探个究竟。"

"好！既然想好了，你们就快去吧。"

"爹！您安心回应天养病吧。等您身体稍微好了之后，北边天气也暖和了。我们马上就动身。"

"好吧，顺其自然吧。我回去了。"

没想到，徐达回到应天府后，不久就病逝了。

※※※

朱棣和徐彩凤为徐达守孝百天之后，北边的天气也渐渐地变暖和了。这几天，朱棣不知怎么了，满脑子念念不忘的还是金元两代女真人造船的事。他把这事跟徐彩凤一说，徐彩凤说："看来，现在是时候到北边走一走了。父亲走了，我们缺少了一个主心骨。我们太需要人了。哎，刘伯父刘伯温在世时，不是给你破解过'双幻梦'吗？说北边有你一大一小的两位贵人。我看，咱们现在应该到北边请贵人了。"

朱棣一听，说："对啊，咱们该想点办法。"

朱棣和徐彩凤动脑筋想，他们也没有蓝大姑聪明。蓝大姑说："我们应该先想办法，先找人。找事难找，找人倒容易。只要有一个女真人，我们就找一个女真人；有一千个女真人，我们就找一千个女真人；有一万个，我们就问一万个。我们怎么会问不着呢！只要我们用诚心，只要我们走得远，我们多磕几个头、多作几个揖，怎么会找不到他们呢！诚心，佛祖都喜欢，这是主要的。"

蓝大姑对燕王说："燕王啊，这事别愁，我来替你想办法。我请的人都是女真人的孩子。我要把女真人中出类拔萃的人都找到咱们这里来。咱们这里的人，咱们先要好好归拢，好好清一清，不怕找不到线索。咱们身边的这帮人还没有好好考察呢，他们是怎么个来历、是干什么的、有什么能耐啊，咱们都不太清楚，应该一个一个摸清楚。既然咱们请的都是一些女真人的名匠，那么，咱们亲自跟他们走走。只要咱们跟他们处熟了，许多线索都会出来的。"

朱棣一想也对，说："咱们光急着到外边去找人了，怎么就没想到咱们身边的女真人呢？他们在当地都是非常出名的精英啊。大姑，就按你说的办。"

蓝大姑说："燕王啊，你也要亲自出马。你也别怕苦，你跟我一块出去，咱们一起走。北方不是水路多吗？咱们就走水路。你怕浮水不？"

朱棣说："大姑，我不怕。我从小也是大水边长大的。我也会水。再说北边的水我也没走过。我想到北边走一走、看一看更好。"

徐彩凤说："我也想陪着去看一看。"

蓝大姑说："好啊，正好咱娘俩还能做个伴儿。"

蓝大姑出面帮朱棣找女真人的名匠。因为蓝大姑身边早就选了一些人，他们都是北方一些十七八、二十多岁的女真人。蓝大姑为人好，又懂得北方女真人的一些风俗。她对自己身边的女真人又是赏钱，又是给东西，晓之以理，动之以情，的确让许多女真人感动了。一些女真人私下告诉蓝大姑：据传，松花江的一座山上，有一个尼姑庵，有一个道姑曾收养了那批人犯中的两个人。为什么没杀她们俩呢，可能是当时元朝的士兵看到了这两个人是两位怀孕的女子，杀一个人相当于杀两个人了，有点于心不忍。再说她们都是妇道人家，跟这些造船的事没太大关系，就把她们俩给放了。就被那个不知姓名的真人给收庙里去了，并接了生，后来就不知道她们上哪儿去了。有人还传说，两夫人被救后，不久双双投江身亡。

蓝大姑给朱棣一汇报此事，朱棣高兴得一下子就蹦起来了："当年，伯父刘伯温给自己破解'双幻梦'时，不是说我寻找的那一大一小的两头

第八回　重兵车护送悄入藩　朱燕王漠北求名匠

'牛',也是有山有水的地方啊。现在又有了松花江畔一座山上尼姑庵的消息,我们何不去一趟呢!"

于是,朱棣马上下令进行访北。朱棣和徐彩凤想得挺细,再三叮嘱随行的人员:此次访北,不能兴师动众,更不能显露燕王府的身份。我们要扮成塞北平民,不要惊吓到当地的女真百姓。因为他们让元朝害苦了,胆太小,我们真诚北访,就是慰问交友探亲的。

话说大明洪武十八年盛夏某一天的大清早,从燕京城里一条泥泞的古道上悄悄走来一伙皮货商人。他们内身穿着黄布的宫衫,背后的行囊里藏着宫靴。宫靴是徐娘娘赠给的,大宫靴黄缎高筒。其中只有一个人骑马,别的人都光脚前行。光着脚可能因为昨天晚上下了一场透雨,处处有积水。

这伙人大清早这是干什么去啊?他们此番出行可是去关山重重的长城之外的大漠北,离这燕京城足足有两千多里远的松阿里中游女真人集居的地方。

※※※

书说简短。

燕王朱棣、燕王妃徐彩凤和王府后宫总管蓝大姑等人出关之后,朱棣就以皮货商到北方采集山货的名义,进行微服私访。朱棣这个人是在明宫里长大的,最多到过秦淮河,十一岁以后才随他的岳丈来到燕京,也才看到了长城和北方延绵不断的群山和奇花异草。朱棣上次打仗时根本就没有心思欣赏风景,光想着打仗了。这次不同了,他是见到啥都新鲜,总的说吧,朱棣是见山上山、见庙进庙、见佛拜佛。他们就这样观山观景,一直来到了西辽河。

西辽河那可是通海的,绵延千里,尝到了辽河的海龟、海虾和海螃蟹,过去在应天府只吃到过东海的拳头蟹。如今,头一次尝到了东海的金盆蟹。

朱棣和爱妃彩凤是兴奋不已。再加上蓝大姑的能说能捧，更增加了几分乐趣。蓝大姑鼓动燕王朱棣和燕王妃徐彩凤一定要进东辽河。

朱棣问蓝大姑："奶娘，东辽河多长多远啊？"

蓝大姑说："我早就查了，东辽河只是咱们要去的吉林松阿里乌拉必经的河流。你不是要到松阿里吗？咱们不经过东辽河，难道要飞着去吗？哎，你还别说，你看船头上空的这只小鸟，还真与咱们有缘。我发现它在咱们头上呱呱叫着，都老多天了。这只小鸟也太可爱了。"

蓝大姑说完，用手一指船头上空这只不断飞舞的小鸟。朱棣和徐彩凤顺着蓝大姑手指的方向是仔细观瞧，只见他们船头上有一只头、翅膀和尾巴都是藏蓝色的、小嘴是黑色的、肚皮是灰色的崂山悟雀儿。

朱棣不看则罢，一看是大吃一惊："哎，这只小鸟从咱们跨入西辽河，就跟着咱们。我还喂过它呢。看来，跟咱们还是非常有缘分的。"

有道是说者无心，听者有意啊。徐彩凤马上想到了一件事。彩凤这个人非常聪明，她想到了朱棣曾经讲过的老亦家曾经见到过鲁班神爷，他们老亦家就有一只寿比千年的神雀五子。我们只要找到这只神雀五子，顺藤摸瓜，一切就好办了。难道现在天上飞的这只鸟是神雀五子不成？咱们跟着它走试试。彩凤把自己的这个想法告诉了朱棣，朱棣听了后心中突然就是一亮：哎，对啊！这真是知我者，王妃也。

其实，朱棣为了找到老亦家人，可谓是煞费了苦心，还用了一些极端的做法，排除了许多女真外姓人。什么招都试过，大多都失败了。他开始曾见到女真人就送厚礼，见人就打听："你认不认识有个叫亦失哈的女真人？"许多人都是摇头晃脑，令他非常失望。他也曾误认过：亦失哈族不是崇拜松鸦嘛，他就用烤好的松鸦来试探女真人，误认为只要女真人不吃烤好的松鸦就一定是亦失哈族的人。结果，朱棣这一招，让许多女真人非常不愉快。朱棣马上就明白了：自己又办了件傻事，北方民族崇拜松鸦，那是神的敬拜，不能烧烤，否则，那是亵渎神灵。

第八回　重兵车护送悄入藩　朱燕王漠北求名匠

从此，朱棣由此对北方固有的、对大自然敬爱的习俗信仰有了深刻的理解。

※※※

有道是：有心栽花花不开，无心插柳柳成荫。

朱棣听了徐彩凤的建议，在神雀五子引路下，不知不觉就进入了伊通河，通过嫩江进入了松阿里乌拉，走了七天的时间。这七天，朱棣脸红了身胖了，神采奕奕。朱棣最急切盼到的就是找到吉林的女真人。从金史中，他知道了女真人中有个著名的亦失哈喇，可惜年湮日久，朝代更迭，宛如大海捞针，万雀追凤，找到他们真是难上难、苦中苦、细中细、慎中慎。

朱棣给自己下了一道死令，此番背着父皇私闯北疆，这是宫中大忌的。作为皇家后裔，时时处处都是暗箭袭身，何况北疆多民族并不与大明一心一意，确有生命危险。徐彩凤深知朱棣做事很坚定，但也惧怕太祖爷盛怒，也是提着一千个胆，尽量帮助朱棣尽快找到需要的人，早早返回燕京，万事大吉。

朱棣、徐彩凤和蓝大姑他们跟着神雀五子来吉林后，你说奇怪不奇怪？只见神雀五子在空中盘旋了几圈，向松花江畔的西北一处山崖飞去，转眼就不见了。

"哎，它怎么飞走了呢？"

众人正在犹豫的工夫，朱棣下令："停船靠岸！咱们也就地休息休息，等会儿再说。"

松花江江水特别的清澈，朱棣闲着也没事，就挽起裤腿，坐在船舷边上，用双手濯洗自己的双腿。也该着有事，朱棣正在低头思索着呢，忽然，他眼前排着队来了一群小白鸭。朱棣抬头一看，原来是一位十多岁的女孩拄着长竿，撑着小船正在江上放鸭呢。

朱棣马上打招呼："好看的小白鸭，是你养的吗？姑娘，你住在哪块啊？"

放鸭姑娘也非常大方，说："我们是前面九龙山紫霞观的人，养这些小白鸭，还有鹅呀、羊呀什么的。等到把它们养大了，我们观主只留下一少部分，大多数都会把它们分送九龙山周围的百姓。我们就住在九龙山上。"

这时，朱棣才注意到，在西坡有一个山崖，崖上住有人家。朱棣一听放鸭姑娘这么说，马上就引起了他的好奇之心：原来是前面紫霞观放养的这些家禽啊。

朱棣哪里知道，他正是前方这座九龙山紫霞观十三年来，众人所盼望的那位南方"贵人"。

朱棣看到这个女孩非常亲近小白鸭，便说："你喂了多少年鸭子了，怎么跟它们这么熟呢？你叫什么名字啊？"

"松阿里乌拉哪个街市都有我的鸭群，我还放过牛放过羊。欢迎你到我们山上住两天。我们观里就喜欢外地的客人。我们的观里有不少新面孔、新贵人，你要问我叫什么名，我的名字叫一心，也算是观里的老人了。"

朱棣一听，心想：该观里经常来不少的新面孔、新贵人，他们里面有没有我要找的人呢？我何不让这一心女孩带我去看上一看。

朱棣有了这个想法后，便问一心姑娘："紫霞观是一个什么观？观主是谁？我们进这个紫霞观有什么规矩没有？我们现在能去不？"

一心非常热情地说："我们观主叫紫霞真人，她为人非常好。她对外客从来都是彬彬有礼，你们一定会受到贵客相待的。"

说完，一心赶着小白鸭向朱棣告别，走了。

朱棣非常高兴地把这个消息告诉了徐彩凤和蓝大姑，她们马上同意上山拜见这位九龙山的紫霞真人。

第八回　重兵车护送悄入藩　朱燕王漠北求名匠

※※※

　　单说，紫霞真人正在禅房打坐呢，突然发现，消失四五天的神雀五子从外边飞回来了，在整个禅房里飞来飞去，一会儿站在房梁上叫几声，一会儿又落到紫霞真人的肩上叫几声。神雀五子见紫霞真人还不入心，又冲到她的面前点头示意。紫霞真人"扑哧"一乐，早就知道五子这是有事传达，便说："行了，你这小东西都跑出去四五天了，难道我还不知道你有什么事吗？啥事这么急啊？你领我瞧瞧去吧！"

　　紫霞真人和五子刚走出禅房，抬头一看迎面而来的这人，心说："怎么是她？"

第九回

紫真人苦盼贵人至
双幻梦梦境已成真

第九回　紫真人苦盼贵人至　双幻梦梦境已成真

　　五子小翅膀夯开，小嘴叼住紫霞真人的衣领，让紫霞真人跟它走。紫霞真人和五子刚走出禅房，迎面正碰上蹦蹦跳跳放鸭回来的徒儿一心，就问："一心呐，你是不是看到有贵人来了？"

　　"师父，是啊，确有几位像是南方的客人。他们非常喜欢我的小白鸭，还说要到咱们道观来呢。"

　　"无量天尊！这就对了。我夜观天象，见北斗星的勺口朝西，这预示着大明朝日月并临，天上的日头该出来了。一心，马上打扫上房，迎接贵客。哎，一心呐，你还要腾出来一个上好的房间，他们来的不止一个人。"

　　一心问紫霞真人："那应该是什么样的房子呢？"

　　"你把咱们道观里最好的客房腾出来，我要留他们多住几天。咱们和他们心连上了，有许多事啊，都由他们来办吧。"

　　紫霞真人转身对神雀五子说："五子，这里没你的事了，你还是找你的小主人去吧。"

　　神雀五子呱呱叫了几声，一展翅膀"突突突"飞向紫霞观的西大间去了。

　　这边，一心刚把上好的客房收拾妥当，只见一位身穿皮货的年轻商人，带着一老一少像是母女又像是主仆的两名妇女来到紫霞观。他们后边还有几个伙计，手里各提着厚礼。

　　紫霞真人急忙上前是口打道号："无量天尊！不知贵人驾到，贫道这方有礼了。"

　　"真人，我们路过此地，特到本观上香，以示敬意。"

　　"几位贵人，贫道替三清真君答谢了，里面请！"

※※※

　　来的这几个是谁啊？

157

这几个人可了不得。为首的年轻人，乃是当今天子朱元璋的四儿子燕王朱棣，那位少妇则是燕王妃徐彩凤，年长的妇人则是燕王府后宫总管大人蓝大姑。来之前徐彩凤就告诉朱棣说："咱们是燕王府的，既然到了九龙山紫霞观，要懂得道观的规矩，也要让他们看出你是燕王的真实身份，应该按礼行事。大姑是亲随，我是王妃，我们先拜三清真人，再拜观主。燕王，这次咱们应该拿出燕王府来北疆寻找最重要贵人的厚礼。"

朱棣拜见紫霞观的礼仪，完全是根据徐彩凤的话来办的。蓝大姑这时成为祭祀礼拜仪式的司仪，更加的忙起来。她本来就是王府中的总管，这些事她从来都是如鱼得水，办得有礼有节，朱棣从内心非常佩服。

紫霞真人怎能不知道帝王祭拜三清真人的礼数呢？她是一边忙碌着，一边看在眼里、喜在心上。朱棣、徐彩凤和蓝大姑祭拜三清道人的隆重仪规，这些暂且不说。

等到祭拜结束后，紫霞真人把朱棣等人让到了自己的禅房。终于盼来了她十八年朝思暮想的贵人，时光荏苒，哪能不让她思绪翩跹呢！想想当年自己从大荒草原拯救的深陷囹圄的可怜的亦氏家族后裔，这么多年熬过来，有太多的不易。这十八年的时间里，紫霞真人怕被拯救的亦氏家族受半点委屈，一再嘱咐观中的一心和众人，好生款待，让他们多吃多喝、少些烦恼、善心多助、多福多寿。而紫霞真人则淡饭轻水、数夜难眠，专心期盼"三清圣人"降临，早日送来南方来的和最能拯救他们的贵人。究竟南方的贵人是谁？紫霞真人也是天天香烟缭绕、木鱼声声，三清道主默念在心：愿早日了却自己的这个心愿，愿世人早日团圆相聚。无量道君！太乙拯救苦难的苍海神君！

朱棣、徐彩凤和蓝大姑等人的到来，使紫霞观里由此开始了另一番的景色。所有的佣人和道观的道士们，人人是喜笑颜开，一连七日的素餐，完全是紫霞真人亲自下厨。桌上摆好的那一道道鲜亮的"牛羊鱼禽"，可都是紫霞真人用山里野生的莲花、莲藕、荞面、冰糖等为主要食材做成的。

第九回　紫真人苦盼贵人至　双幻梦梦境已成真

朱棣、彩凤和蓝大姑是有生第一次尝到了紫霞观里的素席素宴。朱棣兴奋不已："父皇和我的众兄弟都没有这个福分。京城的所有宴席，我都看腻了吃腻了，就像喝的白开水一样，没滋味。今天，我在这吃的，可算是仙羹美宴也。"

紫霞真人这些天来，因为燕王等贵客来了，马上要了却她多年的心愿了，所以她心里也是非常的高兴。朱棣也是尽情地欣赏道观的风景、品尝道观的美食、参拜道观的仙灵。

这些表面上的热闹场景，并不能安慰紫霞真人心中的那份特殊的牵挂。紫霞真人真正的用心还是请朱棣和徐彩凤他们去关怀和关爱她的西大间由六名道观侍女侍养的那个襁褓中的男婴。这可是紫霞道观真正的宝啊！可以说是紫霞真人心上的宝贝疙瘩。

其实，朱棣、徐彩凤和蓝大姑他们早就注意到了这间奇怪的客房。由于戒备森严，偶尔听到婴儿的啼哭声，却未敢问津。没想到，这天紫霞真人大清早便来看望燕王妃徐彩凤和蓝大姑，把道观口这个襁褓中的神秘男婴的身世简单地讲了一遍，说："这个男婴，可是我们紫霞观的宝贝，他是自辽金以来，漠北船王亦失哈喇部族的少主人小牛。"

最后，紫霞真人问燕王妃徐彩凤："小牛是怎么一回事，我是否能向燕王禀报呢？"

彩凤和蓝大姑一听，可高兴坏了，马上说："这事太应该了。我们此行正是为他而来，最应该让燕王听了。等到燕王来了之后，您再详详细细地说一遍，越详细越好。来人啊！赶快请燕王过这屋一趟。"

贴身侍女答应了一声，马上去请燕王朱棣。朱棣到了之后，紫霞真人又将这个婴儿"小牛"出生的始末以及他所承担亦失哈喇家族的使命，一五一十、原原本本地讲述了出来。

最后，紫霞真人看了看燕王朱棣和炕上的徐彩凤、蓝大姑，摇了摇头说："你们晚来了一步，要是早半年来就能与亦失哈胜晟夫妇见上一面了，可惜他们夫妇二人不幸双双离世，唉，太可惜了！"

听完此话，燕王朱棣对这位紫霞真人是肃然起敬。朱棣万万没有想到，自己面前这位道高藏深的紫霞真人是如此的深有涵养。她竟然为了大荒中的一个庶人遭难后，留下个遗腹子，不避道观闲人疑难非议之嫌，挺身而出，含辛茹苦抚养这个男婴。朱棣拱手说："真人，您乃是世人难找得一位仙人啊，请受小王一拜。"

说着，朱棣俯身给德高望重的紫霞真人深施一礼，身边的徐彩凤和蓝大姑也一同施礼。紫霞真人急忙上前搀扶。朱棣起身后，非常坦诚地说："真人啊真人，实不相瞒，我们是特来为国家寻找自金代近百年来遭受囹圄之害的老亦家后裔的。他们的亡灵在天，都要感谢紫霞真人您啊。您做了一件大好事啊，是拯救人类之福啊！燕王我有个心意，不知真人同意否。此儿虽然尚在襁褓之中，我们无权带走，男婴在此成长必会成为紫霞真人教育出的好人，亦失哈家族成绩的承继者。我认为，现在应该依据女真人习俗给'小牛'举办一个出生礼，借此也算是为亦失哈家族正式命名。"

朱棣说到这，紫霞真人叹了一口气，说："燕王千岁，故元残匪哪个不想得到这个男婴啊？我怕树大招风，在没有盼到贵人出现时，我原本想待到他成丁之时再向外公开他的身世。既然燕王有此建议，那是再好不过的了。"

"真人啊，这隆重的出生礼，就完全由本族萨满和当地的女真名酋做主持吧。我认为应该办这件喜事。以朝廷的名义办完这件喜事，我们也放心了。真人您也就更托底、更安心了。"

紫霞真人听完朱棣所言，也是点头称是："好吧，就尊听燕王千岁的安排。"

※※※

说到这，朱伯西我简单介绍一下女真人的古俗。

第九回　紫真人苦盼贵人至　双幻梦梦境己成真

女真最重视人一生中的三个重要礼仪：一是出生礼，二是成丁礼，三是寿诞礼。每个重大关键环节，均由氏族萨满、穆昆达和父母做主而举行隆重的礼仪。

出生，指男女婴儿降生。出生礼，对于每一个女真人都是非常隆重的。它也预示着一个生命从此来到世上，正式融入社会，成为氏族中不可或缺的一员。他从此就享有了独立的生存权、自卫权、互卫权和命名权。

成丁，则指长到一定年岁后享有参与一些社会活动的权利和能力，在集群中有了婚配权和自主权。女真人男孩成丁礼的年龄为十三岁，女孩成丁的年龄为十一岁。女真人男女到成丁这个阶段时，多由萨满和穆昆达经过一定的仪礼，给成丁的人佩戴野猪牙、熊牙、狼牙、虎牙等兽的犬齿獠牙。这些饰物佩戴在成丁人的身上后，就象征着他们都有了立事、勇敢、无畏、奋发向上的气质和精神。

女真人到了三四十岁以后，才能够享受隆重的寿诞礼仪。女真人的寿诞礼，可以说是别具风格，要到山顶采挖千年古松的疤结、捕捉大海里百年以上的鲸须，这些全是长寿无疆的象征。

※※※

紫霞真人马上派人请来当地本族萨满，按照出生礼的程序，由出生人或他的长辈，虔诚地向祖先叩拜，诉说出生人的生辰。这时，大家才知道紫霞真人怀中的这个男婴是洪武十八年盛夏，乙丑年所生，为"衣罕阿尼亚"即属牛。在众目睽睽之下，由萨满为"小牛"举行了一个隆重的出生礼。

出生礼，按习俗由萨满焚香祈祷。众人长跪，萨满身上的腰铃"哗哗哗"响，神鼓敲得"当当当"，节奏是越来越快、声音是越来越响。突然，萨满似从梦中醒来一般，睁大双眼，对天大声喊叫："亦失哈！亦失哈！亦失哈……"神鼓息声、腰铃静止,祭祀萨满靠坐在一张圈椅上,闭目不语。往往萨满的喊叫声就是出生人的名字,这是女真先人们千百年流传下来的命名程序。

众人看罢,纷纷跪地叩谢,相互祝贺。"小牛"亦失哈出生礼结束之后,人们正在喜庆之中呢,燕王朱棣突然对紫霞真人说:"真人啊,可以公布'小牛'的亦失哈名字了,待他成丁后,我一定会来接他进宫的,为我大明朝所用。"

"这个……"紫霞真人考虑再三,非常委婉地说:"燕王千岁,'小牛'亦失哈出生礼已由燕王千岁见证,此乃亦失哈喇族人之大幸也。关于对外公布'亦失哈'名字之事,贫道看来还是为时尚早。有道是树大招风啊。为了避免外界一些不必要的麻烦,我看此事还应从长计议,待到'小牛'成丁之时,再对外公布也尚且不迟。不知燕王千岁意下如何啊?"

朱棣想想也对,就说:"还是真人考虑得周全,那就等到'小牛'成丁礼时再对外公布吧。"

朱棣、徐彩凤特意赏赐紫霞观一些银两与布匹。这时,真感动的还是亦失哈喇部族的人。说实在的,到现在为止,亦失哈喇部族的人虽然说自己是女真人,但是他们从来都没有敢承认自己就是亦失哈喇。

※※※

小牛的出生礼圆满结束后,朱棣感觉自己带领彩凤和蓝大姑北上求贤访亲是初战告捷,心里自然是高兴啊。朱棣本来就是一个好动的人,到一个新地方后,他非要到处看一看,于是这一天他就溜达到了江边,不光看了莲池,还到了松花江与温德河一带,看了很多渔船、很多木排,江上相当热闹。他没想到,有的木排上还住有人家。

蓝大姑在应天府都没看过这种木排。一心跟他们讲:"这些木头非常

第九回 紫真人苦盼贵人至 双幻梦梦境已成真

粗,连在一起叫木排。有很多的木排上有窝棚,还可以做饭、做烧烤吃,甚至有的木排上还载有小牛、小羊,木排走到远的地方随时可以杀生吃肉呢。"

朱棣一看,北方的生活太好了、太美了,想都想不到北方的风光是这样的人间胜境。再往远处一看,朱棣发现一艘船非常有意思,就是一个小木船、一个帆。朱棣说:"哎,这船很好,能不能上去坐坐?"

一心说:"上去跟人说说,应该可以。"

一心先跑去问了一下,然后转身回来说:"叔叔啊,那家伙挺个别的,真是个愣子,不让咱们上去。这没啥,这块儿船多得很,他不让上,咱就上别的船吧。"

一心腿还挺快,说着就去找停在江边的其他船。朱棣这个人也有个特性,心想:他不是说不让咱们上吗?我就偏偏看中了那条小船,非要上去看个够不可。

朱棣赶忙叫住了一心说:"回来,回来,我瞧这条船就挺好。他为啥不让咱们上船呢?我亲自去说说,难道这么点面子他都不给?"

站在一旁的蓝大姑怕朱棣耍燕王脾气,忙想挡住。朱棣把手一挥,说:"不会的,我有分寸的。"

说着,朱棣大大方方地就来到这条小帆船前。只见有跳板从江岸搭在这条船上,船上一位中年男子正站着惊奇地瞅这位要上船的陌生人。朱棣一抱拳说:"船家吉祥,我是来自外地的人,到贵船上观观光,任何物件不取,就想多会一会朋友。"

这位船主一听,上船人很豁达、客气,忙说:"哟,这位老弟的抱拳说明你来自燕京,原来都是'淀上人',都是一家人啊!"

朱棣曾看到过岳丈徐达的燕王府兵丁相互见面时都是抱拳的,没想到今天就用上了。船主伸手把朱棣拉上了小船,非常客气地说:"还有哪位,都请他们上来吧!"

朱棣回头招手，徐彩凤、蓝大姑和一心紧跟着都上了船。这时，船主冲着船舱里说："我说当家的，客人来了，你给我们烧壶黄芪茶。"

然后，船主转身向上船的各位客人点头施礼说："船太小，地方挤点，各位凑合着坐吧。"

※※※

各位坐好，一位中年妇女端着一方盘，方盘上放置五碗黄芪茶。朱棣、彩凤、蓝大姑、一心和船主是每人一碗。而后，这位中年妇女又悄声退进内舱。

朱棣若有所思，刚要张口，蓝大姑先发问了："船东家，我老家是凤阳的，最近才来到北方。刚才听你们搭话，船东家怎么对燕京这么熟啊？说是'淀上人'，难道你知道白洋淀？"

船主听罢，转身出去提了一桶水，慢慢放在桌子前，大伙都想他回答，可他就是不答。众人越关注，他越不说。骤然间，船上气氛就显得非常尴尬。船主是实在挡不过去了，便喝了一口茶，然后把茶碗放到桌上，又想了半天才应付地说道："那都是老皇历了，咱们不扯那个。哎，你们都是船上的新客，让我老伴给你们清水炖江鱼好不好？你们这些远道的客人也尝尝俺们松阿里的金鳞大鲤子，可鲜得很呐！"

朱棣知道他想绕圈子，不回答正题，马上盯住问："船东家，老皇历还是有意思的。实不相瞒，我们都来自燕京一带。你说到'淀上人'，我们知道没在白洋淀待过的人，是不会说'淀上人'的。你肯定在白洋淀住过。看来，咱们都是老乡啊。有那么一句话不是说得好嘛，老乡见老乡两眼泪汪汪。咱们既然都是'淀上人'，那还有什么话不能说呢？"

朱棣的话虽然不多，但特别真诚，这位船主听后心里热乎乎的。于是，船主轻轻地放下茶碗，两眼紧盯着朱棣老半天，上上下下、仔仔细细打量

第九回　紫真人苦盼贵人至　双幻梦梦境已成真

一番，又四周看了看在座的彩凤、蓝大姑和小道童一心，把心一横，狠狠心，开口说道："我这人从不三吹六哨，满嘴瞎巴巴，一就是一，二就是二，我也找过元明两朝的朝廷命官，都白扯、没用，全是酒囊饭袋之辈！我不客气地问各位客官，你们到底是什么人？你们谁是当家人？我眼睛最毒了。"

说着，中年男子指着朱棣说："你打扮得像个阔商人似的，其实你根本就不像。你一抬手一投足、一举一动，看人看物，眼神和口气那么霸气，肯定是高人。为啥呀？你有着天子的气派。守着高人不说假话，我也不装了，该说点实话了。不是说将心比心吗，抱歉得很，我可不愿跟一群看船赏景的人瞎聊，这也太耽误我打鱼了！"

中年船主是不鸣则已一鸣惊人，他口才极好，绝非等闲之辈。

朱棣马上毫不客气地说："船东家，有什么话就直说吧。无论有天大的事，我今天都给你做主了，也算说句狂话。你既然是'淀上人'，怎么来北边这大冷的地方混日子呢？难道有啥伤心之事？你有苦尽管说，有冤尽管诉。我如果不能为你分忧的话，算我白活！"朱棣说完此话，回头看了看徐彩凤，意思是说：咋样，咱们这回可真正碰上硬茬子了！

朱棣、徐彩凤二人是相互暗示会意，既感惊喜又觉庆幸，北疆果然出人才，确是藏龙卧虎之地。徐彩凤历来都是朱棣最信赖的参军谋士，她微微向他点头暗示，朱棣立马就明白了，这是告诉他，人家在向咱们较真章了，咱们可绝不能含糊，你应该真佛露面，让船主相信你，让他完全敢放心大胆说实话，说出他心中的秘密。

只见朱棣不慌不忙地从怀里掏出一道大幅的黄绫子洪武圣旨，辉煌耀眼，上有二龙戏珠绘像，下款是朱砂楷书，写着：奉天承运，皇帝诏曰，御赐恩封朕四子朱棣为燕王，入藩北平燕王府，统御域北万里海疆，旌旗招招，征马嘶嘶，所向无敌，福寿绵绵，永铸其昌，钦此，洪武十三年吉日。

※※※

朱棣拿出的圣旨，连徐彩凤、蓝大姑都是头一次见到。船上所有人全都跪下了。方才这位中年船主本想还像往常那样，应付一下，反正凭他满腹经纶、侃侃而谈的诸葛嘴，准能镇住对方。那些渔民百姓哪是他的对手啊！今天，他只想尽快把这帮闲客轰走拉倒。

船主揉着眼睛俯身细瞧朱棣双手捧着的圣旨，之后，口念佛号，扑通一声跪在船上，是号啕大哭。双手伏地不起的他，哭诉着说："吾皇万岁万岁万万岁，洪武爷，洪武爷，我是盼星星盼月亮，今天总算把大贵人盼来了。"

接着，船主仍是双膝下拜，说："贵客进门我忘了款待，太抱歉了，还是先吃鱼吧，你们也都饿了，吃完再说。当家的，赶快把鱼汤先端上来，我们的贵人来了。"

船主进舱里忙起来，朱棣和徐彩凤、蓝大姑只好客随主便。他们深知好事多磨，这船的主人绝非常人，其中必有大文章。徐彩凤满有把握地说："燕王呵，啥事都甭急，好戏还在后头呢！"

这时，船舱里的中年妇女跟一个十一二岁的小姑娘，已把熬好的鱼汤端了上来，船主请大家围上来同喝新鲜的鱼汤，还不停地赞美着："我们的鲤鱼汤可好喝了，一色儿的都是活鲤子下锅熬成的，非常有营养。"

朱棣端起碗来一看这鲜鱼汤，都熬成了乳白色，像牛奶似的，清香。"咝儿"朱棣喝了一小口鲜鱼汤，鲜香无比。

"哎，太好喝了！你们在这鱼汤里放了什么特殊的料啊？"

"什么料都没放，我们就是用江水炖江鱼，我们就过这样的生活。"

朱棣边听边向舱里走去。这个小船舱很深，能容下五六个人，人站起身不顶头，舱盖是用木架和草帘子蒙成半圆形，可避风雨、可防寒雪，里

第九回　紫真人苦盼贵人至　双幻梦梦境已成真

面放着板床、被褥、衣物和小柜。小船虽然不大，但是里面设施相当齐全，一个小梯子可以进舱或者出外。朱棣看得挺细，不住地称赞，真可称为"水上人家"。

朱棣看见小船后舱还有一缸水，船后围有一个小厕所，真是方便极了。船舱里有好几块木板间隔着，有的放新鲜蔬菜、有的养着活鱼，还有一排鸡笼子。朱棣真长了见识了，说："我以为我们江南美，哪想到北疆水上人家不亚于江南啊！"

船主人跟朱棣等来客，相互间亲近多了。船家崇敬天朝来的人，朱棣等更感激北民的朴实真诚。船主人就请他们进到内舱安坐。船主人让中年妇女领着小姑娘也过来，给朱棣、徐彩凤、蓝大姑跪下叩头。朱棣这时才正式把徐彩凤和蓝大姑的身份详细地介绍了一遍，这更加让船主一家受宠若惊。

※※※

中年船主也自我介绍了一番："我姓'万'，叫万福山，今年三十有六，祖辈就居住在松花江边。这位是我老伴，这位是我的姑娘刷彦亦尔哈，再过两个月就满十一岁了。我这'万'姓，其实就是女真人的完颜氏，完颜氏要是写成汉字就是万字，王字也可以。我们世世代代都是女真人。我们过去挺受罪，现在好一些了。大元朝完了，大明朝起来了，我们是翻了身了。"

此时，万福山眉梢都带喜色，认为亲人来了，该吐吐积压多载的苦水，于是便向几位说："我真是有眼不识金镶玉啊，请见谅！我是粗野之人，天天盼星星盼月亮，终于盼来了当朝燕王和燕王妃。如今天下为公，明镜高悬，冤臣我终有了昭雪之日！"

朱棣问："万福山，我问你，你说'冤臣'两字，究竟何冤之有？"

万福山

万福山答:"燕王千岁、王妃,我早知道你们的行踪,你们是从应天府南京城受命入藩,率兵来到元大都创建燕王府的,经过五年治理,燕王府各项事务都是井然有序。我断定,你们家中事情安排妥当之后,漠北之地必是你最关心之域,你早晚必要来的呀!"

万福山的一番话说得很有把握,好像他就是朱棣肚子里的蛔虫。朱棣从小就生长在军中,一听就引起了他的警惕。朱棣盯着万福山,板着脸问:"告诉我,你咋知晓的?你究竟是什么人?再说'冤臣'两个字可不是轻易说的,必有依据。既然你知我是燕王,你就必须实话实说。"

万福山听朱棣声调洪亮,就知道引起他的注意了。其实万福山就是想采取激将法让朱棣重视他,所以万福山并不惊慌,而是慢慢走到朱棣跟前跪下,软中带硬地回禀:"燕王千岁,请息怒,怒大伤肝啊,方才不是您让

第九回　紫真人苦盼贵人至　双幻梦梦境已成真

我说实话吗？我敢说敢当，从不卖弄虚讹。我万福山一辈子都是以礼会友，就是不怕恃强欺弱、自命不凡的人，对那种人不屑一顾。您不是燕王爷吗，虚怀若谷的古话您忘了？就这么小的度量吗？不能！您燕王爷胸怀天下，有鸿鹄之志，岂能与我万福山一般见识！燕王爷，您亲眼见了，我们就是松阿里江上的船上人家，祖籍哈喇是完颜氏，从金元明到我这代二百来年了，若说我的名头，那可大有讲究，说来许多人可能不信。我是由完颜氏三代奴仆、金朝遗老完颜老爹、元代福德公和春山叔养大的，所以我才叫万福山。唉！我祖上几代人都是遭受多少载的刀斧杀戮，可谓死里逃生。从我懂事起，就受尽了元儿的欺凌，如今迎来大明天下越过越红火的好日子，我们都感激大明皇帝洪武爷啊！我对天发誓，我是真心的。燕王爷，如果您以为我们打啥邪主意，那您可就大错特错了。"

万福山句句话斩钉截铁，处处敲在点子上，让朱棣是无言以对。而坐在旁边的彩凤动心了。她一看对面这个新认识的船主绝不可小瞧，暗自佩服，这人毕竟见过世面，必有别人尚未深知的复杂背景和来历。

她就跟朱棣小声地说了三个字："国史楼！"

朱棣的心忽然就是一动，仿佛从他了解的大量材料里找到了一点点模糊的影子，但还拿不准。朱棣静了静零乱的心绪，说："俗话说，不打不成交。你说的心里话，使我很是感动，我敬佩你的为人和遭遇，咱们是同路人，会成为要好的知己，快快起来吧。"

"谢燕王千岁。恕福山斗胆妄言，其实小民早知近日贵人必然驾到的。"

"哦？你是怎么知道的？"

"回禀燕王千岁，有道是，流星北坠，贵神巡北。正巧你们光临到此，故我狂言星象果真应验。此言恕有不妥之处，还望燕王千岁不要在意。"

朱棣脸色依然沉着，用眼睛瞟了瞟万福山说："你说的其他的话，我不会在意。但是，我在意的是，你说的这些观星的话，很新鲜，很有意思，不知道是你听当地人传说的，还是你从哪里得来的？"

万福山说："我先祖女真人自古以来就是以星定时、以星定位、以星定事。虽说星分三垣四象二十八宿，但是它们各自都代表着亘古不变的象术数理。我好观星，成了每晚的习惯。说起昨天晚上，我照例申时出外夜观天象，突见南空有一道流星甩出长长的亮光，从头顶一直划向北空江河山谷之间，亮光少顷皆无。记得幼年读先人《星寓》一函，书中有解：流星北坠，贵神巡北。"

朱棣听后，觉得万福山说得在理，不属诳语，无可非议，于是自知理亏，他为缓和气氛，就笑着说："咱们虽然刚刚相识，但是感觉已经是相知多年。小王我说话有点急，也是性格使然。福山兄，不要见怪，我也非常想知道《星寓》此书，能不能借我一阅？"

万福山听了，面露伤感地说："燕王千岁，太遗憾了，我小时候听我阿玛说的，他见我完颜老爹翻阅过。据传《星寓》一书共七函一十四册，早已失传。"

"哎呀，此书失传也太可惜了。哎，你所说的完颜老爹，不知是你祖上的哪一位啊？"

"回禀燕王千岁，完颜老爹非是旁人，而是金代'谷神'完颜希尹。"

"啊！'谷神'完颜希尹就是你的祖上？"

"正是！"

朱棣太清楚"谷神"完颜希尹在金代的丰功伟绩，以及他饱受不白之冤而死的经历了。

※※※

当年，朱棣在国史楼看到关于完颜希尹疑案的一个传言，说曾有人偷偷把完颜希尹一个未满三个月的婴儿抱走，从此不知下落。当时，朱棣还对徐彩凤说呢："无风不起浪。凡事都有缘由。我不管此事是真是假，必追

第九回　紫真人苦盼贵人至　双幻梦梦境已成真

它个水落石出。如果是真，我必将得到一位举世的人才；如果是假，我也能了却自己的一个心结。"

当时，徐彩凤安慰朱棣说："凡事不必急。我们需寻找的亡人和事太多了。只要上心了，老天终会眷顾的。俗话说，有缘千里来相会，无缘对面不相逢。有缘之人总会有相见的那一天。"

朱棣万万没有想到，整整八年过去了，他终于见到了自己冥思苦想要找的完颜希尹的后人。朱棣上上下下仔细打量年仅三十开外的万福山。只见万福山五官端正，鼻直口方，皮肤稍微有点黑，是不胖不瘦、不高不矮，中等的身材。特别是万福山那双眼睛，非常有特点。万福山平时不说话的时候，总是眯眯着眼，给人一种似睡非睡的感觉。当你问他问题，他在思考时，两眼会眯成一条长长的线，让你根本就发现不了他眼珠子的变化。但是当他突然发现问题的要害时，眼睛会"欻拉"一下睁开，外射出一股逼人的杀气后，会迅速恢复原态。万福山的这些微妙的变化一般人都不会轻易发现的，但是朱棣看在眼里。燕王朱棣不但没有反感万福山的这些奇异举动，反而是越看越喜欢。

为什么呢？因为当年"谷神"完颜希尹就是这个样。白天他的眼睛像猫一样，总是睡不醒，可是到了晚上或战争的关键时刻，完颜希尹的眼睛都睁得特别大，也特别有神。万福山骨子里就有他祖上完颜希尹身上的那股无形的霸气。此时，朱棣对万福山可以说是另眼相待。

接下来，随着交谈的深入，朱棣和万福山又结下了一桩旷世奇缘。

第十回

万福山结拜攀皇亲
小豹子降难陷泥潭

第十回　万福山结拜攀皇亲　小豹子降难陷泥潭

此时，对万福山另眼相待的朱棣问："万东家，你家是哪里的？今年多大了？属什么的啊？"

"回禀燕王千岁，我家是江上人，常年住在三江口和温德河流域，以江为家。要说固定的住处，有两个地方，一个是离三江口不远的一间草房，那就是简单歇歇脚用的。要说常住的地方，就是离温德河和松花江不远的那三间木板房。我今年三十有六，属牛的。"

"哎呀呀！"朱棣听完此言，猛地一下就站了起来，上前一把就把万福山的双手抓住了，使劲地摇了摇，说道："福山兄，我终于找到你了。你让我找得好苦啊！不行，今天我不是什么燕王了，我要和你堆土为炉，插草为香，歃血为盟。你比我年纪大，你当仁不让是大哥。赶快准备！"朱棣转身对蓝大姑说。

蓝大姑早就知道当年军师刘伯温给他破解"双幻梦"那件事了。当时刘伯温告诉朱棣："未来会有一大一小的两头'牛'来辅佐你，他们都是你的贵人。"

蓝大姑也是心领神会，让万福山夫人简单准备了几个盘子，盛了一条鱼，又摆了两盘水果，当中放置一个香炉，把香点着了。

朱棣拉着万福山的手，二人跪在地上，由蓝大姑主持，就进行了一个非常简单的兄弟结拜仪式，从此，二人就结下了金兰之好，成了拜把子兄弟。万福山大十一岁为兄，朱棣为弟。万福山性格非常豪爽，也非常认可朱棣这个兄弟。既然是把兄弟了，万福山赶紧让夫人给张罗几个热菜，全家在一起喝点酒庆祝庆祝。徐彩凤和蓝大姑起身也到外边帮着忙活。徐彩凤说："既然你们都拜把子了，你们兄弟二人就得全盘托出啊。有什么事，就不能再藏着掖着，不能再瞒着了，你自己说吧。"

朱棣说："福山兄，咱俩既然都磕头拜把子了，你就是哥，我就是弟。我们兄弟二人从此后要肝胆相照。我此次北来，就是来找你和亦失哈的，燕王身份暂且还不能对外公布。今后，你除替我在暗中保护紫霞观的亦失哈外，尽量替我收拢人才，好为我大明朝所用。"

"我的好兄弟啊，我万福山是祖上烧了高香，才有幸与你结拜啊。你放心，这两件事我一定会尽全力做好的。"

接着，朱棣还把当年军师刘伯温给他所破解的"双幻梦"跟万福山也简单地讲了一遍。最后，朱棣说："福山兄，你和亦失哈就是我伯父刘伯温让我找的那一大一小的贵人啊。"

万福山听后也非常感动，说："兄弟啊，我也给您表个态，我对天盟誓，从今天开始，您让我做什么都可以。大哥甘愿为您鞠躬尽瘁，死而后已。"

"大哥，有您这句话，我就知足了。"

※※※

"兄弟，你怎么穿成这身打扮啊？"

"大哥呀，我这不是想多了解一些北方的情况嘛，这才以皮货商身份出来的。你对松花江以及再往北的情况熟悉吗？"

"兄弟，你要是问这个，算是打听对人了。我就是走这条江的。我给你画张图，你一看就明白了。"

说着万福山就在一张皮子上画了个松花江、嫩江和黑龙江流域的简易航行图，并指给朱棣说："我们就是走这条江的，沿途之上这块有什么皮子，这个地方产什么皮子，都是非常有数的，以及哪个季节去最合适。"

同时，万福山还把松花江和嫩江的一些重要的码头也都标示出来了。唯独到同江这块没有再标示。朱棣就问万福山："从这儿往北，怎么没标呢？"

万福山说："到了同江这块，再往北走，你们可去不了，因为那边许多部落不让你们汉人过去。"

第十回 万福山结拜攀皇亲 小豹子降难陷泥潭

朱棣马上警惕起来，问："多少年了？"

"这可有年头了。我们夏天可以一直到扶余那儿，要是顺江往上走，一直走到挺远，现在能到三江口。因为再往北，那边的人闹得挺厉害，其他人就不敢去了。"

朱棣就问万福山："那是不是就到同江那儿，你也不敢过去了？"

"我可不是。兄弟，我告诉你，您哥哥我跟他们关系可好了，我会说几种民族的话，我跟他们像亲兄弟一样。有啥事，我都可以去。"

朱棣最爱听这个了，就说："大哥，我最想了解这些事了，没想到您知道这么多情况。"

"住在江上的人、水上的人都是一家，不管你姓什么，哪个民族，是什么部落的，你只要以礼相待，你不动武，人家也不会动武，就这么处呗，混日子过，不就是为了过好日子吗！咱们也不图占啥便宜。我还不好占便宜，我在水上住常遇到淹死人、漂上来的人，我都救了给他们。"

"大哥，那你最远到过什么地方？"

"我最远到过最北边的混同江，就是出海口那儿我没去。"

"为什么出海口没去过啊？难道有人阻挡你不成？"

"嗨，兄弟啊，我是一言难尽啊！"

万福山看了看自己的船说："兄弟啊，我是不怨天不怨地，就怨自己的船不争气啊。我的船不行，太小了，哪敢到大海里折腾啊！一个大浪，不就把我这船给劈成两半了。我辛辛苦苦打上来的鱼，不都打水漂了。"

朱棣看看万福山的船的确不大，就点了点头，但他怎么看也没有看到装鱼的家伙什儿，转身就问万福山："大哥，我没有看到你装鱼的家伙什儿啊，你把鱼藏哪了？"

"兄弟啊，就在您脚底下。"

说着，万福山一掀脚下的船板，就见船舱里面还养着许多活鱼。他用手指着这些活鱼说："你们看，这些活鲤鱼都是我钓的和下网捕的。这鱼卖前都在船里头用江水养着，卖的话都是卖活鱼，死鱼都没人要。"

朱棣挺高兴，对蓝大姑说："咱们回去时就多买几条鲤鱼，在紫霞真人那吃顿鲤鱼宴。"

万福山说："兄弟，是不是说岔话了，我都是您大哥了，还要啥钱啊！您就随便拿吧，没事的，什么鱼都有。您挑，是要鲤鱼、狗鱼，还是鲇鱼啊，我那鱼中间都有分槽，这个槽里面是鲤鱼，这个槽里面是狗鱼，这个槽里面是鲇鱼，这个槽里面是白鱼，后面还有装小鱼的地方。"

万福山性格非常豪爽，指着他船舱里的鱼，是如数家珍。接着他又说："不光我们吃鱼，我们的鸡也吃鱼，您看我们这鸡蛋下得多好。"

这时，万福山的夫人端着刚炖好的小鸡炖蘑菇走了进来，说："行了，先别说了，先吃饭，吃完饭你哥俩再聊，这小鸡炖蘑菇趁热吃最有味道了。"

"好吧，咱哥俩今天说什么都得喝点。孩儿他妈，赶快把我藏的那坛子好酒拿出来。"

※※※

等到每个碗里的酒都倒上了之后，所有的人都围着坐好，就开始吃饭。刷彦亦尔哈吃完饭后没有离桌，而是在旁边听着大人们说话。刷彦亦尔哈是女真语，汉语就是小黄花的意思。朱棣问万福山为什么给姑娘起这个名字。

万福山说："我们这块一到夏天和秋天，江岸上会开满刷彦亦尔哈。你们汉人叫萱草，非常好闻，能入药治病。"

萱草忘忧就是指这个花，只要吃了这种小黄花，你什么愁都没了，萱草可以做成拌凉菜、炒菜。一般生下了女孩，希望自己的姑娘越长越俊，给女孩起名就叫刷彦亦尔哈。

第十回　万福山结拜攀皇亲　小豹子降难陷泥潭

蓝大姑问万福山的夫人："姑娘会点什么呀？"

"她会的可多了，你们看看她的东西。"小刷彦亦尔哈有自己的一个小匣子，一打开，里面有很多刺绣品，还有手工小人、小首饰。

朱棣在旁边看着，也感觉非常有意思，就问："大哥，姑娘今天多大了？"

"再过两个月就十一岁了。"

女真人女孩的成丁礼为十一岁。女孩只要过了十一岁，就可以找婆家了。于是，朱棣就问万福山："姑娘马上成丁，可以找婆家了，这是好事啊。她现在有没有对象啊？如果没有的话，让你弟妹在燕王府给她选一个棒小伙子。"

小刷彦亦尔哈一听是给自己谈对象的事，脸一红，起身上外边木排上织渔网去了。

万福山的夫人一听朱棣这么问，脸"吧嗒"一下撂下来了，借着厨房盛鱼汤，也进屋回避了。徐彩凤感觉情况不对，这里面肯定有事，于是就插话说道："福山大哥，你看，咱们现在都是一家人了。你的难处就是我们的难处，我们的难处就是你的难处。如果你真有什么难处，就说吧。"

这时，万福山的夫人从厨房出来，接话茬说："天下哪有这么不讲礼的，我姑娘是我的宝贝，我们咋能让她嫁到那么远呢？另外，我也不知道人家是什么人，是不是跟我们门当户对，将来是不是一家人呢？我姑娘挺聪明，这不是要掉到火坑里去了吗？我舍不得呀。呜——"她还哭上了。

万福山也显得非常的尴尬，嘎巴嘎巴嘴，想了半天，才说话："唉，一言难尽啊。兄弟啊，您是有所不知啊……"是这么这么一回事。

朱棣听完之后，内心的火"腾"一下就上来了，心说：在我燕王管辖的地盘上，还能发生这事？这不是骑到老实人头上拉屎吗！这事我朱棣管定了。

到底是怎么一回事啊？

※※※

原来就在前段时间，万福山也不知道犯那股子邪劲了，非要到北边出海口看看，媳妇儿说什么都不同意。最后，万福山让媳妇儿看家，他带着姑娘就去了北边。由于万福山和北方各部落的人都比较熟悉，所以，他过了三江口，顺着黑龙江一直就下去了，没过多长时间，就到达黑龙江的出海口。这次行船特别的顺当，沿途也捕获了非常多的鱼，万福山自然是高兴。

这天，万福山的船行至黑龙江沿岸的乞烈迷部落时，靠岸抛锚。万福山为了跟乞烈迷部落的罕王巴拉巴拉特处好关系，还特意给他带来了两坛子好酒。罕王巴拉巴拉特长得五大三粗的，浓眉大眼，四方阔口，大手大脚丫子，说话憨声憨气的，脾气非常暴躁，但是为人还是十分直爽的。平时，他走道晃悠悠，跟个大狗熊似的，整个北方部落的人谁都不敢轻易惹他。巴拉巴拉特有一个嗜好，就是嗜酒如命，每天不喝点酒，他就感觉跟丢魂似的。只要一喝上酒，他就来精神了，你求他什么事，都好说了。

巴拉巴拉特一见万福山给自己带来了两坛子好酒，二话没说，就让人摆上酒席，喝上了。酒过三巡，万福山由于高兴就贪喝了几杯。两人东扯一句西扯一句，巴拉巴拉特问到了万福山家里的情况："福山兄，你家里有几口人啊？"

"我家里就三口人，我、我老伴还有一个姑娘。"万福山一提到自己的姑娘，可就来劲了，"吱喽"喝了一口酒，这话就多了："罕王啊，我不是夸自家的姑娘长得带劲。我姑娘长得绝对是好看，整个松花江流域也找不出第二个来。我行船这么多年，走过多少地方，什么女孩子没看过？她们真的没法跟我姑娘比，而且，我姑娘还心灵手巧，干啥啥行。"

正值壮年的巴拉巴拉特一听万福山说他姑娘这么漂亮，眼睛就是一亮，

第十回 万福山结拜攀皇亲 小豹子降难陷泥潭

动了歪歪心眼了。他就问万福山:"你姑娘多大了?"

"还差不到半年就成丁了。"

"哦,快十一岁了。好啊好啊!咱俩喝酒、喝酒!"

俗话说,不怕贼偷就怕贼惦记。等到万福山和巴拉巴拉特喝完这顿酒,万福山起身告辞。巴拉巴拉特上来那股热情劲了,说什么都要把万福山送到船上不可。盛情难却啊!俩人手拉着手,晃晃悠悠就来到江边的万福山的船上。

巴拉巴拉特一眼就看中万福山的姑娘刷彦亦尔哈了。刷彦亦尔哈长得也是的确出众,一张小瓜子脸,眉清目秀、齿白唇红,再加上她身材发育得又好,小脸蛋粉嘟嘟的,就像一朵刚刚出水的芙蓉一样,让人看着是那么的俊俏。

巴拉巴拉特当时眼睛都看直了,他转身把万福山拉到一边,说:"我要娶你姑娘做我的小妾,保证让她吃香的喝辣的,她住宫殿都行。应天府不是有宫殿吗?那燕京府不是有宫殿吗?我这儿也能给你姑娘造出宫殿来。你说,你想要什么样的宫殿吧,我都能造出来。"

常言道:一家有女百家求。万福山开始以为巴拉巴拉特在说酒话,就敷衍道:"罕王,您今天喝多了。我姑娘还没到成丁的年龄呢,怎能谈婚论嫁呢?"

巴拉巴拉特晃着他那大脑袋,说:"福山兄,我没喝多,我是真看上你姑娘了。她不是还差半年就成丁了吗?我可以等。再过几个月,我正式下聘礼。这事就这么定了,你不同意也得同意,谁也管不了我。你需要啥,我这儿有啥,只要你把姑娘嫁给我就行。"

万福山一看巴拉巴拉特不是说酒话,心里就不高兴了,把他那双眼睛一眯,不卑不亢地说:"男大当婚,女大当嫁,本是世间天经地义的事。但是我小女早已有了意中人,而且他们是青梅竹马,感情还非常好。现在即使我同意了,我姑娘也不会同意,罕王还是另选他人吧。"

这时巴拉巴拉特上来那股浑劲了，打了一个饱嗝，说道："她有对象能怎么地？我让那小子退出去不就得了。如果他不同意，我就派人把他全家都给宰了，一个不留。他要听我的话，啥事都行。你万福山也不能跟任何人讲，这事是我抢的亲。"

巴拉巴拉特把他那大脑袋一扑棱，借着酒劲就要开浑了，说："我是一地之王，我说话就算数，别人谁也不敢动，如果谁不按照我说的话做，别怪我不客气。这门亲事就这么定了，下个月我就去接亲。我的名你随便往外说，谁来都行。如果有人敢反对，我巴拉巴拉特让他们先死。其他的事，你看着办吧。"

万福山一看巴拉巴拉特如此嚣张、狂妄，他就把手悄悄地伸到了自己的腰间，顺手就把别在腰间的匕首拽出来了，把它背到手腕后面，意思是：你巴拉巴拉特再得寸进尺，我万福山现在就跟你放血，整死你。老虎不发威，你当我是病猫啊！你好说好商量，什么事都好办。如果你跟我来浑的，巴拉巴拉特你真瞎了你那双熊眼。你打听打听我姓的祖上哪有一个孬种啊！

你别看巴拉巴拉特五大三粗的，他也不傻。他一看万福山脸沉似水，心里也没底了，就说："天不早了，我也该回去了。"说完，巴拉巴拉特晃着他那大脑袋走了。

巴拉巴拉特走后，万福山肠子都悔青了，"啪啪"连抽自己两个大嘴巴，说："万福山啊万福山，你都三十六七的人了，怎么喝点酒，嘴就这么欠呢？没事找事，说自己的姑娘干什么，这下惹事了吧！"

※※※

万福山哪有心情在江边住了，是连夜开船就往回走。他以为第二天巴拉巴拉特酒劲醒过来，就把这事忘了。哪知道，万福山前脚刚到家，巴拉巴拉特后脚就把聘礼派人送来了。来人还带来了一封信，信里的口气缓和

第十回　万福山结拜攀皇亲　小豹子降难陷泥潭

了许多，意思是：昨天喝酒，如言语有偏激之处，还望多多包涵。我的确倾心你姑娘的芳容，待她长成之日，本罕王愿在三江口盛摆筵宴，娶她为妾，以结百年之好。

万福山一看巴拉巴拉特是真要娶刷彦亦尔哈，就硬着头皮跟老伴和姑娘把此事的经过说了。万福山的媳妇儿听完之后，这通把万福山数落啊，"万福山啊万福山，你都这么大的人了，喝几杯酒，就把自己的姑娘给卖了。我不同意！"

刷彦亦尔哈更是坚决反对，说："爹啊，我死都不会嫁给他。你看他长得跟大狗熊似的，满脸的横肉，我见着他就害怕。何况我和'小豹子'的事，你们也都同意了。"

万福山的媳妇说："要不然，咱们跑吧，惹不起咱躲得起还不行吗？"

万福山说："咱们在江上这么多年，逃了上哪儿去啊？再说，巴拉巴拉特也不会放过咱们的。"

"反正我死也不嫁。"

万福山说："好了，姑娘，你放心，爹绝不会把自己的姑娘往火炕里推。你们让我想想办法。我这几天夜观天星，总感觉此事定会有贵人前来帮咱们。如果届时实在没人帮咱们，你们娘俩和'小豹子'就去中原找个地方过日子吧。我到三江口出其不意，先宰了巴拉巴拉特，以断后患。如果我能活着回来，咱们一家人再在中原团聚。"

"孩儿他爹，我就是说说你，你可别做那傻事啊。"

"爹，我不让你去。"

全家三口人抱在一起哭了一场，这事就算放下了。

※※※

说完这事，万福山看了看朱棣、徐彩凤和蓝大姑，说："没想到你们来得这么快，看来，我家这个难能度过去了。"

朱棣越想越生气，就说："大哥，这事你放心吧，我来给你处理。他巴拉巴拉特区区一个乞烈迷部落的罕王，竟然敢在光天化日之下公然抢亲，而且他还敢公开叫嚣，他的名你随便往外说，谁来都行。如果有人敢反对，就等于整他，他让对方先死。这是谁给他的胆量，难道他不怕大明朝的律法吗？"

"兄弟，不能把问题想简单了。据我了解，巴拉巴拉特最近在北边非常活跃，他私下还联合七个部落的酋长，也不知道他们到底要干什么。但我总觉得他们背后，有人在暗地里支持着，要不然，巴拉巴拉特也不会这么嚣张。我们以前是打过交道的，他现在真变了，变得让我不认识他了。"

"哦，还有这事？"

一直坐在旁边没有搭话的徐彩凤，闻听此言，马上站起来了，说："福山兄、燕王啊，我感觉这个乞烈迷的罕王巴拉巴拉特娶刷彦亦尔哈之事，是醉翁之意不在酒。我断定，他背后肯定有着不可告人的秘密！"

"彩凤，你此话怎么讲？"

"福山兄、燕王，你们想，福山兄家出了这么大的事，能找谁求助？如果巴拉巴拉特来抢亲，福山兄是不是得报官？咱们大明朝都司卫的官员是不是要插手过问？他话里话外，其实是在与大明朝'亮剑'，同时，他也是做给北方其他部落和民族的人看的。我们必须把他这股暗流给打压下去。"

"哎呀，对对对！我怎么没想到这个问题呢？"

燕王朱棣警醒之后，马上眼珠一转，是计上心来。他转身对万福山说："大哥，如果是这样的话，咱们何不将计就计，给他来个'狸猫换太子'！"如此这般这般，"你看意下如何啊？"

"燕王兄弟，我们全家一定会配合您演好这出戏。只是——"，万福山话说一半，就不说了。

朱棣马上问："只是什么啊？要是钱财的事，你不用发愁。"

第十回　万福山结拜攀皇亲　小豹子降难陷泥潭

"燕王兄弟，不是您想的这事。只是小豹子这孩子最近几天不知道上哪儿去了，最近这一段时间也不知道咋的了，总是出些'圣事'！"

"又出啥怪事了？"

※※※

朱棣本来就是一个好奇心非常强的人，听万福山这么一说，就来了劲头。

"我们这块好几个出名的手艺人，就是'多样手'，女真语叫沙音嘎啦，突然一夜之间都消失了，也不知道他们都哪儿去了。你说这事怪不怪？到现在，这帮人也是音信全无。你说如果是被人害了，那么，这么多人、十几个大男子汉连个尸首也不能找不到吧？"

"真有这回事？难道你们这儿闹鬼了？还是有豺狼虎豹出没啊？"

"也没有听说闹鬼啊！豺狼虎豹出没的话，它们都是畜生，也不能光捡这些能工巧匠们吃啊！真是奇了怪了。反正这些能人突然就没了。不光我们屯，我们周围一些部落也有好几个能工巧匠也没了。比如说，刘家的老木匠。我们几个村盖房子、打家具、修家具都找这个刘木匠。现在刘木匠撇下了老伴和三个姑娘就不见了，这是生不见人、死不见尸。还有孙家是烧酒的，酒做得相当好。他烧的酒大家都爱喝，他做米酒，还做一些烈酒。他用我们当地产的粮食和野花酿制的烈酒，非常好喝。自从孙家烧锅能酿制这种烈酒后，我们这块一般都不喝米酒了。现在孙师傅也不知道哪儿去了。这么说吧，这段时间凡是有些技术的老师傅们都丢了，都找不到了。怎么没的呢？后来，有人请了一些风水先生看了，还请了跳大神的，也杀了猪、杀了羊，还做了鱼宴，但怎么烧香求神也不行。小豹子也是跟这批师傅一起丢的。你说这事犯邪不？"

朱棣好奇地问："小豹子年纪也不大呀，他怎么也跟着这帮师傅丢了呢？"

"燕王兄弟，您别看小豹子今年才十五岁，但是这小伙子挺聪明的，挺能钻的，是我们屯的'百样手'，干啥都行，在这一带非常出名，我非常喜欢这个孩子。这孩子为人也好，挺踏实，非常肯干。另外，他有几个能耐是我们附近这几个部落独有的。一个是他打井非常出名。他会看水线、打井。在农村来说打井是非常重要的。打井不是挖一个洞，有水就好。小豹子他会选地方。打井的人首先要会看土、看土墩、看水纹、看水线。小豹子看土，选地下水线是一选一个准，而且水质还非常的甘甜、清澈。开始啊，别人不服小豹子，非得跟他较劲，就在小豹子选择的水线旁边也就是五六米的位置又打了一口井，结果这口井的水不但苦涩难喝，而且还很浑浊，连牲畜都不愿意喝。经过这么两三次较量，每次都是小豹子胜出，所以我们这几个屯子的人没有不服他的。再一个就是小豹子还会做井拗子，就是打出井以后，外面要有木头围着，一个柱一个柱的，他下结的石头都非常的结实。要不挖了井以后，土塌下来怎么办？小豹子有看土选水线、打井做井拗子的本领。小豹子还有一个能耐，就是会一手好的木匠活。你别看他年纪小，他却有着别人难超越的木工技术。我家的船有什么事，不用请别人，我就请小豹子。他只要一来，没有解决不了的难题。他对别人也是这样，不管他多忙，只要有人求到他，他都会尽全力帮忙，也不提报酬。这样的好小伙子哪有姑娘不喜欢的！我姑娘喜欢他，我们老两口都没啥意见。小豹子是一个好孩子。"

朱棣此次北上就是求名匠、找能人的。他一听万福山说得这个小豹子如此出众，当时就起了爱才惜才之心了，就说："福山大哥，如果小豹子本人同意的话，我可以介绍他从军，帮着大明朝干点事。如果小豹子表现好的话，还有机会加官晋爵、光宗耀祖啊。"

万福山一听，可乐坏了，说："好好好！这孩子一回来，我就让他找您去。只是不知道这孩子什么时候回来。这无声无息地没了，真让人担

第十回　万福山结拜攀皇亲　小豹子降难陷泥潭

心啊!"

朱棣觉得这么多人丢了,事出蹊跷,越琢磨越感到不对劲。"现在看起来,肯定是有人在背后搞鬼。他们这么重视能工巧匠,肯定不是一般的人。刚才听万福山话里话外的意思,他们都是悄声而来、悄声而走,来无影去无踪。一下子偷走这么一些人,而且让这些人不挣扎、不反抗、凭空就蒸发了,他们的手段也是太厉害了。我朱棣既然到这儿来了,就一定要把这事查明白,把小豹子他们给救出来。"

"福山兄,这事我管定了。咱姑娘刷彦亦尔哈的亭不是还有些日子吗?"

"准确地说,还有两个半月。"

"那好!那咱们先把小豹子这事给解决了。你要是有任何线索或消息,马上告诉我。"

"行!那太麻烦您了。"

"福山兄,天色也不早了,我们饭也吃了,我们就回紫霞观了。"

"好吧,你们回去也早点休息吧。"

朱棣、徐彩凤和蓝大姑还有小道姑一心下船。万福山和刷彦亦尔哈父女俩各自挑了一担鱼,也来到九龙山紫霞观,然后父女俩又返回船上。

夜里,朱棣躺在炕上,回想起白天与万福山的相见和交谈,以及小豹子这帮师傅们突然丢失这事,可就翻来覆去地睡不着觉了,满脑子都在想:这事到底该怎么办才好呢?

知夫莫若妻啊。徐彩凤在旁边也折腾得睡不着,就对朱棣说:"睡觉吧。实在不行,咱们天亮之后,问问紫霞真人不就解了吗?咱们夫妻二人何必在这穷折腾呢?"

"哎呀,对了,我怎么是守着高人不用呢?活该让自己睡不着觉。行了,现在什么也不想了,睡觉!"

朱棣思想包袱一解开,是倒头就睡。

※※※

第二天一大早，朱棣夫妇二人就来到紫霞真人的禅房，把昨天的整个事情一说，紫霞真人是高诵道号，说："无量天尊！燕王啊，有道是水静极则形象明，心静极则智慧生。我们修道之人，凡事则以静生慧、以静开悟、以静证道。您现在知道了北边多难多事，更应心静而自然。看起来，燕王您要做的事，多了。"

朱棣听后微微点头，说："真人，您讲得非常对，是这么回事。我这次来得太好了。我等于身临其境，知道了这块的一些情况，也知道我身上的担子确实挺重。关于小豹子他们神秘失踪这事，我身为燕王应该管，可是我现在最难的是，就是不知道这块为什么丢了这么些人，他们都到哪儿去了？如果此事不解决，事必引起当地民心不安和社会动荡，我朱棣岂能袖手旁观呢？我现在必须想办法，救出这些人来。"

紫霞真人笑了笑说："真人必做真人之事。俗话说得好，人外有人、天外有天。此事看起来必和北方少数民族有关，他们非常有能耐，您现在得想办法了。"

"真人，不瞒您说，我带来一些人。另外，在外边还有一些人暗中保护我。他们各个身怀绝技，以一顶十，足以能消灭几个闹事的部落。"

紫霞真人连忙摆手道："燕王，您要记住，对北方少数民族的人要以礼相待，以优抚为主，不到万不得已，绝不要动兵动武。您也知道，动兵动武只能是仇上加仇，一代仇变成两代仇，两代仇变成代代仇。这样的话，对您燕王来说是十分不利的。您要把情况查清楚，以安抚为主。人心都是肉长的，你们只要好好做，好好了解，不逞刀枪之勇，他们岂能冷漠对之呢？"

闻听此言，徐彩凤说："先师真人，您看我们这样行不？我们身边带来

第十回　万福山结拜攀皇亲　小豹子降难陷泥潭

的这些人,他们不但武艺超群,而且轻功非常了得,飞檐走壁都不在话下。我们可以派他们到那些人的部落里,把小豹子他们救出来。您看如何?"

紫霞真人微微点了点头,说:"目前来说,也只能如此。天黑之前,一定会有人给你们送来消息,你们快回去准备吧。"

其实,一大早儿,朱棣就放出许多探子去各处打探,只是到现在还没有得到什么消息。朱棣夫妇从紫霞真人禅房回屋之后,就挑选了六名贴身护卫,只等到情报一来,就带他们到对方老巢探个究竟。

※※※

太阳过了头顶之后,就慢慢偏向了西边。眼看太阳就要落山的这个节骨眼上,松花江上的一艘渔船上,突然飞进来一只小鸟。这只小鸟轻轻地落在一位漂亮女孩的肩上。这位漂亮的女孩正是万福山的姑娘刷彦亦尔哈。刷彦亦尔哈从小就喜欢养小鸟,这只飞来的小鸟正是她最喜爱的其中一只。刷彦亦尔哈突然发现这只小鸟的小细爪上,绑着一个小布条。她把小布条解下来,打开一看,原来正是自己的心上人小豹子的求救信。刷彦亦尔哈知道这个信太重要了,马上把这个小布条交给阿玛万福山。万福山拿着这个小布条直接飞奔到了紫霞观,交给了燕王朱棣,说:"原来小豹子他们是身陷泥潭了!"

第十一回

皮货商勇闯三江口
神狗军屡屡显淫威

第十一回　皮货商勇闯三江口　神狗军屡屡显淫威

朱棣接过万福山递过的小布条，见上面写了三句话：石山背面一棵柳，柳树当家有炊烟，见此美景是辽人。

朱棣忙找到紫霞真人问个究竟。紫霞真人说："小豹子写这三句话的意思是告诉我们，他就在三江口那块，而且有柳树、有山，还有炊烟，证明他们住的那块有做饭的。在那块只要看到这些，一切就都明白了。"

万福山也突然想起什么来了，说："我曾经到过那块，恍惚有那么点印象。对！我想起来了，就是三江口那儿。我估计这帮人也不能把小豹子他们带走多远，原来他们都在三江口那儿住着呢。"

紫霞真人说："这个信息太重要了，你们今晚就夜探三江口吧。"

朱棣和万福山是起身告辞。出屋后，万福山说："坐我的船吧，我使的船最快。"

"好！我亲自带队。"

朱棣这人从来都是好事的人，而且很要强。他觉得这件事自己要亲自去看看。蓝大姑一再表示不同意，最后，徐彩凤说："奶娘啊，您就让他去吧。他不去，在家更难受。"

就这样，朱棣带着六名贴身护卫，由万福山驾着小帆船，顺着松花江是顺流而下。万福山还能看水头，松花江上最艰险的地方就是三江口那儿。松花江上浅滩、暗礁特别多，有时像迷魂阵似的，船一不小心进去就搁浅了。因为万福山常走这一带，所以，对这片水域记得太清楚了。最主要的是，万福山船上挂着一面红布旗。这面红布旗是谁给的呢？乞烈迷部落的罕王巴拉巴拉特给的。前一段时间，巴拉巴拉特曾派人告诉万福山，挂出这面红布旗，你的船就可以畅通无阻。

今天多亏巴拉巴拉特送的这面红布旗了，一路之上真没有人敢过问万福山这艘船。子夜时分，他们就非常顺利地到达了三江口。小帆船靠岸之后，万福山指着不远处黑压压的一片柳树林子，说："小豹子的小布条上说的就是这儿，有柳树、有山、有炊烟。"

"是这个地方就好！福山兄，你留在船上看好船，我们这就下去救人。"

※※※

上岸之前，朱棣在船上又对身边的六名护卫进行了明确的分工。其中，一个身体强壮的护卫做闯关的人，左右各两名先锋，后边一名后卫。闯关人和朱棣二人在中间，呈战斗队形屈身前进。其中，闯关人最为关键。他既要应对好前面将发生的一切突发事件，还要照顾好燕王朱棣的安全。闯关人在中间是统揽全局，是谁有啥事他就帮着出手，哪方有难他就帮谁，见鬼杀鬼。再说朱棣这时也是练就了一身的好武艺，而且年轻气盛，倒是没有给这六名贴身护卫添麻烦。这一切准备好之后，朱棣他们穿上短衣襟小打扮的夜行衣，每个人腰里都带着匕首和捆仙绳。别的东西都没带。朱棣规定得非常明确："我们这次救到人就回来，不许杀人，也不许打人，不要声张。咱们最好是神龙见首不见尾地把人给悄悄救出来，以其人之道还治其人之身，就是胜利。事成之后，马上坐船回九龙山。"

"明白！"

朱棣说的话，他的六名贴身护卫哪有不听的！于是，他们施展轻功，是三晃两晃就来到柳树林子深处的一道木栅栏面前。闯关人示意大家先停下，接着示意左右先锋用毒针先把守门的两名哨兵解决掉。两名先锋从身上抽出一根细管，把毒针放到里面，是猛吹一口气，"嗖！嗖"，两枚毒针不偏不倚正好扎在两名哨兵的脖子上。哨兵感觉脖子一麻，用手一摸，发现是一枚毒针，想喊都来不及，毒针的毒性一发作，二人是昏倒在地。今天，朱棣没有让他们用剧毒，而只是用一种麻醉的毒针，也不用解药，睡两三个时辰自然就好了。

就这样，朱棣带着这六名大内高手，解决了几道关卡的哨兵后，三转两转就来到了小豹子他们住的地方。此时小豹子早就通过刷彦亦尔哈的飞

第十一回　皮货商勇闯三江口　神狗军屡屡显淫威

鸟传信,知道今夜有人来救他们了,所以,他就把这些人提前集中在了一起。朱棣赶到之时,就非常容易地"连锅端",把这些人全都救出来了。他们悄悄地来到江边,登上万福山的船,是快速地离岸起帆。人要是走时气,城墙都挡不住。沿途之上,是风随船行。谈话间,万福山的船带着这帮人就回到了九龙山下的松花江畔。

朱棣对大家说:"各位师傅,你们突然离家没有了音信,家里人都非常惦念你们。现在你们得救了,先回家见见亲人报个平安,然后,你们再到紫霞观来找我,我向大家询问点事情,好不好?"

"太谢谢恩公了!我们回家给老人和老婆孩子打个照面后,马上就到紫霞观找你们去。"

这些人下船之后,先各自离去,不久又重新聚集到了九龙山紫霞观。

※※※

朱棣是居中而坐,徐彩凤是侧坐相陪,下垂手是蓝大姑、万福山,六名护卫都是伙计的打扮站在朱棣的身后,小豹子和众师傅都坐在对面。

朱棣清了清嗓子,说:"今天把各位师傅重新聚集在一起,没别的意思。我这个皮货商虽然把你们都给救了,但是天下没有不透风的墙,对方可能过不了几天就能打探到,所以,我和福山兄为了防患于未然,想听一听你们是怎么让人家神不知鬼不觉地给抓走的。被抓走之后,那帮人是怎么对待你们的?万一哪天对方找上门来,我这个皮货商也好跟他们据理力争。"

这些师傅们一听朱棣所言,一下全明白了:人家这位年轻的皮货商想得周全,救你救得明明白白,帮你帮得清清楚楚,万一对方来找他,人家手里得抓住对方的一点罪证啊。

所以,这些师傅对眼前这位二十出头的年轻皮货商是刮目相看。刘木匠先站起来了："我先说吧。记得前些日子，我给人家干完木工活，晚上就多喝了几杯。半夜，我正在街里走着呢，突然，从树上跳下来一只狗，趴在我胸前，吓我一跳。当时，我以为把这小狗扒拉掉就得了。哪承想，这只小狗不大，挺轻的，我一甩不但没把它甩掉，反而让它一下子就骑在了我的身上。哎唉，它先是用两只后小爪紧抱着我的肩膀，而后用两只前小爪勒住了我的脖子。它的小爪挺有劲，勒得非常紧，抱着我的脖子让我喊不出声音来，我是干憋气说不出话来。这时，这只狗他娘的才坏呢，它冲着我鼻子撒尿。这狗尿的味特别臊气，一下子就把我熏迷糊了。它勒着我的脖子，又夹着我的鼻子，让我喘不过气来，我就得听狗的话，狗让我往哪儿拐，我就跟狗往哪儿拐。就这样，我让一只小狗给悄声地带走了。说起来这事，真让人家笑话。我这么大一个人，让一只小狗给治服了。"

"老兄弟，我也比你好不到哪去。"这时，王瓦匠说话了。

"我记得那天在回家的路上，突然出现一只小狗，把我勒住了，勒住之后也开始哧狗尿，臊味挺大。我一动，这只小狗就咬我。最后，我只能迷迷糊糊跟它走了。其他的事，我就不知道了。"

接着，孙烧锅、赵铁匠说的都差不多，都是让小狗给抓去的。

万福山转身就问小豹子："你年轻力壮，又不怕狗，难道你也是让小狗抓去的？"

小豹子说："可不是嘛，我是有点大意了。那天，我去往江边修船，刚走到江边，突然，从一片老柳树丛里蹿出来一群小狗，好几个人都是这样让狗抓去的，狗也不叫出声音来。我们不得不按照小狗的指挥，迷迷糊糊地到了人家那边去了。到了地方，我们一看都明白了。抓我们的不是别人，正是北方乞烈迷部落的罕王巴拉巴拉特，还有尼布赫部落的罕王乌勒汉，另外还有好几个北方部落头领。"

"啊？原来这事是巴拉巴拉特他们干的啊，他们太过分了。"

现在，万福山最不愿意听到巴拉巴拉特这个名字，反而是朱棣对巴拉

第十一回　皮货商勇闯三江口　神狗军屡屡显淫威

巴拉特这个人越来越有了兴趣。

小豹子说："是，就是他。巴拉巴拉特把我们抓去，倒是没有什么恶意。他说了，请各位大师来就是来帮助他们，他们没有歹心，他们会好生伺候我们。但是如果我们不给他们干事，别怪他们不客气。说着他还把别在腰间的匕首拽出来，嘣一下就甩桌子上了。当时，我也没怕，就问他，你说让我们干啥吧？我小豹子就会打井和一些木匠活，别的能耐都不会。巴拉巴拉特倒也是直爽，他是恩威并用，说要我教会他们打井。他们现在不会打井，只要把打井的技术教给他们的人就行。巴拉巴拉特保证会好言好语、好吃好喝款待我们。巴拉巴拉特还说，他是丑话说在前头，他用特殊的方式把我们请来，让我们不要记仇，也不能有歹心，否则别怪他翻脸不认人。还说届时会把我们送回去的。至于具体的时间嘛，就要看我们教的速度了。现在是不管我们愿意不愿意，这些日子必须在这安心授艺。他还不让我们对外说起此事，也不让我们和家里人通气。谁要是私下里与外面的人通气泄露消息的话，他说他明确地告诉我们，桌上的刀可在这呢！"

小豹子还说："巴拉巴拉特他们对我们并没有使什么坏主意，只是请我们的招数有点太过了。但是这些日子，我们吃的住的都挺好的，就是惦着家里的人，主要是我们不知道巴拉巴拉特什么时候把我们放了。我们左等他不放人，右等他也不放人，最后，被逼得没办法了，我就天天冲着天空呼叫刷彦亦尔哈养的小鸟。没想到老天不负有心人，前天我终于把小鸟叫来了，于是，我偷偷在一块小布条上写下了三句话，让小鸟带给你们。没想到，你们来得真快，我们就得救了。"

孙烧锅也站起来补充了几句："巴拉巴拉特缺烧酒，就让我教他们的人做烧酒。我也没有好好教他们，把他们的人折腾过来、折腾过去，现在刚把烧锅给他们建好。这帮傻狍子，在我手下也没得到好。"

小豹子抢着说："北方水特别大，巴拉巴拉特非常重视堤坝。做堤坝这是技术，要是垒好了，水流过得非常顺畅，而且不会冲毁。要是做得不好，坝垒的方向不对，水一冲坝就开了。所以做坝必须先看水向、看水流。我倒是挺在意教他们的。"

刘木匠说："我主要教他们做船、修船、补船和煨船。船都是煨出来的，船帮都不是直的，这些都是技术。"

朱棣听完每个人的发言之后，是点了点头："哦，看来这个巴拉巴拉特雄心不小啊！他为什么不明着去请师傅，而是用这种下三烂的招数，进行暗抢？他到底想要干什么？"

燕王朱棣的脑子是快速地在转动、思考着这一连串的问题。既然大家都把话讲清楚了，朱棣就让他们各自散去，回家跟家人团聚。但是万福山却没有走。徐彩凤因受他父亲徐达的影响，对兵法战策颇有研究，而且也会察言观色。当朱棣问她对此事怎么看时，她笑了笑说："高筑墙、广积粮、缓称王。"

朱棣一下子就明白了："看来，我低估了这个乞烈迷部落的罕王，他果然野心不小啊。"

徐彩凤讲："远在千里之外的乞烈迷部落罕王巴拉巴拉特，先前公然到松花江中上游来抢亲，后又在三江口暗地里抢能人，他绝对有着不可告人的秘密。他一面抢亲，又一面暗地里抢能人，无非是一边向大明朝示威，一边又在暗中快速凝聚力量，壮大自己。如果不把此人降服，未来待他羽翼丰满之时，则必成大明朝的祸患。"

"嗯，还是夫人言之有理啊。这个巴拉巴拉特，我真的要会上他一会，打打他的锐气。"

万福山突然想到了一件事，急忙对朱棣说："燕王老弟，这个巴拉巴拉特还有一个最厉害的秘密武器呢，是您有所不知的，那就是他们的狗军。"

朱棣问："狗军？什么叫狗军？"

"我告诉您吧。你们都只知道人有人军，但是不知道北方少数民族特别是这个巴拉巴拉特他们还专门钻研狗军，都有自己的狗军队伍，而且狗分

第十一回　皮货商勇闯三江口　神狗军屡屡显淫威

好几类。那狗军，说起来太厉害了。"

朱棣一听说狗军，"腾"一下兴趣就上来了，说："福山兄，你跟我说一说这狗军的事吧。"

※※※

乞烈迷的狗军

"我们北方人基本上家家都养狗，而且每个北方部落的罕王不是一般地养几只狗，而是都会养上千只狗，甚至上万只。这成千上万的狗一出来，可以说是漫山遍野。狗都是一个颜色的，黑的全是黑的、黄的全是黄的、白的全是白的。但是养得最多的还是黑狗。黑狗能跳跃、穿山越涧，非常轻巧。北方部落里有一种叫'狗师'的职业。就是专门培训狗的。狗是最通人性的。经过训练出来的狗，和人是有语言互动的。什么东南西北、吉祥祸福、好的坏的这些话，只要用一定的声音，狗就能明白。另外，还专有母狗'崽儿娘'带些小狗崽儿子。小狗由崽儿娘来喂养。这些狗不单吃狗奶，还吃牛奶、羊奶，还能吃鱼。崽儿娘养大小狗以后，这些狗就开始由狗师训练。狗师分语言和声音两样培训。还有狗师专教狗怎么上树、怎么跳跃、怎么潜水。狗的潜水全是后天学的。有的狗在水里一拴，半个时辰头才从水里出来，这些都是训练出来的。另外，狗军吃狗粮。它们完全像练兵的军队一样，都是由专门的后勤供养。"

万福山说的这些对于朱棣来说，都是非常新奇的事情。朱棣就问万福山："以前北方各部落间发生过狗军大战吗？"

"发生过。过去在包鲁卡霍通部落与诺霍苏苏部落的争斗中，包鲁卡霍通部落用狗军是出奇制胜，都快要把整个诺霍苏苏部落和老罕王多罗罕置于死地了，如果不是当地赫赫有名的三江霸海混天王吴信带着奇兵从天而降，那整个诺霍苏苏部落早就让包鲁卡霍通部落给灭了。"

"福山兄，这到底是怎么一回事啊？你快讲讲。"

"老兄弟，是这么一回事。"

※※※

敦敦河是一条季节性变化很大的古河流。敦敦，为女真语，意为蝴蝶。敦敦河平时水量非常充沛，再加上一年春秋两季的水期，水量更是大得惊人。有道是：水深鱼极乐，林茂鸟知归。每年敦敦河是鱼肥而鲜美、物盈而丰厚，自然成为四外部族都眼馋的一块富庶之地。自辽金元以来，每年有大批的王公贵胄慕名来到敦敦河流域行猎、赏玩、避暑、休闲。

元代以来，朝廷对漠北广阔地域的控管有点鞭长莫及，就渐渐地任其发展了。至此，女真的一些望族部落便乘虚而起，成为一方之主。其中，占据在萨哈连毕拉下游敦敦河广阔流域的诺霍苏苏部落，是金代时期从内

第十一回　皮货商勇闯三江口　神狗军屡屡显淫威

地躲避蒙古人的欺压、盘剥、勒索而逃到这里的一支古女真部族。他们多年来保持的东部古女真族部落民族的古风古俗就是养马。

他们养的马清一色是那种漠北草甸上的生荒子小个子马。别看它们个头不高，也就一人高，可很有力气。它们长鬃白蹄、长尾拖地，特别善于奔跑。这种小个子马一跑起来，身子都腾起来了，是鬃尾散开、伸直，身影如同一团白云，似射出的箭一样神速。这种小马不但速度极快，而且极有搏斗的天赋。人骑着它打仗那不用说了。这种小马最厉害的是它的牙齿。它能咬野兽、咬毒蛇，而且咬上就是毙命。因此，从元代起，诺霍苏苏的这种小个子马便被定为征马、驿马。这些马从春天起，便被分养在部落的各个草场上，经过春夏两季的喂养，到了秋天，朝廷派出官员前来拢马。拢马，又称收马和刮马。刮马官把这些小个子马集中到敦敦河沿岸上的几个火印场（专门给马的屁股上打火印的），那里的烙匠手持烧红的大铁印子，在每一匹马的右股上烫上烙印，这称为"大印子马"。

大印子马，又称打印子马，马有了统一的编号，然后由朝廷的刮马官将它们一批批按律分往驿站、马所、部队、马队或朝廷的御马处，分别派上不同的用场。从元代以来，敦敦河流域的大印子马是朝廷征用驿马的主要来源地之一，每年大约有十万至百万匹之多，这也使这一带马业名声大振，更是诺霍苏苏部落为之骄傲的一件大事。

再加上诺霍苏苏部落地处萨哈连下游，这地方靠近中原，又紧挨漠北，出能出、进能进，与内地有密切的联系，真是一处军家必争之地，所以萨哈连下游其他部落，都非常看重这块风水宝地，谁都想把敦敦河占为己有。

从元初至今，诺霍苏苏部落已经传有数十代之多。现在的诺霍苏苏的总头领名叫多罗罕，七十多岁高龄，有二十几个夫人和三十多个儿女，是一位颇有威望的部落罕王。他由于治理敦敦河水患有功，备受众族人爱戴。他的儿子们，一个个也都非常勇敢、善战，成为多罗罕的得力助手。

这一年，入侵到敦敦河流域的另一个部落包鲁卡霍通，来势非常凶猛。

他们仗着可以熟练地使用长棍、骨矛、石球、土弹弓、大火车、掷弹车、飞鸭勺、飞弹勺等新鲜的武器和手法，以及他们的狗军，像潮水一样蜂拥而来，眼看就要攻进诺霍苏苏的大本营了。

这时，从敦敦河谷的椴树密林中冲出了一队人，他们脸上罩着各种妖魔鬼怪的"皮玛虎"（皮制面具），头披着长长的乌鬃发、黄鬃发、白鬃发、红鬃发和花发，身披兽皮豹花服，脚蹬老虎爪形的兽脚鞋，手拿闪着刺眼亮光的匕首、长矛和弓箭，迈着整齐的步伐，嘴里发出一种奇怪的响动，听上去像在喃喃地诵念着一种咒文，又像是一种奇怪的歌，也听不清他们唱的什么、说的是什么，声调非常的奇特骇人，"威威威！哇哇哇！威威威！哇哇哇——"而且他们手中闪亮的匕首上下翻动、摩擦，匕首发出"吱嘎、吱嘎"刺耳的怪异声音，让人的听觉顿时错乱，脑浆子像是要淌出来一样。在场的所有人，顿时感觉空中和地面上就好像突然刮起一股子妖风似的，不寒而栗。只见这几百号打扮奇异的人，蹦蹦跳跳，左扭右摆地杀了出来，"威威威！哇哇哇！威威威！哇哇哇——"

包鲁卡霍通部的头人，也是头一回见到这种阵势，更是头一遭听到这种声响，简直是一种要命的响动，更从来未见过这些怪魔，于是，他们一下子让这些披着皮玛虎和口中发出喃喃咏唱神歌的几百号人给彻底镇住了，站在那里发愣。就在包鲁卡霍通部落的人迟疑的这一刹那，就见这伙妖怪扮相的几百号人已经以迅雷不及掩耳之势，犹如一股子旋风一样，直接刮进了包鲁卡霍通部的队伍中，是一阵猛杀、猛刺、猛砸、猛搥，顿时把包鲁卡霍通人给杀了个七零八落。

包鲁卡霍通部的人军一乱，那些本来挺威武的烈狗也乱了。开始它们还死死地围在诺霍苏苏部落人的身边，可是当它们听见"吱吱嘎嘎"碾磨匕首的声音后，好像被这种声音刺激疯了，一只只倒在地上打滚。它们拼命抓挠自己的耳朵，好像蛇、虫子、曲蟮、蜈蚣什么的一下子钻进了它们的耳朵里似的，有的狗甚至把自己的耳朵撕扯下来了。

第十一回　皮货商勇闯三江口　神狗军屡屡显淫威

人军一乱，狗军更乱了。妖怪们冲进包围圈，对准那一条条瘫痪的疯狗是一通乱砍乱刺。

刚才还不可一世的包鲁卡霍通罕王还想召唤狗军返回，却是不好使了。只有不多的几只狗在地上打着滚，勉勉强强跳起来，跟上主人跑了，大多数烈狗都被妖怪们杀死在地上。

包鲁卡霍通部的人这一乱，狗军一撤，他们抢掠的财产，牛、羊、马、驴、鸡、鸭、猪、鹅等扔了一地。为了尽快逃命，他们哪还顾得上这些。这正应了兵败如山倒这句话。一些伤兵伤狗在地上呻吟，乞求救助，带他们撤回去，可是那些人一个个光顾逃亡，谁还顾得上谁呢？更有不少的狠心主子，不但不救助自己的伤兵伤狗，还一刀一个，结果了他们的性命，可能也是怕留下活口，日后麻烦多多。

整个战场，转瞬间便改变了形势。诺霍苏苏部落的人一看，是自己的救兵来了，纷纷一跃而起，挥舞起大刀、长矛，进行拼杀，把刚才受到的欺辱一下子全发泄出来了。这时包鲁卡霍通的人可惨了，遍地哭喊、呼救、呻吟声一片。诺霍苏苏部落的人根本不会给他们活命的机会，该杀的都杀了。

等到多罗罕醒来一看这群"妖怪"的队伍，他乐了。这伙脸罩"皮玛虎"的妖怪队伍的头领，不是别人，正是与多罗罕交往多年的老朋友，也是当地赫赫有名的三江霸海混天王吴信。

多罗罕当然是感恩不尽了。三江霸海混天王吴信说："老罕王，您啥话都别说了，先养伤要紧。"

北方的狗兵很出名，这在明史上有记载，清史上也有记载。

※※※

讲完这个故事后，万福山说："这件事过去，多罗罕领导的诺霍苏苏部落和包鲁卡霍通部落都实力大减。多少年以后，这两个部落被迫南移。他们的地盘分别被尼布赫部落的乌勒汉和乞烈迷部落的巴拉巴拉特吞灭了，巴拉巴拉特直接接管了包鲁卡霍通部落的狗军。这真有点是，鹬蚌相争，渔翁得利。"

万福山讲的这些狗军的事对朱棣和蓝大姑来说，可以说是上了一堂非常生动的北方民族的军事课。他们是头一次知道北方少数民族有狗军，而且"狗军"还这么有特点，有自己的独到之处。朱棣心想：这些狗军的训练，可能比我们大明朝训练兵都细心，而且这是训练动物，把狗训练得比人还要厉害，很值得我们学习。

朱棣说："北方人小瞧不得呀，我们的练兵可能与人家北方人相比是不够的。福山兄，你就把心放肚子里吧。明天，我们就到三江口会一会这个巴拉巴拉特。我要看看是他的实力大，还是我们大明朝的实力大。今天天色也不早了，咱哥俩就在紫霞观凑合一下吧，明早就出发。"

"好！"二人和衣而睡，转眼就到了第二天早上。

朱棣把到三江口以定亲之名去会会巴拉巴拉特的事跟徐彩凤和蓝大姑一说，她们二人都非常同意，并表示愿意同行。徐彩凤还说："巴拉巴拉特不是说福山大哥带谁都行吗？那我们就以皮货阔商的身份去显一显富，让他知道咱们这边的厉害。我还要带了一些宫里的绸缎，让他们开开眼。"

就这样，万福山驾船带着朱棣、徐彩凤、蓝大姑和十几个护卫，顺流而下就二次来到了三江口。

※※※

朱伯西我是一张嘴说不了两家的话。但讲：朱棣把小豹子他们救走后，整个三江口就炸开锅了。

等到天亮哨兵们都醒来后，发现那些师傅们都不见了，就知道坏了。

第十一回　皮货商勇闯三江口　神狗军屡屡显淫威

他们马上跟巴拉巴特进行了汇报。巴拉巴特问他们每个人，每个哨兵都是一问三不知，都说感到脖子一麻，就昏迷了，以后的事都不知道了。

巴拉巴特不分青红皂白，指着这帮哨兵的鼻子是破口大骂："你们这群废物，脑袋上那俩窟窿是干什么的！光知道吃饭啊！你们这群饭桶！来人，都跟我拉出去，每人四十鞭子。"

这帮哨兵可倒了血霉了，一个个被打得皮开肉绽，叫苦连天。

巴拉巴特又召集了六七个部落的酋长研究此事。他晃着那狗熊般的身材，在屋里转来转去，时不时地骂上几句："是谁吃了熊心豹子胆，敢把我请来的师傅给偷走了？他还想不想活了？敢跟我巴拉巴特作对？如果这人让我查出来，我非扒了他的皮，喝了他的血，方能解心头之恨！哼！"

尼布赫部落酋长乌勒汉非常理智地说："事情没有弄清楚之前，你光喊有什么用啊？现在我们应该先把色克（探子）们派出去，再找到个别师傅一问，不就清楚了吗？他们被人救走，最后，还不是得回家吗？我派人到他们家了解一下，不就明白了吗？"尼布赫部落酋长乌勒汉是巴拉巴特罕妃苔希哈的亲哥哥，所以他说的话，巴拉巴特还是能接受的。

"对啊，我怎么就没想到呢？来人啊，马上派色克们到这些师傅家给我问清楚，到底是怎么一回事。我们是以礼相待，好喝好吃把他们请过来的，也没杀他们，他们为什么偷偷跑了呢？连我们的哨兵都没有发现他们是怎么跑的，证明他们后面还有来无踪去无影的高人。"

"罕王，我们还把他们一个个再抓回来不？"

"不用了。其实，我也是高看他们了。他们那两把刷子，也没什么难的。我们的人该学的也都学得差不多了。再把他们抓回来也是浪费粮食。只是我这口气难咽。现在你们听清楚，给我打探清楚，到底是谁帮他们逃跑出的主意，让他们交代出幕后指使的那个人就可以了，我要找那个人算账！"

"好嘞！"

色克们领任务后，都下去打探消息了。

巴拉巴拉特现在觉得：此事幕后这个人必须得治住，不治住他呀，北方这些部落都难管。现在看起来，这些师傅后头有人在支持他们，我们必须拿出自己的力量想办法报复一下。

于是，巴拉巴拉特把七个部落酋长都聚集在一起，统一了想法，而后就是大口吃肉、大碗喝酒，一直喝到了晚上。

转过天来，巴拉巴拉特正睡觉呢，万福山带着朱棣、徐彩凤和蓝大姑他们就赶到了。

巴拉巴拉特一听说自己的准老丈人是为了定亲的事来的，可乐坏了，赶紧吩咐手下，把他们请到屋来，并摆上丰盛的酒宴。等到万福山和朱棣都分宾主落座之后，巴拉巴拉特一看朱棣带的这些人，心里就犯合计了，就问："老丈人啊，这些人是谁啊？"

"哦，他们都不是旁人，都是刷彦亦尔哈的叔叔、婶婶和姑奶。他们多年来跟大明朝做皮货生意，买卖是越做越大，我们好多年没联系了。正好这几天，他们又到北方收点皮货，顺便来看看我们全家。我跟他们一说姑娘的事，他们非要看看你不可，而且还备了厚礼。我实在是盛情难却，就把他们带来了。你看看，这是他们给你备的礼单。"

说着，万福山把朱棣提前写的礼单拿出来，让人给巴拉巴拉特呈上。巴拉巴拉特接过礼单一看，顿时眼前就是一亮。

第十二回

蓝大姑奉命结蛮人
苔希哈设计戏罕王

巴拉巴拉特接过朱棣的礼单一看，眼睛当时就亮了。这礼单上的礼金礼品太厚重了：黄金一千两、白银三千两、丝绸锦缎五百匹、茶叶三千两、牛一千头、马一千匹，羊三千只，其他的小礼品更是不计其数了。巴拉巴拉特看着看着，眉毛都乐开花了，心说：我这是做梦吗？天下哪有这么好的事啊？哈哈，我不单单白捡一个黄花大姑娘，还得了这么多的礼金礼品，难道我巴拉巴拉特真的走时气了不成？不能！不能不能不能！俗话说，耳听为虚，眼见为实。我看看我这准老丈人是不是在跟我玩烟炮鬼吹灯，我巴拉巴拉特可不是好骗的。

想到这，巴拉巴拉特把礼单往桌上一放，是哈哈大笑："哈哈，这位叔丈的礼单是不是重了点啊？届时，我那小屋可别放不下呀！"

巴拉巴拉特把嘴一撇，眼睛一眯，就盯向了朱棣、徐彩凤和蓝大姑三个人身上。巴拉巴拉特看着燕王朱棣就二十刚出头这么个年纪，虽然穿着打扮不算太奢侈，但他那眉宇间散发出一种雍容华贵的气质。

朱棣是什么人啊，眼睫毛都是空的，二话没说，一摆手，背后的两名伙计打扮的护卫，端来三千两大明通行宝钞，递给了巴拉巴拉特。

巴拉巴拉特一看大明通行宝钞上面清晰地盖着朝廷户部官方的大印，就知道这是真的了，马上，他的态度就变了："哈哈，这真不是一家人不进一家门啊。小叔丈这份厚礼我巴拉巴拉特就收下了。来人哪，上好酒！"

世上的人，谁不爱钱啊。巴拉巴拉特也是如此。好酒好菜都上来之后，巴拉巴拉特就问万福山："老岳丈，您此次前来，不单单是送礼单这么简单吧？我巴拉巴拉特是个大粗人，你们有话就直说。我能办到的，马上就能答应；我办不到的，那就无能为力了。你有话就说吧。"

万福山把酒杯一放，说道："不瞒你说，我这次真的有事。你和我姑娘刷彦亦尔哈的婚事有点出入。"

巴拉巴拉特一听此话，眼睛马上立睖起来了："什么出入？难道你们反悔了不成？"

第十二回　蓝大姑奉命结蛮人　苍希哈设计戏罕王

"不是此意。是你叔丈和姑奶感觉，你多年深居北方，部族民风彪悍，小刷彦亦尔哈嫁过来之后，在生活习俗上多有不便。她姑奶不远万里从中原而来，想以儒家之礼仪到你部族先挑选、培训几个贴身的女仆，为你和刷彦亦尔哈婚后，以礼辅君，尽些微薄之力。"

"哦、哦、哦，这事好啊。那就有劳姑奶了。我手下有的是人，你随便挑，你随便训，我巴拉巴拉特举双手欢迎！来、来，喝酒、喝酒！"

巴拉巴拉特万万没有想到，万福山家里有这么深的背景。巴拉巴拉特巴不得早日把刷彦亦尔哈娶过门呢，所以，酒宴散后，巴拉巴拉特带着蓝大姑就远赴千里之外的乞烈迷部落，去挑选合适的佣人。三江口的事情，巴拉巴拉特就交给手下来处理了。他现在根本没有什么心情再过问小豹子那点事了。不是有那么一句话嘛：宁在花下死，做鬼也风流。现在巴拉巴拉特满脑子都是美女刷彦亦尔哈的身影。路上，巴拉巴拉特还特意叮嘱蓝大姑："我娶刷彦亦尔哈这事，你先别跟我的罕王妃苍希哈说，嘿嘿，因为这事，我还没有跟她商量呢。等你选好佣人后，我再跟她说。姑奶，你看行不？"

"听清楚了！我只管选佣人，其他的事，都是你们夫妻的事了，只要刷彦亦尔哈过门后，你对她好点就行。"

"姑奶，你太好了，我巴拉巴拉特真是祖上烧高香了。嘿嘿嘿！"

万福山陪朱棣和徐彩凤返回了九龙山紫霞观听信儿。

※※※

单说蓝大姑来到乞烈迷之后，没用两天的工夫，就挑选了十几名仆人进行严格的儒家礼仪的培训，再加上蓝大姑亲自带来的几名女兵帮助，工作开始得非常顺利。罕妃苍希哈开始也觉得新鲜，也跟着一点点学。巴拉巴拉特是看在眼里，喜在心上。巴拉巴拉特问蓝大姑："这十几名仆人多长时间才能学会儒家的礼节啊？"

蓝大姑说："最少也得一两个月的时间。要不然，她们学得也不扎实。"

"姑奶啊，你看能不能半个月的时间结束？要不然，北方一冷，我再和刷彦亦尔哈结婚就太冷了。"

蓝大姑说："那好吧，半个月就半个月吧。"

时间过得很快，转眼半个月的时间就过去了。此时，蓝大姑已经和罕妃苔希哈相处得跟娘俩似的。蓝大姑临走时，把巴拉巴拉特想强娶刷彦亦尔哈的事，偷偷地告诉了苔希哈。苔希哈一听，可气坏了，对蓝大姑说："我说巴拉巴拉特为什么请你来教仆人礼节呢，还故意骗我说这是什么大明朝礼节，我们也应该向大明朝多学习。原来，他肚子里还有这花花肠子啊！气死我了！大姑，你放心！有我苔希哈在，他休想把刷彦亦尔哈娶到家来。如果他还不知悔改，我就让他跟熊瞎子亲嘴去。大姑啊，我还没有和你处够，你能不能再多住一些日子啊？"

蓝大姑说："不行啊！我回去还得把这个好消息告诉刷彦亦尔哈呢。人家姑娘原本就有对象，别让人家小伙了整天提心吊胆，老惦记这事啊。"

苔希哈说："大姑啊，你这一走，我们娘俩不知什么时候相见啊，我想你了怎么办啊？"

"罕妃啊，这么的，我把这只小鸟送给你做个纪念吧。"

说着，蓝大姑就从自己随身携带的一个小鸟笼里，抓出一只非常漂亮的小山雀儿，递给苔希哈。苔希哈接过这小山雀儿，是爱不释手，越看越喜欢。这只小山雀儿也非常乖巧，在苔希哈手上跳来跳去。

"大姑啊，这只小山雀儿太好玩了，我太喜欢了。"

"罕妃啊，你万一有什么事，就让它给我捎个信儿。这只小山雀儿还是人家刷彦亦尔哈送给我的呢，今天，我就转赠给你了。"

"好！大姑啊，你代我谢谢刷彦亦尔哈，这只小山雀儿我就留下了。"

和苔希哈依依不舍告别之后，蓝大姑就返回了九龙山紫霞观。

第十二回　蓝大姑奉命结蛮人　苔希哈设计戏罕王

※※※

　　朱伯西我需要特别交代的是，巴拉巴拉特所在的乞烈迷部落，居住在库页岛和库页岛对岸大部地区。乌勒汉所在的尼布赫部落住在黑龙江出海口、鞑靼海峡的西海岸这块，力量非常强大。乌勒汉性格比较温和，属于那种不惹事也不怕事的部落罕王。但是巴拉巴拉特在库页岛内外共二十八个部落中，虽然实力最强，但跟乌勒汉相比还是稍逊一筹。巴拉巴拉特生性好斗，给外界部落的印象好像多么强大似的，其实他有一多半的实力是靠罕妃苔希哈和大舅哥乌勒汉给予他的背后支持。

　　乌勒汉最疼爱小妹妹苔希哈。自从苔希哈嫁给巴拉巴拉特后，乌勒汉也就事事让着巴拉巴拉特，主要是给自己小妹妹面子。苔希哈也是靠自己的聪明才智，给自己爱争勇好斗的丈夫化解了许多不必要的麻烦。俗话讲：妻贤夫祸少。自古至今，男人为什么爱听"枕旁风"呢？皆因"枕旁风"有效，立竿见影。故此，巴拉巴拉特从内心对苔希哈是又爱又怕。

　　不是有一句话叫色令智昏吗？巴拉巴拉特还是被刷彦亦尔哈的美色迷住了心窍。这一天，他还是壮着胆子把想娶刷彦亦尔哈的想法跟苔希哈说了："我想娶万福山的姑娘刷彦亦尔哈做个小妾，你看行不？"

　　苔希哈听完巴拉巴拉特的话之后，连正眼都没看巴拉巴拉特一下，心里却下了狠茬子：巴拉特啊巴拉特，你真让我失望啊！你转转摸摸地让蓝大姑来部落搞礼节，原来是要娶小妾啊！好，看我怎么收拾你！还娶小妾呢，我看你还是先跟熊亲嘴去吧。

　　苔希哈虽然表面上脸色非常平淡，但心里却想好了主意，于是说："还有十多天就要过熊节了，你身为罕王不想着如何去抓熊祭祀，而是整天想着娶什么小妾，你是不是拿部族的大事当儿戏啊？整个部落的熊节过不好，你这个罕王还干不干了？你先把熊节过了再说吧。"

"那、那你是同意了？"

"我什么时候说同意了？我只是说过了熊节再说。"

"好！再说，再说。"

巴拉巴拉特一看苔希哈没当即回绝，还以为自己纳妾有戏呢，嘿嘿一笑，就说："知道你不生气就行，我一定把今年部族的熊节过得热热闹闹的，你把心放肚子里吧。"

※※※

说到这，朱伯西我有必要介绍一下古代北方部族的崇熊节。

古代北方部族，无论是鄂伦春、鄂温克，还是尼夫赫等，都崇拜熊，每年在适当时机都要举办崇熊节，女真语叫"勒付节"。熊节对于北方部族来说是非常重要的。因为北极熊的繁殖力最强，能统治天下。它在大海里也是称王的。它既是天神又是海神。北极熊长得非常英俊，也非常魁梧、非常美，就是小鼻尖是黑的，身上是非常白的，平时走道的时候，是非常稳的。它们同族之间是不断厮杀的。它们过的是母系时代，母熊最厉害，地位是至高无上的。公熊再饿也不吃自己的小熊崽儿，外边的小熊崽儿也不吃。还有一个就是，熊不吃死人。被它抓住之后，只要你躺在地上，不喘气、闭住气，熊看你没有反抗，就不啃你。只要你一动一反抗，它才拿爪子在你心脏上一踩，人就死了。死的人和动物，它是啃都不啃。熊吃剩下的猎物，这才有海狗它们吃的。所以，北方部族每年都过熊节。每个部落的罕王，都是熊的化身。罕王天生有天神和海神保佑，所以他的权威在部落里最高。

身为罕王妃的苔希哈自然知道巴拉巴拉特是十分崇拜熊的，因为他总说自己是熊的化身。每年夏天的时候，人们趁着北极冰化的机会，把北极熊圈回家，之后，召集整个部落的男男女女们一起过熊节。

第十二回　蓝大姑奉命结蛮人　苔希哈设计戏罕王

过熊节的时候，必须把熊圈到自己家里来搞祭祀。苔希哈就想利用熊节的机会，彻底制服自己的丈夫。所以这一天，苔希哈主动跟巴拉巴拉特说："你不是要到北方圈熊吗？现在是时候了。再晚了，秋天就要到了，你就很难再圈到它们。"

"好啊！我是熊的化身，明后天我就领熊去。"

怎么能让人跟熊亲嘴呢？因为要抓熊的话，人要穿上熊衣裳，戴上熊帽子，完全变成熊的模样，这样熊一看，哎，哥们儿来了。

熊相互见面时，是互相吻、互相舔。熊的舌头是倒戗刺的。北方的人都知道，熊瞎子身上痒痒时，它一叫，就会有别的熊来给它挠痒痒。两只熊见面的时候，也是相互舔一下。只有相互亲嘴了，熊才能完全相信你，也不防备你了。赶熊的人，会巧妙地躲过熊的亲吻，在熊脖子那拴个套，熊就跟你走了。你叫，它也叫，它也跟着你走。

要是用武力来抓熊的话，根本就不好抓。熊是抱团的，它一叫唤，比狼都厉害。抓它，必须用欺骗的办法来驯服它。它对人也非常真诚。只是有一些人非常坏，这让熊瞎子吃了不少的苦头。

※※※

巴拉巴拉特出发奔北极来赶熊。过熊节，第一步就是要赶熊。因为巴拉巴拉特每年都去，所以他对北边的情况非常熟悉。再说，熊基本上生活在自己的那一片区域。巴拉巴拉特对熊的吼叫声非常清楚。公熊怎么叫、母熊怎么叫、小熊怎么叫，巴拉巴拉特都会。熊，只要你的声音跟它叫得一致，不刺耳，它就认为你与它是同伙。去赶熊的人，必须要穿熊皮，戴上熊帽子，打扮得跟真熊一样。

巴拉巴拉特就用这些办法，每年都能赶来几只大熊。但是这次苔希哈给他出了一个馊主意："你这次去啊，酒就别带了，少喝点酒，要不然你喝多了误事。你要是感觉难受的时候，就喝点我给你熬的补药。你喝了也不困，还能挺饿，晚上又精神，这多好啊！"

巴拉巴特不知道苔希哈给他熬制的这些补药，提前放置了一种小黄花。这种小黄花非常有特点，它不是一般的黄花，它的花心里面有一个红心。这种带红心的小黄花是千万不能吃的，因为它的麻醉性非常强，比大烟还厉害，连蜜蜂都不采这种小黄花的红心。所有的野兽和熊瞎子也都不吃这种小黄花。如果有人误食了这种小黄花，就非常容易昏睡过去，两宿三宿都缓不过来。

苔希哈这次没少往巴拉巴特的补药里放这种小黄花，巴拉巴特做梦都不会想到苔希哈会给他下药。巴拉巴特到达老地方后，就喝下苔希哈熬制的补药。他是越喝越困、越困越喝。他以为苔希哈给他的补药是提神的呢，最后，一下子把带的一壶补药，一气儿全喝光了。这下可坏了，巴拉巴特在临时搭的小窝棚里，一睡就睡了整整十多天。一般赶熊的时间就四五天，然后马上进行熊节。乞烈迷的族人们左等巴拉巴特不来，右等巴拉巴特也不来，四五天的时间过去了，还不见巴拉巴特和熊的影子。最后，举行熊节这天，乞烈迷部族的人看到苔希哈赶着一只熊来了，这才把此事圆了下来。

等到巴拉巴特醒来的时候，连个熊毛都没有找到。他十多天没吃东西，再加上身边带的干粮也不知道让什么动物给偷走了，巴拉巴特是极度虚弱，走路都打晃了。巴拉巴特毕竟会熊语，他一边强打着精神往回走，一边用吃奶的劲儿吼叫。你还别说，老天爷饿不死瞎家雀。突然，从远处还真跑来了一只北极熊。这只熊非常肥大，它跑到跟前儿，一见巴拉巴特晃悠悠走着懒散的熊步，还以为他是一个孤独走散的熊呢，跟他是又亲又啃。巴拉巴特要是身体正常的话，都能巧妙地避开，然后，把绳子给北极熊系上就行了。但是此时，巴拉巴特连走路都非常费劲了，哪还来的力气啊？他是心有余而力不足。这下巴拉巴特可遭罪了，任由这

第十二回　蓝大姑奉命结蛮人　苔希哈设计戏罕王

头北极熊带倒戗刺的舌头在他的脸上、嘴上、脖子上亲、舔，疼得他是硬咬着牙、闭着眼，哗哗地流眼泪。好在这只北极熊嘴下留情，而且看巴拉巴拉特走路非常费劲，就驮着他走了很长一段路。

巴拉巴拉特迷迷糊糊一看快到家了，就又吼叫了一声，意思是：老兄弟，你不用送了，我到地方了，你回去吧。

这只北极熊挺够意思，把巴拉巴拉特放在地上，冲他叫了几声，就走了。

巴拉巴拉特好不容易回到家，一问，今年乞烈迷部落的熊节早就完事了。苔希哈先让人给巴拉巴拉特熬点米汤喝下，再让人给他洗洗澡。等到巴拉巴拉特慢慢缓过来的时候，苔希哈就开始训斥起来："你今年赶熊都赶哪儿去了？整个部落里过熊节，就差你一个人了。要是等着你赶来的熊过节，早黄铺了。多亏我让我哥哥乌勒汉给圈来一只熊，这才算把这件事给圆下来。不然，你这个罕王早让部落里的人给撸掉了。"

"我、我也不知道怎么了，一喝那补药就睡过去了，也不知道自己睡了多少天，反正把我给饿坏了。"

苔希哈心里是憋不住地乐，但是表面上故作镇静，说："你是不是喝多了？每次只能喝一两口，喝多了就犯困。你是不是贪嘴了？"

"哎呀，坏了！开始我喝了一两口，工夫不大，就感觉有点困。我以为自己喝少了呢，就又喝了两三口，后来更困了，我就又喝。反正是我越困越喝、越喝越困，直到把它喝完，后面的事就不知道了。"

"这药是补药中的反药。你开始喝两口是有点困，但随后就好了。你没有听我的话，一气儿全喝了，没把你喝过去，就算你幸运。这就是你不听我话的好处。"

巴拉巴拉特是后悔不已，连连赔不是："夫人说得对，以后我巴拉巴拉特什么事都听夫人的。"。

苔希哈马上问巴拉巴拉特："哎，我问你，熊节前，你说要娶万福山的姑娘，有这事吧？"

"有这事啊，怎么了？熊节过了，我还要找他们呢。"

苔希哈把脸一撂，说道："你找谁啊？你找我哥哥乌勒汉啊？"

巴拉巴拉特大惑不解："我找你哥哥乌勒汉干什么？我又不娶他。"

苔希哈说："实话告诉你吧，人家姑娘刷彦亦尔哈想嫁给我哥哥乌勒汉。我哥哥也喜欢刷彦亦尔哈。她能嫁给我哥哥乌勒汉，也不能嫁给你。你要再有这念头，我跟你没完。"

巴拉巴拉特非常怕苔希哈的哥哥。一听说自己的大舅哥乌勒汉要娶刷彦亦尔哈，他就放弃了娶刷彦亦尔哈的念头。

※※※

俗话说，纸里包不住火。假的真不了，真的假不了。巴拉巴拉特身体恢复了以后，特意请自己的大舅哥乌勒汉喝酒。酒过三巡，乌勒汉无意间把刷彦亦尔哈这事给说漏了，再想圆场也圆不过来了。正在这节骨眼上，三江口的一名色克送来了一个准确的情报：前一阵丢失的师傅们，是小豹子飞鸟传信后，由万福山带领那个年轻的皮货商和他的六名手下干的。万福山是中间联络人，幕后的主谋则是那个年轻的皮货商。巴拉巴拉特闻听此言，突然一下子就开窍了：从自己请的师傅们被偷走，到万福山带着皮货商给自己下礼单，再到蓝大姑到北边选仆人，这完全是他们幕后安排好的一个连环套，让自己一个一个往里钻呢，自己上当了！自己还好心把万福山和朱棣当自己的岳丈和叔丈呢，人家敢情把自己当猴耍呢。气死我也！

巴拉巴拉特气得是哇哇暴叫，一抬手"哗啦"一下子，把整个酒桌给掀了，他是跳着脚，大骂万福山和朱棣："万福山啊万福山，你千不该万不该这么戏耍我。我一口一个老丈人叫着你，还给你通行北边水域的红旗，你却背着我干这些吃里爬外的事，你太不讲义气了，我要跟你们宣战。我

第十二回　蓝大姑奉命结蛮人　苔希哈设计戏罕王

把那些师傅们请来，你们不该偷着把他们抢走，抢走了也没告诉我一声，你们是什么意思？你们也太瞧不起我巴拉巴拉特了，你们太小看我们了。我们是以礼相待呀，你们却以贼人的办法、小偷的办法、偷盗的办法把我的'客人'弄走了，是你们的错，不是我们的错。这是其一。其二是士可杀不可辱。你们派蓝大姑来北边选仆人，其实有着不可告人的秘密，我现在是彻底明白了。要不然，我王妃苔希哈也不会无缘无故跟我下药，让熊跟我亲嘴，让我在全族面前丢人现眼。这一切，都是万福山和那个年轻的皮货商、小白脸子在中间使的坏。小白脸子没啥好心眼子。我要报复！我要用我的狗军，把你们那块踏为平地！来人啊！集合我所有的狗军，马上出发！"

乌勒汉怎么劝都不好使，巴拉巴拉特像一头发疯的野兽一样，谁都拦不住。他带领着五千只狗军大部队是浩浩荡荡向三江口狂奔而来。

苔希哈一看自己和哥哥乌勒汉都拦不住巴拉巴拉特了，她就在小山雀儿腿上绑了一个蓝布条，跟蓝大姑千里传信。狗军再快也快不过小鸟啊。

※※※

在北方，会造船、行船的人曾多是以鸟为信使；在陆地的山林间大多以兔子互信。这种鸟儿，以小山雀居多。北方的小山雀不但记性非常好、非常聪明，而且非常抱团。如果发现吃的，它们会叫来所有的山雀来吃；如果哪块有蛇、蛇多，它们"叽叽"一叫，其他鸟就躲开不来了。更主要的是啥呢？小山雀一般都认识树木，这棵树高大适宜搭窝；这棵树虫子多容易招蛇，不能在这儿搭窝。它一叫唤，别的鸟就明白了。

俗话讲：人有人言、兽有兽语。小山雀儿的语言跟人也是通灵的。小山雀儿在身边养的时候，它可以看风向、看水势大小、看天气变化，晴天、阴天，它都能看出来。过去所有使帆行船的人家都会养几只小山雀儿，让它们成为自己的"耳目"——"千里眼"和"顺风耳"。所以,万福山的姑娘刷彦亦尔哈身边也养了七八只小山雀儿。

这天,万福山全家正在松花江上打鱼呢。刷彦亦尔哈一抬头,突然发现阔别自己多日的一只小山雀儿飞回来了。小山雀儿落在刷彦亦尔哈面前"喳喳喳"地朝她叫着,显得格外高兴,并不停地向她伸出小爪让她看。刷彦亦尔哈一看小山雀儿的腿上绑着一个蓝布条,马上明白了。她把蓝布条解下来,让小山雀儿落在自己的肩上,转身喊自己的父亲万福山:"玛发、玛发,看小山雀儿回来了,还带来新消息了。"

万福山嘟嘟囔囔说着:"我这几天右眼突突直跳,肯定是有大事要发生,快拿过来我看看。"

万福山把蓝布条打开一看,见上面写着四个字:狗军大战。

吓得万福山额头上的汗"唰"一下就下来了,马上告诉刷彦亦尔哈:"赶紧收网,把家里的东西赶紧收拾利索,等我从紫霞观回来,咱们马上搬家。"

"哎,爹,我知道了。"

万福山把船靠岸之后,就风风火火赶到了九龙山紫霞观,找到了自己的把兄弟朱棣,告诉朱棣:"燕王兄弟啊,咱们惹事了。巴拉巴拉特对咱们要发动狗军大战。这、这可怎么办?您看,这是小山雀送来的情报。"

朱棣正与紫霞真人学修禅之道呢。朱棣拿过蓝布条看了看,就放一边了,说:"福山兄,这是好事呀。我正想看看这狗军的厉害呢,这不是来了吗?既然是来者不善,咱们也是善者善待,恶者恶报。"

万福山一听朱棣这么说,可把他急出汗来了,说:"好兄弟,说实在的,您不要把这事看得太简单了。您是不懂巴拉巴拉特他驯化的这批特殊的狗军。它们比包鲁卡霍通部落的那些狗军可厉害多了。上次我没有把话说明白。巴拉巴拉特现在专门驯化过的这批狗军简直都快成魔鬼了。你们是有所不知啊,狗军来了之后,把鸡鸭鹅猪全扫光。狗一圈头羊,这羊群

第十二回　蓝大姑奉命结蛮人　苔希哈设计戏罕王

都乖乖地圈走了。另外，马群、牛群全都能让狗弄走。狗一骑到马身上之后，它咬马的脖子、马的耳朵，马就老实了，是蹦也不蹦了，就只好跟着走。那狗军抓猪可有能耐了，那小猪崽儿和一头二百斤的猪，它只要用嘴一咬着猪的耳朵或者猪尾巴，这猪就乖乖地跟着狗走。这狗军什么都能抓走，来一趟全扫光，男的女的，也全都会被狗军给领走的。你们不知道，我全告诉你们吧。巴拉巴拉特这批狗军比强盗来了还要厉害。人家强盗抢东西，会选出些好坏再拿走，而巴拉巴拉特的这批狗军可不分好坏，一槽烩，全都给你拿走。曾经有一次，我们的粮食都让巴拉巴拉特的狗军给扫光了。"

朱棣问："那狗军怎么抢粮食啊？"

万福山说："狗军把粮食都拖到马的身上，马就得跟着走，这就全拿走了。人也跟着走，一个托一个，一个部落全没了。除非死人、有病的人不管以外，只要是活的人，没有一个落下的。巴拉巴拉特的狗军最损的一招，就是特别善于抢媳妇、抢姑娘。只要这该死的狗军一到，整个部落和整个区域所有的大姑娘小媳妇一个都跑不了，全让它们给弄走了。我现在想起来都非常害怕。"

万福山说得相当玄乎，蓝大姑在旁边听得直笑。万福山急赤白脸地对蓝大姑说："大姑啊，你们是没有见过巴拉巴拉特这批狗军的厉害。我们身边的人受过这批狗军的苦啊，几年、十几年，我们代代都受这帮畜生的苦啊！老百姓都吓怕了。"

听万福山越说越邪乎，朱棣问："狗军后面跟着人吗？"

"不跟人，人从来都不出面，用声音控制狗军。你要打的话就是跟狗打，你抓不到它们！"

"狗一蹿一蹦，比兔子跑得都快。它们说蹦就蹦、说蹿就蹿、说下水就下水，你抓不到它，也砍不到它，而且连影子也让你抓不到。刚开始的时候，还有人击鼓告到县太爷大人那儿去了。县太爷问何人击鼓？你要告何人？击鼓之人说我们告狗，县太爷听后骂混账，自古以来哪有人告狗的？把告狗的人给轰了出去，甚至还给了四十杖。兄弟啊，所以这么多年来，我们老百姓不怕官不怕匪，就害怕狗军。狗军来了之后，我们的东西都没了。好兄弟，您也别在紫霞观躺着了，您还是带着人赶紧藏起来或者回燕京吧，要不然您哭都没处哭去。"

朱棣听后是仰天大笑："哈哈哈，我这人长这么大岁数，见过好多人，什么大臣什么大将都见过，从来没见过让狗给吓着的。俗话说，兵来将挡、水来土掩。福山兄，你就放心吧，我到时会有办法的。"

"哎呀，兄弟，您、您让我说您什么好呢，就算老哥求您了成不？"

朱棣说："福山兄，你不要害怕，这次咱们肯定要赢它们。你把小豹子叫来就行。"

"好吧，我这就去找他。"工夫不大，万福山就把小豹子找来了。

※※※

朱伯西我要给大家简单介绍一下"小豹子"这个人。本套书中的这个"小豹子"，不是旁人，他就是后来人们最熟悉的、吉林船厂的骠骑将军刘清。

小豹子刘清他是女真人，姓尤特哈拉，是汉字的尤姓，也是刘姓。刘清是朱棣登基后，赐予他的名和姓。小豹子刘清非常能干，后来有功又升任骠骑将军。那时他还没出名，就叫小豹子。永乐九年以后，刘清才出名。后来，小豹子刘清和万福山的姑娘刷彦亦尔哈在北京，由当时的徐皇后给他们操办的婚事。朱棣登基之后，他结的婚，那时候"小豹子"就出名了。

这时候，蓝大姑把小豹子叫到身边，朱棣对小豹子讲："上次，三江口救师傅们，你立了功。你身先士卒，亲自在第一线，见到了巴拉巴拉特在三江口的所作所为，但不知你了解他的狗军不？"

第十二回　蓝大姑奉命结蛮人　苔希哈设计戏罕王

刘清将军

小豹子说："我知道啊！巴拉巴拉特养狗的事我真知道。我不但知道，而且我们到那儿之后，还都必须装扮成狗。他们让我们穿上狗衣裳，练成狗。因为主人的衣裳，狗一闻就知道是自个家人。一旦外姓人进去，他们养的狗一见到外姓人就咬。所以，我们这些师傅们不管愿不愿意，都必须穿上狗衣裳。这样的话，狗一嗅味道对，是自己人，你再怎么走也都没事了。北方这些人是宠狗、敬狗，狗是他们的老师，也是他们的卫士，他们全靠狗吃饭呢。对于那些狗师来说，你想杀狗，他就要先杀你。我到处看水线，走的地方多了，也就了解他们的狗了。"

朱棣说："太好了！这次狗战呀，你看咱们怎么能打好？"

蓝大姑对小豹子说："你不要怕。我跟你讲点实话吧。这个皮货老客不是别人，他就是燕王朱棣。我是燕王府宫内总管蓝大姑。"

这时候蓝大姑才把朱棣的身份和她的身份告诉小豹子。

小豹子一听大明朝的燕王来了，是急忙下拜。朱棣忙把他扶起。小豹子说："以前的老办法肯定不行了，因为巴拉巴特现在训练的这些狗军，它们根本不是狗，而是一群狼。"

朱棣和蓝大姑听完之后，不由得一愣。

第十三回

朱燕王漠北招兵勇
小刘清危难见恩公

朱棣闻听小豹子说巴拉巴拉特现在训练的狗军是一群狼时，不由得一愣，忙问："此话怎讲？"

小豹子这才如实地说来："巴拉巴拉特的这些狗军，是一群豺狼跟狗串种改性后的狼狗。这种狼狗本身就有狼性，它们咬东西、抢东西都相当厉害。它们不但有狼性，非常残暴，而且聪明、狡猾、灵巧，能穿山越岭。我是没有什么好的办法来对付它们的。"

蓝大姑告诉小豹子："狗军的问题，就不需要你来考虑了，我已想好了一条妙计。因为燕王身边带来的这些人，都不是一般人，他们都是明太祖朱元璋派下来的，都曾是北边徐达大帅身边的忠诚武士。我们现在想交给你一个任务，你敢不敢接手？"

"我敢！"

这时小豹子一下子就明白了，站在他眼前的这些人都不是一般人，他心里头稍微放心了一些。

蓝大姑说："你马上给我招募一些年轻力壮的青年，人越多越好。你需要办两件事。第一件事是，你马上给我们收买一些晾干的乌头根，越多越好，不要怕花钱，大明朝有的是钱，收买来之后，你就直接把它们堆放在万福山和你们居住的屯子周围的上风口处，再浇上油，到时你们听我命令把它们点着就行。你们先挖几个暗洞隐蔽起来。"

"这事容易办到。我们屯子壮劳力有三四十人，他们平时都跟着我干活，我招呼他们一声都能到位。另外，乌头根我们这里有的是。乌头根年年都是南方人收了当什么药材，在我们这不值几个钱，我买它三车五车的绝对没问题。那第二件事是什么啊？"

蓝大姑说："第二件事就是，你把召集来的这三四十人，帮着我们宣传鼓动。你首先要讲，这次来的人不是一般的人，是大明朝的燕王，他是带着强大的明兵来的。他们个个武艺高强，而且会源源不断而来。这样的话，会增强大伙的信心，人们知道自己身后有大明朝这个后盾，就不怕了，这

第十三回　朱燕王漠北招兵勇　小刘清危难见恩公

是一个。再一个是要宣传我们大明朝对北方少数民族从来是优惠的，从来是安抚的。真动枪动刀的时候，我们明朝雄兵百万，再强的敌人都能给打败，何况区区的几千只狗？巴拉巴拉特这些人都是要挨杀的，因为他们骨子里都是反大明朝的，都是应该杀头的。有道是：冤家宜解不宜结呀。我们燕王有好德之心，不跟北方人示仇。从北边来的都是女真人，都是心靠心、心连心、心心相印，要互相爱护、要团结抱团。我们大明朝这次虽然要征服狗军，但是我们不是向北方的少数民族彰显大明朝强大的武力，而是向老百姓显示大明朝的恩惠之心。这次我们不要记仇，不要动刀，宁可巴拉巴拉特动刀，我们也不动刀。他们再示威，我们也不怕。我们还是以心安心，以情感人。这次咱们也不能杀掉北边的狗军，他们的人，咱们也不杀，咱们依然是安于现状。另外，以后只要他们跟大明朝一心，这块就会变成和平之地、安详之地。你放心！我现在希望你能想想办法，向大家好好宣传一下。"

"咱大明朝太仁义了。"

蓝大姑又告诉小豹子："你跟身边的朋友、熟人再宣传一下，咱们对付巴拉巴拉特的具体对策。届时，屯子里各家屋的人不用管狗军的事，就要求各家人用湿手巾捂住自己的鼻子，待在屋里就行，趴那儿别动。"

"那、那要是狗真进院了，有鸡鸭牛羊叫唤怎么办？"

"哪怕狗军来、敌人来，也只管蹲在屋里别出来。我们就保证他们不会出事。不要怕狗叫、狗来，哪怕听到鸡窝里吱吱叫，你让人们也啥都不用管，啥也不用怕，哪怕就是家里真有东西丢了，那也不用管。只管用湿手巾往鼻子上一捂，蹲着或者趴在地上就行，其他的都由我们来管了。如果这次有损失了，大明朝是双倍奉还。"

小豹子说："总管大人，有你这话在，我们就彻底放心了。这事我们保证传达到每家每户。我保证做到！届时，我也好看看一场大戏。"

朱棣听取了蓝大姑的建议，已经悄然给巴拉巴拉特布下了一张天罗地网，巴拉巴拉特还浑然不知呢。

※※※

再说巴拉巴拉特。他率领着浩浩荡荡的狗军前来，还真把这次狗战想简单了。他主要是要报复万福山，给万福山和朱棣一个下马威看看：我这几千只狗军来了，看你们还敢不听我的话不！我巴拉巴拉特这是杀鸡给猴看，猴不看，就干脆杀猴。

小豹子带领他召集的三四十个小伙子把该准备的都准备了，该宣传的话都说到位了，巴拉巴拉特带领着他的几千只狗军也赶到了。

巴拉巴拉特在远处望着万福山所在的温德河与松花江交汇处的屯子，不由得发出了一阵冷笑，说道：“万福山啊万福山，这就是你戏耍我的下场。那个皮货商不来救你倒好，如果来了，今天也是让他有来无回。狗儿们，跟我冲!”

巴拉巴拉特一声令下，几千只狗像出了笼的恶狼一样，直奔村屯而去，眨眼间，它们就进了屯了。刹那间，整个屯子里就炸开锅了。其中的大狗进屯进屋之后，把头钻进鸡窝、鸭窝和鹅窝的门里，往里一拱，往上一撅，鸡窝、鸭窝都给拱翻了。大狗把鸡鸭鹅抓一些，剩下的其他事情由另一些小狗来解决。这些狗的分工非常明确，是抓羊的抓羊、抓牛的抓牛、抓鸡的抓鸡，让马驮粮食的驮粮食，等等。狗军所到之处，无不是鸡鸭猪马叫声不断，巴拉巴拉特站在远处，是看在眼里喜在心上。

巴拉巴拉特正高兴的节骨眼上，突然，从整个村屯上风口的山坡上，先升起了数十股黑烟。这数十股黑烟是借着风势，“呜——呲”，打着旋往村屯里直灌。

“嗯，这哪儿来这么多黑烟呢?”

开始巴拉巴拉特根本就没在意，可当黑烟飘到他的跟前时，他一闻，

第十三回　朱燕王漠北招兵勇　小刘清危难见恩公

就感觉这股黑烟有刺鼻子的辣味，还带着一股甜味，令眼睛十分干涩，哎、哎，头怎么这么晕呢？

巴拉巴拉特大叫一声"不好！"他再想下令撤退，早已经晚了。他是"扑通"一声，摔倒在地，人事不省。巴拉巴拉特身边的这些狗师们也没好到哪儿去，也是一个个"扑通、扑通"，人事不省。

等到巴拉巴拉特醒来的时候，早被五花大绑在一棵树上。他往周围一看，几千只狗可惨了，被人家用几个大狗圈都圈里了，三四十名壮小伙子正在用凉水给狗冲洗。他带来的几百人跟穿糖葫芦似的，用绳一串一串绑着。巴拉巴拉特眼前坐着几个人在闲聊呢。

※※※

这几个人是谁啊？正是朱棣、徐彩凤、蓝大姑、万福山、小豹子等。他们一看巴拉巴拉特苏醒了，就都不说话了。巴拉巴拉特挣了几下绳索没挣开，张口骂开了："小白脸子，你和万福山给我设的什么迷魂阵啊？你们用这种下三烂的招数把我抓住，本罕王不服！"

万福山上去就是一个大嘴巴子，大声怒斥："混账东西，现在还敢口出狂言。"

朱棣说："巴拉巴拉特，你不服可以。来人啊，给他松绑。"

两个护卫上前，就把巴拉巴拉特从树上解下来，带到了朱棣的面前。朱棣说："你不服可以，我可以把你放了。你几千只狗军都在栅栏里关着呢。等到它们醒了，你可以带着回去。我们在这儿，等你再来。"

巴拉巴拉特闻听此言，脸是红一阵白一阵，非常难看。一看狗军全都给抓住了，而且这是多少年中的头一次，以前从来没遇见过这事，所以，巴拉巴拉特也感觉到好奇，就问："你们是怎么把我和我的狗军给抓住的？你们放的那黑烟是干什么用的？"

朱棣看了看蓝大姑，蓝大姑清了清嗓子，说："明人不说暗话。看在我与你有缘的份上，我就直言告诉你吧。你和你的狗军中了我们的毒烟计，我们是以毒治犬。你开始看到村屯的上风头升起的那数十股黑烟了吗？"

巴拉巴拉特晃了晃大脑袋说："我看到了。等到我闻到的时候，就人事不省了。那是什么妖气啊？怎么这么厉害啊？"

蓝大姑笑了笑说："那哪儿是什么妖气啊？它只不过是我们烧的乌头根升起的黑烟罢了。你们女真人不是常把乌头根的汁液抹在箭头上，射在人和动物身上都可以让其一下子昏迷吗？我们这次没有将它涂在箭头上，而是把它们用在毒烟上了。这股毒烟随风一刮就刮到整个屯子里去了。你的狗军一闻毒烟，自然就迷糊了。等到治住狗军以后，我们就把这群狗圈到一起。这个乌头根烟毒只有半个时辰的药力。等到烟毒的药力一过，狗自然就会苏醒。如果狗中烟毒较深，最多给狗喝点水，或者是在狗头上泼点凉白水就行了。你们只知道乌头根有剧毒，但是你们不知道乌头根还有化成烟毒的妙用。这下你服气了吗？"

"哎呀，我怎么没想到呢？服了！"

※※※

蓝大姑是怎么知道乌头根能熏狗军呢？说起这事来，还是跟徐彩凤的父亲、魏国公徐达偷学的。蓝大姑进了徐家后，徐达给她讲过"乌头根毒烟胜勤王"的故事。

当年，勤王陈友谅打仗非常厉害。朱元璋几次与陈友谅交手，都吃了败仗。后来，朱元璋实在想不出办法了，就向常胜将军徐达求教："天德老弟啊，你看这事该怎么办，咱们也不能老吃败仗啊！"

徐达知道陈友谅带的这些人都是云贵川的人，他们虽然长得都非常瘦小，但是个个身手都非常灵巧。他们穿山跳涧如履平地，非常厉害。中原

第十三回　朱燕王漠北招兵勇　小刘清危难见恩公

的兵要想抓住他们简直比登天还难。

"这可怎么办呢？"

突然，常胜将军徐达的脑海里闪出一个非常奇妙的办法，就说："咱们不如用乌头根的毒烟来制服陈友谅。如不这样的话，咱们还是真难打败他。"

朱元璋一听，就有点不乐意了，说："元德老弟啊，这样不好吧，咱们如果用毒战胜对手，这事要传出去，有点不雅气，偏离君子用兵之道啊，我朱元璋怎么能用毒之下策？"

徐达闻听朱元璋不同意自己用乌头根的毒烟来制服陈友谅的计策，就耐心地解释说："用兵之道贵在出奇制胜。这种乌头根的烟毒只不过仅有半个时辰的药力。只要半个时辰一过，不用什么解药，中毒之人也就没事了。再说了，过去周朝的历史中，你看在周武王的时候，贵为太师的姜尚姜子牙很多时候都有使毒的典例。再翻翻历史上的许多朝代，都有类似用毒的记载。过去张良也有用毒的战例，前朝也有这些事，我们为什么不能用呢？"

"这个……"后来，朱元璋想想也对，就采纳了常胜将军徐达的计策，这才以乌头根的毒烟打胜陈友谅，从而一统了天下。

※※※

蓝大姑简单说完徐达用乌头根的毒烟胜勤王的故事后，又看了看巴拉巴拉特，说："现在看起来这种烟毒用于狗军同样是非常灵验的。你有多少只狗，我们都原数送还。巴拉巴拉特，你还有什么要说的吗？"

"我没啥说的了，我服了！"

这次打仗，让巴拉巴拉特也大受教育。人家没有杀他们，把狗原数放回；令巴拉巴拉特对眼前这位年轻的皮货商，还有蓝大姑刮目相看，自己也是非常感动。

朱棣告诉巴拉巴特:"这次你败了,是因为你认为自己一定会胜。但是你吃亏吃在狗身上,你觉得有狗就能赢取胜利。狗终归是狗不是人啊。你要知道以后是和明朝打仗。明朝有的是人,明朝人是最聪明、最有心、最有感情的人。还有,我得告诉你,你心里爱着的那个人,可人家有爱的人了,你便要硬抢,你说你做得对吗?我告诉你,这次打仗真正的大功臣就是你要硬抢的那个人的心爱之人小豹子。"

朱棣这时把小豹子推出来了。"小豹子就是她的心爱之人,全部落的人都知道的,而且他们是要结婚了。将来有机会,我还要在北平给他俩撮合一下这件事。"

巴拉巴特的脸上有点挂不住了,他那野蛮性又上来了,心说:这个小豹子接二连三地坏我的事,现在又跟我抢刷彦亦尔哈,我必须杀了小豹子。不杀了他,刷彦亦尔哈也不死心,万福山也不死心让我做他的姑爷。我要跟小豹子公开决斗。

现在巴拉巴特最恨的人是小豹子了,他把怒火集中到了小豹子身上,于是巴拉巴特公开对朱棣讲:"我做的这些事都是小豹子逼着我做的。我要按照我们北方乞烈迷部落的习俗,跟小豹子公开决斗,谁赢了,谁才能娶刷彦亦尔哈。"

朱棣闻听此言,脸"啪"一下就撂下来,用眼睛盯了盯巴拉巴特,说:"我现在就看中了他,我可不是一般人。你敢跟我抢吗?"

朱棣是真急了,他"啪"把自己燕王的腰牌亮出来了,朱棣完全公开了自己燕王的身份:"你跟小豹子干,就是跟燕王我干!你要是敢动小豹子一根汗毛,我都不答应,你瞧着办吧。"

巴拉巴特当然知道大明朝燕王的厉害,心想:谁跟燕王作对,就等于跟当今的皇帝作对啊!为了一个女人值得吗?再说了,人家燕王自始至终没有拿燕王的身份来欺压自己,只是给自己讲道理,人家做得够意思了。

第十三回　朱燕王漠北招兵勇　小刘清危难见恩公

这次我发动狗军大战，人家不但不怪罪自己，还把所有的人和狗都如数归还自己，自己再提出无理的要求，就太过分了。

此时，巴拉巴拉特看到燕王朱棣的腰牌之后，一下子就醒了。立刻撩衣襟跪倒在地，说："燕王千岁，巴拉特是浑人一个，您不但不治罪于我，还一而再再而三地给我机会，以德来感化我，我服了！从此之后，我乞烈迷部落一心归服大明朝，愿为大明朝尽犬马之劳。"

朱棣闻听此言，也是由衷的高兴！不战而屈人之兵，方为治国之上策啊！于是，朱棣上前扶起巴拉巴拉特，说："我们北方各民族都是自家兄弟，你和小豹子的事就此了结，重归于好，难道不是人生一大快事吗？"

"燕王千岁所言极是。小豹子兄弟，大哥给你赔礼了。我们以后就是好兄弟。"

"小豹子也给哥哥赔礼了。"

巴拉巴拉特和小豹子二人抱在了一起，这真是不打不相识。

这时候小豹子也是非常感动，当着巴拉巴拉特的面，过去给朱棣磕头，说："燕王啊，您是我的救命恩人、再生父母。我给您磕头了。"

之所以小豹子刘清听朱棣话，让他上北平他也愿意去，就是因为这个。到北平之后，朱棣主要是让小豹子刘清跟着自己的老岳丈徐达的部下学习武术和兵书战策。这事暂且不说。

※※※

巴拉巴拉特发动狗军大战失败后，是心服口服地退回北方乞烈迷部。虽然燕王朱棣统辖的北方各少数民族反明的情绪暂时得到了一定的缓解，但是这些北方少数民族从内心来说还不是一心一意地归顺大明朝。这件事，燕王朱棣也是心知肚明。但是，此次北上对于年轻的朱棣来说，可谓收获颇丰啊，他不但彻底了解了北方各民族的民俗和民风，而且他还得到了自己十五年前做的"双幻梦"中的那一大一小两个"牛"人,"大牛"万福山,"小牛"亦失哈。还有一个意外收获,就是发现了小豹子刘清这么一个难得的人才。

朱棣带领徐彩凤和蓝大姑等人,离开北平有一段时间了。这一天,徐彩凤就劝朱棣说:"也该回去了,燕王府还有许多事等你处理呢。"

朱棣想想也是,就说:"好吧。"

离开紫霞观之前,朱棣夫妻二人对紫霞真人是再三感谢,并讲好:"等到亦失哈成丁之日,我们会再来。届时,我们会把他带到宫里去,为朝廷做事。"

紫霞真人是口打道号:"无量天尊,善哉,善哉!"

而后,朱棣又再三叮嘱自己的把兄弟万福山:"老哥哥,我走之后,你一定要想尽一切办法,多与北方各部落联系,同时,你务必在暗中对亦失哈进行保护,他可是咱们大明朝的宝贝啊。"

万福山说:"兄弟啊,您就放心吧,只要有我万福山一口气在,亦失哈绝不会出问题的。您放心走吧。"

※※※

朱棣回到燕京之后,仅过了两年,整个大明朝的形势就发生变化了。

朱元璋在"逐元顺帝于漠北,平梁王于滇南"之后,决策统一东北。洪武二十年(1387)初,朱元璋命冯胜为大将军,率师北征纳哈出。这年六月,明朝大将冯胜带领二十万兵马,从登州渡海到辽东湾,直接进击到了金山(今辽宁开原一带),把纳哈出的兵马全都困住了。纳哈出战败金山,最后不得不再次投降。冯胜接圣旨把纳哈出带到应天府南京。这时朱元璋学习诸葛亮七擒孟获的办法,心想:这些人不一定都是反我大明的,我应该软化他们,先稳定北边,等到以后再慢慢分化他们。于是,朱元璋

第十三回　朱燕王漠北招兵勇　小刘清危难见恩公

又一次封纳哈出为海西侯，还发给纳哈出铁券丹书。上面写着：你世世代代都会享受朝廷的王爷待遇。

有道是：识时务者为俊杰。这时，纳哈出也看出大元朝彻底没戏了，自己再怎么努力都不行了，于是他就说："我纳哈出感谢皇上！既然我又是败臣，那么从今往后，我不会有二心了。"

朱元璋说："好啊！既然你这样说了，那你就跟着我的大将傅友德去征讨云南吧。"

纳哈出说："罪臣遵命！我纳哈出愿效犬马之劳。"

于是，纳哈出就和傅友德一起征讨云南去了。由于纳哈出年岁也大了，又在北边赶往应天府的过程中，受到许多惊吓，在这次去征讨云南时就病了。在返回南京的路上，路过武汉时，病死在了船上。纳哈出这一死，标志着元军从此彻底潜藏了踪迹。在潜藏的各股元军中，其中就包括纳哈出的一个非常睿智的儿子察尔法。这是后话，暂且不提。

※※※

洪武二十六年（1393），定天下都司卫所。大宁四城定为北平行都司，后并北平、山西等卫改调为富峪卫。这一个时期，小豹子在燕京经过明代很多武将的培训，快速成长为一名能征善战的勇士。当燕王朱棣负责北方出征时，小豹子总是第一个说："我愿意领兵与北边的残匪们决一死战。我对北方最熟悉，我在北方生活那么些年，他们的狗军我都抓过，我对他们知己知彼，我认为这个别人都不行，只有我小豹子。"

朱棣听完后是非常高兴，当即就点头同意了，说："好吧，你勇于承担军令状，我先赐给你个名字吧，小豹子这是民间的叫法。现在你既然是大明朝的将士，那么，我看你还是叫刘清吧，刘和尤都可以；'清'，代表着你是一江清水呀。你呀，是心向大明，为人非常坦荡无邪，我非常钦佩你。

以后遇事,你的名字叫刘清。"

"谢燕王千岁!"

小豹子刘清就是在这一时期,以一介血气方刚的青年"起自行伍""骁勇善战",在战斗中积功,几次就擢升到了管辖一千一百二十人的富峪关千户之职。刘清所在的富峪卫为"西大同,东辽阳,南北平"地处要冲,"诸军剽悍"屏长城之险,为北边的"巨镇"。

※※※

说书人一张嘴不能说两家话。在此,单表一表本书的书胆人物,也就是九龙山紫霞观的"小牛"亦失哈。

亦失哈的出生虽然非常的不幸,但是他在九龙山紫霞观里生活并不孤单。一是有紫霞真人的精心照料和教育,二是在小牛出生的前两年,紫霞真人还救了一个女婴,她的名字叫雅克娜。雅克娜很有姐姐样,从小就非常照顾小牛。两个人虽然没有血缘关系,但是他们比亲姐弟还要亲。

雅克娜的出世也是天养。洪武十六年的一天,紫霞真人一大清早,就到不远的江边走走,突然,她听到江边的草棵子里传来婴儿的啼哭之声,"哇啊、哇啊、哇啊"。

"嗯?谁家孩子在哭啊?"紫霞真人仔细一听,这孩子的哭声又停了。她刚要走,孩子的哭声又起。紫霞真人顺着哭声,就来到了江边长得半人多高的大草棵子边上。她用手拨开蒿草,往里面一看,看见用小狍子皮包裹着的一个女婴。这个女婴刚出生不久,她一听到来人了,就不哭了。紫霞真人动了菩萨心肠了,把这女婴抱回到庙里。紫霞真人给这个女婴起名叫"雅克娜",而后,她和庙里的女道士们一起挤羊奶给她喝,帮着养这孩子。到了乙丑年,亦失哈出生后,俩人从小相互就是一个伴。

雅克娜虽然年龄比亦失哈大两岁,但是他们身高、体形从小就差不多,

第十三回　朱燕王漠北招兵勇　小刘清危难见恩公

他们俩的衣服都是相互换着穿。所以，雅克娜从小就穿小男孩衣服，长得也像个小男孩，而且让人非常奇怪的是，雅克娜和亦失哈长得非常像，有点天作之合。

有道是：有地不愁苗，有苗不愁长。亦失哈随着时间的推移，无忧无虑地就长到了八岁。亦失哈从小就非常聪明，而且还非常懂事，只要他有时间，就帮着道观干一些力所能及的活，八岁时就可以帮道观放羊了。

这天一大早，亦失哈起早放羊回来，大羊还生了两个小羊羔，他挺高兴，蹦蹦跶跶想跟奶奶说说这个好消息呢，心说：我把刚生的小羊羔抱回来，让奶奶看看，奶奶肯定高兴。亦失哈进了屋一看，西暖阁里蒙着黑纱。他也不知道是怎么回事，撩开黑纱，一看奶奶紫霞真人闭眼正坐在那里，好像睡着了似的。

亦失哈叫了几声奶奶，奶奶也没有回声。这时一心师姑过来了，拉着亦失哈说："小牛啊，奶奶已经羽化升天了。以后有事，你找我吧，孩子。"

紫霞真人果真是坐观羽化。这些对尚且不懂事的亦失哈和雅克娜来说，一时说不明白。道教德高望重、有深修的高人，多有一时辟谷羽化，一时忽而还阳，每有轮回均属修心养德飞升一步崭新层次。道教追求这种理想和结晶。

紫霞真人突然离世，对亦失哈和雅克娜来说，打击太大了。虽然新住持一心师姑对他和雅克娜都非常好，但是他们都感觉跟奶奶紫霞真人还是差了那么一点，因此，亦失哈和雅克娜两人的关系就更近了。他们有什么话，都告诉对方。给观里放羊，他们也是一起早出晚归。

※※※

就这样，又过了五年，就到了洪武三十年，亦失哈已经成丁十三岁。

按照女真人的旧习，女真人成年的男女，都必须经过成丁这一关。成丁，就是指一个人经过幼年和童年的经历，可以有婚姻、自立、借贷关系的处理等自主权和自裁权。不经过成丁礼，上述权利均无效。所以，一个人的成丁礼是必须度过的一关，即要经过萨满关、父母关、部落长关、氏族关，取得多方的信任和承认。成丁礼是男孩十三岁，女孩十一岁。女真人女孩到了十一岁时，才能允许结婚的。

这一天，已升为住持的一心道长，按照紫霞真人临终前的再三叮嘱，完全遵照女真人的规矩，请来了萨满，给亦失哈举行了一个隆重的成丁礼。紫霞真人曾特意叮嘱一心：成丁礼这天，最好用江心水给小牛净一下身，洗去他前世的尘霾，让他干干净净从头再来，整个成丁礼绝对不能让外人参与。

"师父，您放心吧，徒儿一心记下了。"

五年过去了，一心道长把这事还记得清清楚楚的。

"谁去松花江取江心水来？"

"师姑，我去吧。"雅克娜主动请缨。

"好吧。雅克娜你快去快回。"

"师姑您放心吧，我的速度最快。"

说完，雅克娜拿着两只水桶，飞快地下山。雅克娜虽然是十五岁的大姑娘了，但她发育得比较晚，从外表一看就是一个小男孩。雅克娜骑马、射箭都非常厉害，甚至比亦失哈都好，所以她健步如飞，工夫不大就到山下，划威呼来到松花江的江心。

此时，松花江的江心，水流湍急，但是清澈无比。雅克娜快速拿起两只木桶，打了两桶江心水，而后，把这两桶水一前一后放在自己乘坐的威呼里，划着威呼往回走。雅克娜顺着松花江江汊，又回到了九龙山脚下。她弃船登岸，提着这两桶水，刚要往山上走。十几位皮货商人打扮的人，好奇地问："哎，小伙子，你为了打这两桶水，专门划威呼跑江心这么远，图个啥呀？在哪儿打水不是打呀？"

第十三回　朱燕王漠北招兵勇　小刘清危难见恩公

雅克娜一听，不乐意了，瞪了一下靠近她的这十几个皮货商人打扮的人，说："你们懂什么，我这是为了我弟弟成丁礼净身用的水，它必须是江心的水。"

"成丁礼还要净身啊？我们能不能跟去看看啊？"

"没问题，你们跟我来吧。"

就这样，雅克娜把这十几个人带到了紫霞观。其中一位上了年纪的老太太，一见一心道长还格外的亲切。

这个老太太是谁啊？不是旁人，正是北平燕王府的后宫总管蓝大姑。这位面貌雍容华贵的中年男人，更是了不起，他就是燕王朱棣。其他几个皮货打扮的商人，都是蓝大姑和朱棣最贴心的侍卫。

朱棣和蓝大姑以前就跟紫霞真人打过交道。一心道长对朱棣和蓝大姑印象更是非常深刻，所以，一心道长哪敢怠慢啊，急忙给朱棣和蓝大姑施礼。蓝大姑就问："真人现在在哪儿啊？"

一心道长鼻子一酸，说："我师父五年前就羽化了。"

"愿真人一切安好吧。别难过了。今天不是'小牛'的成丁礼吗？你先忙正事吧。"

"哎"，说着，一心道长就把朱棣和蓝大姑等十几个人安排在了成丁礼会场靠左边的前几排凳子上。

※※※

书中代言，燕王朱棣为什么早不来、晚不来，非得赶着亦失哈成丁礼这个节骨眼上来呢？

其实，这也是朱棣早就安排好的。《明鉴》中有这样一段记载：丙子二十九年春二月，帝命燕王棣率师巡边。先是宁王权言，近者骑兵巡塞，得北寇踪迹，恐有边警。帝乃命燕王棣拣精骑，巡查大宁、全宁，沿河南北，

233

战敌所在，掩击之，继而棣至察察尔山，遇敌大败之，擒其将布琳特穆尔，又追败哈拉固，方乌梁海城而还。

这次燕王朱棣带队出征，最后虽然取得了胜利，但是实际上布琳特穆尔和哈拉固二人沿河南北在"水功"上给朱棣设置了很多的障碍，让朱棣也吃了很大的亏。朱棣回到燕王府后，是越想越憋气，就把这事跟徐彩凤说了。徐彩凤听后"扑哧"一下乐了，说："我以为是什么大事呢！水上的事情，你还愁什么啊？你的'小牛'亦失哈马上就要成丁了，他自然能替你独当一面。你的好日子，马上就来了。"

这真是一句话点醒梦中人啊，朱棣这才想起"小牛"亦失哈的事。朱棣掐指一算，还真没有几个月了，于是，洪武三十年盛夏之际，他就带着蓝大姑和十几名贴身的护卫是二次来到了九龙山紫霞观。这次徐彩凤没有跟着一起前来，主要是考虑府中事务太多。

※※※

再说雅克娜，她把这两桶江心水倒到一个大木盆里，就出去了。亦失哈用江心水擦洗一遍身体后，又换上一套崭新的衣服，进入成丁礼会场。

大家举目一看，昔日人们熟悉的那个"小牛"，有点让人陌生。此时的"小牛"已经发育成一个大小伙子了，中等身材，是不高不矮不胖不瘦，往脸上看，眉分八彩，目若朗星，五官端正，鼻直口方，两耳有轮，特别是他那眉宇之间还透着一股少年特有的那份俊秀。再加上他今天穿的这一身崭新的衣服，更是让在场的人对他称赞不已。但是，随后所发生的一件事，却给小牛带来了一生都无法摆脱的痛苦。

第十四回

亦失哈获宝成丁礼
紫真人还阳解谜团

早已发育成大小伙子的小牛一出场，就让在场之人无不称赞。有人私下低声议论说："小牛这孩子，将来肯定有出息。他平时穿着打扮说话办事，就非常有分寸。"

"那当然。小牛这孩子从小就跟着紫霞真人。不是有那句话吗，与凤凰同飞必是俊鸟；与虎狼同行必是猛兽。跟着啥人学啥人呀。紫霞真人有那么深的道行，小牛未来前程也是不可估量的。唉，太可惜了！要是紫霞真人能看到小牛成丁这一天，该多好啊！"

"行了，别说了，成丁礼开始了。"

在前排就座的朱棣，也被小牛英俊的外貌所打动。当他听到身后这两个人的悄悄话后，也为自己将要得到一名福人而高兴。

随着一心道长的一声宣布，成丁礼正式开始。

※※※

女真人的成丁礼非常正式。

先是给参加成丁礼祭祀的人熏香。今天到场的人，除了雅克娜新带的十几个人外，基本上都是九龙山附近的熟人。他们大多是亦失哈喇族的族人，还有达斡尔人、汉人，他们都是与庙上关系非常近的人。而后，是杀牲祭祖，亦姓家族正式拜祖、请萨满祭祀、请萨满祈祷，等等。

亦失哈给家族众位先祖们上香叩头，然后一心道长遵照师父紫霞真人临终前对她嘱托，说："小牛自成丁礼那天起，大家就别再叫他'小牛'了，因为他的家族姓亦失哈喇，他又是真正亦失哈喇氏族的少族主，所以就给他正式取名'亦失哈'。"

一心道长当众宣布小牛正式改名为亦失哈，在场的许多族人都鼓掌庆贺。紧接着，亦失哈解下自己脖里上挂着的那个小布包，亲手交给了祭祀萨满，由萨满给念。萨满当众把这个小布包打开，从这个小布包里取出一

第十四回　亦失哈获宝成丁礼　紫真人还阳觯谜团

块灰鼠子皮。这块灰鼠子皮非常薄，上面密密麻麻地写了许多文字。萨满边看边高声诵读："百鸟惊心，红蛇引路，山隘坎坷勿厌烦。蜂熊把门，内藏宝卷睡安然。"

萨满念完了，不知道这几句话是什么意思，就让紫霞观的住持一心道长给大家解释。一心道长从小就受到师父紫霞真人的神授教育，对这些也是略通一二。再说了，一心道长又经过这么多年的修炼，和观星悟道，早已是一位能通灵的人了。一心道长简单思考了一下，转身告诉亦失哈："这不是一般人能知道的。它的第一句话'百鸟惊心，红蛇引路'是什么意思呢？简单地讲，假如你哪一天到了一个地方，突然百鸟齐飞，那你就要注意了，要看看地上有没有红色的蛇。如果有，那里应该有事。'内藏宝卷睡安然'，说明祖先留下的东西完好，这也是上天赋予你的权利，你要找你自己家的东西。'山隘坎坷勿厌烦'，就是说，山再高再陡，你也不要怕苦、怕累，要继续往山上走。到山上以后，有蜂蜜有黑瞎子，就证明有洞。这句'蜂熊把门'，不是证明有山洞吗？'内藏宝卷'，是你们祖先曾经留下来的东西，都安然无事地保存这座山洞里呢。你能到达此处，肯定就会得到这些宝贝的。"

一心道长解释到这里，不由得拍了拍亦失哈的肩膀，语重心长地说："亦失哈呀亦失哈，从现在起，你的先人们已经给你任务了。这就是你的任务！你把这个地方找到，看看宝卷里都装些啥。"

"师姑，我懂了，我会想办法找到它们的。"

这次成丁礼祭祖，是亦姓家族正式向外公布：自金哀宗到元至正二十八年，再到洪武三十年以来，他们从来没有承认的亦失哈喇家族的历史，在亦失哈成丁礼的仪式上，正式地、名正言顺地对外宣布自己这个族的姓氏为亦失哈喇。

参加亦失哈成丁礼的族人们，感觉压在心口的这块一百多年的巨石，今天终于给搬开了。在萨满祈祷完成后，大家拢起篝火、烤着野物，尽情地跳、尽情地唱，甭提多高兴了。

※※※

要说这次亦失哈成丁礼上，最最高兴的，除了亦失哈，还有燕王朱棣和蓝大姑。

燕王朱棣和蓝大姑刚一听完祭祀萨满念的那块灰鼠子皮上的诗，二人不由得会心一笑。朱棣心说：亦失哈啊亦失哈，你让我朱棣好找啊！整整二十六年啊！我看，我这二十六年的"双幻梦"，今天终于可以梦想成真了。

想到这儿，朱棣向蓝大姑使了一个眼色。蓝大姑马上心领神会，跟着一心道长就来到了她的禅房。

蓝大姑一进屋，就直言："一心师傅，我和燕王此次来，就是要带亦失哈回宫做福人的，你师父紫霞真人是不是跟你交代过了？"

一心道长一听此话，脑袋"嗡"一下，当时就明白是怎么回事了。她突然想到紫霞真人羽化之前告诉自己的话：小牛十三岁成丁时，你要把这个鹿胆袋里面装的药，给亦失哈吃下，他要经历一个大劫呢。他到这个劫的时候，你让他先吃这个药，让他睡觉。你好好保护好。这孩子在十三岁的时候，有一大劫，到时候是要用的。让他冲水喝了。原来师父说的小牛的这一大劫，是净身之苦啊！要知道是这样，宁可自己遭罪，也要想办法让小牛亦失哈藏起来。可是，这时候人家都堵家门口了，师父，我可怎么办呢？

做福人，其实就是名好听，实际就是太监。一心道长心说：小牛亦失哈这孩子命怎么这么苦呢？他要是做了太监，这一辈子不就完了吗？不答应吧，这可是犯了欺王犯上之罪。

一心道长思想斗争了半天，也没想出更好的办法，只能硬着头皮同意

第十四回　亦失哈获宝成丁礼　紫真人还阳解谜团

了："既然燕王看中了，也算这孩子的福分，我这就把亦失哈叫过来拜见燕王千岁。"

亦失哈得知自己要进北平燕王府做福人，还以为是好事呢，就非常爽快地答应了："行啊，我愿意。只是不知道福人到底是做什么的。"

蓝大姑忙解释说："福人是伺候燕王和燕王妃的，但是需要净身，历朝都是如此。做福人，你就要承受宫刑之苦。"

"没事，我从小就不怕吃苦，你们就来吧！"

一心道长一看此事再也躲不过去了，就把亦失哈叫到了身边，把师父紫霞真人羽化前交给她的那个鹿胆袋拿出来了，又给亦失哈端来一碗热水，说："孩子，听师姑的话，先把这药喝了，然后再说。"

"好吧！"亦失哈把药倒到嘴里，喝了一大口水，一扬脖"咕噜"一下就把药咽肚子里去了："哎，师姑啊，我的肚子好像有一股气，怎么这么热乎啊？哎哎哎，它上来了、上来了，到我头上了。我怎么感觉这么累呢？"

"孩子啊，你感觉累就先睡会儿吧。"

"嗯！"亦失哈在受宫刑之前，吃了紫霞真人给他留下的药，不一会儿就昏睡过去了。

蓝大姑一使眼色，她带来的几个侍卫，就对亦失哈进行了阉割手术。亦失哈受宫刑，一点都没感觉。四五个时辰醒来的时候，他啥事都不知道。

但是，就在"小牛"亦失哈昏睡的这个工夫，还是出了岔头。

※※※

从小与小牛亦失哈一起长大的雅克娜，看到后院的陌生人进进出出的，看小牛亦失哈老是不出来，就起了疑心：这些人都在干些什么啊？前门还有陌生人把守，小牛怎么老不出来呢？

于是，雅克娜就悄悄地转到房后，贴着窗户仔细一听，就把蓝大姑和一心道长的话，听得一清二楚。原来是这么一回事啊！当时雅克娜就不敢再听了。她三步并作两步，就转到房前，发疯似的，推开门前的两名把守，不由分说就闯进屋来，"扑通"跪在地上，说："燕王千岁，蓝总管大人，我也不需要净身，直接就可以伺候王妃娘娘啊，你们也把我带走吧！"

朱棣和蓝大姑当时就是一愣。一心道长一看是雅克娜，马上就明白了，忙上前打圆场："燕王千岁，蓝总管大人，这孩子叫雅克娜，与亦失哈从小一起长大，他们从来就没有分开过。特别是真人羽化之后，他们更是亲如姐弟，形影不离。如果宫中允许的话，就把她也带上吧。"

蓝大姑看了看雅克娜，犹豫了半天，还是摇了摇头，说："不行，她是女儿之身，做不了福人的。"

雅克娜转身又求燕王，说："燕王千岁，我自幼和亦失哈相伴成长，亲如姐弟，如此一别，我生不如死。我现在只有一个请求，只要我能在宫里偶尔见上亦失哈一眼，您让我做什么都行。我会忠心不二，赴汤蹈火，万死不辞。如果燕王千岁您不答应我的这个请求，我就死在你们的面前。亦失哈知我为他而死，醒来后也绝不会忠心效主的。"

朱棣其实从看到雅克娜第一眼起，就以为她是一个小伙子，非常喜欢她，因为她与亦失哈长得也太像了！雅克娜话已至此，于是朱棣就对蓝大姑说："雅克娜是一个好姑娘，那就留在你身边听差吧。"

蓝大姑也是一个穷命孩子出身，本身就非常同情雅克娜。当燕王朱棣说出此话后，她马上拉着雅克娜，急忙谢恩。由于雅克娜长的、穿的都与小牛亦失哈一样，像男孩子，所以，蓝大姑干脆让她女扮男装进了宫。后来，亦失哈北上，都带着雅克娜，她帮助亦失哈做了许多的事情。这都是后话。

※※※

当夜无话。

第十四回　亦失哈获宝成丁礼　紫真人还阳解谜团

到了第二天早上，朱棣想得最多的就是早日把宝卷找到。朱棣想到的第一个人就是万福山。小牛亦失哈因为提前吃了紫霞真人先前给他留的丹药，净身之后好好睡了一觉，又调养了一个晚上，像什么事没有发生似的，还是一个精力非常充沛的小伙子。所以，当朱棣提出要去看望万福山时，小牛亦失哈便提出："燕王千岁，我领你们去。万叔伯对我可好了，我也好几天没有看到他了，也挺想他的，我领你们去吧。"

"好吧，亦失哈，从现在开始，你是我身前的御前侍卫了，头前带路吧！"

"亦失哈遵旨！"

在场的蓝大姑和一心道长看到亦失哈有模有样的，不由得会心一笑。

亦失哈在前面带路，领着朱棣就顺着松花江，来到了松花江与温德河交汇处的渔船集聚地。亦失哈大老远就看到万福山的船了。因为万福山的船头上挂着一块特殊的红布旗，格外扎眼。主仆二人通过木排登上了渔船。他们往船舱里一看，不由得心里"咯噔"一下。为什么啊？万福山没在船上，刷彦亦尔哈和她母亲正在船上做针线活呢。

母女二人一看是燕王朱棣来了，怎敢怠慢啊！二人急忙近前施礼。朱棣忙上前把她们母女二人扶起，问道："兄嫂近来可好？我福山兄上哪儿去了？"

"唉，别提了！四五天前，他也不知道来了哪股邪劲，非要上山去打猎。我说，江里的鱼你不打，跑到山上打哪门子猎呀？您大哥说我妇道人家懂什么，看好家得了。我和姑娘怎么劝他都没劝住，由他性子去了。现在也不知他在哪座山上瞎逛呢！按理说，他也应该回来了。这两天，我右眼皮'突突'直跳，心里老是乱七八糟。是不是这老头子出什么事了！唉，不说他了。燕王兄弟，您先进船里坐会儿，我这就做饭去。说不定，您这一来，他到天黑还真能回来呢，您先坐着歇会儿，我给您做一条松花江新鲜的白鱼吃。"

"嫂子，你就别忙了。我现在住在紫霞观，吃住都非常方便。如果福山兄回来了，你让他到紫霞观找我，就说我找他有事。我就不在这儿坐了，我先回去了。"

刷彦亦尔哈母亲看朱棣执意要走，就说："那好吧，等您大哥回来，我马上让他到紫霞观找您。"

刷彦亦尔哈站在母亲旁边是一直没说话，她一看朱棣要走了，感觉肚子里的话是实在憋不住了，就红着脸说："叔伯千岁，我有一句话不知当讲不当讲。"

朱棣一看刷彦亦尔哈的表情，马上明白是怎么回事了，就说："侄女啊，你不说我还得告诉你呢！现在，小豹子经过我岳丈徐达手下诸位名师的指点，已经是一位屡立战功的骠骑将军了。我已经给他起名叫刘清，统领一千多人镇守富峪卫。他可不是当年的小豹子了，而是一位威风凛凛的大将军了。"

正在这时，神雀五子突然从外飞了进来，冲着小牛亦失哈"呱呱、呱呱"直叫。小牛亦失哈一听，可乐坏了，高兴得是跳着脚往外跑："燕王千岁，我紫霞奶奶回来了！我紫霞奶奶回来了！"

说完，小牛亦失哈也顾不上朱棣了，转身就往九龙山紫霞观跑。

朱棣开始也给造愣了："紫霞真人不是坐观羽化了吗，怎么又回来了呢？"于是，朱棣马上告别嫂夫人，跟着亦失哈就回到了九龙山紫霞观。

※※※

此时，蓝大姑正和一心道长说得高兴呢。亦失哈气喘吁吁地跑进来说："快、快、快去西暖阁，我紫霞奶奶回来了！我紫霞奶奶回来了！"

蓝大姑和一心道长也是给造愣了，但是看到亦失哈如此认真的样子，就跟着亦失哈来到了紫霞观西暖阁紫霞真人住的房间。

第十四回　亦失哈获宝成丁礼　紫真人还阳解谜团

　　自从紫霞真人走了之后，她的房间是再也没人住过，每天一心道长都亲自清扫这个房间，什么东西放在什么位置谁都不能动，所以，这个房间保持得非常清洁、干净。外人不能进来紫霞真人的房间，这也是一心道长对整个紫霞观下的一道死命令。但是亦失哈除外。亦失哈有什么知心话了，就到这屋跟念叨念叨。亦失哈说完了，他就感觉紫霞真人跟听着了一般，心里敞亮多了，许多没有想明白的地方，也感觉有了主意。这八年来，亦失哈就是这么过来的。他始终感觉紫霞真人从来没有离开过他。亦失哈真有什么事了，还能常常在梦里见到紫霞真人。一心道长知道这里面的蹊跷，但是别人不知道。

　　亦失哈带领大家来到西暖阁一看，大家都愣了。只见紫霞真人坐在供案前的椅子上，笑呵呵地等着他们呢。

　　朱棣、蓝大姑和一心道长都急忙上前施礼："真人，您可回来了。"

　　"奶奶、奶奶，小牛再也不让您走了。"小牛亦失哈抱着紫霞真人的胳膊是一时也不松手。

　　紫霞真人口诵道号："无量天尊！燕王快快免礼。疯道婆重回世间，怎能承受得起燕王千岁的如此大礼呢！一心啊，你赶快准备盛宴，马上又有贵客登门了。"

　　紫霞真人此话一出，一下子又把众人给造愣了。一心道长一时没有反应过来，还以为紫霞真人在梦境中呢，她连地方都没动。紫霞真人说："一心啊，你还不快去？燕王妃都到山下了，再不准备就来不及了。"

　　一心这才反应过来，急忙下去准备了。

　　燕王妃徐彩凤真来了吗？真来了。朱棣和蓝大姑也大吃一惊，忙出门迎接。

　　这到底是怎么回事呢？原来，朱棣走后，徐彩凤还是不放心，总是想着去看一看他。这事不是一般的事。朱棣这个人心好，想干出一番事来，但是，有时他太狠了，办起事来太绝了，有时杀起人来太多了。他因此得

徐彩凤与徐达

罪的人很多。徐彩凤想：越是在这样的情况下，我作为一个最亲近的人，越应当到自己的丈夫身边去，给他出点主意，劝他遇事小心，三思而行。我太了解自己的丈夫了。不行，我得去一趟！就在朱棣和蓝大姑庆幸紫霞真人重生的时候，徐凤彩带着人来了。

第十四回　亦失哈获宝成丁礼　紫真人还阳解谜团

　　明朝对王爷外出有非常严格的规定，有明出和暗出之分。什么叫明出呢？就是要有仪仗、有车队、有护兵，沿途的州府官员都得出队迎接，等等。暗出呢，有一些必要的车辆和护卫就可以了。但是徐彩凤呢，带了一千人的护兵。她想：带着一千人的护兵，到北边也能用上，以防万一啊。

　　徐彩凤考虑得非常细，表面上看是保护她自己，而实际上是想保护朱棣。

　　朱棣见徐彩凤来了，那是非常高兴，说："你来得挺好！我正想把好事飞马急书告诉你呢。"

　　但是朱棣一看徐彩凤带来这么多人，心里就有点不高兴了，说："你怎么带来这么多人啊，劳师动众的，不是影响太大了吗？"

　　徐彩凤听到朱棣在责怪她，并没有生气，和颜悦色地说："燕王啊，我带这些人来，是非常必要的。你现在还不知道啊，人是知人知面不知心呐。你过去身边有许多人，恩人有、仇人也有，这些都是不能轻视的。说不定，现在已经有人偷偷地把刀放到你脖子上了呢！"

　　说着，徐彩凤就笑呵呵地把手放到了朱棣的脖子上："看到没有？我都把手伸你头上了，你还不知道。"

　　"哪有你说得这么邪乎呀？"

　　"我预测的啊！北边早早晚晚得有一仗。人不都是老实的，有的是隐藏得非常深的。"

　　"行了！不说了，紫霞真人正等着你吃饭呢。"

　　夫妻二人在蓝大姑的陪同下，与紫霞真人再次见了面。

※※※

　　徐彩凤来了之后，重新做了一些安排，然后，她就和紫霞真人商量并求教："下一步，我们应该怎么办？"

紫霞真人说:"最重要的还是先找到宝卷。"

徐彩凤并不知道宝卷到底是怎么回事,紫霞真人就让人把小牛亦失哈的锦囊拿来,指给徐彩凤看:"这个宝卷和秘藏的宝贝,应该很好找。你看百鸟惊心,百鸟就是白色的鸟。这个说起来,指的是松花江边的老白鹞子,也就是人们常说的鹞鹰。它的飞行速度非常快,非常有攻击性。另外它的生活范围挺大,栖息之处必然是傍近高山的地方。所以,藏有宝卷的地方必然有这种白鸟。沿着松花江方向往南走,进入崇山峻岭那块,就有这种白鸟,有许多进山打猎的人跟我讲过。红蛇引路,这也是暗语,告诉我们那个地方是有蛇的。我想,这种红蛇应该是生活在我们这块的一种叫'野鸡脖子'的红蛇。更主要的是'山隘坎坷勿厌烦',是说不要嫌弃道路凶险。'蜂熊把门'证明这里有山洞。据附近的女真猎人讲,这个有山洞的山就在九龙山的南边,应该是南边的肇大鸡山,另外还有一座叫康大腊的山。猎人们以前曾跟我谈起过这两座山。'睡安然',说明这些宝卷都平平安安地放置在山洞里。这对我们来说,是一件大好事,咱们可以去找找。"

徐彩凤说:"那咱们带着燕王一块去探山不行吗?即使没有发现宝卷,我们也算沿途欣赏一下风光了。"

"好啊!明天疯道婆我亲自陪你们去一趟。"

第二天一大早,徐彩凤就把朱棣叫起来。朱棣、徐彩凤、蓝大姑、紫霞真人、一心道长简单吃完早饭之后,又带着亦失哈和雅克娜姐弟二人,乔装打扮,以打猎的名义,是轻装而行。朱棣依然以一个富人家员外的身份,始终没有露出燕王府燕王的身份。

因为紫霞真人平时很少出去,所以,这次她把自己镇观的一把宝剑带上了。紫霞真人的这把宝剑是非常出名的,叫"八宝闭月剑"。这把剑只有一尺多长,但做工非常精致。徐彩凤瞅见后是赞不绝口:"哎,这剑太漂亮了!"

紫霞真人说:"这是我师父传给我的,可以说是道家的传家之宝。它叫八宝闭月剑。"

第十四回　亦失哈获宝成丁礼　紫真人还阳解谜团

徐彩凤是练武出身的，对刀枪剑戟这些兵器都是有研究的，而且还练就了拿手的三节鞭。但是徐彩凤看到这把八宝闭月剑时，还是非常的惊讶。为什么呢？因为这把剑的整个外部装饰也非常特别。剑柄上镶嵌着一颗大的鲸珠，剑鞘上镶嵌着珍珠、玉石、千年蟒皮、千年龟甲、朱砂、水银、蟾蜍七样，谓称"八宝"。千年蟒皮、千年龟甲做的剑套，玉石做的剑柄，金和银做这把剑的剑盔和剑衬，这把剑的确漂亮非凡。这把剑主要是起什么作用呢？一是表示道长的身份，二是避邪和镇妖，因为它里面有朱砂等东西。

紫霞真人带这把剑的目的就是避邪。因为哪座山都有哪座山的魔王和兽神，有善神，也有恶神。要是遇到恶神，这把八宝闭月剑就会起到意想不到的保护作用。

※※※

书说简短。他们下了九龙山，跃过莲花池，沿着松花江，从横道子，过小白山，再往南行，过了现在的永吉口前的尖子山。

夏末初秋的季节，朱棣看到吉林这边山也美、水也美、鸟也美，处处都新鲜。亦失哈和雅克娜在头前带路，朱棣位居中间，徐彩凤、蓝大姑、紫霞真人和一心道长紧随其后，是策马扬鞭，"哗哗哗"直接就奔着肇大鸡山而去。包括徐彩凤和她带的士兵，还有蓝大姑培养的女兵，也都化装成普通人提前撒到周围去了，进行暗中保护。由于要进燕王府了，亦失哈和雅克娜，就给朱棣当起了向导，一边走一边介绍周围的山山水水，也表达着对家乡的热爱。

说话间，他们就来到了一条小溪面前。这条小溪水很浅，人们蹚着水就能过去。当地人叫它五里河。过了五里河，再过一座山，前面又有一个屯子，再穿过这个屯子，就进了大山。大山里的柳丛子特别多，草长得有半人多高。当他们刚穿过一个小柳树林子，继续往前走的时候，眼睛特别

雅克娜

好使的亦失哈,突然发现不远处的草丛里有一个黑色的东西,马上一勒马上缰绳,"吁——嗒嗒嗒",拦住了所有人的去路:"燕王千岁,前面有情况。"众人闻听都一勒马缰绳,顺着亦失哈手指的前方看去。只见不远处一棵柳松底下,有一个黑乎乎的东西躺在那里。

亦失哈翻身下马,"噌"把宝剑就抽出来了,三步两步来到了这个黑色东西面前,定眼一看,原来是一个身穿黑瞎子装扮的猎人。此人被一个大熊夹子牢牢地夹住了。这种大熊夹子非常厉害,只要是踩上,就不能动,更主要的是啥呢?凡是设下这种大夹子的地方,都会设有许多机关埋伏。熊豹这些大型动物被夹住后,越是不停地挣扎,就死得越快。为啥呢?它会触动猎人们提前设下的暗箭和机关,暗箭马上会从它不注意的地方射出来,把它给

第十四回　亦失哈获宝成丁礼　紫真人还阳解谜团

射杀了。有经验的猎人被这种夹子夹住后，会静静地躺在那里不动，等着人来救他。没人来，他就得饿死。亦失哈经常去山上放羊，也早就学会了猎人下夹子、下套子的本领。亦失哈先把周围的机关一个个排除掉，把手指放到猎人鼻子跟前一试，"哎，这个人还有气，赶快把他扶起来。"

雅克娜赶过来，伸手帮忙。大家这才过来，清楚地看到两棵大树中间，有一个小锅盖大的熊夹子，猎人的左腿被死死地夹在其中。

亦失哈把受伤的猎人扶起来，把他的大狗熊帽子一脱，不由得愣住了："万叔伯，怎么是你啊？万叔伯，你醒醒！"

受伤的猎人是谁啊？不是别人，正是朱棣的磕头把兄弟万福山。朱棣闻声也俯下身来："福山兄，福山兄！"

紫霞真人说："你们先闪开，救人要紧。小牛，你把万叔伯的嘴先给撬开，我这里有丹药，可以救他的命。"

说着紫霞真人从自己带的药囊里，取出一粒神丹，顺水给万福山服下。紫霞真人这个药囊的神丹一共就四粒。先前莲花生小牛亦失哈难产时，吃了一粒，顺利地把孩子生下。再一次就是小牛亦失哈净身时，紫霞真人在药囊里掺入一粒丹药，才让亦失哈减轻了大劫之后的痛苦。再一粒，就是紫霞真人重生后，为了恢复元气自己服用了一粒。这最后一粒神丹紫霞真人给万福山服下了。神丹自然有神丹的奇妙之处，万福山服下这粒神丹之后，工夫不大，就听他五脏六腑里是"咕噜噜"乱叫，"嗯儿——呜"，随着万福山一股长气从口中喷出，人也慢慢苏醒过来。万福山慢慢睁开眼睛，一看眼前这些人他都熟悉，感觉自己在梦里一般。他抓着朱棣的手，摇了三摇，说道："燕王老弟，我不会是在梦里吧？"

"福山兄，不是梦里。昨天我还到船上找你呢，嫂夫人说你进山四五天了。你怎么让大熊夹子给夹住了呢？"

"唉，兄弟啊，说起来，真是惭愧啊。我万福山打了这么多年猎，头一次让大熊夹子给夹住。没想到老哥哥这条命，还是让您给救的。"

万福山羞愧得不得了。

紫霞真人说:"这是常有的事。你别动了,我们来救你。"

人们齐动手,三下五除二就把大熊夹子给掰开了,把万福山的伤腿拿了出来。当众人看到万福山血淋淋,并且肿得足有一拃粗的小腿时,各自刚放下的那颗心"唰"的一下又提到了嗓子眼儿处,暗叫大事不好!

第十五回

万福山侥幸得生还
神五子探穴得宝卷

说来也巧。万福山在小腿左右捆绑的一大一小两把钢刀，算是帮了他的大忙。但是，这只熊夹子劲太大了，万福山的这条腿即使在两把匕首阻挡的情况下，还是被几个凸出的巨齿给扎伤了，腿上缠着的多层厚厚的绑腿布都被鲜血给渗透了，腿也肿起来了。

过去进山打猎的人，都打着厚厚的绑腿，外面再穿上靴子，这样呢，一是走起道来轻巧，二是还能防止虫蛇的叮咬。猎人在山上下夹子是常有的事，你在这边下夹子，别人在那边也下有夹子。彼此熟悉的猎人会相互通通气。但是，彼此不熟悉的猎人哪能知道这些啊？所以，进山打猎的人稍微一走神，常有被同伴下夹子打中的事。

紫霞真人检查发现万福山的伤势并不太严重，骨头没有断，只是受了一些外伤，便让亦失哈给万福山涂了一些刀枪药，简单包扎了一下，万福山就能站起来了。

万福山昏迷过去，主要是四五天没吃东西给饿的。等到他喝些羊奶之后，体力也就慢慢恢复了，精神头也上来了。万福山说："怪我粗心大意，以为马上快到家了，就放松警惕了。不知哪个老哥下的夹子，把我给套住了。哎，燕王兄弟，您怎么这么巧，到这来了呢？"

"我们是想到前边这座山来寻宝的。"

万福山听完乐了，说："燕王兄弟，这里就是我的家啊。整座山，我哪有不熟悉的地方啊？您说要到哪里去吧，我给您带路。"

朱棣问："你腿上有伤，能行吗？"

"没问题，这点小伤，离心远着呢。我骑亦失哈的马给你们带路。前边就有白鸟、有红蛇、有山洞。山洞有六七个呢。有的能钻进人去，有的不能钻进人去。七七八八的，您想找哪个，我都能领着您，进山的路线我最熟。"

大家感觉多一个万福山当向导，就更好了。就这样，亦失哈与雅克娜姐弟二人骑一匹马，大家重新上路。

第十五回　万福山侥幸得生还　神五子探穴得宝卷

工夫不大，万福山骑马带着朱棣这帮人就来到了肇大鸡山。他先找白鹞子。白鹞子有什么特点呢？它身子是棕毛色，肚子上是白毛，尾巴也是白毛。翅膀一张起来，人们在地上往空中一看，都是白色。虽然长得不大，但它的俯冲力非常强，"唰"一下从空中就到了你跟前，速度非常快。

万福山带领着众人刚进到肇大鸡山时，突然从山脚下的一片密林中，"轰"的一下飞起成百上千的白鹞子，密密麻麻地在空中转了三圈，向大山深处飞去。万福山把马勒住说："肇大鸡有三座主峰，应该在此兵分三路寻找山洞为好。每座主峰上的山洞位置我都一一标注清楚，你们按图行进即可。我在此等你们回来。另外，山上'野鸡脖子'太多了，你们登山时要千万小心。如果有什么意外，我去接应。"

朱棣感觉万福山说的有道理，就征求大家意见。最后，紫霞真人说："我和燕王、燕王妃一组，一心带着蓝大姑一组，亦失哈和雅克娜俩人一组，分三座主峰寻宝。"

众人没有任何异议，兵出三路，向肇大鸡三座主峰飞奔而去。

肇大鸡山位于长白山向松嫩平原过渡地带，是吉林地区第二高峰，海拔一千二百多米。由于不同时期的大地构造运动，以及江河的侵蚀、剥蚀和堆积，肇大鸡山地势基本上是由东南向西北逐渐降低，所以，肇大鸡山远看山势宏伟、奇峰险秀、峭壁林立；近看林木葱茏、曲径通幽、泉瀑秀美，是野生动物栖息繁衍的乐园。在这里，生活着很多极具中国北方特色的黑熊、梅花鹿、野猪、狍子等兽类，还有珍稀鱼类、两栖动物、爬行类动物等。

※※※

花开三朵，单表一枝。

单说亦失哈和雅克娜骑马行至无路可走时，他们飞身下马，给马匹选择一处水草茂盛的地方后，他们各自把身上收拾得紧身利落，绑腿、袖口、领口都扎紧，而后各自找到一根非常结实的木棍，拿在手上，顺着一条羊肠小路就进山了。为什么进山要拿根木棍呢？这叫打草惊蛇，就是防止虫蛇和野兽的袭击。此处肇大鸡的主峰可谓山高石陡，往山上攀登是非常的难行。亦失哈和雅克娜是手攀脚蹬，用了九牛二虎之力，总算到了半山腰一块大石头处。雅克娜气喘吁吁地说："咱俩在这块大石头上，先休息一下吧。你不累，我还累了呢。"

"那好吧。"

亦失哈拿出水来，让雅克娜先补充水分。哪知道，亦失哈刚把水袋递给雅克娜，就在这时，突然从这块大石头的旁边"噌"蹿出一条一尺多长的红蛇。这条红蛇浑身通红通红的，吞着芯子，冲着亦失哈的腿就冲了过来。雅克娜面对着这条红蛇，看得清楚啊，不由得大叫一声："不好！红蛇！"

亦失哈要想躲闪，根本就来不及了。情急之下，他急中生智，往后一仰身，"噌"一个后空翻，说时迟那时快，亦失哈就绕到这条红蛇的身后去了，用手中木棍一挑，就把这条红蛇给挑到一边去了。眨眼之间，不但躲过了一劫，还救了雅克娜。这条红蛇一看形势不好，掉头顺着陡峭的石缝"噌噌噌"往上爬，飞快地跑。

亦失哈一看危险解除了，就想放了这条红蛇算了。但是，雅克娜突然想到了什么，高喊一声："亦失哈，红蛇引路，你赶快追！它能带你找到宝卷。"

亦失哈马上明白了，他那小布包的灰鼠皮子上清清楚楚写着呢："百鸟惊心，红蛇引路，山隘坎坷勿厌烦，蜂熊把门，内藏宝卷睡安然。"

亦失哈往下一猫腰，手持木棍跟着红蛇印迹，就追上来了。红蛇爬得快，亦失哈就追得快。红蛇走陡峭的山路，穿石缝、过树丛，如走平地。但是亦失哈上山过崖可就吃了苦头了，身上的衣服被带刺的树枝子刮烂了，

第十五回　万福山侥幸得生还　神五子探穴得宝卷

脚上的鞋也不知道什么时候给磨漏了，双手手指在攀岩的过程中被锋利的石刃给划破了，鲜血直流。右手中指和无名指还被山蒺藜刺扎了进去。十指连心啊，能不疼吗？但是亦失哈全然不顾，只有一个信念：手再疼，路再难走，我也得把红蛇跟住，要不然，宝卷永远也找不到。

这条红蛇也怪了，它是左转右转，不知道绕了有多远的路、爬了多远的山，突然来到一处高大陡峭的巨石前，顺着一根垂下的青藤，三晃两晃，就爬到巨石顶上去了。亦失哈试了三试，巨石根本没有攀登的缝隙，都是失败而终。这可怎么办呢？

就在这时，亦失哈突然看见神雀五子从天而降，冲他"呱呱"叫了几声，转身向后山飞去。亦失哈马上明白了，紧随着五子三绕两绕就转到巨石的山崖之上。此处背风向阳，非常的宽阔，而且是鲜花遍地、蜂蝶飞舞，是一处难得的世外桃源。

亦失哈还没有看够眼前的美景呢，就发现不远的草丛中蹿出一个黑影，直奔自己而来。亦失哈大叫一声，"不好！熊瞎子来了。"

※※※

亦失哈怎么知道熊来了呢？朱伯西我在这先给大家简单介绍一下。

在古代的时候，猎人对熊瞎子、虎豹是不打的，它们一般都是山神。一般是用打鸣、打口哨或喊叫的方式，把它们轰走。要是豹的话，就按豹子的声音叫；要是虎，就按虎的声音叫。所以，一个猎人是要会好几种动物声音的。俗话说，人有人言、兽有兽语。这声音一传出去以后，动物之间是互不伤害的。

熊和蜜蜂是哥们儿关系。蜜蜂需要熊来帮它驱走其他小野兽，让这些小野兽不再破坏周围的花草。蜜蜂好采蜜，它们把一部分蜜供给熊吃。它们之间是相互依赖、相互互补的关系。蜜蜂给熊蜜吃，是让熊来保护它们。

255

熊一来，其他小野兽都跑了，蜜蜂采蜜就非常安全了。蜂蜜不但熊瞎子喜欢，花鼠子也喜欢。为什么蜜蜂不找花鼠子保护呢？因为花鼠子不光吃蜂蜜，而且还破坏蜂巢，是连吃带败祸。熊可懂事了，吃蜂蜜却从不败祸蜂窝。

刚才，亦失哈一看有许多蜜蜂，再看到一个黑影，就知道准是熊瞎子来了。这可怎么办？在山里熊是真正的山神啊，它比虎、豹都厉害。关键时刻还是神雀五子！它呱呱叫了两声，冲着一处茂盛的花丛就飞了进去。

"五子，这能藏住人吗？"说着，亦失哈用手拨开花丛往里一看，只见花丛的后面有一处隐蔽的山洞。这个山洞的入口比水桶粗点。亦失哈一想：神雀五子来指路，我还怕什么？我就进去吧。

想到这儿，亦失哈二话没说，一猫腰，"刺溜"就钻小山洞里了。也多亏亦失哈钻得快，要是慢一点，就被这只熊瞎子抓住了。这只熊瞎子冲过来之后，一看没有抓住亦失哈，急得是在山洞外嗷嗷直叫。

亦失哈虽然躲过了一劫，但不知道山洞的具体情况，心也是怦怦直跳。这个山洞像个水桶似的，非常细长。亦失哈紧贴在地上，不停地往前爬。好在五子在前面叫，给他壮胆。爬了二三十米的距离，突然发现山洞慢慢变大，从跪着爬行，慢慢可以屈伸前行了。他手触摸着洞壁，听着五子叫声，向山洞的深处走去。这山洞里面太黑了，亦失哈是什么也看不见。走着走着，他就来到了五子的面前。五子飞到亦失哈的肩上"呱呱"叫了两声，意思说是到地方了。亦失哈就问五子："五子，这是什么地方？"

说话间，亦失哈就感觉手触碰到了一个大扁圆形的物体，这是什么啊？跟个大锅盖似的，有磨盘那么大，用手一敲，"咚咚！咚咚！"响。

"这里面怎么是空心的呢？我得打开看看，这里面是不是藏着什么宝贝！"亦失哈慢慢用双手就抠住了这个大锅盖上半部分凸出的边沿，双膀一

第十五回　万福山侥幸得生还　神五子探穴得宝卷

较力,"嗯——给我开吧!"

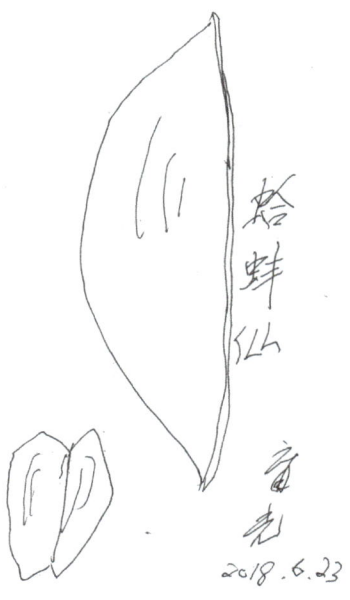

河蚌

亦失哈把吃奶的劲都用上了,就听见"咔吧"一声,这个扁圆形的锅盖就被掰开了,从里面射出万道银光,顿时把整个漆黑的山洞,照射得如同白昼一般。亦失哈由于用力过猛,一屁股坐地上了。他急忙起身,定眼往扁圆形的锅盖里一看,"嘿嘿"乐了。原来这个扁圆形的锅盖,不是别的东西,而是一个近千年才能长成的巨大河蚌的躯壳,也就是老百姓经常说的"嘎了瓢"。这个大嘎了瓢,能把一个小姑娘装进去。古代人往山洞里藏东西,大多是用嘎了瓢。因为嘎了瓢里面有一层银白色的内膜,在黑暗中或者夜里能起到发光的作用。嘎了瓢在黑暗的山洞里合上的时候,你什么光也看不见。但是当嘎了瓢打开时,就会银光四射。这种银光哪儿来的?

就是嘎了瓢本身那层银膜和里面的珍珠所发出来的。过去江河里有许多的嘎了瓢，人们都拿它们来盖房子用。

亦失哈急忙揉揉眼睛，只见这个大嘎了瓢里除了许多的珍珠外，还有五个画轴和一本册页。他拿起册页，借着银白色的光仔细一看，就见上面书皮上写着"亦失哈喇族氏造船秘籍六诀"，再翻开册页，就见里面写着密密麻麻的文字。亦失哈跟随紫霞真人多年，也识得一些字，就随口念了起来。

※※※

一诀曰：

煨制亦家船，非千年拧劲子松料则不取，海浪江涛均服软，重如石，坚如铁，贵如金，长寿永。

二诀曰：

亦家船、元宝船，浪里飞行滚如球。

船行八百不用舢，忘请神仙必玩完。

三诀曰：

风信旗子别小气，红蓝两色常换替。

瞬息万变紧跟住，转瞬即逝空伤泣。

四诀曰：

舵翁人中仙，全船掌手间。

只缘神技巧，恶浪永安然。

五诀曰：

万事求圆融，唯在心投缘。

和舟千朋喜，贵有牵家援。

六诀曰：

第十五回　万福山侥幸得生还　神五子探穴得宝卷

暖船济万户，菩萨心中住。

多求人人乐，积德千载福。

哎呀，这下可把亦失哈高兴坏了。他知道自己终于找到宝卷了。他再打开五个画轴，上面都是关于造船、行船的示意图。

第一张图画的是造船的工具。密密麻麻地画了许多个工具。如锛、凿、斧、锯等。

第二张图画的是一个大型的熔炉，还有一个是熬石成铁的工艺过程。

熬石成铁的第一步就是用石磙将矿石碾碎，然后放到焙炉里冶炼。熬石成铁的焙炉，它下面是长方形的一个大火道，三面封闭，前端只留有一个火门，需要人不断地往里放木柴。它另一端有一个高高的烟筒。而在火道上面是一个巨型的拱圆柱体，也是从前端门口处，往里面放置一些提前碾碎的矿石，在火的高温下冶炼成铁水，从另一端的细管下面设置好的沙土制成的模具内，一次性浇铸成型，比如，铁板、铁条等。

第三张图是船钉的做法。

船钉的制作，是在一个沙土箱中完成的。人们先用木头做好船钉的模型，埋入沙土箱内夯实定型后，轻轻地拔出木头，把焙炉中烧好的铁水倒入船钉形的洞穴内，一次性浇铸。船钉需要多大，木制模型就多大。如果船钉复杂，还需要几个木制模型共同来完成。

第四张图是选巨木为舟。这里面主要是讲选有多少年的巨木为好，并不是树木越大越好，也要因船而异。

第五张图是制榫的做法与秘诀。木与木在长度上怎么连接、木与木在直角处怎么连接等。木与木之间不同的连接方式，有着不同的制榫做法。

人们只要按照这五张图上的做法，把这些工艺做熟做精，整合在一起，就能制造出一艘船来。

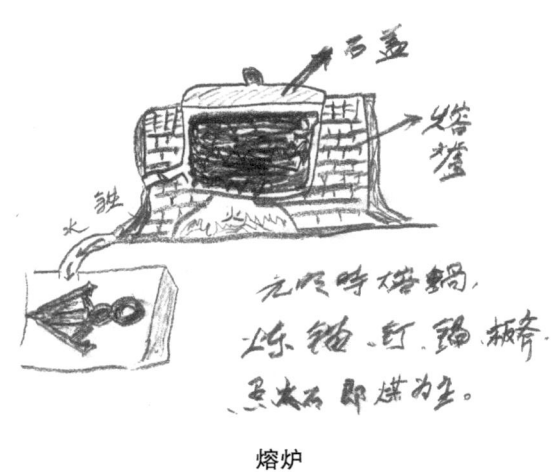

熔炉

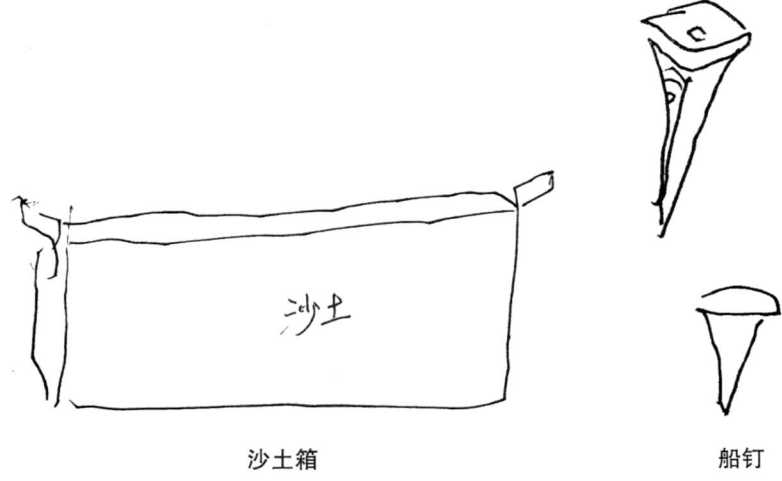

沙土箱　　　　　　　　　船钉

第十五回　万福山侥幸得生还　神五子探穴得宝卷

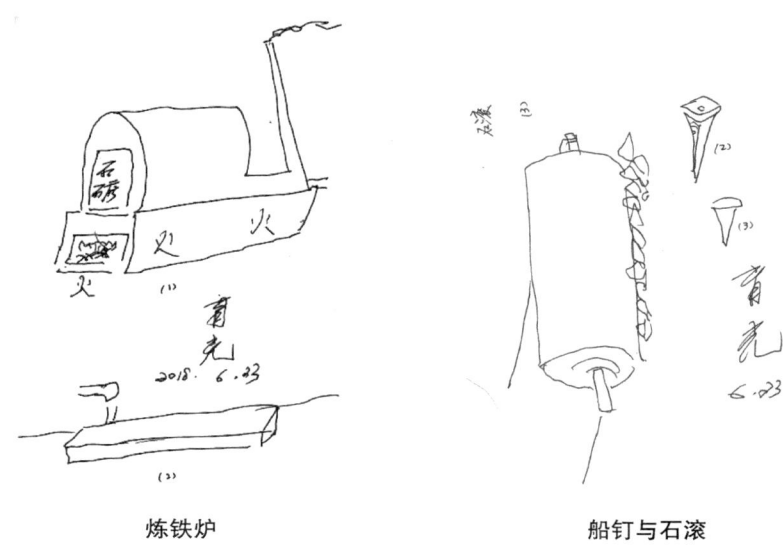

炼铁炉　　　　　　船钉与石滚

亦失哈看到这些画轴后，是如获至宝。他来不及仔细看了，重新把五张图卷好。他把自己贴身的衣服脱了下来，铺到地上，把珍珠和"亦失哈喇族氏造船秘籍六诀"的册页放在衣服里，打成一个鼓鼓囊囊的包裹，另外又把自己的外衣撕下一条长布，把五张画轴绑好，与包珍珠的小布包连在一起，往肩上一搭，一前一后非常的合适，并借着珍珠透过衣服发出的光，再由神雀五子带路，左拐右拐，走了很长的一段山洞，总算从这个山洞里出来了。

※※※

书说简短。

亦失哈找到雅克娜回到万福山的集合地后，其他两组的人也都回来了。当朱棣、燕王妃、紫霞真人、一心得知亦失哈独自闯山洞，找到"亦失哈喇族氏造船秘籍六诀"和五张宝图时，甭提多高兴了。这时，神雀五子不知道又飞哪儿去了。路上无话，天已擦黑，他们就返回到了九龙山紫霞观。简单洗漱，用过晚餐之后，徐彩凤、蓝大姑和紫霞真人聚在一起聊些家长里短的事，朱棣、万福山和亦失哈三人则围聚在书案前，是仔细地研究"亦失哈喇族氏造船秘籍六诀"和五张造船示意图。你别看万福山会造一些小船，但是看到这些密密麻麻的图纸后，他也是一头的雾水，有的地方他能看得懂，有的地方他根本就看不懂。

不得不说，人的遗传基因有着太多神奇之处。亦失哈看到这些宝卷后，马上就能给朱棣和万福山讲出这些图背后的许多事来。这个焙炉是怎么搭建的，里面应该是什么结构的，应该遵循怎样的一个工艺流程。另外，在制造大船时应该是怎样的一个卯榫结构才能把它们挤压牢固，具体的船钉应该是什么样子的，以及怎样制作，等等。

朱棣和万福山，此时对于这位只有十三岁的亦失哈，可以说是士别一日当刮目相看。他们简直不敢相信，这些造大船的繁杂工艺流程和图纸，到了亦失哈手里，马上就会变成一件件活的器物。更让朱棣和万福山惊奇的是，亦失哈把五张图反过来，拼接到一起后，把屋里的烛光全部熄灭。他们三人借着月光仔细观察，发现一张北方江河水系的航运图跃然纸上。比如，北方黑龙江入海口的所有路有哪些；一百七十二个河口怎么过；有多少暗礁、有多少个岛子、有多少个小石碇子，以及怎么躲避、哪块水流最激、哪块水流最险、哪块水最深等，都有详细的记载。说实在话，这对北方来说，可是重要的信息图、命运图，它对于整个北方的镇守和国防建设是非常重要的。为什么说明代朱棣有卓越的贡献呢？他的贡献远远超过了前朝，清代是承继了他的这些成绩的，真正开拓和创造北疆的是朱棣，所以，明成祖永乐帝是功垂千古的。

朱棣看到这张宏大的北方水系航运图后，才真正意识到亦失哈对他的历史性作用，也想到了军师刘伯温再三叮嘱他要千方百计找到"小牛"亦

第十五回　万福山侥幸得生还　神五子探穴得宝卷

失哈的原因所在。

万福山是江上的老船工了,他看到此图后,也是大开眼界,并对亦失哈先人们的这种超人超世的智慧,赞叹不已:"我自诩还是'水上人'呢,在江上行船这么多年,自我感觉经验丰富。今天,看到这张图后,我对自己以前所说的话,感到惭愧、脸红啊!我这半辈子白活了。"

"福山兄,话也不能这么说,术业有专攻,闻道有先后。亦失哈喇氏族历时几百年传承下来的宝卷,自有它超人之处。要不然,大元朝几代皇帝对他们氏族拘押、软禁,甚至宁可把他们全部杀害,也不让他们世传造船技艺为他人所用呢!"

"嗯!看来燕王兄弟得此宝卷,建造出大船之日是指日可待,也是漠北万民之福分啊!"

※※※

烛灯重燃,朱棣和万福山聊得正高兴的时候,亦失哈突然是眉头紧蹙,忧虑重重地问朱棣:"燕王陛下,这些宝卷中所示大船之模型,我可以尝试着做一下,应该能做得出来,但是要制成一比一的大帆船,光生铁一项就难以承受啊。几吨、几十吨的生铁,不知从何而来!"

"这个……"朱棣一时也是无言以对。

万福山在旁边一想:对啊,造大船不光是需要木料的问题,还需要许多生铁,可不是小数目啊!我们造大船必备的生铁,从哪儿来呢?

一时间,屋内三个人犹如冷水泼头,陷入叹息之中。

就在这时,就听见院门传来急促的脚步声,"噔噔噔",随着房门"咣当"一声,从外面闯进一个人来,二话没说,伸手递给万福山一个小布条。万福山接过小布条一看,不由得激灵灵打了一个冷战,心说:大事不好!

突然闯进来的这个人是谁啊?不是别人,正是万福山的姑娘刷彦亦尔哈。她递给自己阿玛的那个小布条是她驯养的小山雀从乞烈迷罕王妃苔希哈那儿带回来的，上写七个字：不服！再战三江口。

万福山一看这七个字，眼睛又眯成一条缝了，手在轻微地颤抖。朱棣看到万福山这种细小变化后，便知道他的这位仁兄是真怒了，就问怎么回事。

万福山把布条交给朱棣。朱棣一看：不服！再战三江口。也没讲具体时间，至于什么时间来、什么时间去、怎么来，人家没讲，没告诉你，就看你咋办了。

朱棣知道此事军情重大，马上让亦失哈收起宝卷，让他到自己的房间潜心研究，其他的事就不用他管了。而后，朱棣让人把徐彩凤和蓝大姑请到这屋里来，开始商讨此事，并研究具体的应战方案。

※※※

话分两头。

乞烈迷罕王巴拉巴拉特一战三江口失败后，朱棣主动把他放了，没有为难他，他非常钦佩朱棣，就回北边了。转眼间十三年的时间就过去了。

他这次为什么专门选择燕王朱棣再次到九龙山这个节骨眼上，给万福山下战书呢？其实，这里面出现了一个非常重要的人物，他就是巴拉巴拉特近几年请的一名"北元"军师。这名"北元"军师非常了得，不但熟读兵书战策，而且口才相当出众。他到了乞烈迷部之后，辅助巴拉巴拉特罕王大力发展部落农牧渔猎的商贸经济，鼓励乞烈迷部与大明朝做买卖，然后，用从大明朝赚回来的钱招兵买马，扩充乞烈迷部落的军事实力。这位军师每天都亲自操练整个部落的兵马，怎么排兵布阵、怎么攻防格斗等。没到几年的时间，乞烈迷部的军事实力大增，且还联合北方二十八个部落结成盟友。巴拉巴拉特被推为北方二十八部落的总盟主，而"北元"的这

第十五回　万福山侥幸得生还　神五子探穴得宝卷

名军师也就成了北方二十八部落联盟的军师。这位"北元"的军师一再告诉二十八个部落联盟的罕王们，说："谁都不能对外泄露我的身份，我愿意做你们幕后的军师。你们有危难之时，我自然会露面的。平时有什么事情，我也会派我的信使传达我的命令。如果谁要是泄露了我的身份，届时，可别怪我翻脸不认人。"

有人曾经领教过这位"北元"军师治军的铁腕手段，他要是军法处置某个人，连乞烈迷罕王巴拉巴拉特都不给面子。这个人经常是神龙见首不见尾，飘忽不定，但是整个北方二十八个部落的军事实力自从他来了之后，是迅猛地扩充到数万人之多，而且他培养的色克也遍及整个漠北。哪块有一点风吹草动，他都了如指掌，只不过有许多事他是不说而已。这位"北元"军师的身份对外界来说，是一个未解之谜。

这次燕王朱棣带着蓝大姑一出关，这位"北元"的军师就得到色克的情报了，他不由得发出了一阵冷笑："嘿嘿嘿，朱棣啊朱棣，你别以为坐拥北平府燕王之位十七年，羽翼丰满，没有人敢动你，那是因为本小爷受父王之命，一而再、再而三忍让你罢了。我父王为你大明朝征剿云南之时不幸病故。他在弥留之际，还特意飞书于我，说你是当今诸太子之中的一名枭雄，他日必能成就一方霸业，力劝我最好与你交善结好。我十几年亲手打造的这支北方兵勇，岂能如此简单地拱手相让？这次你出关之际，正是我与你斗智斗勇之时，如果你此战羞败溃逃，我何不逐而杀之，一统漠北，聚元人之勇力，借女真诸部之众力，反明复元，重整天下河山？这岂不是人生之快事矣！"

※※※

于是，这名"北元"军师就略施小计，鼓动巴拉巴拉特说："十几年前，罕王您一战三江口，全军溃败，皆在一个人身上。"

巴拉巴特是一位有勇无谋之人，头脑也非常简单，就说："不就是小豹子吗？听说这小崽子自从跟了燕王之后，没几年的工夫就成了气候了。嗯，真气死我了。来，不说了，喝酒。"

这名"北元"军师怎能放过这种难得的机会呢？他更是火上浇油，说："罕王，自古有两种仇恨不共戴天——杀父之仇、夺妻之恨。其实您想错了，而且是大错特错。关键之人，不是现在的小豹子刘清，而是万福山。"

"怎么会是他呢？"巴拉巴特"腾"一下从椅子上站起来了，瞪着牛眼大的眼珠子，盯着自己的军师。

"罕王，您想想，万福山在答应您定亲之前，是不是早已知道他的女儿有没有对象？"

"那肯定知道。"

"这不结了吗？他既然早就知道，为什么没告诉您？"

"这个？"巴拉巴特一拍大脑袋，蒙了。

"北元"军师接着说："他万福山为什么后来强硬起来了，不就是有燕王在他背后撑腰吗？要是没有燕王给他助阵，小豹子他算个啥？刷彦亦尔哈不早就成为您的小妾了吗？"

"嗯，军师此言也对。但是，我已答应燕王了，与大明朝永结同好，我不能出尔反尔啊！"

"罕王，您是不能对燕王出尔反尔，但是你可以对万福山出尔反尔啊！"

巴拉巴特一听蒙了，说："怎么个出尔反尔法？"

"罕王，您来看。他们说小豹子刘清与刷彦亦尔哈从小青梅竹马，早已定亲，可是时间都过去十多年了，他们为什么还没有完婚？是不是当时故意找的借口啊？您可以抓住这种借口，突袭再战三江口，再逼万福山定亲之事。"

"军师啊，以我现在的实力，派人把万福山抓来不就得了，还出什么兵啊！"

第十五回　万福山侥幸得生还　神五子探穴得宝卷

"罕王，您想错了。万福山可是燕王磕头的兄长啊。我已得到情报，燕王又微服来到了松花江畔的九龙山。您动万福山，就等于动了当今燕王。燕王岂能不出兵相助呢？其实，您以战万福山为名是假，实则是让燕王朱棣看看，您这十几年来发展壮大的实力。您现在可是北方二十八部落联盟的总盟主，总瓢把子，无论此战您是成是败，都可以得到大明朝的重视。您虽然借口是解决个人的私人恩怨，实则是向大明朝展示您的实力，可以说此战是一石二鸟之功。"

"对啊！我怎么没想到呢？军师真是神人也。其实，上次狗军大战失败后，我觉得自己很吃亏、很窝囊，还想再来一次。那次我太相信狗了，太轻敌了，就上了燕王他们的当了。这次咱们二十八部落联盟实力强那时百倍了，我也不用狗欺负他们了，就用咱们的'木舢板'快船。"

"罕王，您说对了。咱们这次不全部出动二十八部落联盟的实力，只联合七八个部落就可以了。咱们采取迅雷不及掩耳之势，突然抢占三江口的部落，把万福山的老家给占了。等到万福山带着燕王朱棣增派的兵力时，咱们再提前在三江口埋伏下最快的木舢板，一个人划一条船，一个人弄网抓人，让他们顾头顾不了尾，最后，让所有来的人，乖乖地投降。如果届时燕王来了，您也装作不知道。等到把他们全部抓获之后，让手下羞辱他们一番，您出面再把他们放了，不就彻底洗清上次狗军大败之羞辱了吗？"

"嘿嘿……哈哈……"巴拉巴特听后，不由得是一阵的狂笑。"知我罕王者，军师也。明日即可出兵！今日本罕王和你喝个痛快。来人啊，上好酒！喝！"

※※※

有道是：谋人动念震天门，悄语低言号六军。岂料隔墙原有耳，满前神鬼尽知闻。

巴拉巴拉特和军师二人在室内的低声所言，还是被罕王妃苔希哈的嫡系奴才给听得清清楚楚。罕王妃苔希哈这些年看到自己的丈夫巴拉巴拉特发展得相当不错，她是从心里往外高兴。但是，她发现自己丈夫身边的这名"北元"军师的身份十分神秘，有点让人猜测不透，故此，苔希哈就让自己身边的嫡系家奴对他暗中进行盯防。因为苔希哈在整个乞烈迷部落里威望太高了，所以，她的眼线也就遍及了整个部落的每一个角落。

巴拉巴拉特和军师二人刚密谋完"再战三江口"，罕王妃苔希哈这边就知道了，于是，她就用蓝大姑赠送的小山雀是飞鸟快书。

这时，九龙山紫霞观的会客室里，燕王朱棣、燕王妃徐彩凤、宫内总管蓝大姑看到小布条上这份情报，一时还没有好的对策，不知道巴拉巴拉特罕王会再出什么牌。蓝大姑说："狗军？他们不可能出了。因为上次狗军大战，他们吃到了苦头，不可能再用了。那他们还有什么高招？"

这时候的万福山最聪明，在那静静地思考。徐彩凤就问万福山："福山老哥，你再帮着想想，他们到底还有什么办法？不能是黔驴技穷吧？"

万福山摇了摇头，说道："非也！他们这次有可能要施展新的战法'飞船加狗技'"。

第十六回

亦失哈称雄制木滑
巴拉特再战三江口

近几年，乞烈迷部落的发展速度非常快，实力绝非当年。万福山一直在暗地里观察着他们。他们现在最多的，是新增加了许多条小舢板快船。这种小舢板快船在水上划得飞快，就像飞似的。它在草里也能用，突然来突然走，神出鬼没的。万福山想：巴拉特他们届时想的花样，还是跟原来差不多，狗仍然有狗，狗起什么作用呢？一个船里面蹲一条狗，一个人划船，是以狗为主的"飞船加狗技"战法。

朱棣听完也是吓了一跳，他第一次带兵北征，就吃过这个亏，让他所带的一万多人都被俘虏了，就剩下他老哥一个，可以说是让朱棣在父皇和岳丈面前丢尽了脸面。虽然这么多年过去了，但朱棣始终没忘记这事。正想找个机会报仇的朱棣于是就反问万福山："那我们应该怎么办呢？"

万福山说："他们主要靠快船，这事就不用愁了。其实，最懂得船的人还是老亦家、亦失哈喇部族的人。我听亦失哈喇部族老辈人讲过，他们祖上曾经制作过一种'水浮子'。这个东西太厉害了。听说这种'水浮子'就是用一块较轻的小木头做成的。虽然现在只是口口相传，但是他们描述得非常清楚，说这种'水浮子'其实就是一个挺平的木板，两头尖、中间宽，压在肚子上，在水里像滑板一样；如果绑在人的腰上，人能浮在水的上面，这样人可以浅游。如果人头上再戴上一个小帽盔，就能起到防箭射击的作用，还能防铁器砸脑袋。这样的话，你头顶着一个小帽盔，在水里往前走，哪怕前面有箭射过来也不用怕。人身子在水里，因为木板的浮力和人体重的压力持平，还能正好把人处于半沉到水里这样一种浅游的状态。如果再伪装上一些水草，岸边的人根本就发现不了。人身子往前走时，一拱一拱的，也非常快。如果我能做出这样的'水浮子'的话，先潜入水中，敌人要敢来，咱们突然跳出来，把板卸下来，跳地上摔跤。咱北方人讲摔跤，谁力量最强，谁把谁摔倒了，谁把谁压到身底下，谁就胜。"

众人一听，都说这个主意不错。朱棣说："福山兄，好在咱们有真正亦失哈喇氏族的少主人了。你把刚才的想法告诉亦失哈，让他想想办法，如

第十六回 亦失哈称雄制木滑 巴拉特再战三江口

果他能按你所讲，制成这种'水浮子'最好，咱们出奇制胜，不失为是上策！如果他一时研究不出来，我再调兵遣将也不为迟。"

徐彩凤在旁边一直听着，感觉这事非常蹊跷，就对朱棣说："这事都过去十多年了，怎么您前脚刚到这儿，他巴拉巴拉特就向福山大哥挑战，燕王，您仔细想想，他早不来晚不来，偏偏赶到您在的时候来，这背后是不是有何用心啊？我看绝不是上次刷彦亦尔哈与小豹子定亲的事。他巴拉巴拉特明知您和福山兄磕头拜了把子，形同一家，他这样做，不是公然对大明朝的一种挑衅吗？"

朱棣仔细一想，徐彩凤考虑得的确有道理，就说："王妃所言极是。我们这次必须给巴拉巴拉特最厉害的教训不可。"

大家都认为，如果有这种"水浮子"能潜藏水下，攻其不备，那可太好了。说到船，这事儿就必然轮到亦失哈的身上。

朱棣说："来人啊，赶快把亦失哈叫了过来。"贴身侍卫答应一声，到下屋就把亦失哈叫过来。

朱棣让万福山把曾经听说过的亦失哈喇氏族曾经制作成一种叫"水浮子"的木滑，跟他又详细地描述了一遍。最后，万福山说："关于它是什么材质的，具体是什么样的，我也不清楚，只是有这么一个传说而已。你能不能想想办法，既让人在水里头不让敌人知道，又不让人沉到水里去，然后还能突然从水里钻出来，攻击敌人，把敌人一下子治住。你小牛亦失哈既然是鲁班爷的神徒弟子，一准儿会想出好办法来。"

万福山是一个劲儿地鼓励小牛亦失哈："此事非你莫属，其他人谁都没有这种能耐。"

亦失哈听后是一声不吭，心说：万叔伯啊万叔伯，您真是把我往天上架啊！您说的我祖上曾制作的这种水浮子，说起来容易做起来难啊！什么样子的小船既能驮人，又能藏在水里呢？除非是鱼神才有这类本事啊！可是，自己要是不答应，谁还会有这个能耐呢？好吧，我认了！

于是，亦失哈把心一横，硬着头皮问燕王朱棣："燕王千岁，您能给我几天时间？"

朱棣说："最多两天，不行的话，我再想别的办法。"

"那好吧，两天就两天。您等我的消息吧。"

※※※

俗话说，马怕骑、人怕逼，真是这个道理。

亦失哈从来都是老实巴交，也不会装，不会就是不会，硬充大头蒜也不行。他接了这件烫手的山芋之后可真就犯难了。他把自己关到屋里面，连饭都没吃，苦苦想了一天一夜，没想出一个好的办法来。到了第二天深夜，还是没有想出办法来，困得实在不行了的他，想和衣躺床上先眯一小会儿，然后再说。谁知道，亦失哈上眼皮一合下眼皮，就真的睡着了，睡得那个香就甭提了。突然，亦失哈在睡梦中，就看到房梁上的五子，一直在呱呱叫着，飞来飞去，扰得他心烦。

亦失哈在梦里还想呢：这只坏五子，自己做个梦，它还来凑热闹，不搭理它，睡觉。

亦失哈在梦里还用被子蒙上头不听，可这小五子还上来劲了，它飞到亦失哈的被上、头上、肩上，在他的耳朵边上摇晃着小脑瓜，不停地呱呱直叫，同时，它全身的毛翅都夯夯开了，好像说：亦失哈，你怎么这么笨啊，咋听不懂我的话呀！

亦失哈心说：五子，五子，你让我省点心吧，我都快要愁死了！

小五子用小嘴叼起亦失哈的脖领子，把亦失哈硬是给从被窝里扯了出来。亦失哈没办法了，只好跟着五子下了地，来到屋外。五子呱呱叫着飞向高空，绕着圈叫，亦失哈这才闹明白：五子原来是有事让我跟它走啊！

于是，亦失哈便按五子飞翔的路线跟着走。他们穿山越岭，故地重游，

第十六回　亦失哈称雄制木滑　巴拉特再战三江口

又回到前两天刚来过的肇大鸡山上的那处深山古洞口。五子对着洞口里面是"呱呱、呱呱"大叫不止。不一会儿，只见从洞里爬出一条浑身通红通红的大红蛇来。亦失哈一看，认识！正是自己前几天追丢的那条红蛇——"野鸡脖子"。

只见这条"野鸡脖子"嘴里叼着几页旧纸，因为年代太老，纸都黑了。亦失哈一见眼睛亮了：哎呀，这不是先祖门突呼在大兴安岭窝棚房里，见到那白衣白发鲁班爷爷画过的图样吗？怎么如今藏在这个古洞里了呢？

梦中的亦失哈也分不清自己到底是谁了，感觉自己又穿越到先祖那个时代。借着月光，他小心翼翼地打开这几页旧纸，发现里面真有先祖们绘制的"水浮子"木滑，而且做法还非常简单。这时，亦失哈耳边突然传来鲁班爷爷的话："孩子，你还不赶快制作'水浮子'，还在那儿睡什么觉啊？巴拉巴拉特已经从乞烈迷部出发了。"

"真的吗？哎哟妈呀！"

亦失哈一骨碌身从床上爬了起来，放眼往四周一看，自己哪是在肇大鸡山上啊？还在自己的屋里！哎呀，原来是一场梦啊！不对啊，我明明感觉有一个白胡子老头在叫我呢？亦失哈抬头看了看趴在房梁上的五子，五子冲他点了点头，并呱呱叫了几声，意思是说是真的。

前文说过，神雀五子是一只神鸟，别看它有时飞来飞去，有时静静落在房梁上，似乎没注意啥似的，实际上它那股子灵气比谁都精，凡是人间的任何事儿，它都记在自己肚子里。平时，你别看它闭眼，其实它是在装睡，它能听进各方的信息和动静。最近几天来，五子就闭眼在房檐不动，静观屋里每个人的走动。其实，它自打知道巴拉巴拉特罕王等北民不服，还要伺机来再战三江口，它就知道该自己露一露特技了，让主人亦失哈显一显能耐。

※※※

  亦失哈起身再次来到书案前,闭目一想,刚才梦中的那个"水浮子"的模型,活灵活显地呈现在他的眼前,于是,他拿起画笔,"唰唰"几下就把"水浮子"的图纸画好了。但是,这个"水浮子"用什么材料好呢?他抱怨自己,刚才梦里的那个白胡子老爷爷还没告诉我呢,我着急醒过来干什么啊!光有图,没实物也解决不了问题啊,再说了,你用再轻的木头做出这种"水浮子"来,人潜藏在水里,一眼就能让对方发现,人家在船上、在岸边,拿着鱼网像捞鱼一样,那不是白白给人家"进贡"吗,何谈突袭的隐蔽性,这可如何是好啊?

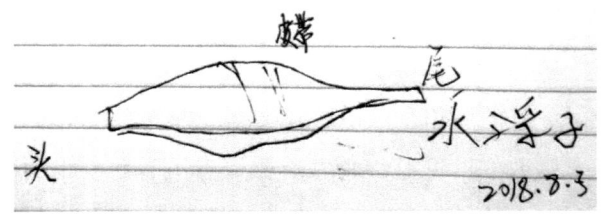

水浮子

  亦失哈在屋里转了好几十圈,也没有想出更好的办法来,就感觉屋子里的空气有点憋得慌,想出去转转。于是,他随手披了一件上衣,就去九龙山紫霞观里转了半天。也是觉得没意思,他就顺着九龙山的下山山道,慢悠悠地来到了山下的莲花池旁。此时,子夜时分,皓月当空,莲花池中一片片盛开的莲花在明亮的月光照射下,显得是更那样的娇美,那样的诗情画境。有道是:出水为荷,浮水为莲。莲花则不同于荷花,花瓣浅浅地浮在水面上,莲叶也是多为圆形、椭圆形或卵形,浮生于水面,似乎与这

第十六回　亦失哈称雄制木滑　巴拉特再战三江口

一池清水一起同呼吸共命运，令人生出怜爱之情。

亦失哈这几天光想着造"水浮子"木滑这事了，也没有发现山下的莲花池里有了这么多的变化。正当亦失哈欣赏着月映莲花池中的美景呢，突然，不知从哪儿蹿出一大一小两青蛙，它们在几片大小不等的睡莲圆叶上跳来跳去。大的睡莲莲叶能承受住这俩青蛙的体量，是安然无恙；小的睡莲莲叶，因为不堪重负而慢慢沉入水中。好在非常机灵的大青蛙，"嗖儿"跳到另一片睡莲莲叶上时，那小睡莲莲叶又从水中将小青蛙托出水面。

"哎！"亦失哈看到眼前这一大一小两只青蛙的举动，脑海里突然"欻啦"出现了一个非常奇异的想法。

亦失哈打定主意，跳入莲花池中，采集了一大捆莲叶，用一根绳捆好，背在身上就上山了。回到自己屋里后，又找来一桶早已熬好的鱼鳔胶，就开始按照自己提前画好的"水浮子"图样，在薄薄的一层木板上，用鱼鳔胶把大片大片的莲叶，一层层胶在一起，很快就做出一件形状非常怪异的"水浮子"。亦失哈又把它背在自己身上，到山下的水池中试了试，果然灵巧好用。如果有人身高体重怎么办呢？只是适当增加莲叶数量和长度就行了，就这样简单。

"战胜巴拉巴拉特罕王的'水浮子'做出来了，我可要睡个好觉了。"

转眼到了第二天早上，当朱棣、徐彩凤、蓝大姑、万福山，还有紫霞真人，看到亦失哈做的这种莲叶制成的"水浮子"时，无不拍手称赞。大家头次瞧见这不用木板而用莲叶胶成的"水浮子"，惊奇得很。莲叶很有浮力，挂在身上如鱼得水，潜水如蛇，出水如虎，而且人潜藏在水里，有莲叶的伪装和遮掩，在水面上极难发现。

万福山高兴地对朱棣说："燕王兄弟，他巴拉巴拉特做梦也没想到，自己会遇到鲁班神徒亦失哈这样的对手啊！看来，巴拉巴拉特命中该有此一劫，是在所难逃啊！我报名打头阵。"

"好吧！"

燕王朱棣马上把自己和徐彩凤带来的所有精兵集合在一起，先根据每个人的身材、体重做好绿色的"水浮子"，然后是排兵布阵，连夜乘船开赴三江口。

※※※

话分两头。

单说这一天，巴拉巴拉特北方八部联军两千多人浩浩荡荡再次来到了三江口。巴拉巴拉特刚选择一处较为隐蔽的树林深处安营扎寨完毕，一名色克是急急忙忙进来禀报："罕王，我刚才在三江口码头不远处的一个甩弯处，发现万福山的船。"

"哦？船上有多少人？"

"回罕王的话，船上只有四五个人。我怕打草惊蛇，就没有近前看个究竟，而是马上回来向罕王您禀报。"

巴拉巴拉特不听则已，一听是仰天大笑："哈，这真是上天助我啊！如此看来，万福山根本不知道我再战三江口这事。今天，既然他主动送上门来了，那我还对他客气什么，来人啊！"

"末将在！"一个军事小头目站出来了。

"传我的命令！其他人继续安营扎寨，你马上带十艘小舢板，把万福山的后路切断，我带领十几个人，前去捉拿万福山。"

这名军事小头目站在那里是犹豫了一下，想说什么，又不敢说。巴拉巴拉特本身就性如烈火，一看他没吱声，内心的火"腾"一下就上来了，喝骂："胆大的奴才，你敢违本罕王命令不成？"

这名军事小头目急忙跪倒在地："奴才不敢！奴才只是想提醒罕王，军师临出发前，再三叮嘱，我们来到三江口后，无论发生怎样的事情，罕王您都要不管，而是先向万福山下战书，而后，咱们排兵布阵，静等万福山

第十六回　亦失哈称雄制木滑　巴拉特再战三江口

到来再战，难道罕王您忘了吗？"

"去他娘的！现在万福山就在我眼前，我何必脱裤子放屁，再多此一举呢？军师也得听本罕王的命令。少他娘的废话，赶快准备。"

"得令！"这名小头目本来是好心提醒，没想到巴拉巴拉特给他来了一个烧鸡大窝脖，他只好乖乖地带着十艘小舢板向万裎山的船围拢过去。

巴拉巴拉特带领十几名贴身武士，迈着他那大熊步，晃晃悠悠就来到了万福山停船的甩弯处。巴拉巴拉特站在水边，扯开他那大嗓门，对着万福山的船就喊上了："姓万的，你给我滚出来，你太不是东西了。哼！你把姑娘先同意嫁给我，后来又反悔了，你做得对吗？你仗着当今燕王给你撑腰，出尔反尔，是不是太小瞧我巴拉巴拉特了？我今天带人又来三江口了，本来要给你再下战书，约上一架。没想到咱们还真有缘，在这儿又碰上了。我巴拉巴拉特做事痛快，也少去那些狗狗鸡鸡环节。今天，你如果把刷彦亦尔哈嫁给我，此事算是翻过去了。你如果还他娘的推三挡四，今天我就武力解决，抢亲！"

巴拉巴拉特对着船舱里喊了半天，见船上没有动静，还以为万福山怕了呢，就更加嚣张了，是口出狂言："姓万的，我告诉你，你别以为你是当今燕王的大哥，我就不敢欺负你了。我丑话说在前头，今天即使天王老子来，都不好使。我就欺负了，谁敢治我们！这次我没用我的狗军，我就站在你们三江口的土地上，谁敢治我！"

正在巴拉巴拉特狂得没边儿没沿儿的节骨眼上，突然从船舱里传出一声怒吼："大胆狂徒，我敢治你！"

话音未落，从万福山船舱中走出一大一小两个人来。谁啊？身材魁梧的，是燕王朱棣；身材稍微瘦小的，是亦失哈。朱棣站立在甲板之上，是不怒而威。

"吹号！"随着朱棣的一声令下，亦失哈快速举起手中的号角，"呜儿"，号角一响，顷刻间，就听见巴拉巴拉特身后的树林里是战鼓齐鸣，杀

277

声震天：杀啊！别让巴拉巴拉特跑了，我们抓活的哟！

"啊，不好！有埋伏。"巴拉巴拉特惊慌失措、转身刚要跑，突然，从巴拉巴拉特站立江边的水中，"噌噌噌"蹿出来一帮人。这些人早就提前埋伏在水中。带头的是谁啊？不是别人，正是万福山。万福山早就憋着一口恶气呢，一听到战鼓声，他是第一个从水里蹿了出来，之后，以迅雷不及掩耳之势，给巴拉巴拉特来了一个"抱腿摔"。巴拉巴拉特做梦也没想到，万福山就埋伏在自己的脚下。他"咕咚"一下就倒在了江岸边的鹅卵石上："哎哟，硌死我了！"

万福山又顺势给巴拉巴拉特来了一个"兔子蹬鹰"，并说了一声："你跟我过去吧。"

"啪！"巴拉巴拉特这下可摔蒙了，就感觉天旋地转，满眼冒金星，自己骨头架子都快散了。

"去你奶奶的吧！"万福山又给巴拉巴拉特来了一个过肩摔。巴拉巴拉特知道今天自己彻底完了，石头硌得他是哇哇直叫："我投降，我服了，我再也不敢了。"

万福山拽下自己身上的绳索，三下五除二就把巴拉巴拉特绑上了。

巴拉巴拉特带来的这些人更惨。有道是军令如山啊，燕王朱棣的这一千多名精兵是闻令而动，从树丛中、从水里一下子就都冲了出来。用"水浮子"潜藏在水里的人，一上岸，把东西一卸，马上就和巴拉巴拉特所带的人摔跤了。巴拉巴拉特派的十艘小舢板也突然被人掀翻了，连人带狗都给扣江里了。由于事发太突然，巴拉巴拉特带的这些人还没有看清水里怎么藏着这么多人，他们还没有看明白呢，就都被按倒在地。

"服不服？跪下吧！"

"跪不跪？不跪咱们再摔几跤。"

朱棣早前就交代得非常清楚："你们上岸之后可劲摔、狠劲摔，不怕摔疼了，你摔得他们越疼，才能让他们知道这次的教训，以后再不敢这么

第十六回　亦失哈称雄制木滑　巴拉特再战三江口

干了。"

要知道河岸上都是些石头子，被摔之人，无不苦苦求饶。再说徐彩凤带来的这一千多人，那都是燕王府里以一顶十的武林高手啊，对付这帮三脚猫功夫的人，根本就是张飞吃豆芽——小菜一碟。所以，这场罕见的水战，很快就结束了战斗。朱棣和万福山率领的大明朝的精兵侍卫取得了压倒性的胜利。

※※※

朱棣上岸后，让人把巴拉巴拉特押了过来。朱棣一看巴拉巴拉特，差点没笑出声来。只见巴拉巴拉特头上一边一个大包，半拉脸也被沙石呛得出了血，右边的眼睛肿得都快看不见东西了，身上倒是没有看出有什么伤来，但是走道一瘸一拐的。朱棣心想：我的福山兄下手真狠啊，没几个回合就把人整成这样！要是时间长了，非把这大狗熊巴拉巴拉特摔死不可。

巴拉巴拉特自知道理亏，二话没说，"扑通"跪在地上，胸脯一挺，说道："燕王千岁，我刚才嘴上没把门的，说错话了。你要杀要剐，随便吧，我巴拉巴拉特绝不说半个不字。动手吧！"

朱棣笑了笑说："巴拉巴拉特，我们有十多年没见，没想到你一开口骂我，反而见到了。你说咱们是不是不骂不相识啊？巴拉巴拉特，我念你是条汉子，这次还不杀你。"

"燕王，您真不杀我啊？"

"真不杀你！君子一言，驷马难追。"

巴拉巴拉特要是谢恩之后走人，就什么事都没有了，可他讨厌就讨厌在嘴碎上，他一高兴，嘴上就没有把门的了："嘿嘿，你不杀我挺好啊，我又捡了条臭命，还真他娘的让他说对了……啊嗯。"巴拉巴拉特感觉失口了，但再想收，也收不回来了。

朱棣是什么人啊，他眼睫毛都是空的。他马上命令："巴拉巴拉特，你给我站住！谁说我不敢杀你？你再战三江口，是不是有人指使你？"

"这个？"巴拉巴拉特眼珠子翻了半天，也不知道自己是说好，还是不说好。最后，他心一横，说："燕王，我不能说，你还是杀了我吧。"

"哼哼哼！你不说我也知道了。放人！你带着你们的人，走吧。"

"这、这、这？"

万福山气得上前，照着巴拉巴拉特屁股上就是一脚："你这个忘恩负义的东西，你不说，还在这这这什么，滚吧！"

巴拉巴拉特皮糙肉厚，一看万福山给他台阶呢，他是顺坡就下，"嘿嘿"一笑，拍拍屁股上的土，带人就走了。

朱棣等还是像上次一样，没有再追究巴拉巴拉特的罪责，把他们的人又全都放了。

巴拉巴拉特在返回乞烈迷部落的路上，想了想，说道："人得知道好孬啊。俗话说，再一再二不再三。人家燕王朱棣两次活捉我都放了，不计前嫌，这说明大明朝确实有好生之德。我不能再犯浑了！另外，大明朝确实有高人相助，我巴拉巴拉特甘拜下风，服了！"

巴拉巴拉特这次是从心往外对燕王朱棣和大明朝有了敬畏之心。后来，虽然他时而还有犯浑之处，但是再也没有了反明之心。

※※※

单说燕王朱棣回到九龙山后，对亦失哈这次创举非常的满意，当即下旨为亦失哈封侯，为侯爷太监。亦失哈不是一般的人，他在我们满族说部书里面是一位侯爷，是有爵位的。在明朝第一代宦官里面除了亦失哈外，是没有侯爷的。宦官是宫官，唯独亦失哈是被封侯的。

亦失哈马上跪下谢恩领赏，人们也纷纷前来向亦失哈祝贺。紫霞真人

第十六回　亦失哈称雄制木滑　巴拉特再战三江口

还特意为大家做了一桌子的素菜喜宴，以示庆贺。宴席过后，朱棣就问万福山："巴拉特身边的高人是谁啊？"

万福山一拍脑袋站起来了："哎呀，燕王兄弟啊，这事真怨我了。其实，我早应该告诉您，巴拉巴拉特背后真有这么一位高人，他是元人，名叫察尔法。这个人非常聪明。按理说，他不应该给巴拉巴拉特出'再战三江口'这个主意。"

"福山兄，你何出此言呢？"

"因为察尔法也是我的一位老朋友，我对他有救命之恩。这件事发生后，我左寻思右琢磨，除了他没有第二个人了。"

"那察尔法到底是一个什么样的人啊？"

"说起察尔法这个人来，话可就可长了。前些年，察尔法就跑到北边来了。他挺聪明，又有文化，还通情达理，所以，巴拉巴拉特就让他当了军师。他真能干，也真能想出一些办法。兵来将挡、水来土掩，很快他就得到了北方少数民族的信任。他呀，还认识另一部落的人。这个部落叫乌勒汉。他们也认为察尔法人挺好，也聘请察尔法当军师。"

朱棣问："你又是怎么和他熟悉的？"

"说来我和他熟悉，还是因为他得的一种怪病。据察尔法来讲，他刚来北方的时候，水土不服，总是闹肚子，再加上他住的山洞非常潮湿，不知道怎么的就得了一种怪病。什么怪病呢？说来也不怕你笑话，他一犯病就脱光自己的衣服，赤身裸体地满屯子跑，而且是到哪儿拉哪儿，还说一些神神道道的话，什么神啊什么鬼啊的，像中了魔一样。还总说有人要杀他、有人要撵他。人们想，他是元朝人，也可以理解。元朝那时候老打仗，他是不是在战场上受刺激了，怕明朝派人来杀他。但是，等到他清醒的时候，别人问他，他却一概不承认，只是说夜里总是做这样的梦。因为他总是犯病啊，所以，前些年他这个军师啊，对巴拉巴拉特和乌勒汉来说也是有名无实，作用不大。没想到狗军大战结束后，也是一个偶然的机会，察尔法

281

犯病来到我们这里。说来也奇怪，让察尔法一住到我们家后，他什么病都没了。而到别处一住，时间不长，他的邪劲就上来，不管啥时候，下地趿拉着鞋，满地就跑。只要回到我家，他什么事都没有了，也不用吃药。他总觉得跟我有缘，就跟我谈了很多。他跟我讲了一些北方部落里的那些头、那些罕王的事，以及他们北方部落之间相互欺压的一些事。他虽然常年帮北边许多部落办事，但是每过一段时间，他就来到我家住几天，要不然，他好犯病。您说，我们全家是不是他的救命恩人啊？"

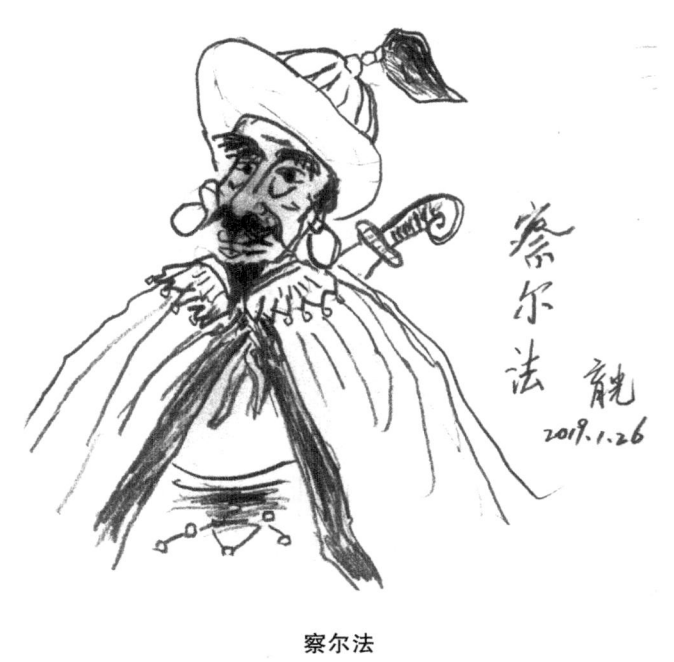

察尔法

"说实在的，察尔法这个人也真算个人才。他病好之后，凭着自己的真才实干，没几年的工夫，就逐渐成为北边二十八个部落的总军师。后来成立北方二十八个部落联盟时，巴拉巴拉特当选为总盟主，其实幕后是察尔

第十六回　亦失哈称雄制木滑　巴拉特再战三江口

法在帮他出主意。有啥事了、怎么对付明朝啊、怎么向明朝要钱啊、其他部落来侵犯了应该怎么出兵啊，等等。"

朱棣说："看来，现在他所管理的这些部落关系都不错啊。"

"哎，燕王，您是有所不知啊。北方这二十八个部落的信仰也不一样，也都是藏一半露一半，哪有那么齐心的呢？但是，他们最怕的就是巴拉巴拉特罕王。主要是他的部落人比较多，手也比较狠。其他一些部落都挺怕他。有的部落很小，更是不敢出声，就随大流了。"

万福山这些话，让朱棣听后是非常高兴，回来就跟徐彩凤说："北方民族是他跟他连、他跟他连，关系挺有意思。"

徐彩凤说："这是好事啊。但是现在，咱们还必须弄清楚一个人，就是这二十八个部落的军师察尔法。因为他是元人啊。他到这边来凭什么能站得住脚啊？现在看起来，我们要治理北方，还必须先把这个元人抓到手里。"

朱棣问："采取什么办法把他抓到手里啊？"

徐彩凤说："燕王，我看不用别人，就你亲自出马，就你来见他。"

"我见好吗？我都没露出自己的真实身份。"

"燕王，咱不怕！现在明朝声威如日中天，你只要报你是大明朝的四太子燕王朱棣就行了。他们元朝人现在最怕的就是大明朝。他们不是跑北边来了吗？那你就单刀直入，直接报出自己的名字镇住对方。这样，你就用气势和地位压住他。你直接露出来你就是燕王。有道是，软的欺硬的怕。元朝的军师最懂这个。你越硬，他就越软；你越软，他反而越能装。"

"好！就依王妃高见。"

朱棣选了一个好日子，让万福山捎信儿让察尔法来。

※※※

这一天，朱棣正坐在万福山家的炕上喝茶呢，察尔法和万福山一前一后就进屋了。察尔法见到他先是一愣，继而非常警惕，想退出去。万福山在他后面拍了拍他的肩膀说："都是自己人，进去吧。"

察尔法平时到万福山家是没有其他人的。他以前特意嘱咐过万福山："我到了之后，除了你一家三口外，任何人不准来。我现在是北方二十八部落的军师，我身上有许多军事秘密，不能让别人知道。别人要是问我许多事，有许多话也不好说，所以，还是不见人的为好。"

另外，察尔法也带来许多武士来保护他。通常他都是把手下打发到周围进行暗中保护自己，不想给万福山带来过多的麻烦。所以，去万福山家里的人也只有察尔法。他去的话，可以说是戒备森严。

万福山两口子也明白：察尔法来了，别人也不敢来。察尔法也感觉自己耀武扬威的。今天，察尔法一进院，就把武士们打发走了。他一进屋，门帘一打开，突然发现一个陌生人，就是一愣。他马上就想退出去，嘴上还说呢："我哪天再来，我哪天再来。"

这时，朱棣给万福山使了一个眼色。万福山马上知道朱棣什么意思了，立马上前阻拦，说："军师，没事、没事，自家人，自家人。你不认识没关系，但是都是自家人。"

朱棣也是扶着火炕，下地，上前不由分说，一把就把察尔法的双手给攥住了，非常热情地向屋里让："福山啊，来者是谁啊？难得相见，快往屋里请。"

察尔法几次想撒手，都没有撒开。朱棣和万福山一前一后，就把察尔法连拉带拽的，让进屋了。说是让进屋来的，其实说白了，就是朱棣和万福山俩人把他给架进屋来的。朱棣是非常热情："咱们互相认识吧？咱们应该非常熟啊！你肯定不是当地各族里的哪家人，我看得清楚，你是大元朝人。"

察尔法一听这话，脑袋就"嗡"一下子，心中不由得暗叫：大事不好！我命休矣！

第十七回

察尔法终于显真身
紫霞观倾诉奇世缘

察尔法一听朱棣的话，心里马上就打了一个问号：这人怎么一下子就说我是大元朝人呢？所以，他马上就反问道："你怎么知道，我是大元朝的人啊？"

"我不但知道你，就连你身上有多少汗毛孔，我都知道。大元朝人跟我们打了多少年仗，我从你身上的味就闻出来了，你绝对是大元朝人。我告诉你，我就是大明朝的人。"

这时候，察尔法想变脸，想甩袖出去，心想：你跟我耍这些东西，根本不好使，我身边不是没有人，现在哪个部落都有我的人。再说北方二十八个部落，哪个部落不听我的？你现在一个人想敲竹杠子，敲到我察尔法头上，真瞎了你的狗眼了。何况，我还带这么多卫兵呢。我只要大喊一声，卫兵'呼啦'一上，全把你们抓住，然后，一人一拳都得把你们捶死。

察尔法哪承想到，此时朱棣说完话后，是非常安静，而且是神情自若，倒像这家主人一样，摆手说："既然有缘相见，坐坐坐！咱们有事要谈，你不要怕。我见你就当见到贵人了，见到我的兄弟了。元朝明朝过去打仗，现在我们大明朝已经掌管天下了，你们元朝的皇帝都不在了，你们应该是我们的败臣。既然今天我来了，咱们有话就谈呗，有苦有冤就说呗，没关系。"

朱棣这简单的几句话，一下子就把察尔法给镇那儿了。察尔法也是见过世面的人啊，随着朱棣脱鞋就上炕了，心想：我倒要看看这位身着华丽汉服的汉人到底想干什么！

朱棣也不着急，先给察尔法倒了杯茶，又亲自掰开一块牛肉干递到察尔法的嘴边，说："你快吃点这个吧，你肯定好长时间没吃过这个了。我还听说你近几天肚子不好，快吃点这个补补吧。我刚到这儿，也水土不服啊。"

第十七回　察尔法终于显真身　紫霞观倾诉奇世缘

※※※

俗话说，良言一句三冬暖，恶语伤人六月寒。

朱棣从察尔法一进门，到现在仅说了不多的几句话，就让察尔法感觉到了对方的气势，又感到了情感上的亲切。于是，察尔法拱手说："敢问这位先人，你也不是这个地方的人，能不能报个名啊？我是元朝人不假，但我不是一般的元朝人，我是受明朝洪武爷亲封的元朝人。"

"是吗？那好呀！既然是洪武爷亲封你的，那你告诉我，你到底是谁啊？"

因为过去都讲究腰牌，一般官到哪里去，都带腰牌，有的是木头的，有的是铁的，有的是玉的。察尔法把衣服一掀，把他裤腰带上挂着的腰牌拿起来，给朱棣看。朱棣低头仔细一看，上面雕刻着"沈阳侯"三个字。"沈阳侯"在洪武年间时，是控制山海关以北，建立在外藩地域的一个都司。这可是火印啊！它上面还带着一个圣旨的红漆，外面还写着一个"旨"字。

朱棣对这个再熟悉不过了，它就是自己的父皇洪武爷亲自批的。朱棣一看不是假的，就问："你说说吧，你是怎么当上沈阳侯的。这个可不是一般人能当上的。这说明你还受明朝的俸禄呢。你为什么拿着明朝的俸禄，反而到这边来呢？你怎么不站在大明这边说话呢？北方许多部落不是都反明吗？你到底是怎么回事儿？我倒要听听！"

察尔法看了看朱棣说："我把我的腰牌都露出来了，你能不能露一下你的身份？从你的话中，我也听出来了，你虽穿着商人的服装，但你一定不是一般人。你从哪儿来的？"

"我是洪武爷的四太子燕王朱棣！我就住在北平府。"

察尔法一听，是又惊又喜，马上起身，在炕上就跪下磕头，说："奴才察尔法不知燕王驾到，望燕王恕罪。"

朱棣急忙说："起来、起来吧！咱们坐下来慢慢谈。"

这时候，察尔法就如实说了："我的父亲是纳哈出。"

※※※

前文书简单介绍过，纳哈出是元朝最后一名丞相。元帝死了之后，纳哈出就坐镇在辽东的开原金山。朱元璋时期，纳哈出投降了，朱元璋封他为海西侯，在辽东住着。纳哈出心怀叵测，还想着有朝一日反明复元，东山再起呢，所以，他暗地里就蓄存了很多力量，屯兵三十万，平时习武。这时候，明朝也知道纳哈出有反明之心，虽然朱元璋用软的一些办法封了他一些官位，但他心里面还有许多的鬼、许多秘密没有告诉大明朝，所以，朱元璋就告诉徐达："你还是要派你身边的人，继续进剿辽东。"

于是徐达就派自己身边的马云和康旺来到了辽东。他们在洪武八年的时候，曾经跟纳哈出打了一仗。到洪武二十一年的时候，明朝大将冯胜带领二十万兵马，从登州渡海到辽东湾，直接进军到金州，最后，把纳哈出的兵马全都困住了。纳哈出战败金山，投降了，冯胜奉圣旨就把纳哈出的人全部带到应天府南京。这时朱元璋学习诸葛亮七擒孟获的办法，又第二次封纳哈出为海西侯，还发给纳哈出铁券丹书，上面写着：你世世代代都会享受朝廷的王爷待遇。纳哈出也看出大元朝彻底没戏了，也表示从今往后不会有二心了。于是，朱元璋便派他跟大将傅有德去征讨云南。

由于纳哈出年岁也大了，又在北边赶往应天府的过程中受到许多惊吓，所以在这次去征讨云南时，就病了。他在返回南京的路上，路过武汉时，就病死在了船上。纳哈出死后，朱元璋就封他的儿子察尔法为沈阳侯。

察尔法讲到这儿，缓了口气说："沈阳侯，是我父王死后，洪武爷给封的。我父王临死前飞鸟传书让我忠心于大明朝，不要再作乱反明了，但是，

第十七回　察尔法终于显真身　紫霞观倾诉奇世缘

我感觉我们大元朝就这么完了，我确实不甘心，这才到北边聚集力量。"

察尔法说到这里，还给他父亲纳哈出打抱不平呢，说："我父王虽然败了，但是他对金山这块进行了许多的开发啊。现在明朝使用的那些都司房屋，那都是我父王给大明朝建的。我总感觉大元朝还有机会，尤其是我会许多民族语言，仅凭我一人之力就能做许多事。今天我守着高人不说假话，燕王，我就跟交您实底吧。我就一人到北边来闯的。没带大明朝的任何东西。因为北方少数民族都讲义气，所以，我想把北边的这些人组织起来，给明朝一个痛击。现在看来，燕王啊，我想错了。看起来，大明朝是如日中天，人也保护，天也保护啊。我现在诚心地向大明朝投降。您愿杀愿剐，随便吧。"

朱棣听完察尔法的话，对北边的情况又有了一个更深的了解，他点了点头，说："察尔法，既然你诚心投降，我也不听你这些虚的，你干点实事吧！你在没见我之前，肯定是干着一些反大明朝的事。既然北边反明力量挺强，你作为他们的军师，到底帮他们干了些什么？他们二十八个部落的情况到底进展到了什么程度？你看，我下步应该怎么办？我父皇对得起你们家，你不能恩将仇报啊，应该从沈阳侯的角度来想，你拿着大明朝的俸禄，应该给大明朝做些什么！"

察尔法也很实在，说："燕王啊，我都做了一些劝阻工作。"

"怎么又变成劝阻工作呢？你不是想反明吗？"

"燕王啊，你是有所不知啊。北方部落间好打仗，他们为点小事就经常打。他们喝醉了酒，撸起袖子就能打起来。我这么多年，都是想办法劝他们抱团的。"

朱棣反而笑了，说："你怎么劝他们呢？他们打不是更好吗？"

察尔法说："燕王，您错了。我原来是想，只有北边民族抱团变成了拳头，才能有力量对付明朝。他们这么打下去，我就心焦啊，于是，我就想办法，先把他们聚起来。说实在的，他们这些人心都非常散，都为自己那点小事忙，一不注意，他们就勾心斗角地打起来，我是光做劝和的工作了。"

朱棣看察尔法说得也挺实在，也没有质疑，就问察尔法："你还能帮大明朝做点啥事？"

察尔法眼珠"欻啦"转动了几下，而后，把头故意低下，说："罪臣察尔法，可以帮助燕王把这些人组织起来，一切都听大明朝的。"

※※※

有道是：眼为心灵之窗，可窥人之善恶智愚、富贵贫贱，这些都是古代面相学最重要的一部分。

朱棣作为藩王自然对此何止是略知一二啊！朱棣看到察尔法刚才眼睛里那稍纵即逝的一点变化，马上就知道他没有说实话，心里肯定还有事，便说："哼！察尔法，你不用扯别的了，你肯定还有别的事，我通过你的眼神都看出来了，你就实话实说吧。你还有什么想法？咱们就当兄弟二人说话，什么事都可以摆在桌面讲，既往不咎。我认为你还有一些事，没有真心告诉我。你不远万里来到北方，绝不会是像你说得那么简单，肯定还有别的原因。你要是真心归降我们大明朝，你就痛快地说了吧。我就想听你的心里话。你说错了，都没关系。"

察尔法一看朱棣把他整个人都看穿了，脑袋上就冒汗了，但是嘴上还硬扛着呢，说："燕王千岁，我就这些事了，没有撒谎啊。"

朱棣的脸"吧嗒"一下就摆下来了，说："察尔法，真人不说假话，明人不做暗事。你绝对没有说实话。你的事要是说出来，让我燕王佩服，你就是有功之臣。如果你还在这儿搪塞，我作为燕王，根本就看不起你。你做事不用对得起我，你对得起洪武爷就行。"

这时，察尔法又"扑通"跪下磕头，说："请燕王恕罪，我、我罪责

第十七回　察尔法终于显真身　紫霞观倾诉奇世缘

有二。其一，我现在屯兵数万，隐情不报；其二，我们一些军备军需还屯在金山一带。"

朱棣问："军备军需都是一些什么东西？"

察尔法说："都是一些铁矿。"

朱棣闻听此言，不由得一阵狂喜。嘿嘿，这真是：踏破铁鞋无觅处，得来全不费工夫。我朱棣得此铁矿，亦家宝船还何愁不漂洋过海，重现江湖！这真是天助我也。我大明朝就缺铁呢，亦失哈造船也需要铁啊，我们正愁去哪儿找铁去呢，这下可解决了！我彩凤说得真对，这也是老天保佑，让我认识纳哈出的儿子察尔法，从而找到了纳哈出当初秘密藏的铁矿。此次北上，绝对是收获颇丰啊！

朱棣心里虽然是这么想的，但他表面上并没有完全表露出来。为什么朱棣能成为一代帝王呢？就是因为随着年龄的增长，他的城府是越来越深，关键时刻能喜怒不形于色。朱棣慢慢地点了点，说："我最喜欢听真话。在我看来，你对大明朝是有功之臣啊！我认你这个好朋友。你不用再做什么沈阳侯，什么辽东侯，我北平府就缺你这样的能臣。另外，你对北方这二十八个部落都熟悉啊。他们喜欢吃苦的，还是喜欢吃辣的，你都了解，并知道他们的性格啊。说实在的，我们都没有你这么熟悉北方。漠北本是我燕藩之地，今日你我相识，你就是我最好的向导和老师，现在我能用的大臣里面没有一个像你这样的人。你是我征北过程中，可重用的唯一的一个大臣。本王现在就封你为燕京侯。过几日，你随本王回北平府就任。"

察尔法马上跪拜感恩："奴才察尔法，跪谢燕王千岁！"

转眼之间，察尔法又成了燕京侯。这是朱棣此次北上，解决的又一大难题。永乐大典时，朱棣身边的武将里就有察尔法。

※※※

朱棣这边收获颇丰的同时，没想到徐彩凤在与紫霞真人闲聊中，竟然也有一个惊人的发现。

朱棣走后，徐彩凤就来到紫霞真人的禅房，东一句西一句闲聊了起来。聊着聊着，徐彩凤就把话题聊到亦失哈身上了："真人啊，你说这事奇怪不奇怪？我和燕王与亦失哈仅两面之交，也不知道为什么，我是越看亦失哈越喜欢。说句不好听的话，他比我那几个儿子都感觉亲。我家燕王那股天不怕地不怕的劲儿，在亦失哈这里全没用了。这真是卤水点豆腐，一物降一物啊。真人，今天屋里就咱娘俩，咱娘俩关上门，说点私心话，你说，我家燕王是不是和亦失哈前世有什么宿命啊？要不然，他们也不会仅见两次就如此投缘。"

紫霞真人听完徐彩凤的话，"扑哧"一声乐了，说："谈到前世的缘分，出家人不敢出诳语。但是小牛出生前的那一个晚上，我倒是做了一个特别奇怪的梦，这个梦做得可能没边儿了。我梦见天上如来佛祖对我说，亦失哈不是普通的凡人，而是她手心中的一颗舍利子转世。当时，我想多问两句，可是我是干张嘴，说不出话来，并一下子从梦里给憋醒了。第二天，小牛出世后，他母亲莲花因难产出血太多而离世，让我把这事给忘了。今天你这一提醒，倒是点醒了我。小牛从小就跟着我，他灵性极强，我相信，这孩子不管是不是天上如来佛祖手心的舍利子转世，就凭他这股钻劲，将来也能辅助燕王成就一方霸业，万年永基。"

徐彩凤听完紫霞真人说的这番话，就感觉自己脑子里"忽悠"一下子，突然间想起自己的婆婆马皇后临死前，私下交代给自己的一件事，就不由自主地说了出来："哎呀呀呀，世间真有这么巧的事吗？"

徐彩凤的这句话，一下子反把紫霞真人给造蒙了："王妃啊，你又何出此言呢？"

"哎呀，我的真人啊，你一说亦失哈是天上如来佛祖手心里的舍利子转世，倒是让我想起我婆婆马皇后临终前，特意交代我的一件玄妙之事。"

要不说，世人皆有好奇之心啊，紫霞真人也没脱俗，她问："什么玄妙

第十七回　察尔法终于显真身　紫霞观倾诉奇世缘

之事啊？"

"真人啊，此玄妙之事不是别的事情，而是我婆婆马皇后自己守口如瓶、保守一辈子的一个梦。今天，我守着真人不说假话了，说出来也让真人给解一解此梦。"

"无量天尊，贫道愿闻其详。"

"我婆婆临产我家燕王时，曾梦得三爪龙缠身，曾将这事告诉过当今圣上。圣上还特意请我伯父刘伯温给解过梦，刘伯父只说了一句话，说是'天子得龙子，天兆吉祥'！当时圣上问然后呢？刘伯父说然后，有后梦。当时圣上就问我婆婆有没有后梦？我婆婆表面上装作思考，实际上是在考虑说与不说。这时，伯父刘伯温连连向婆婆摆手示意不要说。于是，我婆婆就说，哪有后梦啊，当时自己就从梦中惊醒了。就这样把这事给遮过去了。事后，我婆婆私下又专门找过伯父刘伯温，问其缘故。刘伯父也不问婆婆后梦是什么，只说此子实为正道天神所降，专司伏魔，生性好斗。如今二龙相遇，哪有不斗之理？最好二龙远离异方，母赐吉祥。我婆婆听完刘伯父的话，当时就明白什么意思了，从此，对自己的后梦是闭口不谈。只是在她临终时，才交代于我，让我彻底明白此事前因后果，以辅燕王立业一方。"

紫霞真人是双膝盘坐，双手结印太极阴阳八卦连环诀，二目微闭，一言不发，斜耳静听。

徐彩凤接着讲："婆婆告诉我，她从小就由衷喜爱小燕王，说他是个机灵鬼。因为后梦里梦见了李靖与哪吒三太子。梦中西方空中仿佛有人在告诫我婆婆，说：'天有轮回，地有祸福。朱元璋乃天上对星托塔李天王李靖转世。哪吒三太子乃是你肚子里的四婴儿的前身。李靖和哪吒虽名为父子，但他们乃是天上相隔遥远的星宿，而且李靖属阳，哪吒属阴，两人性格迥异，在天上星宿相斗，早已永无宁日。这将来，你要格外小心为是。他们这一对天上父子，如今成为地上帝王父子，必然还会有一场恶斗，胜则生，败则亡。你身为二人的一妻一母，这也是天上的轮回，无法回避，可你必须做好贤妻良母，尽善尽美，好自为之吧。'"

徐彩凤还说："婆婆得到这个异梦不由得吓了一身冷汗。小朱棣出生后，我婆婆马皇后为这一老一小，巧言答对，既要迎合霸气的朱元璋，又要迎合同样霸气的四太子朱棣。一切好言热语让我婆婆马皇后费尽了心机，总算平安在生前没有见到他们父子刀兵相见。在我婆婆的精心安排下，朱元璋受枕头风的影响，下旨分藩，致使他们父子早些远离对方，又使心爱的四太子能够尽情地得到天性释放，得到他希望得到的北疆领土，成霸一方。我婆婆马皇后又精心地做好朱元璋的工作，使文武全才、统领三军的徐达大将军成为亲家。更令人崇敬的是，我婆婆马皇后年轻时辅佐朱元璋成就王业；又根据异梦所示尽解梦中父子的仇怨；她虽然寿命不永，早早离世，但她给心爱的四太子选了自己满意的儿媳，性格、为人处世和机勇完全都有她的影子，这倒真有了一分命由天定、事遂心愿间的机缘巧合了。"

紫霞真人听完徐彩凤所讲的后梦异梦，突然睁开双眼，微微一笑，口打道号："无量天尊！善哉，善哉！梦有梦境，世有世缘。我梦中小牛出生前乃西天如来手心中的舍利子，马皇后梦中燕王是西天如来弟子哪吒，这佛祖一徒一物，实乃是梦境巧合，看来我的小牛命该如此啊，还望燕王妃以后多多对小牛加以培育之功啊。"

"谢谢真人明示，我和燕王定会倾心栽培亦失哈，不负真人重托。"

晚上，朱棣返回九龙山，把自己见察尔法的经过，一五一十地跟徐彩凤一说，徐彩凤也是为丈夫得此一福将感到高兴，但是城府较深的徐彩凤并没把自己白天和紫霞真人的谈话告诉朱棣，而是极力劝说朱棣早点回北平府，以免让父皇朱元璋知道了产生误解。

※※※

书中代言，辽东是明代九边重镇之首。明初，朱元璋分封其子为藩王，

第十七回　察尔法终于显真身　紫霞观倾诉奇世缘

分镇九边，开始由燕王朱棣管辖整个漠北。洪武二十一年，朱元璋又派其庶十五子辽王朱植于广宁（今辽宁省北镇）；洪武二十四年，又派其庶十七子宁王朱权于大宁（今内蒙古昭乌达盟宁城县大明城）、其庶二十子沈王朱松于开原，分镇东北各地。由此可知，朱元璋对东北边防的重视。但是朱棣心里可是有自己的想法的，认为：父皇做事不公，再派三位藩王插入辽东，是在逐渐削减自己的地盘和权力。我早晚得把辽东、辽西以及再往北的这些地方全收到我燕王所辖之地。

为什么朱棣一而再，再而三地私自北巡漠北，他是在破解自己的"双幻梦"找大小"二牛"不假，其实还有着更深的政治目的。

俗话说，知子莫若父，知夫莫若妻。徐彩凤最知道朱棣这个人的性格，他从来就有股犟劲，凡是他定的事，不达目的誓不罢休。再成功、再强势的男人，关上门，在自己心爱的女人面前，都会有他天真可爱的一面。燕王朱棣也不例外，他躺在床上，侧身拥抱着徐彩凤，讲："彩凤啊，我不想走了，我想久住紫霞观。造船的宝卷出来了，咱们应当赶紧把人圈起来，赶紧造船。近百年来，大元朝的皇帝都是为了这事啊。亦失哈族为了这些宝卷死了多少人，付出了多少血的代价。现在宝卷到咱们手了，咱们得造出船来呀。现在咱们也真需要船。前面几次北征、几次讨伐，我都吃亏在没有船上。战马好办，没有船真的不行啊。现在看起来，我这个燕王应当先当这个船工了，我不想走了！"

徐彩凤依偎朱棣的怀里，非常理智地说："不行啊！你的事挺多的，不单是船啊！光一个船，你就行了吗？我认为造船的事，我们都可以帮你做，包括你拜把子兄弟万福山，他可以帮你的，更何况又有了亦失哈呢？他已经当了福人，都是你身边的人，他们都能做呀，现在只是你一声号令的事。我看现在就把亦失哈接回宫中学习宫礼有些埋没他的天性。白天紫霞真人还特意叮嘱过我说，小牛亦失哈是她梦中西天如来佛祖手心中的舍利子转世，还望咱们以后多多对他加以培育。"

295

朱棣闻听此言，眼睛不由得就是一亮："哦！原来如此啊！"

徐彩凤接着说："现在让小牛亦失哈在此负责造船的筹备事项，其实这也是对他的一种绝对信任和培育。他们如需要人，这也好办啊。你可以让辽东的马云、康旺派人来，一是公开保护他们，二是采伐木材也正需要人手。你看，要是这样安排的话，整盘棋不就全活了吗？你不要恋在这里了，你的事太多了。咱们都出来有些日子了，再不回去，父皇要是知道了又起疑心了。"

"好吧，还是我的彩凤说得对，咱们明天就打道回府。"

第二天，当雅克娜得知自己要与亦失哈暂时分开时，开始说什么都不同意，蓝大姑直接说雅克娜："雅克娜，你现在可是燕王府里的人了，你应当学一些王宫的礼仪，最好再学习一些御膳技艺，将来亦侯爷要是造出大船来，带船出海时，你才会更好地辅助于他。你现在不能再过多依恋于儿女情长，应当从长远着想。"

雅克娜想想也是这个道理，就低下了头，说："蓝姑奶，我错了，我现在愿意跟您回宫了。"

"好吧，知错能改，还是一个好孩子。"

临走前，燕京侯察尔法向朱棣推荐了一个人："燕王千岁，卑臣斗胆跟您推荐一个人，此人比我更了解漠北水域行舟之事，如果他能带人前来辅佐亦侯爷的话，必将是亦侯爷之福、燕王之福也。"

朱棣马上问道："谁啊？但讲无妨。"

"燕王千岁，他就是我父纳哈出的一位义子，也是我的一位兄长叫田甸，他现在在辽东马云大将军手下，担任大明朝'平东巡检步骑军'大将军。"

"哦，原来是他呀！本王早有耳闻，田甸大将军是难得的一位忠将之才。既然他是你的兄长，你就带本王口谕，命他率领其平东巡检步骑军前来督办此事。"

"卑臣遵旨。"

第十七回　察尔法终于显真身　紫霞观倾诉奇世缘

朱棣下完这道口谕之后，看了看万福山，觉得亏欠他太多了，就说："老哥哥，你这次无论如何也得随我回燕王府，助我一臂之力，我现在事太多了。"

万福山知道平东巡检步骑军大将军田甸要前来辅佐亦失哈进行造船等筹备事项后，也就放心了，于是就同意了朱棣的要求。就这样，朱棣和徐彩凤带着蓝大姑、万福山、察尔法和雅克娜返回了北平。

※※※

花开两朵，单表一枝。

朱棣和徐彩凤他们前脚刚走，后脚平东巡检步骑军田甸大将军就带领兵丁来到松花江畔，并与亦失哈会合。此时，亦失哈还是没有对外露出太监的身份，而是以朱棣赐封钦差造船大师的身份出现的。

田甸大将军性格非常豪爽，是一位快人快语之人。他见到亦失哈后，直接开门见山地说道："亦大师，关于造船之事，我田甸和手下近千号人就在你鞍前马后听调遣了。你让我上东我绝不上西；你让我打狗我绝不撵鸡。你现在就下命令吧！这位是我的副手、副都指挥使吴信，他昔日可是威震整个漠北的三江霸海混天王。"

副都指挥使吴信也是赶紧上前施礼："吴信，甘愿尊听亦侯爷调遣。"

虽然田甸大将军和副都指挥使吴信嘴上这么说，但他们心里面对年仅十三岁的亦失哈还是心存疑虑的，心说：你也就是一个刚成丁的孩子，乳臭未干，能有多大的能耐啊？我们吃的盐比你吃的饭还多。但是王命难违啊，我们只能遵旨行事。

亦失哈是多聪明的人啊，一打眼就知道田甸大将军和吴信心里怎么想的，于是他对着田甸说道："田大将军，据我所知，造船之事需九九之功，不可贸然行事。我们还得从头一步一步地来，好饭也得一口一口地吃。"

"亦大师，田甸我有一句话不知当讲不当讲？"

"田大将军，但讲无妨。"

"亦大师！造船还需九九之功，是本人第一次听到，不知亦大师能否赐教一二。"

"其实也没什么，只不过是亦氏先祖几百年来的总结归纳而已。这九九之功就是：上山采，下山滑，江上运，棱上集，棱下选，选船厂，定开工，鲁班庙，造大船，共计九步，缺一不可。"

田甸一想还真是那么一回事儿，就说："亦大师，上山采这步，你就不用操心了，我手下有的是人，你尽管下命令吧。甭管多高的树、多粗的树，我都能让他们想办法弄到你眼前来。"

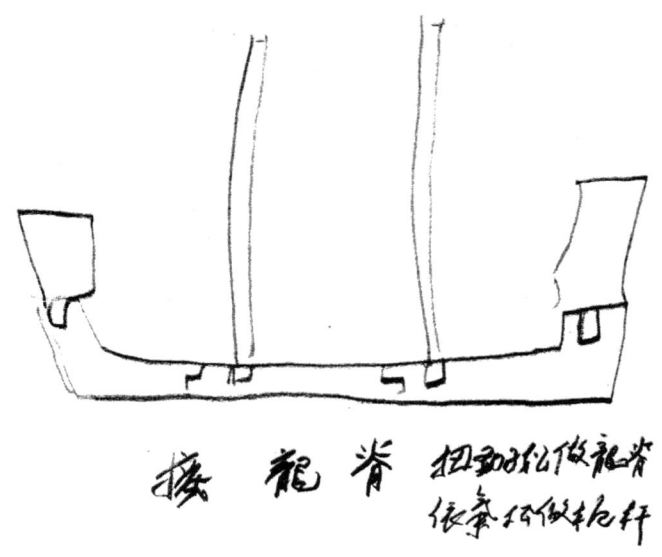

接船脊

亦失哈摇了摇头说："田大将军，上山采是造船九九之功中的首功，岂非如你所言。不知田大将军造巨船所需桅杆和龙骨之木，何谓上乘之材？"

"这个……"田甸大将军大眼珠子转了半天，也没有想出个子丑寅卯

第十七回　察尔法终于显真身　紫霞观倾诉奇世缘

拧劲子松船桅杆

来。他原以为找根山上的硬木就行了呢。

亦失哈也不为难他，开门见山地说："做巨船桅杆者，拧劲子松方为上乘之材。"

说到这儿，朱伯西我先给大家简单介绍一下长白山的拧劲子松。

拧劲子松，是整个长白山的林中之王。拧劲子松粗杆千年，翠杆千年，翠叶不变，纵使北疆冬季风雪压枝头，白天阳光将白雪化成冰柱，它也棵棵犹如白银柱，如白色的仙松挺拔山间。随经千年百年，春夏秋冬四季，山顶上冰雪化了消、消了又化。拧劲子松绿了青、青了又绿，所以，这种松树是身经千载、木质坚硬如铁，又加上山岩间的岩石如坚，拧劲子松须根深深地插入山岩之中，便从无数座山岩的火化石、水化石、玉化石中将其精华吸进树干内，带上全树顶梢，使它变得尤其坚韧挺拔、柔韧无比，故称拧劲子松。民间有个说法：松树最坚，属众树之王。

田甸大将军和副都指挥使吴信闻听之后，也是大开眼界。亦失哈接着

299

说:"做巨船龙骨者,拧劲子松也是可选之材,但是最适宜做船的龙骨者,首选乃长白山红松也。为什么这么说呢?田大将军你是有所不知。将长白山红松放入水中,它是悬在水里,既不下沉,也不上浮,它不做巨船之龙骨,舍它还有谁!"

亦失哈短短几句话,顿时让田甸大将军和吴信对其佩服得五体投地,连连称赞。他们马上坦然心态,说:"亦大师,我们服了。你现在下命令吧,让我们先干什么。"

亦失哈笑了笑说:"那咱们就选做巨船桅杆的拧劲子松吧。能就近的,咱不涉远;能就低的,咱不攀高。"

副都指挥使吴信插言:"亦大师,你说得的确是这个道理,但是莽莽林海,我们哪知道哪座山、哪道岭上有拧劲子松呢?"

"副都指挥使,此事不用你来操心,我派神雀五子就能顺利地办成此事。"

说着,亦失哈一伸手,就从树上飞下来一只小鸟。这只小鸟正是伴护亦失哈整整十三年的通灵使者五子。

亦失哈用左手托着五子,用右手轻轻地抚摸着五子的羽毛,轻声地说道:

五子啊、五子啊,你听好了!
前山坡来后山坡,不是峻岭就是壑。
快带我来找劲松,千难万险你最清。
劲风雷雨休嫌苦,快快帮我选船窝。
锛凿斧锯连天响,松江漠北唱欢歌。

五子听完亦失哈的吩咐后,便呱呱叫着,扇着翅膀,"忒儿"瞬间就飞向云层,影迹全无。

三足乌文库

富育光口述满族说部"乌勒本"系列

阿布卡赫赫赐给我金子一样的嘴，
我心里装着的是世界上所有的男人女人，
他们的忧伤、他们的喜怒、他们的情爱、他们的挣扎……
悉数都在我朱伯西的心上。

要宽恕我只有一张嘴，
把千头万绪的生活乱麻，一丝丝、一宗宗捋清楚，
还要靠我巧妙的口舌，一件件讲给您听。

乌勒本：满族民间口述史
朱伯西：满语讲述者

三足乌文库
富育光口述满族说部
"乌勒本"系列

亦失哈秘传

（下）

富育光 口述 绘画
安紫波 记录 整理

学苑出版社

（上）

部分人物介绍

1	第一回	亦氏祖源渊述先贤	门突呼感恩鲁班爷
18	第二回	鲁班爷密授元宝船	黄龙府夺城起波澜
35	第三回	神五子穿越续神谈	小不点探海遇奇缘
51	第四回	小海娃勇闯锡霍特	亦家人扬名功勋传
64	第五回	疯太乙观星紫微垣	元祚帝陨落掳亦囚
79	第六回	元末帝应昌得归宿	紫真人携徒谙孤童
95	第七回	朱国瑞应天登大宝	封功臣降旨藩九子
141	第八回	重兵车护送悄入藩	朱燕王漠北求名匠
156	第九回	紫真人苦盼贵人至	双幻梦梦境已成真
172	第十回	万福山结拜攀皇亲	小豹子降难陷泥潭
188	第十一回	皮货商勇闯三江口	神狗军屡屡显淫威
203	第十二回	蓝大姑奉命结蛮人	苔希哈设计戏罕王

219	第十三回	朱燕王漠北招兵勇	小刘清危难见恩公
235	第十四回	亦失哈获宝成丁礼	紫真人还阳解谜团
251	第十五回	万福山侥幸得生还	神五子探穴得宝卷
269	第十六回	亦失哈称雄制木滑	巴拉特再战三江口
285	第十七回	察尔法终于显真身	紫霞观倾诉奇世缘

（下）

301	第十八回	康大腊选定拧劲子	众族人伐木长白山
318	第十九回	恶河口屡次遇险境	小皮库命丧风门口
335	第二十回	老船工无奈举良贤	亦失哈诚请长命鬼
356	第二十一回	田将军拜师学真经	亦家船精求良心匠
379	第二十二回	新巨船试航屡遇险	明船厂史料留踪影
393	第二十三回	靖难役朱棣登宝殿	亦侯爷入宫勤学礼
406	第二十四回	亦失哈北巡奴儿干	巴拉特心向御膳宴
421	第二十五回	巴拉特私藏奉史官	确船厂拆迁起波澜
436	第二十六回	众功魂祭土贵子沟	请海神二巡奴儿干
451	第二十七回	蓝大姑亡魂驻东海	建永宁千古史流芳
469	第二十八回	善霞姑梦中得神子	扎克善箴言任狂程
485	第二十九回	小雷公拜帅传神技	祭蓝姑倾诉女儿泪
500	第三十回	御膳官情断殉松江	依兰保巧缘拜名师

目 录

514	第三十一回 福康王力荐牛庄港	二十载北巡谱传奇
529	第三十二回 亦侯爷出山镇辽东	微私访躬身察民情
542	第三十三回 依兰保忍辱求侯爷	擅权术王振蛾扑火
557	第三十四回 斗权宦险遭奸人害	二真人闭目参天机
571	第三十五回 小红姑论道袖吞金	贼王振恶报丧黄泉
585	第三十六回 明宪宗重新记功账	宴终散解甲归故里

595	讲述结稿有感
601	后记

606	富育光自述小传
608	安紫波自述小传

第十八回

康大腊选定拧劲子
众族人伐木长白山

亦失哈一看神雀五子飞走了，就对田甸说："咱们等着吧，五子保准能给咱们带来好消息的。"

可是，眼看两个时辰都要过去了，太阳从正东都转到头顶上了，还不见五子的踪影，亦失哈肚子里那颗心可就悬到嗓子眼儿了，心说：五子啊五子，你今天非要让我在田大将军面前丢人现眼不成！

正在亦失哈忐忑不安之时，突然，从远处传来"呱呱"的报喜声。声音刚落，只见五子双爪抓着一小段松枝，扇着翅膀，将这段小松枝放到亦失哈的手上。之后，它用小嘴叼着亦失哈的衣领，展翅往外飞，意思是说：小主人啊，你们别坐着了，跟我走吧。

亦失哈一看是一小段拧劲子松枝，一下就全明白了。亦失哈举着拧劲子松枝高喊："拧劲子松找到了、找到了，跟着五子走吧。"

亦失哈这一说，大家心领神会，都不约而同地站起来，跟着五子就向绿海茫茫的山中奔去。

在五子的引领下，亦失哈和田甸带领着一批人马，快马加鞭，多半天的工夫，就来到了秋梨岭。其实秋梨岭就在肇大鸡山下，是一片有着数千株拧劲子松的松林。亦失哈和田甸大将军看到后，是格外的高兴。亦失哈不住地说："五子啊五子，我的好五子，你今天真是立了大功一件啊！你找到这片拧劲子松，咱们可就有活干了！"

五子非常得意地在亦失哈肩头上蹦来蹦去的。随行人员简单做好路牌标识后，所有人当天就返回了松花江畔。

剪断截说，一夜无话。

第二天天刚放亮，五子就站在亦失哈耳边"呱呱"叫上了。亦失哈揉揉眼睛问五子："五子，你又叫什么啊？"

五子又给亦失哈叼来一小段拧劲子松的松枝，显得是异常的兴奋。亦失哈知道五子连夜出去又有新发现了，于是，急忙穿上衣服，来给田甸大将军报喜。

第十八回　康大腊选定拧劲子　众族人伐木长白山

田甸大将军得知此事后，也非常高兴，简单吃了一口早饭，就和亦失哈出发了。

亦失哈和田甸、吴信等人跟着五子是走走停停，也不知道走了多远的路，爬过多少岭、越过多少岗，天色渐渐黑了下来。亦失哈对空中领路的五子说："五子，你这是带我们到哪儿去啊？还有多远啊？"

"呱呱、呱呱！"五子意思是说不远了，马上到了。

果然，转过前面一道山岗，突然发现昏暗的夜色中，远处山顶上放光，犹如一支巨大的蜡烛在燃烧一般。

亦失哈这才知道康大碴子山到了。

"康大碴子"是什么意思啊？怎么叫这么个名呢？其实："康大"为女真语"堪大"的音转，是指"牛项下的鬐皮"，在这里是指其山形的叠形。碴子为汉语。康大碴子又名康平山，主峰海拔有一千多米。后因康大碴子山上有很多如火山岩一样的怪石群，当雨过天晴后，月亮照在湿润光滑的黑色岩石上，它们会从不同的角度折射出耀眼、美丽的光芒。在山下远远地眺望，就像是点燃的蜡烛，所以当地人又俗称它为"康大腊"。

"康大腊？你还别说，此山远看还真有那么点意思。"田甸大将军话音刚落，只见神雀五子在空中夽开双翅，拦住大家的去路，而后，冲着一边黑压压的树林叫个不停。亦失哈在前头带路，田甸大将军和副都指挥使吴信等人拨开一人多高的蒿草，就来到树林跟前儿。大家借着明亮的月光，看得一清二楚，成片成片的拧劲子松就呈现在面前。

田甸大将军一看天色也不早了，拧劲子松的具体数目也没法确定，就决定先在康大腊安营扎寨，明天再详细勘察。于是，大家就开始安营扎寨。

等到转过天来，旭日东升，随行人员勘察拧劲子松的详细数量时，亦失哈和田甸大将军、副都指挥使吴信等人就登上了康大腊的主峰。他们居高临下，往周围一看，美丽的松花江从远及近，就在康大腊山不远处流过，之后又消失在北方。

※※※

当做巨船桅杆的拧劲子松在松花江畔就近找到后,人们是高兴万分。可是,当亦失哈再让五子遴选做巨船龙骨所需的红松时,却遇到麻烦。五子飞走了三天三夜才转了回来。亦失哈跟五子一交流才知道:做巨船龙骨所需的红松非长白山深处的千年红松不可,距离紫霞观没有近千里地,也得有七八百里地。怎么办?亦失哈和田甸大将军、副都指挥使吴信商量来商量去,最后决定,先请一名进山向导,带领砍伐队先行进山探路。

这时,田甸大将军站起来了,说:"进山向导,大家不用愁了,我看,家住在小风门西段贵子沟的普蓝老爹就行。他可是长白山里出名的猎手。他原隶属长白部,后流落于乌拉部,世代以狩猎、渔猎为生,极熟悉长白山的各片窝稽、山沟、岗谷、水道,又熟识山里的诸虫和草药,是个老山里通。你们知道,长白山有一种比虎、豹更加伶俐、敏捷、凶狠的野兽,它叫猞猁。长白山猞猁可不是一般之兽,它的长相似猫非猫、似豹非豹,极不易被猎人所捕。但是普蓝老爹捕猎它们可是十拿九稳。有一次,我去乌拉部看乌拉罕王,他身上就穿着一件非常稀少的猞猁皮袄。乌拉罕王告诉我,这件猞猁皮袄就是普蓝老爹送给他的。"

亦失哈说:"普蓝老爹这个人,我也早有耳闻,他和叔伯万福山关系非常好。由他来做向导再合适不过了。那进山伐木之师傅选谁最好呢?"

副都指挥使吴信说:"亦大人,我看包鲁卡霍通总穆昆达柏星阿老首领最为合适。这些年来,他总想找机会来回报我救命之恩,这次进山伐木就让他打头阵吧。最主要的是,他们整个部落的房舍,都是内由木头和木板支撑,外罩熊、鹿、狼、獾皮革,既能遮风挡雨,又能防雪御寒,而且在每座木屋的房门上,都要悬挂所用皮革皮张的野兽头骨为'门徽'。如熊皮木屋,就用熊的头颅做屋的门徽;鹿皮屋,就选用鹿的头颅;獾皮屋,就

第十八回　康大腊选定拧劲子　众族人伐木长白山

选用獾的头颅，形象好看极了。另外，柏星阿老酋领的三个儿子其木尼、其木奇、其木卡也是最得力的助手。"

亦失哈一听也是拍手称快，说："那太好了。既然向导和伐木师傅都定了，那咱们现在就分头行动，等到他们到齐后，即刻出发。"

※※※

说到这，朱伯西我还要简单介绍一下征东巡检步骑军田甸大将军这个人。田甸大将军与大明朝有着极其特殊的关系。

想当初，洪武皇帝朱元璋擒拿住大元朝万户侯纳哈出时，是多了一个心眼的。为了笼络纳哈出，他将自己身边的秦淮美女秀秀及秀秀的幼子小田甸，一同赏赐给了纳哈出。小田甸当即认纳哈出为义父。当时，纳哈出刚刚丧妻，不但得到朱元璋的照顾，又得到江南美女，所以，他对朱元璋这种宽仁大度的胸怀，是万分感激。他心想：自己身为一名败军之将，大明朝不杀头、不治罪，还保持了自己原官职位和原有的兵权，又赏赐江南绝色美女，另外，搂草打兔子，还得到了一个聪明懂事的义子，这是何等恩情啊！

那时，纳哈出对朱元璋是非常感激。特别是后来，朱元璋不计前嫌，又允许他返回辽东，这真是叫人难以置信。

田甸既然是纳哈出的义子，他又是怎么成为大明朝征东巡检步骑军大将军的呢？这事啊，还是出在纳哈出身上。纳哈出回到辽东后，秀秀刚成为纳哈出妻妾那几年，年年还能从金陵府收到在民俗节令时送来的时鲜水果、绸缎、绢缎、彩缎什么的。可惜过了两年之后，纳哈出随着在金山的势力越来越大，兵力越来越强，野心也就膨胀了，渐渐地就把秀秀给忘了，又在当地纳选了几个美女为妾，生活极度淫乱，使秦淮美女秀秀一气之下，偷偷避过了金山卫兵们的监护，逃出了纳哈出的魔掌，后来被东海女真窝稽部大寨女首领赫思痕妈妈派兵接走，现在在女真窝稽部。后由大明朝军师刘伯温及时利用纳哈出原手下的一名御马令朱谦武，使用了一招反间计，使早已驻守北疆多年的、兵强马壮的田甸大将军成功倒戈归顺于大明朝朱洪武，并在辽东大将军马云和康旺部下。

田甸大将军治军严谨，他手下精兵各个皆谙熟北疆北土生活，而他们也多为女真人和北疆野人诸部的士兵，勇敢顽强、吃苦耐劳。而马云、康旺的兵卒则多为江南兵丁，受不了这北土北疆的多变气候，吃住行都不甚习惯，所以，马云和康旺两人本意是要重新整编田甸的队伍，但是后来经过反复考量、商议，再加上士卒也互有挑剔，最终还是由田甸自己挑选了精悍的兵卒千名，组成了"大明朝平东巡检步骑军"，隶属了马云和康旺的辽东都指挥使司下的一个平东支队。其余未入选的兵卒皆归入马云和康旺的明军之中。一切整编完毕之后，田甸大将军率"步骑军"北上，协助马云、康旺两将军广结女真众部，大兴江河舟楫之利，疏通北方各地驿站，后又驻守在萨哈连下游的野马儿站。后来，田甸大将军又与三江霸海混天王吴信相遇，并收他为自己的副都指挥使，二人一起共同驻守着北疆。

※※※

话归前言。

这天，普蓝老爹带着自己的十七岁的孙子皮库和十五岁的孙女云芝来到"步骑军"营。柏星阿老首领带领着他的三个儿子其木尼、其木奇、其木卡及所有部众也都及时前来。田甸大将军又挑选几百名精兵，合在一起，组成了进山伐木分队，顺松花江往上，从风门、红石砬子、头道岗、老恶河、阎王殿等地，只一天就到达了长白山老林深处，一个叫沙济乌拉的地方。

沙济乌拉（今长白山抚松漫江）简直是一个神奇的地方。这里古松蔽

第十八回　康大腊选定拧劲子　众族人伐木长白山

天，一色的大红松，这些古老的红松，每一棵都得六七个人才能合抱得住！树上的树皮都有大饼一样厚实，一个压一个地翘起，一层层细密的青苔从树皮子下铺出来，使大树显得毛茸茸的。古红松下，虎、豹、熊、鹿、狍、野猪、獐子、貛子、狐狸遍山奔跑，有时和人对面站下，上上下下打量着人，不肯走。它们这是头一回见着人，很新鲜！

这真是人迹罕至之处，可能是有史以来除了当地女真少数人来过，别人谁也不知。田甸他们庆幸，自己这帮人是世上最早进入长白林海之人。

亦失哈更是惊喜万分。此处的长白山红松如此粗大、密集，这正是造巨型大船最需要的红松林，长白山真是造船红松的故乡啊！

田甸大将军高兴地说："亦大师，这一片红松要是全砍伐下来，咱们得造多少大船啊！"

亦失哈笑着说："田大将军，你别看这么多红松，但是适合咱们造船的，还需逐一认真挑选。如果是虫叮鼠嗑之木，即使让人费了九牛二虎之力伐倒了，也是无用之材。我们必须先精选到造船树后，方可集中砍伐，而砍伐时也是有要求的。"

同时，亦失哈又简单介绍了造巨船所需用材的特殊要求：造巨船，关键在于匡正船体用材。这里的材料，要求大树从小长大不被虫叮鼠嗑、年轮圆正、木质平密，而且放的都是"顺山倒"。顺山倒，是指山场子上伐木，要选那些站立在大山的正坡之上，树要挺拔、威武，外形好看，给人以一身正气，带有自然之灵光的感觉。当大树轰然倒下之时，它顺顺利利，不压、砸、拖、折别的树木，它不摔烂、摔劈在石碴子和岩石上。在伐木人的喊声"顺山倒"之后，它才安然倒下。顺山倒之木，往往生性平衡，骨肋相宜，特别是船的"底肋骨"（指整个船型最底下的那条木头）生来必须顺位。

亦失哈还说，造船，树之顺位，木性顺直，用料更待取其顺水流势，磨料光洁，钉楔不外露。船最核心结构便为底肋骨。如果船由"四肋"拼成，一、二、三肋可以选一般木所用，而四肋之下的底肋骨则无论如何不可粗心。底肋骨所选之木被称为百年材，无一点剥蚀虫蛀，然后搭配好两侧的四肋材。需要注意的是，各材仍用坚实木材，少用椴木、桦木，必须用松木、槐木。松木、槐木本性直，是女真祖先对树木的认知。不选椴木和桦木，也是北土先民对自然观察的结果。

田甸听完亦失哈所言之后，把脑袋一摇，说道："要这么一棵一棵找造船树，这树又这么高大，谁知道它上面有没有虫叮鼠嗑啊？这难了。"

亦失哈笑着说："其实要找造船树一点也不难。只要我们先找'搬叼木'就可以了。"

田甸闻听此话后，是恍然大悟啊，说："亦大师，我怎么就没有想到这一招呢？我真服了。"

※※※

要找造船树，先找"搬叼木"。

这个"搬叼木"，其实是常年生活在北方山林中的一种鸟，它的爪很锐利，能在树上攀登。它的嘴又尖又直，能把木头给叼开，它的舌头上带个钩，专门捕食树里的蛤虫（柴虫）。蛤虫是北方一些大树上的虫子，长得有白胖胖的，有黄油油的，也有绿莹莹的，都很肥很香。而这种虫子，专门吃"树心"，它只要叮在树上，就一直往里走，直到把大树给掏空，而这种虫子最怕的却是搬叼木。关于搬叼木这种鸟，还有一个启发人们心智的神话故事呢。

传说有一年，天上的神母阿布卡恩力要分封禽鸟，就命搬叼木每天吃三个树里的蛤虫。

搬叼木说："我才不干呢，我吃不饱。"

神母说："一天吃三个蛤虫你嫌少，那就三天吃九个吧。"

第十八回　康大腊选定拧劲子　众族人伐木长白山

搬叼木听说让它三天吃九个蛤虫，歪着脖颈、眨巴着眼睛算了一会儿，觉得不算少，就高高兴兴地飞走了。它自以为三天吃九个比一天吃三个要多，所以它每天都用它那尖嘴在树上"笃、笃、笃"不停地敲，而且，啄着木头找蛤虫吃。虽然它填不饱肚子，却很是知足。它庆幸自己跟神仙多讨了个封赐，因此，这种鸟的叫声，啄树的习惯就留下来了。

而伐木人和那些选造船木料的人，也会从搬叼木的行动中去分辨哪些木头好，哪片林子里搬叼木少，然后就到哪儿去选船肋材和底肋骨。而搬叼木又叫"搬木鸟"和"选木鸟"。

选木的人常这么说：

搬木鸟，搬木鸟，
你在前边飞，我在后边找，
一听你把大树叫，我们就往别处跑。

这也是亦家选树造木船的第一道本领。于是，亦失哈先率领田甸大将军、副都指挥使吴信、普蓝老爹和柏星阿等人，并亲自示范，从脚下这个山岭上精选出几百棵高耸入天的长白山千年红松。大家一看，全明白选造船树的门道了。大家就分头行动，在整个沙济乌拉原始山林中精选数以千计的优质造船红松树。紧接着，亦失哈又让大家精心挑选出了适合做"亦家船"中"亦家板"的"王八骨头"树和水冬瓜木料。

※※※

说到这，朱伯西我有必要给大家解释一下什么是"亦家板"。

其实一艘船，如果绘成"船体俯视图"就会发现，那船恰似一个长长的"灯笼"，冲前（也称冲上）的水流，恰恰是人提着的"灯竿"，而整个船极似一个浑圆、精美的过年大灯笼。底肋骨（龙骨）恰恰是灯笼底（下方）悬挂灯穗的地方，而左四肋材、右四肋材，正好是灯笼的花纹，十分精致美观。这也正符合"成船"的"要旨"。

　　船体合成后，呈椭圆形，与水流一致，不阻流水，与水中鱼相似。凡船行不畅，首先要严查船体之构造，然而再查接合部与漏渗诸事。防渗漏要有好船体，更要有防漏防渗之法。双向合一乃成巨船，缺一不可也。亦家船航行之一是靠人力划行，之二便是靠帆来借助风力的推行。船帆，是船主体组成部分，主掌船之行速与航向。有其帆，船才能在江海之中航行自如，穿风迎浪。随着造船技艺的发展，虽然船的形状、大小、数目均不断地变化和发展，但是古船的动力之源主要还是帆。是船帆在为船体提供源源不断的动力保障。这都是大家外在所看到和体验到的。但是亦家船真正区别于其他船而闻名于世的，则是亦失哈喇先祖独自创立和特材制作而成的"亦家板"，这是北方船只的重要特征和式样。

　　"亦家板"，可以说是亦家船上最关键的结构，关系到巨船生命长度和抗浪力，使巨船像个铁蛋子，在任何风浪中锤磨、摔打，从不会散花，坚如磐石，完好无损。

　　人们上了船往往才知道，从船的外形上看，它只是一个长形的物体，但其实往里一看才会发现，船上有一个又一个的"隔板"，而这，就是"亦家板"。您可不能小瞧船中这些隔板，它是起着大作用的物件。首先是由它支撑着船体。支撑就是防护和保护作用。一旦船体被外界撞击，船的内板就有巨大的抵御力，保证船体无损。第二个作用就是自身的防护作用。一旦船体被外界撞击，水灌入船舱，各个船中隔板，便是各个防水自卫区，将灌入之水，一块一块地固定在一个板区之内，等待救生；排水，使整个船体安然无恙，完好无损。

　　因此，船中无论大小，其隔板都与船肋材具有同样功能和巨大作用，是巨船整体中不可分割的组成部分。再者，船中的隔板，使巨船紧固，行

第十八回　康大腊选定拧劲子　众族人伐木长白山

动统一，而指挥灵敏，增加了抗击外部风力、浪力和突发意外的能力，真是一种在生存实践中的重要创造和发现。历代船的寿命长短，也都与船体和船隔板是否耐久坚固有关。下边是隔板，与船肋板相互支撑的坚固关系，就形成了船的完整统一。

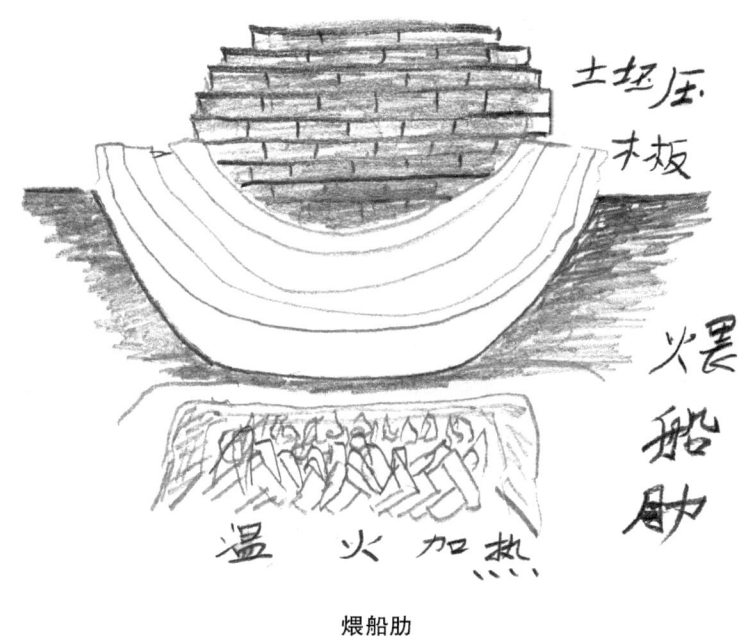

煨船肋

肋板，是船两侧的组成板，由一肋板、二肋板、三肋板、四肋板组成，两边各四肋，称为八肋。底骨称为"底骨板"，也叫龙骨。而整个船舱中的隔板是从上至下，贯通至底的一种连接，这一下子将各肋板之间的缝隙和整个船体组合在一起了。

※※※

　　现在亦失哈清楚地知道，巨船的底骨板与肋板材皆用长白山千年的老红松木。这种老红松木，年轮质密，硬而如坚石沉重，而用之耐久。但"亦家板"的隔板选用的材料，必须使用"王八骨头"和水冬瓜木料。此木贵在坚实如铁。然而它生长甚慢，凡成材者皆在百龄之上，而且难寻难找，多为小而又有些不成材的样子，采伐"王八骨头"要攀岩越崖，才能得知此木生长之地。

　　关于适合做"亦家板"的"王八骨头"，也有一个非常神奇的传说故事。据说，在很久以前，有个专在北方驿路上跑驿站的驿夫，每次差事都非常尽职尽责，也从来没出现过任何差错。但是，在一年的年三十这一天却出大事了。原来，驿夫一看驿站马上到年关口，按常理应该不会再有什么事情了，他就给自己的媳妇说了一声，先帮他在驿站顶一会儿班，他趁这工夫好到外边打几只野味回来，晚上好好过个年。媳妇答应了一声，驿夫就转身进山了。

　　事情也是凑巧。驿夫刚走没有一袋烟的工夫，朝廷突然派人送来了一份急驿，需要驿夫快马送往下一个驿站。这个驿夫的媳妇一看来到年关了，谁不想全家过个团圆年呀？于是，她一顺手就把这驿包直接给塞灶坑里烧了。她以为此事就这样消失了呢，哪承想，刚过完年，京城就开始追查此事。查来查去，就查到这名驿夫的身上。虽然是驿夫媳妇烧的驿包，但罪责同样算在了驿夫的身上。私毁驿书，犯的是死罪。于是，这名驿夫被人押着，要去往京城处斩。临离家，驿夫的老爹突然想起一件事，告诉儿子把家里的那块"火烧木"带上，你把它献给皇上，兴许能免去死罪。这名驿夫半信半疑，在自己老爹的再三劝说下，就带上这块"火烧木"上路了。

　　原来，驿夫一家几辈人都是跑驿送信的。他们几辈人在此居住了上百

第十八回　康大腊选定拧劲子　众族人伐木长白山

年了,驿站这一带的情况是再熟悉不过了。离这所驿站不远的山岗上有一个非常特别的火堆。谁路过这里,都会点起柴火烤烤火。让人琢磨不透的是,这火堆上有一块木头不知烧了多少年,它年年还都是那么粗、那么长,怎么烧都没有太大的变化。驿夫的老爹就这根奇特的木头起名,叫"火烧木"。

哎!你还别说,这块奇怪的"火烧木"还真就救了这位驿夫的命了。到了京城,朝廷问清缘由后自然要处斩这名驿夫。驿夫说:"我死没问题,但是你们容我说一句话。我带来一块奇怪的木头有心献给皇上。这块宝木是火烧不尽,你点着它后,等到烧一阵,一磕打它就会恢复原样。麻烦监斩官大人拿给皇上过目吧。"

"天下还有这等的奇事?"当时的监斩官一听,也不敢怠慢,就把这块"火烧木"送进宫去。皇帝听后也感到非常的惊奇,马上命人点着了这块"火烧木",等到这块"火烧木"烧了足足一个时辰后,人们在火中取出,一磕打它,果然真的和原先一模一样。好奇之心人皆有之,皇上也不例外,心想:这是啥木头,把送礼的人叫来问一问吧。

这名驿夫跪在皇上面前,就把这种奇木的事一五一十地说了一遍,又加了一句:"皇上,俺们那里奇木很多,但这木更怪,它比王八骨头还硬,所以我们就叫它王八骨头。"

皇帝一听,乐坏了,后又了解到这名驿夫误烧驿包之事,再加上他们几代人尽职守护驿站有功,就真的把他放了。从此,"王八骨头"的奇木之功就在民间流传开来。据说,亦家所做巨船的隔板,非用"王八骨头"不行。

镶船的隔板,叫镶板。上这种板,得先在船的帮木上刻槽,让木板一块一块地楔入船肋之中,这时再去胶固,合为一体。而这种手法所刻凿出的船槽,称为"亦家槽"。那木板,就叫"亦家板"了。这"亦家板"和"亦家槽"的造巨船技艺,主要解决了巨船的防水隐患,使巨船的整体倍加严密，滴水难渗。亦家板成为各派船家之楷模，楔槽镶板的手法也一直沿袭至后世。

现在是夏天，也只能是为了扎木排试水道。要是大量的砍伐，人们还只能等到冬季来临。届时山上落雪了，人们才能进去砍树。一是冬季树发脆，斧子下碴（木块脆）。二是砍下的大树可以靠冰雪，以及马、牛拖木等方式来运送，省时省力，然后在江边直接穿排。如今，只好先选伐一些红松。

※※※

田甸大将军马上命吴信选出二十名"砍伐手"，上山砍树。那时，还没有专用伐树的锯子，用一般锯来拉木头特别费工费时，人们嫌慢，所以伐树全靠长把大斧，还多亏田甸在燕王那里要来了三千把开山斧。可是，当人们来到沙济乌拉的红松林里一动手伐木，才发现根本不是想象的那么回事。原来，夏季的老林非常潮湿，而且一人深的草丛中经常是毒蛇出没，蚊虫四起。好几个"砍伐手"还没等干活呢，就被突然窜出来的毒蛇给咬伤了。即使没被毒蛇咬伤的人也没好到哪儿去，他们也是浑身上下被长白山里的长腿蚊、花蚊、小咬、瞎蠓叮得皮肤红肿，起大包，奇痒无比，而且是人越挠越痒，不久便淌出黄水子，人躺在窝棚里，浑身发烫，不几日便一命呜呼。

田甸大将军和吴信也是束手无策，只得求助普蓝老爹。普蓝老爹说：这就是疔毒，人只要得上就没个好。这些人的尸体只能烧掉，不然，他们的烂处被山蝇叮上，再一咬别人，立时传给别人，到那时，可就不好办了。

田甸问有什么防备之法吗？普蓝老爹说有，他可以带人到山上采一种叫白附子的药材，只要把它采来，捣烂、提纯，再把它抹在每个进山人的皮肤上，山里的瞎蠓、蚊子只要一嗅到白附子的特殊气味，就会主动躲开。

第十八回　康大腊选定拧劲子　众族人伐木长白山

当年渤海人就遍采白附子，进贡长安。在唐朝时，人们将它抹在箭头上使用，其毒性非常强，能见血封喉。

白附子是一种蒿草，有一尺来高，夏秋时药劲最佳，秋风一起它们的籽一落，药劲儿立刻失掉，届时用它来喂马、烧火都可以。普蓝老爹带领吴信等一队人马，上山采集白附子。他们回来后，普蓝老爹又让皮库、云芝先简单地"撸"去草皮上一层薄薄的白毛绒，然后用水一焯，立刻上锅开熬。熬白附子的火候非常有讲究，火要三强三弱。三强三弱，即当强火烧至水开一袋烟工夫后，要减为弱火继续烧；弱火一袋烟工夫后，再加强火；最后依然弱火住锅。如此循环三次，便可起锅成汤膏药。

人们只要把汤膏药涂在每一个上山砍树的"斧手"身上、脸上、手上即可。再进山时，为防毒蛇咬伤，人们都腿上涂上了防毒蛇的苦烟油子，然后扎紧裤脚。可是，人们刚砍完两棵红松，麻烦事又来了。

※※※

原来，一棵高大红松需要十多个壮汉连续砍上五六天才能砍倒，而且，最要命的是砍伐一棵红松还需砍坏八十余把板斧。这哪能行啊？如果照此下去，这三千把从北平燕王府好不容易带来的开山斧也用不了几天呀，到入冬大规模砍树时怎么办？巧媳妇难做无米之炊。故此，亦失哈和田甸商量再三，为了冬天开山伐木顺利进行，他们立刻给燕王写了一封求助奏折，求其务必在上冻前派人从北平再送五千至一万把板斧。奏折写好后，田甸立刻派人以八百里飞马传书的方式，通过沿途各卫所、驿站，奔往北平；同时，田甸又派包鲁卡霍通老首领柏星阿回部落当地招募一些铁匠，尽快赶往长白山的沙济乌拉，把那些砍坏的、砍锛的斧头，重新淬炼，以备冬天开伐。

包鲁卡霍通老首领柏星阿说："田大将军、亦大师，招募铁匠这事，你

315

们还真找对人了，我们部落还真有这么几位铁匠师傅，我马上回去请他们过来。"

田甸大将军一听，也非常高兴，说："那就有劳老首领了。"

包鲁卡霍通老首领柏星阿带着三个儿子走后，田甸大将军就同亦失哈、普蓝老爹，开始琢磨如何穿这种木排了。说实在的，要按以往的手法，亦失哈做一个木排，那是不在话下，而且他也做过多次木排、木船、筏子等水上工具。可眼下，他要做的不是要运人、运物的木排，而是要运伐下来的大树树干，是从高高的山岗上的水道里一头扎下去，这种水流对木头的强力冲击，往往会使人失去对它的控制，届时木排会像一匹脱缰的野马一样撞向山崖、石碴子和水边的大树，人对它没有半点办法呀。可是，人还必须在它上面。这也成全了长白山地区一种完全无法预料的独特的职业——放排！亦失哈就想通过放排，把长白山的红松通过水路，流送到松花江下游一个地方去，再进行造船。

田甸大将军和副都指挥使吴信久居萨哈连一带的平坦水域，以前他们只要把船、筏放在水面上，靠江风兜起船帆，船便可顺风而行。而现在却是完全两样。

"这可怎么办啊？"田甸愁得只过一夜的工夫，脸腮就起了大包。这是"火泡"，心火攻来而至。

普蓝老爹也是睡不着觉，吃不下饭。因他长这么大，也只是看见过土人是将一根一根的木头抬着滚到江里，一根一根顺其自然漂到指定的地方。可眼下，这征东巡检都指挥使是想把木头穿上排，一批批的运，这可从来没听说过。

只有亦失哈，他把自己关在窝棚里，一天一天的不出来，不知道他在想什么干什么。一连三天，不见亦失哈出来吃饭。正在大家为他着急之时，亦失哈从窝棚里出来了，说："我想好了，咱们上山先选排木吧，然后进行造船九九之功的第二步'下山滑'。"

第十八回　康大腊选定拧劲子　众族人伐木长白山

"亦大师，太好了，我马上召集人马。"

田甸大将军一声令下，上百名精兵和伐木工就召集齐了，亦失哈又领人进山选排木，选那些被伐倒的红松、樟子松、落叶松，一根根打杈、去枝，只剩下一根根的圆条，顺着人们提前设定好的山道，通常是人们先挖下的山沟，冬季往往是浇铸的冰道，把这些原木顺利地放到里面，它们会像箭一样从高山上滑到山下去，这就是"下山滑"。有的原木太大，还需以牛、马、骡、驴拖着爬犁开进伐场子，把那些已经伐倒的大树绑在爬犁上，拖下山来。整个"下山滑"也是非常危险的，稍微一个不注意，往往就会造成人和牲畜全被下山滑的原木砸死、拖死或撞死。由于此时正处夏季，往山下滑原木是非常难的，所以大家费了九牛二虎之力，才将第一批砍伐下来的原木拖到沙济乌拉的漫江。亦失哈万万没想到，下一步造船九九之功的"江上运"却让皮库惨死于江中。

第十九回

恶河口屡次遇险境
小皮库命丧风门口

第十九回　恶河口屡次遇险境　小皮库命丧风门口

亦失哈率众人伐下的第一批原木虽然不多，但做几个木排的原料还是足够的。亦失哈带领着普蓝老爹、帕星阿、皮库、其木尼、其木奇、其木卡等人，在江边进行"排木"。

排木，是将清一色的、一般长、一般粗细的松树，以十多根或二十几根一排的形式，横着连在一起。为了原木间能连接的更牢固，人们就在每根原木上凿出两个四楞型的"连眼"，再用一根碗口粗的桦木打成楔子插进去，然后轮锤猛打，下水后一浸泡，"连眼"一涨，几根原木便牢牢地连在一起。另外，排木基本完成后，还要再上两道椴木锁，也是以椴木绳拴在上面，再以桦木楔子钉下去，以固定绕绳，不使木排散花。这样，一副红松木排就做成了。

在当年漠北一带没有铁丝的情况下，北方族众部落便以椴树皮绳来做牵引用的绳索，十分方便耐用。

说起这椴木绳，它的取材也非常的简单。椴木绳是用椴树皮里层的那一层薄薄的"软皮"揉制而成的。椴树的"软皮"不但纤维长、光滑、清白，而且还非常有韧性和很强的抗拉力。

揉椴树绳，那是一种古老的手法。人们先将椴树"软皮"取出，在江水中将其浸泡柔软，然后再把椴树"软皮"中的纤维一条条抽出，梳成辫，再开始在老绳车子上摇晃，一点点上劲。先编一条条细的椴树绳，再把细绳拧在一起开编开揉，就是细编，一揉一压，使八股到九股细绳绞合在一起，成为宽大而粗实的椴树皮绳。这种椴树皮绳可以使用一年以上。

当木排扎好后，还要在木排上凿一个套孔，拴上架在河面上通过的椴树绳上，以那个活套连接，就像拴牲口一样拴住了木排。亦失哈还在木排的前头安上一个大舵，在漫江的水中一试，还真的灵活自如。不错！为了省木，不使大木方眼掏透，每孔掏到半尺到一尺深，这样大树的中心还是完好无损的，而原木和桦树之间以"隼"来对接。

木排做好之后，田甸大将军、副都指挥使吴信、老首领帕星阿和其三个儿子其木尼、其木奇、其木卡等人都想和亦失哈一起放排，但是亦失哈说什么都没有让，他说："造船这九九之功中的'江上运'更是险象环生，这次放排还是由我和普蓝老爹、皮库、云芝一起来吧。你们都回去，继续伐木，静等我们的好消息吧。"

"亦大师，我田甸必须去，万一你出了什么事，我也没法向燕王交代。其他人可以不去，但我必须要去。"

亦失哈想想也是，就点头同意了。田甸转身把步骑军交给副都指挥使吴信后，就随着亦失哈和普蓝老爹、皮库、云芝跳上了木排。吴信和老首领帕星阿以及其木尼、其木奇、其木卡等人在江边送行。

只见亦失哈脚下的这副木排，是顺流而下，"刷"，转眼就消失在丛林之中。皮库撑着木排，亦失哈在一旁守着，普蓝老爹和田甸一前一后察看水道，云芝则担任记写官，负责把这次放排的整个经过一一记录下来。云芝从小和爷爷在一起，如今不但武功高，而且文笔也不错，是一位优秀的"女参政"。

※※※

说话间，木排出发，一直天晴日朗。在长白山雨季没来临之前，整个老林子里是郁郁葱葱，沿江两岸的树木是一眼望不到头，不时传出各种野鸟和野兽的鸣叫与吼声。江岸草棵子里的各种蝴蝶、飞蛾在不停地追逐飞舞。

由于这次是顺水放排，所以亦失哈他们从沙济乌拉的漫江，一口气就放到符吞（今天的甸子街）的两江口，都挺顺当，而且漂浮行走都很快。加上有多年航船经验的田甸大将军亲自看水道，老猎手普蓝老爹引航，这木排子很是灵敏，遇有岩石、砬子、石岸、土岸、树根子，亦失哈就会喊："左搬、右搬"等等口号。

第十九回　恶河口屡次遇险境　小皮库命丧风门口

皮库年轻力壮，是闻声而动，他用胳膊和腰的力量，抱住木排的舵把，使劲儿划水，那木排便会顺利地跟随而下。

这次亦失哈只做了三节木排。每节木排是一棵大树那么长，三节连起来能有几十丈距离。头节木排横着的大原木数最少也得有六根之多，整个横向面也得有几丈宽。后两节的横面更是越来越宽，就形成了非常庞大的三角形木排。如果这三节木排变成船的话，那也是一艘巨船。

由于长长的木排在上游行走还算顺利，所以，到了符吞后，普蓝老爹非常高兴。下晚黑儿，亦失哈把木排拢在符吞两江口较宽的水卧子上。普蓝老爹悄悄地告诉田甸，离符天江岸不远处，有一条路是唐渤海时期去往长安西京鸭绿府的贡道，贡道边上有一个叫"别亮子"（"亮子"指鱼窝子）的地方，专生产一种个头不大的"达西塔"（冷水鱼），很好吃，他想带着孙子皮库去弄点"达西塔"，好回来给田将军和亦大师下酒。田甸将军也非常好奇，也想跟着同去，普蓝老爹说什么都不同意，怕他们都走了，万一有个意外怎么办？

最后，领着孙子皮库上岸，只带把牛耳尖刀，就走了。

这普蓝老爹是一位名副其实的"大山通"，无论走到哪里，他都知道哪儿有什么典故，哪儿有什么来历。普蓝老爹和皮库一走，云芝就讲起爷爷捕"达西塔"的特殊工具。

原来，这普蓝老爹捕这种"达西塔"，一不用网，二不用筐，三不用钩，用的却是紫椴树皮。用紫椴树皮怎么能捕鱼？普蓝老爹往往先用牛耳尖刀把岸上林子里的有着拳头粗细的紫椴小树，折下一段一段半尺长的枝条，然后把树皮割一个口，扒下来，形成一个卷儿——这便成了捕"达西塔"的工具。

这种"工具"往有冷水鱼的水里一放，那紫椴树皮里层便会放出一股奇特的气味儿，冷水鱼很愿意啃，于是立刻钻进这树皮卷里去啃。可是它们不知道，这种树皮卷，遇水，便会渐渐地收缩，于是一点点地把鱼给

"捆"在了树皮卷里，等鱼感觉到时，已是越捆越紧，动弹不得了。这时，捕鱼人用一个小钩子把这些紫椴树皮卷捞出来就成了。这种"达西塔"鱼肉质非常的细腻，再加上紫椴树里的奇特气味儿，香极了。

果然不久，普蓝老爹和孙子皮库一人抱着二十多卷"树皮卷儿"回来了，里边都是"达西塔"。田甸和亦失哈都说："普蓝老爹，方才我们听云芝说了，您可真是名不虚传的山里老神仙哪。"

普蓝老爹笑着说："田将军，老朽没有别的本事，在这山野之中吃吃喝喝的一应事，我全包了。亦大师，你的葫芦里恩都里木克（酒）也不多了吧。明早上，我去一趟符吞，那儿有沈家哥俩，从前专门给去往长安的贡道垛子脚夫烧老酒，现在他们哥俩还干呢，明天我去溜上一篓子来。"

"太好了，给我也带上一篓。"田甸将军急忙说道。

原来，自从走水，亦失哈便坐下了腰腿疼的病。他就是不下水，每天每顿也得喝上几口。如果下江、下河，行船走水，就更离不开这酒葫芦了。普蓝老爹观察得很细。

这时，云芝已从紫椴树皮卷里一条条地掰出冷水鱼，上锅煎好，黄乎乎的，香气四溢。几个人围着木墩子，倒上亦失哈的恩都里木克，吃喝起来。

这荒无人迹的山林，千百年来，还从来没这么热闹过。夜渐渐地深了，三星出齐，老林子里是一片沉静。亦失哈、田甸和普蓝老爹都没少喝酒，都各自睡下了。谁知道，就在这时，木排上来了一群不速之客——黑熊，它们坐在木排上面不打不闹，算是歇脚儿。此时，正赶上云芝姑娘半夜起来解手，醒来睁眼一看，顿时把她吓得喊出声来。普蓝老爹闻声，是第一个起身的，他一看这阵势，赶忙让云芝别动，而是冲着这一只老熊学叫了几声。哎，你说奇怪不奇怪，只见那头老熊站起来，领着其他几只小熊崽儿慢慢悠悠地走了。

一大早，普蓝老爹带着皮库，各自背起一人高的篓子就去符吞的老烧

第十九回　恶河口屡次遇险境　小皮库命丧风门口

锅，装上满满的两篓子老酒，做酒的沈家哥俩还送给普蓝老爹两块樟木，让他以此塞篓子，这样酒便再也不会变味了。

这一切都准备好后，这天吃完早饭，大家便继续上路。

※※※

走着走着，整个松花江的水路越来越复杂了，不断见水道上出现一个又一个"恶河"（险滩），而且落差也越来越大，终于，"赶脚"恶河就出现众人眼前。

"赶脚"恶河，满语意为特别奇怪的河，也叫"妖河"。是说这个地方的水落差太大，远看本来是平平的，可是到了跟前，当你发现前边是万丈悬崖时，人和排都已完全无法控制，不得不奔它而去。在这时，人如果一迟疑就更会出事。人一迟疑的工夫，那木排在水流的冲击之下，已经进入了正流的快水道，不但停不下，反而加速向前。人如果试图控制它，往往是徒劳的，结果都是排毁人亡，必死无疑。面对这种落差较大的"赶脚"恶河，亦失哈也没有了主意。

关键时刻还是普蓝老爹有主意，说："亦大师，依我看，咱们把木排往左或右处打舵，不走在正流上，这样就是进入落差，木排落水会比较缓慢，排碎危险就会小一些。"

亦失哈点了点头，说："这样也好！不过为了不出意外，咱们大家都用树绳、皮条把自己捆绑在排上，不至于被甩下江去。"

"这个主意好是好，但也存在一定的风险，不知田将军有何高见？"普蓝老爹转身征求田甸的意见。

田甸将军眉头紧锁，摇了摇头，说："我看，为了安全起见，我和皮库留在排上，亦大师、普蓝老爹，还有云芝，你们下去。"

田甸将军突然笑了笑说："万一有个意外，咱们也得上，但是咱们的女参政、书记官应该留下！"

"我不下去。我下去，还由谁来记录呀？"云芝撅着嘴，说什么也不同意。

大家谁也不肯下去，最后田甸只好采用亦失哈的办法，将人以树皮绳紧紧地捆绑在木排的窝棚柱子上，系牢靠了，而唯一是掌舵杠的皮库无法进里边，普蓝老爹只好把孙子皮库固定在舵把旁的一根木柱子上。一切都准备好，田甸让每个人都喝了一口老酒，一是壮壮胆，二是也暖暖身子。云芝一口酒下肚之后，酒辣得她小脸通红，说："这酒要是醉了我，我可啥也记不住了。"

大伙都笑了。其实，每个人心中都非常紧张、害怕。这是谁也没经历过的事情啊！只听亦失哈一声令下："上流！"

皮库一搬舵木，木排往左边靠去，立刻上了左流。随着水流越来越急，众人把心都提到嗓子眼了，吓得云芝把眼睛一闭，只听"咕咚"一声，整个大木排从"赶脚"恶河上一头扎了下去，排上的人只觉着忽悠一下子，又觉着天好像塌了下来，大水从天而降，将木排和他们吞掉了。过了许久，大家觉得浑身发冷，原来此时，木排已经过了"赶脚"恶河，又进入到平缓的水面上了。大伙"哈哈"大叫，互相庆幸，立刻各自掏出牛耳尖刀，割断自己身上的绳子，像获救了一样别提多开心了。

云芝"参政"记录的牛皮，专门装在一个木桶里，为了防止被水打湿，塞上了皮塞子。她赶紧记下了这个"恶河"的名字、方位。就这样，木排又继续往前行走，又过了"阎王涧""鬼门关""丢魂汀"好几个恶河，这一回，就来到了"沙各搭"恶河。这处恶河以两岸岩石红色而得名。这儿的水流落差简直比"赶脚"恶河还要大。怎么办呢？他们还是采取在"赶脚"恶河所用的老办法，把自己捆绑在木排上，又是有惊无险地过了"沙各搭"恶河。

可是，就在第五天的下晌，木排来到了"额顿"恶河。额顿，满语为

第十九回　恶河口屡次遇险境　小皮库命丧风门口

"风门""风口"之意，是指这里有两座大山夹一个水口，江水挟带着大风从这个口子飞奔而下。这里风大水急还不算，最主要的是它的水面落差是大大超过了"赶脚"和"沙各搭"恶河。民间俗称它为"风门"，后又称"小风门"，这是江上放排最要命的一处地方。

※※※

怎么办？依照过最危险的"赶脚"恶河和"沙各搭"恶河时，都是把木排往一侧搬舵，把人绑在上面得以通过的办法，看来，这次也只好这样做了。

这次为了更好地控制木排，皮库对田甸大将军说："大将军，这一次过额顿恶河落差会很大，别把我的全身都捆住，只要捆住我的腰就行了，这样我可以使全身的力气去搬舵！"

田甸将军知道这样做非常危险，普蓝老爹也没有更好的办法，就说："就听皮库的吧。"

亦失哈和田甸想来想去觉得还是不行，但是一时半会儿也想不出更好的办法来。亦失哈说："这样做太危险了，我和田将军心里太没底，要不咱们先靠岸再说吧。"

皮库却像没事人似的，说没事，前两个恶河都顺利闯过来了，这个也算不了什么，他有信心能闯过去。

最后，大家只好按皮库说得做，将皮库的腰拢住，大家也都捆好各自身体，就奔着一侧江流而下。可是，随着水流越来越急，越是关键时刻越易出事。皮库站在木排上正在拼命搬舵的时候，突然，他就感觉手中的舵像是钉在正流上一样，即使是使出他吃奶的劲，也是纹丝不动。

"哎！大事不好！"皮库的心，一下子就提到嗓子眼儿这块了。原来，由于额顿恶河水深，落差越大，水底的吸力就越大，而又由于这木排的舵

325

把是"硬吊子"。三节木排,整个头排安一个舵吊子的话,人们通常称它为"硬吊子"。要想搬动"硬吊子",那么整个木排都得动。现在别说是一个皮库,就是十个、百个皮库也搬不动整个大木排啊!眼看着木排已不听使唤,不能靠水流的边侧而下,普蓝老爹急了,大喊:"皮库,快撒手!跳水!"

亦失哈也喊:"皮库,跳水!"

此时,皮库根本听不进去,他双手死死握住舵把,拧着身子像一头小牛犊子一样,拼命地搬舵。田甸将军看到皮库的样子,就知道坏了,于是,他立刻以牛耳尖刀割断了捆住自己的绳子,想一个箭步蹿过去帮皮库搬舵,却一把被普蓝老爹给扯住了,"将军来不及了,快跳水"。

普蓝老爹话音刚落,田甸将军就听见"咕咚"一声,紧接着自己的身体就失去重心,一头就扎入水中。田甸将军落入水后,还感觉自己头顶上不时发出"哗啦啦"一阵闷响。

这到底是怎么了?原来整个木排从额顿(凤门)恶河上瞬间就折了下来,江水翻起了山一样高的水浪,水浪卷上天空,又"轰"的一声落下,整个木排像碎纸片一样,顿时炸开了花,波浪卷着一根根散开的红松原木是滚滚而去。这时,再看浪涛翻滚的江水中,哪能再见到一个人影啊?那些巨大的红松,就像一把筷子似的,显得如此的渺小、柔弱,只能随着滚滚远去的松花江水在不断翻滚的水面上上下浮动,渐渐远去。

亦失哈、普蓝老爹、云芝也感觉自己被掀上了天空,接着又重重地摔到了水里面,再以后,他们就什么也不知道了。木排、散木、小窝棚,全被摔散了花,被冲出去五六多里地远。

※※※

第一个醒来的是云芝。她坐起来,浑身衣裳已经被水浸透,紧紧地裹

第十九回　恶河口屡次遇险境　小皮库命丧风门口

在身上，风一吹来，冻得她浑身打战。她大声地哭喊："爷爷——哥哥——"云芝一扭头，看见爷爷就在她身边不足十步远的江滩上，她赶紧爬过去，推喊着爷爷："爷爷！爷爷你醒醒！醒醒啊！"

普蓝老爹半天才缓过来，睁开眼睛，看了看云芝问："孩子，其他人还好吗？快去救他们。"

"哎！"这时，云芝发现离爷爷不远的地方，有一个人在那躺着。她急忙奔过去，一看是亦失哈大师，又拼命地叫喊："亦大师！亦大师你快醒醒！"

亦失哈醒来后，云芝又往四周仔细一搜索，发现离亦失哈大师不足五步远的草棵里，突然坐起一个人来，不是旁人，正是田甸将军。云芝赶紧扑过去，大叫着："田将军！田将军！"

田甸已站了起来，四处看去，就见普蓝老爹站了起来，亦失哈大师也站了起来。几个人好好的，就是缺皮库。几个人你瞅瞅我，我瞅瞅你，然后几乎是异口同声地喊道："皮库——皮库——皮库——你在哪里？"

可是，任凭他们喊破了嗓子，只有呼呼的江风和江水在哗哗奔淌的声音回应他们，就是没有皮库的影子。他们四人沿着江边边走边呼喊着皮库的名字。等到他们走到距离风门七八多里的江水甩弯处时，突然被眼前所看到的一幕场景给彻底地惊呆了，不约而同地惊叫起来："天哪！这里怎么有木垛?!"

他们四人走近一看，正是亦失哈穿排的那些木头，一根也不多，一根也不少，连木头上凿眼穿桦树杠子的方眼也是清清楚楚的，正是他们在长白山辛辛苦苦伐下来的红松大木，现在竟然齐整整地摆放在松花江甩弯处的江滩上。更加奇特的是，头一节排上的舵把，木排上云芝住的窝棚的木杆，也一件不少地落在木垛一侧，简直就像人堆人码的一样。

云芝惊奇地说："谁把咱们的木头都垛得好好的，摆在离江水十多步远的地方的？"

这时，只听普蓝老爹哭叫了起来："皮库，我的孙儿！"原来，普蓝老爹发现在那堆木头边上有几块皮肉、烂骨，还有皮库平时穿的那件狗皮皮袄的片子，上面是斑斑的血迹。

云芝一见这些皮库的东西，她是再也熟悉不过了，二话没说就奔了过去，一下子跪在这堆碎骨皮肉前，哭唤着："哥哥呀哥哥，你不能死啊！"爷爷孙女撕心裂肺地哭起来！

田甸和亦失哈也快步走过去，一下子跪在皮库的碎骨前。田甸说："皮库兄弟，我们不会忘记你！咱们整个征东巡检步骑军，都不会忘记你呀！"

亦失哈低着头，也是非常难过地说："皮库啊皮库，我的好兄弟，都是我害了你。唉，我做这木排时，怎么在关键时候一下子搬不过来了呢？这是怎么回事呢？如果能搬过来舵，你就不会落难啊！都怨我亦失哈，怪我呀！"大家哭罢多时，普蓝老爹脱下自己的老皮袄，把孙儿皮库的碎骨、烂肉，连同那件已扯碎了的狗皮皮袄的片子，一块放进去，用一根腰带捆好。

※※※

普蓝老爹突然说："田大将军、都指挥使，亦失哈大师，咱们都别哭了，别难过了，我认为皮库他死得值！咱们应该感到惊喜啊！"

"惊喜？"普蓝老爹这句话，一下子把亦失哈和田甸将军给造愣了。

"对啊！今天发生的事，怎么想都感觉非常奇怪，你看咱们从水上运来的这一木排木头，竟然一根不少，而且还整整齐齐地给码在了这块。这是谁干的？我想，肯定是我孙子皮库感动了江神，是江神领我们找到了这个地方。我想：这个地方虽然是我孙子皮库的葬身地，可能也正是我们到处苦苦寻找这些原木木排的最终落脚地。我们这次放排只知道有其始，不知道有其终啊，今天皮库一死倒是点醒了我，这里应该就是江神给我们选定的地方。"

第十九回　恶河口屡次遇险境　小皮库命丧风门口

田甸将军和亦失哈忍住悲痛，听完普蓝老爹讲完这些话，也感觉有几分的道理，异口同声地问："普蓝老爹，难道这里就是我们要找的船厂吗？"

普蓝老爹说："对呀！你们好好看看，这儿的四周，一马平川，江水从这儿往下，再没有大的落差了，它可以一下子流入萨哈连，进入乌苏里江、黑龙江，入鞑靼海。这样的地方，不正是咱们要找的船厂吗？不正是应该在这儿建船厂造船吗？而且，江神已经把木头垛都给咱垛好了。这是老天垛的，是老地垛的，是大江垛的，是这个大山所在的长白山垛的呀！"

见田甸、亦失哈有些似懂非懂，普蓝老爹又补充说："你们想想，咱们这一路上，过'赶脚'恶河，也很惊险，可是排过来了，没摔碎，是因为它还要走，因为没到地方；过'沙各搭'恶河，也是极惊险，咱们没事，也过来了，排还是走，因为没到'地方'；可是，咱们一过这个'额顿'恶河，排散花了，为啥呀？是这木排到它应该到的'地方'了！排虽然碎了，可木头一根没少，给你摆在这了。不是吗？这就是老天，是长白山，是这松阿里乌拉告诉咱们，就在这停下吧，就在这造船吧。所以，木头垛给你垛在这儿了。这是多少年之前就定的事。今儿个，咱们来了，是我孙子皮库领过来的。好吧，那就把我孙儿埋在这儿吧。这儿，就是收他的'库'，是个仓库，也是放木头的'库'。仓库，存着木头，留着造船，而且，这个地方，也正在库儿出生地贵子沟对面，他上辈子就望见自己的'库'了。阿什，正是个'库'啊！"

田甸、亦失哈听完普蓝老爹所说的每一句话，都深入到他们的心里去了，句句在理啊。他们往四周看看，是越看越觉得，这个地方的确是一个造船的好地方。一是"额顿"（风门）恶河一过，这里是理想的一马平川，好像大自然给人类留下的一个"造船厂"；二是江水从"额顿"飞速而下后，一下子把这里冲成了江面又宽、江水又深的江段，在此造船、泊船，船只起航、进港都方便，而且这片宽敞的江面停上百八十艘的大船简直再容易不过了。江岸上是一望无边的丘陵和平原，此处窝风向阳，简直是一处鬼斧神工开辟的天然船厂。更让人感到神奇的是，此地的地名叫"阿什"。"阿什"，满语是仓库之意。造船的木头在这里先库存，也正符合天意。于是，亦失哈说："普蓝老爹呀，您说得对。这个'额顿'恶河的下游，正是一个世间难寻的造船之地，这也是皮库兄弟用生命领咱们来的。我们不走了。"

有道是：人世间的一大悲事，莫过于白发人送黑发人。亦失哈、田甸、普蓝老爹和云芝就在阿什山的半山坡处，找了一个向阳的地方给皮库下了葬。云芝边埋边哭，大家也都跟着落泪。普蓝老爹几次昏倒，云芝一边哭哥哥一边扶着爷爷。亦失哈和田甸将军也上前劝普蓝老爹。普蓝老爹抹了一把眼泪说道："亦大师、田将军，你们都别劝我了，其实我早就想开了，只是自己心里一时还是转不过这个弯儿来。松花江上放木排，老排工们早就留下来几句箴言：

砍大树，搭木排，顺着大江放下来。
拐过曲曲八道弯，绕过弯弯十八拐。
为求生，不求财，何时都可撞江崖。
哪管荒林不是家，随处死了随处埋。

亦大师、田将军，几百年来许多放排的老排工们传下来的理儿，我哪能不清楚呢？行了，我孙子皮库死了，却让我们找到了船厂之地，也算是不幸中的万幸吧。"

※※※

阴历六月二十三，亦大师、田甸、普蓝老爹和云芝这一行人通过陆路返回沙济乌拉，大家这才知道了皮库遇难的噩耗，没有人不替皮库惋惜的。

第十九回　恶河口屡次遇险境　小皮库命丧风门口

田甸将军命令步骑军的兵勇们将普蓝老爹和云芝原来住的简易窝棚修改成了"木刻楞"。楞，指木凿出槽的平角部位，也指去掉树杈后的大木，也叫"青房""方楞"。长白山最早的房舍，没有名字，是用粗大一些的树干一根根垛起来，在每根木头上刻出一条条镶嵌的木槽，使其互相咬合上，所以叫"木刻楞"。能搭建"木刻楞"原木，都是长白山里最好的大树，这样的房子就是冬天来了，也不会被风雪刮倒，即使雪埋上也不怕，人们可以从木刻楞的小窗口爬出去。

从"额顿"恶河回来后，亦失哈又是好长时间把自己关在窝棚里，那木排的硬吊子不能转动，皮库在最后时刻奋力去搬舵的情景日夜在他的脑海里闪现。

一天，田甸走进了亦失哈的窝棚。田甸从"阿什"回来，也是成天地琢磨这件事，他来找亦失哈也是想说这件事，"亦大师，你还记得燕王曾经交代过我们的一句话吗？咱们在长白山要是有什么解不开的事，可以去找他的朋友白山部的赫思痕妈妈。我看，咱们到时候了！"

"哎呀呀，我怎么把这事给忘了呢。这真是一句话惊醒梦中人啊，燕王是这么交代我们的。白山部族人世世代代在这里过活，他们或许真能帮咱们渡过这个难关，咱们现在就去见赫思痕妈妈。"

"去见赫思痕妈妈一定要去，但不是现在。现在你我应该去看望一下普蓝老爹，他已经病了好多天了。"田甸将军急忙说道。

"田将军所言极是，咱们先去看望普蓝老爹，也征求一下他的意见。"于是，田甸和亦失哈去看望普蓝老爹，并打听从沙济乌拉去往白山部乌拉处怎么走。他们走进普蓝老爹的木刻楞窝棚里，就见普蓝老爹还在病着，云芝正熬好一壶药，倒出来端给普蓝老爹，"爷爷，该喝药了！"

亦失哈和田甸将军一进屋，看着躺在炕上的普蓝老爹整个人都瘦了一圈，面色非常的憔悴，亦失哈的许多心里话到嘴边又让他给硬咽回去了，他和田甸将军依次挨着普蓝老爹坐了下来。让亦失哈和田甸将军没想到的是，普蓝老爹也没说话，接过孙女云芝递过来的一碗汤药，一扬脖子"咕咚咕咚"地喝了下去，然后吩咐云芝："云芝，给爷爷拿鞋。"

"哎"，云芝虽然心里非常不情愿，但是还是把一双乌拉鞋给爷爷拿过来，帮爷爷穿上了。

普蓝老爹穿上乌拉后，说："咱们走吧。"

"上哪啊？"亦失哈和田甸将军被普蓝老爹的行为给造愣了。

普蓝老爹说："你们找我，一定是有事，是不是要我带道去找白山部的赫思痕妈妈？"

"普蓝老爹，我们所想的，都被您猜中了，可您的病还没好利索，我们这是来看看您，连跟您商量一下去白山乌拉咋走，可您身体不行啊！"田甸将军在惊奇之中，还是把这次来看普蓝老爹的想法，说了出来。

"我的身子骨结实着呢，走吧，时光不等人哪！眼瞅着秋风一起，长白山就要下来大雪了，到时冬场子该砍树伐木，我们也没有时间了。现在不解决放排硬吊子的事，今后咱也无法将木排放到阿什，那还叫啥'仓库'了，没木头的'仓库'，不是仓库。咱们不如趁早去趟白山部，学学他们的放排经验。我原来真没把放排当回事，现在后悔也晚了。走吧！"

"那、那好吧。"

于是，田甸、亦失哈上前把普蓝老爹扶了起来。三人是晓行夜宿，直奔白山部。

※※※

从沙济乌拉奔往白山乌拉竟有五百里之遥，这是横跨长白山从西至东。那时没有道，全靠普蓝老爹寻觅从前土人狩猎走的林间小道，再就是走唐和渤海时期北方人去往西京鸭绿府（临江）奔往长安的朝贡道。好在普蓝老爹熟悉这些道路，他们三人骑着马，先奔潭州（今敦化的额穆），再东行

第十九回 恶河口屡次遇险境 小皮库命丧风门口

奔珲春，五日后来到了白山乌拉部。其中，一路的艰险暂且不提。

燕王朱棣的朋友、白山部老罕王赫思痕妈妈一听说田甸都指挥使和亦失哈造船大师来了，是非常高兴，并亲自到屋外迎接，"啊呀，贵客啊贵客！你们这么远来了，非常辛苦，快到里间坐！快到里间坐！"

白山部老罕王赫思痕妈妈立即吩咐部族人下去准备丰盛的酒菜，款待远道从沙济乌拉而来的尊贵客人。白山部落居住的这一带，已经是长白山东部，靠近东海，所以他们端上来的宴餐是以珍贵的海味为主，也有山中的珍品。他们这里讲究的是"进门点心"和"三道茶食"，还有许多手碟进行点缀。先上的是四素：洛镇桃仁（山核桃仁）、虾茸茭白、口蘑豆米、松子香菇。接下来是"上八珍"：红烧猩唇、侉炖驼峰、御笔猴头、红扒熊掌（也被称为"一掌白山"）、芙蓉燕窝、黄焖凫脯、红焖鹿筋、芝麻肉松。还有馒头、千层饼，等等。

老罕王说："燕王的朋友，就是我的贵客。咱们边吃边唠。你们此次拜访，一定是有什么重要之事需我来相帮吧？别客气，燕王不在这里，我在就等于他在了。"

田甸大将军也不客气，开门见山地说："赫思痕妈妈，我们此次前来，真是有事请教于您。"田甸就把他们造出木排放到松花江上去试放的整个经过，一五一十地说了一遍。

老罕王听了，点了点头，接着，她拍了两下手，就见来了一位下人，老罕王吩咐，去请几位常年在海上、江上跑船、放排的老人来，让他们帮客人出出主意。

不一会儿，仆人领来三位老船工，分别是老大夫海、老二庆江、老三庆河。田甸、亦失哈从他们那晒得黝黑的脸盘上便看得出，这三个人都是老船把式，或是经常走水、行船的老船工。果然，亦失哈一提起水上活，庆河、庆江、庆海老哥仨便开始滔滔不绝地讲起了他们当年在江上行船、放排的一些趣事来。

亦失哈内心都快乐开花了，便乘机问道："尊敬的三位老船工，木排在江上顺流放排，舵杠为何在激流中有时突然搬不动呢？"

庆河在这三兄弟中最小，稍微年轻一些，性格也比较直爽，看了看大哥庆海、二哥庆江后，直接就接了话茬了，"大人，嗨，这对于我们常放排的来话，就是舵硬。凡放过排的人，十有八九都会遇到它。"

亦失哈一愣："舵硬？"

庆河一看亦失哈真想较真儿，就故意挺了挺胸脯，非常自豪地说："这位大人，你可能有所不知。放排中遇到舵硬的情况，无非就有那么两个原因：一个是上舵时，舵轴缺油，再加上使用的次数少，天长日久了，它自然就不活润了；另一个就是舵板做大了。舵板太大了，如果突然遇到激流、大浪或者江河水面落差较大时，水会咬住整个舵板，舵板就会跟水流走，根本不再听人的使唤了。届时，别说是一个人，就是九头牛也较不过水中出现的那股邪劲。放排出事的话，十有八九与它有关。"

亦失哈好奇地问："遇到这种情况，还有什么好的解决办法吗？"

二哥庆江笑着，站起来说："世上哪有难倒人的事啊？放排行船多分为硬舵、软舵两种情况。硬舵靠水打，软舵才靠人搬。硬舵出问题了，用软舵不就成了吗。放排时，必须要有两手准备才行。"

亦失哈一听，又问："老人家，那么软舵和放排的吊子有何关联呢？"

庆河、庆江互相看了看，对在一旁一直沉默不语的、另一位清瘦的大哥庆海说："大哥，关于放排技术上的事，还是你说吧。我们俩干活行，具体是怎么个门道，还得大哥您把这放排的'吊'子说一下吧。"

此时，老大庆海正从烟笸箩里用烟袋锅往外挖烟，那烟袋杆上悬挂着一个鹿皮绣花的小烟口袋。他一挖烟，这鹿皮绣花的小烟口袋就在烟杆上一晃荡，一挖一晃荡。老大庆海性格比较稳重，说话从来都是不慌不忙的。只见老船工庆海慢慢地收回烟杆，点着烟锅里的烟丝，"吧嗒"抽上一口后，这才如是道来。

第二十回

老船工无奈举良贤
亦失哈诚请长命鬼

老船工庆海拿着点着的烟袋杆,半眯着眼,盯着烟袋杆上依然在晃动的烟荷包,好像对别人说,又好像自言自语:"木排的舵把,是给人操用的,所以常走水的人都把它叫'棹',也是有在不断'召唤'人的意思。棹和舵有所不同。舵是在船的前面,以舵引航,以舵导向,整个船便可以靠舵行走。可是,木排往往不是一节而是多节组成的。所说搬棹(舵杠)整个固定在头一节木排上,遇到突发水咬死棹的时候,这谁能搬得动啊?所以,你们刚才说得那种叫'硬吊子'既然不行,那改成'软吊子'不就可以搬动了!只不过,我们掌握的'软吊子'是船舵,至于木排上的'软吊子',虽然亲自没试过,但是我们可以试试。今天,我在老罕王和客人面前说句大话,就凭我行船这么多年的经验,它跟这烟袋杆上晃动着的烟荷包差不哪去。看看它就好比活吊子,如果固定在上面,不就是死吊子吗?活,就是能自由搬动。别忙,日后我们去看看。"

"啊呀,老船工太谢谢您了,由您亲自出马,硬吊子改成软吊子一定会成功的。"

老罕王一听,也非常高兴,连忙说:"看看,这不就有招了吗?来,先吃肉喝酒。过几天,让这三位老船工跟你们去沙济乌拉,你们做个软吊子排试试,不就得了吗?"

老罕王把话都说到这份上了,亦失哈、田甸和普蓝老爹才把心放到肚里,马上站起来,向赫思痕妈妈和那三位经验丰富的老船工庆海、庆江、庆河敬酒。酒席散后,老船工庆海、庆江、庆河回去安排家中的事情。老哥仨不能都去沙济乌拉啊,最后,老大庆海决定:他和老三庆河去沙济乌拉,老二庆江留家看守,万一家里有点什么事,也好由老二庆江主持家务。这一切都安排妥当后,老大庆海带着老三庆河前来与亦失哈和田甸将军会合。

田甸、亦失哈、普蓝老爹在白山部足足等了三天,虽然白山部老罕王赫思痕妈妈好吃好喝好招待的,但是他们心里还惦记放排的事。等到他们

第二十回　老船工无奈举良贤　亦失哈诚请长命鬼

好不容易从白山部回到沙济乌拉后,老船工庆海和庆河老哥俩可忙上了。几次试验之后,老船工庆海和庆河就是不能非常妥当地解决木排在落差大的水上使用硬吊子与软吊子的结合问题。常试常有错。最后,老船工庆海也感觉自己的脸挂不住了,就对亦失哈和田甸将军说实话了:"大人,我庆海跑海船、江船这么多年,今天算是栽在江上放排这事上了,我前些天的话说大了,特向两位大人赔罪。有道是:没有金刚钻,不揽瓷器活。虽然我和庆河没有完成这活,但是我可以向二位大人推荐一位世外的高人,他才是真正在江上玩放木排的总舵公。如果他能出面相助二位大人,我敢保证此事定会万事大吉。"

亦失哈和田甸一听说老船工庆海和庆河也解决不好搬棹的问题,心里不由得凉了一半。可是,后面老船工庆海又主动举荐一位世外高人后,心里又充满了希望,亦失哈抢先一步,握住庆海老船工的手说:"老船工,你怎么不早说呢?这位世外的高人在哪啊?"

老船工庆海摇了摇头,说:"唉,两位大人,恕我直言,我早说,你们也不一定能把他给请来。他现在已八十多岁了,这些年为了刻意回避别人,总是神龙见首不见尾。整个长白山方圆百里,许多人要见他一面都难,更甭提请他出山了。"

"老船工,你告诉我他在哪吧,我想什么招也得把他请出山。"

"好吧。他老人家姓潘名胜,是我远在桦树林的一个亲戚。我学走船的这点能耐,还是跟他学的呢。只是,他玩木排的手艺说什么都不肯教我。他告诉我:穷不走水,富不涉淫。走船就够辛苦了,放排更是玩命的活,能不干则不干。他现在八十多岁了,算是这个行当里寿命最长的,所以人们送他一个外号叫'长命鬼'。你如果能把'长命鬼'请出山,再在松花江、图们江、鸭绿江等北疆诸江河中放排,哪里都没有问题。你就听我的吧。不过,你千万别说是我告诉你这个信息的,如果让他老人家知道是我泄露的信息,他非打死我不可。我给你画个路线图,你去找他吧。"

"老船工，太谢谢您了，我肯定保守这个秘密。"

※※※

亦失哈拿着庆海老船工给画的路线图，与田甸大将军就来到了长白山深处的葛珊屯（也就是现在的抚松县万良镇）。

他们进屯打听放木排的总舵公"长命鬼"，一位老人马上给他们指路了，说："靠近山跟前那家就是老舵公长命鬼的家，但是他常年不在家，你们去了也白去。他现在已经不再放排了。许多人来请他，他都不再出山了。我看，你们还是回去吧。"

"谢谢老人家，我们到家去碰碰运气。"于是，亦失哈与田甸大将军一前一后就来了老舵公长命鬼的家。

他们一进院，就被一条大黄狗给拦住了。从屋里走出一位老太太，亦失哈和田甸大将军表明来意，并放下了许多贵重的礼物。

老太太非常客气，说："你们拿这么多东西那可不行。这个该死的老头子常年不在家，又不知道跑哪去了，害得你们还白跑一趟。说实在的，我一年到头也抓不着他的影，反正他都是八十多岁的人了，家里也不指着他什么了，他愿意走就走吧。请他再放排走水这事啊，你们就死了心吧。他是绝对不会再做的了。你们请回吧。"老太太说什么也不收亦失哈和田甸大将军带来的礼物，最后，在他们二人的诚恳表态下，才算收下了。

亦失哈和田甸大将军头次登门拜访算是碰了一鼻子的灰，没见着老舵公长命鬼就回来了。亦失哈回到自己住的窝棚里，躺在木床上翻来覆去说什么也睡不着，心说：不行！明天我自己一个人去，要是见不着老舵公长命鬼，我就住在他家里不走了。我硬等也得把他等回来。对，就这么办！

第二天，亦失哈跟田甸大将军说出了自己的想法，刚开始田甸大将军说什么都不同意，但是后来亦失哈说："老舵公长命鬼可能是有意地在躲避

第二十回 老船工无奈举良贤 亦失哈诚请长命鬼

外人,我此次前去可能要住上一段时间。你和我都元了,营地里这么多事怎么办?如果你不放心,那就隔三岔五派人送点好吃的去,不就行了嘛。"

田甸大将军想想也有道理,就这样,亦失哈是二次单身拜访老舵公长命鬼。

这次拜访和上次一样,老舵公长命鬼还是不在。亦失哈也不着急,就和老太太有一句没一句地闲聊,渐渐天就晚了。老太太说:"孩子,天也不早了,我家里也没有上好的房间,就不留你在家过夜了,你还是回去吧。"

"老人家,我觉得和你聊天还没有聊够,您看这样行不,我看东敞房还有一个睡觉的地方,我能不能在那睡一宿啊?"

"那可不行,东敞房那是放杂物的地方,怎么能让你客人住呢?这么的吧,如果你不嫌弃,就睡我老头的东屋吧。"

"老人家,太谢谢您了。"

就这样,亦失哈在老舵公长命鬼家住了下来。接下来几天,亦失哈是天天陪着老太太聊天,还主动帮她做一些家务活。转眼间,亦失哈就在老舵公长命鬼家住了整整十天的时间,但是长命鬼还是没有露面。

亦失哈表面上不急,心里很急啊。其实,老太太早就看出来了。这天她把亦失哈叫到身边,说:"孩子,我就跟你说实话吧。我家老头子就住在村后的一个山洞里,平时不出来。我们屯里的人很少见到他。即使这样,这方圆百里的人没有不知道他的。人们私下常说,你要了解松花江从长白山天池下来的水,必须要找潘爷。他最清楚松花江的事。他只要喝一口松花江的水,就能知道松花江涨不涨水,包括天池的水是多了一些,还是少了一些,他都知道。你在我家也住十多天了,也帮我干了许多活,看在你如此诚心的份上,我就领你去吧,你可千万别告诉别人。你要是告诉了别人,我老头会跟我干起来没完,我也害怕。"

亦失哈说:"老人家,我绝不说的,我就是想见到他,了解了解放排这事。"

※※※

老太太领着亦失哈便来到了后山一座非常隐蔽的山洞里。过去这是一个狐狸洞，长命鬼就在这里住着。老太太和亦失哈去时，长命鬼出去溜达了。他们等了半天长命鬼才回来。

排工长命鬼

长命鬼回来一看有生人在这呢，脸"吧嗒"一下就撂下来了，非常的不乐意。他对老伴说："你怎么把人给领这来了？谁让你把人给领来的？我同意了吗？"

第二十回　老船工无奈举良贤　亦失哈诚请长命鬼

老太太一看长命鬼真生气了,她也有点害怕。这时,亦失哈主动上前搭话:"老舵公,我自个儿来的。我是当前燕王朱棣钦命的造船大师,今日前来就是想了解一下溜排的事。我在溜排上遇到难题了,而且还死了人,我是真心向你求教的。"

流筏

老太太也在旁边替亦失哈说好话:"这孩子在咱们家都住十多天了,天天都在帮咱们家干活。谁心不是肉长的,再说,他造船也不是为了个人,而是为了整个北方诸部落的百姓,我能不帮他吗!我看你这老头子也应该出来帮帮他。"

这样的话,老头一看亦失哈是真心,就没有再问别的,让亦失哈坐下了,说:"我可以告诉你,我现在啥事都不干。别人再找我放筏,我是不干了。我岁数太大了,八十多岁了,也干不动了。我不准备死在水里边,所以,才洗手不干了。"

亦失哈仔细打量眼前这位非常瘦的老头，怎么看起来都不像八十多岁，也就六十多岁，他走起山道来可快了，一般人都跟不上他，就说："老舵公啊，您看起来也就六十多岁，身子还这么硬朗，按说再溜几次排也没什么事啊！您老总躲什么呀？"

"唉，你是有所不知啊。自古以来，是穷不走水、富不涉淫。这溜排、放排的活，都是把脑袋捆在裤腰带上，有命挣钱没命花的行当。"老舵公长命鬼就把他为什么躲开别人重金请他出山的原因说开了。

松江流筏老舵爷

老舵公长命鬼在长白山有两条放排的路线：一条是从鸭绿江放排放到安东（现在的丹东）入海；另一条就是从长白山放排到二道白河那块，再往北走，就是桦树林子，完了之后就到了风门（也就是现在的丰满电站），

第二十回　老船工无奈举良贤　亦失哈诚请长命鬼

随后从风门再到沿江的乌拉部，还有三江口等处。在那个时期，许多人都花钱雇他，年年有人找他，他都躲开了。因为放排出事时，不是一个人死。木排一出事的话，是一死一大帮啊。木排一炸开了，全裂开了，那木头都是滚的，原来绑在一起，这时一轱辘，人就掉江里了，被砸死的、被挤死的，也就是说，人掉到水里根本就出不来，会水也没用。你想，人都滚到木头底下去了，再加上沉入水中的原木头在水流的惯性下形成的冲击力，十人有九人都会死于非命。所以，老舵公长命鬼长叹了一口气，说："我不想再害人了。我死不要紧，不怕没了这口气，但是，我身上背后有许多亡命鬼啊！他们老跟在我身后，是时刻在跟我要魂啊。现在我只有躲开，没别的办法啊。谁能知道我内心的苦，我只能躲在狐狸洞里。"

"老人家，这些亡命魂怎么老找您呢？"

"孩子，自我爷爷那一代就是管水的，就是管木筏的。过去有钱的人家，上山伐木都得雇人的，也要雇舵手的。雇舵手也是需要好多钱的。即使花钱，也是不容易雇到的。一般情况下都是需要五六个金锞子。有人就说了你怎么又涨了？干我们这一行的人就会说，就这价，明年还涨。明年七个，你干不干吧。放排这行当，完全是用命换来的。所以，我们放一次排就够吃几年的，其他时间就不干了，主要是保命要紧。许多人一辈子能当上总舵是不容易的。后来，我爷爷放排就死在了长白山下头的瀑布底下，我爹放排就死在了桦树林子一带（现在桦甸市）。我能活到八十多岁，也算是这个行当中的一个奇迹，所以，人们都说我是长命鬼。你知道是什么原因不？"

亦失哈摇了摇头，说："不知道。"

老舵公长命鬼说："我爷爷替我死了，我爸爸替我死了，是现在的江神河神都让我活着呢。"

说完，老舵公长命鬼在狐狸洞里磕头、烧香。这说明，总舵不容易当，他不容易啊。

亦失哈二话没说也跟着长命鬼跪地磕头，长命鬼很是惊讶，就问亦失哈："你磕什么头啊？"

"老人家，您是有所不知啊，我也是现在的江神河神让我活着呢。我是老船王亦失哈喇家族的后人。"

亦失哈就把自己的身世跟长命鬼简单地讲述了一遍。长命鬼听完之后，"哎呀"一声，一把就把亦失哈抱在怀里，说："孩子，咱们是一家人啊！我的祖上乃是完颜图们，与你先人亦失哈海娃昔日交情甚厚啊。你怎么不早说你是亦失哈喇族氏的后人呢！这真怨我！老婆子，赶快回家做饭，我要与亦大师多喝几杯。"

"哎，那咱们一起回家吧，人家亦大师在咱家都住十多天了，你都没露面，这时候来那近乎劲了。"老太太虽然嘴上这么说，但内心也是乐得够呛。

他们三人回到家里边吃边聊，暂且不说。

※※※

朱伯西我在这，先交代一下老舵公长命鬼的祖上完颜图们这个人。

书中代言：在金代百年间，金世宗完颜雍时代出了一位女真英雄，他就是完颜希尹和完颜宗望的后裔部下，名叫完颜图们。大家都知道，在辽金时期，长白山区域是满族先世女真人打猎、打虎、采参、套獐狍野鹿的生存宝地。相传大概在金太宗吴乞买时代，女真族民间留下许多可歌可泣的英雄记载，其中就有氏族祖先在萨满祭祖神祠中《海祭》《水祭》的神歌唱词。

神歌唱颂当年老白山（长白山）连连发生过几次骇人听闻的地壳红岩喷发，大地突然间隆隆巨响，吐出红光，裂石黑烟，直冲云霄，吓得虎豹鹿狍遍山逃遁，跑得慢的人和牲畜顿时化成灰烬，损失惨重。女真人生息

第二十回　老船工无奈举良贤　亦失哈诚请长命鬼

难离的老白山，忽然变成了陌生的容颜，初现数座高峰陡崖相环，其中还环抱着一汪清水，在它的东麓出现山壑，从山泉中涌下瀑布，这便是松花江的数道江源。但是，这些江源，有的冲出平原地芐，北流向吉林；有些被山崖阻挡，形成堰塞湖，变成一片汪洋，淹没了许多部落村舍和人畜。

这时，完颜图们率领女真各部族人，苦战山崖，挖山搬石，一心一意想打开堰塞湖，为害人的洪水找出一条通道，使堰塞湖一带化成平川沃土。当时，女真不少人对完颜图们的举动抱有怀疑的心态，都劝他说："你要用我们大家这些手，一时一刻就搬走这些无边的洪水，就像用水瓢舀海水，得干到啥时候为止啊？"

完颜图们坚定地说："咱们女真人就有铁杵磨成针的韧劲和耐性。天大的困难从不言败，我们才战胜了大辽，建起了大金国。如今，女真部族人遭受这么浩大的洪水，难道我们要眼睁睁地让它吞没完颜氏各部族的家园吗？咱们就要活一天、干一天，我们死了，我们的子孙接着干，一定要把这块天造的大海用手，一手一手捧出去，不达目的誓不罢休。"

在完颜图们的率领下，居住在长白山的诸女真人是众志成城，终于搬走了堰塞湖，硬是从湖上大小山峰和陡崖中开出了一条水路。在完颜亮南迁燕京时，完颜图们仍在治水。这一年，终于搬走了西嘎拉阿林，将剩余的水变成细流，冲向东方而直达入海。又在这时，西嘎拉阿林突然在地震中山石崩塌，英雄的完颜图们和身边的女真族人们被巨石吞没，洪水向海边冲去，从此，长白山东麓出现了一条通东海的千里长河。人们为了纪念完颜图们的义举，就把这条江起名为图们江。

※※※

图们江，女真语为"图们尼雅拉玛"，"图们"是女真语"万"的意思；"尼雅拉玛"是女真语"人"的意思。图们江就是女真语"万人"的

345

意思，它生动地记录了女真万人合力治洪水，创造了初始文化中可歌可泣的非凡业绩。

老舵公长命鬼给亦失哈讲完自己先祖的故事后，说："我们祭祖就是拜祭英灵。每年萨满祭祀就是教人熟记天灾，祈求人丁兴旺，生存康宁。据祖上世代传咏，当年大力神完颜图们巴图鲁在治理长白山洪水时，就曾得益黑水猛安漕运安抚使兼负筑造江海风帆总舵安班博吉烈亦失哈海娃的鼎力传授神技。你说咱们是不是一家人啊！这次你造船遇到溜排难题，我长命鬼即使豁出这条老命也得帮你渡过这道难关，你就賸好吧。"

这真是积善之家必有余庆。亦失哈万万没有想到，自己竟然还与老舵公长命鬼有这么一段隔世的情缘。

转过天来，老舵公长命鬼就跟着亦失哈回到了沙济乌拉。亦失哈在造船九九为功的"江上运"这个关键环节中，自从有了老舵公长命鬼坐镇之后就再也没有出现散排亡人的事故。为什么呢？因为老舵公"长命鬼"有自己一套秘而不传的绝技。

江上的木排走起来了，是非常快的。它是顺水下呀！它要是撞上船，什么大船都得被它撞坏的。因为它的冲力非常大，所以总舵的责任也是非常大的。只要总舵一喊，推船工都跟着喊，前有暗礁、巨石什么的，都要提前避让。大木排上的推船工多达上百人。你别看木排扎着上千棵原木，走起来却跟一条线似的。总舵在后面一喊，所有的人必须听，一百人也得是一个心眼，形成一个劲才行。

放排的歌谣比较多，但是总舵的歌谣那是秘诀。他喊的号子都是不带词句的，只是声音和音调。有的只有推船工能听懂。总舵自己特殊的音调一出，航道上有碇子、有暗礁、有岛子，前面该怎么办，木排上的人就知道应该怎么办了。比如：左边躲，右边干，前边老汉别蹲着；左边干，右边躲，前边老汉别睡着，等等。

"左边躲，右边干"，这是什么意思呢？就是说左前方出现石碇子了，

第二十回　老船工无奈举良贤　亦失哈诚请长命鬼

右边马上抓紧干，避开它。

"前边老汉别蹲着"，意思是说前边的人别蹲着没事啊，要站起来注意观察。因为江里的浪有时也挺高，你不站起来，有时水线是看不清的。像这些话，都是总舵的秘诀歌。这些东西，总舵一般是不向外讲的，只有经常跟排的人才知道的。

老舵公长命鬼这次把自己多年放排的秘诀都毫不保留地教给了老首领柏星阿的三个儿子其木尼、其木奇、其木卡，这哥仨也非常争气，没用多长时间，他们就锻炼成了松花江上放排的好舵手。

转眼间就到了冬季，松花江上放排的工作告一段落。整个长白山的冬季正是伐木的最好季节，副都指挥使吴信带领着普蓝老爹和云芝，以及众多伐木工开始了大面积的伐木。大雪抛天，砍木手所处的工作条件和生活环境极其艰苦，砍木手自己创编了许多的歌谣，像：

呼他妈，唤他娘，是谁留下这一行？
冰天雪地把树砍，人咋冻死不知详。

砍木手的艰难境遇，暂不多言。

※※※

转过头来，再说一下亦失哈依照造船的九九之功，在解决完"江上运"这个关键环节后，他马上与田甸大将军带领一部分步骑军来到阿什（现在的吉林市阿什哈达摩崖），就在距离埋皮库不远的地方先建立一排木楞房，住下来之后，就开始进行造船九九之功的四功和五功的准备"楞上集和楞下选"，同时，还要开创新的木克楞场。

亦失哈知道，自己如果承袭祖训，筑造巨船，需用"千料"，那选料、备料是最为重要的。造一艘巨船，只是粗略算一下，就得需要两三千料之多。料数愈多，则造之巨船愈大；设备愈齐备，在江海上航行愈为安适、平稳、迅捷。故此，历代船匠皆力求精美之料。所以，亦失哈就在阿什哈达沿松花江左右两岸五里方圆的河滩上新建立了许多木克楞场，然后，再分设各种造船用料之分料场，选楞堆楞。用工之浩大，劳作之繁重，不亚于山中伐木。木筏进入木克楞场，先有筏工解筏、拆筏，按料质又分送各个料场。每送一料场，全靠人去抬送。这抬木上楞下楞，要由号子头唱着号子，领人去干！

上楞不是那么容易的。一根木头都得上万斤啊！这么大的一根原木，七八个人都抱不过来。首先要堆垛，一层两层三层的。这里有号子，人必须同步走，差一点都不行。左步走，右步走，必须是一样的步、一样的点、一样的节奏。上楞、下楞、堆楞、管楞，都是技术活，这里面需要管楞师傅和号子头的指挥。比如下面的抬木起号。

（号把头）　　（众人）

兄弟们！　　嗨呀！

哈下腰啊！　嗨呀！

撑起杠啊！　嗨呀！

直起腰啊！　嗨呀！

迈开步啊！　嗨呀！

往前走啊！　嗨呀！

小心点啊！　嗨呀！

轻落步啊！　嗨呀！

慢慢放下啊！嗨呀！

…………

第二十回　老船工无奈举良贤　亦失哈诚请长命鬼

抬木工干活太累的时候，号子头还会给大家现编一些荤俗的号子，比如唱小媳妇的。

（号把头）　　（众人）
兄弟们啊！　　嗨呀！
抓紧干啊！　　嗨呀！
俊媳妇啊！　　嗨呀！
白又胖啊！　　嗨呀！
馋死人啊！　　嗨呀！
快点上啊！　　嗨呀！
用点劲啊！　　嗨呀！
压塌炕啊！　　嗨呀！
坚持住啊！　　嗨呀！
不能放啊！　　嗨呀！
吃奶的劲啊！　嗨呀！
都用上啊！　　嗨呀！
谁缴枪啊！　　嗨呀！
谁尿蛋啊！　　嗨呀！
兄弟们啊！　　嗨呀！
英雄汉啊！　　嗨呀！
干完活啊！　　嗨呀！
回去练啊！　　嗨呀！
…………

时间长了，每个抬木工的肩上，都会有一块死肉，抬木工戏称它为"血蘑菇"。要看你是不是抬木工，最简单的一条鉴定标准就是看你肩上有没有血蘑菇。如果这人肩上有血蘑菇,他肯定是抬木工,而不是伐木手。抬木工肩上的血蘑菇,其实就是抬木杠压出来的一块硬肉,在人肩上隆起,永不消去。

从此,抬木工上楞、选楞的号子声响彻了整个阿什哈达船厂方圆五里的松花江两岸。阿什哈达木克楞场的建立,是有史以来在松花江两岸头次出现的。

造船九九之功的"楞下选"这一功也是不容易的。它不但需要体力,而且还要有非常好的眼力。这造船的木头要大致按七类挑选出来。首先是上乘原木,要求整个原木笔直,底基一尺长、无疤节、无虫蛀、无劈裂,这为一等船料。其次为二等船料,递次往下分至七等。造船的原木不是按照其个头的大小来分的。它们是大有大用、小有小用,山川之宝,各有其用。大则船的躯体,小则船中之各部件,其料皆为红松。松质沉实、坚韧,经年不腐,远优于诸木。余柴枝杈末节,可以破成木桦子、暖室、热炕、烧水、饮食,没有废材,皆为北疆宝。正如古人所言:精木出神船、艺高寓船魂,便是这个道理。

※※※

由于造船九九之功的六功——"选船厂",早已被普蓝老爷的孙子皮库在第一次放排时给选定了,所以,亦失哈和田甸大将军着手开始了七功"定开工"和八功"鲁班庙"的准备。

亦失哈说:"择日不如撞日。我们在阿什哈达山上建好鲁班庙之日,就是咱们船厂开工之时。"

田甸大将军说:"建个鲁班庙,这还不好办吗?我马上召集能工巧匠着手去干,用不了十天就能建成。"

田甸大将军一声令下,众位能工巧匠连续九个昼夜连轴奋战,终于在

第二十回　老船工无奈举良贤　亦失哈诚请长命鬼

船厂工地

阿什哈达山上建造了一座木克楞鲁班庙。

这一天，亦失哈和田甸大将军率领众人在鲁班庙前进行了隆重的祭拜仪式，船厂算是正式开工了。为什么亦失哈在建成鲁班庙和船厂开工之际，进行了隆重的祭拜仪式呢？因为在建造船厂之前，已经死了许多人。有的死在了长白山下，有的死在了康大腊，有的死在了鲎大鸡山上，还有的死在了水上。就说这木楞场吧，它就是最容易死人的地方。归楞不但最苦了，而且它还最凶、最难、最危险。上楞，把这些大原木归垛到一起，是非常难的。若有人脚下稍微不注意，就会死好几个人。

楞下选的时候，也是非常危险的。楞下选必须是慢慢来的。木头是圆的，哪个粗细正好、哪个适合做什么，要先选下来。过去楞下选，硬是往下撬的，"哗"一下原木就下来了，不再受人的控制，常常会压死人的。人们常常只看到一堆堆的木楞垛，其实那是很多人用命换来的。原木从木楞

古船厂木克楞场沿江示意图

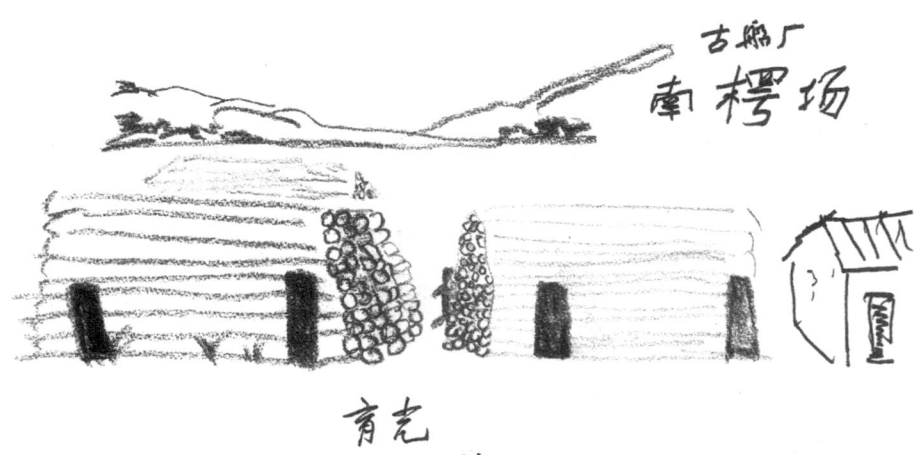

古船厂南楞场

第二十回　老船工无奈举良贤　亦失哈诚请长命鬼

垛上滚下来，冲击力是非常大的，人躲闪不及会把人给压扁。

死去的人，人们就把他们放到太阳底下晒干，有时一晒就是半年之多，而后再建一个尸窖。尸窖是透风的，目的是让这些尸体在里面慢慢风干。在这些窖前，伐木工、抬木工会给死去的工友上香、磕头。晒干到一定程度后，死去的这些人就像一张木板一样。这样，方才入葬。所以说，古代造船是用血和命来换的。

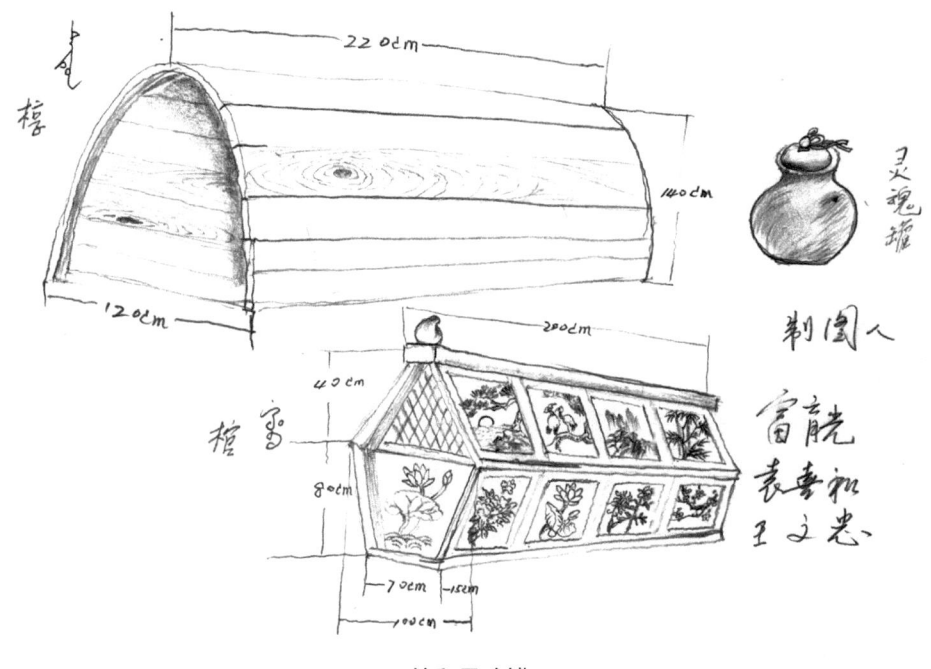

棺和灵魂罐

亦失哈和死去的很多人处得都像亲兄弟一样，他们中的一些人就葬埋在地基之下。所以，亦失哈在阿什哈达鲁班庙落成和船厂开工之际，特意邀请了当地的好几位萨满在庙前进行了隆重的祭拜仪式，这个祭祀相当的隆重和神圣。

随着众萨满祭祀鼓声的结束，始终悬在田甸大将军嗓子眼儿的那颗心也算放下一多半了。为什么呢？造船九九之功应该进行最后一功了，也就是造大船了。田甸大将军以为造船这九九八十一拜都拜了，就不差这最后一哆嗦了。其实田甸大将军真的想错了。

※※※

次日，营造大船工程开工。按照亦失哈的要求，田甸大将军首先是替亦失哈挑选一些木工和木匠。

田甸领着亦失哈来到河岸的大平场上，让一百多名兵勇、木匠、木工都拉成一排站好，让亦失哈过目。亦失哈从头至尾在队列前走过，把自己看中的人"选"了出来。

亦失哈选人很怪，他不是你身体好就要你，不是你老了就不要你，而是按照他自己心中的条件，从这老老少少一百多人中，挑出了三十名，这是初选，算第一批，带到屋中。亦失哈给每个人发了一块木头，并分给他们各种锯、磨石、小刀、小锤等工具。亦失哈又从自己的大皮筒子里取出几块小木块，完全是磨得既薄又平滑的那种，这些小木块，用手一摸，如玉石一样，擦人脸都觉得非常光滑。亦失哈说："我现在看你们谁能在一天一夜，给我制出一块三寸长、二寸宽的这样光滑的木块来，我就选他为色夫（师傅）！"

田甸大将军看到大家都把这小木头块轮流触摸了一遍后，就问："大家都听清楚了吧？"

大家齐回答："听清楚了！"

"好！我田甸在这告诉你们，谁能办到，我授他为匠师，赏银两；如果做不到，哼，军法从事，罚军棍一百，入狱囚押百天，恩赏会全部折销。"

第二十回　老船工无奈举良贤　亦失哈诚请长命鬼

田甸大将军此话一出，可把众兵和工匠们都给吓坏了，这一百军棍谁能受得了啊！个个儿吓得差点瘫在地上，把嘴都咧到后脑勺去了。军令如山，谁敢违抗啊！

等到亦失哈和田甸将军一走，众工匠一看自己再也没有逃避之路了，便一个个从地上爬起，擦了一把各自头上的冷汗，心说：还不马上开工，难道干等那一百军棍的惩罚不成！

第二十一回

田将军拜师学真经
亦家船精求良心匠

第二十一回　田将军拜师学真经　亦家船精求良心匠

田甸大将军军令一下，众工匠知道：如果自己完成不了任务，休想逃过这一关，只有精心去做，才能免去皮肉之苦！于是，他们马上开始行动。在亦失哈、田甸的严苛要求之下，这三十名木工经过一天一夜的精心准备，亦失哈看着他们制作出来的小木块，又淘汰十人，只收下了二十名木工。被淘汰的这十人，亦失哈为之说情，求田甸大将军手下留情。

可是田甸大将军说："军无戏言！如果说改就改、说变就变，不按律行事，今后我还如何领兵征战？不行！"

于是，田甸大将军对那十名不合格的木工进行了严惩。不说田大将军如何按律怎样去惩办那些干活不合格的木工之事，就此事而言，确实狠狠地教训了一下众多处在观望态度中的木工们，特别是那些平日不苦练功、干活偷懒、胡混、净说别人风凉话、瞧不起别人、不求上进、不习技艺的兵勇和工匠们。

接下来，亦失哈亲自率领这二十名木工色夫，按他造船的要求到料场上去搬运大木头。这些人按亦失哈画出的图，分做船体各种部位。船体大件分为四十九，中体九十七，要求规制、沉重、锯齿平滑等，极为苛刻。完成后，又分别磨制各小部件有一千七百余件。

田甸大将军大吃一惊。他万万没有想到，原来一艘巨船，并不是像他想象的那样，是大中求大成船，而是大变小，小再聚大而成船，处处都是十分精密、细致。原来亦家船是由数千件精密磨制之木件，再胶合、拼合而成，这犹如顶天大厦，是一块块青砖绿瓦相磨合嵌筑而成，一个道理。亦失哈造船，有自己独特的程序。

乍开始，田甸没看到亦失哈到外边去找庞大的木料，他以为造巨船应先去找大木头，钉在一起不就是大船吗？现在田甸算是彻底明白了。

亦失哈笑着摇头说："田大将军，我们亦家做船的人，都是绣花楼的巧匠，没有绣花功夫，做不了我们亦家船。"

※※※

亦失哈先做"嘎拉船"。

什么叫作"嘎拉船"？"嘎拉"是女真语，就是手掌。"嘎拉船"，即先做模型船，与正式的船处处相同，先样样试做，试做之后，再动手做正式大船。

亦失哈说："大船用大木。我们只有先做'嘎拉船'，一切先摸索试做，精心设计、精心切磋，将一切难事皆在'嘎拉船'上解决，才去造大船，一切就顺风、省事、省料、省工时，就赢来了速度和质量，才能建造适用的巨船。"

田甸大将军很高兴自己能结识亦家船的唯一传人亦失哈，真乃三生有幸，决心拜亦失哈为师。亦失哈开始不同意。最后，田甸好歹说服了亦失哈，收他为弟子。田甸还将自己的三十名部将，十二马队领班悉数招来，专设了拜师宴，并在木屋的西暖阁供奉上了亦家开基玛发和亦家先师海娃等神像。亦失哈端坐在亦家先师神像之下的太师椅上，受田甸大将军九叩大礼。田甸的下属官兵也随大将军拜师，感激亦失哈收为弟子，都行了三叩首礼。

拜师后，田甸大将军将自己窖藏（这是女真窖藏冰藏之法，埋在地下，四周的冰筑壁垒，不通风，只留有水道。届时加冰块，可窖藏五月不腐，葆其鲜嫩如生）之海狗、海象、海龟，亲手为亦失哈炮制海席。酒水也是田甸自酿的女真糯米奴勒酒，芳香醇甜，别有风味。众徒与亦失哈大师醉饮至次日天明方散。

说来真有意思，众人都不醒，唯有亦失哈的小五子最精神，它满屋飞上飞下，"呱呱"大声吵叫，一直把众人吵醒，这才又落在棚柱上，小头扭来扭去，看看大家还睡酒觉不。

第二十一回　田将军拜师学真经　亦家船精求良心匠

小五子最会监工。哪个干活说闲话啊、哪个总上茅厕啊、哪个总偷着打瞌睡、哪个磨船板不使劲儿……它都会突然飞去，用小嘴狠狠钳一下，让你冷不丁疼痛一下子，像掉块肉一样。不仅如此，它还扇着小翅膀向你吵叫，意思是你忘不忘？再忘，我还钳！

众木工们都怕秘密严格监工的"小五子"。

※※※

田甸有文化，汉学好，由他帮助恩师亦失哈整理出不少船经。亦失哈说女真语，田甸大将军翻译后用汉文记下来，以便传留，能让更多人知晓，常诵怀记之。其中就有《船经》三诵：

一、船家、船家
船呀家，船家；
船呀家，船家。
江河湖海天下家，
走南闯北全仗它。
吃喝拉撒不离船，
生老病死亲如家。
造船最先想周到，
一应设施不可差。
屋舍灶房加茅厕，
货舱设计必宽大。
防雨防冻有专室，
舵公后位且详察。

二、颂规谜

有个怪物水中缘，
两头尖尖肚要圆。
平衡方求安稳命，
纹顺才获行帆远。
沉材轻磨若仙纸，
重木柔抚呈玉面。
不求虚美求实速，
最忌纵横堵雄关。
长鲸鱼膘征船乳，
煨火燔烧烤弧圈。
巧智严循先师训，
江海浩渺展真颜。

三、借风

万船生气源自然，
巧借东风奋争先。
东南西北八方拜，
舵力全赖有推旋。
纵晓船技三千三，
不解风语难撑帆。
古船命系风云关，
熟通天象方坦然。

上述三诵，往昔北方行船人和造船人，作为座右铭常诵常背。因三诵各有所宗，行船必知要领。《船家、船家》告诫造船时要有总体考虑，各方

第二十一回　田将军拜师学真经　亦家船精求良心匠

面都要想周到，这样造出之船，就是"水上人家"，行旅便利，是千百家经验的总结。《颂规谜》尤为重要。船家人性格豪爽幽默，表面上是以猜字谜的形式写的"诵歌"，实则此乃造巨船的秘诀。全诵歌渗透着漠北造船千百年来的经验综合，不能不加以重视注意，值得仔细玩味、切磋。《借风》深言古船之动力，除了人力之外，就主要依靠风力，故古船皆为风船，无帆不成船，好舵公擅使八面风。船手不通天象，不晓天文，是无法吃水上这碗饭的。故此，船家世代唱出："古船命系风云关，熟通天象永坦然。"又说："风是神仙腿，知风满天飞。纵然帆篷小，舟驰激浪追。"

这些都是讲船家既要擅用船、勤熟船性，尤应百倍精通天象，有驰风跨海之能，这样才能将船用活、用精、用妙、用神。这也就是船王必备之能。

※※※

如今，田甸大将军已经是亦失哈的弟子了，所以他就得到了许多亦家船造船的技法和心法。田甸大将军将亦失哈造船、用船之妙法记录下来后，又专程赴北平禀奏燕王朱棣。朱棣听后，十分高兴。他命田甸告知亦失哈再多做一些船模速速送往燕王府。

田甸大将军又连夜返回，将朱棣之谕传告亦失哈，亦失哈欣然同意，用二十余日时间制作了各类船模共十二艘：大型巨船五艘（带单篷、双篷、三篷、双体、三体），大型战船五艘，抢攻峡谷、岩石、岛屿的"刀子船"战船两艘（大刀船、小刀船）。

上述十二类船模型，都设有独特船体内舱设置。早在明代初期，所造之巨船，包括战船，在世界造船史上都是罕见的。

设计：一是九帆船，巨大雄伟，可容千员而乘之。二是单帆巨船，一帆高耸，雄壮镇人，可容百员乘之。巨船之动力，均在船肋，设计时必达至这样一些要求：最大宝船，长四十四丈四尺，宽十八丈，九桅十二帆，全为木质结构，远洋航行，俗称"福船型"。船的前部和尾部上翘，具有良

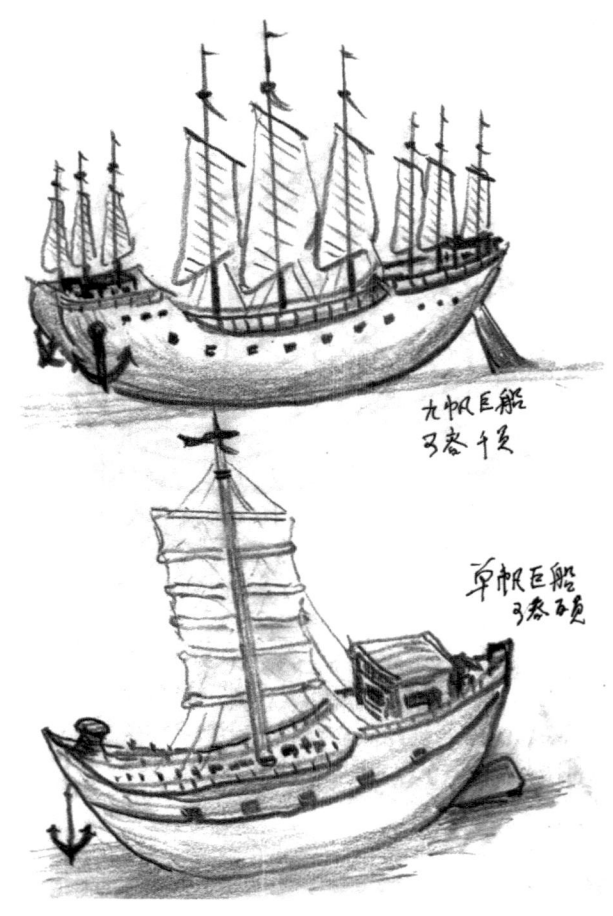

九帆巨船容千员、单帆巨船容百员

第二十一回　田将军拜师学真经　亦家船精艺良心匠

巨船之动力，皆在船肋

好的远航性和稳定性。桅高三十八米。传统的摇橹，传统木质船舶水位最佳选择，用纯正桐油、壳灰、苎麻、竹丝粉，按一定比例混合，反复捶打，边泡边敲打，使胶麻浸入木纹木理而成船。这样，才能抗撞击，抗腐蚀，而且有阻燃性能（船上也要预防火灾）。所以，只要是造船场，就会日日夜夜传出"叮叮""咚咚"的锤打声，就是使胶麻浸进船体内，永不开裂。

巨船的后部上翘部分

巨船后部的上翘部分，可有三层高，为船上居住区，有梯阶上下，最上部的顶端可以成为游览区。

人在江河海洋上行船时，多月甚至长年不得上陆地，踏不着"地气"，人心中就发慌。这个"游览区"，可使人在船上观陆地山川之景，可称为以眼而接"地气"，减少人内心的恐慌情绪，是行船之人久而久之所总结出的一种经验。

巨船，要配有许多辅助船。

第二十一回　田将军拜师学真经　亦家船精求良心匠

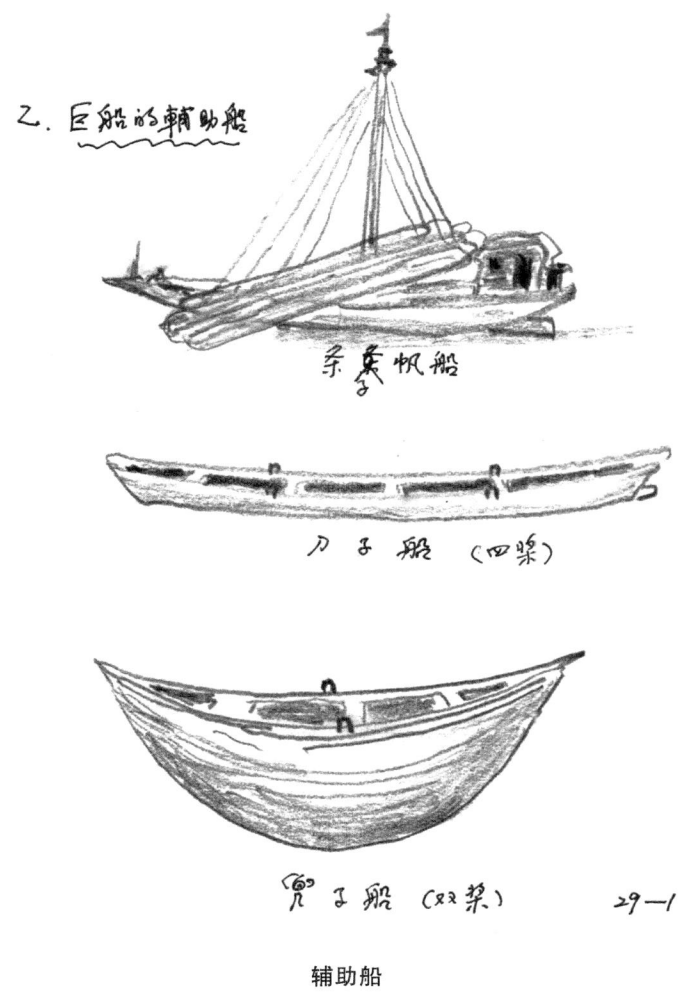

辅助船

　　辅助船又分为条子帆船、刀子船（四桨）、兜子船（双桨），等等。
　　条子帆船，是指有一帆在上，整个形状如一长条，上有一帆板，可左右移动，随时控制风向、动作和变化，并设有木棚，可供人比较长久地在水上作业，解决一些棘手的难题。

365

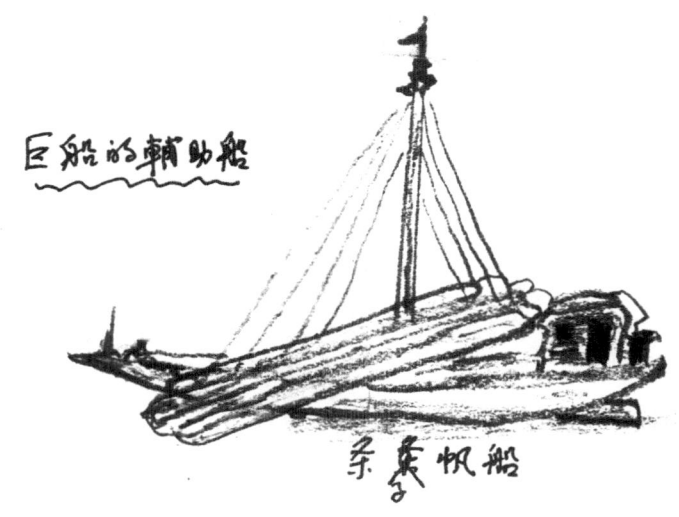

巨船的辅助船

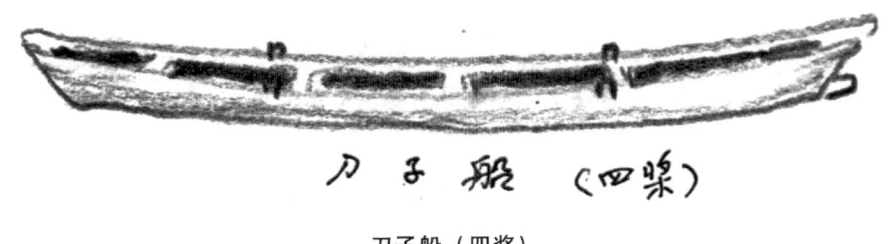

刀子船（四桨）

刀子船，顾名思义，就是形如一柄长刀，以四格舱或五格舱不等为长度，要由四个人去使用，两人或四人操桨划动，自如、随意，是一种中小型的水上组合，可及时处理一般的水上事故，救人或打捞等用途很广。

兜子船，又称"双桨船"，是那种只能乘坐两人的小型船只。之所以称为"兜子船"，是指其船形酷似"兜子"，中间宽，肚子大，两头尖而翘

第二十一回　田将军拜师学真经　亦家船精求良心匠

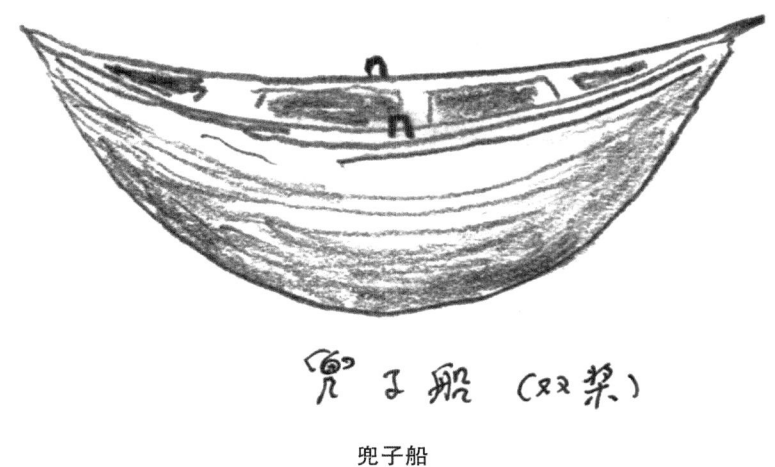

兜子船

起。船肚深，人可藏匿其中，不怕水深和遇"陷"。

"陷"，又称"旋"或"穴"，是指水中的险滩。一般的船，只要遇到"陷"，就会被陷住，水打旋，船不出旋涡，就会有危难。可这种兜子船，由于它具备了专门能在旋涡中游动的功能，所以是江河海洋中巨船的辅助船中比较适用的一种，而且，由于人少，方便行动。也因为如果遇险、遇难，也只是少量人员而已，不伤主体。所以在水上，这种兜子船必在巨船上有所备，往往一艘大船、巨船上要必备有"兜子船"几十，甚至上百，它们叠摞在一起，单等转移和有难时救人或逃生时使用。

※※※

船模型送到北平燕王朱棣手里，不久，便有了回音。朱棣下旨封亦失哈为"漠北船王"，并马上建造一艘巨船，先行试航试水，待这艘样船试船成功后，再即刻建造其他种类的巨船。

亦失哈

亦失哈接旨后，兴奋得把自己关在小木屋里，用心思索这第一艘巨船该如何动工好。这时，田甸大将军进屋说："师父，你现在已经是造船大师了，还这么一刻不闲着？今天先睡个觉，歇歇身子吧。"

亦失哈说："田大将军啊，这可不行啊，还有许多事要办呢！有句老话叫老马识途。这行船摆弄船，也跟老马识途是一样的，不是做出船就万事大吉了，还要勤了解船行的水道，水清还是水浑、泥沙多还是石头岩块多，以及河道宽窄曲直、岛屿多不多，都得心中有数。这些在造船时、划船时，都是需要考虑的。否则，不知什么事上就出闪失。船在水上行，出事就不是小事。何况造船直接关系到船的寿命和使用价值，马虎或者偷懒、应付、对付都不行。此番燕王要用船去萨哈连出海口，这可远了，从萨哈连中游到出海口，就有一千七八百里，一旦遇上枯水、

第二十一回　田将军拜师学真经　亦家船精㐅良心匠

涨水，船都难行，再加上浪涛冲击、蹂躏、摧折，再坚硬的木船也会被水浪揉碎、揉解体。别看水从表面看上去挺柔软的，但俗语不是说水滴石穿吗？水是最厉害无比的利剑钢矛。造船就是制造战胜利剑和长矛的盾牌，小觑不得啊！"

田甸说："师父呀，您真是令人佩服之人呐。"

亦失哈说："行百里者半九十。我们越要接近成功时，越要小心谨慎。你说，我们第一艘巨船做多大的呢？"

田甸大将军听后也是没有了主意。亦失哈现在做的都是一些微缩版的船模，到底把它做成多大合适，亦失哈也不能百分之百地说死。

"这可怎么办呢？"

亦失哈和田甸大将军师徒二人正没有主意呢，衵鸟五子突然从屋外的江畔边叼回来一节苇秆和苇叶，上面还带着水滴。

亦失哈马上意识到了什么，惊奇地问五子："五子，你叼来这根苇秆干什么？听我们说要造船，你这是为了把这船的长度告诉我们吗？"

五子呱呱叫着，扇着翅膀，点着头，意思说是的。亦失哈与五子相依为命生活这些年，马上就明白五子什么意思了，就说："五子，你说这第一艘巨船应该是多长啊？"

五子听到亦失哈的话，又呱呱叫着，在屋内的上空一圈、两圈、三圈……一共绕了十九圈，这才重新蹲到亦失哈的肩上，扇着翅膀不叫了。

田甸大将军说："看五子的意思，这船呐，得很长很长的。它也不知道有多长，只是随便飞飞而已。"

亦失哈摇摇头，说："不对！我的五子不是随便飞、随便点头的。它在屋里绕十九圈，不是一般地飞翔，它是有神的。咱们就来一个比试吧。"

田甸大将军就问亦失哈："那你说咱们应该怎么算出这个长度呢？"

亦失哈站了起来，把屋里所有桌凳全都搬出去，然后按照五子在屋里飞翔的圆圈，当时没有尺，就以步丈量，结果亦失哈走了五十七步半。亦失哈说:"我明白了,五子告诉我们,这个船的长度是有十九个五十七步半的总共长度。"

"啊?"田甸大将军给惊呆了。

亦失哈非常自信地说:"这还不是一件大事,选木选料都好办,咱们现在只能造帆船,就是这么长的大船,能开动起来,全仗风帆。关键是怎么样使用风帆。按我们家族世代的经验,那就是关键要有比这艘船的长度、粗度和硬度都要强的桅杆。桅杆不是一根。这么长的船体,桅杆应该是两根或三根,才能够开动这艘梦想中的大船。"

田甸大将军听后非常高兴,说:"哎呀,师父,这难道是一艘神船不成?这么长的船,这么高的桅杆,我还从来没有看过呢。"

亦失哈胸有成竹地说:"世上没难事。我们家就是使船的,只要是靠着风,最大的船、最高的桅杆,都不在话下。"

最后,亦失哈经过精确测算确定了一艘两桅两帆,外加四小帆的巨船。此船全长三百庹(中国一种约略计算长度的单位,以成人两臂左右伸直的长度为标准,约合五市尺),船宽五十庹,船高有两幢房那么高大,左右船肋各备有八个地舱长桨,共十六桨。

亦失哈连夜就把这艘巨船的图纸给画出来了,并标注好了各项分工。次日,亦失哈将他精心培养成才的几十名木匠师傅集合在一起,把制造第一艘巨船的详细分工跟大家交代了一遍,随后大家该挑龙骨的挑龙骨、该挑船肋的挑船肋、该挑亦家板的挑亦家板,等等,都精心准备去了。等到这些安排四脚落地了,亦失哈才转身对田甸大将军说:"田大将军啊,咱们把任务分好后,现在你还得跟我去一次北海捕猎一些鲸鱼,用鲸鱼鳔来熬制胶合船板的鱼鳔胶。"

"好!师父,我早就把船厂的事情安排好了,就等你下命令出发了。"

"那就走吧!"亦失哈一声令下,田甸大将军带领数百名步骑军就与他一同赶奔北海捕鲸鱼。

第二十一回　田将军拜师学真经　亦家船精求良心匠

捕鲸鱼是十分危险的行当。

亦失哈和田甸大将军让百余名步骑军先搭建许多木筏，并在每一艘木筏上放置四五只身带铁钩的梅花鹿。当鲸鱼把木筏上的梅花鹿吞到肚子里后，它们就上钩了。梅花鹿身上所带的多把铁钩会死死地钩住鲸鱼的腹脏。这时，等候的步骑军会将鲸鱼拖到岸边进行捕杀，取出它们的鱼鳔熬胶。

熬什么胶呢？是鱼鳔胶。鱼鳔胶就是鲸鱼的鱼鳔用锅加火，熬制而成。为了鱼鳔胶，就得到大海里去捕鲸，与鲸鱼搏斗，多少步骑军和工匠葬入鱼腹，都没法计算了。最后，眼看就要大获全胜时，亦失哈却在一次捕鲸时，非常意外地被鲸鱼咬住了大腿，要不是田甸大将军反应神速，把他从鲸鱼嘴里迅速救出，亦失哈的小命肯定就没有了。亦失哈虽然保住了命，但是他也伤掉了一条腿，从此落下了残疾，走道一拐一拐的。

造巨船所需要的鱼鳔胶都准备好了，亦失哈和田甸大将军就返回了松花江边的阿什哈达船厂。

※※※

这时做龙骨和船肋的木匠师傅们把精心挑选出来的原木切割成板材，在原木的基础上，先把湿木锯成板子，哪些造船板材必须是全干的，哪些板材是半湿的也可以，它们都怎么处理的，这里面都有很多技术呢。破开的原木板子多厚、做什么用、需要多长，这些要求都是非常细的。这都需要木匠师傅提前设计好，然后才能下料，开锯。

就说"锯木头上架子"吧。一棵七八个人抱不过来的原木，那得需要好几个人才能锯开的。在拉大锯之前，先用吊线的"墨斗子"在架好的原木上打上线，这样拉起大锯来，就不会走锯，这样才能一次性成材。要不然，板材出现偏差那是会费许多木料的。墨斗吊线，这是传统木匠

锯木材

活的重要工序和工具。一个大长锯,需要好几个人来拉大锯。架子上面站一个人(或几个人),架子下面站一个人(或几个人),配合好,才能拉好大锯。

　　众木匠师傅都是按照亦失哈的指点,将板材先破好,而后再备干。要用窖中的火熏烟烤。这些也是非常有讲究的,需要几个时辰。往往是在地上先挖几个大坑,把大木板放到里面架起来,然后用火来熏,让它自然烘干。如果造船所需的木板有弯度和弧度的,也要同时搣制出来。有时,一些木板还得拿出来,经受大自然的风吹日晒,还需要夜风来吹烤它。所以,这些造船的木匠师傅们就在松花江沿岸山坡上挖了一条又一条的"烘坑"。"烘坑"深入土中一般都有三米左右,再下边是两层,一层放板材,一层是炭火,点燃熏烤船木。等到将板材都烤好后,再继续凿卯、排缝。

第二十一回　田将军拜师学真经　亦家船精求良心匠

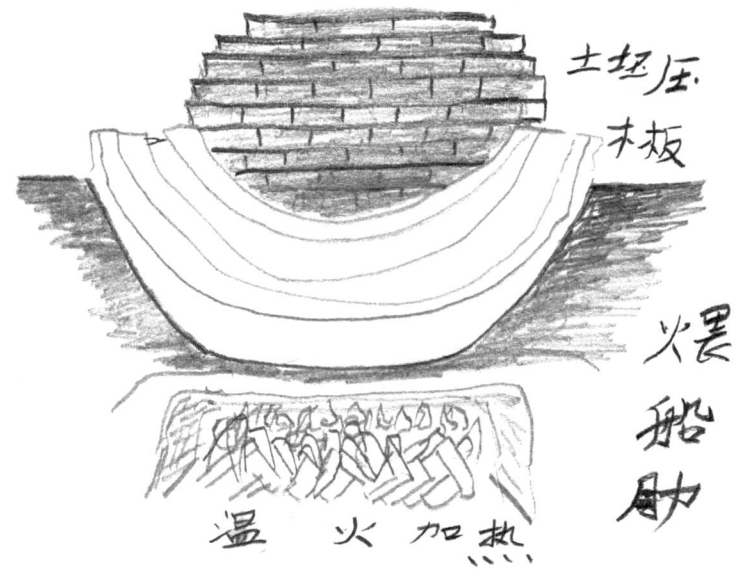

煨船肋

船板定型

古船板受日月星火洗礼

造船所需的这些备件都预备好之后，哪些做船头用、哪些做船帮用、哪些做梁用、哪些做桅杆用、哪些做舵用、哪些做铆钉用、哪些做铁件用等等，所有东西都出来之后大船才能出来。亦失哈作为造船的总设计师自然会把这些东西熟烂于心。

※※※

做"亦家板"，看似比较简单，其实工序也是非常的繁琐。必须提前选好船料，并用大锯把原木破成手指头厚的薄板，而且每张薄板必须光滑平整，才能用鱼鳔胶粘住。要知道，船舱会经海浪冲击，必须要坚硬如钢，所以，船舱的夹板要由鱼鳔胶将十几层薄板粘合在一起。造大帆船最重要的，就是制造好船舱。

第二十一回　田将军拜师学真经　亦家船精求良心匠

船舱粘体完全合拢，需时三个月，木材必须达到从内到外干燥，坚实如钢。大帆船一般有数百间的船舱，包括：人衣食住行的房间，还有养育动植物的房间，还得有贮藏水、酒、木、石、铁的舱库。

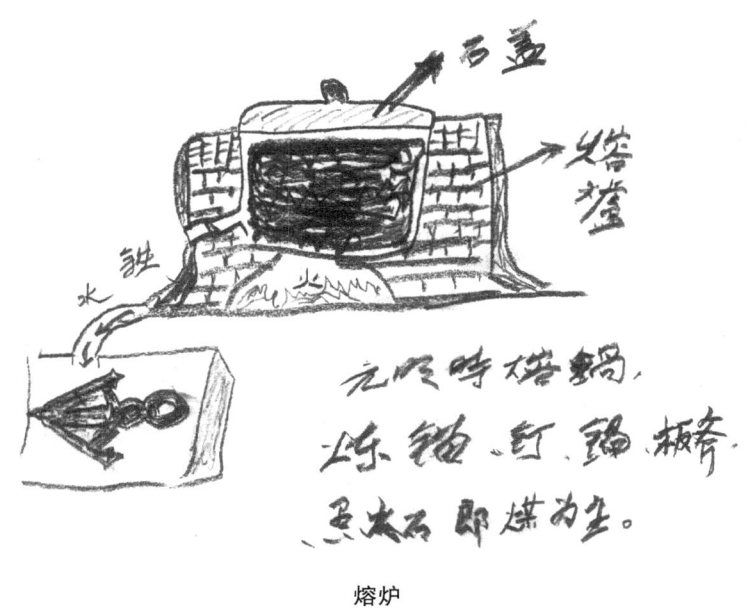

熔炉

做巨船铸铁部件的师傅们，就有点不走运了。在明代当时的条件下，亦失哈等人造船全靠辽东金山纳哈出早年囤积下来的数千吨铁坯子。田甸大将军亲自带领步骑军的精兵把关，眼瞅着诸位焙炉师傅们按图铸造船体的部件，差一点都不行，是不分昼夜地抢工。铸铁师傅们一次没有成型，熔化了重来。二次不行再来，直到完全合乎标准为止。这些铸造的零部件中，包括：船锚、锁链、船舷、铁船板、船桅杆上头的铁转筒、船舵把、船橹以及数以万枚的铆钉等。

这些焙炉匠师傅在田甸大将军监管下，可累坏了。他们连大喘气的工夫都没有。如果田甸大将军发现有人偷懒了，那这个人就彻底倒霉了，田甸大将军从来都是军法从事。

一艘大船就是一个微缩的世界。人进入大海以后，所有的生存和希望，全都依靠大船。所以说，大海中的大船，是麻雀虽小五脏俱全。说一个比较粗俗的造船事实，比如：偌大的船体，男女厕所就有百余间之多。船上船下、船前船后甚至船底都必须有厕所，这是人生活中必需的东西。巨船除了有人管船外，还得有专人来喂养牲畜，比如，喂牛、喂羊、喂鸡、喂鸭，等等。

亦失哈在造船的时候，还特意设计了几间特高等船舱。这些船舱都设置在船体的后半部，位于整个船体的五层或六层，可以瞭望远处。即使遇到大的海浪，这些特高等的船舱也会非常平稳。

这些特高等的船舱是干什么用的？它们是专门为明代王室钦差官员和家眷居住的。你说亦失哈在设计这些船体部位的时候，想得多周到啊！

在巨船的中间，除了有高大的桅杆以外，还要起一座四层高的单独船舱。最下一层为牛羊的舱房，二层为船工和佣人居住的房间，三层为船长和副手居住的房间。通过梯子，才能上到第四层，也就是整个船舱的指挥室。船体的运动和停靠，全由指挥室的船长来调动。

船长住得这么高，怎么来指挥呢？他依靠船舵和不同的哨音传递，来给守护着四角的船工下达命令。船左右扭动、后退、急行、缓行、停船等，全由船舱指挥室，通过舵把联系到船底下的铁线，再通过尾舵，来完成以上动作。

船舱的哨音传予左舷，左舷日夜坚守的船工听到哨音，便要扯一杆（中桅杆）起帆，直至杆顶，帆上下自若，全靠哨音指挥。

船舱的哨音传予右舷，右舷日夜坚守的船工听到哨音，也是要扯二杆（前桅杆）起帆，直至杆顶，帆上下自若，也是全靠哨音指挥。

船舱的哨音传予后舷，后舷日夜坚守的船工听到哨音，便要扯三杆（后桅杆）起帆，直至杆顶，帆上下自若，全靠哨音指挥。

第二十一回　田将军拜师学真经　亦家船精觅良心匠

船舱的哨音传予前舷，前舷日夜坚守的船工听到哨音，便要放锚、收锚，停船靠岸。

拉纤

除此之外，偌大的巨船常常会遇到江中和海中的岛屿或者是浅滩，巨船万钧重，再大的风也不能将它推动，所以，在巨船上还有一部分纤工，他们随时等待哨音。只要船舱上响起非常急促的哨音，他们便挎上纤绳，跳到岸上，喊着号子，拉船前行。只要哨音不断，他们就得数百里拉纤不断。

※※※

等到建造整个巨船的所有部件都准备齐全时，亦失哈就开始指挥所有的木匠师傅进行船体的组装。他是处处都要亲自指点，教给人们怎么做，一个人忙得脚打后脑勺，晚上累得都上不去炕了。

亦失哈就这样一丝不苟地日夜忙碌着，经过整整三个月九十天的时间，终于造出一艘两桅两帆，外加四小帆的巨船，船长三百庹，船宽五十庹，船高有两幢房高，左右船肋各配有八个地舱长桨，共十六桨的巨船。

亦失哈在亲身建造巨船的过程中，也逐渐摸索出许多力学中的知识和窍门，对明代造船业做出了重大贡献。他还总结出造巨船的关键秘诀："亦家船，元宝船，底要沉，楼要高，接风神。"

"元宝船"就是靠鱼胶将船胶成坚固的圆体，可漂浮，难倾覆。

"底要沉"就是船底层一定要砌满岩石，船的重量越重，行船在怒浪中越稳如泰山，然后再矗立高大的桅杆，硕大的帆船就更稳了。

"楼要高"就是有了稳定的船体，然后再考虑船上住人的大事，搭建高层楼室居高临下，展望四野，一览无余，何不快哉？

"接风神"就是借助风力使巨船通畅前进。

第一艘巨船完工后，亦失哈就住到了巨船上。他上船何止是"住"啊，那是严查。每天，亦失哈是一个船舱一个船舱地走，一块船板连一块船板地摸，一个船室一个船室地仔细反复观察、查验，查船体接合处的铆钉、缝隙连缝度，查木船上的油漆面等。巨船最怕火灾，他就详察火患，不漏任何一处死角。经过仔细详察，一切满意之后，亦失哈又邀请田甸大将军与他一起率领一百名船工，是登船试航。

新船顺流而下，走出几十里地，平安无事。亦失哈和田甸对所造巨船一切都非常满意，就不再往前走了，掉转船头是逆流返航。田甸还带上船两只新射猎的狍子和两只大天鹅，作为此次试航圆满成功的下酒菜，二人在船上小酌一番。

第二十二回

新巨船试航屡遇险
明船厂史料留踪影

亦失哈为了再次试验新建造的巨船长途运航能力，决定进行一次远航。
　　这一天，新巨船在鸣锣鞭炮声中，杀牲祭江，寅时扬帆起航。亦失哈亲自驾船，由田甸大将军率五十桨手在下舱轮流划桨。亦失哈在舵房子里，通过直通下舱的空心榆木直管与猪肠传达命令：起桨，慢起桨，快起桨，左舷停、右舷划、右舷划、左舷停，等等，声音非常清楚。每个桨手完全按舵公的指挥摇动长桨，在内仓也能看到江面和江岸，但每一个动作不能受个人支配的，一切听口令，要求步调完全一致。田甸大将军早就带领众桨手练了数十天，各个意气风发、精神抖擞，从阿什出发，船是顺流而下。
　　当时，松花江正是涨水期，水流湍急，船行甚速。亦失哈为了验证一下船的载重能力和速度，便通过榆木长筒向船上管理桅帆的十个掌帆手发出命令。他是手扯长绳，按照舵公的口令，发出起帆、扯满、半帆、落帆、小帆撤、中帆张、辅帆起等各种口号。这是控制江岸上的风力、风向、风速。
　　桅杆顶上还有一个"风鱼儿"，随风向转动。它是风速风向的信息，风鱼儿上有小铜铃在风中嘤嘤作响，非常悦耳。船行进得非常顺利。船行至江心，颇有唐时大诗人李太白"千里江陵一日还"的气势。两岸群山绿树，翠鸟转瞬掠过，几只长脖鹭鸶振翅经过快船，欢叫着在船上空飞舞，好像与船比谁飞跑得更快。
　　巨船于次日卯时到达伊尔库鲁屯，已经离出发地三百余里。众兵丁已经各个精疲力竭，在船上轮换划桨。田甸大将军拼命地大吼："划，划，谁也不兴偷懒！谁偷懒，我可就要挥鞭子，打那些偷懒的人！"就在这时，内舱巡检兵跑上田甸大将军的划桨舱，大声呼喊："大将军，不好了！舱内有水，不知来自何处。"
　　田甸吃惊地随巡检兵丁查看，果然发现每个下舱内格中都有了水。他不知何故，忙到舵室告诉亦失哈。亦失哈忙命身边的一个徒弟，也是从田甸手下兵丁中遴选出来的执舵手，由他掌舵。亦失哈忙到下舱各室查看，

第二十二回　新巨船试航屡遇险　明船厂史料留踪影

就见水越来越多，这说明船的接缝间渗水严重。看来，船不能前行了，亦失哈便与田甸商定，就地靠岸，检查船体，查看渗水程度。

船立即靠岸，众人下船就地在山林中搭起帐篷。亦失哈始终在船上查看渗水状况。谁想啊，结果大船坏了，瘫在这里不能动，船上的所有人心都碎了，各个灰心丧气，心说：船坏了，困在这四面无人的荒山野岭的河滩上，这可如何是好，何时能回自己的家啊？是不是就得天天没头没尾、没早没晚地在这遭罪啊！这个糊涂的田甸大将军，你怎么就这样轻信亦失哈这个人，他有什么能耐？就是自吹呗！这回可好，这鬼地方，船坏了可咋回去啊！

※※※

亦失哈一个人满头大汗地在船内一个板缝一个板缝、一个内舱一个内舱地查原因。船里很多空隙又窄又狭，十分憋气闷热，钻进去不大一会儿，就憋得气喘不过来，头直发昏，两眼累得一阵阵冒金星。亦失哈终于查出了症结：原来是船体各木板结构之间渗水造成的。

于是，他将两块木板用鱼鳔胶合后，分别放于松花江水槽和萨哈连水槽，两个水槽都是相同的深度、相同的面积，然后通过人工搅动槽中的水流，产生了一个流速，极大地增加了水的冲击力。亦失哈又让田甸找来几位体壮的兵勇，专门在大水木槽中摇动，振荡水流，经过三十多个日夜的检验审视，取出胶质胶合的木板，再把木板放入一个箱中，从上面倒水，检查各自的渗水情况。结果发现情况很不一样：有的木板下面未见渗水，或少见有渗下的水珠和潮湿；有的胶合木板下面水滴连连掉下。田甸问亦失哈："师父，你让我们费这么大力气，弄这些木板子，是有何用意啊？咱们船出事，与这些个木板子又有何关系？"

亦失哈兴奋得直掉眼泪，大声说："谢谢田大将军！谢谢众位官兵兄弟们，你们帮助我们亦家船找到了过去不太注意的这些事。因为我们几辈所造大船多航行在松花江和一般江流之中。如今，我们要进入的江流很宽大，水流变化繁复多端，又与大海相通，而且大船还要进入大海深处，会有海水冲击影响，这使我知道了造船不单单要考虑建船结构、形状、风向、水流等方面的作用与关系，更要时时考虑和注意观察大船所在航行河流的水质特征，这是关键，因为它直接威胁到大船船质的寿命和使用。这次大船出事，是好事啊！这是船王爷在教我一招造船技艺啊！"

亦失哈兴奋得饭都不想吃。田甸大将军也很佩服亦失哈的这种执着精神："是啊，亏得找到了'病根'，不然，大船一旦走江出海，再遇上如此之难题，那事可就大了。"

田甸又接着说："师父，您说得太对了！这真如古语所说：染微恙而防大患啊！"

接下来，亦失哈将自己从先祖手中承袭来的巨船结合的胶料秘方，又重新调配一下，用岩灰粉、鲸鱼鳔胶、优质长棉絮、苎麻、细羊毛绒、柳絮胶、松香胶等，经过搅、揉、捶、压、捻、粘、塞、钳、挤等工艺，最后将巨船拖上岸，重新检修。不少船件重新用原木来制成，再用新法捻成的防渗捻条（一种专门用来粘接船板与船板之间缝隙的胶条，长短、大小不一，可根据板与板、缝与缝之间的空隙来选用），缒入木板连接处的缝隙之中，一层层相压，胶固在一起，真正使双板再联合成一体，成为一块木板为止。

就这样，亦失哈经过四十天风雨兼程地在江岸修造巨船，终于又使它焕然一新，将它重新拖入萨哈连江心。在众船工们的一片欢呼声中，亦失哈二次掌舵开船，顺着萨哈连江水，鼓足风帆，向东方大海驶去。

船上众官兵受到此次打击后，重又振奋起精神和气力，并感叹亦失哈真不平凡、真是不易啊！

第二十二回　新巨船试航屡遇险　明船厂史料留踪影

※※※

然而，经过四十多天的苦拼，亦失哈全身消瘦，一天吃不上二两米饭，可是精力旺盛无比，总看不到他疲倦、松懈和困倦的样子，目光炯炯有神，远望去都能看穿云雾中江道上任何一点点变化，使大船及时避开暗礁和浅滩，飞驰而下。

这一天，巨船终于从莽阿禅阿林崖下冲过，直接进到了浩浩渺渺的萨哈连出海口，进入鞑靼海。亦失哈手握舵把，眼看对岸，可在雾气中遥见一片远山，那里正是苦兀（库页岛）地方，住着女真人另一个部落乞烈迷人。田甸大将军望着大海上喧哗的海鸥们，它们在迎接来自远方松花江和萨哈连的客人。

突然，有人大喊："亦大师，您怎么了？"

只见亦失哈站在舵轮前，身子晃了晃，一下子就要晕倒的样子。众助手们跑上前来，帮他把稳大舵。闻声赶来的田甸大将军一见亦失哈的样子，就知道他是劳累过度所致，于是，命令众桨手轻轻划桨，赶快靠岸。巨船慢慢地停靠在海中的一座小岛上，这时天色渐渐地黑了下来，海上也起了迷雾。田甸大将军问亦失哈说："师父，咱们就暂在小岛上歇歇吧。"

亦失哈因修船劳累，又航行数日，身体不支，已是昏昏欲睡的样子。他说："就依你的话，在此小住。我很快就会恢复过来的。之后，咱们再往深海里走一走，看看船的实际载重量如何？"

田甸率众兵勇在海岛上猎来海鸟和一只马鹿，网来一大槽盆鲑鱼（大马哈鱼）、带鱼、小青鱼和海蟹子，当即在荒岛上燃起篝火，烤野牲和海鱼为晚餐。大家以白水代酒，在月下饱餐一顿。

次日，亦失哈身体刚转好，就催促田甸大将军去深海去兜一大圈儿，检验大海浪中船的质量。

田甸大将军非常尊重亦失哈，立即下令，吃过早饭，便开动大船，向深海行进。这时，突然间狂风大作，浪涛掀起有十多丈高，涛声像万马奔腾、天崩地裂一般，大船就像一叶小舟一样，在大海中随风飘荡。这大风足足刮了三天三夜，这大浪拼命地拍打着这艘突然闯入的巨船。即使这样，亦失哈仍然双手紧握舵把，在大海中足足绕了二百余海里，大船在惊涛骇浪中经受住了颠簸和冲击，很是坚固不损。

这一天，狂风渐渐地退了，天上的乌云也渐渐退了，并露出了湛蓝的晴空。船上的人个个都欢呼雀跃，巨船进海一试完全合格了，燕王的夙愿实现了，我们探道的差事也完美地实现了，早早返回阿什哈达船厂，也该速去燕京报喜。

这天，巨船返航，又进入萨哈连出海口，行至数日前经过的莽阿禅阿林崖下，大伙高兴地呼喊："莽可禅阿林，我们回来了！"莽阿禅阿林是元代以来设立的水路要隘站口，两侧山势峭陡，水流甚速，唯有一个天然的大壑口，所有行船都只能紧靠这个平坦壑口停靠。亦失哈远望到前边隐约中显出莽阿禅阿林高崖下一处大壑口，忙摆动大舵，想让船停在壑口处，又传告众舱划桨手，按令划动。可是，这时亦失哈就感觉脚下的这艘船不怎么听使唤，船又显得沉重、滞留，调令十分不顺遂，心中就不由得一惊：坏了，这巨船又有了大的故障，船又有病了。

亦失哈头脑中刚有这个想法，突然，船舱下的巡检工又慌张跑上来，喊田甸大将军说："船下底舱，已有三个大舱进水！水渗甚多，有沉船危险！"

亦失哈也听到了喊声，便大声说："此处高崖停船甚难，浪太大，流速大，巨船不宜马上停靠！田大将军，你速速带众兵丁跳水上岸！"

"师父，您怎么办？"

"不用管我。我必须设法把大船停在崖下，不能任巨船顺水冲下。否则，这船就会被海浪冲碎，完全被冲入大海中去！我要找出船上出事的

第二十二回　新巨船试航屡遇险　明船厂史料留踪影

原因！"

田甸大将军知道形势紧急，不能犹疑，迅速命令所有船上兵勇一律跳水游到右岸山崖下汇聚待命，田甸也随着众兵勇跳入了江中。巨船在亦失哈驾驭下，一直冲向下游，绕过江湾不见了。

田甸心中很是焦虑。上岸后，安排好众兵丁在崖下搭帐篷歇息，自己率十名亲随从右岸沿江下行，徒步在林中穿行，跨涧过沟，到下游去寻找亦失哈。田甸想：凭亦失哈的技能，绝不会让巨船顺水冲流这么远，必定将船引入某个河汊里，唯有这种办法才能保护船体，可是，任水冲流巨船怎么能停靠岸边呢？

田甸大将军真判断对了。

亦失哈凭借他驾驶巨船的本事，使已经渗满水的船缓缓冲入右侧的一个小河汊子里，因河汊水浅、河窄，巨船冲入河滩草丛之中，把地犁出一道长沟。

田甸大将军率众兵丁终于寻到大船，泅水到了对岸，上船到处喊亦失哈，就是没有回声。众人在船上各舱中寻找，后来才发现亦失哈正潜在已经灌满水的底舱里在忙着什么、寻找着什么。

亦失哈见众人来了，忙对田甸大将军说："你率众兵先回奇德力吧，我在这里再仔细寻找渗水的原因。"

田甸大将军坚决不肯："怎么能把您独自一个人扔在这里呢？不行，有难同当，我们帮助您一起找原因。"

"找巨船渗水的原因，不是一时半会儿能查清楚的。我给你们做个小船，你们坐船先回去。或者，这一带部落有马匹，你们招募马夫，收买一些马匹，骑马回奇德力去吧，不要这么多人都白白在这里，与我一起遭罪。"

田甸大将军细想一下，也有道理，便决定自己领几个得力的兵勇留下陪亦失哈在河汊子的大船上继续忙碌，大多数兵丁由小头领盖特带领在当地部落收买一些马匹，骑马返回奇德力大营。

※※※

真是老天不负有心人啊。亦失哈终于又找到了这艘巨船出事的症结。亦失哈拿出一个小瓷盆，盆中装有水，让田甸等人看："我可抓到'贼'了。在萨哈连出海口和海里，有这些强盗害得咱们好苦啊！"

田甸大将军和众人看到瓷盆里发浑的水，也没有什么其他的东西，便奇怪地问："什么强盗？在哪里啊？"

亦失哈手拿一根小草棍往水里一插，指着盆底说："我也是长这么大头一次见识它。你们看：它很细、很长，有点黑灰色，丝线状，在盆底爬动着！这是一种专门侵蚀船体的黑线虫。过去，我听先祖讲过，海中有这种线虫，细长，非常贪婪能吃，见到木底大船，就像一个个小钉子一样，把嘴叮住船底，吃船缝里的捻线棉麻。这样就是再大的船也能给你穿通，船就渗水，长时间后船就解体了。别看这些小虫又细又小，可它叮进去后，再也不出来，在船木中吃住生活，一直到死。小线虫一多，就像千万根针，把船扎成千千万万个小细眼，像筛子似的。船还能在水上浮动吗？能不沉吗？这次船出事，就是这些小贼们惹的祸。真是吃一堑长一智。这次出海，我真正学到不少祖传都没有传到的宝贵知识！"

亦失哈让大家到帐篷中去好好歇息，不要乱走，因为山中的野熊、豹子很多，小心伤着。他虽然这么说，可是他却背着小包袱进山了，晚上才回来，背回一包野草。

田甸很吃惊，不知何用。亦失哈说："这是乌头叶、乌头根，这是大麻茎、大麻根和须，这是短命草，这是断魂藤，都是有毒的草药，你们谁也不许动。这个短命草，别看它棵小、小圆叶、像浮萍，可它有大毒！野兽、长虫都认识它，从不敢到它身边去，一旦吞进它一个小圆叶，放嘴里没有什么

第二十二回 新巨船试航屡遇险 明船厂史料留踪影

怪味,可不过半袋烟的工夫,你就发困想睡,接着嘴吐白沫、出哈喇子,然后就伸腿回老家了!我要做治线虫的药,泡在我家祖传的'固船膏'之中。这回,我的造船捻子个个有剧毒。这些线虫就不敢再去叮、再去钻了。"

亦失哈当夜不让任何人靠近草药筐,只是他一个人在一个小窝棚里边切边捣,用药草汁浸泡他的"固船膏"。一连忙了两天,在外边晾干之后,亦失哈又到深山采来一些草药,熬成汤汁,让每一人都喝三大碗,说是解毒防毒的如意汤,他也一同喝了。接着,他便开始重新修补大船。凡船体接水部分,亦失哈完全不漏地在船板接合部位,全重新用药捻再补捻进去,忙碌了十日,方全部竣工。这时,田甸大将军早飞马传召奇德力大营人返回这里,于是,船又按时开动,顺利返回了阿什哈达船厂。

为了深入研究造船技艺,亦失哈让田甸大将军在离江边较远的山坡上,给他搭了一个桦树小茅屋,里面挂满了狍子皮,这样可以挡风保暖,小屋里搭了个大火塘,火塘里燃烧的大木头桩子,日夜不断。烟大时,烟可以直接从桦树屋顶棚的隙缝间飘散出来,那是一个一个的小洞,人称桦树屋"天洞",一边飘烟,一边可以看到天上的星星和月亮。

每天晚上,亦失哈就在这间桦树屋里。聚精会神地将他先祖时代,到他与田大将军一起造船,又两次试水,走江走海所遇的种种风险和感受,来一个全面的反思,归纳校正,重新修改充实,最后,完成一部新的《亦氏船经》。

※※※

夜,渐渐地深了,亦失哈在自己的小桦树屋内,安静地写他的《亦氏船经》。

《亦氏船经》,都是刻写在薄木片上,这是北方民族独创的一种书写手艺。亦失哈要先筛选出一块一块的长条小木片,然后用狍皮绳穿好,这便是供他刻写《亦氏船经》用的。他先在一片一片的薄木片上写好,又把写好的木片穿好,钉在一起,呈帘形的《亦氏船经》歌诀就做成了。

每写好一串,他就把它放进自己制作的经匣之内。这是他亦氏家族的陈规旧律,每修订一次《亦氏船经》,修订人均要刻木成帘,装入匣内。这样的木匣要义,他已藏有七匣,成为亦氏造筑船舶的珍贵函笺。后世传于世上的萨哈连船经,便是这个底本。从我国元代末年,传于明代,又传入了清代。清末为黑龙江省瑷珲镇汉军王姓获得。王氏家族也是几代黑龙江萨哈连帆船世家,谙熟黑龙江的风浪、港湾、岛礁、浅滩,亦称又一承袭"船王"之家。当然,这是后话。

《亦氏船经》传于世上,文字与图绘仅留下遗物。此图内容,系讲述人朱伯西我于1952年、1953年两次访问黑龙江省瑷珲王氏家族的调查手抄记录。我们称之为中国北方最原始的古船筑造记录,可以称为"古舟要诀"。

《亦氏船经》

亦家船,海娃传。

迫金元,声名显。

荷包船,元宝船。

古有名,八百年。

其形两首尖,贵在肚儿团。

匡正平衡度,把舵方安然。

广求天下料,逍遥水中仙。

神母赐神球,性癖水中游。

精诚百千代,浪剑涛矛柔。

采撷天下料,务在材中求。

四肋材、三肋材、二肋材、一肋材。

第二十二回　新巨船试航屡遇险　明船厂史料留踪影

朱伯西我说到这儿，还要特别赘述几句。

从民间口传文学的讲述来看，最早造船的地方是吉林市。这也完全与本部书的记载吻合。其实在《辽东志》卷九外志有着非常明确的记载："建州，东濒松花江，风土稍类开原，江上有河曰稳秃，深山多产松林，国朝征奴儿干，于此造船，乘流至海西，装载赏赉，浮江而下，直抵其他，有敕令兀者卫都指挥琐胜哥督守。"

稳秃河就是今天的温德河（也称温道河、温特河），在现在吉林市一中的南侧注入松花江，河口东距阿什哈达摩崖约十公里。历史上的琐胜哥和康旺、佟答刺哈、王肇舟等都是经营海西地方的著名人物。这一记载说明了明代在松花江造船的地点，就在建州，就是今天吉林市松花江一带。所谓"流至海西装载赏赉"，是指在海西宾州站（今农安东北靠山乡新成大队广元店古城，即过去所谓的"红石垒"）装载赏赉，浮江而下，直抵奴儿干。另外，根据《柳边纪略》卷一的记载，在清代"小乌喇（今吉林市）尚无造船之命"以前，人们在打井时发现过"贩船板及锈铁钉"等。再加上后来骠骑将军辽东都司都指挥使刘清在阿什哈达的摩崖文字和文献史料，以及出土文物等，都一致地证实了今天吉林市松花江一带，就是明代造船厂的所在地。

所以说，上述史料中的建州就是今天的吉林市，是海西女真头目兀者卫都指挥琐胜哥的管辖范围，而不是建州女真头目阿哈出等人的边境。这些史料也足以证明，吉林市原是海西女真的居地，而不是建州女真的居地。再加上亦失哈就是海西女真人，更加说明满族传统说部民间故事的史源性。

※※※

时间像流水一样，转瞬间六年的时间过去。

亦失哈一头扎到祖传的宝卷中，是起早贪黑地研究和设计各种的亦家宝船。亦失哈吃了多少苦、受了多少累，有多少个日日夜夜没有睡个囫囵觉，只有他自己知道。

在这六年的时间里，神雀五子呱呱叫着围绕在亦失哈的身边。而亦失哈的造船技艺是大有长进，脑子也是越使越活。亦失哈按照宝卷上的图纸所示，还会举一反三，按照相应的比例，用实木打制成一个个非常精致的大船模型。

亦失哈绘图、选材、煨船、胶板、竖帆，制造各式各样的帆船模型，什么长途巡航厨师百肴造饭舰呀、待客艺舞迎宾舰呀、万货安放载运舰、牲畜鸡禽喂养物备料舰、载千员兵将万里运兵舰，等等。田甸大将军和副都指挥使吴信看着这一件件彩帆飘扬、威风凛凛、风帆各异、各有所用、各有所专的大船模型时，无不喝彩。田甸大将军说："马上跟燕王，不，给当今天子送去贺喜！"

田甸大将军派专人进北平送宝船模型暂且不说，单讲燕王朱棣经过六年的时间是怎么成为天子的。大家是有所不知，在六年的时间里，朱棣也是经历了自己人生的大悲大喜和大苦大难，可以说是九死一生。

※※※

洪武三十一年闰五月初十（1398年6月24日），朱元璋驾崩于应天府，下遗诏："皇太孙允炆，仁明孝友，天下归心，宜登大位。诸王临国中，毋至京师。诸不在令中者，推此令从事。"

遗诏一公布，皇太孙朱允炆即位，他就是历史上的建文帝。年轻的建文帝自幼熟读儒家经书，书生气十足，再加上他所近之人翰林学士黄子澄、兵部尚书齐泰、翰林侍讲方孝孺多怀理想主义，自己又毫无国政经验，这样他怎么能比得上自己那些雄才大略的叔父们呢？特别是燕王朱棣。当时燕王朱棣不仅在军事实力上，而且在家族尊序上都成为诸王之首。

第二十二回　新巨船试航屡遇险　明船厂史料留踪影

建文帝自己没有意识到这一点，但不代表朝廷的忠臣没有意识到。其实，建文帝五月登基，到了六月时，户部侍郎卓敬就秘密上书，说："燕王知虑绝人，酷类先帝。北平形胜地，士马精强，金元所由兴也，宜徙封南昌，万一有变，亦易控制。"

什么意思呢？简单地讲，就是皇上你应该对朱棣先来一个调虎离山，削弱他的兵权和实力，万一有变，你容易控制他。但是户部侍郎卓敬秘密奏折没有得到建文帝的采纳。虽然建文帝接到奏折的第二天，召见卓敬，但是卓敬一听建文帝："燕王，朕骨肉至亲，卿何得及此"，心就凉了一半，立即叩头，并语重心长地说："臣所言天下大计，愿皇上察之。"

"梆梆梆"连连磕响头。

朱允炆根本没把户部侍郎卓敬的话放在心上，说："卿休矣。"意思是你回去吧，我该休息了。户部侍郎卓敬碰了一鼻子灰，打道回府了。

到了七月，周定王之子朱有爋，不知哪根筋错了位，他告父王朱橚谋反，并且在奏折上还连带着燕王朱棣、齐王朱榑和湘王朱柏。朱允炆拿着这朱有爋的奏折是六神无主，心说：我可如何是好啊？他这才把兵部尚书齐泰和翰林学士黄子澄秘密召入宫商讨此事："两位爱卿，你们看这事该如何是好啊？"

翰林学士黄子澄认为，朱棣是最棘手的敌人，因此在行动上要小心谨慎，不要急于求成，先铲除其手足，而后，再一举拿下燕王朱棣。朱允炆和兵部尚书齐泰也感觉翰林学士黄子澄说得有道理，就依此行使。但是，他们这样一番举措，反而给燕王朱棣集结部队留下了充足的准备时间。

朱允炆命曹国公李景隆以备边为名，出其不意到达开封，突然包围王宫，将周王朱橚押回应天府。要不说，秀才造反三年不成呢。建文帝一看他们把自己的叔叔朱橚这么容易就押回来了，还想找点借口把他放了呢。兵部尚书齐泰和翰林学士黄子澄坚决不同意。建文帝还是犹豫两日，遂废朱橚为庶人。到了建文元年四月，湘王朱柏、齐王朱榑、代王朱桂、岷王朱楩等诸王先后被削夺，除湘王朱柏自焚外，其余都被废为庶人。一年之内在五个举足轻重的藩封被废之后，燕王朱棣便成了下一个目标。

这时，朱允炆感觉时机成熟了，就号令张昺为北平布政使，谢贵、张信掌北平都指挥使司，以谢贵控制北平，另以都督宋忠、徐凯、耿瓛屯兵开平、临清、山海关一带，并调检燕府护卫军士，加强对燕王朱棣的防范措施。

朝廷的这些变动，怎能逃过燕王朱棣和徐彩凤的法眼呢？其实，朱棣早在父皇朱元璋驾崩之时，就跟朱允炆使了一个障眼法。遗诏中不是说了嘛：诸王临国中，毋至京师。

朱棣不能灵前戴孝，便马上派自己的三个儿子世子朱高炽、次子朱高煦和三子朱高燧入临京师，替他在父皇灵前尽孝，而且让他们直接留在了京城。朱棣这着棋太高了。他以此举向建文帝朱允炆表明忠心：我三个儿子都在你身边呢，我能有谋反之心吗？

再加上朱高炽、朱高煦和朱高燧从小和朱允炆一起长大，亲如兄弟，这也在无形中给新登基的建文帝打了一个糖衣炮弹，从而也放松了对朱棣的警惕。

实则，朱棣把三个儿子派到朱允炆身边，也是私底下观察朝廷的变化，他好在燕京掌握整个大明朝的动态。

俗话说，道高一尺，魔高一丈。燕王朱棣一看五王都被拿下了，矛头直指自己。这时，兵部尚书齐泰又将燕使邓庸下狱审讯，具得朱棣将举兵反状，于是乃发兵逮燕府官属，并密敕张信逮捕朱棣。张信为朱棣旧部，此时遂降朱棣。朱棣随即为备。到了七月，朱棣一看形势不妙，就设计装病，装疯卖傻，并让人上奏折，乞求建文帝让三个儿子回归北平。兵部尚书齐泰欲遂收之，但是翰林学士黄子澄却说："不若遣归，使他不疑。"

就这一句话，坏了。让翰林学士黄子澄万万没想到的是，他们刚把朱高炽、朱高煦和朱高燧遣还，朱棣欣闻自己三个儿子都回来了，于是高兴地说："吾父子复得相聚，天助我也。我何不以遵祖训、诛奸臣，为国靖难，举兵出征！"

第二十三回

靖难役朱棣登宝殿
亦侯爷入宫勤学礼

朱棣的这三个儿子个个都了不起。世子朱高炽也就是后来的明仁宗，生性端重沉静、言行识度、喜好读书，自幼接受武术和儒家学术的正规教育。虽然朱高炽喜静厌动、体态肥胖、行动不便，但是他在武术上非常有造诣，且藏而不露。朱棣起兵靖难，命朱高炽留守北京。朱高炽团结部下，以万人之军成功地阻挡了建文帝的大将李景隆的五十万大军，保住了北京城。这一战役对整个靖难之役，都具有极其重要的意义。这也足以看出朱高炽深知用兵之道。

次子朱高煦自幼生性凶悍、尚武。燕王朱棣起兵靖难，朱高煦随军出征，经常作为前锋。一次，朱棣兵败东昌（今山东聊城），大将张玉战死，朱高煦率军赶到，击退南军，将朱棣救出。他是朱棣身边难得的一名虎将。

三子朱高燧也是能文能武的一名虎将。此时，已无后顾之忧的朱棣是以遵祖训、诛"奸臣"齐泰、黄子澄，为国"靖难"为名，举兵誓师出征，发生了这一场持续三年的、血腥的军事对抗。这就是历史上著名的"靖难之役"。

战事之初，因北方诸将多为朱棣旧部，降朱棣从战者甚多。朱棣军先后下通州、蓟州、怀柔等城，但是后续的战势，朱棣也多次是危在旦夕，死里逃生。朱棣毕竟是马背上锻炼出来的一代枭雄，建文帝终究不是他的对手。最后，在建文四年（1402）六月，江防都督陈瑄以舟师降燕，燕师渡江，下镇江，直逼南京。谷王朱橞与李景隆开金川门降，南京城陷，宫中火起，朱允炆不知所终。

朱棣攻下南京后，于1402年7月17日即皇帝位，但不是继承朱允炆的帝位，而是继承明太祖朱元璋的帝位，同时废除建文年号，把建文四年改称洪武三十五年。

朱棣这个人也是非常狠的。他登基后，马上就展开了清除异己的报复行动。不知道朱允炆跑哪去了。朱棣就下旨让朱允炆的三十九位妃子自焚，你可以跳火坑里去，你也可以跳井，你也可以上吊自杀，反正是你不能活。

第二十三回　靖难役朱棣登宝殿　亦侯爷入宫勤学礼

谁也没想到平时看着非常温和的朱棣，这时突然变得这么狠了。

朱允炆身边的两个大臣兵部尚书齐泰和翰林学士黄子澄，是朱棣亲自拿刀给杀的。另外，朱棣在攻占南京后，左佥都御史景清行刺未遂，朱棣下令夷其九族，尽掘其先人冢墓；又籍其乡，转相攀染，致使村里为墟。翰林侍讲方孝孺更惨，因他拒绝为发动"靖难之役"的燕王朱棣草拟即位诏书，而大书"燕贼篡位"四字，朱棣命人将方孝孺磔〔zhé〕刑处死。

什么是磔刑呢？它是古代一种最残酷的刑罚，割肉离骨，断肢体，再割断咽喉。它是要多残酷有多残酷。行刑前，方孝孺是视死如归，高呼："天降乱难兮，孰知其由？奸臣得计兮，谋国用猷。忠臣发愤兮，血泪交流，以此殉君兮，抑又何求？呜呼哀哉，庶不我尤。"

朱棣得知方孝孺赋绝命词而死，气得暴跳如雷，一道令下，方孝孺十族被灭，谪戍者八百七十三人，外亲坐死者复千余人。

此时的朱棣浑身都充满着杀气，凡是反对他的，轻者，一律斩首。重者，株连九族。他的这种清除异己的残暴行为，不但引起中原汉人的不满，而且让北方少数民族也对大明朝的统治产生了不满和抵触。

正在这个节骨眼上，亦失哈研制出来的一件件宝船被田甸大将军运到了应天府。朱棣看到这些风帆各异的大船模型时，眼前就是一亮，连连称赞道："这真乃是天人共贺的大奇迹啊！朕自登基以来，这是我收到的最好贺礼。彩凤啊，朕必须到阿什哈达船厂亲眼巡察一番。这六年来，虽然有书信来往，但不知亦失哈到底怎么样。他们肯定吃了不少的苦，受了不少的罪啊。"

朱棣一提出要北巡，徐彩凤马上就同意了。因为徐彩凤也感觉朱棣现在杀气太重，应当换一换环境，也许能改变他身上的戾气。朱棣提出来还是私访，不能太招摇过市了，免得节外生枝。徐彩凤想想也是，就同意了。此行，他们带来数千名精兵侍卫。

※※※

  书说简短。永乐元年，朱棣和徐彩凤再次来到松花江畔的九龙山和阿什哈达船厂。

  朱棣和徐彩凤在九龙山紫霞观举行了隆重的祭拜之后，就在紫霞真人和一心道长的陪同下，乘船逆流而上。朱棣站在江船上，远望松花江两岸古松和遍地开满的鲜花美景，触景生情。

  此时，亦失哈和田甸大将军等人，带领着所有兵丁在船厂岸边列队相迎。群臣礼毕，亦失哈头前带路，领着朱棣、徐彩凤还有蓝大姑、万福山、察尔法，先对整个船厂视察了一遍。朱棣和徐彩凤看到堆积成山的松木、冶炼好的生铁，无不点头称赞。视察结束后，众人又在屋内就座。现在徐彩凤虽贵为皇后了，但是她对蓝大姑还是那么的亲切，奶娘长奶娘短地叫着，对紫霞真人也是格外的热情，每说一句话都是真人不离口。一心道长和雅克娜则是侧座相陪。女人聊女人的事、男人聊男人的事。

  亦失哈和田甸大将军向朱棣详细汇报了船厂建设过程中的诸多问题。相隔六年的时间，该说的话太多了，说着说着，天色就黑了下来。晚饭，蓝大姑让雅克娜带人做了一桌丰盛的松花江鱼宴大餐。什么鳊花、鲫花、鳌花、哲罗、法罗、雅罗、胡罗、铜罗、鲫瓜子、嘎牙子、鲤拐子、柳根子、川丁子，等等，凡是松花江里盛产的"三花五罗十八子七十二杂鱼"都上来了。朱棣是越吃越爱吃，越聊越开心。

  一眨眼七天的时间就过去了。朱棣和徐彩凤不但对整个阿什哈达船厂有了全面的了解，同时，他们还通过田甸大将军对整个漠北各部落间正在悄然形成的一股反明势力，有了一个更清醒的认识。

第二十三回　靖难役朱棣登宝殿　亦侯爷入官勤学礼

※※※

这天晚上，朱棣再一次向徐彩凤提出："彩凤啊，我真的不想走了。现在亦失哈已经研制出来了许多的宝船，我想亲眼看着这些精制的模型变成真正的大海船，而后，我带人把漠北的这股反明势力彻底铲除，以除后患。"

徐彩凤摇了摇头说："前两天，紫霞真人私下跟我讲，北边早晚还有一仗，现在看起来，已经有兆头了。你应该把他们归附过来啊。该文攻的文攻，该武攻的武攻。你光用武的也不行啊，你还得智取。这么多事，都摆在你的面前了，你都没研究呢。你的事太多了，我不同意你留在这。"

"紫霞真人还说什么了？"

"真人还说了，吉人自有天相。现在天上的紫微星虽然很亮，周围也有不少的辅星，但是北方空中还是灰蒙蒙的，有些星还没有陨落，而且还有几颗小亮星。这说明北边还有元朝的力量。北边的好几个民族、好几个部落，它们也是天上的星星，必须也有自己的威望与势力。真人说，咱们得想办法让自己的紫微星旁边一片平安，这可不是一年两年的事，快则三五年，慢则可能还需要百年之功。你现在许多事还没有办呢，你得安排一下朝廷的事啊。现在你杀了朱允炆的几个大臣，那边的大臣怎么定？定谁？谁来管事？另外，你是在应天府坐殿呢，还是继续在北平坐殿呢？你迁都不迁都？你得定下来啊！你不能再拖了，要不然，你稳不住民心啊。事这么多，你议而不决，容易出事。"

朱棣想了想说："对，你说得非常对，我应该回去。"

徐彩凤说："我看北边的情况，我不同意武力征服。以武治武不是办法。我们平定北方，现在看起来，察尔法这个人挺会处世，原来他先把这些人给聚起来，别再相互打仗，大家以和为贵。如果咱们也这样，大明朝也不会动武，多好啊。咱们大明朝的兵可以去，去的目的是让他们更加团结，并与大明朝建立更好的关系。咱们给他们粮食、布帛等等，也让北边的人民少受刀兵之苦。咱们回去再商量这事。派谁好？怎么去好？现在最让人高兴的是，咱们现在能造出自己的大船了。征服北方的东西，不是靠刀枪，是需要安抚的。要安抚，就得有安抚使啊。咱们得造舟船，往他们那边去啊。这个工作看来是亦失哈来完成的。咱们得赶快带亦失哈回宫，让他快快学习，以后好解决这个问题。"

朱棣说："我也正有此意。让亦失哈尽快学好宫廷的规矩，而后，替朕出使北疆。我现在发现，我是越来越喜欢他了。但是亦失哈走了，这里的船厂怎么办？"

徐彩凤说："让田甸大将军留在船厂继续扩充造船木材，他最熟悉这里的情况。"

"对，就这么办！"

※※※

第二天，朱棣口谕圣旨，田甸大将军留守阿什哈达船厂，继续采运木材。朱棣、徐彩凤带着亦失哈返回燕王府。亦失哈到了宫里之后，学的东西太多了。首先，他学的是宫礼。一个庶人到皇宫后，一定要学宫礼。宫礼是非常复杂的。礼仪啊，就是待人接物，学语言、学文化。因为亦失哈是女真人，所以朱棣和徐彩凤头两年，让他进翰林院学习。亦失哈进去后啥也不懂，简单的文字倒是懂一些，但是往深处研究就不行了。所以前两年，亦失哈就学文化和礼仪。

另外，亦失哈还得学军事、学武术。好在亦失哈从小跟紫霞真人和一心道长学过一些拳脚，所以，他在武术上面进步非常快。什么硬功、轻功、水上功、地上功、马上功等，他都练。同时，亦失哈还要掌握一些军事指

第二十三回　靖难役朱棣登宝殿　亦侯爷入宫勤学礼

挥的事，有些部队的号令，他必须要掌握，包括一些军事战法、技法等。

这人也怪了，亦失哈练得越刻苦，朱棣、徐彩凤和蓝大姑对亦失哈的要求越严格。为什么呢？因为朱棣、徐彩凤和蓝大姑对亦失哈寄托的希望太大了，总是希望早一天，让亦失哈以侯爷的名义代表皇上、皇后，带兵北上，以特使的名义去北巡。这也是代皇帝出去啊！他的身份是一人之下、万人之上，所以，亦失哈必须要有充分的准备。正是由于亦失哈在宫里这几年的充分准备，才有了后来他八次北巡奴儿干都司，在历史上留下了丰功伟绩。

光阴似箭、日月如梭，转眼三年的时间过去了。

此时，朱棣家里的许多事也都敲定了。他是有事早奏、无事退朝。徐彩凤马上为小豹子刘清和刷彦亦尔哈张罗举办了一场隆重的婚礼。这真是有情人终成眷属。此时，小豹子刘清已功升为山西都指挥佥事，成为防守北边、独当一面的正三品的司令官。所以小豹子刘清和刷彦亦尔哈举办婚礼的当天，满朝文武都纷纷前来祝贺，场面是非常的热闹。

等到酒过三巡，菜过五味，朱棣也有点喝到量了。他问察尔法："最近乞烈迷罕王的近况怎么样？"

察尔法说："皇上，今年巴拉特原本想向朝廷多进贡些物品，都装上了木筏船。可是，他们刚一出海，就突然刮起了大风，风大浪高，把好几艘木筏船给打翻了，贡品全部沉入大海，人员也无一生还。"

原来从金元以来，历朝航海家全靠百尺帆船，行进在松花江、黑龙江、混同江到黑龙江出海口。按过去算法，这就是二千八百多海里的距离。如果要通过鞑靼海峡到对岸的库页岛，经过九海里，这期间完全不能用江上的帆船，因为海浪非常高，高的有五丈多，这还是风平浪静的高度。一旦风大海浪超过十丈以上，渡海的时候只能用百棵原木编成木筏子，而且木筏子为了坚固都得是三至四层，要经过百人以上的力量，在海中划行才能平稳地渡海。往日如果从库页岛到中原去进贡，不用说长途遥远，就是直接渡海跨江也足足需要半年时间,而且都是秋天去,第二年才能回来。最头疼的就是渡海跨江。没想到,今年乞烈迷罕王巴拉特在朝贡的时候出事了。这件事对于朱棣来说还是头一次。原来到北疆去,看来还是船的事。酒席宴上,朱棣怕扫大家的兴,就什么都没说。

转过天来,徐彩凤在了结刷彦亦尔哈和刘清这桩婚事之后,心里舒坦多了,但是她满脑子还是北边的事。

徐彩凤回到后宫后想了半天,就对朱棣说:"我最挂念的还是北边的事。现在老天帮忙,皇上您得到察尔法,通过他把元代藏的铁器等秘藏的东西都弄了出来,真是如虎添翼,所以,咱们应该让亦失哈早点去北边造船。"

"我也正有此意。只是亦失哈正在学习和操练指挥打仗的诸多兵法战技的关键之时刻。待他完全掌握后,即可让他以钦差太监的身份返回阿什全力造船,待到巨船船队成形后,即刻替朕巡江漠北。"

"好吧,再好的饭也得一口一口地吃啊。"

※※※

两年的时间眨眼就过去了,时间就到了永乐五年(1407)。这两年,亦失哈在指挥打仗上练就了一身过硬的军事本领。正当亦失哈准备甩开膀子大干一场的时候,徐皇后徐彩凤病逝了的噩耗从后宫传来。亦失哈闻讯,号啕大哭,好几天都没有缓过神来。亦失哈满脑袋除了徐皇后对他的好,还有就是徐皇后对自己的叮嘱。

亦失哈想:我不能让皇上到处操心啊。我最惦记的,就是皇上惦记的。现在最主要的是什么呢?就是怎么才能治住北方的这些水。北方的祸水,都是北方少数部族闹的,还有就是大元的降将给挑拨的。凭我这本事,我怎么也得对得起死去的徐皇后,也得对得起当今的皇上。现在我别的不行,

第二十三回　靖难役朱棣登宝殿　亦侯爷入宫勤学礼

我惦记的还是把船给造出来。另外，最近一段时间，鲁班爷总是到我跟前儿，跟我讲了许多事情。我现在所掌握的东西，都是鲁班爷传授给我的一些资料。"

这时，亦失哈所想的都是以朱棣提出的标准和理想，作为自己的奋斗目标。整个说起来，永乐五年以后，一直到七八年的时间，亦失哈主要就是忙活船的事。

※※※

随着年龄的增长，亦失哈的身体已经变样了，忄各也改变不少，说话的声音都变了，不像以前一样说话"吼哈"直叫，像个男子汉的样子，现在说话完全像个女人声。他现在吃得也不像男子汉，吃得非常少，而且是粗茶淡饭。亦失哈也是想办法增加自己的饭量，不用别人来催，自个逼着自个来咽。他觉得：自个不咽不行，我得增强体力，我要为皇上活着，为皇上造船，我不能自己先走了，我现在身子太弱了。宦官给他个人身体上造成的伤害，他克服了百分之百、千分之千的困难来进行造船，整个身心都陷到这里来了。

这一天的清早，朱棣传亦失哈觐见。这样，侍卫太监就把亦失哈传到了宫里。亦失哈给皇上磕头，问："皇上，您有什么事？就盼咐奴才做什么。"

朱棣说："亦失哈，我现在问你，你应该做什么？你现在觉得朕心里最惦记的是啥事，也就是你应该做的事。"

亦失哈说："皇上，奴才明白了。您现在最惦记的事是对北边疆土的治理，这是徐皇后她老人家提的事。您现在惦记的就是这件事。说实在的，奴才我是分分秒秒都把它放在心上。这些日子，我都是在做这件事。现在一切都行了，万事俱备，只欠您下旨了。"

"好啊！朕现在就下旨封你为御前太监、漠北船王，代表朕分抚北疆。"

"奴才，接旨！"

※※※

这里朱伯西我必须得给大家简单介绍永乐帝一生对北疆北元残余势力的五次北征。

洪武二十一年（1388）脱古思帖木儿战败后，蒙古分裂为鞑靼、瓦剌和兀良哈三部分。自脱古思帖木儿五传至坤帖木儿时，被鬼力赤杀害，去帝号自称可汗，从此以后，不用元的国号，称之为鞑靼。因为鬼力赤不是元帝的后裔，诸部不服。十五世纪初，蒙古阿苏特部领主阿鲁台崛起，自称太师，永乐六年，袭杀鬼力赤，迎坤帖木儿之弟本雅失里为可汗。鞑靼部的阿鲁台、本雅失里在呼伦贝尔草原聚集起来以后，积极反明。到了永乐七年（1409）六月，本雅失里不但杀害了明使郭骥，而且还袭击了兀良哈各卫和边境之地，因此，永乐七年七月，朱棣派大将军丘福率领大军十余万北伐，征讨本雅失里。朱棣万万没有想到，当年八月，丘福在胪朐河（今克鲁伦河）战败，全军覆灭。朱棣接到战败的战报后，马上决定大征天下兵马，亲征漠北，仅用一个月的时间，就征召天下兵马计十一万五千人。永乐八年二月，朱棣大举亲征，出征大军"东西绵亘数十里"，声势浩大。他们过玄石坡、禽胡山、广武镇（皆在今内蒙古锡林郭勒盟查干诺尔西北），就到了胜岗和平漠镇。本雅失里一听说明朝大军已出塞口，非常恐惧。他想同阿鲁台一起西走，但是阿鲁台不同意，他们就耗子动刀窝里反开了，内部就打乱仗了，互相残杀。等到朱棣率领大军赶到的时候，本雅失里已经西奔而逃，阿鲁台则东奔而去，剩下的部落也纷纷离散。本雅失里逃到兀古儿札之地，由此西奔瓦剌。

朱棣率军亲征到鄂嫩河时，你说巧不巧，正好与本雅失里率领的逃军

第二十三回　靖难役朱棣登宝殿　亦侯爷入宫勤学礼

相遇，二话没说，两军就战在一起。本雅失里率领的这帮逃兵哪能是明成祖朱棣的对手啊，打不过，就跑吧。本雅失里战败而逃。朱棣一看本雅失里大势已去，就班师回京。

哎，这真应了老百姓的一句俗话：不打勤的，不打懒的，专打不长眼的。就在朱棣班师回京的途中，自不量力的阿鲁台又聚众追击明军。你说这还有好？明成祖朱棣正愁找不着阿鲁台呢，"正好你来了，给我狠狠地打！"

明成祖朱棣圣旨一下，明军像出笼的野兽一样，一鼓作气打败阿鲁台，追奔出一百余里，就到了长秀川。刚刚还不可一世的阿鲁台，此时是丢弃辎重、牛羊、杂畜，满遍山谷。阿鲁台的手下不扔能行吗？整个明军往死里追他们。阿鲁台为了保命，只能是该扔的都扔了，只顾玩命地跑了。

朱棣一看阿鲁台元气大伤，就命令明军停止追击，打扫战场，尽收阿鲁台丢弃的牛羊杂畜，辎重带不了的，就一把火给烧了。明成祖朱棣第一次亲征胜利而归。

再说，本雅失里大败西逃，后为瓦剌的马哈木所杀。阿鲁台也转一大圈，带着残兵败将西逃而去。这时，瓦剌乘机向东发展，进攻鞑靼海峡这块，占据和林。此时，阿鲁台一看自己的地盘没有了，就被迫南走降明。他主动投降了大明朝廷，年年进贡，岁岁称臣。

有道是：没有永远的敌人，只有永远的利益。随着瓦剌势力日趋强大起来以后，明成祖朱棣就感觉到了威胁。朱棣为了平衡北方蒙古内部的势力，就支持阿鲁台发展，封他为和宁王，以此来牵制瓦剌发展。瓦剌的马哈木也不是傻子，他一见明朝支持了阿鲁台，马上就断绝朝贡，彻底跟大明朝翻了脸。

明成祖朱棣那能让吗？这才有了后来的永乐十二年（1414），永乐帝朱棣的第二次亲征漠北。这时，阿鲁台频频派遣使臣向大明朝报告瓦剌的军事动态。明军大败瓦剌于土剌河畔以后，班师回京。

有道是：鹬蚌相争，渔翁得利。

当瓦剌战败后，阿鲁台借大明朝的支持，趁势就扩大自己的势力范围。等到他强大起来以后，嘿嘿，他又停止朝贡。不但如此，阿鲁台还于永乐二十年率兵侵犯兴和（今河北省张北县），兀良哈三卫曾经叛附鞑靼寇边。一时间，鞑靼兵布满辽东卫、广宁卫、山海卫等处，掠夺不断，所以明成祖朱棣决定第三次亲征漠北。

正是由于鞑靼、瓦剌屡附屡叛的原因，故此朱棣在位期间，是五次亲征漠北，扫荡蒙古贵族的割据势力，驰驱数千里，规模之大，时间之长，是朱棣登基之后，明朝在进军东北武力平定北元残余割据势力的同时，对东北女真各部则是以文攻为主，施行不断地安抚政策，并多次派遣官员率领军队，携带"赏赉"远至松花江和黑龙江下游以及图们江流域、长白山一带，招抚女真各部。

明代东北女真各部分布在混同江东、开原城北，东临滨海，西接兀良哈，南邻朝鲜，北至奴儿干于北海，这一片广阔地区。居住在这一地区的女真各部又分为三大部：居海西等地者为海西女真，居建州、毛怜等处者为建州女真，其极东为野人女真。

※※※

早在洪武十六年（1383）四月，海西右丞阿鲁灰遣人至辽东归降，其辖境"东有野人之隘，南有高丽之险，北接旷漠，惟西抵元营"。由此可知，东北海西女真居地已开始归入明朝的版图。据《明太祖实录》记载：洪武二十一年，三万卫（今辽宁开原老城镇）"指挥佥事侯史家奴领步骑二千，抵斡朵里（在今依兰县城西牡丹江口西岸马大屯）立卫，以粮饷难继，奏请退师，还至开原"。可见洪武时期，深入女真地区置卫的计划没有实现，只好撤退到开原（今开原老城镇）置三万卫。

第二十三回　靖难役朱棣登宝殿　亦侯爷入官勤学礼

到永乐时期，随着北元残余势力的被平定和水陆驿站的建立，招抚女真的工作才有了很大的进展。永乐元年（1403），朱棣派遣行人（明设行人司，行人官名，掌传旨、册封等事）邢枢，偕知县张斌等往谕奴儿干，到乞烈迷诸部落招抚。

据《明一统志》记载，永乐二年（1404），邢枢返还时，黑龙江和松花江下游以及乌苏里江流域的女真各部首领相率入京朝贡。明对来京朝贡的女真各部酋长："因其部族，官其酋长为都督、都指挥、指挥、千百户、镇抚等职，给予印信，俾各仍旧俗，统其属以时朝贡"。而张斌却病死在黑龙江流域。邢枢"前后三使奴儿干"为祖国的统一大业做出了重大的贡献。

第二十四回

亦失哈北巡奴儿干
巴拉特心向御膳宴

第二十四回　亦失哈北巡奴儿干　巴拉特心同御膳宴

这么说吧，从永乐元年到永乐六年，在黑龙江、松花江、乌苏里江流域建立的卫所，就有永乐元年（1403）设置的建州卫（今天的吉林市）和兀者卫（在今呼兰河流域）。

永乐二年（1404）设置的奴儿干卫（在今黑龙江口下游恒滚河口对岸特林地方）、兀者左卫、兀者右卫、兀者后卫、兀者托温千户所（皆在今呼兰河流域东西一带）等。

永乐三年（1405），在今额尔古纳河支流的根河流域设置坚河卫，在今海拉尔河流域设置海剌儿千户所。

永乐四年（1406），在今鄂嫩河流域设置斡难河卫，在今绥芬河流域设置速平江卫。

永乐五年（1407），在今乌苏里江流域设置亦速里河卫，在黑龙江上游北岸的博罗穆丹河流域设置卜鲁丹河卫，在今黑龙江和松花江合流附近的突斯克地方设置考郎兀卫，等等。

从永乐元年（1403）到永乐七年（1409）以前，朱棣在黑龙江南北、乌苏里江东西、松花江流域等地，先后建置了一百一十五个卫。随着卫所的不断增设和形势的发展，提出了建立比卫所更高一级的地方政权机关来管理这些卫所的要求，于是，永乐七年（1409），奴儿干地方首领忽剌冬奴等六十五人进京，奏请在奴儿干地方设立"元帅府"，以加强对这一地区的管理。朱棣也鉴于奴儿干地方的重要性，便允其所请，在永乐七年闰四月，在今黑龙江下游恒滚河口对岸特林地方，即元代东征元帅府故地，建立奴儿干都司统辖各卫，并"以东宁卫指挥康旺为都指挥同知，千户王肇舟为都指挥佥事，统属其众，岁贡海东青等物，仍设狗站递送"。奴儿干都司建立后，兀良哈三卫改隶奴儿干都司。奴儿干都司及其所属卫所的建立，标志着黑龙江流域正式归属于明朝的版图，标志着明朝在黑龙江流域统治力量的加强。

此时，整个大明朝在东北的战略布局是，以辽东都司为基地，在松花江吉林造船为交通枢纽，船运粮秣给养，积极经营奴儿干都司。

※※※

要说起"奴儿干"这一带在元代时称弩儿哥，明朝称奴儿干，到清朝称尼噜罕或尼噜干。"尼噜干"为满语，是"画"的意思。单从尼噜干这个名字上，就足以看出这一带风景如画，美不胜收。所以，当时的天子朱棣对整个北疆的统治和治理，更加的关注，这才亲命亦失哈为御前太监、漠北船王，并代表他招抚北疆。

亦失哈接旨后，兴奋不已，马上回去进行临行前的准备。

亦失哈回到松花江畔后，先到九龙山紫霞观拜见了紫霞真人和一心道长，而后，就直接赶奔阿什哈达船厂。年已老了很多的田甸大将军见到亦失哈后激动万分，说："师父，您可回来了，我有太多的话跟您说。"说完命人马上准备酒菜。

田甸老将军边饮酒边听亦失哈说话。亦失哈说得细致，田甸听得认真，喝了多少酒，自个儿都忘记了。田甸越听越觉得此次亦失哈回来，可非同一般。

于是田甸就说："师父啊，我田甸从小在金陵，对洪武皇帝从内心崇敬，我这六七十年的风风雨雨，就是遵照大明朝洪武之愿在辽东开疆、守土、苦奔、苦拼啊！永乐皇帝承袭洪武之声，我田甸万死不辞！我还能与师父携手共进百年，真乃三生有幸啊！"

亦失哈说："是啊，携手百年。"

田甸说："师父，您是皇帝身边的人，您带来了皇帝的恩威，带来了永乐大帝的温暖和关怀，您就发话吧！您说怎么干，咱就怎么干。咱这毛巴木克楞的数千根大红松原木，堆成了木垛海，足有五里地长，这都在等您回来派上用场呢。师父呀，我田甸这些年就是日夜睁着眼睛在守护着这宝

第二十四回　亦失哈北巡奴儿干　巴拉特心向御膳宴

贝疙瘩原木，没有丢掉一根！这也是我的老命！现在，这些大原木、大树、大木头，我可要如数地交给师父您了！"

田甸说着，又猛喝了一碗老酒，已是热泪盈眶。

亦失哈说："谢谢你呀，老哥哥！永乐皇帝有旨，命我回来，就立即着手筑造巨船。"

田甸说："造巨船？"

"对！只要万事俱备，皇上便下旨，咱们乘船顺江东进！一切就看咱们造船的进度了。目前，造船工艺已经完全成熟，就用长白山红松来筑造巨船二十九艘。咱们明个就动手。咱们组织好力量，做好分兵把口，把毛巴木克楞大木场，变成一个大船厂。"

田甸说："师父，咱们说干就干。"

在亦失哈和田甸老将军、鲍海都指挥使、程凯骠骑将军、吴信副都指挥使的精诚努力下，三年昼夜加班加点干，永乐八年腊月，人们发现，在松花江上游那漫长的江岸线上，陡然出现了连排七里长的巨船二十五艘。这种壮观的场景，亘古未有啊。

你看吧，此时，在奔淌的松花江江面上，有史以来第一次出现了一支庞大船队的辉煌场面，一艘艘巨船都是新船，粉刷一新，空气中散发着浓浓的油彩气味，几十里、上百里都能闻到，一刮西南风，下游的乌拉、永吉，甚至舒兰一带都可闻到这种特殊松油漆的味道。如果人们能走到近前，就是离阿什哈达几里地，在晴朗的日子里甚至十几里远，就能在遥远的地平线和江面上看见"船山"云影。到了跟前，那更清晰、壮观。只见大船上，高高的桅杆，大篷帆，桅杆顶上都有钢丝缚成的红缨小长龙，伸着双须嘴里吐着红珠，在风中晃动，迎风摆尾。长龙下的小铜铃在响，那二十五艘巨船桅杆上的小铜铃，来一阵风，它们"丁零零"一齐响，响声清脆悦耳，犹如有数百成千只的神鹰正在松花江江面的云层中翱翔。此声可传出数十里之遥，令人无比的振奋，这是吉林阿什哈达船厂雄健船业发展的步履声。

※※※

朱棣得知此事后，对亦失哈给予了极大的赞赏。大明永乐九年，亦失哈被任命为钦差大臣，率船队远航。因前路坎坷，途中艰辛，永乐帝体恤田甸大将军年迈，不便主掌兵旅战事，而鲍海与程凯因地方的发展管理以及平定流寇，防止扈伦四部的兴起必须有常驻之步骑兵巡守辽东广袤地域，未准与亦失哈钦差大臣护行，由北京赵王高燧当下的都指挥使同知康旺率兵千员护送。亦失哈接旨后，犹豫了半天，还是向永乐帝朱棣说出了自己的想法："皇上，奴才能否多带几个人一同前往？"

朱棣说："你想带谁啊？"

"奴才想带蓝大姑、万福山和雅克娜。"

朱棣一听乐了，说："朕也正有此意。"

于是，朱棣就封蓝大姑为钦命奉史大人，是尚书之下的主事布政使。她主要管什么呢？她是钦差太监亦失哈所有一切执行事情的参谋助手。奉史的内容包括多了，包括亦失哈对北巡抚慰各部落的联络、沟通，各部落都到哪去、先见谁后见谁、怎么见好、怎么安排合理，等等。布政使，也叫宣慰使，即宣扬朝廷恩宠，抚慰民谟贫饥。明朝和清朝一样，奉史大人就是布政使，也称宣慰使。对群众都是抚慰，是笼络人心啊。通过抚慰之后，使他们一心向着明朝，不反对明朝。所以，蓝大姑的担子很重，她不但代表着大明朝国君皇帝，而且，对下还代表着皇帝派来的钦差大人圆满完成北巡重任，这一路的事，一船的事，都交给蓝大姑了。她像老妈妈一样，事无巨细，竭诚尽力，替亦失哈分忧解难。

万福山主管下面的人员户籍。那些部落居址范围、分布，首领名讳、特长、经营重要特产方物、属于哪个姓氏哈喇，其中哪些姓氏占财经生产

第二十四回　亦失哈北巡奴儿干　巴拉特心向御膳宴

主导权、占有多少人口，还要分区域画上图，标注上那些部落的记号，等等。这是万福山最拿手的，也是他对北方各部落最熟悉的。万福山随亦失哈去了，那他的夫人也当了个官。你看万福山与皇帝拜把子之后，她也是鸡犬升天了！

朱棣封雅克娜为御膳司的奉史官。说来奉史官，自唐宋以来越来越受到朝廷敬重，到明清后其所承担的重任，已日显繁复。奉史官不单是负责皇上日常起居的，就连皇上一天的重要活动、言谈、口谕都要记录下来，称"起居注"存档，这都是奉史官的珍贵贡献。能成为奉史官，足见雅克娜在朱棣眼中是多么受宠啊！雅克娜聪明勤快能干，事事办得都让朱棣打心眼里痛快、满意，这次，她要细心操办好她本身分担的两大光荣重任，一是管一路上所有战将、兵员和钦差大臣的吃住，另外，她还带着皇上赏赐给北方各部落头领的一批名贵衣物、盐油糖茶酒、江南官窑瓷器，还包括御赐的各式宴席时所带来的百种备料。这些都是奉史官北巡前预先需要做的。所以，雅克娜担子最重，事务最多，当然也有很大的权力和责任。她做的饭菜质量高，一定让大家吃得好，北巡愉快都不想家，因此她随行的佣奴就不下五百名，都是她亲自挑选的。

亦失哈一看朱棣答应得这么痛快，他又想到了两个人，就说："皇上，奴才能不能再请一个人？"

朱棣正高兴着呢，就说："行！你说谁吧。"

"奴才还想请吏部佥史、宣抚史察尔法。"

"准奏！"

当时，察尔法已升任为吏部尚书的副手。察尔法虽然是元朝人，但他非常懂北方的历史。他对蒙汉文化特别是北方的历史是非常精通的。察尔法的加入，让亦失哈要办的许多事就一下子能接上了。从这一方面来看，朱棣也是善于用人，而且很善于交人。这样的话，察尔法就愿意肝脑涂地地为朱棣做事。

※※※

亦失哈作为钦差太监,率领着浩浩荡荡的队伍从北京出发了,所经府衙州县的官员都纷纷出来迎接。亦失哈一刻都没有停留,他只是在车轿上与人打个招呼,就过去了。就这样,亦失哈风风火火就回到阿什哈达船厂。他马上命人把自己亲自设计建造的二十五艘战船都装满此次北上奴儿干的物品。

这二十五艘战船主要带的什么呢?一个是居住船、指挥船,亦失哈带领着将士们生活居住。再一个就是运粮船,装载的都是粮食和皇上定的各种赐品。五艘船装的是粮食,两艘船装的是衣服和布匹,还有一艘船装的是日用品、瓷器、茶叶等。所有的二十五艘船,都装得满满的。从阿什摩崖顺江而下,一直排出七八里地。每艘战船上都悬挂着大明朝的明月龙凤旗。明朝的旗子是明月龙凤旗,元朝的旗子是大海上面一个日字,清朝是黄龙旗。

出发前,亦失哈想到此次出征北巡,亘古未有,应按照女真人礼俗,凡涉江海远行,行程万里之遥皆是吉凶难卜,应邀请族中大萨满举行隆重的祭江祭海大礼,以壮声威。蓝大姑、万福山、雅克娜等人听后,也都纷纷点头称赞。就这样,亦失哈带领大家在阿什哈达船厂举行了一次隆重的北巡祭江祭海仪式。

这次北巡祭江祭海仪式,九位女真部落姓氏的主祭和助祭的大萨满,都是万福山从船厂附近村屯部落特意请来的。另外,还邀请了十八位姓氏总祀穆昆达为祝祭人,四十八位采猎达分别从松阿里(松花江)、萨哈连(黑龙江)、东海捕来了鳇鱼、鲸鱼、野猪、野鹿,再加上一些家禽、家猪以及牛羊等,在尼什哈江滨堆土石设高坛祭天。

正式祭祀的这一天,鼓乐唢呐声震动了北疆的群山峻岭,萨玛们和送

第二十四回 亦失哈北巡奴儿干 巴拉特心向御膳宴

行的族众,边唱着祝福的歌,边手举着血盆,向天神地神海神叩头祈福,并纷纷把鲸鱼、鳇鱼、海龟的鲜血和各种祭牲的血抹在亦失哈、蓝大姑、万福山、雅克娜的身上、脸上、衣衫上,象征吉祥永在,灾祸消散,刻骨铭心,早早胜利归来。

送行者不下数千人,倍使亦失哈、蓝大姑、万福山、雅克娜等人感激万分,更加信心大增,不惧千难万险,仿佛有数万女真族众的心都追随亦失哈他们一起北巡。

祭江祭海仪式完成后,亦失哈站起来,走到船头上挂着的一面铜锣面前,拿起用红绸子包裹的锣槌,"当当当"三声巨响,二十五艘船头上和松花江岸的锣鼓、号角齐鸣。

亦失哈东巡(1)

征帆起航时辰到了,时在永乐九年,二十五艘船是浩浩荡荡,顺松花

亦失哈东巡（2）

江而下，经乌拉、扶余、忽林站、黑勒里，直奔奴儿干都司。沿途之上，亦失哈站在船头，看着随风而过的山山水水，心中是无比的感慨：亦家船能形成今天如此浩大的规模，没有当今天子朱棣的支持，是难以再现亦家船的辉煌的。

※※※

单说这天，漠北的天空是晴空万里。萨哈连下游的特林，当地的许多古族人众都到这里来迎接，观看大明朝廷的官员。乞烈迷部落的老首领丹特尔领着一帮各族的老人，亲临江边恭候，等着大明的巨船停靠上岸。巴拉巴拉特罕王也领着一群年轻人在后面站着。

第二十四回　亦失哈北巡奴儿干　巴拉特心向御膳宴

不一会儿，亦失哈带领蓝大姑、万福山、察尔法、雅克娜、康旺等官员离船上岸。丹特尔立刻迎了上来，说："昨天夜里，我忽得一梦，梦见从海边来一只白色的雄鹰，展翅翱翔，最后落在我们萨哈连江口，这正是您呀亦大人。"

康旺上前纠正说："老首领，他是我大明钦差太监、漠北船王。"

丹特尔一听，哈哈大笑起来，说："我知道他是漠北船王，可他也是我们这里族众日夜所盼的一只白鹰啊！"

大伙听了乞烈迷部落的老族长、老首领丹特尔的解释，萨哈连当地所来的所有族长、族众都一一齐喊："是啊是啊，他是从大明飞来的一只俊美的白鹰！"

大伙说着，都哈哈大笑起来。蓝大姑、万福山、察尔法和康旺也笑了。

首先，亦失哈见到了乞烈迷的罕王巴拉巴拉特，还有乌勒汉和他的妹妹苔希哈。老朋友见面是非常的高兴，彼此之间有聊不完的话。通过他们，亦失哈又见到了库页岛上的那二十八个部落的罕王。每一个罕王，亦失哈都是挨门挨户地见，而且，就连鞑靼海峡边上另外那二十多个部落的罕王，亦失哈也是一一拜访。

这次亦失哈北疆之行，在萨哈连这里正式建立了奴儿干都司衙门。那衙府仿造大明各州地县属的老衙门式样而建，大院套，雄狮把门，门口有上下马石、旗杆，非常的气派，而且，衙门前是个大广场，被称为奴儿干都司广场，这儿紧靠江海之岸，船停靠，搭上大厚木板，人就可以直达上岸，卸货、运货、送货、装物品，非常的方便。

这都是在亦失哈、康旺的指挥下，由族人族众在乞烈迷老首领丹特尔和罕王巴拉巴拉特的带领下，齐心合力而建的。这个奴儿干都司衙门的建立，意味着从此开始在此行使大明朝的管辖权，并由当地部落的人担任奴儿干都司首领。这首领是选出来的，于是，各族各部落族众坐在一起，先议出一位位各部落的人选，再从这些人中选出出类拔萃的人物，如能下海会捕鱼、能狩猎、通晓周边四处的风俗，能与人为善、恩德服众，等等，然后大家当场认定，选出丹特尔为萨哈连奴儿干都司衙门总管，也就是第一任总管。对于萨哈连奴儿干都司衙门第一任总管的最终选举结果，大出亦失哈、蓝大姑、万福山、察尔法、康旺的预料。他们原以为不是乞烈迷罕王巴拉巴拉特，就是尼布赫部罕王乌勒汉，但结果竟然是早已隐退田野的乞烈迷老首领丹特尔。这也给本来非常圆满的第一次北上奴儿干之行，悄然间埋下了一个天大的隐患。咱们后文再详细交代。

※※※

　　因为亦失哈是钦差大臣，所以由他主持、委任丹特尔为萨哈连奴儿干都司衙门第一任总管。亦失哈交代他，可以行使大明行政管理权。接下来，亦失哈将带来的各类物品、用具、货物，与奴儿干都司的衙门总管一起，分发给了当地的各族族众。这些物品大都是当地十分缺少的，如粮米、铁器、布帛、绸缎、陶瓷、成衣，还有农耕、采伐、渔猎、狩猎用的各种器具，如犁杖、锄头、镰刀、石磨，同时还留下了一些手艺人、工匠。

　　为什么亦失哈要带这么多东西呢？前书说过，这次带的东西，他们心中有数。这些东西都是蓝大姑想出来的，都是北方各部落急需的一些东西。由于他们是狩猎民族，不知道什么是畜牧，比如怎么养鸡养鸭什么的。另外，地里的小苗怎么长出来，这些农耕业的技能，他们根本就不懂。所以，蓝大姑就让人带了许多种子，还带了一些衣布、陶器、中草药。亦失哈还特意从阿什哈达一带带去了一些铁匠、石匠、粉匠、油匠、纸匠、木匠、车匠、船匠等。

　　看来，亦失哈此次北行，带来的这些匠人和工具是真对了，那些部落的族长渴求各种手艺人，几个部落的首领都争着要铁匠、木匠、酿酒师，还想要皮匠和纺织娘。亦失哈说："好好好！下次再来，我给你们带来皮

第二十四回　亦失哈北巡奴儿干　巴拉特心向御膳宴

匠、纺织娘，保管让你们能穿上自己喜爱的衣裳！"

还有的部落想要石匠。他们说："远方飞来的白鹰神呐，能否给我们请一位石匠师傅？我们想把种的粮食磨成米面呀。"

亦失哈答应说："好，好，我定给你们派几个石匠来。"

老族人都高兴得要跳起来。这时，有人看见亦失哈从怀里掏出一个小宽瓶，从里面倒出一小颗粒，放进嘴里，一扬头，吃了。众人都好奇怪，便问吃的这是什么呀？

亦失哈说："这是镇静丸，是草甸上一种叫'仙人对坐草'的草末碾制而成。这是朝廷的太医和郎中所制。"

奴儿干都司一带的族人一听，"亦大人，能否给我们也请几位'郎中'来，我们这儿遍地都是好药材，可是，没人会制成什么丹、丸、散之类，如果有了这样的人，我们就不愁得病不会治了。"

亦失哈一下子想起当年朱棣的深思熟虑：大明朝一定要发展舟楫之利，不然，这本是大明的族人，他们却因远在千万里之遥，而不能及时得到安抚、亲近、了解他们。一家人，这不是生分了吗！

人们知道亦失哈是造船世家，北土族人见了亦失哈，简直就有如见过自家的亲哥哥、亲弟弟，对他一点也不见外，又尊重他是朝廷钦差大臣，一旦唠起嗑来，一提起要求来，那简直就像和家里的亲人唠家常，甚至有人还提出："亦大人哪，您能不能就别走了？您就在俺们这儿待下吧，这里，永远是您的家。"

北土之人的一席席话，让亦失哈深深感慨，他一个族一个族地走，帮人家指导修船、造船。这招太对了。由于亦失哈与当地部落相处得甚为融洽，许多部落的人在得到当今天子的赏赐后，都三呼万岁，家家户户也都留下了许多美好的故事。亦失哈所到之处，是一片喜歌。

察尔法负责户口登记的工作。他帮着北方许多部落的罕王，把整个部族的人员进行重新登记、造册。因为许多部落的事以前都是听他的，所以，他的许多工作进展得极为顺利。

※※※

转眼间，从阿什哈达船厂出发已经过了三个月了，作为钦差太监北上的亦失哈的招抚工作做得非常好，任务完成得也非常圆满。沿江流域的北方民众对大明朝非常有好感。亦失哈看此次北上的目的达到了，也应该回程了。因为北方一年只有三个月的时间可行船，过了以后，水面就封冻了，船就走不了。所以天一冷，他们得赶紧回来，得早去早回。另外，亦失哈还得回北京复命呢。返程前，亦失哈是摆筵宴召集、款待以乞烈迷巴拉巴拉特为首的北方诸位部落的罕王们。

亦失哈再三叮嘱雅克娜："拿出皇家御膳的最高标准来，让这些罕王们也真正见识见识皇家御膳的精粹。"

"行，你就瞧好吧。"

经过雅克娜的精心准备，一桌桌做工精细、烹饪精湛的美食，都摆在北方诸罕王的面前。

什么烧仔鹿、烧仔鸭、烧仔鹅、烧仔羊、烧熊掌、烧山兔等四十三种烧烤大菜，还有清蒸熊掌、清蒸鲫鱼、清蒸甲鱼、清蒸鲇鱼尾、清蒸鹿鞭、清蒸哈什蚂、清蒸大海参等三十七种清蒸美食，另外，还有江水炖江鱼、清炖鲤鱼、清炖鸡、清炖鸭和海参烩鹿尾等二三十道菜，再加上干果类的糖缠杏仁、糖缠核桃仁、糖缠松子仁、糖缠榛子仁、百合糕、山楂糕、草莓糕等十几种干果类的果盘，让这些北方部落的罕王都看傻眼了，别说吃了，他们看都快看饱了。这些食材，他们都非常熟悉，有的就是当地的原食材。他们吃着这道菜，想着那道菜，眼睛还盯着下道菜。再加上朱棣御赐的美酒，这些人算是开了眼界，开了胃口了。

酒过三巡，菜过五味，大家越吃越高兴，就有人提出："我长这么大，

第二十四回　亦失哈北巡奴儿干　巴拉特心向御膳宴

头一次吃到这么好的美味。亦大人，您能不能让我们看看，这些天上的美味是出自何人之手？让我们也领略一下这位高人的风采。"

"对啊！亦大人，我们也是知恩图报之人，我们吃了这么好的美味，怎么也得谢谢这位高人，您就让我们见见吧。"

亦失哈一看，大家是盛情难却，就让人把御膳奉史官雅克娜请出来了。只见雅克娜穿着官服，举止优雅。北方众部落的罕王们万万没有想到他们眼前的美味竟然是出自眼前这位美女之手，不由得大为惊叹。有人就提出来："御膳奉史大人，您为我们做了这么多美味，我们从来都没吃过，它们太好吃了。您能不能跟我们讲一讲，这里面有什么说道啊？这些食材我们都见过，但是怎么就没有您做出来的好吃呢？"

雅克娜笑了笑说："各位罕王，要说这宫廷的御膳啊，它是非常有讲究的。首先从摆设上，宫廷御膳每顿饭都讲究'吃一看二眼观三'。"

"啊？怎么个'吃一看二眼观三'啊？"众罕王都瞪着眼，惊奇地问雅克娜。

雅克娜说："每顿饭，我们都做许多的备菜，皇上不是都吃的。"

这时，巴拉巴拉特罕王带头就问了："那当今天子每顿饭一般几个菜啊？"

"宫廷御膳每顿饭一般都是做二百到四百道菜。各种款式都是不同的。有炒菜、有烩菜、有熘菜、有炖菜，等等。"

雅克娜人长得漂亮，嘴皮又利索，说得每一道美食都让人垂涎三尺。部落罕王们一边听一边禁不住地咽口水，恨不得每一道宫廷御膳都想尝尝。有位罕王说："我们吃过白鱼、鲸鱼什么的，怎么就不是这个味呢？"

雅克娜说："诸位罕王，您是有所不知。我是在这些白鱼和鲸鱼里增加了一种神奇的作料。"

"什么作料啊？不会有毒吧？"

"绝对不会有毒的。它是产自南方的一种八角。用这种八角把肉泡出来的味可香了。它不但能除去鱼肉本身的腥味，还能增香、爽口。另外，做这道菜时，还要讲究时辰和火候。只要按照这道菜的秘法去做，煲出来的东西就是不一样的。"

"哎呀，御膳奉史大人，可惜我们北方这里没有这种神奇的八角作料啊！要不然，我也让人天天给我做这道菜了。"

雅克娜说："咱们北方虽然没有这种八角作料，但是有更神奇的天然作料啊？它比这八角啊，还要强百倍。"

第二十五回

巴拉特私藏奉史官
确船厂拆迁起波澜

众罕王齐声问:"它是什么呀?"

雅克娜笑着说:"鲜把蒿啊。这道清蒸鲫鱼,就是我用把蒿做的。大家来尝尝吧。"

众罕王一个个重新拿起筷子,夹起一块鲫鱼放到嘴里尝了尝。"嗯!果然,味道不一样,好吃!好吃!太好吃了!唉,我活这么大岁数,算是白活了。这么好吃的东西,怎么现在才知道呢?钦差大人,我们有个请求:您能不能把御膳奉史大人给我们留下来,让御膳大人多教教我们怎么做这些美味。我还有一位年迈的老母亲,卧病多年。如果她能吃上御膳大人做的这么好的美味,我这老母死也无憾了。钦差大人,小王给您跪下了。"

亦失哈一看,原来这位是巴拉特二十八部落联盟中的一位小罕王。百善孝为先啊。北方二十八部落联盟的这位小罕王自己吃到皇上赐的御膳,能想到自己卧病的老母亲,这足以感动了亦失哈。于是,亦失哈就点头说:"留下御膳奉史大人那是不行的,但是,可以让她这几天多教大家一些御膳的做法,你们可以派人来跟她学几手。大家看这样行不?"

钦差大人都说话了,谁敢说不行呢?于是,大家都纷纷举杯,开始开怀畅饮。

大家喝得正高兴的时候,巴拉巴拉特由于太贪杯了,看到雅克娜做的这么好的美味,再加皇上御赐的美酒,他就敞开量喝上了。这次亦失哈带的都是高度数的烈性酒,十几杯酒下肚之后,巴拉巴拉特就感觉头疼得厉害。雅克娜眼睛多尖啊,她叫来宫廷的郎中,让郎中把带来的火罐拿过来。雅克娜把巴拉巴拉特酒杯里的酒点着,拿着火罐在酒杯上转了几转,一回身,分别在巴拉巴拉特的合谷穴、太冲穴、太阳穴、风池穴上"啪啪啪"扣了几个火罐。

工夫不大,哎,你说神奇不神奇?巴拉巴拉特头不疼了。这下可把巴拉巴拉特高兴坏了,对雅克娜更是从心往外地喜欢。巴拉巴拉特灵机一动,就想出了一条妙计。他回到住处后,就悄悄地准备上了。

第二十五回　巴拉特私藏奉史官　确船厂拆迁起波澜

单说接下来的几天，雅克娜比谁都忙，在御膳的厨艺上，她是教完这个教那个，不厌其烦，但是北方这些人从未接触过宫廷的御膳，所以，他们一时半会儿也学不太明白，许多人也只是记住了一些大概的步骤，倒是把雅克娜累得够呛。

三五天的时间转眼就过去了，于是，亦失哈率领着大家登上二十五艘战船。众部落罕王和族人们都来送别。因为不少部落的头领都与亦失哈结下了深厚的情谊，所以，他们都争着要上船。

他们说："亦失哈大人，您等一等，我也上去，跟您一起去中原。"

还有的说："亦失哈大人，我给皇帝带点土产海产，都是咱奴儿干一带人舍不得吃的，都是咱们的好东西，让我拿给皇帝尝尝呗。"

"我也去，我去拜谒明朝的皇上。"

大伙的心，都盼着与中原联系呀。亦失哈说："下次吧，下次，我一定想办法带你们到中原去看看。"

"好吧，亦大人，我们听您的。"

就这样，船队是鸣锣返航。亦失哈站在甲板之上，看着沿江几里长的送行族人们，始终悬着的那颗心总算放下来一多半，剩下光是返程的事了，这相对前面的那些抚慰工作就简单多了。

※※※

但是亦失哈也不知道怎么的，右眼"突突"直跳，心想：我第一次北上奴儿干的整个安抚使命也算圆满完成了，没有什么大的纰漏啊？该做的事情都做了，该给的物品都给了，哪一个部落都没有落下啊？那我的右眼怎么还跳呢？

古代的人们讲究左眼跳财（喜）、右眼跳灾。反正，自己右眼一跳就感觉可能有什么不好的事发生。亦失哈也是一样，但是亦失哈想来想去，都没有想出什么原因，也就把念头转到自己建造的这二十五艘战船上了。原来，经过这次航行，亦失哈认为自己造的船还有许多要改进的地方才能真正抗御大海上的巨大风浪。

等到二十五艘战船浩浩荡荡都走出几十里地的时候，蓝大姑总感觉少一个人似的：少了谁啊？她一时也想不起是谁，便又让人清查了一遍人数。工夫不大，管事人来禀报："回禀奉史大人，所有兵丁一个不少。"

"好，你下去吧。那会是谁呢？哎，想起来了，我怎么没看到雅克娜这丫头呢？来人呐！"

"奴才在！"一个随身小太监近身施礼。

"你去看看御膳大人在她房间里没！"

"嘛！"工夫不大，那个随身小太监回来禀报："回禀奉史大人，御膳大人没在房间里。奴才又询问了其他的人，他们光忙着船上的事了，自开船起就没有看见御膳大人。"

"哎呀，坏了，肯定把她落岸上了！马上给我停船，原路返航！"

蓝大姑一声令下，整个船队返航往回走。当亦失哈得知雅克娜没有登船的消息后，他比蓝大姑还着急，命令所有的水手奋力划水。也就一袋烟的工夫，他们又回来了。

送行的人有的还没走远呢。他们一看钦差大人的战船又回来了，便又一次聚到江岸边来欢迎。亦失哈派人问送行的各部落罕王："你们看到没看到御膳大人？"

每个人都摇头，说："御膳大人没跟船走吗？我们没看见，怎么了？"

"御膳大人没有登船，现在钦差大人回来找她呢。"

"大人，你们先别着急，我们马上派人去找御膳大人。御膳大人教我们那么多好东西，我们感激她都来不及呢。如果是留在我们这块了，她绝对不会出问题。"

亦失哈和蓝大姑派人，再加上各部落罕王派的人都纷纷下去找雅克娜

第二十五回　巴拉特私藏奉史官　确船厂拆迁起波澜

了。说实在的，许多人找来找去，找了半天，也没有雅克娜半个人影。

蓝大姑马上意识到雅克娜突然失踪这事不对了。她对亦失哈说："这事，只能找苔西哈了。"

※※※

蓝大姑派身边的人把苔西哈找来了，在苔西哈耳边低声耳语了几句。苔西哈一听，御膳大人在自己的地盘上突然消失了，她挺生气，心说：挺好的一个大活人，怎么说没就没了呢？

苔西哈

苔西哈把脸"刷拉"一下就撂下来，问她身边的侍女："你们谁知道此事？如果谁故意隐瞒的话，我绝饶不了你们。"

苔西哈身边的一个小侍女偷偷地告诉苔西哈："王妃啊，您还是问一下巴拉特罕王他吧。我们都不敢说。"

"哦！"苔西哈一下子就明白了，原来是巴拉巴拉特在背后搞的鬼。她的火"腾"一下就上来了，带着几名侍女就去质问巴拉巴拉特："御膳大人是不是你藏起来的？"

"没有，绝对没有！"巴拉巴拉特摇着他那大脑袋，还在那犟嘴呢。

苔西哈上去就把巴拉巴拉特的袄领子给拽住了，说："有人已经告诉我了，你还在这撒谎。你可知道，人家可是御膳使臣啊。你知不知道扣押朝廷使臣，那可是犯了株连九族的死罪啊！整个乞烈迷的族人都会为你这种愚蠢的举动所连累，你知不知道？"

巴拉巴拉特也上来那股犟劲了，说："我实话告诉你吧，我把御膳大人雅克娜留下。她这个人挺好，什么菜都会做。过去咱们打的鱼都吞吃了。打了野兽，扒了皮，烤烤火就吃了，也吃不出什么好来。可是雅克娜做得太好吃了。我越吃越感到好吃，馋得我哈喇子直流。这姑娘太好了，咱们得留下她。咱不让她给咱干别的，就让她给咱们做菜。她不用给咱们做几百道菜啊，教会咱们做几十道菜就可以了。她说她啥都会做，做菜还要放许多叫八角的作料。我知道，我们这有三角（野菜），不知道什么是八角。她说南方专门有这种大树，它结的果就是八角。用这东西把肉泡出来的味可香了。这些让我太羡慕了。王妃啊，你就帮帮我，人是我扣下的，你就说不知道。"

苔西哈听完之后，又气又乐，气的是你作为一个罕王，胆子也太大了，竟敢公然扣押大明朝廷的御膳使臣。乐的是你这么大一个罕王，为了一口好吃的，跟小孩子似的，竟然干出这种偷鸡摸狗的勾当来，把人家的御膳使臣雅克娜给藏起来了。

第二十五回　巴拉特私藏奉史官　确船厂拆迁起波澜

　　苔西哈知道自己的丈夫性格耿直，认准的事是九头牛也拉不回来，心想：如果自己硬跟他要回来，乞烈迷部还得跟大明朝打仗。人家亦失哈这帮人挺好的，要是翻脸了也不好。那怎么办呢？

　　苔西哈就问巴拉巴拉特："你说这事应该怎么办？要是把雅克娜留下，你把她杀了怎么办？你要是把她占有了怎么办？"

巴拉巴拉特

巴拉巴拉特一听苔西哈误解了自己的意思，急忙说："我啥时候说占有她了？我再缺德也不能做那事。我对天神发誓，我绝对不杀她，我还养着她，让她在咱们这住些天。等过些日子，咱们的人都学差不多了，我会亲自把她送回去的。"

"你不送咋办？"

"只要让她留下，我可以给皇上磕头。以后没有船，我也会亲自把她给送回去的。"

苔西哈一看巴拉巴拉特是真心想把雅克娜留下，并无恶意，就转身来见蓝大姑，把实际情况说了之后，又对蓝大姑说："请蓝大人求钦差大人网开一面，给我们罕王一个面子。他现在也不敢来见你们了，觉得自己没有面子，躲开了。雅克娜这事你们就交给我了，御膳使臣在我们这，我们肯定会另眼看待。她在我这，就等于是我的亲妹妹一样，我会把她照顾好的。过些日子，我们把她送回去。说实在的，御膳大人她心太诚了，她觉得我们这里做的东西太不好了，她不但给亲自做，还讲怎么个吃法，大家都被她讲的这些东西给迷住了。不光是我们罕王，我们的平民百姓都想见见她，也想长长见识。我们这个地方是茹毛饮血，从来就没有听过这些东西，根本就不知道这些海味还有这么多做法。她不是跟神人一样吗？她就是神人啊！请各位大人回去跟皇上求求情，让皇上开开恩，让御膳大人在我们北方再留一段时间吧，我们绝无半点不敬之处。"

亦失哈听完苔西哈的解释后，他态度还是挺坚决，说："雅克娜是奉旨而来的。缺一个人，回去我没法交差。我们来多少人，得回去多少人啊。如果回不去，我得知罪啊！更何况雅克娜可不是一般的平民百姓，她是御膳奉史啊！"

苔西哈一下给僵到那了。蓝大姑见多识广，她也非常了解巴拉巴拉特这个人，于是就说："亦大人，罕王妃也是坦诚相告，一片赤心。我看就让雅克娜在这再待一些日子吧。回去后，我跟皇上求情。下次来时，一定把

第二十五回 巴拉特私藏奉史官 确船厂拆迁起波澜

她接回去,你就给我这老太太一个面子吧。"

蓝大姑话都说这份上了,亦失哈虽然心里不乐意,但是也只能点头同意了,并说:"罕王妃,我下次来时,一定要把雅克娜接回去,这事你必须答应我。"

苔西哈马上说:"一定,一定。我谨遵钦差大人的话。你放心吧,我会像对自己亲妹妹一样来保护御膳大人的。只要有我在,绝对不会让御膳大人伤到半根汗毛。"

"好吧,开船!"亦失哈率领着二十五艘战船再次起航。

※※※

整整半年的时间过去,亦失哈又回到了阿什哈运船厂。然后亦失哈和蓝大姑、万福山、察尔法回京城赴命。

亦失哈见到朱棣后,如实地汇报此次北上奴儿干是怎么怎么一个经过:"从吉林阿什哈达到萨哈连黑龙江出海口,水路大约有两千八百多里路,往返航行察访各部落,历时半年有余。这次航行,大明朝所造巨船,经受住了沿途风浪的考验,一路平安,来往之行没有出现半点故障。另外,还指导不少沿岸各个地方部落制造江船。北方诸部落的罕王和族人们都对皇上三呼万岁,没有一个不感谢皇上您的皇恩的。特别是您赐给他们的御膳,让他们都垂涎三尺,为此,御膳大人雅克娜还被他们给硬留下了。再有,这是吏部主事万福山万大人的户籍奏折,这是宣抚史察尔法大人的抚慰奏折,这是整个北上奴儿干的战船船行情况的奏折,请皇上过目。"

朱棣接过这些折奏,打开仔细看罢之后,心中是非常的高兴,马上对亦失哈、蓝大姑、万福山、察尔法以及雅克娜等人,按功论赏。亦失哈替众人跪倒谢恩。朱棣这个人想事是非常细致的,他问亦失哈:"这次北疆各族还有什么新要求?"

"对了，皇上，北疆各族臣民还希望给他们派些郎中，帮他们解除身体上的疾病之苦，最好。"

"嗯，那下次就带一百名郎中去吧！"

谁能想到朱棣皇帝的一句话虽然解决了北方各族求医问药的难题，却又给亦失哈留下了一个麻烦。第二次北巡奴儿干时，亦失哈所带的一百名郎中是给大明朝廷争脸了，不但为北方诸部落治愈了一些常见的冻伤和瘟病什么的，而且还治愈了许多疑难杂症，特别是大骨节病，同时，还收集和采集回来了许多北方部落的独特方子和草药。

书中代言，《本草》中提到了一些北海的海鱼炮制，都充实到了后来编撰的《永乐大典》里去了。其中海狗肾有壮阳的作用，都是亦失哈第一次北上奴儿干时，从北方得到的方子，这是亦失哈北巡之中的一个没有想到的额外功劳。

这一百名郎中，不但给当地人治了许多的病，而且还收集了许多的药方。他们还因北方部族男女不同、性格不同和生存环境不同，而辨证施治，取得了一些成功案例。这些都充实到了太医院案例里面。但是，祸兮福所倚，福兮祸所伏。这一百名郎中得到海狗肾有壮阳作用的方子之后，却给亦失哈后来多次北上奴儿干时带来了祸端，还导致他与从小青梅竹马长大的雅克娜因此事翻了脸，再加上，雅克娜竟然选择寻江而死。咱们后文再做详细交代。

※※※

永乐帝朱棣因为亦失哈第一次成功北巡奴儿干，并做出了非常突出的成就，刚转过年，也就是永乐十年，权衡良久的他为了加强北疆的统治，正式下御旨在松花江畔建立明朝北方船厂。亦失哈跪地听宣：一品御前钦差大臣亦失哈，朕命你即刻返往辽东，扩建阿什哈达故地船厂，施办北疆

第二十五回　巴拉特私藏奉史官　确船厂拆迁起波澜

江河之舟利大业。勿误，钦此。

亦失哈接旨之后喜极而泣，连夜就赶赴位于松花江畔的阿什哈达船厂，他想早点把这些好消息告诉船厂的每一个人。田甸老将军、鲍海都指挥使、程凯骠骑将军和吴信副都指挥使闻听此喜讯也是激动万分，都说："这可是天大的喜事啊。我们这么多年的努力终于得到皇上的认可了。今天晚上咱们不醉不休。"

工夫不大，酒菜都准备好了，大家开始推杯换盏，这个高兴劲就甭提了。等到酒过三巡，田甸老将军举杯对大家说话了："师父，各位将军！阿什哈达船厂，这名字可太漂亮了！这简直是天意天定。想当年，我和师父从上游几个恶河险滩放木排下来，你说惊奇不惊奇？到哪都没出过事，可偏偏到了额顿恶河这块出事了。整个木排从高处顺激流，翻着个，就拍下来，'咔嚓！咕噜咕噜咕噜！'整个木排是彻底散花了。让人做梦都没想到的是，松花江水竟然自动把这些木头给整整齐齐地在阿什哈达山前，码了起来，垛了起来。师父你说说，这不是天意吗？这是老天让咱们把木头放在这儿，在这儿建船厂，筑造大船。"

亦失哈也是酒到半酣，但是他头脑还非常清醒，频频点头，说道："有道是人算不如天算，天愿不可违啊。现在圣命已定，咱们在此拓建船厂，开办船业，就必须广招人丁，充实船厂的能工巧匠和作坊艺人。这些人以及他们的家眷到船厂之后，必然会拥挤在阿什哈达山峦一带居住和生活。虽然咱们拓建船厂、开办船业的人丁问题解决了，但是他们如果居住的太松散，将来会给整个船厂造船带来非常大的火灾隐患。我看，为了稳妥起见，咱们可以先把船厂的地界再往北推进，进入温德亨河一带，进入沙河子一带。以温德亨河与松花江沿岸多构筑居民住地。而这毛巴木克楞垛区和阿什哈达一带就都成为军事造船区。"

田甸说："师父，能得这么大的地啊？如果能像你说的那样。届时，把造好的一艘艘大船往江中一摆，我的天哪，那得多大一片！那可是真正的船厂。师父，我敢断言：在咱们大明的普天之下，还没有一个拥有这么多大红松，这么多木头，说要多少，进林子就砍伐多少，放江里就能顺流放木排到此，到地方就造船的这么一个得天独厚的大船厂。"

亦失哈说："这个大船厂一起来，永乐帝肯定会高兴万分！眼下，咱们分好工，由鲍海、程凯率兵护场，从此这大船厂就划为朝廷军事重地，禁止闲人入进，如有碍造船大事者，军法从事。"

鲍海和程凯急忙起身接令。等到他们二人重新坐下之后，田甸老将军沉思了一会儿，说："船厂周围居住的人越来越杂，有时，已经难以分辨出哪些人是征东巡检步骑军的家属，哪些人是工匠、作坊的家眷，哪些是当地乌拉、噶珊的人，是得清一清了。"

亦失哈说："我早已想好，从现在起，凡原在阿什哈达山下居住的人家，给他们划出两条出路来。首先，劝他们先往山后，远一点的地方搬家。其次，如果他们不愿意往山后搬，那他们就得全部迁到温德亨河以上地界。这样做的好处是：一是避免江水涨水，淹了住户；二是它也彻底把居民区与船厂区分开，从此互不干涉，互不影响，也便于整个船厂的管理和造船。"

田甸一拍大腿，在叫好的同时，还对亦失哈竖起了大拇指。

钦差太监亦失哈的这个总体布局，是非常得体，后来阿什哈达这一带的发展完全是按照亦失哈的这个设想和安排，进行开拓发展起来得。这是后话。

亦失哈和田甸老将军唠了一宿。第二天天一亮，亦失哈便把鲍海都指挥使、程凯骠骑将军、吴信副都指挥使等人派出去。鲍海、程凯和吴信各自领着一些兵勇就出发了。建船厂，先要清理沿江地段。将一些步骑军家眷和亲友的住处，一些作坊手工艺人居住的地点等，先建起来。许多人看到温德亨河起了木垛，就觉得以后这里一定会变成繁华的集镇，包括小贩盖的房舍，还有一些店铺，车店的院舍、舱库、田园等，所以，人们都不

第二十五回　巴拉特私藏奉史官　确船厂拆迁起波澜

约而同地往温德亨河。没几天的工夫，整个松花江沿岸都基本清理完毕了，就剩下一些人家的祖坟和一些无人认领的坟包了。

这天，亦失哈冒着寒风，领着吴信、鲍海他们正在江边上指挥众木工和兵丁将大木铺在江岸上，这时，离岸不远的一个噶珊屯的人众之中，突然跳出一个蒙面人来，大喊着说："我要见亦失哈！"

此时，在此负责警戒的几名兵勇，立刻上前拦住，"你是何人？"

蒙面人说："不见着亦失哈，我绝不说出！"

这还了得！如今亦失哈已是大明内宫的大太监、钦差大臣，不是谁随便可以提名道姓的，于是，为首的一名兵勇大声训斥："大胆刁民，不报名字，决不可靠前。"

蒙面人也不回应，直奔上来。这些兵勇也不是白给，立刻举刀相向。只见蒙面人突然从腰上抽出一根七节鞭来，那银色的鞭头上，还系着一朵红艳的红缨，抬手点指着对面的几名兵勇，高声喊道："谁敢拦我，我可鞭下无情！"

有个兵勇叫道："此人竟敢动兵器，还不赶快拿下！"

说着，几个兵勇举刀便扑了上来。蒙面人再也不说话，只是挥动银鞭。只见银光在山坡上闪闪发光，转眼间，几个兵勇便被他打倒在地。兵勇们从来没见过如此厉害的武功，一个个又操刀围上，兵勇众多，打倒一批，又一批便围拢上来，一时间山坡上，杀声震天，刀、枪、戟与鞭的碰撞之声不断传来，围观的人也越来越多。

械斗之声，惊动了正在江边指挥的钦差太监亦失哈。亦失哈来到不远处站下。一个兵勇见亦失哈钦差太监和鲍海都指挥使都到来了，立刻跑过来禀报。鲍海都指挥使问："何人聚众闹事？"

来的兵勇说："一蒙面人手持凶器，扬言要见亦失哈大人，我们不让，他便行凶。"

鲍海说："那还愣着干什么？多上人，把他给我拿下，他如不服，格杀勿论。"

"是！"兵勇反身要走。亦失哈感到此事新鲜和蹊跷，便对那兵勇说："把此人带到我的帐篷里。"

兵勇答应一声，反身走了。亦失哈和鲍海回到行帐之中刚刚坐下，几个兵勇押解着一个蒙面人走了进来。只见这个人双手被捆着，脸被罩布蒙着。亦失哈问："你是何人？为何来找我？"

那人却不回答，瞅瞅鲍海、兵勇等人，表示周围有人，他不便说明。见此，亦失哈对众人说："你等退下吧。"

兵勇将这人身上的七节鞭收下，退出去了。屋里只剩下亦失哈一人时，此人一下子摘下罩在脸上的布，说道："亦大师，是我呀。"

亦失哈定睛一看，大吃一惊，兴奋地说："云芝，原来是你呀！你怎么来了？普蓝老爹呢？"

云芝上前一步给亦失哈跪下，然后，她就泣不成声。

※※※

原来，自从亦失哈被宣谕入宫之后，云芝一直跟普蓝老爹生活在一起，她也曾向爷爷说起自己与亦失哈的那段真切的兄妹之情。亦失哈入宫后，云芝便彻底冷下心来，一心照顾爷爷。可谁知，那一年上山伐木，普蓝老爹遭遇了不幸。

那一年，长白山寒冷无比，天寒雪大，普蓝老爹带领二十个斧头手开进了长白山黑瞎子沟去伐木、砍树。可是就在那天夜里，长白山刮起了大风，大雪一下子把山窝压塌了，普蓝老爹和二十个斧头手都冻昏了，后来一个打猎的路过这里救起了普蓝老爹，给他抹上野猪油才缓过来，可那二十个斧头手都冻死了。普蓝老爹只好挑拣了他们每个人冻掉的一双"脚"，一共四十只背回了阿什哈达！普蓝老爹回来后，冻疮变烂，到春天也不行

第二十五回　巴拉特私藏奉史官　确船厂拆迁起波澜

了。临死前他对云芝说："把我和这二十个弟兄，都埋在一块儿吧！"

云芝遵照普蓝老爹的遗嘱办了，那些坟就在皮库的坟边上。可是如今建船厂，那些兵非要把普蓝老爹生前交代的那些冻死的兄弟的"脚"（衣冠冢）给起走，云芝不答应，这才动起手来。

亦失哈一听，大声说："走，领我去看看！"

当下，云芝带领亦失哈大师来到了争端现场。亦失哈一看，果真如此！

原来，就在要建船厂的范围内，真有许多的无主坟墓，而有的已经被统一迁到阿什哈达东山上那片石头围着的坟地里去了。由于普蓝老爹是在亦失哈走后遇难的，那时亦失哈不在，普蓝老爹把青回的那些冻死的弟兄们的脚骨，找人先给埋在了阿什哈达木垛旁，这里正是如今要建船厂的中心。后来，普蓝老爹在那年春天病故，叮嘱云芝将自己和死难的弟兄们的脚坟埋在一块儿，今后他"走"到哪儿，这些弟兄们就要跟着他到哪儿。普蓝老爹故去后，云芝将他埋在了这些"脚坟"中间，一个大坟，两侧各十个小坟，是那些冻死的兄弟们的脚骨坟头。云芝自从爷爷死后，一个人天天在山里习武，也是女扮男装，为了行动方便。如今，要建船厂清地、搬迁、拆迁时，新来的这些鲍海的兵勇们发现了这些坟头。云芝上前说明情况，说爷爷是为大明建船厂砍木而死，可偏偏那些兵勇只同意将普蓝老爹的尸骨移往阿什哈达主坟地，却不同意将那二十座小坟墓移走，要推平、填平。这一下可惹怒了云芝，于是他们三句话不投机，便动起手来。

亦失哈明白云芝所言后说道："全都给我停下！这些坟头都不要拆掘，一同迁移到上边的石围基地，留作日后人们瞻仰。你们这些年轻的兵勇，可知此坟头中人士的威武和贡献啊！他们都是为我大明造船才进山伐木的，是被活活冻死的！而且这里埋着的，就有我们敬仰的普蓝老爹啊！"

旁边有些兵勇，特别是那些后来的步骑军兵勇在议论："普蓝老爹是谁？"

亦失哈闻听此言，不由得眉头紧皱。

第二十六回

众功魂祭土贵子沟
请海神二巡奴儿干

第二十六回　众功魂祭土贵子沟　请海神二巡奴儿干

有知道普蓝老爹情况的步骑兵，马上补充说："普蓝老爹，就是站在亦大人身边的那个女子的爷爷！"

还有人说："这个女子好高强的武艺呀！咱们六七个人竟然到不了她的跟前，真没想到，山林山野之中，竟然会出这么一位豪杰。"

这时，亦失哈从这些人的目光中看出了他们的心中所想：这个女人和亦失哈是什么关系呢，没听说过亦失哈在辽东有什么亲属啊，她会是亦失哈的什么人呢？于是说："大家听着，这个女豪杰是我亦失哈的表妹，我是她的兄长。你们听着、记着，在辽东，在这松花江边的阿什哈达，有我的表妹云芝在这里，今后还望各位多加关照。"

听亦失哈这么一说，大家都对云芝投去了敬佩和羡慕的目光。敬佩的是，她的武艺实在高强；羡慕的是，在这芸芸众生之中，只有她与亦失哈大师，竟然有这么一种亲属关系，这能不让人羡慕吗？

这时亦失哈问云芝："云芝妹妹，你看，普蓝老爹的尸骨安葬在阿什哈达的那块有功之臣的公共墓地上，行不？"

云芝想了想，说："哥哥，爷爷在世时与我说过，如果要迁移，千万要把他和皮库安葬回江对面的贵子沟，而且，还要带着他那些砍树的弟兄们。"

亦失哈点点头，称赞："普蓝老爹，真是一片豪情，令人钦佩、敬仰。我看，就依老人生前所托，听云芝妹妹指点，明天我们共同把普蓝老爹、皮库与他那二十位弟兄，一块儿送归他的老家贵子沟安葬，送我们的英烈荣归故里。"

亦失哈、鲍海、田甸等人，让吴信带人在贮木场的木垛里，挑选出几棵大原木，一律是红松木，让木匠连夜做出二十二口厚板寿材，一大二十一小，分别将普蓝老爹、皮库和他那二十个弟兄的尸骨起出，然后又以黄绫子包好，装入棺材，准备于第二日前往贵子沟安葬。

贵子沟，当地土名为"段吉"，是与阿什哈达相对的一座土岗。从远处望去，山峦起伏，松花江从上游流下，"船厂"尽收眼底。送普蓝老爹尸骨归乡的队伍浩浩荡荡，兵勇们六人一副杠，杠下是一块平方托板，上面摆放着普蓝老爹和那二十位冻死的伐木人棺椁，人们排成长队，缓缓地由阿什哈达出发，绕着"船厂"一周，而且，队伍要经过那里的一个个木垛。这是在告慰普蓝老爹等先人：你们所为之献身的船业已经开始了。亦失哈一直带人走在队伍前面。

※※※

为了更隆重地实施建船厂举措，清理船厂人户，搬迁居民另选新址，包括起坟、送骨，都要举行仪式，亦失哈专门请来当地的部落萨满，为每一项仪式观测天文、地象，以求吉祥，为其祈福。

其中一个大萨满叫林宝，是一位当地老人。他看完"船厂"位置后对亦失哈说："亦失哈大师，此阿什哈达是块好地方，这儿正是：城临镜水沧烟上，地接屏山绿树头。大江正绕青龙、白虎、朱雀、玄武而过，是一处旺地，此乃黄道所在，正与二十八宿靠挂在一起。围绕阿什哈达，正有'青龙'龙潭山，温德亨山为'白虎'，而'朱雀'山为前，玄天岭却为'玄武'山在后，此地乃天下奇地也。"

大萨满林宝哪里知道，阿什哈达船厂这块风水宝地，是九龙山紫霞真人领着亦失哈一步一步量出来的。紫霞真人曾告诉亦失哈："小牛啊，此船厂涉及了天干地支，涉及了天上的星宿变化，它与天罡地煞紧密相连在一起。今年又是壬辰之年。论阴阳五行，天干之壬属阳之水，地支之辰属阳之土，是土克水相克。壬乃妊也，阳气潜伏地中，万物怀妊。再加上此船厂又有青龙、朱雀相依，玄武、白虎护佑，北方四神拱卫，外加松花江玉带环身，在此设厂造船，定将永基千年，流芳万世。"紫霞真人办完此事之后，就离开了紫霞观，到处云游去了，从此也与亦失哈失去了联系。

第二十六回　众功魂祭土贵子沟　请海神二巡奴儿干

人们来到贵子沟，也先由萨满林宝观看地势，选定为贵子沟东山，这儿正对着远去的江面，地势开阔、眼亮，安葬普蓝老爹、皮库等人，棺椁下土之后，云芝跪地恸哭："爷爷、哥哥，如今您可安歇了，您与您的那些弟兄们一起回到故土贵子沟了！亦失哈大师也特来送你。"

忠烈塚

亦失哈上前焚香祭拜，就此，普蓝老爹遗骨安送完毕。

当晚，亦失哈设宴招待云芝，在座的有田甸、吴信等开拓阿什哈达船厂的老人。宴席上，亦失哈对众人说："普蓝老爹、皮库、云芝等人，为我大明之船厂兴建鞠躬尽瘁，一家三人，已有两人作古，今后吾与云芝兄妹相伴，云芝有何要求，尽可提出。"

此时，云芝心情复杂。想起昨天，自己再一次见到了心中之人亦失哈，云芝告诉亦失哈，爷爷在临去世前还叮嘱她，一旦见到亦失哈，就说他委托其照料好云芝，日后她孤苦伶仃，一人在世上了，亦失哈应是她的亲人，并拿出一枚硕大的紫色东珠，让云芝交与亦失哈。

亦失哈拜谢老人，收下了东珠，并问起云芝今后的打算。云芝说："哥哥，云芝我早已想好了。看来你我无夫妻缘分，但我要处处保护你。眼下建船厂、造船，我都插不上手，那我暂且回紫霞观吧。一是可以守护贵子沟爷爷的坟墓，二是也可见到阿什哈达船厂开造大船。如有用着我的地方，找我也方便。"

云芝手捧酒碗，敬过众人，对田甸、吴信说道："田老将军，吴副都指挥使，你们都有所知，我云芝这辈子，与我敬仰的哥哥有一段奇缘，我会珍惜，并永留心底。今后，我在紫霞观中安心习武，也依然是你们最可信赖的云芝！""咕咚、咕咚"她将一碗酒一口气儿饮下，又对亦失哈、田甸、吴信等人低身一拜，说了声"云芝告辞！"然后推开门走出去，消失在茫茫的青山绿树间。

后来，云芝在紫霞观住了一段时间，就不知道她又去往何处了，与亦失哈失去了联系。

※※※

建船厂的一应事宜完毕，造船工程便依次展开。由于亦失哈对整个船厂的规模、功能早就胸有成竹，所以动起手来真是一帆风顺。首先由吴信、程凯等人负责招募各地木匠、手艺人和力工，告示在辽东之地以快马传驿方式送达各州县府镇，并在集市、乡镇、作坊广为张贴，一时间，南来北往的木匠、手艺人、力工纷纷赶往阿什哈达，前来这里造船。

这真是：树起建兵旗，便有吃粮人呐！不出二十日，来自辽东一带的手艺人、工匠几百人都纷纷来报。吴信、程凯等人一一按名造册，忙到深夜。那些报名登记在册的造船工们，每二十人住在一间大工棚子里，每人发三张狍子皮、一个木头枕头，其余工具自带。大工棚子里，日夜灯火辉

第二十六回　众功魂祭土贵子沟　请海神二巡奴儿干

煌，人们摩拳擦掌，单等船厂开工造船。

这一日，亦失哈又请来给看好了日子的老萨满林宝，在阿什哈达船厂进行了隆重的祭江神礼、祭山神礼和祭树神礼。伴着一阵"咚咚"的皮鼓声，由亦失哈向所有造船的人发放"神斧"。所说的"神斧"，就是经过萨满超度，附了神功——在把上系了一条红带的利斧。

大家排成一队，等待着。吴信副都指挥使手展"名册"宣号："王三，领斧！"

于是，王三回答："王三接斧！"此人走上前来，从钦差大臣、太监亦失哈手上接过利斧，再由程凯指定，此人被编入哪一队木组，干哪一类木活。

人们一一领斧、接斧、入队。从此，在荒寒的长白山里，在松花江上游的阿什哈达一带，日夜火把闪亮、人声鼎沸；斧子、锤子、木板、木棒的撞击声，日夜不绝于耳，北疆的大明船业，从而始之。

转眼半年的时间就过去了。亦失哈在不断改进自己战船的同时，最惦记的一件事就是雅克娜。

※※※

永乐十年夏天，亦失哈面见朱棣时，又提出来要到北边去一趟，说："皇上，和我从小青梅竹马一起长大的雅克娜，为了弘扬大明朝御膳文化，布施皇上您的恩泽，留在了北边，到现在已经半年多的时间了。我有点不放心。皇上，我除了改造战船外，其他的就朝思暮想这事，我得把她接回来，这是第一点。第二点，现在看起来，许多部落的罕王虽然表面上对咱们大明朝是非常欢迎的，其实他们有些人心里面还是有些想法的。慧心不是一两次就能形成的。有一句话说得好：随风潜入夜，润物细无声。咱们还得多去，就像串亲戚一样，常走动。不知皇上，意下如何？"

朱棣听完后，是非常的高兴，他完全同意亦失哈的建议。他说："朕听此言，言之有理。但是我总惦记着的是你的船安全不安全。咱们大明朝从来就没有组织过这么大的船队。你带去的二十几只船，还带着这么些人、这么多东西，往返近万里，走了多少山山水水，来回是太不容易了。这是第一次考验。你第二次看看，这些战船改进后，它们到底怎么样，能在大海中航渡多远。"

"皇上，我还没有跟您禀报呢。我这次去，也是正有此意。我也是觉得咱们的战船虽然是越造越精、越造越好，但是上次去奴儿干的战船，基本上都是两杆和三杆的大船。我想，咱们能不能造出四杆或五杆的更大的战船。黑龙江江面有一里多地宽，水深也有十几米，但是到了大海就不同了，它是一望无际啊，一片波涛。特别是到了鞑靼海峡那块，对面就是库页岛，两杆的江船一到那万里无边的大海之中，有时大浪一卷，浪尖都打到桅杆上边去了，远远超过了大帆。整个大浪像个水瓢一样，把船就扣到里面了。上次我就听见咱们的战船有时'咔咔'直响。我总害怕出事，总觉得咱们的船有的地方还是不行，还得继续改进、继续加牢加固。再一个，就是咱们这些船一到大海里，可不像在江河里一样了。大海对待这些木头，就像揉扯一张纸一样，除了原木，其他的就像草棍一样，说给揉折就给揉折了。"

"皇上，说起来，咱们的船要走得更远，经得起海浪，还得从设计上下功夫。上次，我是提心吊胆，带着皇上的圣旨去的。首先，我考虑的是祖上传承下来的船好不好使。虽然代代讲我们祖上的船是神船，但是现在回想起来，我祖上和先人们真是保护我。要不然，皇上，上一次我真不一定能回来。我回来后，经过半年多的冥思苦想，现在终于想明白了：咱们可以再造大船，到海里去才行呢。咱们的船不能是江船了，应该全是海船才可以啊。何况，咱们大明朝还有那么多海呢！我想，这才是咱们想要的船。"

第二十六回　众功魂祭土贵子沟　请海神二巡奴儿干

朱棣一直在那静静地听着，虽然一句话都没说，但是亦失哈的话对他的启发很大。朱棣这个人是非常有远见的，马上准奏，说："知我者，乃亦失哈也。你说到我心里去了。亦失哈，我心里还有一件事呢！"

"奴才听着呢。"

"我告诉你，前些日子，我身边有的内臣很知道海外的情况。我们的史臣看了一些国外的书，说世界很大啊。不光是咱们大明朝，还有许多其他肤色的人，他们的语言都不一样。前些日子，有人给我送来了一件波斯的纱。这团纱一打开，上面织有太阳、树、蝴蝶啥的，还镶嵌着许多的银线，非常漂亮。大臣告诉我，波斯是离咱们很远的一个地方。波斯是一个信崇佛教的国度。说实在的，咱们的老祖爷就是信佛的。"朱棣提的这个老祖爷，指的就是朱元璋。因为朱元璋小时候不是当过几年的和尚嘛。

朱棣接着说："听说波斯那地方不但出纱，而且还出一些非常精致的陶瓷和陶瓶。它的陶瓶不像咱们唐宋以来的陶瓶，他们有自己的做法，有自己的烤工、有自己的绘画，可有讲究了。许多东西都是我没有看过的。这真是天下之大，无奇不有啊。这让我又有了许多新的想法。亦失哈啊！"

"奴才在！"

"咱们的船能不能再走远一些。如果咱们有了能够远洋到波斯的大海船，我想坐自己的远洋宝船到那里看一看去。这是朕后半生最想实现的一个梦啊！"

朱棣说完哈哈大笑，连连摆手："不说了，不说了。亦失哈啊，眼前你提出去北边的这件事非常好。你跟我说出你的打算就行了。你回去马上列出所需物资清单，传朕的口谕，让朝廷各部马上去办！"

朱棣一听亦失哈要二次北巡奴儿干，马上就爽快地答应了。亦失哈心中不由一阵窃喜，立马回道："奴才遵旨！"

※※※

经过一夜的周密思考，亦失哈把二次北巡奴儿干主要做的两件大事以及所需物品，都清清楚楚地列在清单上。

第二天一大早，亦失哈又来见朱棣："回禀皇上，奴才二次北巡奴儿干，主要做两件事。一是继续抚慰安民。奴才以为，我们大明朝多走几次，这样才能把生人变成熟人、变成亲戚朋友，从而才能心心相印。二是奴才还想把海神爷爷给接来。奴才这次北巡准备在海上多走走，把亦家船与海神爷爷接上。我的祖上不仅是鲁班爷爷帮我们，还应该有海神爷爷助威。除了陆地上的鲁班爷爷外，我们亦家船还得有海神爷爷、海神娘娘。这样，咱大明朝的船就是在海神庇佑下的大海船。我这次到鞑靼海峡后，就是要看一看，到底咱们的船哪些能经得住海浪、哪些经不住海浪。咱们回来后重新丰富。再一个，就是使好大帆。我要好好地在海上使一下大帆船。只有这样，奴才才能知道怎么修、怎么造、怎么使江船变成真正的海船。皇上，您放心，奴才带的奉史大人蓝大姑、吏部佥事万福山、奴儿干都司同知康旺、宣抚史察尔法，他们几个人都能完成其他的任务。奴才的任务就是研究制造大海船。皇上，这是奴才这次整个北巡所需的清单，请皇上过目。"

人在什么时候都离不开钱和物，更何况亦失哈率领几千人浩浩荡荡北巡奴儿干！不算给沿途诸北方部落的抚慰物品，光那些人吃马嚼，也是非常大的一笔开销。要不说，朱棣是能成大事的人呢！他接过清单后，扫了一眼，就让身边的太监传口谕，吩咐朝廷各部马上按清单筹集物资。

朱棣看了看清瘦的亦失哈，心疼地说："亦失哈，你二次北巡，一定要注意安全。你可是朕的心上人啊，也是我大明朝的宝贝。你不能有任何的闪失，一定要安全地去，安全地回来。大海是无情的，你一定要注意身体。

第二十六回　众功魂祭土贵子沟　请海神二巡奴儿干

看你瘦的，朕看着就心痛。即使这次北巡回来，你没为朕带回试好的海船，朕也会高兴。咱们可以从长计议。你听清了吗？"

"奴才，谢主隆恩！"

朱棣短短的几句话，把亦失哈感动得够呛，眼泪都下来了。这真是：士为知己者死，女为悦己者容。亦失哈下定决心：这次北巡，不做出点名堂来，绝不收兵。

朱棣一道圣旨，没用几天的工夫，亦失哈所列清单上的物品都准备妥当了。但是，当亦失哈马上要出发、在向朱棣辞行的这个节骨眼上，朱棣却不让宣抚史察尔法去了。

为什么不让察尔法去了呢？这事说起来也怨亦失哈自己。二次北巡奴儿干这事定下来之后，亦失哈虽然身为钦差太监统领此事，但是他把所有安抚的权力和事务都交由蓝大姑、万福山和察尔法他们来具体操作了，自己一个心思光琢磨大海船的事。近段时间，蓝大姑总感觉身体有点乏力，她也就把所有的事让万福山和察尔法二人来管了。察尔法身为此行的宣抚史，有许多重要事情只能当面向朱棣汇报。

朱棣这个人非常好学习。临行前一天，朱棣认为：我作为皇上，天下之地都应该去看看。我不能光做大明朝的皇帝，我要有天下之心啊。眼光应当要放得再远一点。

朱棣在听完察尔法二次北巡奴儿干的宣抚计划后，就问察尔法："你说，我这件事应该怎么办？"

察尔法躬身施礼，说："皇上，这事好办！咱们有书啊。您可以先了解其他地方的一些历史。我不但会蒙古文，还会金文、藏文和汉文。另外，佛家的那些经文我也会背一些。皇上，您现在学也不晚啊。如果皇上要学，我那还有一些书呢。"

朱棣一听乐坏了，说："哎呀，这太好了。我现学再卖还比较慢。我看，你这次北上奴儿干就别去了，就待在我身边，你就给我天天诵读这些书，我就天天听你读书，你讲多少，我听多少。往后，朕早晚就不用干别的了，就听你聊天下奇事吧。"

"那皇上，北上奴儿干的事怎么办呢？"

朱棣把大手一挥说："你把你的事交给万福山吧，他肯定也会干好的。"

就这样，察尔法在亦失哈第二次率领众人北上奴儿干临行前，被朱棣给扣下了。当今天子的圣谕谁敢违背啊？亦失哈虽然有些不舍，但也只能欣然接受。

谁都没有想到，察尔法这次虽然没有与亦失哈北巡同行，但他却为亦失哈发现了一个难得的事业接班人。这人是谁啊？咱们后文再详细交代。

※※※

亦失哈二次领圣旨北巡奴儿干。这次他率领的还是第一次的那二十五艘战船，只是有的船进行了局部的改进，又装满粮食、衣钵、布匹等物品，于永乐十年春天，从吉林船厂浩浩荡荡出发了。亦失哈一路之上也顾不上欣赏沿途的风景，心心念念的就是早点见到雅克娜。等到亦失哈和蓝大姑、万福山、康旺到达乞烈迷部落与苔西哈见面的时候，苔西哈首先把雅克娜给送到蓝大姑和亦失哈的面前。

苔西哈把雅克娜的手亲自交到蓝大姑的手里，说："奉史大人，我可把御膳大人完璧归赵了。您看看雅克娜伤到一根汗毛没有？如果有，还请钦差大人和蓝大人治罪，我苔西哈甘愿受罚。"

蓝大姑拉着雅克娜的手，上上下下、左左右右仔细打量了一番，发现雅克娜不但没有受伤、没有变瘦，反而面色更加红润了，身体更加丰满了，越看越楚楚动人。蓝大姑对苔西哈说："我的雅克娜，在你这真是越来越好看了。看来乞烈迷部落这个地方挺养人的，是块风水宝地啊。这次，我也在这多住些日子，沾沾福气。"

第二十六回　众功魂祭土贵子沟　请海神二巡奴儿干

苔西哈自然是高兴啊，就说："蓝大人，您住多长时间都行，这是我们乞烈迷部落的荣幸啊。快，钦差大人、蓝大人、万大人，你们快屋里坐。"

众人进屋之后，苔西哈又把雅克娜这半年在乞烈迷的整个情况简单地介绍了一下，说："御膳大人心胸太开阔，跟我们乞列迷部落的人相处得非常融洽，跟一家人似的。她处处都以诚相待，从不计较一些细枝末节的小事，而且还亲自给我们部落的所有人做好吃的。这个好吃的怎么做，那个好吃的怎么做，只要有人问，她就耐心地教、耐心地给做。她不单单给罕王们做，还给平民百姓做。有的老人临死前就想吃一顿好饭，就想吃顿皇上用的御饭，御膳大人她都亲自去做。因此，许多老人临终前都非常感动，说我们一辈子都住在海边，我死前能吃顿御膳也算瞑目了。我们善良的御膳大人，是有求必应，都给做，全力满足要求，从不怕麻烦，从不怕费心。现在老人们临死前要是能吃上她做的一顿御膳，都成了我们乞列迷部落一项不可缺少的风俗。我苔西哈代表乞烈迷的所有族人，给钦差大人和蓝大人磕头了。"说完，罕王后苔西哈是撩衣襟给亦失哈和蓝大姑行深蹲礼。

亦失哈、蓝大姑和万福山等人听后，也感动得够呛。亦失哈发现巴拉巴拉特始终没有露面，就问："怎么没看到巴拉特罕王呢？他干什么去了？"

"钦差大人，甭提了。正因为上次强留御膳大人这件事，他始终都感觉不好意思，没脸跟你们见面，还望钦差大人和各位大人多多见谅。"

亦失哈也没多想，答应一声，以为这事就算过去了呢，他万万没想到，巴拉巴拉特当时的确是感觉自己非常羞愧，远远地走了，但是他却在雅克娜走后，因为失落，故意使坏，在亦失哈建成的永宁寺里肆意涂鸦，再添祸乱。此为后话。这真是画龙画虎难画骨，知人知面不知心啊。从这一件小事中，也足以看出亦失哈身为北巡的钦差大臣在抚慰北疆各少数民族过程中的艰辛。

※※※

　　雅克娜的回归，让亦失哈半年多来一直悬着的那颗心终于落地。而后，亦失哈兵分两路，一路是蓝大姑作为奉史大人在苔西哈和雅克娜的辅助下，对北方各个部落进行深入的情感沟通和安抚；一路是亦失哈率领万福山和康旺，带领几艘战船准备从黑龙江进入鞑靼海峡，正式进行海上航行。

　　亦失哈做梦都没想到，他率领着五艘最好的战船，刚行至恒滚河和黑龙江出海口交汇的地方，突然，他就发现帆船桅杆上的小鸟"叽叽喳喳"叫个不停，而后是一展翅膀，飞走了，"哎？怎么回事啊？"亦失哈再看桅杆上的单面风信旗，刚有一点变化。就在亦失哈犹豫的一刹那间，突然，从战船的侧前方"呜——嗞儿"刮来一股贼风，亦失哈"快拉帆"的话刚说完，耳中就听见"咔嗒"一声，就见三根桅杆中的一根，瞬间就被这股贼风给拧折了。紧接着，海面上又涌起了巨浪。亦失哈一看形势不好，马上下令返航。

　　等到亦失哈回到江面上，抛锚，停船之后，他首先要解决为什么桅杆会折的问题；为什么海风突然一来，帆船的桅杆上的小鸟都跑了。他走到折的桅杆前，仔细一看，发现折的这根桅杆与两根竖立完好的桅杆不同。两根竖立完好的桅杆是两棵千年的拧劲子松，而折掉的这根桅杆却是一棵较普通的松树。"哎呀呀，这真是不听老人言，吃亏在眼前。祖上先人们早说过，做船的桅杆就得是千年拧劲子松，自己怎么就选这么一根普通的松木做桅杆了呢？哦，想起来了，有这么一回事。"

　　原来在选这根普通松木做桅杆时，还真有人跟亦失哈请示过。当时为了加快造船的进度，到最后建造这艘指挥船时，由于这三根桅杆太高了，所以从整个拧劲松木垛里，只选出两根这么长、这么粗的木头来。到山上现砍伐的拧劲子松也不能用，因为它还需要在水中经过一段时间的浸泡和

第二十六回　众功魂祭土贵子沟　请海神二巡奴儿干

陆地上的熏制、晾晒等特殊的工艺处理，才能用于造船。这可怎么办呢？偏巧，在拧劲子松木垛的旁边，有一根和先挑选出来的那两根拧劲子松差不多的松木，也是那么长、那么粗。另外，从松木表面的纹理上看，它跟这两根拧劲子松也差不多，工匠师傅就说："钦差大人，先用这根松木代替吧，等到咱们从山上砍伐下来的拧劲子松所有工艺都处理完了，再把它替换下来也不迟。要不然，太耽误咱们造船的进度了。"

亦失哈觉得工匠师傅说得也有道理，就允许这么做了。后来，刚建造完二十五艘船，亦失哈就马上接到永乐帝让他北巡奴儿干的命令。人们也没有来得及更换这根拧劲子松桅杆。再加上亦失哈忙这忙那的，所有的人都把这事给忘到九霄云外去了。

此时，亦失哈看着这根普通松木制成的桅杆，一下子全想起来了："这真是千里之堤，溃于蚁穴。怪我呀，怪我！我说第一次乘船刚想出海，就听见'咔咔咔咔'之声，原来是它在作怪啊。来人啊，马上把备好的那根拧劲子松桅杆换上，择日出海。"

吃一堑，长一智！亦失哈深刻认识到做海船桅杆的首选，当数拧劲子松。

※※※

船工们更换拧劲子松桅杆暂且不说。亦失哈想起那股邪风突然来之前，桅杆上的小鸟"叽叽喳喳"叫个不停，然后就飞走了。为啥啊？难道小鸟提前知道风向变了？哎呀，我怎么把鸟知风向这事给忘了呢！

亦失哈忽悠一下，马上想到祖上造船宝卷上的行船"风信"和"借风"秘诀：

行船

风信旗子别小气，红蓝两色常换替。
瞬息万变紧跟住，转瞬即逝空伤泣。
借风
万船生气源自然，巧借东风奋争先。
东南西北八方拜，舵力全赖有推旋。
纵晓船技三千三，不解风语难撑帆。
古船命系风云关，熟通天象方坦然。

原来是风向变了！桅杆上有灯罩，有风信旗。风信一变，这旗就变。在江上行船有两面风信旗就足够了。现在看来在海里行船，两面旗子不太容易辨别。海上风是瞬息万变啊。这时，扯桅杆的人就要非常注意了。风一变，马上你的帆就要跟着变，要学会帆使八面风。要变的时候，帆怎么才能变得那么快？什么时候才能掐住这个火候呢？帆使八面风不是那么简单的。因为现在船上的大帆可不同于一艘小船的帆了，它挺大挺沉，扯帆、收帆得需要十几个人来完成。你要是拧不好的话，三个帆就会顶牛，甚至发生翻船事故。

经过一段时间的摸索和思考，亦失哈从第一次出海航行的桅杆事故中，看到了两个问题。一个就是桅杆必须要使用拧劲子松，其他的松木都不行。第二个就是海风贼啊，它瞬息万变，在海上行船时关键是要看好风向、使好帆。

俗话说，说起来容易，做起来难。要想完全掌握这些驾驭海船的经验，就得一次次驾船出海，在实践中根据世世代代生活在海中的"神舵手""神帆手"传诵下来的护船神谣秘诀：

早观风，晚盯波，船行千里快似风。
凶涛浪险靠神帆，舟船海渡永平安。

第二十七回

蓝大姑亡魂驻东海
建永宁千古史流芳

亦失哈率领着这帮人逐渐摸索，但没出几次海，刚进入秋季，奴儿干就开始封江了。

北方的冬天来得特别早，亦失哈让万福山率领船队退回黑龙江乞烈迷部，安心过冬，等到来年开春再说。而他和康旺率领众人将主船就抛锚在黑龙江出海口的江面上。为什么选择这个地方呢？亦失哈想近距离地观察整个冬季海风的变化，以及训练船工们扯帆、转帆、收帆的快速协调能力。

寒冷的奴儿干，可以说是滴水成冰啊。亦失哈和康旺每天都站在甲板上观察海风的变化，一日两，两日三，可以说是度日如年啊。每次康旺看亦失哈身体承受不住了，就挺身而出，说："钦差大人，您回屋休息吧。有我康旺顶着，您就放心吧。"

虽然这次亦失哈身边多亏有康旺了，减轻了他不少的负担，但是康旺的身体却因为长期在寒冷条件下观察风向，坐下病根了。亦失哈和康旺逐渐掌握了海上风向的变化，所有的船工们也轮番适应了海风突变中的扯帆、转帆、收帆等一系列的动作。帆船就是风船，风是帆船的巨大动力，行船必须擅使八面风。船达是一船之长，全船的工匠，不管大船航行多远，全靠船达舵技的哨音，船达专会看天云，是"羊毛云"，还是"流水云"，甚至是"黑煞云"，都有讲究。

"羊毛云"，天上刮的一种轻软的风，轻风拂面，不大不小，吹力不强，而且柔和畅缓，船达最得意这种风了。它是祥风，是和顺风，船行进江河或入海，船上的人都可安然睡觉，船达爷最宽心了，他不用担惊受怕，扯起三桅杆的篷帆，巨船鼓帆破浪迅捷，争分夺秒，可日行千里。

"流水云"，一种急切的风，像流水，有风的响声，震耳鼓，而且风声永不停歇，预示这股风要吹一定时辰。这时船达可一点不能马虎，三桅杆的三篷帆可扯满，鼓浪前行。流水云有个大毛病，就是突然遇上了强气流，会被强气流冲击，风劲迅增，风吹力一瞬间变幻成飓风，可摧毁万物，是非常可怕的。船达和全体船工都在时时关注气流的微妙形态，防范流水云

第二十七回　蓝大姑亡魂驻东海　建永宁千古史流芳

闹毛病。

"黑煞云"最易看，不论是行船者还是生活在世间的平常人，谁都认识天阴有雷雨，乌云密布。船达不怕"黑煞云"，晴天雨船行无阻，只要观察其动向就万事大吉了。

"看云"大有学问，对上述三云有认识尚有很多知识。但凡事精心，熟能生巧，自会迎难而解，逢凶化吉。

船达不单要看云拿手，更要会听天风。一年三百六十五天，分分秒秒天风都在强弱中变化，俗有"爆仗风""雷鼓风""流水风""骏马风""蚊子风""彩袖风""小燕风"，等等，各有特征，各具凶危。各风有各风之长之短，对行船可借风有利或不利，瞬息万变。俗话说：风是姑娘脸，一天十八变，一时一刻都得死盯着，不敢有丝毫马虎，否则，船毁人亡。

凡事皆事在人为，趋利避害。总之，船达身系一船生命，帆船不在于大与小，最重要的，就是会驾驭老天爷赐给的九天风的无穷神力。

※※※

冬去春来，万物复苏。

这一天，亦失哈和万福山、康旺正计划各自率领一艘战船出海再次检验一冬来的训练效果时，雅克娜慌慌张张地闯了进来，人还没说话呢，就哭了起来。雅克娜这一反常举止，一下子把在座的所有人给造蒙了。亦失哈从小到大就没有看到雅克娜哭得这么伤心过。要说有，那也是上次紫霞真人羽化时，她这样哭过。所以，亦失哈一见雅克娜这个样子，脑袋"嗡"一下，就知道出大事了，就抓着雅克娜的肩膀说："雅克娜，到底发生什么事了，你快说啊！"

"蓝、蓝、蓝大姑，她、她、她病逝了。"

亦失哈闻听此言，"扑通"就坐地上了，抱头痛哭："蓝大姑啊，我对不起您啊！"亦失哈"啪啪啪"拍得船板直响。

万福山和康旺也都跟着落泪。哭罢多时，万福山说："亦大人，人死不能复生，咱们都要节哀啊。"

亦失哈是真难过啊，他强忍着悲声，问雅克娜："蓝大人临终前有什么交代没有？到底怎么回事？"

雅克娜止住哭声，把整个事情的来龙去脉给大家说了一遍。

原来一进入冬天，蓝大姑就感觉身体不舒服，没想到又得了一场风寒，身体状况就越来越弱。雅克娜和苔西哈想派人告诉亦失哈，但是蓝大姑说什么都不让，她怕亦失哈分心。这一开春，气温一回暖，蓝大姑听说亦失哈经过一冬的训练，马上要出海了，她也非常高兴，说什么也要让雅克娜和苔西哈把她扶起来活动活动，她好跟着亦失哈一起出海。哎，还行。蓝大姑一活动，身上这么一出汗，就感觉浑身上下好多了。蓝大姑回到屋后，就让雅克娜和苔西哈各自回屋了，而后，让侍女把她身上的厚衣服换了下来，换上了一件崭新的薄衣服，靠在椅子上喝茶。可没喝两口，蓝大姑就靠在椅子上睡着了。此时的蓝大姑已是八十多岁的老人了，她这一睡，可坏事了。自古以来，就有老话叫"春捂秋冻""春天孩儿脸，一天变三变"。等到蓝大姑醒来时，就感觉身体着凉了，高烧不下。蓝大姑一辈子都是要强的人，深更半夜不想折腾别人，也不让侍女们告诉雅克娜和苔西哈。

等到第二天早上，八十多岁的蓝大姑在弥留之际，再三叮嘱雅克娜："孩子，我真的不行了，我要走了。我走之后，你无论如何也得让小牛带我一起出海，并将我葬于东海。我不想回去了，我想永远留在这里，以盼我大明朝海船早日远渡重洋，驰骋于东海。我在东海等着你们。"说完，蓝大姑就闭上眼睛，病死在床上。

亦失哈闻听此言，更是哭得死去活来，都哭昏过去了。亦失哈回想自己入宫以来，蓝大姑就像自己的奶娘一样心疼自己，教育自己，年已八十多岁的蓝大姑始终与他不离左右，他们的情感早已胜过了亲生的祖孙、母

第二十七回　蓝大姑亡魂驻东海　建永宁千古史流芳

子之情。

万福山和康旺后来也不劝了："让他哭吧。他哭出来，心里能好受点。咱们马上给蓝大人准备后事吧。"

亦失哈哭罢多时，说："蓝大姑的灵棚就搭在主船上，我和雅克娜为蓝大姑守灵七天，之后出海。"

七天的时间转眼就过去了，随着亦失哈一声令下，五艘战船乘风破浪、鼓帆远航，很快越过了鞑靼海峡，进入了东海。伴着海鸥的阵阵鸣叫之声，蓝大姑随着铺满鲜花的木筏，就消逝在茫茫的东海。这正是：

　　蓝姑本是淮家女，随风入藩伴燕王。
　　几番漠北寻名匠，九龙山上得贤良。
　　巾帼不让须眉汉，奉史抚慰昼夜忙。
　　耄耋之年二巡北，葬入东海盼君长。

俗话说，福无双至，祸不单行。蓝大姑死后，好长一段时间，亦失哈和雅克娜才从悲痛中走出来，可这时候，康旺又出现问题了。

康旺一直是亦失哈身边非常得力的助手。在亦失哈身体虚弱和悲痛的时候，都是他主动站出来，风雨无阻啊，就在船上，看这个，看那个，从来不休息，一心就是保护船的安全。康旺心想：皇上把我派出来，我就得负责好这些人的安全。所以，康旺与亦失哈配合得非常好。由于康旺长期受江风和海风的袭击、侵蚀，就得了一种特殊的病。什么病呢？软骨病！康旺一犯病时，全身都不好使、不听话，就像瘫痪一样。后来，康旺实在是不行了、坚持不住了，就蹲在船帆外面的桅杆底下，照样监视着海风的变化：这个帆怎么用、这块怎么走，要是走不了怎么拉纤，等等。后来，康旺连蹲都蹲不住了，亦失哈想让他进船里休息，他说什么都不肯。康旺也上来犟劲了，谁劝都不好使。最后，亦失哈和其他人只好把康旺搬到船舱里，给他铺上被褥，让他躺在那里看着风帆、风信旗和风向筒的变化。康旺的这种举动不但感动了亦失哈、万福山，而且，也极大地鼓舞了所有船工的士气。大家齐心协力与海风海浪进行战斗，一次、两次、三次……十几次甚至几十次出海之后，亦失哈和康旺带领着所有的船工，在海上已经是非常娴熟地运用了风帆，在东海上是乘风破浪，顺畅地航行。

亦失哈带去的二十五艘战船都在海上经受住了大风大浪的考验，这让亦失哈感到无比欣慰。

※※※

盛夏季节，亦失哈最后一次带领战船从东海返回黑龙江口时，感觉这次北巡奴儿干的任务终于完成了，心里再没有什么牵挂了，就躺在船舱的铺板上睡着了。亦失哈睡得这个香就甭提了。睡着睡着，亦失哈梦中就看到紫霞真人站在出海口的一处高高的山崖上，向自己乘坐的海船频频招手，好像还在说着什么。亦失哈越想听越听不清楚，正当他急得满头大汗时，突然，他乘坐的战船"忽悠"一下，一下子把他从睡梦中颠簸醒了：怎么回事？

亦失哈一骨碌身从船板上起来，三步并作两步，便来到甲板之上。此时，康旺正躺在船舱里指挥转帆呢。转眼间战船就恢复了平静。亦失哈放眼往周围一看，正是自己第一次出海战船桅杆突然"咔嚓"折断的恒滚河与黑龙江的出海口：嗯？刚才紫霞真人不就是在远处的那个山崖处向我招手吗？

想到这，亦失哈立刻下令停船："这是什么地方呢？我得下去看看。"

康福说："回禀钦差大人，这是奴儿干都司下辖的特林。"

"哦，停船，我要到那边去看看。你把船看好，现在浪太宽，下一个锚不行，得下两个锚，要不然船扎不住。"

第二十七回　蓝大姑亡魂驻东海　建永宁千古史流芳

"是！"

随着康旺的口令，水手们"哗啦啦啦"把两个锚下水里去了。哎，你还别说，船果真稳稳地扎住了。

有人划着小船把亦失哈和万福山送到了岸边。亦失哈下船，抬头往上看，特林这个地方，是立陡石崖的山，矗立于江边，形若城阙，高有十余丈，有一夫当关、万夫莫开之势。

万福山领着亦失哈费了好大的劲，才爬到了山崖上边。整个山崖上面，比较平缓，远处山峦起伏，近处有一座破旧的房舍。亦失哈就问万福山："这座破旧的房舍，原来是干什么的？"

"它呀，听老人讲，过去在唐朝时这儿有个小庙，人们叫它观音菩萨庙，由于年代久远，早已坍塌，无人问津。"

亦失哈闻听此言，恍然大悟，马上明白刚才紫霞真人在梦中对自己所示："北方民族不但要崇道，而且也应该崇佛，佛火七天更重要。所以，这次行船，我无论如何也应该把佛留下来。大海对我的启示啊，是佛祖的启示。过去鲁班爷讲过，但没有启示我这么深。这是佛祖启示我的。正好，自己船上正供奉着一尊佛龛呢，就留这吧。"

想到这，亦失哈对万福山说："这里是个好地方啊，我们就在这建一座佛家庙吧。"

"太好了！如果此地有了咱们大明朝建造的寺庙，就永远有了大明朝的魂。最好在山崖边上再建一个望海塔，给行船经过此处的人做一个永久的标识。"

"行！万大人，此事就由你来筹办吧。"

"愿遵听钦差大人调遣！"

※※※

万福山对这个地方太熟了，他一出面召集，方圆百里的渔民、猎人都从四面八方过来帮忙，主动出车马，是能出力的出力，能出钱的出钱，能出人的出人，能出物的出物。没用多长时间，就把一座观音庙给建起来了，并在寺庙前立了一块石碑。寺庙里雕塑的观音像，完全是按亦失哈根据紫霞真人的容貌塑造定型的。另外，万福山带领着渔民、猎人，用石头在山崖边上硬堆起一座五层高的望海塔。这座望海塔是堆起来的，而不是砌的，整整堆了五层。海岸边的风最大了，有时还有台风。虽然有时台风吹得这些石头"呼呼"直响，但是它就是不倒，你说奇怪不奇怪！堆这个望海塔是干什么用的呢？它主要是拜佛、祭天用的。

等到寺庙、观音像和望海塔都完工之后，万福山请示亦失哈："钦差大人，咱们是不是该给这座寺庙和这座塔起个名字啊？好找人在这寺庙旁边竖立的石碑上镌刻上所有参与此事的官民名单，以期后人不忘前世之功。"

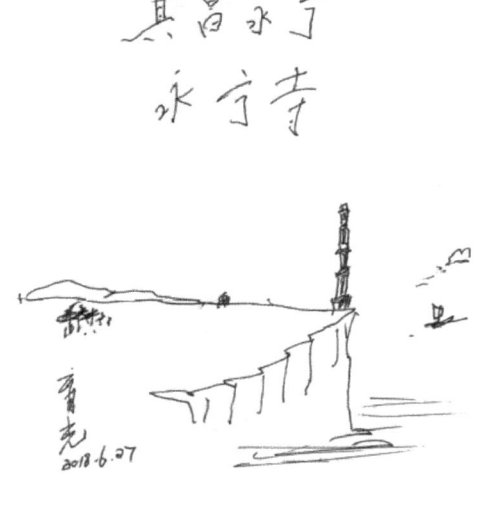

其昌永宁·永宁寺

"万大人所言极是！后人不忘前世之功，其目的无非是确保北疆其昌永

第二十七回　蓝大姑亡魂驻东海　建永宁千古史流芳

宁，国泰民安。我看此庙就叫'永宁寺'、此塔就叫'永宁塔'（望海塔）吧。万大人意下如何啊？"

"永宁寺这个名，太好了！寓指奴儿干和大明朝疆土，其昌永宁。我第一个举手赞成。"

"我也赞成！"

"我也赞成！"众人是异口同声，纷纷拍手称赞。于是，亦失哈命行人铜台邢枢撰写碑记如下：

> 伏闻天之德高明，故能覆帱；地之德厚，故能持载；圣人之德神圣，故能悦近而服远，博施而济众。洪惟我朝统一以来，天下太平五十年矣。九夷八蛮，梯山航海，骈肩接踵，稽颡于阙廷之下者，民莫枚举。惟东北奴儿干国，道在三译之表，其民曰"吉列迷"及诸种野人杂居焉。皆闻风慕化，未能自至。况其地不生五谷，不产布帛，畜养惟狗。或野人养［鹿］驾［车］，运［器］厌诸物。或以捕鱼为业，食肉而衣皮。好弓矢。诸般衣食之艰，不胜为言。是以皇帝敕使三至其国，招安抚慰，［百姓］安矣。圣心以民安而未善，永乐九年春，特遣内官亦失哈等，率官军一千余人，巨船二十五艘，复至其国，开设奴儿干都司。昔辽、金俦民安故业，皆相庆曰：［圣主］今日复见而服矣！遂上［天］朝［奴儿干］都司，而余人上授以官爵印信，赐以衣服，赏以布钞，大赍而还。依土立兴卫所，收集旧部人民，使之自相统属。
>
> 十年冬，天子复命内官亦失哈等载至其国，自海西抵奴儿干及海外苦夷诸民，赐男妇以衣服器用，给以谷米，宴以酒馔，皆踊跃欢欣，无一人梗化不率者。上复以金银等物为择地而建寺，柔化斯民，使知敬顺。［知］圣［朝有］为相［贤］之瑞。十一年秋，卜奴儿干西，有站满泾，站之左，山高而秀丽。先是已建观音堂于其上，今造寺塑

佛，形势优雅，粲然可观。国之老幼，远近济济争趋。[谓天]高[地厚而大显]威灵，永无厉疫而安宁矣。既而曰："亘古以来，未闻若斯，圣朝天[下]民之[归顺者]上忻下至，吾子子孙孙、世世臣服，永无异意矣。"以斯观之，万方之外，率土之民，不饥不寒，欢欣感戴难矣。尧舜之治，天率蒸民，不过九洲之内，今我[朝一统天下而柔化万方]，蛮夷戎狄，不假兵威，莫不朝贡内属。《中庸》曰："天之所覆，地之所载，日月所照，霜露所坠，凡有血气者，莫不尊亲，故曰'配天'"。正谓我朝圣德无极，至诚无息，与天同体。斯无尚也！无盛也！故为文以记。庶万年不朽云尔。

撰文最后落款：永乐十一年九月二十日立。
后面镌刻着参与筹建永宁寺的所有人员名字：

钦差内官亦失哈、成[昌]胜、张童儿、张定安；镇国将军都指挥同知张旺；抚总正千户王迷失帖、王木哈里；玄城卫指挥失秃鲁苦、弟秃花、妻叭麻；指挥哈彻里、王谨；弗提卫指挥佥事：秃称哈、毋小彦、男弗提卫千户纳蓝；千户吴者因帖木儿、宁诚、马兀良哈、朱诚、王五十六、黄武、王君等；百户高中、刘官永奴、李政、李敬、刘赛因不花、傅同、王里帖木、张甫、金卫、高迁、叶胜、赵锁古奴、王官音宝、王阿哈纳、崔源、里三、康速哈、阿卜哈、哈赤白、李道安等；总旗李速右；所镇抚王溥、戴得贤、宋不花、王速不哈、李海赤、高歹都、李均美；医士陈恭、郭奴；总吏黄显等；监造千户金双顶；撰碑记行人铜台邢枢；书丹宁宪；书蒙古字阿鲁不花；书女真字康安；钻字匠罗泰安；来降快活城安乐州千户王儿卜、木答兀；卜里阿卫镇抚阿可里、阿剌卜；百户阿剌帖木、咬纳；所镇抚赛因塔、把秃不花、付里住、火罗孙；自在州千户把剌答哈、阿里哥出；木匠作

第二十七回　蓝大姑亡魂驻东海　建永宁千古史流芳

头石不哥儿、金卯白、揭英；妆塑匠方善庆、宋福；漆匠李八回等；铁匠黄三儿、史信郎等；烧砖瓦、窑匠总旗熊闰；军人张猪弟；泥水匠王六十、张察帙木；奴儿干都指挥同知康旺、都指挥佥事王肇舟、佟答剌哈；经历刘兴；吏刘妙胜。

这些人万万没有想到，他们为北疆的安定繁荣，在奴儿干筹建永宁寺这件事所做出的贡献，反而随着永宁碑的竖立，而载入了整个中华民族的史册，千古流芳。

自从有了永宁塔（望海塔）之后，所有经过这里的渔船，都把它看成标志神塔。为啥满族说部"乌勒本"都要讲这个？就是让人们不要忘了这段历史。现在这个地方，很多东西都没了。很多老百姓的船在这过，也还是烧香、磕头，认为这里很有神灵，它来保护自己的渔船不会翻船。更神奇的是：打鱼的人，只要在这磕个头，他一出海就会收获满船的鱼。这让老百姓是一传二，二传三，越传越邪乎，越传越神奇，因此，永宁寺就成为矗立在大明朝漠北老百姓心目中一块神圣的殿堂。

亦失哈第二次北巡奴儿干，也因建造永宁寺并镌刻永宁寺碑文而载入了史册。他的功劳是以德赢来的天地，是以德善举给中国人留下来的历史丰碑。

永乐十一年，亦失哈率队回到吉林船厂时，康旺已经瘫在了船上，是让人抬回来的。而后，亦失哈回京复命。朱棣听完亦失哈的详细禀奏后，是既高兴又悲痛啊。高兴的是亦失哈历经两年时间终于掌握了海上航船的经验和技术，悲痛的是蓝大姑的离世。

"我按照蓝大姑的最后遗愿，在东海进行了海葬。"亦失哈实在说不下去了，眼泪止不住地往下流。

朱棣也是顿首捶足，半天没说出话来，也没有心思听亦失哈禀报了，说："没什么重要事，你就下去吧，赶快派人为蓝大人补建一座衣冠冢，越大越好,以期她永世安宁吧。"

"嗻!"亦失哈一看朱棣心情不好,把这事办完后,他就返回阿什哈达船厂,继续造海船。

※※※

有道是:福不双至,祸不单行。等到亦失哈回到船厂后,他两次北巡奴儿干的所有战船,经过海水长时间的浸泡,再回到船厂放置一段时间后,有几艘船体都出现了不同程度的开裂和渗水现象。亦失哈一检查,发现是船肋板、船板与铁钉、铁銷、铁铆,它们的接合处出现的严重问题。大船上许多浇铸的铁器部件,因海水腐蚀和空气的氧化,一个个都锈得死死的,有的因氧化而体积膨胀变形,而且还非常容易折断。要想重新修好一条船,拆拆卸卸,比新造一条船还要麻烦。这下可把亦失哈难住了。亦失哈不敢隐瞒此事,就亲自到京城向永乐帝主动请罪。朱棣听完亦失哈所讲问题后,也是紧皱眉头:"这可如何是好呢?大明朝再有银两,也不能出一两次海就再建一批远洋的大海船吧?还是把万福山和察尔法找来商量一下吧。"

朱棣主意打定之后,就派人把万福山和察尔法找来了。亦失哈把船新出现的状况一说,他们二人也是大眼瞪小眼,没有了办法。正在这时,雅克娜急匆匆从后宫赶来,上前拜见朱棣,说:"皇上,紫霞真人万里特意飞鸟传书,请皇上过目。"

"哦!快呈给朕看看。"朱棣接过纸条一看,不由得龙颜大悦,并对着众人说:"我大明朝真是洪福齐天。万福山!"

"卑臣在!"

"朕命你带人火速赶往铁架山,请贵人出山。"

"卑臣接旨。"

万福山不知道他要请怎样的一个贵人,但是他又不敢违背圣旨,所以,

第二十七回　蓝大姑亡魂驻东海　建永宁千古史流芳

他稍微犹豫了一下，还是痛快地把圣旨接了下来。朱棣哪能不知道万福山的顾虑呢，于是说："皇兄，你来看。"

朱棣把紫霞真人万里飞鸟传书的纸信递给了万福山。万福山接过纸条，低头一看，上面写着四句话：

贵星降落铁架山，红发红脸红少年。
此子黄口多奇志，火神巧助亦家船。

这四句话的下面，还简单勾勒出一个草图，有松花江，有五里河，有肇大鸡山，中间还特意标注了铁架山。万福山看完后，也乐了。铁架山对他来说是再熟悉不过了。铁架山就是离自己松花江边的家不太远的一座山（也就是五里河与肇大鸡山一带），从前自己经常去这些山上打猎。另外，古代把十岁以下的男孩称作"黄口"。也就是说：这位贵人是一个不太大的孩子。万福山说："皇上，您就放心吧。我一定会把这位贵人给请来的。"

万福山领旨下殿，带着十几名官兵就火速先赶奔铁架山。话分两头。单说紫霞真人飞鸟传书中所提到的这个"贵星"少年，的确是大有来头。朱伯西我不得不从头说起。

※※※

很早之前，在松花江边的铁架山的山顶上有一座大古庙。铁架山是两个山顶在一起的，山势非常陡峭。在辽金时期，女真人就生活在大山里面。元代的时候，女真人受气啊。许多元人对女真人的欺压是相当残酷的，他们把许多女真人赶到大山里去了。许多女真人就在大庙的周围住下了。这座古庙里面供奉着火神爷，所以人们就叫它火神庙。庙里有三个道士，一个老住持带着两个小和尚在此修行，靠化缘生活。这位老道长白发鹤然、仙风道骨。女真人靠着火神庙，也受到了火神爷爷的保佑，在山顶上盖起房子，过着相当平静的生活。

火神

过去女真人生活在一起，每个屯子里都有这样的一个人，他最勤快，最善于帮助人，他要做五件善事。第一件善事，不但有能力把自己过好，还得想办法帮别人一起过好。第二件善事，这个人要是把周围的人都安排好，也得让周围的百禽也跟着活好，让人类和兽禽共生共存。第三件善事，

第二十七回　蓝大姑亡魂驻东海　建永宁千古史流芳

这个人不但帮着那些住在山沟里的穷人，而且他还得挨个山沟去找穷人，主动去帮忙。无论哪个旮旯的地方、哪些树丛里头，哪个山洞里头都要主动去帮助他们。第四件善事，就是送水。因为许多女真人都住在山上，特别是冬天的时候是没水的。你得想法儿刨些冰，给送山上去。第五件善事，是送火。原始的女真人钻木取火，后来就把火种给留下来了。这个人要善于保护火种。谁家没火就要送去火种。这是古代女真人要干的这么五件善事。

※※※

单说到了大明朝刚起来的时候，也就是永乐初年，在铁架山下有这么一家人。这家主人是一个女的，叫霞姑。她爹妈都死了，霞姑都三十多岁了，还孤零零一个人。霞姑非常勤快，非常能干，是部落里最善于做古代女真人的五件善事的人。霞姑是不分早晚地给所有的人和野禽送去必要的东西，尽做好事了。霞姑天天带着一白一黑两只小狗，肩上挑个担儿，到处送火种。跟前陡峭的铁架山有一百单八阶，是人们一个台阶一个台阶抠出来的，非常难走。霞姑基本上每天都往返一次。晚上小白狗和小黑狗不但能看家，还帮霞姑抓耗子。

有一天晚上，霞姑到了铁架山火神庙给火神爷爷上了许多的供果，自己省吃俭用，好的东西都送给别人了。她化缘来点钱给火神爷爷买些供果，有些供果是她亲手做的发面馒头、枣糕。逢年过节，她更是每次都准时送上去。庙里的老和尚是非常的高兴啊，就说："霞姑，你人太好了。你将来肯定有好的福报！"每次霞姑听到这话，都是一笑了之。但这次，老和尚发现霞姑满腿上都长了一些脓包，有的都破了，疤疤癞癞的。老和尚非常心疼地说："哎呀呀，傻孩子，你这腿到底怎么了？"

霞姑说："爷爷，不要紧，我的腿没事。我都习惯了。"

霞姑

"孩子,你听我的吧。你就用火神爷香炉里的香灰,抓上几把上到腿上,一会儿就会好的。"

"爷爷,它能治病吗?"

"能!你现在到火神爷前面磕个头就行了。我在心里再跟他说几句话,火神爷爷就会保佑你的。"

霞姑听老和尚说得真真切切,就来到火神爷面前磕头,而后从香炉里抓起了两三把香灰,一点点地上到自己的腿上。哎,你说神奇不神奇,她腿上破开的脓包马上就结嘎巴了,也一点不痒了。

第二十七回　蓝大姑亡魂驻东海　建永宁千古史流芳

这时，老和尚告诉霞姑说："孩子，我很快就要圆寂了，以后就帮不上你了。"

"爷爷，你别走啊！你走了，这庙怎么办啊？"

"唉，人走人自来，鸟走鸟又归。你不用担心，这里面还有火神爷呢，自然还会有人来照顾它的。"

霞姑也没有把老和尚的话放在心上，还以老和尚和她开了个玩笑呢。可是，霞姑第二天再来的时候，老和尚的两个小弟子正磕头呢，老和尚是坐观而死。霞姑给老和尚磕头，痛哭流涕啊。霞姑哭着哭着天就黑了，两个小和尚劝霞姑早点回去。霞姑一看天色也挺黑了，下山也不方便，就说："我今天不走了，就让我多陪一下老爷爷吧。我就坐着睡一会儿就行。老方丈他没有走，我能感觉到他就在咱们的身边。"

就这样，霞姑就留在山上，守着老和尚灵牌前的香火。两个小和尚到后院睡觉去了，就留霞姑一个人在火神爷神像前。转眼到了后半夜的时候，霞姑不知不觉睡着了。霞姑做梦了，梦里雷声大震、闪电一闪一闪的。霞姑突然在闪电中发现了白胡子老和尚，正笑着向她招手呢。霞姑心说：这不就是老和尚爷爷吗？

就在这时，突然又来了一个非常大的惊雷，"骨碌噜——嘎！"这惊雷是震耳欲聋啊。雷声中老和尚一下子就不见了，雷声中走出一个美貌的中年男子。这位中年男子走到霞姑跟前说："霞姑，你老做好事，你的根基很正啊，你太好了。我今天来不是为别的，是专门来给你送子来的。"

霞姑闻听此言，急忙摆手摇头，说："啊?！我是一个姑娘家，从来都没有开攀（生孩子）的意思。"

这个中年男子说："这是天之所愿啊，神非常喜欢你。我就是这座庙里的火神爷。现在，我要把我的弟子送给你了。你接过去吧。"

"火神爷爷，我不要，我不能要。"

"不行，接过去吧。"火神爷用力"哗啦"往霞姑怀里这么一推，霞姑

火神送子

顿时就从梦中惊醒。

霞姑醒来的时候,她感觉自己的肚子有些胀,有点不舒服。这时,天也快亮了。两个小和尚也过来换班,说:"霞姑姐姐,你都看一宿了,也该回去了。我师父归天了,他会保佑你的。"

两小和尚看着霞姑满脸挺红的,就说:"霞姑姐姐,你有什么事吗?看你红光满面的,一定是喜事临门!"

第二十八回

善霞姑梦中得神子
扎克善箴言任狂程

霞姑心想：两个小师傅啊，我心里的话怎么能跟你们说得出口啊！我梦见火神爷给我送子，你说我一个三十多岁的大姑娘，突然有子了，我该咋办呢？跟谁说谁都得笑话我呀。这让我如何说得出口啊？再说，这让我如何做人啊？

霞姑没有说什么，起来要走。两个小和尚从神案前拿起两个供果馒头，硬递给了霞姑。霞姑经过一宿的折腾，饿得不行了，于是就接过馒头，边吃边下山了。

霞姑开始以为这事就只是一梦，不可能是真的吧？她还抱有侥幸心理呢。可是，没过多少日子，霞姑就感觉自己的肚子越来越大、越来越沉，慢慢就显怀了。霞姑心里头又开始画魂了，非常委屈，心说：我霞姑是非常敬重火神爷和火神庙的，我每次去了都给它叩头，都给它送供果。我够虔诚的了，原来庙里的长老也知道我的心是好的，也知道我的为人啊。我、我现在该怎么办好呢？现在火神爷给我送子了，我将来怎么活下去啊？你说我骂他吧，我也不敢，因为他是神啊；你说不骂他吧，那我将来怎么办呢？谁能给我证明我是清白的呢？现在老方丈走了，要是老方丈在的话，他还能给我证明。我、我的命怎么这么苦啊！

霞姑是越想越难受，越想心里的疙瘩越解不开，她就有了要轻生的念头。但是，霞姑刚有这种念头，她肚子里的胎儿就乱踢乱动，小拳头、小脚隔着肚子给霞姑打招呼，霞姑的心瞬间就被融化了。要不说天下最伟大的是母爱啊！霞姑心里这个疙瘩解不开，情绪总是飘忽不定，时而高兴、时而忧愁。

※※※

这天晚上，屋外又是电闪雷鸣。突然间，那个英俊的中年男子进屋了，他头上长角，红脸、红发、红眉、红胡须，长得非常好看。霞姑一看正是

第二十八回　善霞姑梦中得神子　扎克善箴言任狂程

火神、长老、霞姑

火神爷。陪他来的正是山上火神庙里的长老。霞姑一见到火神爷和老和尚是一肚子的委屈话要说啊。

没等霞姑开口，老和尚说话了："霞姑啊，你可不能有这歹念啊！你是受天之命，是要接下贵人的。当今的世界是大明朝的天下。现在的大明朝是红日中天啊。现在永乐帝他非常需要人。你肚子里的孩子是位贵人，他也是为帮助贵人来的。现在你是子贵母荣，你也是贵人了。你是女真人的大好人、大善人，这事你就接下来吧。"

这时，霞姑把一肚子的委屈话又都咽到肚子里去了，就知道跪在地上哭。火神爷和老和尚也没有劝她。等到霞姑哭罢多时，她把脸上眼泪擦干后，说："爷爷，你说我现在该怎么办吧？我一个未出阁的三十多岁的大姑娘，这么多年来尽做好事了，也没有和任何男的有沾连和歹事，这事要是传出去，让我如何做人啊？"说完，她又哭上了。

老方丈拍了拍霞姑抖动的肩膀说："孩子，你不用怕，我给你说，你就听我的话，你是一个正常的女人，怀孕是受天而孕。你对外讲：你是受外边的轰雷之声而怀孕的，你的孩子就姓雷，他就是一个雷孩。他非常聪明，很快就会懂事的，他能办许多世人办不了的事。"

这时火神爷也说话了，说："霞姑啊，我知道你受的委屈，可是当今的大明朝需要雷孩这个贵人的出世。你现在身上有福啊，你生了他是为大明朝做了好事啊！关于解除世上传言的问题，我会在火神庙的门前给你和人们一个合理的明示的，你就放心吧！"

老和尚说："孩子，你明天再到火神庙看一看，什么就都明白了。"

说完，火神爷和老和尚两人"欻啦"一下就不见了，这时外边的雷声也没了。霞姑从梦里也醒了。霞姑坐起来，回想刚才这事，也不知道自己是在梦里，还是现实生活中：嗨，也不管是梦是什么了，等到天亮了，到山上火神庙看看再说吧。

东方刚擦亮，霞姑挑着担子就赶往铁架山的火神庙。两只小狗跟着她，很快就到了火神庙。霞姑给火神爷摆了供果，又在老和尚坐观的地方也摆了供果，磕了头。等到这些事都办完了，突然，霞姑听见火神庙外两个小和尚的惊叫之声。霞姑心想：庙外到底发生什么事了？

她起身来到庙外一看，庙外的一个大柱子上贴着一个"大告示"。这个"大告示"挺怪啊，写的是什么呢？是阿弥陀佛、阿弥陀佛、阿弥陀佛……整整写了五个阿弥陀佛。两个小和尚正在前面议论呢，说："怎么是五个阿弥陀佛呢？怎么是用红纸、金粉写的镏金大字呢？而且纸里面还暗嵌着许多的符印。"

两个小和尚见霞姑来了，就把这个"告示"递给了她，让她看看是什么意思。霞姑看了看也不知道是什么意思，就说："天有异相，你们俩还是

第二十八回 善霞姑梦中得神子 扎克善箴言任狂程

赶快报告知府衙门去吧。"

两个小和尚想想也是,于是,他们俩就急急忙忙到山下的知府衙门报了官,说:"昨天火神庙的夜里是雷声大作,电闪雷鸣的,早上就看到火神庙门前的柱子上贴着这张奇怪的'告示'。我们火神庙也没有来过任何人啊,我们看一定是火神爷送来的神符。"

知府接过这个"告示"看了半天也没有看出个门道来,只觉这事非同寻常,他找了许多名师和懂得占卜的、观星的名士来破解这个告示上到底写了些什么,是什么意思?这些名师名士看了半天,都觉得这"告示"里面暗藏着一个天大的玄机,但是他们就是猜不透到底是什么事。其中一名懂观星的术士建议:"咱们最好请一名女真萨满来看一看,因为这'告示'里有许多女真文。"

众人一想也对,知府就派人把当地一位著名大萨满请来了。这位大萨满来了之后,一看这道"告示",就不由自主地身体抖动,在神鼓和腰铃的鼓乐中,突然张口说:"霞姑受天之命,待神送子,特鸣雷送符。"

而后,大萨满又渐渐归于常态。知府不知道怎么回事啊,就问两个小和尚:"有没有霞姑这个人啊?"

"知府大人,有啊。我们霞姑姐姐可好了,她是铁架山有名的大善人啊,尽帮别人做好事了。"

"那好吧。你们赶快把霞姑请来吧,问问她到底知道些什么?"

两个小和尚回来又把霞姑请上,二次返回知府衙门。知府一看霞姑的身形就知道怎么回事了,说:"霞姑啊,你是受天而孕,是天神降子。你就不用担心了,这事就由知府衙门来解决吧。你就好好保养肚子里的孩子吧。将来,谁要再讲你的闲话,我们知府衙门来替你说话。"

霞姑跪地磕头后,就安心地回到了铁架山。

你说这事奇怪不奇怪,本来一个女人是十月成孕、十月成子。可是霞姑她却是六月成孕、六月生子。她回家没几天,孩子整整六个月就出生了,霞姑生出孩子这天又是沉雷滚滚。霞姑生产也遭了大罪了，这个雷孩就是不下来。接生婆（引婆）一个劲地帮霞姑揉子宫，揉完了分开，揉完了分开。这样，孩子脑袋才慢慢露出来。其实，接生婆做的这些事还有一个土语，叫攀，土话叫开攀，女真语叫"扎凡毕"（抓攀）。"攀不攀，到时候了吗？"

"别攀，没到时候呢。"

攀，这就是接生婆做的事，帮着孕妇使劲，就是揉。等到孕妇的子宫开开，她就顺着孕妇的肚子往下慢慢推压。孕妇往往都是闭着眼睛，憋着一股劲把孩子推出来了。

霞姑在接生婆的一步步指引下，费了九牛二虎之力，总算一点点请雷孩出世了，然后，再剪掉脐带，把孩子包裹好，交到了霞姑的怀里。霞姑看着自己怀的小胖男孩也是非常的开心啊，就给他取名叫"扎克善"。"扎克善"是女真语，就是"雷"的意思。扎克善阿济格，就是雷孩。

霞姑知道这是火神爷给她的孩子，所以对他也是格外地上心，心想：火神爷给人们带来了许多的光明、温暖和幸福，我给他生了孩子，他也会保佑我的。

※※※

你说奇怪不奇怪，扎克善出生后就会说话，而且是一天一个样，不到一年的时间，他就长成了一个大胖孩，非常的英俊。他全身通红，连头发和眉毛都是红的，简直就像"小关公"一样。

扎克善这个孩子也非常奇怪，他非常爱土，好抠土吃，家里墙边的许多土都让他给偷偷地抠着吃了。霞姑发现家里的墙边已经让他吃了一大片了，就问扎克善："你怎么能抠土吃呢？"

"额娘，我抠土吃能长劲儿啊。你不信，咱俩可以掰手腕试一试。"

第二十八回　善霞姑梦中得神子　扎克善箴言任狂程

霞姑看到小扎克善伸出自己的小胳膊也没在意，说："你才多大个孩子，能掰过额娘吗？"

"额娘，你不信，咱们就试试。"

霞姑就把手搭到小扎克善的小手上了，她一用劲可坏了，把自己吃奶的劲都用上了，也没掰动小扎克善的小手。小扎克善说："额娘，孩子没有说谎吧。"

霞姑感到惊奇的同时也就相信了小扎克善的话，也没有再阻止他抠土吃。小扎克善的身体是越来越棒，小胳膊小腿也长得非常的壮实。另外，小扎克善非常爱动，他家周围的石头经常被他搬来搬去的。这孩子从来都不闲着，看到什么就搬什么，得到什么就举什么，而且是力大无比。

让霞姑想不明白的是，小扎克善浑身都热得发烫。晚上挨着他睡觉的时候，总像靠着一团火似的。霞姑也暗自高兴啊：我这个阿济格真是神了，即使到了冬天，只要他钻进被窝，整个被窝里像生了火炉子一样，根本就不需要盖被。

这小扎克善越长越大，就主动帮他妈干活。小扎克善挺有趣，小粗胳膊、小粗腿，在那山道走得可快了，比他妈走得还快呢。扎克善最最喜欢的就是弄火，他根本就不怕火，他还能抓火玩，火也伤不着他。因为霞姑是管火的，扎克善就学霞姑也捅咕火。他把那些木炭整热了，整得通红后，再用手抓到一个小火炉子里，挑着小扁担到各家去送火。有时火灭了，小扎克善就对着黑色的木炭一吹，这木炭就越吹越亮，越吹越亮，这火苗就起来了。所以，小扎克善就成了一名非常出名的小火孩。神种就是神种，小扎克善这些本事，都是天生的。

书中代言：话往前说，亦失哈也本是天上的火龙精舍利子转世。火神爷也是舍利子，他们都是火星星宿。在二十八星宿的哪个位置呢？就是在角亢心房氏尾箕的箕宿之中。他是箕宿中的一颗五变的中星、亮星。春天的到来，必须要有火神爷的出现。小扎克善就是这个箕宿中的一颗火星转

小扎克善

世。所以,他身上总是非常热,总是红色的。他喜欢火,愿意玩火,也会摆弄火。

※※※

这一天,霞姑和小扎克善正走呢,对面来了三个官兵把他们拦住了。官兵说:"我们是京城的,受朱皇爷之命,想问你们点事。我们天子身边的

第二十八回　善霞姑梦中得神子　扎克善箴言任狂程

钦天监观天象时看出来，说有贵人落到你们这块了。你们听说过没有？"

霞姑闻听此言就是一愣，但她很快就恢复了平静，说："我们这块贵人太多了，要找哪个贵人？"

"听说是一个小红孩，是伴着雷声下来的。"

这时候小扎克善就搭话了，说："你找哪个红孩？"

小扎克善意思是要显示自己，让霞姑一下子给挡住了，马上把他拽到自己身后，不让他说。因为什么呢？霞姑想得挺细，心说：你说你是朝廷来的，你有什么证明啊？你要是害我儿子怎么办？火神庙的长老说过，世上的人有好有坏呀，不都是好人啊。

所以，霞姑就说："这里的贵人太多了，你找哪位？你找他什么事啊？皇爷他有什么话，你能不能当面跟我说。再说了，你有什么证明你是皇上派来的？"

"这个……"这三个官兵打量着霞姑身后的小胖孩扎克善就感觉正是他们要找的人，但他们也说不出一个什么合适的理由来，就说，"好吧，明天我让我们的师傅来一趟，让他跟你们讲讲。"

"好吧，我现在还有事呢，我还得送火去呢。"霞姑就领着小扎克善挨家送火送柴，就走了。

第二天，果然还是正午时分，这回不单来了三个官兵，而且还来了一个身上穿着非常漂亮官服带爵位的官人，他年龄在六十多岁的样子，挺壮。

几个官兵走过来说："哎，你是不是昨天送火的？"

"是呀，我天天带着孩子去送火。"

"你不是要问我们是不是朝廷来的吗？我们的官人来了，他是王爷，特受皇上之命来的，你跟他唠吧。"

这位六十多岁、穿着爵位服装、戴着官帽的人，走过来笑着先给霞姑施个礼，说："好贵人，咱们终于见面了，我也是女真人，我姓万，名叫万福山。你可能听说过松花江一带有人经常称呼的那个万爷，就是我。我们现在有件事还请你来帮忙。我们受皇爷之命,在阿什哈达那块要建造远洋战船。我们造船的亦大人对他所造出来的船总是不满意,总觉得他造出来的战船还有很多不足。我们想找到一个贵人帮助解决这个难题,我们受皇上之命特意前来的。"

霞姑仔细打量了万福山后,感觉他不是在撒谎,就好奇地问:"万爷,当今皇上距离这里如此之远,他怎么会知道铁架山定出贵人呢?"

万福山笑了笑说:"我万某守着真人不说假话。我实话告诉你吧,当今皇上是受九龙山紫霞真人飞鸟传书所知的。书信上所言,她看天上的一位红脸的将星、贵星降落在铁架山周围,故此,特派我等前来寻这个贵人。"

霞姑对九龙紫霞真人早有耳闻,但是她对万福山的话还是半信半疑,说:"万大人,我还是不太相信,我想能不能见见当今的皇上。我见了当今皇上后,有些话才能说出来。因为我身上受了太多的惊险和奇遇。这些,我都能承受,但是关于你们要找的这个贵人,我不能轻易就信你的话。"

这时,霞姑旁边的小扎克善不干了,说:"额娘,没事,让他们说。"

万爷看这小扎克善挺精神,胖乎乎的、小圆脸、小红脸。万福山拍拍这小扎克善,说:"勇敢的小阿济格,你要说啥,说吧。"

小扎克善把小胸脯一挺,理直气壮地说:"我说一个事。如果我背出几句话来,你要是能明白我的这几句话,你回去跟你们皇爷说:我轻易不见人,你们要见我可以,但是必须先要拜坛。"

霞姑说:"孩子,别着急,你说话也别这么狂妄。"

"不!额娘,我就是要狂妄。我有啥事,就是有火就要烧,有火就要点。他们是人是鬼自己就都露出来了。"

万福山说:"好啊!你说吧。"

"我说的四句话(偈语)是:'千丈涛海卷不烂,万仞石底磨不穿。百尺崖壁快如梭,天下有我任狂程。'这是我唱的,你拿去吧,看看你们能不

第二十八回　善霞姑梦中得神子　扎克善箴言任狂程

能懂得。如果解开了这四句话，说明咱们有缘，你们就知道我是干什么的了，你们就可以再来接我，但必须先拜坛。如果你们解不开这四句话，证明咱们根本没缘。你们往后就别再来找我们了。"

万福山记住这四句话，一时也想不明白，就回京城向朱棣复命去了。

万福山回去跟朱棣和察尔法、亦失哈等人一起商量。察尔法一拍脑袋"哎呀"一声，突然想父王纳哈出曾经跟他秘密交代过的《雷公诀》。这四句不正是《雷公诀》的偈语？于是，察尔法拱手说："皇上，这是《雷公诀》的四句偈语，这个人应该是非常有能耐的。你们看，第一句千丈涛海卷不烂，指的是在大海大浪里头，任何东西被千丈的海涛一卷一揉都碎烂了，而它却非常的硬气。第二句万仞石底磨不穿，万仞是高的意思。其实，海底都是高低不平的，岩石坚硬无比，但是有了它以后什么东西磨不穿，走过去以后像走平地一样，都挡不住。第三句百尺崖壁快如梭，讲的是它在百尺崖壁中，就像穿针引线一样，都能非常顺利地穿过去，什么也挡不住。言外之意，只要有了它以后，什么山川中的崖壁还是海底的崖壁都能过去，就像织布穿梭一样，非常容易地穿针引线。第四句'天下有我任狂程'，天下只要有它，什么东西都不用怕，任我怎么走都行。你说这个人能耐得多大！"

察尔法说完，大家恍然大悟。

朱棣听此言喜上眉头，说："咱们大明朝现在正需要这种人啊。"

亦失哈说："对呀！咱们现在船还软，有了它以后，咱们的船就变成最坚强的了。"

这样，朱棣就同意请小扎克善进行拜坛。过去明代都是有拜坛这个礼节，其实就是拜师，就是大明朝得承认小扎克善。按小扎克善的要求，朱棣亲下圣旨，封扎克善为雷公，由他负责整个远洋造船的焙炉。这就是明代的第一个最大的焙炉。

※※※

  为什么这个时候非得建造焙炉呢？是谁给惹的事呢？还是死去多年的纳哈出因为他藏了不少铁而给惹出的事。
  阴阳五行讲究的是有余和不足，这天下要平衡。纳哈出攒下这么些铁，都压在一个地方，土地天爷不答应。所以说，铁到了尼什哈山那块以后，时间放得久了以后，都变成红色的了，长满铁锈。纳哈出非常鬼道，他留这些铁为了将来起兵用，所以，他把过去各种碎铁都熔铸成铁坯子，而且都保留在山洞里。这些铁坯子不敢放在外头，在外头怕让人偷、怕人抢。他把许多铁坯子藏在金山、尼什哈山，包括铁架山的山洞里，时间长了以后铁坯子生锈，所以说那块的铁都是红铁。山洞周围的水也变成了红色的水，当地的一些小鹿、小鸭、小鹅、野鸡身上都变成红的了。这些野禽互相叨叨打架，它们自己也觉得奇怪，原来身上具有的独特的味道，怎么就变得一样了呢？天下野兽的生活跟着颠倒了。
  当时说起来，纳哈出私自藏铁这事是造孽呀。现在出了这么多奇异的现象，这是天怒人怨啊。为啥火神爷下来啊？他觉得这事不解决不行了，早点把这铁用了吧，另外，也是为大明朝干点好事吧。再说，一个地方的天怒人怨，野兽也不答应。
  万福山拿着朱棣的圣旨是二次前往铁架山宣旨、拜帅。亦失哈也赶紧返回船厂准备迎接雷公的到来。因为扎克善是朱棣皇上亲封的公爵，高出亦失哈侯爵啊。公侯伯子男，公爵是最大的。所以，亦失哈对待此事也是相当的重视。这次察尔法说什么也要一起赶来，他也想亲眼看一看这位雷公到底是个什么样的人。朱棣自然也就同意了。

第二十八回　善霞姑梦中得神子　扎克善箴言任狂程

※※※

　　话分两头。亦失哈和察尔法在阿什哈达船厂刚把这一切都准备好了，万福山领着扎克善和霞姑就来了。
　　亦失哈和察尔法率领众人本来远接高迎地期盼雷公和万福山呢，可是，当他们看到万福山领来一个八九岁的孩子和一位中年妇女时，心就凉了一半了。该有的礼节还是要有的。接风洗尘、盛摆筵宴。但是，亦失哈和察尔法心里对扎克善的期望是打了折扣的。故此，酒席宴上他们对万福山此次草率请朱棣皇上下旨封雷公之事，也是略有微词。万福山岂能不知呢？所以第二天，扎克善正式提出要在整个船厂进行拜坛时，万福山犹豫半天还是替亦失哈和察尔法说话了，说："拜坛没问题。但是你光说不行啊，你到底有什么能耐？你跟我说一下，我们心里也有底啊。"
　　扎克善说："想看我的能耐也没问题。你们把那些'红石头'给我拿过来，你们可以挑你们认为最硬最大的'红石头'拿过来。"
　　扎克善说的这些"红石头"就是指纳哈出私藏的那些铁坯子。万福山也没客气，就叫身边的两名侍卫给挑了一块红石头，交到了扎克善的手里。扎克善说："它们在我手里面就像土块一样，我一揉一搓，它们就变成粉末了。不信，你来看。"
　　"嗯！嗯！嗯！"只见扎克善把这块铁坯子三下五除二就掰成几块，他再拿起其中的一块，在手里用力一揉一搓。随着扎克善的发力和他双手不停地搓动，铁坯子瞬间就变成了粉末。扎克善还说呢，"你不是拿这些'红石头'当宝贝吗？它们在我手里呢，就是一些废土。你拿这些东西来造船，用它能行吗？"
　　"哎呀，这扎克善还是人吗？他、他简直就是神人也。"大伙觉得很奇怪啊，心说：我们靠这些铁造出来许多船，我们这样干了十几年了，溜筏我们死了多少人啊？我们造出来的船，哪一艘也离不开这红铁啊！"

扎克善摇了摇头说："你们是吃红铁多少亏了。你们看它在我手中结实吗？你们用它害死了多少人啊？另外，这些红铁害了多少百姓啊，喝红水，多少鸟变成了红毛？让它们自己的爹妈都不认识了。多少的鹿、多少的狍子、多少的狗，它们都不愿意到自己的地盘来了。红铁害了多少百姓得怪病而死啊！"

所有的人听后，谁都不吱声。

扎克善继续说道："你们太有罪了。你们以为造出这些船来，你们就有功了？你们犯下多少错误，你们知不知道，你们现在的做法也是在害你们的船？"

扎克善用"手搓红石头"这一件事，就解决了万福山和亦失哈他们之间的信任问题。亦失哈让人把他们以前做好的船钉、船锚什么的，都搬过来。扎克善看了看之后，还是摇了摇头，说："这些都不行啊！它们都是软东西啊！它们哪一个能赶上我的胳膊就行。你这'红石头'都赶不上我的胳膊。不信，你让人来跟我掰手腕试试。"

亦失哈没吱声，但亦失哈身边的侍卫们都不干了，心说：你一个小孩子有再大的劲，能大到哪去？不行，我来试试。

这些侍卫们都上来掰手腕，他们掰一个输一个。有几个侍卫像吊死鬼似的，硬吊在扎克善的胳膊上，也没有丝毫的变化。任何人也掰不动扎克善，反而把他们自己累得是大汗淋漓。小扎克善在那一站，就是一个大铁柱一般，是硬生生地钉在那里。这些侍卫们都服了。最后，扎克善对亦失哈说："你用的这些铁都不行。我能给你整出永远不会发红的铁精来。"

说到这儿，扎克善指了指远处大船的桅杆说："就说你造船用的桅杆吧。你用拧劲松也不行啊，你必须要用我的东西来做桅杆，才能真正解决所有的后顾之忧。"

万福山赶忙过来打圆场，怕扎克善把亦失哈所有的功绩贬得一文不值，

第二十八回　善霞姑梦中得神子　扎克善箴言任狂程

就说:"我们都是用拧劲子松做桅杆,这么多年来都没事。"

扎克善根本就没顾及万福山的劝阻,还是直言说"造船光用拧劲木头还是不行的。我不用说别的,我用劲一别这拧劲子桅杆,就能把它扳折,你们信不信?"

众人是你看看我,我看看你,谁都不敢相信这几拃粗的拧劲子松,让小扎克善一下子就能别折。

扎克善一看众人不答话,就知道大家什么意思了,说:"不信是吧?你们把处理好的拧劲子木头搬来吧。我一试,你们就明白了。"

※※※

亦失哈让人把一根好几拃粗的拧劲子松做成的桅杆抬来了,说:"雷公大人,我们造船用的桅杆都抬来了,你让我们开开眼吧。"

只见扎克善双手把这根桅杆抱起来,一头插入靠山边的一块岩石缝隙里,他站在桅杆的另一头,双手一较力,嘴里说了一声:"你给我断了吧!"人们就听见了"咔嚓"一声,这根几拃粗的桅标活生生让扎克善给折成了两半。

"不行,这不能做船的桅杆。乘风破浪,必须要有好桅杆才行呢。好桅杆,你必须靠我的东西铁精才行呢。另外,船往前开,如果碰到一些大石头、大石壁怎么办?你们的船肯定会碰碎。船碎人亡啊。你们造的船要行成百上千的水路,中途坏了,你害人不害人!"

大家听完,都觉得小扎克善说话太大了。后来,扎克善来到亦失哈所造的巨船跟前,围着转了一圈,说:"你造的船,船头也不行,船帮也不行。"

亦失哈闻听此言,是非常诚恳地求教扎克善,说:"雷公大人,我的船还缺什么?"

扎克善说:"你就缺我的铁精之铁。你要是能用上我的铁精之铁,任何东西在我面前都得服输。只有我这个铁精之铁,才是天下无敌的。"

大家听完扎克善这些奇怪话之后,就把他们以前铸成的红铁都搬来了,看看扎克善到底怎么做。

扎克善问铁匠师傅:"以前,你们是怎么办的啊?"

一个铁匠师傅说:"我们以前就是把铁坯熔化之后,再倒入提前制好的模子里,等到它们凝固之后,再稍微处理一下,就行了。"

扎克善说:"不行!你们的做法不对。你们应该先把它们变成铁精。"

"这铁精可怎么变啊?"

"嘿嘿,这不是很简单吗?金生水,水再加金,金上加金,不就成了精金了。你有了它之后,你就成了天下之金、天下之神!你有了天下之神之后,你造的船就天下无敌了。这铁精很好做,不是啥难事,只是你们不知道这里面的门道罢了。你们跟我来!"

第二十九回

小雷公拜帅传神技
祭蓝姑倾诉女儿泪

扎克善说完，带着众人就来到了一个大的水池子旁边，然后，指着铁匠们的焙炉说："你们加火吧，能把'红石头'熔到什么程度就熔到什么程度，越红越好。火越烈越好。我给你们说吧，这么大一块铁坯子（用手比画有大海碗那么大的样子），它太多的东西都是废渣子。它们一会儿都会变成黑的、红的废渣子。这块铁其实它只能造成拳头这么大一块铁精（钢），我们再对它锻打凿磨，它又会变小变硬，最后，它定会是天下无敌啊。"

大家听完之后，算是大致明白了扎克善的意思，也是顿开茅塞。这些年，人们都是按照老办法、土办法炼铁，今天这帮铁匠可算要开眼界了，他们是拼命地往焙炉里加火。心说：今天请雷公来，真是请对人了。他来了，就是火神爷来了。这是老天爷的八卦炉来帮着咱们炼铁精呢。这是太上老君降临了。

工夫不大，铁匠师傅们已经把一块铁坯子烧得通红通红的了，就问扎克善："雷公大人，你看现在这块铁熔到这种程度行吗？"

"行！你们把它抛到水池子去吧。"

"啊？"

扎克善说："你们熔完之后，直接把它抛到水池子里去，这叫作淬。等到这些铁坯子淬完火后，铁渣子就会全废了，最后剩下的那一小块才是铁中之精。等到它温度降下来，你们再把它从水池子捞出，我再帮着你们锻打凿磨。再用它重新造船，那就会天下无敌了。"

众铁匠师傅一听，原来是这样啊，就二话没说，几个铁匠师傅一起用力将这块熔好的铁"扑通"一声，就扔进了水池子里去了。只见整个水池子里是瞬间翻起了一股白色的热气，足有几丈高啊，并发出了震耳的轰鸣之声。整个水池子都沸腾起来了。

过了一袋烟的工夫，水池平静了。亦失哈派兵下水把铁精捞了出来。大家举目观瞧，真跟扎克善说的一样，刚才硕大的一块生铁，这时只剩下

第二十九回　小雷公拜帅传神技　祭蓝姑倾诉女儿泪

船钉

了拳头大小的一块铁精。扎克善又让铁匠师傅二次加热，等到它再次红软后，扎克善拿起铁锤子在铁案上"叮当！叮当！"锻打起来，打造出了一根精致的船钉。扎克善又把这根新锻打的船钉再淬火后，它就变成了一根异常坚硬的"新船钉"。扎克善让在场的所有铁匠，亲自拿锤子去砸这根新"船钉"，谁也不能把它砸变形了。

铁匠师傅们是心服口服外加佩服，纷纷跪在地上给扎克善磕头，说："雷公火神爷在上，受小人们一拜！"

扎克善说："你们不用给我磕头，关键是你们也要学会这种熔锻铁精的工艺。"

"雷公爷，您放心吧。我们一定好好跟您学。"

亦失哈、万福山和察尔法也正式跪地进行拜坛拜帅。

整个拜坛仪式搞得非常的隆重。扎克善是稳稳当当地坐在帅坛椅上，毫不客气，接受大家的礼拜。而后，扎克善带领众铁匠师傅们又重新改造焙炉，手把手地指导众铁匠师傅们锻造。

这么说吧。最早吉林船厂的焙炉，是小扎克善把一些铁坯子熔化变成铁精（钢），然后，制成各种部件，再融入亦失哈所造的巨船上。小扎克善所做的东西，都是专为亦失哈造船而做。后来，他又和刘清一起继续为造船炼铁，刘清和亦失哈也要听扎克善的话。虽然亦失哈和刘清都是造船，但是扎克善是造船所需关键铁精的缔造者。扎克善来了以后，船厂周围开始有了真正的焙炉。

永乐帝朱棣闻听此事是龙颜大悦，特挥御笔写下了"乘风破浪豪（好）扬帆"七个大字。"好"字，过去用"豪"字代表。

亦失哈拜完坛后，把整个船厂最好的住处都让给雷公扎克善和霞姑住，自己是隔三岔五地到扎克善处赠好。为什么呀？因为亦失哈从心往外是非常感激扎克善的，并把他视作自己的师父，厚礼对待。

很多年以后，扎克善和他额娘霞姑突然一天就无影无踪了。扎克善亲手带出来的一大批"色勒玛发"（铁匠师傅）找遍了整个松花江两岸都没有发现他们。后来，扎克善托梦给他的一个徒弟，说自己和他额娘已经返回天庭了，让众人别再找了。从此，这事就不了了之了。这是后话，暂且不提。

※※※

光阴似箭，日月如梭。转眼就到了永乐十三年第三次北巡。

亦失哈在阿什哈达船厂，重新设计建造了四桅杆的远洋大海船。这艘四桅杆的大海船，长一百八十九丈，宽二十九丈（原来才十五丈）。另外，船上建有四层小楼。四帆也是按照松花江最大的承受建造的。

亦失哈看着自己新建造的船，心里是无比的高兴啊。说来也怪，一天晚上，亦失哈就梦见紫霞真人站在北方望海塔的边上，不断地向他摆手，亦失哈怎么喊紫霞真人也不说话，急得亦失哈一激灵，就从床上爬起来了。

第二十九回　小雷公拜帅传神技　祭蓝姑倾诉女儿泪

他揉揉眼睛，怎么想都没想明白。

永宁寺里面供奉的观音像，是亦失哈根据紫霞真人的真实画像做的。亦失哈第二次北巡回来之后，还特意去九龙山紫霞观跟紫霞真人说了这事。紫霞真人笑骂："你这个淘气的小牛崽子，在船厂让我操心就得了，你还把我立到奴儿干去了，是不是要活活把奶奶累死啊！你就不心疼心疼奶奶！都当皇上的钦差大臣了，还这么不懂事。"

"奶奶，小牛不是在那梦见奶奶了吗？我感觉是奶奶点化我，我就依梦所示，为奶奶建了一座庙。奶奶，建得可好了，下次带你一块去看看。"

"我曾经去过那块，那里是块风水宝地啊。你去忙吧。"

亦失哈自从上次拜见过紫霞奶奶之后，就再也没有见过面。第三次北巡前的梦，让亦失哈想到要再次拜访永宁寺。

亦失哈放下手中活儿，又专程来到了九龙山紫霞观找紫霞真人。一心道长告诉亦失哈："师父已经外出云游十多天了，但是她临走之前，叮嘱过我，说小牛要来找我，你就说奶奶让他去的。我当时不知道师父什么意思，师父临走前，就留下这么一句话。"

"我明白了。我得再往北边去一趟。"

亦失哈二话没说，进京又向朱棣请旨，并递上他亲手画的永宁寺周围布局草图，说："皇上，这个山叫观音山，奴才在这修了一座永宁寺。我在永宁寺里为紫霞真人塑了金身，还在永宁寺旁边立了一块永宁寺碑，又用石头堆了一座五层高的永宁塔（望海塔）。为啥叫永宁寺呢？奴才是想，祈祷我大明朝北疆，其昌永宁。再说，前几日，紫霞奶奶突然托梦于我，她也不说话。我到九龙山紫霞观找她，她早已外出云游，但她临走前叮嘱一心道长，说小牛要来找我，就说奶奶让他去的。我这才回京见驾，望皇上恩准。"

朱棣看着这张图，听罢亦失哈的解释后，是不住地叫好："好啊！其昌永宁好啊！你起的名太好了，正合朕意，好事！朕要奖赏于你。你说啥事，朕都答应你。过去咱们光送东西了，早应该把佛给请过去。"

"皇上，我必须去的理由是，我刚刚把它建成，怕江要封冻，就急急忙忙赶回来，还没有来得及细看呢。现在，我得去看一次，看看它到底建完后，北边的人对它还有什么不满意的地方。咱们取得的北边这方的安宁，再建这么一个庙不容易啊！皇上，上次我让人把碑刻上字，不但有汉文，还有女真文、藏文、蒙古文了。咱们也算为后人立了一大奇功啊。"

朱棣很高兴，见亦失哈侃侃而谈，谈得还相当有道理，于是，就下旨，让亦失哈以钦差太监的身份第三次北巡奴儿干。

因为亦失哈每回出去都需要国库支出万金，每次花不少钱，人吃马喂的，出去一次，要国库淌银给养着，所以，亦失哈每次练船，都是朱棣亲批的，都是大明朝朝供的。

※※※

这次亦失哈只带着万福山走。康旺得了软骨病，瘫倒在床上，只能让儿子康福代替自己出征。

这次雅克娜没跟着去。由于徐彩凤和蓝大姑的先后离去，雅克娜越来越寡言少语了，有时一个人一坐就是一天，而且也很少主动来见亦失哈。

亦失哈和万福山、康福等人，带着两千多人浩浩荡荡出发了。船还是亦失哈开的，他掌舵，二十艘两桅杆和三桅杆的江船，五艘四桅杆的大海船。亦失哈依然带着皇上给北方诸部落赏赐的粮食、美酒等，直接就到了奴儿干都司的特林。亦失哈没有到巴拉巴拉特那去，而是抓紧时间，看看新建的永宁寺和永宁塔（望海塔）到底怎么样。

整个船队行至特林之后，亦失哈从远处一看望海塔依然矗立在那里，他那悬着的心就放下了一半。他马上命令船工停船、下锚。亦失哈在万福山和康福的陪同下，登上了山崖，走到望海塔跟前儿一看，心说：这真是

第二十九回　小雷公拜帅传神技　祭蓝姑倾诉女儿泪

神仙保佑啊！整个望海塔是完好无损，非常坚固。咱们再到寺庙里看看吧。

亦失哈乐呵呵地迈步往永宁寺里走。他原以为既然望海塔如此完好无损，那精心建造的永宁寺更不会有什么问题了。所以，他满怀信心地往里走。但是，亦失哈万万没有想到，他前脚刚迈进永宁寺，就被眼前的这一幕给惊呆了。

怎么回事？

亦失哈就发现永宁寺院内的所有墙上，涂抹了许多鲜血，院内的香炉也给推倒了。佛家净地，怎能杀牲呢？亦失哈站在那气得浑身直抖："这是谁干的事？这不是玷污佛祖吗？给我查！无论查到谁，格杀勿论！"

亦失哈真气坏了。好在以紫霞真人容貌而量身塑造的观音像是完好无损的。但是这也不行啊！亦失哈作为钦差太监，他的话是代表当今皇上朱棣啊。万福山、苔西哈和其他部落罕王都发动起来了。查来查去，原来是乞烈迷罕王巴拉巴拉特干的。这下，可把苔西哈气坏了，指着巴拉巴拉特的鼻子是一顿臭训啊："你还有没有良心？你怎么能做出这种事来呢？你说，你居心何在？"

巴拉巴拉特后悔不已，说："是我酒后无德，我错了。亦大人愿杀愿剐，我都认了。"

"那你也得说出个理由啊！"

巴拉巴拉特这才把整个事情的经过简单这么一说。原来亦失哈第二次北巡把雅克娜带走后，他心里始终就感觉不舒服。有一次喝酒，巴拉巴拉特贪杯，喝大了，就又犯起那股浑劲来了，就感觉大明朝有点对不起他，他觉得我巴拉巴拉特罕对你们大明朝挺好，你们造船需要人，我给派人。可是你们对我可不怎么的。你们把御膳大人雅克娜接走了，是不是得给我留个话呀？我看雅克娜临走的时候非常不高兴，满脸的愁容，是不是她不想走，硬让亦失哈给逼走的？她在我这多高兴啊，天天像只快乐的小百灵鸟，要多快乐有多快乐！不行，我要报复。我干什么呢？哎，你们不是最喜欢这个庙吗？哼哼哼，我他奶奶的给你破坏了，看你们还小看我巴拉巴拉特不。巴拉巴拉特借着酒劲，就来到了永宁寺，把香炉给推倒了，用杀牲血到处乱抹。第二天巴拉巴拉特醒来，他一晃大脑袋什么都记不起来了。

等到苔西哈通过身边的仆人了解完此事，当面问巴拉巴拉特时，开始他还狡辩，后来，他一拍大脑袋，说："哎哟，想起来了。这事真他奶奶的是我干的。我怎么能干这蠢事呢？既然是我干的，我就负荆请罪去吧。亦大人愿杀愿剐，随便！"

就这样，苔西哈让人押着巴拉巴拉特来见亦失哈。

其实，亦失哈经过两天的思索，早就知道永宁寺被人破坏了。为什么啊？因为无缘无故亦失哈也不会梦见紫霞真人在梦里向他招手。既然紫霞真人向他招手，就代表肯定有事。

亦失哈看到巴拉巴拉特背负荆条跪在他的面前时，是强压着怒火，心里不断地说：我不能发火，咱们是大明朝的，咱要宣扬大明朝的恩德。我不能与巴拉巴拉特小肚鸡肠，我要以德报怨。想到这，亦失哈没有发火，也没向巴拉巴拉特和苔西哈说怎么罚他们、怎么用兵报复他们的话，只说："你们只要把那些血洗掉，其他东西都恢复到原样就可以了。你们回去吧。"就这样把巴拉巴拉特放了。

巴拉巴拉特和苔西哈两口子感动得够呛，巴拉巴拉特都说不出话来了。苔西哈说："钦差大人，您放心。我让人去重新收拾一下，把推倒的香炉重新摆好，把墙上的牲血给冲洗干净。我重新进行萨满祭祀，把大鲸鱼杀五条进行海祭，另外，把大海龟火葬五只，再把北极熊请来一次，做一次熊节、熊祭、熊舞，将功赎罪。"

就这样，苔西哈替丈夫巴拉巴拉特开始运筹此事，永宁寺重新修复。这事弄完之后，亦失哈带队返回吉林船厂。

第二十九回　小雷公拜帅传神技　祭蓝姑倾诉女儿泪

※※※

相隔了一年（永乐十五年），亦失哈又向明成祖朱棣请旨第四次北巡。

朱棣说：“你到北边怎么没完了？你也花不少的钱了。我看北边的人都一心归属我大明朝了，与我大明朝心心相印了，咱们不去可以吗？现在朕太忙了。”

朱棣说这话时，当时南边正发交阯复乱。安南古称交址，又名"交趾"。朱棣称帝后，于永乐四年（1406）至永乐五年（1407）曾派兵攻打安南，最终安南独立，明朝封黎利为安南国王，从此朝贡不绝。但是交趾人好乱，朱棣哪能容忍交趾人肆意妄为呢，于是他准备派兵征讨交趾。

朱棣说：“现在朕的江山不稳，朕得御驾亲征，到云贵一带去，我现在没时间顾及北边了。”

亦失哈说：“皇上，北稳才能南平。奴才认为，亲戚多走动才能更亲密，要是隔时太久，北方诸民容易疑则生变。”

人一生中最可贵的是，你身边要有几名诤友，要有几名敢向你说真话的朋友。这样，你无论是在人生的低谷还是巅峰，都能始终如一地保持清醒的头脑。亦失哈和朱棣在身份上虽然有主仆、君臣之分，但是亦失哈却是朱棣身边一位难得的诤友、敢说真话的人。因此，明成祖朱棣意识到亦失哈所言极是，马上准奏，并下圣旨，自今年起，相隔一年北巡一次，萧规曹随，亦失哈以后就不用再请示了，可以自行安排时间，直接到各部请取物资就行了。

亦失哈感恩跪拜之后，回去准备北巡各项事宜。

※※※

自北京临出发前，万福山对亦失哈提出了一个建议：“这两年，御膳大人（雅克娜）消瘦不少，而且也时常满怀忧愁，沉默寡言，这次不如让我姑娘刷彦亦尔哈陪她一起北上吧。"

亦失哈说："好啊！自从徐皇后和蓝大姑走后，我光忙着造船和北巡之事，也很少见到雅克娜，雅克娜更很少来找我。每次即使她来找，也都是无端冲着我发火，不是说我头发没梳整齐，就是说我衣服上有褶皱。我脸色不好，她也是老埋怨，还偷偷地掉眼泪。我知道她为我好，可是我越谦让她，她越发火啊。正好，让刷彦亦尔哈陪她去北边散散心。"

亦失哈、万福山、雅克娜和康福等人，带着数千人，乘坐着二十五艘战船自吉林船厂是顺流而下，过三江口，北上黑龙江，就到达了奴儿干都司。雅克娜在刷彦亦尔哈的陪伴下，又变成了一只快乐的小燕子，走到哪笑声就带到哪。到了乞烈迷部落，雅克娜见到苔西哈时，更是亲得不行，像到了家一样，到哪都是走路带风，说话带声，好几年蜡黄的小脸也变得越来越红润了，越来越显露出待嫁女的那种青春与活力。平时，很少露面的巴拉巴拉特也频频出现在亦失哈他们面前，跑前跑后的，像换了个人似的。雅克娜让他干什么，他颠儿颠儿地跑得比谁都快。雅克娜不让巴拉巴拉特喝酒，他就不喝。就连苔西哈都说："御膳大人，你现在说话比我好使，罕王嗜酒如命，我劝他这么多年都不好使，你给他做几道菜，他说不喝就不喝了，我真服了。"

雅克娜嘴茬子也非常厉害，说："罕王妃啊，你说错了。他听我话是有原因的。我告诉巴拉巴拉特罕王了，他要是不听我话，我就不允许他到御膳房见刷彦亦尔哈。至于他们见面后，说什么，我可不知道了。"

刷彦亦尔哈听后，脸"刷"一下就红了，因为雅克娜又揭她老底了，所以，装作生气地说："雅克娜，你都是御膳大人了，还开这玩笑，看我回屋不打你的。"

苔西哈也知道雅克娜拿巴拉巴拉特当年非娶刷彦亦尔哈这事故意逗她呢，就没往心里去，还忙给雅克娜打圆场，说："咱们姊妹三人好不容易聚

第二十九回　小雷公拜帅传神技　祭蓝姑倾诉女儿泪

在一起，不说不笑不热闹，反正你们俩来了，我们罕王跟换了个人似的，也有正事了。往后，你俩经常来，我也省点心。"

"行！下次我们还来。"

三个女人一台戏。在旁边看热闹的亦失哈也感觉生活挺有意思的，安抚各北方部落的工作做得非常顺利。

这一天，雅克娜提出想到东海给蓝大姑进行一次祭拜。亦失哈说："行！咱们明天就走。"

就这样，亦失哈率领着五艘海船就进入到东海。此时的东海是静得出奇，海面上群鸥飞舞，万鸟鸣唱。亦失哈说："到了，蓝大姑就是在这海葬的。"

雅克娜闻听此言，"扑通"一声，跪在甲板之上是放声大哭，说："蓝大姑啊蓝大姑！您和徐皇后都走了，把我一个人丢在世上，我好想你们啊。你们走后，我在宫里没有一个人和我说知心话，没有一个人像你们那样疼我爱我，我、我好苦啊！蓝大姑，您快把我带走吧。我活得好累啊！我每天都在想您啊！"

雅克娜把憋在心里的话，一下子全说出来了。苔西哈和刷彦亦尔哈也陪着掉泪。亦失哈和万福山听完雅克娜的哭诉，一下子就明白了这三四年雅克娜为什么满怀忧愁，沉默寡言了，主要是雅克娜一肚子的委屈话，没处说啊！

亦失哈看着痛哭流涕的雅克娜，也是心如刀绞一般。他上前说："雅克娜，我以前错怪你了。以后，你有什么话就跟我说吧。我们从小一起长大，我们是最亲的人，我们是……"没等亦失哈说完，雅克娜一下扑到了亦失哈的怀里，哭得更是死去活来。雅克娜是一边哭一边捶打着亦失哈，说："小牛啊小牛，我恨死你了，我天天都在恨你。你怎么变这样了呢？我原来的小牛上哪去了？我活得太累了。谁知道我的心啊！"

亦失哈现在说话都是女人腔了。雅克娜看到自己心爱的男人，她的心

雅克娜海祭蓝大姑

如刀割一般，太难受了。苔西哈和刷彦亦尔哈都是过来人，怎么能不知道雅克娜想说什么呢？雅克娜和亦失哈两个人从小青梅竹马，两小无猜，可是到现在，他们是想爱不敢爱，想恨不敢恨，只能把对方放在心里。原来这一段时间雅克娜表面上说说笑笑的，其实都是在掩盖自己内心的痛苦。

亦失哈还想劝几句，却让苔西哈给拦住了，她说："亦大人，你就让雅克娜好好地哭吧，让她把埋藏在心里的委屈，都哭出来就好受些了。"

过了良久，雅克娜就哭睡在了亦失哈的怀里。亦失哈让众人退下，他抱着雅克娜，就静静地坐在甲板之上。亦失哈看着蓝蓝的大海和远处的白云，想：我多想把自己和雅克娜的生命定格在这样的画境之中啊！但是太难了。圣命难违，家族使命难违。看到自己最心爱的人，哭成这样，自己

第二十九回　小雷公拜师传神技　祭蓝姑倾诉女儿泪

即使是一块石头，也会融化的。我、我可如何是好啊！

正当亦失哈纠结万分之时，雅克娜像读懂了他的心思一样，突然从睡梦中醒来，站起来擦了擦脸上的泪痕，整理了一下衣服，语气非常平淡地说："咱们回去吧。"

"好吧！"亦失哈下令，五艘海船是起锚返航。这航途中，所有的人是一句话都没说，都被雅克娜的哭诉打乱了心思。

也该着出事。

※※※

当苔西哈怀着忐忑的心情返回自己住处时，就把巴拉巴拉特赶到其他地方住去了，她和雅克娜、刷彦亦尔哈姐妹三人住在一起，也好再说说话。哪承想，天一擦黑儿，苔西哈突然感觉自己浑身烧得厉害。雅克娜用手一摸，苔西哈整个额头都烫手，便马上派人到御药房请随行的郎中，来给罕王妃苔西哈诊脉、断病、抓药。可是，雅克娜派去的人走了半天，都没回来。她再派第二个仆人，去了半天又是没回来。雅克娜坐不住了，看着都烧迷糊了的苔西哈，她决定自己亲自跑一趟。等到她到了御药房一看，傻眼了。整个御药房里居住的、此次随行前来的一百多名郎中，一个人影都找不着了。

雅克娜忙问御药房看门的兵丁："他们都干什么去了？"

开始看门的兵丁支支吾吾不敢说，最后，一看雅克娜急眼了，就说："他们以为钦差大人这次出海会待上三五天才能回来呢，于是，他们就全体去下边各个部落收海狗肾去了，家里一个人也没有留。"

雅克娜一听这话，火"腾"一下就上来了，她马上命令看门的兵丁："你带领一些人，举着火把，挨个部落去给我找，无论想什么办法，必须尽快找回一名郎中来，如果耽误了给罕王妃苔西哈治病，我让钦差大人全把你们给杀了。"

"御膳大人，我、我这就带人找他们去。"看门的兵丁赶紧带人，是骑马的骑马、步行的步行，举着火把，分散着去找郎中了。

朱伯西我在此给大家交代一下，为什么这些郎中要去找海狗肾呢？

这都是宫廷大臣的想法。为啥呢？北方出海狗肾。一般讲，北方部族吃鱼吃肉吃海物，包括吃的海狗肾都是非常方便的。另外，他们吃生鱼吃生肉，都是非常野性的东西。他们不像大明朝中原的一些人那样，思虑太多就得了阳痿、早泄等一些不育之症。北方民族很少得这些病，原因就是他们吃龟血龟肉龟胆，还有海狗肾，这些东西都是壮阳的。所以，郎中到北边来时，就多收集这些东西。

这次北巡出发前，雅克娜是很有意见的。她多次跟亦失哈提出："不要带这些人，带这些人干嘛！"雅克娜是在北方长大的，性格比较直爽，敢说敢做，她特别看不起朱棣当上皇上后老拿架子。特别是徐皇后、蓝大姑走后，对雅克娜的打击非常大，她的脾气也越来越坏了。你像徐皇后和蓝大姑都是在马背上打打杀杀出来的，也非常能包容雅克娜，但是现在环境不行了。现在高丽淑皇后，语言又不通，唯独的一个亲人亦失哈，她所爱的人，也让她越看越闹心。

前几天，雅克娜还对亦失哈说："这帮太医啥事都干不了，还天天找海狗肾，许多北方部落的人对他们都有意见了。"

但是亦失哈受宫礼之后，越来越养成逆来顺受的秉性，就说："既然是皇上派他们来的，那就让他们带吧，咱也不能违旨不遵啊。"

雅克娜是越想越生气，为这事他们两人就产生了矛盾。但是今天苔西哈生病，一百多个郎中都私自找海狗肾去了，这一下子又撞雅克娜枪眼儿上了。

等到天刚擦亮儿，苔西哈烧得都快不行了，看门的兵丁才带着一位老郎中气喘吁吁赶来。这位老郎中给苔西哈一边摸脉一边摇头，而后，给开

第二十九回　小雷公拜帅传神技　祭蓝姑倾诉女儿泪

了几服药，说："罕王妃多年积劳成疾，再加上这次伤寒烧得太厉害了，脉象较弱，得需要好好调养一段时间，要想恢复到原来的状态，有点难了。老愚已经尽力了。"

这时，亦失哈、万福山和巴拉巴拉特都赶来了。亦失哈虽然下令严惩这一百多名郎中，但是雅克娜仍然恶狠狠地盯着亦失哈，听完处理结果，她是一句话也没说，领着刷彦亦尔哈气呼呼地回到了自己的御膳房。善良的乞烈迷罕王妃苔西哈从此就留下了病根，没过一年的时间，就去世了。这是后话。

※※※

雅克娜和刷彦亦尔哈回到御膳房气还没喘匀呢，又出事了！这真是：按下葫芦浮起瓢，一波刚平，一波又起。刷彦亦尔哈也不知道怎么的，她是一个劲儿地反胃，一闻到御膳房的气味就想吐，急得雅克娜又忙了一身汗，最后，郎中来了给刷彦亦尔哈一号脉，说："恭喜夫人，你有喜了！"

"真的？"

"真的！从脉象上看，都四个多月了。"

万福山一听说自己的姑娘有喜了，乐得眼睛都开花了，像个老小孩儿一样，走道都故意"踢踏"的，带个响，逢人就报喜："我姑娘有喜了，肯定能生个男丁。"

人们也纷纷向万福山祝贺，并送上贺礼。万福山做梦也没有想到第四次北巡奴儿干，他和自己的姑娘刷彦亦尔哈却发了一笔意外之财。中国有句老话叫"物极必反"。万福山和刷彦亦尔哈的喜悦之情，却深深地刺痛了另外一个女人的心，这才引出一段"御膳官情断殉松江"的爱情悲剧。

第三十回

御膳官情断殉松江
依兰保巧缘拜名师

第三十回　御膳官情断殉松江　依兰保巧缘拜名师

刷彦亦尔哈得知自己有了四个月的身孕之后，也激动得够呛。为什么呢？

因为刷彦亦尔哈跟刘清都结婚十多年了，两人从来就没有红过脸，是非常的恩爱。但是美中不足的，就是刷彦亦尔哈没有给刘清生下个一儿半女。所以，刷彦亦尔哈天天愁，时时念叨："我这肚子怎么这么不争气呢？夫君啊，不行你再娶一个吧。"

刘清说什么也不愿意续弦，就劝刷彦亦尔哈说："你心理负担太重了。这么的吧，我先陪你回趟京城和父母团聚团聚，你放松放松，再找宫里的太医给调养一下，如果再过个一年半载的，你还是没怀上孩子，咱们可以领养一个孩子不就结了吗！"

刷彦亦尔哈一听丈夫说得也在理，就爽快地答应了，心理的负担也放下来了。到京城一看到父母，这一高兴，身心这么一放松，哎，有了！怀孕了！刷彦亦尔哈掐指一算，就是那个时间段的事，到现在正好四个月头。

雅克娜看着刷彦亦尔哈从心往外的那股高兴劲，嘴上祝福她，心里却酸溜溜的，也不知道为什么。有时，自己还偷偷流泪。雅克娜不敢往深处想，但是她的心里却打下了一个结。

过了几天，苔西哈病情刚一见好，亦失哈率领着万福山、雅克娜和刷彦亦尔哈，还有康福等人就返程，赶奔吉林船厂。临走之前，巴拉巴拉特和苔西哈说什么都得给刷彦亦尔哈带一些贵重的物品，说是给未曾见面的孩子的。刷彦亦尔哈盛情难却，最后不得不收下。谁都没有觉得这是件事，人之常情嘛。但是，巴拉巴拉特和苔西哈给刷彦亦尔哈孩子的这些贵重物品，却给刷彦亦尔哈带来了失女之痛。后文书，刷彦亦尔哈怀孕十月，一朝分娩，就在吉林船厂刘清父母家，为小豹子刘清生下一个红扑扑的女孩，因为肩头上有一块红痣，小名就叫"红姑"。但刘清的母亲像是犯了邪一样，看这孩子说什么都不承认是他老刘家的种，这才引起一段"小红姑横空出世"的故事。咱们后文书详细交代。

※※※

单说人们都在纷纷议论和祝福刷彦亦尔哈生下一个可爱宝宝时,亦失哈率领的二十五艘战船就悄悄进入了松花江江段。经过大悲大喜的雅克娜又重新陷入了沉默寡言的困境之中。她独自站在船头甲板之前,看着松花江两岸那些熟悉而又略显陌生的山山水水,不由得感慨万千:自己从小就是喝着松花江水长大的,是紫霞奶奶在江边救了自己。至今,自己还不知道是从哪来的,要到哪里去。多好的童年啊!我和小牛虽然都是苦命的孩子,但是我们相依为命,也觉得特别的快乐。小牛成丁礼那年,他要进宫做福人。我为了能和小牛在一起,能多看上他一面,更是求皇上、皇后和蓝大姑才进宫的。徐皇后和蓝大姑都走了,我连个说知心话的人都没有了。现在小牛又变成了这样,人不人鬼不鬼的。我是有爱不敢说、有恨不敢诉。此次北巡奴儿干结束之后,我又要回到那高墙宫廷之内,熬到何年何月才是个头啊!我活着还有什么意思,自己干脆走了算了,早死早投生,求来世再与小牛相见吧!

雅克娜脑海里轻生的念头越来越重。当她渐渐地看清九龙山紫霞观时,是高喊一声:"紫霞奶奶,我回来了!小牛啊,咱们来世再见吧!"说完,雅克娜把眼睛一闭,从船头最高处,一头就扎下去了。

"不好了,御膳大人跳江了,快来人啊!"

亦失哈在第五层船舱的指挥室心里乱糟糟的,看着雅克娜瘦弱、单薄的身影站在船头甲板之上,也不是滋味,如鲠在喉,扎得自己那么难受。突然,亦失哈听到雅克娜叫自己的小名,他马上有了一种不祥之兆,嘴里说:"坏了,出事了!"

因为亦失哈现在身为钦差大臣,是代表皇上的,即使雅克娜和他关系再好,公开场合也不能直呼他小名。亦失哈话音未落,就见雅克娜从船

第三十回　御膳官情断殉松江　依兰保巧缘拜名师

头的甲板上，一头扎下去了。亦失哈"哎呀"一声，眼前一黑，就昏了过去。亦失哈太清楚了，人从行进中的船头跳下去，经过这么大海船的撞击，是必死无疑的。

等到人们七手八脚把亦失哈救醒之后，雅克娜早已不见了踪影。"赶快给我找！把整个松花江给我翻遍了，都得给我把御膳大人找到。不然，我、我杀了你们。"

亦失哈像疯了一样，谁都劝不住他。万福山抱着亦失哈也是呜呜直哭。紫霞真人和一心闻讯赶到，亦失哈才静了下来。紫霞真人说："都别找了，就让雅克娜痛痛快快地走吧。我知道她到哪去了。"

亦失哈一头扎进紫霞真人的怀里，是泣不成声。

"无量天尊！孩子，这就是天命啊！"

亦失哈在悲痛之中，就回到船厂。他也没有心思回京城向皇上复命了，就让万福山代笔给明成祖朱棣写了份奏折，把本次北巡奴儿干的情况简单一汇报，就算完了。亦失哈把自己关到船厂的小屋子里，除了研究船之外，其他的事都交给别人去管了。

※※※

冬去春来，此时田甸老将军因为岁数太大了，身体又不好，就告老还乡了。这下，亦失哈连个说知心话的人都没有了。正在众人替亦失哈犯愁之际，这一天，已升为翰林院编修的察尔法，带着一个胖乎乎的小太监来到了阿什哈达船厂。察尔法一进门就说："亦侯爷，您看我这次是不是给您带了一个宝贝。他叫依兰保，这孩子天天缠着我要找您，他就想拜您为师学习船技。亦侯爷，我只做个引荐人，书信中已经交代清楚，我把依兰保这孩子带来了，我只管佛前带路，不管佛前点香。今世小依兰保有福缘，就看他的造化了。依兰保啊，还不赶快上前拜见亦侯爷。"

"哎，给亦侯爷请安了！"

"抬起头来！"

"嗻！"小依兰保一抬头，两只大眼睛忽闪忽闪的，非常的可爱。

亦失哈对小依兰保是上上下下、左左右右仔细地观察了半天。只见小依兰保长得是天庭饱满、地阁方圆，浑身上下都透着一股机灵劲儿。亦失哈就对察尔法说："我觉得依兰保这个孩子挺好，和我有眼缘。哎，编修大人，我怎么感觉这孩子在哪见过呢？你看他像谁呢？"

察尔法看了小依兰保多时，也感觉似曾相识，但就是想不起是谁。但是亦失哈在小依兰保的眉宇之间，仔细地这么一看，不由得就是一愣："怎么是她？"

"谁啊？"察尔法好奇地问。

"雅克娜！你看他眉宇之间，特别的像。"

"是吗？"察尔法扭头又仔细看了看小依兰保的整个面相，特别是小依兰保的眉宇之间，还真发现了逝去的雅克娜的影子，越看越觉得有几分的神似："亦侯爷，这事也真奇，我以前怎么就没发现呢？"

"编修大人，看来，我与这孩子倒真有几分的缘分。这孩子还可以，先到我这来吧。我现在身边正需要人呢。如果他求知的话，那么我多了一个脑袋、多了一只手帮我，不是更好吗？"

察尔法听后当然高兴了，急忙给小太监依兰保使眼色，意思是说依兰保啊，还不赶快拜见师父。

小依兰保多机灵啊，他是双膝跪倒在地，高声说道："侯爷师父在上，受徒儿依兰保一拜。""咚咚咚"连磕了三个响头。

亦失哈笑了笑说道："看你一片诚心的分上，再加上编修大人的鼎力推荐，我就算认你这个徒弟了。你先下去吧，我与编修大人还有话要谈。"

"徒儿遵命！"小依兰保躬身退下。

亦失哈就问察尔法："依兰保这孩子到底怎么回事啊？"

第三十回　御膳官情断殉松江　依兰保巧缘拜名师

察尔法不听则已，一听是开怀大笑："亦侯爷，是这么一回事……你说是不是天下一桩奇闻？"

亦失哈听完也不由得暗暗地感叹："天下之事，真是无奇不有啊！"

这到底是怎么回事呢？

※※※

这话还得从察尔法没有陪亦失哈第二次北巡奴儿干说起。

前文书讲到，察尔法因在明成祖朱棣身边讲史书，就没有陪亦失哈二次北巡奴儿干。察尔法讲史书讲得非常的好，后来就升任当朝翰林院的编修。

明成祖朱棣有个好习惯，是从小养成的。朱棣小时候睡觉时，不是他的妈妈给他讲故事，就是他的奶娘给他讲故事。养成习惯了，慢慢就成瘾了。因为从小就听故事，所以朱棣就从许多故事中学到不少的东西，因此，他就显得特别的聪明，学的东西也比较多。朱棣入潘以后，更愿意听人讲了。朱棣为什么喜欢徐彩凤呢？因为徐彩凤受徐达的影响，知道的东西多，什么兵书战策、攻杀防守、隐蔽埋伏等，她样样都会，还都能讲出来，并且讲得一套一套的。要是讲起武术来，她还能讲一些特别的招数来，而且还能讲出它们内在的道理。这招怎么打、那招怎么防。武术讲究的就是进攻与防守。二者合到一起，才是一个整体。徐彩凤在朱棣身边也没少讲。另外，朱棣又在燕京一带请了不少的人。他临睡觉前，就让人给他讲上一段，然后才擦擦身子、洗漱洗漱，宫女给他铺好被窝，他才睡着。等到朱棣醒来的时候，他就琢磨这个故事、那个故事都是什么意思。但凡谁讲的故事，朱棣要是遇到不明白的地方，他就问人家。为什么故事的主人公不这么做，非得那么做呢？这里面又有怎么样的道理呢？等等。随着时间的推移，朱棣的知识就非常渊博了，不但知道大明朝的历史，还知道许多朝代的历史，甚至许多国外的历史。

单讲这一天，察尔法正看书备课呢，他就感觉挺怪，心说：我刚看过的书，怎么就没有了呢？记得就放这了，它跑哪去了？

翰林院有一个规矩，编修每人一间屋子，谁看的书，由谁来保管。

到了夏天，北京树上的知了"吱吱"直叫，比较烦人。屋子小，书多，所以，察尔法就让仆人把窗户打开，整个书用蚊帐罩着，他看书的时候，专由仆人在他背后给他扇扇子。察尔法看完一本，就把书放旁边了，看完一本就把书放旁边了。哎，等到察尔法看完后一本，觉得前边书中有些问题还不清楚，再反身来找前面这本书时，哎？刚看完的这本书，怎么就没有了呢。

察尔法就让下人桌前桌后找，下人找了半天都没有找到。

"让谁借去了？不能啊，我刚才恍惚看到这本书呢，它就放在我这摞书最上面了。两本书，一本叫《玄奘西游》，一本叫《巴比伦天下》啊。"

《玄奘西游》，这本书讲的是：唐太宗李世民派玄奘到印度取经，按正史讲的。要不是按正史讲的，它也到不了宫廷去。不是孙悟空和猪八戒保护唐僧取经的事，而是唐太宗李世民怎么派他去的事。正史区别于野史。玄奘成为李世民的御弟后，才被派去印度取经的。

现在察尔法满脑子想的是：我好好复习复习，下次皇上不是还要让自己专门给他讲这些内容吗？自己也好备备课，讲些对皇上有启发的故事，对他治国安邦有用，能提出一些良策，也能体现自己的价值。届时，别让皇上给问住。怎么书就没了呢？另外，《巴比伦天下》这本书怎么也没了呢？这本书也非常不错，它是元代的一些降臣编订的，记载的都是国外的一些东西。明代的朱元璋如此，朱棣也是如此。他们不但看关于国内的东西，关于国外的东西也看。

近段时间，朱棣特别想听《玄奘西游》和《巴比伦天下》，所以，这个重任就落到察尔法身上了。朱棣通过听这些故事，进一步了解另一个国

第三十回　御膳官情断殉松江　依兰保巧缘拜名师

家、另一个地区、另一个人群的国事民情，等等。朱棣这个人的性格是，你说得越新鲜，他越感兴趣；你说得越奇怪，他越爱听。

察尔法想啊：皇上肯定爱听《巴比伦天下》这本书。那为什么这本书我就找不着了呢？唉，这真邪了门了！为啥这书就凭空没了呢？你说怪不怪？"我不能记错呀！怎么回事，难道有贼人前来偷窃不成？"察尔法过去给北方二十八个部落当过军师，也遇到过许多三教九流的人物，于是，他马上断定：可能有小偷，出现了三只手。

于是，察尔法叮嘱下人："此事不要声张，咱们多留点心吧。我看看到底是谁这么大胆，敢到翰林院里来偷书。"

※※※

唉，也该着出事。时间刚过一个时辰，察尔法正看书呢，突然，感觉自己靠近的通风小窗户的纱帐帘，就是一动。

谁？察尔法身没动，将目光转到了纱帐帘上。只见从纱帐帘后面，慢慢地伸出一只小手来，这只小手轻车熟路地就摸到了察尔法书案右侧那一摞书，慢慢拿起一本就想悄悄地往回撤。察尔法哪能再放过这只贼手啊，他迅速用力把这小手一按，并大喝一声："贼人，你敢动我的东西，你是何人？"

察尔法万万没有想到，这贼人的小手比他反应还快，"嗖"一下就拽回去了。察尔法迅速起身，跳上桌案，扶着窗棂往外看去，只见屋外长廊的下面有一个小小的人影。于是，他一用力，"咔嗒"一声直接就把整个窗户给推开了。这下，贼人马上就呈现在察尔法的面前。此时，给察尔法扇扇子的下人也从门口绕到了这个贼人的后面，一下子把贼人的后路给断了。这个贼人想跑也跑不了。

察尔法往屋外长廊一看，发现这个贼人原来是一个小孩。这小孩说小也不小，说大也不大，是一个半大孩子。只见这个半大孩子的另一只手上正好攥着察尔法丢失的《玄奘西游》和《巴比伦天下》。察尔法一看，可把他气坏了，心想：他什么时候偷我这么多书啊？我怎么一点就没有发觉呢？

察尔法让下人把半大孩子押到屋里去。回到屋里，察尔法威严正坐，把脸一沉，说："你是何方贼人，光天化日之下，竟然敢到翰林院来偷我的书，你可知罪？"

这个半大孩子急忙跪倒施礼："编修大人在上，奴才知罪。"说完，是"梆梆梆"磕着响头。他可是真磕啊，察尔法都感觉自己脚下的地都跟着颤抖。

察尔法看着这个半大孩子诚恳认罪，心想：哎，这半大孩子你还别说，他光天化日之下，敢冒罪来偷我的书看，说明他还挺喜欢读书的，这样的人如果能走正路的话，未来必成大器啊！于是就好奇地问："这些书都是一些古文，而且都是皇宫里珍藏的御品，你个小贼有什么资格看呀。再说你能看得懂吗？你想看书，到哪看不着，非要到我这来偷啊？"

察尔法言外之意，是说他看书的品格太高了，看不懂。见那孩子没有半点害怕的样子，察尔法说："你跟我说说，你到底是谁？"

"奴才是宫里头伺候淑皇妃的近身太监，小名依兰保。"

依兰保伺候的淑妃是谁呢？这淑妃，是高丽人，是朱棣的小老婆。

"哎呀，原来你是淑妃身边的依兰保啊。那你为什么要来我这里看书呢？"

依兰保说："我到淑皇妃这里以后，天天啥事没有。她是一个高丽人，也不说中国话。皇上不找她时，她跟谁也不说话。我这做近身太监一天也没啥事，我就想起看点书来了，我只能跑到您这来，偷看您的书了。"

察尔法一听，原来是这样啊，心里就不生气了。

本来依兰保这罪挺大的，偷看宫里的御书是必须剁手的。身为翰林编

第三十回　御膳官情断殉松江　依兰保巧缘拜名师

修金修的察尔法，心想：你说这事该怎么办好呢？如果将此事传出去，让皇上知道了，这个孩子就彻底完了。这孩子这么好，就是有心想看看书，自己还是网开一面吧。

于是，察尔法就问依兰保："看起来，你也是挺爱学习的人。从你讲的情况来看，你也是挺求上进的。这是好事。不过这件事如果让皇上知道了，你可是大罪啊。"

依兰保又给察尔法磕头，求察尔法开恩，说："编修大人，您帮帮我吧。我知道您的名，您在大明朝是赫赫有名的。皇上过去讲过您，他非常喜欢您。虽然您曾经在元朝待过，但皇上在明朝像汉臣一样重用你，证明您这个人非常好。我为啥敢偷看您的书呢？就是您这个人不一般呢。别人的书，我不敢偷看啊，也没有人保护我的。"依兰保是很有感情地讲了这些话，然后，跪在地上哭了起来。

察尔法听后也是挺感动，说："依兰保啊，你说吧，你让我怎么帮你？"

"编修大人，我知道您能帮我。我想见亦失哈亦侯爷。"

察尔法听完不由得一愣："你为什么要见亦失哈亦侯爷啊？"

"我就喜欢建江船和海船这些事。现在整个大明朝都知道，亦侯爷又多次北上，他是最出名的钦差太监。我挺好奇，亦侯爷能造船，我为什么不能造船呢？他有两只眼睛，我也有两只眼睛；他有两只耳朵，我也有两只耳朵；他能行，我也能行。如果亦侯爷能收我为徒，我也一定会造船的。"

察尔法听罢，是颇为感动，就说："好吧，亦失哈也是我朋友，我能给你引荐。至于他要不要你，我不知道，因为亦失哈这阵正忙着北上奴儿干这些事呢。他现在没在京城，在北边呢，等他回来，我跟他说说。如果他要你呢，说明你有福气；如果他不要你的话，说明你没有那个造化，以后你就别偷偷摸摸看书了，就到我屋里来敞开看吧。"

"哎，依兰保给编修大人磕头了。"

后来，察尔法找到了一个合适的机会，就跟亦失哈修书一封，在信中谈起依兰保偷看御书这事，最后，笑了笑写道："亦侯爷，您的名可出大了，依兰保这孩子天天都想着拜您为师，不知您看不看得上这孩子。反正我是看着不错。"

亦失哈接到察尔法的信之后，写信回复，说："编修大人既然能相中这个人，我愿意见他。"

到了永乐十七年（1419）的一天，察尔法把小太监依兰保叫到身边，说："依兰保啊，人家亦失哈亦侯爷同意见你了，但是他用不用你，还不一定呢。我帮你是帮你，但关键还得看亦失哈的。"

依兰保说："编修大人，亦侯爷能见我，我就是托您的福了。奴才给您叩头了。"

"依兰保啊，快起来吧。你现在马上跟淑皇妃请几天假，我明天正好去吉林船厂有点事。如果淑皇妃能给你假的话，咱们一起去。"

"好！我现在就跟淑皇妃请假去。"说完，依兰保转身就跑了。工夫不大，依兰保就气喘吁吁地回来了，说："编修大人，淑皇妃同意了，我能陪您去吉林船厂了。"

"好吧，你回去赶紧收拾几件换洗的衣服，咱们明天起早走。"

"好嘞！"

一路无话。

察尔法带着依兰保来到了吉林船厂阿什哈达与亦失哈见面，又把他与小依兰保是如何相识的，是如何带他来的，以及这个孩子的好学情况，详详细细地跟亦失哈一说，亦失哈把茶杯往桌上一放，是开怀大笑："这真是天下一桩奇闻啊！假如小依兰保今后有出头之日，编修大人乃是伯乐！"

"侯爷过誉了。既然亦侯爷对依兰保有意，那我就算了却了一桩心愿。翰林院还有事，我明日就回京了。"

"既然编修大人事务繁忙，那我就不多留了，但是今晚咱们可要一醉方休啊。"

第三十回　御膳官情断殉松江　依兰保巧缘拜名师

"好！咱们就好好地叙叙旧，来个一醉方休。"

第二天，察尔法返回京城。因为依兰保过来的时候，没有辞掉淑妃近身太监的事，所以，后来是亦失哈跟朱棣谈到这事，说："皇上，我挺想要依兰保的，这孩子挺好。"

朱棣好像认识依兰保，因为依兰保别看岁数小，但他挺聪明又会来事，所以，他们两口子都很喜欢他，于是就说："哦，我想起来了，这个孩子不错，我同意。你把他要去之后，你身边会增加一个智人，这对你海船的创作和发明会大有好处。好事，朕把他给你了。但是关键是你下一步怎么带更重要。现在我倒想啊，你现在在做船事，应该多有几个助手为好。你现在一个人光忙着干，孤军奋战也不行。如果把依兰保这么喜欢造船的人派到你身边去帮你，你不是更加如虎添翼吗？好事，你就带带他吧。"

就这样，小太监依兰保来到亦失哈身边，之后，他是真学，亦失哈是真教。师徒二人摽着膀子这一干，没用多长时间，依兰保就成为亦失哈身边的一名得力助手。

有一天，亦失哈对依兰保说："你陪我造船这么久了，我专门带你去北边一趟，到北边走一走。连学再干，这样的话，你在实践中历练，很快就会起来。"

永乐十七年（1419），亦失哈带着依兰保第五次北巡奴儿干，主要是带依兰保实习的。说白了，亦失哈还是惦记着奴儿干都司这块。为啥惦记着这块呢？因为那已经有了他的一个永宁寺啊，还有一个望海塔。他总想看看那块，心想：现在有没有再给破坏的。情况到底怎么样？它像一块心病一样，让亦失哈惦记着。顺便再到奴儿干都司看一看。亦失哈带来了一些皇帝赐给各个部落百姓的布匹、米粮这些东西。这叫赏"乌林"。"乌林"，是满语，就是皇上送去的一些东西。按现在的话讲，就是国家给百姓扶贫的东西。不一定是米面，是你缺什么，他给什么。可能是牛羊，可能是犁杖，也可能是打粮食的风车什么的。赏"乌林"，就是从明朝奴儿干都司开始的。

※※※

简短截说。

亦失哈带着依兰保、二百人的随军,坐着船,北上奴儿干都司一共走了二十多天。一路上,亦失哈是手把手地教依兰保如何修船、如何摆舵、如何使帆,等等。这些关键的技术,聪明的依兰保是一学就会,他是一路学、一路看、一路做。就这样,亦失哈师徒二人绑在一起,连续干了二十多天之后,就到了奴儿干都司这块。

第五次北上奴儿干,其实只有一艘海船。这次的目的非常明确,就是受皇上之命,带依兰保来实习的。

他们的海船在特林停船、抛锚、下船。亦失哈心里想:这次不知道永宁寺怎么样呢。上次几个月没见,香炉都让人家给推倒了,庙里又让巴拉巴拉特给抹上了牲血。这次相隔时间这么久,我真害怕再出点什么事。

亦失哈心里像揣个小兔子一样,是"突突突"直跳,总是放不下心。涨潮的时候,海浪能打到岩石上;如果是退潮的时候,人还要走五六里地远的沙滩呢。这时候,正好是退潮的时候,所以,亦失哈他们的船停得离岸边就很远。亦失哈和依兰保还得蹚一段水,爬一段山。亦失哈领着依兰保光沙滩就走了半天,又爬过山崖,就走进了永宁寺。哎,亦失哈就发现永宁寺周围挺干净的,不知道谁把地上的草给收拾得干干净净的。庙前那块还挂着一排衣服,都是洗得干干净净,而且香炉上面还插着许多燃烧着的长香,整个永宁寺是香雾缭绕,让人感觉非常的清爽。

亦失哈看到这些之后,就知道有人在这拜过庙。是谁呢?亦失哈庙里庙外,找半天也没有发现一个人。当他往远处的望海塔观看时,只见望海塔还是那样的稳固,而且是高高耸立。再仔细往望海塔底下一看,竟然有

第三十回　御膳官情断殉松江　依兰保巧缘拜名师

一个头戴熊帽、身穿白大衫的人。

对于北方人来说，头戴熊帽，是既挡风又挡雨。它是用北极熊头做的帽子。如果把熊眼睛一挡，就是一个熊瞎子脑袋。实际撩开一看，就是一个人脸。身上穿着白熊的皮，对于北方来说，夏天和冬天都是一样。比如每年的四六月份，在北京可能感觉挺热的了，但是奴儿干这块，它早晚是非常冷的。你穿着熊皮衣，也不会觉得热。

亦失哈心想：哎，这个人在那干什么呢？我去看看。亦失哈走近一看，明白了，原来这个人正拿着用树枝子做成的大扫帚在那打扫卫生呢，低头"哗哗哗"干得正起劲呢。这个人也没有发现亦失哈和依兰保俩人过来。

亦失哈心想：这个人真不错呀。他还专门跟我收拾这个地方呢。这是哪来的好人呢？我看看他到底是谁。

因为亦失哈也会北方少数民族语言，于是，他就用乞烈迷语跟这位正拿着大扫帚打扫卫生的人打招呼，说："谢谢了。你是哪位啊？你做这好事，老天都感谢你啊。你做得太好了。你是哪位？"

这个人闻听身后来人，把身子转过来，把熊帽一摘，亦失哈一看，不由得就是一愣。

第三十一回

福康王力荐牛庄港
二十载北巡谱传奇

第三十一回　福康王力荐牛庄港　二十载北巡谱传奇

这位在那望海塔打扫卫生的人是谁啊？此人不是旁人，正是乞烈迷的罕王巴拉巴拉特。

"大罕，怎么是你啊？你怎么来了？部落的事挺多的，你怎么到这干这活呢？快放下，快放下！"

"咳，亦侯爷，我现在不是罕了，大伙把我选下来了。"

"到底是怎么回事啊？"

"亦侯爷，一言难尽啊！"

上次亦失哈他们走后，苔西哈的病情是越来越重，一年后就病逝了。苔西哈在整个乞烈迷部落里威信非常高。她在世的时候为巴拉巴拉特填补了许多的不足。再说大明朝廷也非常重视苔西哈，所以人们自然就更高看一眼自己的罕王妃了。但是，苔西哈病逝后，人们又想起巴拉巴拉特曾经犯下的种种错误了。

因为北方民族的罕王都是大家伙儿选举出来的，谁年轻力壮、谁品德最高，就选谁。因为上次巴拉巴拉特竟然干出用牲血玷污永宁寺观音圣地的事，许多乞烈迷部落的人早就对他产生不满了。许多人认为：钦差大人亦侯爷和大明朝对咱们部落不薄啊，咱们罕王恩将仇报，做得太差劲了。虽然他现在改好了，但我们认为，他不适合再当乞烈迷部落的罕王了。就这样，在上一年的部落罕王民主选举中，巴拉巴拉特就落选了。

这对巴拉巴拉特打击挺大，从此是萎靡不振。巴拉巴拉特说："我早些年缺德啊，在这做了一些坏事，遭报应了。所以，我干脆把家搬到这里来干点积德的好事，算是在佛前弥补一下自己的一些过错吧。"

亦失哈问："你们部落现在是谁在管着呢？"

"是塔拉塔拉罕。这人年轻力壮，人品又好，人们就把他选上来了。他现在是罕王了。我天天都在庙上过，也算是对自己的赎罪也好、受罪也好、对自己心胸的一种陶冶也好，不管怎么说都行，反正，我现在过得挺踏实的。周围部落的许多人时常会来庙里看看我，给我送些吃的，问一问我的情况，基本天天如此。我能在庙里看着这个家，这辈子也知足了。"

亦失哈看着老态龙钟的巴拉巴拉特，想说什么，话到嘴边又咽回去了。他用力拍了拍巴拉巴拉特的肩膀，然后，让依兰保给他留下一些银票，转身走了。

第五次北上奴儿干，故事就这样。

※※※

亦失哈带领依兰保很快就从奴儿干回来了。亦失哈回京后，听朱棣的意思还是继续帮助依兰保学习造船和驾船技艺，亦失哈说："好吧，我会努力把自己掌握的船技全教给他。"

亦失哈是在努力实现朱棣的想法。朱棣曾对亦失哈说过："想办法最好到巴比伦那边看一下，看看巴比伦那些地方究竟什么样。如果真正要能去，不管是谁吧，最好是身边的太监能开船去一趟，到那边，去看看巴比伦那边的生活，看看它的兴败和咱们有什么不同，咱们可以学到些什么，对咱们大明朝肯定有好处。如果你要去不成，那就叫依兰保替咱们去一次，肯定有帮助。现在咱们有海船了。在吉林这块是不错，但是它离海太远了。咱们最好再选一个有海的地方，离咱们近的地方。"

"皇上言之有理，只是这靠近海边的新船址，容奴才再考虑几天。"亦失哈接到朱棣的圣谕，回到住处后，满脑子就是在北方哪个靠近海边的地方最适宜再建一个新船厂。这个新船厂不但适宜造船出海，更关键的是要便于长白山松木的运输，离吉林船厂越近越好，自己两边也好有个照应。

天下哪有两全其美的事啊，亦失哈一时间还没想出一个眉目来。

说到这，朱伯西我不得不赘述几句，在满族民间传说中，关于亦失哈明代造船新海港的选址上有两种说法：一种说法是亦失哈把明代造船海港选择在葫芦岛；一种说法是亦失哈把明代造船的海港选择在了辽河入海口

第三十一回　福康王力荐牛庄港　二十载北巡谱传奇

的牛庄港。这两种说法是众说纷纭。朱伯西我从史料记载和民间满族传统说部要以史为根的故事源流性上来讲，更选择了"牛庄港"的说法。

第二天一大早，亦失哈睡得正香呢，五子就在他耳边呱呱叫开了，然后夛着翅膀向屋外飞。亦失哈急忙披上衣服也跟了出来，出屋一看，原来是万福山就站在门外呢。亦失哈抓着万福山的手，别提多亲了："万大人，您怎么一大早就来了呢？"

万福山笑了笑说："我不来能行吗？这五子师傅后半夜就跑我那去了，呱呱叫个不停，我就知道你一准遇到难题了。你有什么难事啊？说出来，我给你参谋参谋。"

亦失哈就把朱棣让他重新选址新造船海港的事说了一遍。

万福山听完乐了，说："今天五子师傅专程把我找来，看来真是找对了。整个辽东半岛，渤海东岸，没有我万福山不熟悉的，你是知道的，我可是'水上人'啊，曾经也在整个辽河上行过船、入过海。辽河水系上曾经有过的老码头和港口，我都清楚，像浑河沿岸的奉天（今天的沈阳）、太子河沿岸的襄平（今天的辽阳）、初期海州卫所在地的开源，以及牛庄、没沟营等等，都是辽河流域的重要城镇和港口。这些港口里面要说最早的海河转输港口，那就是古襄平港了。古襄平港早在春秋战国时期就形成了。"

※※※

朱伯西我说到这，得多赘述几句。

辽东、辽西之称见于《汉书·地理志》："武王定殷，封召公于燕，其后二十六世与六国俱称王，东有辽东、辽西。""燕为辽东、辽西两郡地"，辽东之地燕称王于公元前十一世纪，至燕昭王当政，发奋自强，加之燕国离秦国较远，受战乱影响比较少，使燕国有力量发展自己的经济和军事。特别是铁器在燕国的广泛应用，有力地促进了农业、手工业及商业的发展。

再加上金属货币的广泛流通，就更加促进了燕国工商业的繁荣和沿辽河都邑及港口的出现。燕国的军事实力也得到了极大提升，带盔甲的士兵就有十万人，战车七百辆，骑兵六千，粮食储备能保障十年的供应，等等。经济和军事上的发展也使得燕国有能力开拓海疆和扩展领土，军事需要也发展了辽东与山东、河北的海运。

在战国的兼并与战争期间，北方的燕国却乘机在经济上得到了发展。燕国地域拥有众多的河流水系，为发展海上漕运及内河运输提供了方便条件。当时除陆路的"辽西道"外，海上运输可以从襄平出发，入渤海通齐、鲁。燕国的海河运输也促进了辽东经济的发展。

公元前226年，秦国进攻燕国，破燕都城蓟城。燕王喜、太子丹率精兵退守辽东，并迁都襄平。燕国迁都襄平更增强了襄平港的经济和战略地位。公元前221年，秦国统一天下后，襄平仍为辽东郡所在地。

汉武帝在用兵时，亦每每以海道趋东北。辽东海运以襄平为中心发展了渤海湾内外航线。在航海技术尚不发达的古代，辽东与山东之间的海运航线，是辽东半岛与山东半岛之间的三山岛等诸岛屿间的短途航线，构成山东与辽东的海运航线。襄平港与渤海湾沿岸各港之间的沿海航线，多是沿海岸而行，内河航线则是入辽河口，经三岔河进入太子河，终抵辽东郡所在地的襄平港。襄平港在汉魏、南北朝、隋唐时期越来越成为辽东半岛和渤海湾上一个极具河港、海港双重功能的水运枢纽。唐朝时将襄平港改称辽阳，以下港随城名，也就变成了辽阳港。后来，辽侵宋的战争导致中国的长期混战与分裂，致使辽阳港与中国东南沿海之间的海运往来趋于萧条。

但是元朝统一中国后，特别是元成宗孛儿只斤·铁穆耳以后定都燕京，此时就全国而言，政治中心在北方，而经济中心在长江以南地区，北方每年需要南粮北调达一千万石之多。元朝为了维护其统治的需要，是极力地发展水运，特别是海上漕运，并把海上漕运定为元朝坚定的国策，其海运

第三十一回　福康王力荐牛庄港　二十载北巡谱传奇

规模之大、时间之长都超过了前代各朝。元朝的漕运促进了辽东经济和辽阳港的发展。但是，辽东的陆路运输是泥泞不堪，车马难行，再加元代以前东北及辽河流域的经济还不十分发达，也制约了其港口的发展。

明朝初年，由于辽河支流太子河淤积，海运港口从辽阳港下迁到了主辽河上的牛庄以西八华里的小姐庙，被当地人称为牛庄港。牛庄港地处辽阳下游四十五公里的太子河、浑河、辽河等三河交汇的三岔河附近，沿岸又有村镇相依托，比辽阳港更靠近辽河入海口。这里河道深阔，靠泊条件优于辽阳港，可以说是一处交通四通八达的最佳港口。

牛庄又称牛家庄，明初，置牛庄海谢谢卫，设牛庄驿，归辽东指挥使统辖。洪武四年（1371）十一月，朱元璋曾命青谢谢卫官军运山东粮储以给定边卫。洪武五年（1372）正月，又命靖海侯吴祯率舟师运粮辽东以补给军饷。这里面虽没提到辽东漕粮的起卸、转运港的名称，但是在同年十一月，史料记载："纳哈出寇辽东，劫牛家庄，烧粮十万余石，军士陷没者五千余人。"在《高丽史·辛隅世家》中就有牛庄港转运漕粮至辽河腹地的明确记载。"自总兵靖海侯、余都督、李平章三个大官人到牛庄上岸，总统大军转运米粮至辽阳、海州、沈阳、开源等处坚守戒池"。到了洪武二十四年（1391），九月癸卯，置广宁中屯、左屯二卫。先是舳舻侯朱寿督饷辽东，领新编士卒至牛庄码头屯守。此时的牛庄港已成为辽东"南粮北调"的海、河转运中心，但是随着朱元璋一道"禁海"圣旨，使刚刚要壮大起来的牛庄港彻底地关闭，也断绝了东北地区与沿海各经济发达省份的海运往来。

明朝实行"禁海"政策也是事出有因的。一是朱元璋打败的张士诚、方国珍两支势力还有海上实力，这些人逃亡到东南沿海岛屿或邻近海国，有勾结海外势力卷土重来的可能。其二是明初以来，倭寇之患比较严重，北起山东、南至广东沿海地区屡遭抢劫，并有沿海莠民混迹其中，内外勾结，伙同骚扰，严重威胁了国内安宁，所以，朱元璋为了稳定政权，于洪武十五年（1382）在山东、江苏、浙江等省沿海修筑屯军城寨，加强海防，同时宣布"禁海"命令。"禁海"政策规定，除了国与国之间的"朝贡贸易"之外，严令禁止民间海运商业贸易，否则以私通外番定罪。因此，在中国沿海，除少数外来"朝贡"的船外，出现了山东以南海面无一艘中国帆船出海的萧条景象。

※※※

明初以来的这些"禁海"情况，亦失哈只是略知一二，但是万福山对此事却是清清楚楚。等到万福山跟亦失哈简单介绍一遍后，亦失哈说："那我们重新启动牛庄港不是省时省力吗？"

万福山说："那当然好了。你看从辽河口溯流至辽河边等色屯，再由等色屯转装马车陆运至松花江上游的伊屯门港（今义通），再次装船沿松花江，也可再至黑龙江。这条联运线中，牛庄港是最好的一个出海入海的中转港。另外，从牛庄港每年的十二月到次年三月，有一百多天的封冻期，此时，松花江、辽河封冻，港口停运，整个辽东大地冰封千里，路面坚硬如石，为我们冬季陆路马车长途运输反而提供了方便条件。"

亦失哈边听万福山口述，边看着他用手蘸水在桌子上画的航运和陆运图，他一下子就明白了，"太好了，咱们现在就向皇上呈报此事。"

亦失哈和万福山把此事向朱棣一呈报，朱棣马上就乐了，说："好一个牛庄！这头'牛'，我选定了。这个牛庄再加上我的大牛和小牛的'双幻梦'，如今真可谓是三牛并驾，何愁大明海船奔腾出海呢！"

亦失哈从吉林船厂挑选数百能工巧匠，并带领太监依兰保就来到了牛庄港，帮助依兰保造新的大海船。牛庄港所在地的牛庄属海州卫（今天海城所在地）所辖，离吉林陆路有一千多华里。亦失哈和依兰保师徒二人就住在牛庄港船埠的工棚里，开始了艰难的船厂筹建工作。由于牛庄港周围

第三十一回　福康王力荐牛庄港　二十载北巡谱传奇

没有大森林，缺乏上等的木材，船料单一，所以，他们就决定从阿什哈达料场提取原木，运往牛庄港。

然而，从阿什哈达运大木到牛庄船厂，可谓艰苦卓绝。严冬季节，冰天雪地。地上已没有道眼，山路雪厚得足有半人深。为了运木，船工和伐木工们先将大雪以木板压平，然后洒上水，冻成"冰道"。再以牛、马、驴编成"拉木帮"，每十人、五十头牛马为一帮，日夜拖木，奔往辽东。

冬季拉木头

那长白山的红松大木太大了，一棵都得六七个人才能合围过来！放在地上，直径一人多高，怎么拖拉？工人们就根据山里砍木、伐木、放木时的方法，把每一根大木前头都固定上一根立木，称为"立吊"，再在"立吊"上拴挂绳索，一根大木头得用五头牛或五匹马，才能拖得动。

你看吧，整个冬天，在吉林船厂阿什哈达通往辽东的冰雪上，一伙一伙的"套子队""拉木帮"，举着火把，驾牛车、马车，不但要讲究技法，还得善于用口令吆喝牲口。一声"噼啪"抽鞭，驾车人嘴里发出吆"驾、驾、驾"短声，则是开步前走；绳打左吆"咿、咿、咿"短声，即示往左转，绳右甩吆"喔、喔、喔"短声，即示向右转；往后拉绳吆"吁"长声，即示停车。冬季的漠北大地，架车老把式们把系着小红绸缎的鞭子不时甩得"噼啪"直响，"驾、驾、驾""咿、咿、咿""喔、喔、喔"，以及叮叮当当不断的牛铃声、马铃声，响彻整个辽东山川，日夜拖木、拉木。

许多"赶套"的工人和兵勇，有的活活地冻死在冰雪之中，有的脚、手、鼻子都冻烂了，耳朵冻掉是常事。经过两个冬季的苦干，五百棵巨大的红松木材被拖运至辽河口东牛庄造船厂。那时候，从吉林阿什哈达与辽河口东牛庄之间有大面积的荒原、雪原，而这些"拉木帮"开辟的道路，并且已经变成了硬邦邦、明光光的大道了，这也是成为日后明、清两朝从北京通达北土、辽东、到达吉林乌拉的主要驿道。其实，这驿道就是为依兰保造船，由亦失哈指挥从吉林船厂阿什哈达毛克楞子木场拖运木头给压出来的。

由于大木源源运来，牛庄这里日夜锯木、造船，一下子繁华起来了，这里由亦失哈和依兰保领着选木、备料、造船，他们二人一件件分析船在海上航行，哪一部位可能出现哪些疑难之处，特别是那大桅，这一下足够牢固，这让依兰保心下有了底。

亦失哈奉旨诚心传授，依兰保诚恳谦虚敏学，几年后，辽河口沿岸上就出现了二十多艘能容纳船员一千人、九桅杆九个大风帆、四层高、两舷内双座划桨工各为三十人至四十人、船头挂有上千斤重的巨型铁锚、船尾的大舵也是大铁舵的航海巨船。

亦失哈这几年就忙这事。等到牛庄港重新建成以后，依兰保也能独立门户了，亦失哈就返回了松花江边的阿什哈达船厂。

※※※

转眼就到了永乐二十一年（1423）。此时朱棣已到了晚年，每到了晚

第三十一回　福康王力荐牛庄港　二十载北巡谱传奇

上，他就失眠睡不着觉，可能是长期动脑筋太多了。说他的病是什么呢？就是长期失眠。

一天，亦失哈观星，他想看看这个天道里面有什么想法没有。亦失哈发现：紫微星这颗亮星那块发红，而且还出现一种阴霾的云彩，预示有灾难正在侵蚀天星。而紫微星的旁边又出现了一颗行星，但不怎么亮，看起来将来这就是新的皇上。亦失哈马上意识到：当今的朱天子寿命不远了。

此时朱棣上早朝的时间都很少了，即使去了，有点事情赶紧处理完就退朝。朱棣是说话不行，精神也不行。亦失哈按祭星的规矩，不说出口，心里明白就行了。但是他心想：我得祈求星辰，现在我还有很多事情要做，我的出世、出名和自己能走到今天，都是靠朱棣啊。另外，我到北方去帮助女真人的这些事，每次都让我做钦差大臣、钦差太监，这些都是朱棣皇上赐给我的。我应该祈求天宁啊，能不能给紫微星增添点光辉，让他多活两年，哪怕多活一年我也高兴。我该咋办呢？

亦失哈突然想到：我最相信的地方是哪呢？就是北边奴儿干的永宁寺啊。大伙都说这里有神灵，求什么都灵验。当地的百姓只要给他磕头，请海神娘娘帮忙，就万事得平安，得一切丰收，鱼市得丰收，陆地也得丰收，船从来都不翻。我能不能请海神爷爷帮忙，请海神奶奶帮忙，这样呢，我就可以给当今天子朱棣增寿。我跟皇上说一下，我到北边去，不能讲祈寿的事。我就讲，那还有几个朋友，现在他们那块出了点事，我得去看看他们，天子最好允许我去一趟。

就这样，朱棣在病中，封亦失哈为钦差太监是第六次北巡奴儿干。

亦失哈就在朱棣驾崩之前去了一趟奴儿干都司，是自己带一艘普通的江船去的。亦失哈在永宁寺里住了七天七宿。他在观音堂里头给皇上祈福，七天七夜不睡啊，烧香磕头，祈祷祝愿。如果要睡呢，也得坐着睡。亦失哈想：这不是正好坐禅吗？我再累都得坚持下来。

亦失哈喝的是雨水，吃的菜是海边的那些野菜，吃素食。一天、两天、

523

三天……一直到了第七天。亦失哈在梦幻之中，曾感觉天上红色的紫薇星曾有一闪的减弱，但也就是一闪，又恢复原来的样子。

七天做完禅以后，亦失哈就回到吉林船厂，正是永乐二十一年。转过年来，朱棣病情有所好转，可把亦失哈高兴坏了，心里也敞亮了许多。但是，刚到秋天的时候，宫里头便传来哀讯，永乐帝驾崩了。亦失哈把自己关到一个屋里头，用被子把头蒙住，痛哭了一场。亦失哈想的事情太多了，他回到京城的时候，没看见明仁宗朱高炽，但绝对是尽心了。

朱高炽是朱棣的大儿子。朱高炽从小就让爷爷朱元璋给变相地软禁起来了。朱高炽从小就很受气，心情不好，总是生病。朱高炽小时候就肺病挺重，咳嗽挺厉害，长大了也没有好到哪去。朱棣去世，朱高炽是长子，必须要接受传位。于是，朱高炽是在病中接旨，成为洪熙帝的。可惜，朱高炽干了一年就死了。朱高炽的小儿子朱瞻基继位，就是明宣宗。

※※※

明宣宗朱瞻基有他爷爷朱棣的志向。对北方这个少数民族的地方，他也要多做些事情。宣德五年，明宣宗朱瞻基亲命亦失哈为钦差太监第七次北巡奴儿干都司。整个北巡所用的还是海船和大船，完全是按照他爷爷朱棣时候的方式，一共是五艘大海船、二十艘江船、兵员两千人。统帅呢是新的统帅，成员都是新皇帝的新人，有的是吏部的，有的是刑部的，还有兵部的，这些人凑在一起，到北方去安抚民众，还是送些钱、粮、陶器等东西。这次去很简单，就是到奴儿干走个形式。

亦失哈奉皇上之命，在奴儿干那块祷告，说："现在新的皇上登基了，大明天下，我受皇命来祈祷，使海江上各方神灵保佑，昭告天下，明朝现在挺好，日子一天比一天好。"

亦失哈做了一些祈祷安抚的工作，另外又搞了一次海祭，就是用海鱼

第三十一回　福康王力荐牛庄港　二十载北巡谱传奇

这些东西，还有白熊、白狐、白燕等，搞了一次北方少数民族在一起的大型海祭。这时候亦失哈年岁也挺大了，都五十六岁了，经不起海风的蹂躏，因此，亦失哈没待几天，身上就有些不适，所以很快就回来了。他实际上在奴儿干那没待几天，可来回走路就用了半年多的时间。

转眼到了宣德七年，按照一般的惯例，又要有人奉旨北上奴儿干都司。过去都是亦失哈领头的，这时明宣宗朱瞻基仍然下旨由亦失哈为钦差大臣，是第八次北巡奴儿干，这也是亦失哈最后一次去奴儿干。

这次出行也很简单。明宣宗朱瞻基说："侯爷爷，该怎么做就怎么做，祖上让怎么干咱们就怎么干。咱们现在还是按原来的老规矩做。侯爷爷，你最清楚了，你就全权代表了，该花的钱，你就去国库里取。"

明宣宗朱瞻基作为晚辈的皇上，都是祖上以前怎么做，他就怎么做。走的道和祭祀的礼节，完全和以前一样，没人敢越雷池一步。亦失哈也是严格按照皇上的圣命来办，比如：祭祀中上次烧了五张纸，这次也必须是烧五张，为什么烧五张，没有人管也没有人问；敲鼓以前敲九下，这次也必须敲九下；以前多少人，现在必须多少人……是非常的教条了，而且，一次比一次简单。亦失哈看过之后，就回来了。

亦失哈第八次北巡，做得最重要的一件事就是重建了永宁寺和重立了永宁寺碑。从永乐十一年（1413）到宣德七年（1432），原永宁寺已经历二十年的岁月洗礼和海风的侵蚀，再加上巴拉巴拉特死后，这里一直没有人好好地管理维护，如今，整个永宁寺的建筑都破旧不堪了。于是，亦失哈和御马监左少监白金，内官范桂、潘昂、阮落、阮蓝、阮通，辽东都司都指挥康政、指挥高勖、崔源、杨龙、康福等商议后，是重拨银两、召集人员，对永宁寺重新修建。整个重建永宁寺的工程非常浩大，到了宣德八年春天才算完工。

亦失哈代表明宣宗朱瞻基撰写了《重建永宁寺记》和《重建永宁寺碑记》。

惟天之高覆，四时行，万物生焉；地之厚载，二气合，万物育焉；圣人之至德，五常明，万姓归焉。故尧舜仁昭而于（其圣德）所化（服），无为而治，后世（所）闻（之）者。恭维我圣朝布德施惠，昭而愈明，天下归服，隆盛久矣。是以蛮夷戎狄闻风向化而朝贡者络绎不绝。惟奴儿干国远（三译）之表，道万余里，人有女直或野人吉列迷、苦夷。非重译莫晓其言，非威武莫服其心，非乘舟难至其他，非（丛）林难处其居。风俗之异，弗能备举。洪武间，遣使至其国而未通。永乐中，上命内官亦失哈等（官）锐驾大航，五至其国，抚谕慰安，设奴儿干都司。其官僚抚恤，斯民归化，遂捕海东青朝贡。上嘉其来，赐爵给赏，劳慰还之。朝廷尤虑未善，更命造寺，使柔化之。十一年秋，择地满泾之左，创寺塑佛，曰永宁寺。国民仰视，忻然皆曰：我地亘古以来未（尝）有此（壮举）也！

宣德初，复遣太监亦失哈部众再至。以当念圣天子与天同体，明如日月，仁德之大，恩泽之渥，谕抚之，其民悦服，且整饬佛寺，大会而还。

七年，上命太监亦失哈同都指挥康政，率官军二千、巨船五十，再至。民皆如故，独永宁寺破毁，基址存焉。究[诘]之，其（野）人吉列迷毁寺者皆悚惧战栗，忧之以戳，而太监亦失哈等体皇上好生柔远之意，特加宽恕。斯民谒者，仍宴以酒，给以布物，愈加抚恤。于是人民老少，踊跃欢欣，咸啧啧之曰：天朝有仁德之君，乃有贤良之佐，我属无患焉！时众议西郭，再建原寺，敢不复治。遂委官重造，命工塑佛，不劳而毕。华丽雅典，优胜于先。国人无远近，皆来顿首谢曰：我等臣服，永无疑矣。以斯观之，此我圣朝聪明德博，道高尧舜，存心于天下，加惠于穷民，使八方四裔，多士万姓，无一饥寒者。其太监亦失哈、都指挥康政，尤能宽仁厚恕，政治普化，服安蛮夷。

懿欤尚矣！伟欤懋哉！正谓圣主布德施惠，非求报于百姓也；郊望禘尝，非求报于鬼神也。山致其高，云雨起焉；水至其深，蛟龙生焉；君子致其道德，而福禄归焉。是故有阴德必有阳报，有隐行必有昭名，此之谓也。故为文记万世不朽云。

落款：大明宣德八年癸丑季春朔日立。
后面还雕刻着所有参建人员的名字：

钦差都知监太监亦失哈，御马监左少监白金，内官范桂、潘昂、阮落、阮蓝、阮通，辽东都司都指挥康政、指挥高勋、崔源、杨龙、康福、徐监、金宝、金振、崔越、刘三、丁振、杨越、王胜、王宜、马旺、黄督、王达等。

后面还有：

太医院医士吕谦，（金吾）等卫指挥蒋旺、杨春、陆兴，海西玄城等卫指挥木塔兀哈、弗家奴、李希塔、木刀兀、周英、金海、王金、华英等，通事百户康安，书丹鄹人张牲，画匠孙义，石匠余海，铁匠雷遇春，奴儿干都指挥康福、王肇舟、佟胜。

还有木匠的、泥水匠的名字，等等。
据《明实录》记载：洪熙元年、宣德元年、宣德三年、宣德五年、宣德七年，亦失哈五至奴儿干。但是本套满族民间口传"乌勒本"说部中，只记载了亦失哈自永乐九年（1411）起至宣德八年（1433），共计八次做钦差太监，奉旨巡视奴儿干都司。他率兵将两千、驾风帆二十五艘，踏江破浪、千万余里凶险水路，八次往返凶险水路奉旨率兵将北巡奴儿干都司和黑龙江出海口与库页岛，遍访北凶地乞烈迷、囊果尔、尼夫赫、费雅喀等部落，送去生活物资米、粮、谷种、布帛、籽苗、幼畜等，无计其数。虽然二十年间野民中也有享惠不知报、不懂礼节的，还常常为争抢物品认为不公，惹上纠纷。再加上语言、习惯不同，闹出许多误会，亦失哈和他率领的这些使节身上或多或少也受到不少伤，但是亦失哈还是耐心调和、解释，使整个北疆的部落，最后都是化干戈为玉帛，渐渐引导北方部落归心大明朝。

鸟随鸾凤飞腾远，人伴贤良品自高。这时的亦失哈的身份和地位，也都是誉满大明朝，可以说是功高盖世，满身披着无数的光环。他自然就成了举国上下赫赫有名的大功臣了。

有道是：出头的橡子先烂。亦失哈这位具有传奇色彩的民族英雄，还没有安心接受鲜花与掌声的时候，却从自己人生的最高峰，迅速滑向人生的低谷。

纵观亦失哈遵照明成祖朱棣的圣旨，八次北巡奴儿干的这段历史，其实他主要完成了四大任务：

一是联系了北方诸族诸姓一心一意、合力建国。

二是利用赏赐做了团结民族的工作，统一了北方。

三是在黑龙江入海口建立了一个标志永宁寺。亦失哈认为在黑龙江入海口一个叫特林的地方，应当有个标志，而且要建立特林的都指挥史。都指挥史，是军事、政治、经济的行署部门，就相当于现在的一个副省级单位，比州县大，比省小一些。它有独立的指挥权、分配权、军事权和户籍权。这样特林的都指挥史便成立了。而且在原来的一个菩萨庙的基础上建立起一座永宁寺，写了碑文，立了碑。而且这个碑一直留到了清末。可惜后来碑让老毛子给拿走了。

四是震慑和团结了北方诸民族，形成一个铁拳。

我们每一位中国人都不应该忘记这段历史。

第三十二回

亦侯爷出山镇辽东
微私访躬身察民情

宣德十年间，朱瞻基一道圣旨，让亦失哈回京调养身体，听候调遣。亦失哈哪敢抗旨不遵啊！他跪拜接旨之后，是匆匆忙忙把船厂的事务交接给其他的人，就到了京城。哪知道亦失哈前脚一走，后脚整个北疆就陷到了一场场你死我活的龙争虎斗。

宣德朱瞻基嘴上说是让亦失哈听候调遣，其实他也看亦失哈这二十多年在吉林船厂太累了，身体状况也是极其虚弱，所以他就派人在靠近皇城边儿的地方，为亦失哈选置了一处非常干净的小院落，让他在此安心调养。

亦失哈忙忙碌碌这么多年，一时闲下来，感觉没着没落的。这一天，他实在闲得没事做，就随意到街上走一走，逛一逛。突然，他发现一个摆摊算命的。亦失哈向来不算命，但今天不知道犯了那股邪劲了，鬼使神差般就来到了这个卦摊前。一看这个摆卦摊的算命先生是鹤发童颜倒有几分的仙气，亦失哈便坐在卦摊前，向老先生拱手道："请老先生给我看看，看我将来能怎样。"

老先生上下打量了亦失哈一番，又手掐指算了半天，说："土淹水。你不行了，没什么希望了。现在看起来，你就这样吧。你是水中金，现在是土克着你了。"

亦失哈听后，心里就是一愣，但是他没表现出来，而是非常平和地说："老先生，我现在感觉挺好的，怎么会土克我呢？既然你能看出来土克我，那你有没有治的方法呀？"

"不行了！都到这种程度了，天命已定。我也没啥帮你的了，你不用看了。"

亦失哈想给算卦老先生点卦钱，但这位算命先生连卦钱都没要，说："咱们也算是有这个缘分。你爱听不爱听，我就说到这了。"

"好吧！既然卦钱不收，那我就收起来了。"

亦失哈低头把钱往挂兜这么一放，等他再抬起头来的时候，却大吃一惊：刚才给他算卦的那位老先生不见了。

第三十二回　亦侯爷出山镇辽东　微私访躬身察民情

亦失哈回到自己的小院之后，对此事是百思不得其解。两年的平淡生活，好像让亦失哈忘记了这件事。宣德皇帝朱瞻基突然的一道圣旨，又把亦失哈推到了一个风口浪尖上，成了满朝文武关注的焦点。亦失哈也不知道此事是吉是凶，是福是祸。怎么回事呢？

※※※

原来此时，西北的蒙古兵马已到长城和山海关，情势紧急。当朝兵部尚书齐昌调兵不灵，无可奈何，急切请宣德皇帝速选有权威的高人，来统理辽东这些乱摊子。

有道是：国乱思良将，家贫思贤妻。谁去好呢？朝廷众臣和太监挑来选去，都想到了漠北归来两年正闲着无职的亦失哈了。亦失哈声望最高，影响最大，太监里面谁不尊敬？他可正是合适的人选！于是，群臣力谏宣德帝朱瞻基："皇上，现在看起来，谁最厉害呢？亦侯爷！谁也拼不过他。亦侯爷最有名声啊！这次得把他请出来，让他负责这事。他虽然现在不到北边去了，身体可能也弱了一些，但是让他做钦差镇守辽东太监，是再合适不过了。"

朱瞻基一听，感觉群臣言之有理，就请亦失哈进宫。朱瞻基开门见山地说："侯爷爷，您去的辽东海边是一个颐养天年的好地方。可是，这次让您去，却是替我解决一件最麻烦的事。现在辽东是一团乱麻啊，您到那后，好好捋捋吧。现在那块有一个总兵官是我刚派去不久的，他名字叫曹义，这个人挺老实忠厚的，您去了之后，他会很好地配合您。"

朱瞻基为啥叫亦失哈为侯爷爷呢？因为亦失哈是他爷爷朱棣身边的人，而且为大明朝做出了这么多的贡献，所以对亦失哈自然是另眼相看，也因此，他不管亦失哈叫太监，而叫他侯爷爷。

"奴才，接旨！"亦失哈接完圣旨，宣德皇帝拉着亦失哈的手，说：

"侯爷爷，您去帮我镇守辽东，说句心里话，我是真舍不得您走。侯爷爷，您知道我为啥把您从船厂调回来吗？"

亦失哈摇了摇头说："奴才不知，还请皇上明示。"

"侯爷爷，实话跟您说了吧。现在很多人对宫内的宦官都有看法，许多文武大臣私下都对宦官记着很多仇，他们经常向我上奏折，说这个太监怎么肆意妄为了，那个太监怎么飞扬跋扈了，等等，天天都有人向我告您的状。因为您是祖爷亲封的侯爷太监，我怕有人偏听偏信谗言，对您做出一些为非作歹之事，故此，把您从阿什哈达船厂调回宫里，就是很怕他们对不起侯爷爷您啊。"

这真是一句话点醒梦中人啊。亦失哈还以为宣德皇帝对自己有偏见，把自己"冷冻"起来呢。却原来，是皇上暗中雪藏自己、保护自己啊！

亦失哈说："皇上，俗话说，身正不怕影子斜。我亦失哈行得正，坐得端，没事的。辽东之地，我可以去，我不怕，我会对付。他们用文的我用文的，用武的我给武的，没事，我会处理好的。"

"侯爷爷，那就让您受累了。"

亦失哈这人从不挑肥拣瘦，痛痛快快地赶赴辽东，以钦差太监的身份，坐镇辽东，管理辽东上述诸卫所的防务，是当地最高权力的地方长官。但是，亦失哈万万没有想到，他的这次选择，却把他彻底卷到了一场人事复杂、人心叵测的朝廷官宦的旋涡之中。亦失哈从此放下造船之祖业，是勤百姓、斗贪宦，拼死一生，这是后话暂且不提。

※※※

单说辽东之地，自古以来只能算是苦寒之地。明朝开国之初，都是以对蒙古遗族进行征伐的战争，辽东地区与河北张家口一带是大漠蒙古兵马最常侵袭的要地。随着辽东女真诸部崛起，雄踞一方，这才逐渐引起大明

第三十二回　亦侯爷出山镇辽东　微私访躬身察民情

朝皇帝对辽东乃至全东北诸地的重视。至明中叶到明末这一段，辽东形势大变，直接危及到了大明王朝的稳定和安全。特别是近两年，北方女真各部包括辽东中部海西女真叶赫、辉发、哈达、乌拉四部的崛起，迫使年满五十岁的亦失哈又以钦差镇守辽东太监的身份，投入更多的奔劳和艰辛。

若问钦差镇守辽东太监这是多大的官、管辖多大区域？朱伯西我得给各位交代明白。

各位知道，辽东都司所在地就是明朝的辽东广宁府，也就是今天的辽宁北镇。大明朝洪武年间初建立辽东都司，全称是辽东都指挥使司，是明朝在辽东地区设立的军政机构，在建制上属于山东承宣布政使司。当时皇帝行宫在应天府南京，山东算离辽东最近的地域了。辽东都司与大宁都司、奴儿干都司同为明代东北三大行政机构。都指挥使司所属地区山东布政使，下辖地区有辽阳、沈阳、锦州，即包括今辽宁省大部地区。

洪武四年，明太祖朱元璋在辽东设置定辽都卫。洪武六年，设置辽阳府、县。洪武八年，定辽都卫改为辽东都司，治所定在辽中卫（今辽阳市），辖区相当今辽宁省大部。

洪武十年，府、县都罢黜，只留卫所。辽东都司领二十五个卫，两个州，即定辽中卫、定辽左卫、定辽右卫、定辽前卫、定辽后卫、东宁卫、海州卫、盖州卫、复州卫、金州卫、广宁卫、广宁中卫、广宁左卫、广宁右卫、广宁前卫、广宁后卫、义州卫、广宁后屯卫、广宁中屯卫、广宁左屯卫、广宁右屯卫、广宁前屯卫、沈阳中卫、沈阳左卫、沈阳右卫、沈阳中屯卫、铁岭卫、三万卫、辽海卫及自在州、安乐州。

这些辽东卫所，当年仅是命名新设的，大明朝那么多的事，根本顾不上这辽东地方，建一年两载仍没有委任卫所最高官吏同知大人，各卫所像一群群陌生的过路人，兵不认识头，头不认识兵，互不相干，天天像来看戏的，晚上各自散去，像一盘盘散沙，哪有半点战斗力！

辽东都指挥使司的最高官员由这么三个人共同掌控：一个是钦差镇守

辽东的地方总兵官（简称总兵官），一个是钦差镇守辽东太监（简称镇守内臣），一个是钦差巡抚辽东地方都察院都御史（简称巡抚辽东都御史）。由于燕王朱棣在靖难之变中，多得宦官的帮助，于是，在他即位后，把宦官视为亲信，委以重任，因此，明代宦官自永乐帝开始，逐渐掌管整个大明朝的出使、专征、监军、分镇、刺探臣民隐事等诸多大权。镇守辽东太监最早始于王彦。他就是松花江（今吉林市）人，国初，从征靖难，骈承宠锡，故此，在辽东镇守三十余年。亦失哈与王彦都是同乡之人，也经常打交道，彼此都有些交往，但是不太熟悉。为什么呢？亦失哈是侯爷太监，专心造船、巡视漠北，因此，也就少了与朝廷宦官间的来往。这次，亦失哈是受皇命到兴城的，代表当今皇帝去的。再加上太监到哪都是官高一级，所以，自从亦失哈一到辽东，总兵官曹义一看这位新派来的镇守太监，是亦侯爷亦失哈，那可是从朱棣成祖朝起资历显赫，可不同于一般的太监，哪有处处不听亦失哈的啊！

※※※

其实，曹义也有自己的"小九九"：如今朝廷把这样具有丰富工作经验和阅历的大人物，以兼任镇守辽东太监名义，派到我辽东地界，可见朝廷对我辽东的高度重视，亦失哈亦侯爷到了辽东就如同天子临御我辽东，辽东多光彩荣耀啊！

总兵官曹义这个人还是不错，暗地里自家花费工银，特意为太监侯爷修建了钦命皇家镇守辽东太监府，有门楼、牌坊、鱼池、青色滚檐四合大院，在辽东地方可算是头排居址。亦失哈事先并不知晓。等到侯爷府都整利索这一天，曹义以请亦侯爷出外欣赏永宁海滨山城景观的名义，顺便领亦失哈悄悄来到新府。见府门前不少男女在打扫残叶，亦失哈也没在意。曹义叫兵丁打开府门，把亦失哈让了进去，领他四周绕了绕、看了看，问

第三十二回　亦侯爷出山镇辽东　微私访躬身察民情

亦侯爷："此府与京中爵府相比，侯爷您看怎样？"

亦失哈马上应声说："我本人就是一个木匠，任何楼台馆所你们看来繁琐难建，其实都是我们工匠的盘中菜，随意而为，不难。不过，我看这片府苑建筑，确实花费了很多工夫，难能可贵，太妙了！京城里的王公伯爵府苑也不过如此。想不到在辽东地界匠役竟然如此可佩可敬啊！我在这里遇上不少工友同道，此乃是三生有幸。你若有时间可领我见一见这帮师傅。"

说到这，亦失哈突然想到一个问题：总兵官今天领我来这干什么？绝不是让我随便看看这么简单。于是，亦失哈就问曹义："曹大人，这是谁的府邸啊？"

"亦侯爷，这就是您的府邸啊！"

亦失哈以为总兵官曹义跟他开玩笑呢，就笑着说："这么好的屋子，我不住。我就是一个一般的木匠，怎么能住得起这么好的房子呢！"

"亦侯爷，就是给您的。哎呀，亦侯爷您不懂，您的名声如雷贯耳，谁不知道啊。普通人能见您一面都感到三生有幸了。您能来，这使我们辽东大地生辉啊。说实在的，您能到我这来，我这是拜了几个九族宗才把您请来的。我现在最幸运的就是您来。您来，我都没想到，您是来救我命的。"

亦失哈不听则已，一听是大吃一惊，马上怒斥曹义："曹大人，你身为朝廷命官镇守辽东，当今国家正在用银两之时，你竟然如此破费巨资建筑这一处豪宅，你跟我商议了吗？可惜你还不认识我亦失哈是何等之人！"

说完，亦失哈"啪嗒"把整个脸都撂下来了，面带怒色。

曹义急忙跪下叩头施礼："亦侯爷息怒，且听小人把话讲完。"

"讲吧！"

"亦侯爷，这座府邸全是用我曹义个人为官几十年的全部家资专为侯爷所建，绝没有动用半点国库银两。我为亦侯爷修建此府邸，绝不是阿谀奉承，而是替辽东数百万苍生期盼亦侯爷给予指点一线光明，也替我曹义向皇上赎罪。"

"你没有动用国库银两，而是自用家资为我而建府邸，我感激你还来不及呢，何谈代你向皇上赎罪呢？"

"亦侯爷，小人曹义我没干好啊。要说起来，我还是有罪啊。"

"你何罪之有啊？你干得不是挺好吗？现在皇上也认为你干得挺好，没说要撤你啊。"

"不行啊，亦侯爷，我现在事多了。亦侯爷我实话对您说了吧。"是这么这么一回事。

说完，曹义伤心地蹲在地上，流起眼泪来。亦失哈听完曹义所讲的心里话后，拍了拍他的肩膀，说："曹大人，我错怪你了。你还有什么委屈，就都说出来吧，我亦失哈替你做主。"

"亦侯爷，我、我太谢谢您了……"

原来，曹义当这个辽东总兵官也挺窝囊的。他人虽然挺老实，挺忠厚，也挺能打仗，但是自他当上这个总兵官之后，几次打仗都打不过兴起来的建州女真。建州女真相当厉害，一骑马就非常彪悍，而且一来都几百匹以上甚至上千匹，像剃头挑子一样推着走，全把人压底下了。所以说总兵官曹义啊，每打一次败一次，只能是给建州女真人送东西啊。

曹义自己打败了也不敢跟朝廷说，只能是打掉牙往肚子里咽，想办法凑一些银子，凑一些粮等东西填补。这几年，总兵官曹义真是打肿脸充胖子，自己遭罪自己知道。他只能是拆东墙补西墙，偷着内部调剂、解决整个辽东的粮草，艰难地过日子。

有道是：兵熊熊一个，将熊熊一窝。更让曹义窝火的是，蒙古人也跟曹义较上劲了。他领兵跟蒙古骑兵较量过十几仗，没有一次胜过。后来他的兵一听说老蒙古来了，还没见到人家影儿，早就跑光了。他手下的兵，都瞧不起他，而且在背后还给他起了外号"熊蛋包"。你说曹义这个总兵官当得窝囊不窝囊？曹义也是要脸面的人啊。这次亦失哈亦侯爷来到辽东，

第三十二回　亦侯爷出山镇辽东　微私访躬身察民情

曹义早想好了：真是老天有眼，这是来拯救我这个"熊蛋包"，我即使个人倾家荡产，也得求亦侯爷帮我把这个臭名声彻底给扭转过来。

所以，曹义想了好长时间，才想出这么一招来。他万万没想到亦失哈亦侯爷如此光明磊落，而且跟我们平常人并不分两样，就是一个普普通通的人，这更让他非常感动，故此，才把自己一肚子话说了出来。

曹义老老实实把打了几次仗，建州怎么要的，一笔账多少银两，其他部落怎么分的，现在整个辽东都指挥使司总共还欠多少账，哪笔账都怎么办的；粮食都在哪弄来的，银子在哪出的……一五一十说给亦失哈听："亦侯爷，我真不怕您笑话，有的时候我也不敢动用国库的钱，就把自己这么多年的俸禄从家拿出来给贴补进去啊。亦侯爷，说句不好听的话，您可能不爱听。我夫人给我做衣裳，有的时候我都不让她做呀，就是做了，我也都给捐出去了。现在我的夫人和孩子们都陪着我吃、吃糠皮了……"说到这，曹义是实在说不下去了，但又怕亦失哈不信，就一咬牙，把心一横说："亦侯爷，您到我家看看，我真不撒谎。您到我家一看，您就全明白了。"

"曹大人，你如此真诚，我哪能有不信之理啊！不用了，不用了。"

亦失哈虽然嘴上这样说，但他心里还是有点猜疑：一个大总兵官家咋能这样呢？不行，有时间，我得去看看。

亦失哈这叫做人留一线，日后好相见。他心里怎么想的，曹义当然不知道了。曹义还真以为亦失哈全信了呢，就指着这房子说："那、那亦侯爷，这房子您就收下吧，这真是小人的一片心意！"

"曹大人，这万万使不得。你倾囊而出建好的房子，我怎么说搬进来就搬进来呢？再说了，我一个小木匠也真的受用不起。"

曹义一看，亦失哈是真心拒绝，就退一步说："亦侯爷，您看这么办行不？咱们把它当作总兵厅怎么样？咱们缺兵营、缺总兵议事厅，朝廷早拨银了，我给省下来没用。"

亦失哈一想：房子都建好了，闲置着也是浪费，再说了，曹义也是真不容易，也让他减轻点额外的负担，就这样吧。

亦失哈主意打定之后，也耐不住曹义的一再哀求，客随主便，不得不给主人一个面子，就住进了这个大院落的西套间。这样的话呢，亦失哈又详细地听曹义介绍了一下整个辽东的实情。说着说着，天色就过了子夜时分。亦失哈说："曹大人，咱们聊着聊着，就到后半夜了，你今晚别走了，也住这吧。"

"侯爷，这方便吗？"

"哎，曹大人啊，不要分的礼数那么强。我们宫廷里头，这个说起来，这个太监也难当。咱关上门说句家里话，宫里的太监有的是真坏，有的很有架子，不太容易能见到，有的太监做得太过分了，我都看不上。但是我跟他们不一样，不是他们那样的人。以后，你有啥事就跟我说。说实在的，我真没想到辽东这块现在出现了这么多问题。"

"亦侯爷，既然您都这么说了，我也不客气了，就住这了。"

当晚无话。

※※※

第二天，曹义按照亦失哈的吩咐，把整个院落的多数房间划给自己做了大帅府的档案馆、议事厅和军旅的营房，于是，这里就成了亦失哈和曹义两个人的抗敌指挥中心。

曹义一看房子的分配问题都解决完了，就说："亦侯爷，您看，您需要多少个奴才和女佣啊？"

亦失哈说："曹大人，我一个人住惯了，谁都不用。"

"亦侯爷，这可不行。您看谁家没奴才、没女佣啊？您身边应该有啊，最少也得有几十个奴才伺候您，即使你配一百个奴才也不为过。"

"用一百多人干什么？还不如让他们多干点什么呢。实在不行，就给我

第三十二回　亦侯爷出山镇辽东　微私访躬身察民情

安排五个人吧。有个把门的，有两个巡逻的，晚上随便打个更，也帮着看看档案馆、议事厅里的东西，就够了。另外，再有两个打扫院子的就行。一个大帅府里如果没有打扫院子的，也是给你总兵官丢脸。再说，我一个人干什么都行，不用人伺候，我自己照顾自己就够了，其他的就不用了。"

"那、那行吗？"

"你就听我的没错。总兵官你就忙你的去吧。你就好好管好你的事，抓抓大事就行了。"

"哎，亦侯爷，从今往后，我曹义全听您的。"

此事过去几天之后，亦失哈其实挺奸，他也怕曹义糊弄他，心说：哪有那么大一个总兵官吃糠皮的，是不是曹义他在哭穷啊？我要抽时间到他家看看。

这天，亦失哈赶在饭口，背着曹义就去了他的府上。亦失哈进到大屋子一看，曹夫人带着几个孩子吃得都差不多了，还真都是糠皮。

亦失哈俯下身问曹义的儿子和姑娘："你爸也经常吃这个吗？"

孩子们都使劲地点着头，说："嗯，我爸和我们都经常吃这个。"

亦失哈拿起勺撑了一下饭盆底下，确实是糠。亦失哈的眼泪在眼里转了三圈，强忍着，没让它掉下来，转身回去了。这时，亦失哈才知道这个辽东总兵官真难当啊。

※※※

亦失哈带兵多年，八次北巡都是他亲自带兵。奉旨太监是可以让别人替他做许多事的，但是他事无巨细，什么事都是亲力亲为，哪块怎么部署，练兵怎么练，打仗时怎么攻防转换，等等，这些东西他都亲自指挥操练。另外，大家别忘了，亦失哈是木匠出身，造船那么复杂的事情，他都能研究明白，何况管理一些具体事务呢。所以，他管得非常细，别人都想不到的事情，他都能想到点上。

亦失哈分析：为什么曹义身为一名总兵官竟然能到今天这种处境？除去曹义本身的能力和方法外，是不是还有其他的因素？前几年，我对辽东和漠北的情况还是比较了解的，但是这两年，我久居宫中，也没有过问北边的事情。据曹义讲，现在北边的这几个民族都起来了。今非昔比啊，他们已不是过去那时候了。人都变了，现在是都求好求美，求把事情办圆。你看现在这几个民族，一家比一家好，一家比一家厉害，互相之间斗得厉害，而且互相争雄啊。现在是达爷成千、部落成百呀。人一多了，就爱打连连。一个部落压着一个部落，就出现了许多小罕王。北边整个社会越来越动荡了，问题越来越难处理了。所以现在的关键问题看起来还是自己应该下到底下去实地看看，微服私访，看看北边这两年的社情民情到底变化到了什么程度，而后，自己回来再做决定。对，就这么办！

亦失哈为啥会想到微服私访呢？因为他觉得要是穿宫里衣裳的话，别人都信不着他，所以他就穿上一身老木匠的衣服，肩上背一个兜子，里面装着锛凿斧锯这些东西，还带着打线墨盒，到哪都问："有做木工活的吗？谁家做木工活啊？收拾屋子、收拾家具，我样样精通。"

亦失哈已经是多年的太监了，别人一听他说话的声音男不男、女不女的，都不愿意找他干活。但是他挨屯挨门挨户地走，看到谁家的东西需要修理了，就主动帮人家干点木工活，需要修船的修船，需要打柜的打柜。人们渐渐发现，这个老头别看说话阴阳怪气的，但是他木匠活还真不错。你不用说别的，就说他修的这船吧，可以做到跟原来的船板严丝合缝，太绝了。最关键的是，这老头辛辛苦苦干完活，还分文不取。看到谁家穷得揭不开锅了，他还主动从兜子里掏出一点银子，偷偷地放这家炕桌上，就走了。这老头真是一个大好人啊！

这些人哪知道，这个其貌不扬的小老头，就是当今镇守辽东太监亦失哈亦侯爷啊。其实，自古以来，天下的老百姓是最善良的。你只要真对老

第三十二回　亦侯爷出山镇辽东　微私访躬身察民情

百姓好，他们绝对不会忘记你的，也不会为难你的，而且他们还跟你说实话，说掏心窝的话。很快，亦失哈就跟许多部落的人交上了朋友。他们把自己的心里话一说，亦失哈一下子就明白了。

原来在宣德九年，女真地区遭受了一场史无前例的大灾荒，地里的庄稼都绝收了，许多河流也突然干涸断流了。更让人想不明白的是，山里的野兽也不知道跑哪去了。所以，许多靠渔猎为生的女真人，被迫卖儿鬻女，四处流亡。各部头目借机扩充实力，极力笼络逃向辽东的女真难民。各部落人员迅速一增多，吃饭就成了问题。怎么办呢？

他们就找"熊蛋包"辽东总兵官曹义讨要。总兵官曹义开始也是给，后来，他粮舱的粮食也不多了，也就刚刚维持整个辽东都指挥使司衙门和兵丁的基本口粮，他就收口了，不再往女真各部落放粮了。这下坏了，许多女真部落的人不干了，他们私下联合起来，就想与明朝抗衡，开始闹事。开始，曹义也非常强势，亲自带兵前去镇压，没想到被女真人打得落花流水。曹义是硬着头皮又答应了许多女真部落的额外要求，给粮给物，自己在家吃糠咽菜。其中，一个部落长还对亦失哈说呢："这个曹义啊，他真是太坏了，对我们不好，对另外一些部落好。我们想找他呢，哪天我想跟他再干一仗。"

亦失哈忙说："哎呀，你别找了，我知道曹义挺苦的……"

亦失哈就把曹义全家吃糠咽菜的事，跟这位女真人一说，他们都非常吃惊。有人就问亦失哈："你怎么知道得这么详细啊？"

亦失哈笑着摇了头，说："难道，你们忘了我是干什么的吗？"

众女真人听后，心里不由得就是一愣，心想：他难道是官府派来的密探不成？

第三十三回

依兰保忍辱求侯爷
擅权术王振蛾扑火

第三十三回　依兰保忍辱求侯爷　擅权术王振蛾扑火

亦失哈一看这些女真人面有疑色，就马上笑着说："我是做木工活的。我不但上你们这来做木工活，我还经常上辽东都指挥使司衙门做木工活。一次，总兵官曹义让我到他家修点家具，吃饭时，我亲眼看到的。要不，你可以私下派人到他家看看，是不是吃糠咽菜呢。我这么大岁数了，还能骗你们吗？"

这个部落长觉得亦失哈说得在理，就想：这老头做木工活的，木工活手艺又这么好，他谁家都去，他亲眼看到，太正常不过了。

于是，他是一拍大腿，说："哎呀，我们怎么不知道呢？我们真错怪曹义曹大人了。我们再也不为难他了。"

亦失哈就用这种微服私访的办法，感动了下面许多部落的人。亦失哈一连走十几个部落，腿都走肿了。他像鲁班爷一样到处走，到处帮着老百姓干活。谁家桌子坏了，谁家柜台坏了，他都免费给修。到了晚上，他倒到草棵子里就睡，也不怕黄鼠狼及生猛野兽。

等到亦失哈微服私访围着整个辽东转了一圈之后，是真正洞察明白了女真各部起来闹事的原因。他马上上书朝廷，请求动用贮存在辽东作为赏赐奴儿干的粮食，赈济给辽东周围求食的难民，用以稳定四处逃荒的穷苦百姓。

※※※

明英宗朱祁镇对亦失哈的建议非常尊重，马上就批准了。亦失哈让总兵官曹义带人分发粮食。赈济各女真部落的同时，他还极力说服各州官府衙多做赈济工作，稳定社会，不使某个部落畸形发展，以防止海西女真力量壮大后，难以控制。除此之外，亦失哈还拿出皇帝年年奖赏给自己的白银，用来救济山谷无家的野民。众野民对亦失哈亦老侯爷的恩德都感激不尽。

就这样，亦失哈很快就稳定了很多的女真部落，打开了辽东的局面。亦失哈在辽东整整干了十六年，非但没有在海边颐养天年，而且天天不辞辛苦地为朝廷奔波。

亦失哈忙完赈济女真人这事之后，告诉曹义："曹大人，你马上抓紧操练兵马。咱们自己必须要有一只坚硬的拳头。要不然，咱们还会受气的。你这次练兵，我亲自督阵。如有开小差的、怠工不练者，格杀勿论。"

"亦侯爷，有您这句话给我撑腰，您就看好吧！"

辽东的这些兵，也是看人下菜碟。曹义把亦失哈的训令一宣布，许多兵丁就在私下议论说："兄弟，现在'熊蛋包'曹义有亦侯爷这个靠山了，咱们得好好练呐。要是咱们不好好练，万一把亦侯爷给惹急了，你我的脑袋都会被砍下来，当球踢。"

"老哥哥，我也是这么想的。亦侯爷连当今皇上都给他面子，一口一个爷地叫，咱们这条狗命算个啥呀？但是，咱们亦侯爷也真像样，从来都不摆架子，还经常微服私访到下面去给穷苦百姓干活，这不是活菩萨吗？咱们再不好好练兵，也对不起亦侯爷。好好练！"

"对！咱们都好好练！"

带兵打仗，讲究的就是一种士气。没用多长时间，整个辽东官兵的精神面貌是焕然一新，战斗力也得到很大的提升。这时，九龙山紫霞观的一心道长也前来助阵。一心道长是女真人啊，跟辽东当地各部落头人和族长都熟，很有道缘，亦失哈和曹义想到啥事，一心道长一说，立马就成了！另外，一心道长还帮助曹义，对辽东兵丁演操、习武，重点培训一批懂得轻功、会刺探敌情的色克兵。

※※※

也该着有事。

第三十三回　依兰保忍辱求侯爷　擅权术王振蛾扑火

亦失哈、曹义和一心道长，谁都没想到，他们刚培训完一批色克兵，马上就用上了。这一天，一名色克兵回来报告，说："嫩江河口那的一支女真部落正在四处抢掠东西，闹得周围部落是鸡犬不宁。"

亦失哈一听，嫩江河口那块，他太熟悉了，于是，与总兵官曹义当机立断，加强防守部署，组织动员军民进行反击。亦失哈巧妙用自造的十几只大扎卡，在河道柳丛中秘密包抄了十数只女真闹事的快马子，后又乘胜追击。由于亦失哈统率官兵，斩杀来犯之敌，夺回被掳掠而去的人口和资财，因而连续受到朝廷的嘉奖。这一战，也彻底扭转了总兵官曹义在辽东的声名。

后来，正统九年，明英宗降旨赐给亦失哈每年米四十石。三年之后，又以亦失哈征讨有功，每年给他增加禄米七十六石。这是后话。

亦失哈感到，在辽东地带，要想站住脚跟儿，必须要接地气，要与当地民众心连心，才能处理好与土著女真人的关系。亦失哈主张朝廷与女真人互通有无，进行平等的经济和文化交流，并努力谋求协调女真内部关系，争取女真人的归附。

辽东各个卫所的女真族众以地界的各姓氏为集群，互不相容，互相抢掠，互盗人畜粮物，殴拼不断。身为朝廷太监，亦失哈就成了公判一方，整天为各部争吵之事，进行说和、解释，没完没了，费尽了唇舌。后来，亦失哈就住进女真人家中，他本是女真一分子，取得女真信任，许多事就很好解决了。后来，曹义有功被兵部奉调河北前线，与亦失哈分手。亦失哈与新任辽东都御史王翱、总兵官李纯经过仔细调查，上奏朝廷，建议将辽东广宁各库收贮积压的衣服等物，投放开原新马市，与女真平等交易，各得所需。明英宗批准了这一请求。这样，既满足了当地女真人生活的需求，也使国家得到了急需的物资。

此后，亦失哈了解到铁器和耕牛是发展农业生产必不可少的生产条件。然而，明政府禁止将铁器和耕牛卖给女真人。亦失哈又上书朝廷，说明当时的海西女真人就是昔日生活在松花江沿岸乌拉诸部的人，他们当时发展得比较快，需要铁器造犁铧，进行农业发展。所以，每次海西女真人来做买卖时，都想用马换牛，他们种地需要牛，而明朝官军又缺马，用牛换马，互通有无，是各得其利。这事对于朝廷来说，也是再好不过的事了。

正是亦失哈的这份奏折，才说服朝廷改变了原有在东北的统治政策，这才允许以牛换马，并且允许卖给女真人钢铁器具。这条禁令的打开，不仅仅活跃了辽东马市的经济，而且还有利于明朝军队快速补充装备物资，同时，还促进了海西女真诸部落农耕业的快速发展。

就在亦失哈在辽东站稳脚跟、干得风生水起的时候，有一件事让亦失哈感到哭笑不得，心说："这个社会怎么这样了呢？怪事连连。"

到底是怎么回事呢？

※※※

单说这一天，亦失哈梳洗完毕，刚躺在床上，把门的仆人进来了，说："侯爷、侯爷！依兰保爷爷从京城来了，现在想求见您。"

依兰保爷爷是谁啊？亦失哈闻听依兰保来了，心里就画魂儿：这么晚了，大老远来干什么呢？

亦失哈想了半天也没有想出个头绪来，就说："请他进来吧，到客厅备茶。"

"嗻！"仆人转身出屋，把依兰保领进客厅。

依兰保一进屋，就急忙上前一步，向亦失哈磕头请安："爷公公在上，奴才依兰保给您磕头了，祝爷公公幸福吉祥！"

亦失哈赶快欠身相扶："依兰保啊，快起来、快起来吧。都是自家人，这些礼数就免了。依兰保啊，啥事儿让你这么大老远跑来呀？"

一般太监净身过了三五年之后，身体和声音才发生变化。人到老了以

第三十三回　依兰保忍辱求侯爷　擅权术王振蛾扑火

后,声音也越来越难听,人也是越老越松越难看。所以太监、老太监、老公公,人们都叫他们臭老公公,没有胖的。现在依兰保正年轻呢,是越长越发福,胖乎乎、油光满面的,人也精神,声音也好听。

"回爷公公的话,我特意从京城赶来,是有一事求您帮忙。"

"有啥事,你说吧。"

"爷公公,是这么回事。我奶奶家的、三姑娘儿子的舅舅的两个孙子,简单地说,也就是我家远房的一个亲戚家的孩子,想托人当太监。他们私底下找我好长时间了,说什么都要让我帮忙,帮他们入宫净身当太监。他们把我缠得实在没办法了,我又没有这个能耐,就专程从京城赶来,替我的远房亲戚求爷公公您来了。"

"另外,爷公公,现在社会上是许多人排着队争着抢着当太监。有的还交银子,互相比着也要当太监。我们一是没有那些银子,二是我的品级在那呢,我也说不上话。还是亦爷爷您出面,能不能给写两个字,哪怕您用朱砂笔在纸上给我画个钩也行。我拿着它给净身房经理,再由他拿上去,由皇上和皇后批准。"

在明代当一名太监,是先由净身房经理初步选定,再拿上去给皇上和皇后。皇上和皇后再看看东宫西宫哪需要人,同意后,再把单子批下来,才允许净身做太监。如果是东宫西宫和皇上没看中这些人也不行。所以,在真正成为太监之前,得经过很多的运作环节。依兰保是想靠亦失哈的威望和名声,让他给用朱砂笔签个字,勾一下,他好报上去。只有宫里的大太监才能有资格用朱砂笔批阅呢。因为朱砂代表着皇上。一般太监也不敢画这圈。因为亦失哈是朱棣时代的侯爷,他是有资格的。

亦失哈一听这事,就把脸"吧嗒"一下,撂下来了:"依兰保啊,你糊涂啊。咱净身多苦啊!咱们一辈子绝户,你还想让别人一辈子绝户啊?你造一辈子孽就行了,还想让人造一辈子孽啊?依兰保啊,我不能答应这件事啊。你听我劝,你也别再干这种造孽损德的事了。"

依兰保"扑通"一声，又跪在了地上，说："亦爷爷，不行啊。我的奶奶，我的爷爷，我的姑姑，我的叔叔家的人都把我家的门槛给磨平了。三五天跑一次，三五天跑一次，都给我磕头。我都告诉他们了我没这个能耐，可他们不听啊。我这是实在没办法了，才打听到您在辽东呢，就从京城赶来。您看我的腿都肿了。"

说完依兰保把裤腿撩起来了。亦失哈一看，依兰保的腿都肿得挺粗，还有两三处都破皮了。

"我本来是骑毛驴来的，可是毛驴到山海关后，就累完了。我是步行走来的。亦侯爷，您无论如何也得帮我解决这件事。您不帮我解决，我也没法活了。我也回不去了。要不，亦爷爷，您、您杀了我得了，我是真没脸回去了。"

"依兰保啊，不是侯爷不给你面子，我真不能画这个钩。你是皇上身边已经挂号的，东宫的人啊，我能动你吗？再说了，天下没有不透风的墙。我给你办了这事，其他人找我怎么办？不行不行！你回去吧，送客！"

亦失哈下逐客令了。一连两天，亦失哈都躲外边去了。到了第三天晚上，依兰保把亦失哈给堵到屋里，说："侯爷爷，看在我们有一段师徒的份儿上，您就给勾了吧。我给您磕头了。"

"咚咚咚"，依兰保跪在地上是真磕啊。

亦失哈被逼得实在没办法了，一想依兰保也是有苦衷的，最后心一软，说："好吧！依兰保啊，就这一次，我再做一件缺德事，给你勾了。"

亦失哈这才拿起朱砂笔，在一个人名上勾了一个钩。依兰保一看，亦失哈同意了，马上是喜笑颜开，指着另一个名字说："侯爷爷、师父，您做好人做到底，也在这个人名上画个圈吧。我、我再也不来麻烦您了。"

亦失哈高叹一声："唉，行吧，就这一次，下不为例。"

亦失哈又在后面一个人名上画了一个圈。太监依兰保拿着亦失哈用朱砂勾圈的名单出了院之后，一看四下无人，那张笑呵呵的脸马上就撂下来

第三十三回 依兰保忍辱求侯爷 擅权术王振蛾扑火

了,回头恶狠狠地瞪了一下亦失哈住的房子,嘴中小声地说:"哼!亦失哈啊亦失哈,你给我等着吧,早晚有一天,我会超过你的。"

※※※

这样,依兰保拿着这个单子,领着两个小孩走了。他们回到京城,来到宫里。净身房经理一看有亦侯爷的朱砂笔勾圈,二话没说,就直接把这两个孩子净了身,然后将他们分配到了东西两宫,做了小太监。

世间的事,往往都是纸里终究包不住火。依兰保走后,亦失哈心想:我不能在这个屋住了。依兰保,他还能找到我。我不能再做这种缺德事了,我得换个地方。

从此,亦失哈有时是睡在外屋,有时是睡在后山坡,有时是睡在羊圈里。可即使这样,让亦失哈奇怪的是,他无论藏到什么地方,都有人能找到他。许多人见面就跪下给亦失哈磕头,即使进不了宫,也愿给亦失哈当干儿子、干孙子,最后,有人排到重孙、滴答孙也行。言外之意,就是亦失哈只要你收我,啥都行。

亦失哈后来一了解才明白,这些人只要是认了他当干爹、干爷爷之后,他们就出名了。这些人到处都说:亦失哈亦侯爷,是我干爹,干爷爷。我是他的干儿子,重孙子。等等。

这些人打着亦失哈的旗号到朝廷是缺钱的要钱,缺粮的要粮,没地的要地,有时还可以要个功什么的。后来,亦失哈躲都躲不开了。他也不知道自己有多少个干儿子、干孙子什么的。就这样,亦失哈的名声越来越大,他的干儿子们给他制造的乱子也越来越多。这也为宦官王振设计谋害亦失哈、山东巡检刘孜弹劾亦失哈埋下伏笔。

很多人始终都在缠着亦失哈。亦失哈时常想不明白:大明朝的世道人心怎么变成这样了呢?许多人都觉得见到我一面,就了不得了。我有啥呢?

我不就是在皇上跟前儿干点活吗？见个太监比见个富人都厉害，好像见了佛爷一样。现在社会都变了啊。其实谁知道我心中的苦啊？我心里最心爱的人雅克娜都投江了。我现在是个两性人啊，就这么凑合着。现在的人太功利了，目光太短浅了，只要是有名声，什么都愿意干，当太监也愿意。当太监的，是最苦的。为了皇上，连自己身上性器官都割掉了，自己一生已经没有幸福了，还得苟且偷生地活着，含着眼泪过日子。谁知道啊！现在好像我沾了光了似的。我想，我自己是最苦命的了。

亦失哈是这么想的，但是别人可不这么认为，还以他为荣呢。说句公道话，亦失哈在辽东苦心经营这么多年，使整个辽东趋于稳定，也使蒙古发展起来的几支势力，不敢轻易对大明朝肆意妄为。

有句老话说得好：木秀于林，风必摧之；堆出于岸，流必湍之；行高于人，众必非之。亦失哈的这些政绩虽然连续几年都得到了明英宗朱祁镇的皇封和御赐，但是也更多地招来了满朝文武的妒忌，特别是宫内的宦官。为首的不是旁人，正是明英宗朱祁镇的老师、大太监王振。

大太监王振这个人，他是明朝蔚州（今河北蔚县）人士，略通经书，却一副满腹经纶的样子，为了追求功名，可以说是不择手段，内心非常阴险狡诈，城府非常深。就拿他做太监这事来说吧，他是自己净的身，一般人都干不出来，可以说是天下奇闻。

王振过去是一个农村的私塾老师，非常能讲，会点经书，后来凭着自己的学问，是硬挤到朝廷里来的。他给皇上讲书，所以皇上非常喜欢他。由于他经常进宫里，宫里有许多宫女，男女授受不亲。王振为规避这条皇宫里的禁忌，居然给自个净身了。

这样，王振会讲会说，就引起了明英宗朱祁镇对他的好感，后来，王振身为朝廷官员竟然净身了，甘心做一名太监，从而是一鸣惊人。明英宗朱祁镇能不信任他吗？整个朝野之上，许多文武大臣看到皇上对王振如此信赖，便阿谀奉承他。这样，王振就越来越出名。

第三十三回　依兰保忍辱求侯爷　擅权术王振蛾扑火

双花太监王振

你说，一个崇拜太监、一个个争着抢着当太监的朝代，这个朝代不出事才怪呢，也足以说明当时整个社会的世风日下和人们价值观的扭曲。偏巧，那时全国又出现了几次大面积的灾荒，有些地方又开始卖儿卖女，社会就开始乱了。

大太监王振完全不顾社会的动荡，而是独揽大权，为非作歹。最可恨的是，他阴险毒辣，排除异己，致使许多忠臣良将惨死在他的阴谋诡计之下。亦失哈一是因为名声赫赫，威望太高了，王振有点整不动他；二是亦失哈远在辽东，对王振一时半会儿也产生不了威胁，所以，他们之间还没有大的冲突，只是在对待蒙古兵的策略上有点小分歧。

元朝败亡后，蒙古分裂为鞑靼、瓦剌和兀良哈三部。它们三部之间，还相互仇杀，不时侵扰明朝北部的边境，成为明朝北方最主要的威胁。这时，蒙古军中有个非常能打的人，就是瓦剌的罕王叫妥欢太师。妥欢太师领二十万瓦剌兵把黑龙江出海口的奴儿干都司那块，都给抢占去了。当时巴拉巴特早死了，妥欢又重新组织力量反明。妥欢的一个儿子叫也先，他也是太师。元朝称军队的最高统帅为太师。

亦失哈对北方蒙古军的主张是：凡是来犯之敌，必给予严惩。而王振主张议和，能不打尽量不打。亦失哈本来就不想招惹王振这摊臭狗屎，他抱着"井水不犯河水"的态度，睁一只眼闭一只眼。反正，我远在辽东，将在外，君令有所不受。

偏偏也该着出事。

※※※

上月曹义受王振之命，让辽东官兵是连夜加工制作了三万支狼牙箭。由于时间紧、任务重，所以全体辽东官兵是紧赶慢赶，总算按时交工，并运到京师。哪承想，在一次辽东鏖战中，总兵官曹义率领的辽东兵马竟然与前来偷袭的瓦剌军作战中，缴获了无数支狼牙箭。有许多包狼牙箭还是没有开封的呢。因为这些包装，都是辽东兵亲自缝制的，所以他们一眼就能认出来。总兵官曹义看着缴获的这批狼牙箭，气得脸都绿了，对亦失哈说："侯爷，这狼牙箭完全出自咱们自己的焙炉铸造。让也先的兵拿它来对付咱们自己，这不是天大的笑话吗？侯爷大人，这不明摆着，咱们朝中有敌人的内奸吗？内奸一日不除，必将祸国殃民啊！"

亦失哈紧皱眉头说："曹大人，你征途劳累，先回去休息吧。此事，你

第三十三回 依兰保忍辱求侯爷 擅权术王振蛾扑火

就交给我来办吧。"

总兵官曹义走后,亦失哈就把三名最优秀的暗探叫到身边,让他们以贩酒马帮的名义打入也先的军队里去。

天下的事,是无巧不成书。亦失哈派出的这三名暗探,没费吹灰之力,就打入到了也先的军队中。为什么这么快啊?主要是他们带的那车酒起了作用。瓦剌兵好喝酒啊,他们一看到这么一车好酒,高兴得脸都乐开花了。其中,也先身边的一个记事官为了贪功,就把这车酒给扣下了。他想自己私自把这些好酒一点一点献给也先太师。当天晚上,为了酬谢亦失哈派出去的这三名暗探,这名记事官就盛情款待了他们。三名暗探一看机会来了,私下一使眼色,就频频向这名记事官敬酒,再加上恭维的小话一说,就让这记事官有点喝高了,找不到北了,话就开始多了:"我们也先太师那才是当代的英雄。我们瓦剌现在虽然表面上向大明朝进贡,但是实际上是大明朝年年向我们进贡,你们三位还有所不知吧?"

三名暗探故意把脑袋摇得跟拨浪鼓似的,说:"嗯,不、不知道。"

"嘿嘿,我告诉你们吧!"

三名暗探不听则罢,听完之后,脑门上都惊出一头冷汗来。怎么回事啊?原来大明朝的大太监王振,真是滑天下之大稽。那时,王振不但不布置加强北方边防,反而接受瓦剌的贿赂,与瓦剌贵族进行走私交易。为了获利,王振让他的死党、镇守大同的宦官郭敬,每年私造大量箭支,送给瓦剌。瓦剌则以良马还赠王振作为报答。为了讨好瓦剌,王振还对其贡使加礼款待,赏赐丰厚。瓦剌自从与明朝建立"通贡"关系以来,每年都派出贡使携带着良马等货物到明朝朝贡。明朝政府则根据其朝贡物品的多少,相应地给予回赐。一般情况下,回赐物品的价值要稍稍超过朝贡物品的价值,同时,也要给对方贡使一定赏赐。因此,瓦剌为了获取中原财富,非常愿意到明朝来朝贡。按照原来规定,瓦剌每年到明朝的贡使不得超过五十人。后来,瓦剌贪图明朝回赐的欲望越来越大,派贡使人数是日益增加。

到了正统初年，瓦剌贡使的人数经常增加到两千余人。王振对瓦剌增加贡使，丝毫不加以限制，依然按人数给予赏赐，致使瓦剌的胃口是越来越大。后来，瓦剌罕王也先，竟然派出两千五百多人的贡使集团，为了多领赏物，又虚报为三千人。瓦剌贡使冒领赏物，原是习以为常的事情，因王振与瓦剌有勾结，接受也先的贿赂，所以，瓦剌贡使冒领赏物，他都装作不知道。

今年，由于宦官郭敬家里有点事，把造箭的事给忘了，所以，大太监王振就把这个临时任务交给了辽东总兵官曹义。曹义怎么能知道大太监王振肚子里面的花花肠子呢？曹义把制好的三万支狼牙箭，交给王振派来的一名宦官，他就回来了。这名宦官转身就把这批狼牙箭转交给镇守大同的宦官郭敬，郭敬又按期交给了瓦剌罕王也先。也先不知道今年的狼牙箭是辽东都司所监制啊，带着这些箭就来偷袭了。也先没想到，昔日一见他们就跑的"熊蛋包"辽东总兵官曹义和他的兵，这次则完全变了个样，个个都很厉害，他们像是下山的猛虎一样，"哗——"就冲过来了。也先和瓦剌兵太大意了，骄兵必败，所以，他们是仓促应战，最后，一看势头不好，丢下这批狼牙箭和随行的物品，就逃走了。

※※※

你说，亦失哈派出的这三名暗探听完也先的记事官讲的这些事，头上能不冒冷汗吗？也先的记事官一看三位头上都吓出冷汗来了，更嚣张了，把嘴一撇，说："这点事算啥呀，你们再来看看这个。"

说着，他从怀里掏出来了近年来明朝大太监王振暗中赏赐也先大军屡次进攻大明朝数座城堡的有功金册和暗中赏赐给瓦剌也先的明宫御酒百坛的授函。"看到了吗？我们每次进攻大明朝，是大明朝一个叫什么王振的家伙花钱请我们来的。无论胜负，我们都不赔本，都记着呢。"

哎呀，我的妈呀！三名暗探看完"金册"和"授函"，想哭的心都有。

第三十三回　依兰保忍辱求侯爷　擅权术王振蛾扑火

他们三人一看，证据就在眼前，我们还等什么呀！他们一使眼色，其中一名暗探在这名记事官的背后就下刀子了，"扑！你给我死在这吧。"

一把明晃晃的匕首从这名记事官的软肋就插进去了。这位记事官临死都没明白自己怎么死的。三名暗探把他的尸体藏好之后，连夜就返回了辽东，把"有功金册"和"授函"交给了亦失哈。亦矢哈打开看完之后，气得是浑身直抖啊，心说：王振啊王振，你身为朝廷内臣，明英宗已经对你不薄了，还把你当作老师，奉若宠臣。你怎么能干出这样吃里爬外的事来呢？难道你王振有谋反篡位之心不成？我亦失哈这人虽是该饶人时且饶人，同在一条河上相互维护点为妙，但是，这次是你王振硬犯在我的手上，别怪我亦侯爷手下无情。王振啊，你完全是咎由自取。

亦失哈主意打定之后，忙命身边的小校去请总兵官曹义。

等到总兵官曹义气喘吁吁地跑来，刚坐下喘口气，突然听到外面有人高喊："圣旨到！宣镇守辽东总兵官曹义接旨！"

亦失哈和曹义马上率领府衙内的所有官员，出门接旨。宣旨太监高声宣读："奉天承运，皇帝诏曰：镇守辽东总兵官曹义镇守辽东多年，功绩显赫，故此，调任河北保定任保定府前敌总兵官，镇守辽东总兵官一职由李纯接任。二人即宣旨起，即可起程赴任，不得有误，钦此！"

"卑臣，曹义接旨！"

"卑臣，李纯接旨！"

等到宣旨太监走后，接了圣旨的曹义是既高兴又难过，高兴的是因功奉调保定府前敌总兵官，虽然都是总兵官，但是保定府前敌总兵官可是位高权重。难过的是，曹义与亦失哈亦侯爷相处这几年来，彼此结下了深厚的情感。再说了，如果没有亦失哈亲力亲为地掌控辽东全局，哪有总兵官曹义的今天啊！他仍然还会是那个让小兵都看不起的"熊蛋包"。所以，曹义回到房中之后，握着亦失哈的手半天都说不出话来："亦侯爷，我真的不想走，我还没跟您处够呢。"

"曹大人，你因功奉调保定府是一件难得的好事，怎么能因你我感情薄厚，说出这样的话来呢！你准备准备马上就任吧。"

"哎哟，亦侯爷，您刚才急着找我什么事？这一接圣旨，怎么把这事给岔过去了呢？"曹义突然想起亦失哈接旨前，说有急事找他的事。

亦失哈拍了拍曹义的肩膀，说："此事对你来说，已经不重要了，你还是安心赴任吧，走吧。"

※※※

亦失哈是十里长亭抱别泪眼的曹义，这才急忙回府与辽东都御史王翱、总兵官李纯秘密议事。亦失哈将所缴获的密文，悉数放到一起，并据押密封，亲自上奏朝廷和明英宗朱祁镇。亦失哈可不同于一般的人物。这真是：一石击起千层浪。此事就轰动了朝野上下。王振闻知亦失哈活神仙起驾了，也是惊了七魄。对王振来说，亦失哈那是太监祖爷爷的辈分。满朝文武和宫里的内臣都认为，这回大太监王振可真是在劫难逃了。但大家真有点低估了王振的政治手腕与能量，他哪能这么容易被扳倒呢？再说了，他苦心经营了这么多年，是安心服输的人吗？

第三十四回

斗权宦险遭奸人害
二真人闭目参天机

亦失哈与王振不是没打过交道。王振知道亦失哈也不是好惹的，有几代皇帝护着，本钱硬！总还是睁一只眼闭一只眼，得过且过。可亦失哈忒任性，较真得很！亦失哈的眼睛容不进一点点沙子，忒难对付！

虽然大太监王振比猴还精，但此时也犯了难了。他在屋里急得转来转去。哎，终于想出来了一招偷梁换柱的计策。他一听说亦失哈这边有风吹草动，马上就安排了许多的替罪羊，早就有防备了。王振这些年没干别的，他是到处培养和安插自己的内线。他马上启奏明英宗朱祁镇："皇上，奴才罪该万死。由于我用人不准，手下一帮小崽子胡闹，与瓦剌罕王私下互有经济上的来往，惹下不少的祸乱。奴才我早已查清，现已正法几个。望皇上放宽心吧，奴才不会再节外生枝了。"

王振说完之后，跪在地是痛哭流涕："我该死、我瞎了眼了。""啪啪"，他还自己打了自己几个嘴巴子，演得比真的还像。明英宗朱祁镇一看自己的老师如此悔过，心就又软了，说："老师啊，此事是你手下人犯的错，责任不在于你。这事就算过去吧。"

"为师记住了。"

亦失哈知道明英宗对王振袒护着，也就不再追究此事了。他想：皇上都算了，我再追究他有什么用呢？

可是王振并没有善罢甘休。他像一条刚刚苏醒的毒蛇一样，反过来，就给亦失哈一口。现在满朝文武都知道：凡得罪过王振的人，他都给记上账了。王振是睚眦必报，早晚他得把这个仇还回去。王振明白：我现在动亦失哈是不可能的。再说呀，他也没有什么把柄在我手里。但是，我可以先从他身边的人下手，斩断他的左膀右臂，然后再对他下手。对，就这么办！

王振就对亦失哈悄悄地下了狠茬子了。没过多长时间，大太监王振就向明英宗朱祁镇告发翰林院主事察尔法："皇上，察尔法是蒙奸，是蒙元余孽。他与这次征讨我们大明朝的也先，同是蒙古妥儿的同姓，这人不可信，

第三十四回　斗权宦险遭奸人害　二真人闭目参天机

必是奸细，必须除掉。"

察尔法闻信急忙去找亦失哈求救。亦失哈听后非常吃惊，他是二话没说，立马就拉着察尔法去京城面见明英宗朱祁镇。亦失哈直言禀告朱祁镇："皇上，察尔法是成祖皇爷时代的有功老臣，他辅佐成祖读史书，成祖老皇爷都多番夸奖，他怎么是蒙元余孽呢？请皇上明鉴为上。"

亦失哈没等英宗开口，就拿出一大摞背来的案宗，请明英宗阅目。明英宗从来大小事全是王振说了算，自己从来不尽心，便说："朕敬重亦侯爷，相信你说得对，就按你的话办，免察尔法无罪，让他年老荣归吧！"

就这样，察尔法清白无事了，亦失哈还请明英宗朱祁镇派专人护送察尔法平安返回蒙古克尔腾旗原居地，安度晚年。亦失哈与王振互斗的第一回合，结果是亦失哈获胜。

经过这场较量，王振认识到了：亦失哈可不是个省心的傻木匠，从今往后，我得处处防备着他点，一旦让我王振找到机会，我必须把亦失哈彻底扳倒，以除我心头之患。否则，像我和我的手下这批当公公的，绝无出头之日。哎，不如直接斩草除根，以绝后患。

※※※

王振心不死，偷偷命他身边的两个小太监王有和王安，带着几名护卫悄悄地来到了辽东。这天深夜，他们俩身穿翻毛兽头衣，悄悄地潜入亦失哈的住地，"哦——吱嘎、吱嘎"，是装神弄鬼啊。他们是忽远忽近、忽内忽外。人们是只闻其声，不见其影，深更半夜的太吓人。一连几天，天天深夜都是如此，以这种卑鄙的手段来恫吓亦失哈身边的仆人。五个仆人中，有四个辞去手里的活计，不干了。

亦失哈也觉得奇怪，就留了心了。有道是：真的假不了，假的真不了。亦失哈那是率兵将东征西讨、经验丰富的老将了，什么诡计看不透啊，他早就心中有数了。他告诉最后一个把门的仆人说："老伙计，你不必怕，咱们合起来，一定要活擒这几个不速之客。"

"亦侯爷！我听您的。"

当天深夜，亦失哈装作睡得很死。王有和王安以为时机成熟了呢，就悄悄地爬进屋来，高抬腿，轻落脚，就来到了亦失哈的床前，"噌"就把匕首抽出来了，心中还不由得一阵冷笑：亦侯爷啊亦侯爷，我们哥俩虽然与你近日无冤，往日无仇，但是，谁让你跟我们王公公作对呢？我们哥俩看在你人还不错的分儿上，就给你来个痛快吧。想到这，他们俩就下死手了，分别对准亦失哈的心窝和咽喉，"噗、噗"就刺下来了。

说时迟那时快，只见亦失哈来了一个鹞子翻身，"噌"跳了起来，同时"欻啦"一个身形转动，太快了，也就是一眨眼的工夫，就转到王有和王安的身后，把藏在身子底下的那一双木匠使的大板斧拽出来。亦失哈一转身就把这一对大板斧抵到王有和王安脖子上了："别动！"

把门的仆人也从床底下爬出来，小匕首也顶到二人的腰上了。

大吃一惊的王有和王安哥俩再想动，可就晚了。他们光想着大功告成，快点回京交差，哪想就这一眨眼之间，形势是骤间直转。

亦失哈大喝一声："是谁派尔等前来加害我的，从实招来！如若不然，本侯爷的板斧可有生杀大权，是不必呈报皇上的！"

"亦侯爷饶命啊！亦侯爷饶命啊！奴才王有和王安给您赔罪了。"

此时王有和王安早吓成烂泥了，心说：还是保命要紧吧。他俩如实供出："是王公公派我们来的。王公公嫌您在辽东久待，还管京城的事，有点狗拿耗子多管闲事。上次，你把王公公整得太没面子了，所以，他才派我们哥俩来杀您。亦侯爷，我们也是不得已而为之啊。"

亦失哈说："回去你们告诉王振，叫他休再猖狂。人在做，天在看。作孽太多，必遭天谴。这次暂且饶了你们的狗命，滚！"

俗话说，不怕贼偷就怕贼惦记。王振一看自己和亦失哈的关系已经挑

第三十四回 斗权宦险遭奸人害 二真人闭目参天机

明了,他也没什么顾忌的了,心说:亦失哈啊亦失哈,你坐镇辽东十六年,根深蒂固,我动不了你。但是,你要是来到京城的话,那可不是你亦失哈说了算的。你就等着吧,我看你来不来。王振就想出一招"借刀杀人"的妙棋。他对留在京城的福康王万福山下手了,想以万福山为诱饵,把亦失哈引到京城,借机杀害。

前文书讲过,万福山是圣祖皇爷朱棣时奉旨一家人来京的。他多次陪亦失哈北巡奴儿干。到仁宗朱高炽时,万福山被御封为福康王。现在已经一百岁的福康王万福山,一看整个朝廷天天是鸡犬不宁,就以年迈多病为由,向明英宗朱祁镇提出要告老还乡,回松花江畔的阿什哈达。大太监王振是坚决反对,并诬蔑万福山:"他是私通漠北女真人,图谋不轨,一概不允。"

气得福康王万福山的胡子"哗哗哗"直蹦。因为万福山的姑爷小豹子刘清已于正统七年(1442)二月离世,所以,老王爷一气之下,让人给远在辽东的镇守太监亦失哈写了一封信,把整个事情缘由详细讲了一遍。亦失哈看罢老王爷的书信之后,火"腾"一下就上来了,马上给明英宗上一份奏折,派人八百里飞书,送到宫里。亦失哈等了十多天,没有回音,侧面一打听,原来还是王振从中杠上了,逼得亦失哈非亲自进京见驾,当面质问王振不可。

当亦失哈准备利落要出发时,被匆匆忙忙到来的一心道长给拦住了:"侯爷!您此次赴京,人单力薄,是凶多吉少。那王振老狗多可恨,必有不少打手在等着您呐,您还没见到皇上可能就没命了,在京里就这样白白死的人还少吗?侯爷,您别去了。"

"哼,我不去,福康王怎么办?"

"侯爷,师父这次派我来,再三叮嘱我,要让您先耐耐性子。如果您执意要去,不如您和我回九龙山,先见见师父,看看她老人家有何主见,然后再定。"

亦失哈想了想，说："好吧，咱们现在就走。"

亦失哈回到九龙山拜见紫霞真人。紫霞真人静坐在禅床上，微微睁开眼睛，看了一眼亦失哈。只见亦失哈印堂发暗，必有灾星，紫霞真人就语重心长地对亦失哈说："祸兮福之所倚，福兮祸之所伏。安危相易，祸福相生。宇宙万事万物都源自'道'，道为圆道周流，如盛衰、生死、寒暑、昼夜、刚柔，人力无能为之也。物极必反，当时之盛、人之生、岁之暑、日之昼、物之刚，臻于极致之际，乃自然而变衰、变死、变寒、变夜、变柔也。常人不知此理，每执着于盛、生、暑、昼、刚之时，以之为福，其实不然。此乃谓衰、死、寒、夜、柔之祸也。彼此相待而生。顺从于道即福，违逆于道即祸。吾人识道之为流行，当盛衰、生死、寒暑等之变化之时，即与之进退，不作执着，如此则常在福中，虽祸至而不为祸所累。偶然，或有违道之行而遭祸，即明此致也。当事者迷。小牛啊，你还是听一心的话吧，与蛟龙斗法，凡事有些个准备为好。你先回辽东吧，切不可赶奔京城。福康王一事，就交给我师妹白云真人和福康王的孙儿红姑来暗中保护吧。等到过一段时间，王振看你不去京城，他自然就放福康王回来的。届时，我会让一心和红姑专门找你的。"

"谢谢奶奶指点，小牛听明白了，我这就回去准备。"

亦失哈告别紫霞真人，返回辽东都司稳坐钓鱼台，并进行精心的准备。没过多长时间，福康王万福山真如紫霞真人所言，被大太监王振给放回来。亦失哈以为这事就算过去了呢，他哪会想到大太监又精心策划了一场更大的阴谋来迫害他，这就是历史上著名的土木堡之变，从而导致明英宗朱祁镇盲目信任大太监王振所言，御驾亲征，被瓦剌罕王也先掠走。

事发后，山东府判刘孜（府判是山东府的二把手）上奏明代宗朱祁钰，认为：这次兵马两万多人被俘，大量的粮食被抢走，牛羊被抢，等等，都是宦官王振所引起的，这里面也包括亦失哈，因为河北是王振指挥的，辽东就是亦失哈负责的啊。刘孜认为：应当按照大明朝的法典审判王振和亦

第三十四回　斗权宦险遭奸人害　二真人闭目参天机

失哈有罪。明代宗朱祁钰闻听言之有理，就责令刘孜严查此事。故此，亦失哈就受牵连了。

有人就说："亦失哈凭借着宦官的身份，摆官威，还收了许多干儿子、干孙子什么的。这些人借着亦失哈的名义，挣了多少钱，抢了多少地，占了多少房子，等等。另外，许多佃户无家可归，都是他们造成的。社会上的这些事，都是他们宦官惹的，应该重重地处罚。"

凡是亦失哈干儿子、干孙子做过的那些事，都算在亦失哈头上了。朝廷的许多人都在逼着新登基的明代宗朱祁钰表态。社会上已经有许多人开始公然反对宦官了。亦失哈镇守辽东十六年，因这次事件而被罢职，宦官的名声在整个社会上都搞臭了。

亦失哈从此淡出了人们的视野。后来，红姑替亦失哈把大太监王振暗杀了，又把山东府判刘孜暗杀，也算替亦失哈出了这口恶气。这都是后话，暂且不提。

※※※

单说，亦失哈从九龙山紫霞观走后的当天晚上，紫霞真人从观星中就瞧出了大明朝廷有变的端倪。俗话说得好，凡事必有征兆，只是人们没注意它罢了。皇宫龙廷每一次换位，都关乎天下大事，星宇地运必有显映。紫霞真人急唤一心弟子："快去，快去请白云观的白云真人来，我有要事与她相商。"

紫霞真人话音刚落，紫霞观门外传来悠然的笑声："无量天尊！师姐是说神仙，神仙就到啊，师妹这方有礼了。"

白云真人手撩拂尘，缓步走进紫霞观，近身施礼："师姐啊，小师妹没有误您事吧？"

紫霞真人看了看像神风一样吹进来的小师妹，赶忙立起身来，拱手相迎，并拉住白云真人的手，连连说："没误事、没误事。师妹啊，你来得太及时了。师姐好想你啊！"

二位久别多时的教门密友，亲如姐妹，大礼相抱，是久久难分。这时，一心忙上前给二位师父问安下拜、奉茶。二位有道高人这才分开，分宾主落座，互不言语，是闭目打坐。片刻，只见她们二人是抬动禅指，瞬间入静，仿佛魂飞天外，在室中拜谒三清天尊，瞻望宇宙间的日月风云。

紫霞真人和白云真人虚静中看罢多时，随着念了声"无量天尊"，之后，丹田舒展，相互会心一笑，彼此点点头。紫霞真人说："万事皆随愿而生，迅即化解和议，此乃神秘之天机也。"

一心采来香莲、黄花和枸杞，为二位师父炮制餐饮。用餐过后，紫霞真人和白云真人各率弟子分别行动，这才引出来一段"小红姑横空出世"。

红姑是谁啊？

红姑不是别人，正是朱棣的把兄弟福康王万福山的外孙女，也就是小豹子刘清和刷彦亦尔哈的姑娘。

说起红姑这个姑娘，她的命运也够悲惨的。刷彦亦尔哈和小豹子刘清结婚十年，一直就没有孩子。没想到，刷彦亦尔哈陪着雅克娜第四次北巡奴儿干一次，再返回吉林船厂时就怀孕了。由于刷彦亦尔哈怀孕后反应非常厉害，刘清非常心疼刷彦亦尔哈，让她和自己父母住在了松花江边。等到刘清再从京城返回的时候，刷彦亦尔哈已生了一个胖乎乎的小姑娘。刷彦亦尔哈看她在肩膀上长了一个红痣，就给她取个小名叫"红姑"。

红姑的降生，对于刘清全家来说本来是一件天大的好事，但是，刘清的父母对小红姑却特别的不喜欢，刘清的额娘抱着小红姑左看右瞅，怎么都觉得这个孩子来路不明。老太太心想：刷彦亦尔哈为什么去了北方一趟就怀孕了呢？红姑这孩子是不是刷彦亦尔哈和巴拉巴拉特私通的野种啊？这真是疑心害死人啊。老太太天天在家里念叨，小豹子、刷彦亦尔哈无论怎么解释，老太太都不相信，说："这个孩子，我信不着。她长得也不像咱

第三十四回　斗权宦险遭奸人害　二真人闭目参天机

老刘家人，咱们家人都非常老实，怎么这孩子眼睛这么厉害、这么毒呢？一哭吱吱的，脾气这么大，根本就不像咱们家的人，必须把她给人。"

老太太盘着腿，嘴里叼着烟袋，固执地说："儿媳妇，你也别哭了，你下次再生什么，我都认了，那是我的真孙子、真孙女，我都给你养着，但是这个孩子，我信不着。这不是我们老刘家的种，我们家不能留着她。不送走她，我就先死！"

正在全家人僵持不下的节骨眼上，突然从门外走进一个穿着非常普通的妇女，说："老姐姐，这孩子怎么说也是一条生命。你们不要这个孩子，我就把她抱走了，我会好好把她养大的。你们要是想她了，可以到我那去看看。"

"那太好了。我做主就给你了。你怎么养着，我们不管。"这老太太像中了邪一样把这孩子给送走了。

这位穿着普通的妇女是谁啊？她是大明朝北京白云观的白云真人。

白云观的白云真人怎么一下子跑到刘清家去了呢？这也是事出有因。这天，正赶上白云真人从古北口那块来到九龙山紫霞观，找本门的师姐紫霞真人。出家人都是经常云游四方。紫霞真人一看自己的师妹来得正是时候，就说："师妹啊，你来得正好。你赶快到小豹子家去，把红姑这个孩子抱回来吧。红姑这个孩子啊，我看她将来必成大器。现在他们家正为小红姑打得不可开交呢，你去把她要过来吧。"

"无量天尊！好吧，师姐，我听你的，这就去。"

白云真人按照紫霞真人的指点，化装成一个普通的妇女，就来到了小豹子刘清的父母家。白云真人进门没想到如此顺利没费什么口舌，就把小红姑给抱回了白云观，北京白云观在元代的时候就非常出名。白云真人和红姑是真有缘分，小红姑看见白云真人就嘿嘿直乐，也不哭也不闹，非常乖巧。白云真人就一天天把红姑养大成人，并教她剑法。白云真人使的剑与紫霞真人使的八宝闭月剑是一对，这把五尺小剑的名字叫八宝羞花剑。

565

这一对剑是她和紫霞真人拜师学艺下山时，师父赠送给她们的。红姑长大后，白云真人就将这把剑给了红姑。红姑练的是童子功啊，十三岁的时候她就学成了剑法，把这把八宝羞花剑练到了出神入化的程度，可以说是得到白云真人的真传。

这一天，白云真人把红姑叫到身边说："徒儿，你下山吧。你到哪去呢？你先到当今的兵部尚书王佐王大人府上去。干什么呢？王佐的夫人姓刘，刘氏非常喜欢剑术。这几天，王佐王大人正给刘氏请剑师呢，机会难得，你赶快去吧。你去之后，就以教她剑术之名接近她，并留在她身边，好好干，具体再有什么事，我会找你的。"

"哎，师父，我听您的。"

白云真人又跟红姑详细交代了兵部、吏部、刑部等各部的详细情况，让红姑心中有数。最后，白云真人又叮嘱红姑："你是一个女孩子家，做事要注意低调，不要张扬，免得让人家认为你作风不好。"

"师父，我记住了。"

就这样，红姑简单收拾了自己几件衣服，就到兵部尚书王佐府中应聘。刘氏一听说红姑会练剑，甚是高兴，就让红姑练给她看。红姑手使八宝羞花剑，手如三春杨柳，步如风摆荷叶，出手似闪电，发力如雷霆，静如处女，动若脱兔……练到精妙之处，红姑已经用剑光把自己团团围住。最后，红姑是插招换势，把剑收于剑鞘。

"好！太好了！我正需要这样的人。你就教我剑吧，吃住我都管。"

就这样，红姑就留在了王佐府上。

※※※

兵部尚书王佐，为人非常耿直，兵书也读得挺好，王佐最看不起大太监王振他们，向皇上朱祁镇直谏："皇上，王振这样的人不行，他不应该留

第三十四回　斗权宦险遭奸人害　二真人闭目参天机

在皇上您身边啊！他做太监，是要祸国殃民啊！"

但朱祁镇耳朵根子软，没有了主意，他就和王振商量，那王振不生气吗？王振就在宦官里面专门组织了一些杀人不眨眼的杀手，晚上悄悄地出去，把对王振不利的人杀掉。现在满朝文武当中，除了兵部尚书王佐和辽东都司镇守太监亦失哈，都被王振的淫威给镇住了，谁都不敢再吱声了。

话说间，又到了瓦剌贡使来朝贡的时候了。这次瓦剌的贡使人员竟然达到了三千人之多。大太监王振也不知道错了哪根筋了，他一反常态，特意叮嘱礼部，要严格按照贡物和贡使人数不能超过五十人来发给赏赐，同时，他又将瓦剌贡马削价五分之四，仅付给瓦剌索求诸物的五分之一。这下可坏事了。瓦剌贡使年年都吃惯了，那么多贡使没有得到满足，他们能干吗？个个是愤怒而归。回到瓦剌后，他们是添油加醋地向罕王也先做了汇报。也先闻听此事也是勃然大怒："大明朝你欺人太甚。我也先此气不出，誓不为人！来人呀！"

"嗻！""鸣鼓升帐！"

鼓响三遍，也先是稳坐大帐，以明朝减少赏赐为借口，兵分两路，是大举攻明。他还亲自率领一支精锐大军，直接进攻大同。

瓦剌军来势太凶猛了，以排山倒海之势，迅速向南推进。明朝守卫西北的将士，由于准备不充分，几次交战都失利了。他们是急忙向京师请兵救援。此时，也先派兵进居庸关，大军已经到了土木堡。土木堡是哪块呢？就是现在的河北张家口和怀来县的东边。如果攻破土木堡的话，他们就会长驱直入进北京了，形势对于大明朝来说是非常危险的。

这时候，昏庸无道的明英宗朱祁镇得到消息，是十分慌张，急忙请教自己的老师、大太监王振："老师啊，你看瓦剌大军已抵达土木堡，咱们如何是好啊？"

此时王振是镇定自若，谈笑风生，说："皇上，没事，一切有我呢。也先就区区五十万兵马，咱们把京城的人都算上，你再亲自出征，来打击敌人，咱们一定能打过也先的。不用怕。"

"好吧，那就有劳恩师你了。"

大太监王振在朝堂上一宣布明英宗朱祁镇要御驾亲征，兵部尚书王佐第一个站出来表示反对，说："皇上，咱们京城里没多少人啊，也先可是率领五十万兵马呢。当务之急，我们应当先调集南方兵马，集结于京城，而后，再赴土木堡攻击瓦剌贼兵也不迟啊。"

吏部大臣们一看兵部尚书王佐都表态了，也都纷纷站出来支持王佐的意见，先调兵遣将，而后再战，都不同意明英宗朱祁镇御驾亲征。

王振一看兵部尚书王佐上钩了，他马上装作正义凛然的样子，说："大伙不要胡说了！皇上说攻击就攻击。你们是不是被瓦剌兵打怕了，胆子是不是太小了，我们大明朝的军威和国威都跑哪去了？你们看看你们身上，还有没有一点大丈夫的凛然之气！国难当头，你们不挺身而出为国效力，反而畏首畏尾，对得起当今天子吗？你们反对、你们怕死，你们就在家留守算了，我亲自陪皇上御驾亲征。同意陪皇上御驾亲征的现在就可以报名。"

一时间，朝堂之上，主战派完全占据了上风。其实，这些举手报名的人，都是王振提前安排的托。王振看了看没有报名的兵部尚书王佐，说："王大人，你身为国家兵部尚书，国难临头，难道你要临阵退缩不成？"

"国家兴亡匹夫有责，何况我王佐身为朝廷命官，怎敢言半个退字，我报名。"

"好啊、好啊！好一个国家兴亡匹夫有责。既然王大人有这份报国之心，那你担任此次陪皇上御驾亲征的开路先锋吧。不知王大人愿意否？"

王佐当着明英宗朱祁镇的面，能说不愿意吗？只能当面领旨。

这样，王振就鼓动明英宗朱祁镇御驾亲征，跟也先干一仗。明英宗一切都是听他老师王振的。临御驾亲征前，朱祁镇就问王振："我御驾亲征走了，家里怎么办？"

第三十四回　斗权宦险遭奸人害　二真人闭目参天机

王振说："这好办啊，您可以把您的儿子立为太子。万一有事，不是由他来继承帝位吗？再说了，咱们也不会有事的。"

就这样，在王振的策划下，明英宗朱祁镇就立了他两岁的儿子朱见深为太子。这也就是后来历史上的明宪宗。

由于朱见深太小了，不能主事，那留守的人应该由谁来主事呢？

明英宗朱祁镇想到自己的同胞兄弟郕王朱祁钰。朱祁钰也会说话，说："好啊！皇兄，你去吧，家里我给你看着。"

这些事，都是王振偷着跟朱祁钰商量好的。朱祁钰问王振："万一我皇兄出事了，那我怎么办？"

王振说："那不更好吗？你来当皇上啊。我早就盼着你当皇上了。你当皇上会更好。英宗这个人啥都听我的，他一点脑子都没有。不像你，你文韬武略样样都行，我支持你。"

朱祁钰想想也有一定的道理，但是他没有表态。从这一点上，说明朱祁钰比明英宗朱祁镇强多了。同时，大太监王振暗中又指使留守太监关有，唆使他和郕王朱祁钰搞好关系，说："万一明英宗朱祁镇有事，你就想法设计，鼓励朱祁钰要有勇气，大胆地坐上龙廷，就说我们能扶持他百年。"

"王公公，你放心吧。届时，我肯定按你说的办。"

明英宗朱祁镇一切都蒙在鼓里呢。

王振就是想"借刀杀人"把王佐杀了。其实王振早把明英宗朱祁镇御驾亲征这个消息告诉蒙古瓦剌的也先，谁打先锋，走哪一条路线，什么时候到达，等等。

这些行军打仗的绝密计划都提前透露给也先了，你想，王佐带兵去打仗，能不败吗？王佐往前走，就得被也先杀掉；王佐往后退，王振在后边让皇上治罪于他，也是死。王振的这条计策是多么的歹毒啊。

※※※

俗话说，山外有山，人外有人。大太监王振自以为他的这条妙计设计得天衣无缝，哪承想，他的这点小小伎俩早就被京城白云观里的白云真人所参破。

再说，红姑这个小丫头跟女主人刘氏处得挺好，后来，她就接触上了兵部尚书王佐。王佐感觉红姑这孩子挺好，挺懂事的，又有眼力见儿，还有些想法，特别是她对朝廷的一些官员和一些宦官的丑恶嘴脸和肮脏的做法，都疾恶如仇。这一点，让王佐非常的赏识。

这天晚上，红姑受白云真人的指点，就对王佐说："大人，此次御驾亲征您不要去，您去了必死无疑，是这么回事。"

"啊？红姑，你是怎么知道的?"

"王大人，实话我也不瞒您了，我是白云观白云真人的弟子，来到您府中，就是来保护您和夫人的。"

王佐听后，顿时是茅塞顿开！

王佐听完红姑所言，是非常感动，但又没有其他办法，只能说："红姑啊，谢谢你和你师父白云真人。但是我王佐不能不去啊，现在也先的兵快到城下了，我说什么都得去，即使死，我也得去。"

红姑一看怎么也劝不住王尚书，第二天，她就辞掉刘夫人的差事，又回到了白云真人身边。

第三十五回

小红姑论道袖吞金
贼王振恶报丧黄泉

明英宗朱祁镇带着好不容易凑齐的五十万兵马，御驾亲征，直奔居庸关。他们刚赶到土木堡时，就和也先率领的蒙古兵碰到一起了。你想，蒙古兵多野啊，也先率领他们就是来报仇的，就是攻打大明朝的，所以说，蒙古兵如虎狼之师就冲过来了。

大太监王振你看他说话行、出坏主意行，但是打仗他根本不行。他一看到蒙古兵，腿肚子先转筋了。一个照面王振带领的这五十万明军就被也先彻底给打败了。英宗朱祁镇还没明白怎么回事呢，就被蒙古兵给生擒活捉了。王振在蒙古部队里有他自己的人啊，是他透露的情报，把大明朝的皇上朱祁镇给抓住的。兵部尚书王佐虽然率领先锋誓死一搏，好不容易杀出一条血路冲出来，一听说明英宗朱祁镇被也先生生擒活拿了，气得一下子就背过气去。等到随身的副将推前胸、砸后背、掐人中，好不容易把王佐救过来时，王佐对天长叹一声："大明朝完了，彻底地完了，我王佐生又有何意啊？"

说完，王佐是挥剑自刎身亡。大太监王振一听说兵部尚书王佐自刎而死，可把他乐坏了，马上命令明兵缴械投降了。

也先太师得了这个大便宜，全是王振相助。为让所俘的明朝兵将心服口服，王振被也先的兵马是五花大绑。王振还在那装呢，是破口大骂："也先，你这个秃驴，你敢跟我们大明朝作对，你会不得好死，我王振誓死效忠大明皇帝！"

一直被蒙在鼓里的明英宗朱祁镇，在旁边看后，很是感动，大呼："父皇啊，朕与恩师同生共死，效忠先王，死而无憾！"

这昏君都让人做扣给卖了，还在那给人家数钱呢。后来，明英宗朱祁镇二次当了皇上后，还追封王振为忠臣，这为历代史学家所耻笑。明英宗朱祁镇身边的大将石亨很悲痛，他根本不知王振的狼子野心，还认为他是忠君的好太监，还一心一意地听他的吩咐。这是后话，暂且不提。

也先把被俘的明英宗朱祁镇和众明朝官员，装入十个大木笼，让兵丁

第三十五回　小红姑论道袖吞金　贼王振恶报丧黄泉

看守；再把王振暗中悄悄地带入军帐之中。也先让人马上给王振松绑，并亲自搀扶着，拥进虎皮大帐中，摆上野鸡宴招待王振。王振也不客气，是该吃的吃，该喝的喝。席间，也先询问王振："我下一步该怎么行事为好？"王振端起酒杯"嗞——哈"一口之后说："这酒好喝啊。"

等到王振酒足饭饱后，才对也先说："我在给你出主意之前，你先把刑部尚书匡大人替我杀了吧。此人坏了我不少的好事，不杀他，我这口气出不来。"

"好吧，王公公，本王就给你出这口气。"

工夫不大，也先让人把大明朝刑部尚书匡大人的人头端了进来，说："这下，王公公可以说了吧？"

"好吧。我王振是最讲义气的人。也先太师，你现在马上派出一支兵马偷袭辽东。你们攻打辽东，先奔昌图，再奔开原，大明朝的兵都在昌图、开原一线。你们蒙古兵只要一过去，把昌图和开原兵抓住，其他地方的兵就都散茬了。"

结果，也先派出的这支兵马按照王振秘密提供的情报，大军东进昌图和开原。昌图和开原正是亦失哈管辖的范围。由于他们没有提前得到情报，就吃了大亏了。辽东兵马都被俘虏了，光马匹就有六千多，牛羊两万多只。因为这次损失太大了，所以引起了山东府判刘孜的注意。

也先是二次请王振喝酒。等到酒过三巡，菜过五味，王振看到自己铲除兵部尚书王佐和辽东镇守太监的目的已经达到了。所以，他又装腔作势地说道："看来我的气数尽了，不能与你们合作了。你们光凭兵力打不过明军，明军还在黄河南，勤王兵马尚未到来，趁此时快快远走吧。你们出出气就算可以了，掠些人畜迅速撤回漠北就是胜棋啊。另外，你们还要把朱祁镇放了。你留他有什么用啊？还不如送个人情。如则不然，我是无法再面见我们皇上了，他不会再用我，我愧对皇帝啊！呜——"说着他是老泪横流。这真是黄鼠狼掉泪——假慈悲。

但是已经尝到甜头的也先，这次却没有给王振面子，说："王公公，天色不早了，本王有点累了，就不陪你了。"

说完，也先一甩袍袖，把王振一个人晾那了。这时，大太监王振突然意识到一件事：坏了，也先是起了贪心了，他还想向大明朝以明英宗朱祁镇和众明朝官员为要挟，再向大明朝换取更多的财富和利益。这个时候，也先哪能再听自己的良言相劝呢？我王振千算万算，没想到也先如此的贪心啊，那我只能是静等勤王兵马快点到来吧！

王振哪有心情再喝酒了，他也是悄悄地回到牢中。

※※※

有道是：国不可一日无君啊。明英宗朱祁镇被抓之后，北京就没有皇上了，于是，太监关有就私下鼓动宦官和在家的文武群臣，说："咱们得找个皇上啊。我看郕王朱祁钰不错，国难当头，他当皇上再合适不过了。"

"对！国难当头就得选能住持大局之人。"就这样，郕王朱祁钰在宦官的簇拥下，成为皇上，这就是历史上的明代宗。

朱祁钰这个人也挺爱面子，虚荣心挺强，一想，当就当吧。群臣三呼万岁，他就当上皇上了，感觉还不错。后来，朱祁钰干脆就忘记了天高地厚，不知道东西南北了。

明英宗朱祁镇不能总是被也先囚禁啊，所以，北京、天津和上海一带的武将，都给新皇上朱祁钰出主意，要调遣南方大明朝兵马，再次攻打也先。

说到这儿，朱伯西我必得讲出一位忧国忧民的鼎鼎大英雄于谦。于谦，字廷益，号节庵，汉族，明朝名臣，杭州府钱塘县人（今浙江省杭州市上城区）。永乐十九年进士，宣德元年以御史职随明宣宗平定汉王朱高煦之乱，因严词斥责朱高煦而受宣宗赏识，升为江西巡按，颂声满道。宣德五

第三十五回　小红姑论道袖吞金　贼王振恶报丧黄泉

年，以兵部右侍郎巡抚河南、山西等地。明英宗时，因入京觐见时不向权臣王振送礼，遭诬陷入狱，因两省百姓、官吏乃至藩王力请，才得复任。土木之变后，明英宗兵败被俘，于谦力排南迁之议，坚请固守，升任兵部尚书。明代宗即位，整饬兵备，部署要害，亲自督战，率师二十二万，列阵北京九门外，抵御瓦剌大军。也先挟明英宗逼和，于谦以"社稷为重，君为轻"，不许。也先见无隙可乘，只得退守居庸关。于谦指挥南方的兵马就打到居庸关这块了，把也先的部队给包围了。

明勤王提议："把皇上给我们还回来。你给不给皇上？你不给皇上，我们一把火把你们全烧死在里面。"

这也先就害怕了，心说：不行啊。现在看起来明朝的兵也挺厉害。他们一起来，满山遍野的都是大明朝的旗子，喊声如雪，声音非常大，就是要皇上。

也先把王振找出来了问怎么办，王振说："给他们吧，给他们吧。你留不住，现在是大势所趋，你把他放了吧。"

"我把他放了，他们会不会放火烧我啊？"

"你把他放了以后，你悄悄地走，他们再撵你就撵不上了。他们现在是满心要皇上，不是要你。你只要把皇上给他们了，他们就感觉完成任务，回去好交代。你放人之后，马往北边一走，是一片旷野，大部队一散，他们往哪追你去啊？他们也追不着你。我再跟他们一说，他们就回去了。"

王振帮也先出了主意后，也先又偷着把王振送到牢房里。王振回到牢房之后，告诉大将石亨和众太监，说："英宗朱祁镇是有道明君啊。郕王朱祁钰坐上皇位，我看他也该让位了。我好不容易说服瓦剌罕王与朝廷议和，哪承想新上任的兵部尚书于谦，他现在怎么变成这样了呢？"

"王公公，那于谦变成什么样了？"大将石亨站了起来。

"唉，石将军，一言难尽啊。他、他竟然以'社稷为重，君为轻'，不许朝廷与瓦剌罕王议和，变成了不应战不抵抗蒙古兵马的软骨头。"

"气死我也。如果有一天，让我遇到于谦，一定要跟他干一场，他太给我们大明的军队丢脸了！"

王振还添油加醋地说："现在看来我们只能是等死了。但我替英宗不心甘啊。咱们不如这样，反正坐等也是死，逃牢反狱也是死。如果逃牢反狱成功了，我们还有一线希望。我想带英宗逃出去，你们做好掩护，万一我在逃出去的过程中被蒙古兵杀害了，还望石将军和诸位贤弟给我报仇。我死之后，你们看时机让英宗朱祁镇再登皇位。"

王振当着众人的面，给了当班的牢头一块金条，进入朱祁镇的单间牢房里。这时，朱祁镇正愁得够呛呢，都愁病了，满脑子都是我得快点出去看看我儿子。我的御弟怎么给我看的家呢？我要是能回去，真的感谢胞弟祁钰啊！这么多年了，儿子到底怎么样了，等等。

就这样，大明朝的许多俘虏在牢房里闹事，大太监王振和大将军石亨趁着混乱之际，带人护送着朱祁镇，趁着夜色就逃出了也先的军营，一口气就跑回了北京城。一路之上，明英宗朱祁镇没有半点休息，就怕再被也先率领的蒙古兵给抓回去。他哪知道，这场闹剧，就是他身边的大太监王振导演策划的，是也先的人故意把他们放走的。

※※※

他们好不容易到了北京城后，大太监王振和大将军石亨对着守城的官兵高喊："城上的奴才们听着，皇上回来了，赶快打开门。"

哪承想，王振和石亨扯着嗓子喊了三遍，城上却无人搭话。石亨本来就性如烈火，气得是哇哇暴叫，但是这一切都无济于事。

朱祁镇感觉很奇怪，就说："你说出我的名字，看看。"

王振和石亨再试也是不好使，城门就是不开。最后，朱祁镇亲自上阵，说："祁钰啊祁钰，你大哥回来了，快给哥哥我开门呀。"

第三十五回　小红姑论道袖吞金　贼王振恶报丧黄泉

这时，一个守城的小兵把头探出来了，说："深更半夜的，你们喊什么？你能随便喊我们皇上的名字吗？"

朱祁镇问："我是皇上，明英宗朱祁镇啊。你们现在的皇上是谁啊？"

朱祁镇到现在还不知道他的胞弟朱祁钰登基当皇上了呢。这个守城的小兵也客气，就说："我们不认识你。我们现在的皇上是代宗朱祁钰。"

"哦，原来朱祁钰当皇上了。"

"你不能乱喊我们皇上的名字。皇上有令，晚上城门没他的命令是绝不能开的。你们就死了这份心吧。你们再喊，我们可就放箭了。"

听到这些，朱祁镇是放声痛哭。

一个守城的老兵看朱祁镇可怜，就给宫里报信去了。

这时，朱祁钰当皇上当得挺安逸，做梦都没想到他哥哥朱祁镇能回来。朱祁钰连夜一道紧急圣旨，把推荐他的几名内臣和文武大员都折腾来了，说："我哥哥回来了，就在城门外呢，我该怎么办？我并不是贪恋帝位，而是当初把我推上宝座的，是你们啊。我要是下去了，我哥哥肯定也饶不了你们的。你们说我是坐还是不坐呢？"

其实，王振在也先那边偷着放他们的同时，已经派他身边的人秘密告诉朱祁钰身边的这几个太监了。王振口信传达关有为首的这几个太监，说你们给朱祁钰出主意，把老皇上给软禁起来。

就这样，经大臣陈述其利弊后，朱祁钰又听从了太监关有的安排。朱祁钰干脆没让朱祁镇见自己，把朱祁镇囚禁到了南宫最偏僻的一个屋子，名义上尊称为太上皇，实际上以锦衣卫对朱祁镇加以软禁，严密控制，宫门不但上了锁，并且灌了铅，食物仅能由小洞递入，让他见不到人。一天两天行，时间长了，朱祁镇干脆就给逼疯了。他老是惦记着自己的儿子和家里的妃子什么的，不知道朱祁钰是怎么给安排的。就这样，一直熬了七年多。就在朱祁镇叫天天不灵，叫地地不应，万念俱灰，彻底是一心等死的时候，他的命运突然又发生了翻天覆地的变化。这一天夜里，他的屋里突然闯进来一群人，给他重新梳洗打扮，换上龙袍，第二天又二次登基坐殿。朱祁镇打死都没有想到自己还有这么一天。

这到底又是怎么一回事呢？朱伯西我还得从明英宗朱祁镇返回京城说起。

※※※

明代宗朱祁钰贪恋帝位与否这并无关是非，但是他废除了明英宗朱祁镇之子朱见深太子之位，然后又亲立自己的儿子朱见济为太子，这就是做得太绝了，就引起许多人心中不满。这其中就有原在对抗瓦剌时立下大功的石亨大将军。他出生入死地保明英宗朱祁镇，明英宗朱祁镇被俘后，自己片功全无，朱祁钰反占了大便宜，当上了皇上。石亨心想：代宗，你重新立太子之事，真是有点忘恩负义了。我自身虽然回宫后深得新皇上你的器重，成为御前护卫，但总觉得良心上过不去。

石亨常常暗地里为朱祁镇鸣冤，总惦记着有朝一日必须想方设法扶助朱祁镇重新登基坐殿。石亨的心思，果有神助。单说京师白云观主白云真人这一日夜观天星，见星象有变，把徒儿红姑叫过来说："徒儿啊，你现在赶紧回到朝廷去找一个叫石亨的人。他不是尚书，而是尚书下面的一名金事，人们都叫他石亨主事。现在他不得势，你得多帮他。过几年，他可是一位重大破关的人物。当务之急，你就是到他身边去。"

"师父，我帮他什么呢？"

"你也不要特意帮他什么，你就给他沏个茶、倒个水，帮他捂个被就行。他为人非常正直，不过，性情粗鲁，没文化，你不用怕。你可以帮助他读读兵书，做一些杂事就行。其他的，都由他夫人和丫鬟去做，你不用管。"

"徒儿遵听师命。"

第三十五回　小红姑论道袖吞金　贼王振恶报丧黄泉

帮助石亨柳暗花明的人就是白云真人和她的弟子红姑法师。

石亨夫人张氏从小爱学剑术，一心一意要找位剑师学剑。这天，石亨从练武营骑马回来，半路上，就听到人群里有人高喊："谁学剑啊，谁学剑啊？我能教他。"

石亨顺声音望去，就发现一位头戴花毛巾、身穿花布衫的年轻女子，是左手怀抱绣剑，右手不停地向周围的人招呼，在人群中显得那样的姣美。石亨骑在马上，抬手回声道："姑娘，可否到我府上教夫人一招两式的？"

红姑听后，马上回答："好啊，只要能安排住处即可。"

"行，请姑娘跟我来吧。"

红姑乔装隐入石亨大人府做剑师，不久就取得石府上下的信任。时间一长，红姑就知道了石亨为皇帝复位而四处奔走，找机会帮明英宗复位。红姑就帮助石亨秘密笼络人心，等时机，静观其变，心想：一定要在朱祁钰身边安插上自己的人。

她就找到此时已被免去镇守辽东太监的亦失哈。亦失哈此时早已搬出辽东都司府，选择了河边一处简陋的茅草屋住了下来。由于明代宗朱祁钰指派山东府判刘孜在追查亦失哈种种罪责过程中，是越查越没法给亦失哈定罪。因为许多事情都不是亦失哈干的啊，所以，查到最后，亦失哈也没被定成一个什么罪，就这样一直拖着，亦失哈还不能离开辽东这块。

当红姑来找亦失哈，一看到亦失哈的吃住时，眼泪就下来了。后文说，红姑为什么非得暗杀山东府判刘孜，就是在这时发下的誓言。这也算是对不明真相而乱加诬告者的一种因果报应吧。

亦失哈早已无心再管朝廷之事，但是一看是福康王的外孙女、小豹子刘清的姑娘，再加上她又是白云真人的弟子，考虑再三，亦失哈还是给红姑推荐了一个人，这个人就是老太监曹吉祥："孩子，你去找曹公公吧。他曾随我去过奴儿干都司，他为人非常好，只因不是王（振）公公派系的，被打压，遭苦刑。他是非常忠诚的人。"

"亦爷爷，其他的人还有谁？"

"其他的人，也就是都督张𫐓、都察院左都御史杨善、太常卿许彬以及左副都御史徐有贞。他们都是英宗时代的老臣，也非常的可靠。"

"好吧，亦爷爷，我这就找他们去。"

经红姑最后仔细审查，最终确定了宦官曹吉祥、都督张𫐓、都察院左都御史杨善、太常卿许彬以及左副都御史徐有贞五名可动手的人。

※※※

明代宗朱祁钰这个人还是比较忠厚的，虽然因为一时被人拥戴做了大明天子，也挺满意，不想让位给哥哥朱祁镇，但是他心里乱得很，始终是坐立难安，连皇家餐宴都吃不下，日日在病中。大将军石亨还是明代宗朱祁钰很信赖的，便找石亨诉苦。可是心里的话怎能说出口？明代宗朱祁钰老是琢磨：大明朝突然出现了两位皇帝，这不成天下奇事了吗！

石亨在皇上面前，也不好细问，知道代宗必有要事，便把这个发现告诉了红姑。红姑就把这话说给了白云真人。

单说有这么一天，红姑晚上正睡觉的时候，白云真人来了，她对红姑说："到时候了。凭你的剑术，让石亨几个人起来请王。"

就这么的，石亨和其他几个人，就发起了"夺门之变"。夺门之变，就是把新皇上代宗朱祁钰废除，再把老皇上朱祁镇重新复位。

朱祁钰非常胆小，自己住的宫门必由他信赖的太监把门，一般人等休想进去。石亨每见把守宫门的太监必须得送上银子和可口的美食美酒，左右逢源，化装成石亨跟班的红姑这才能够进出皇宫。一天宫里下半夜熟睡时，石亨就把拉拢到的心腹凑到宫院净事房，与宦官曹吉祥、都督张𫐓、都察院左都御史杨善、太常卿许彬以及左副都御史徐有贞等人议事，红姑申明勿失良机，速速实施夺门之举："我会飞檐走壁，你们不用怕，我会想

第三十五回 小红姑论道袖吞金 贼王振恶报丧黄泉

办法先杀掉王振，投石问路。"

此时的王振虽然表面上也是被软禁，但他过的日子却是天天吃香的喝辣的。石亨他们最恨的就是王振。他是整个土木堡之变事情的始作俑者。王振还秘密地与代宗朱祁钰通气。王振被圈到监狱里之后，他是换上别人的衣服，就可以到自己府上活动去，天天各个王府随便住，享着他认为的天伦之乐。王振私下做的这些事，整个大明朝的文臣武将，都不知道。王振出去之后，找了好几个替身，让人搞不清哪个是真王振，哪个是假王振，许多人不知道他的去向。

王振的这些小把戏骗别人行，哪骗得了红姑呢？红姑早已施展飞檐走壁的夜行功夫，把王振的一些具体的生活习惯掌握得一清二楚，哪怕是有一点细微的差别，红姑都能看得清清楚楚哪个是老奸巨猾、贼眉鼠眼的王振。话说当天夜里，王振在他的五府里正搂着自己的五夫人睡觉呢，红姑穿着夜行衣，带着人就到了他的床前。王振睡着睡着觉，就感觉不对，他一睁眼，看到床前站着几个黑影，吓得他一激灵就从被窝里爬起来了，说："你们是谁？"

红姑冷笑了一声，说："我们是代王请命的。王振，你的死期到了。"

"别、别、别，好汉爷爷，你有话好好说，只要你们不杀我，多、多少钱我都可以给，我什么都可以给你们。"

"哼！王公公，死去的兵部尚书王佐王大人的命你能给吗？刑部尚书匡大人的命你能给吗？你残害的无数忠臣的命你能给吗？"

"我、我……"

"你就给我在这吧。"

耳轮中就听见"噗——"一声，红姑用匕首把王振给活活地戳死在床上。与王振同床的五夫人也该着倒霉，一同去了西天了。

第二天，外界就开始传出来了，说大太监王振昨天晚上被几个黑衣人给杀了，死得老惨了。整个京城是议论纷纷。

※※※

明代宗朱祁钰一听大太监被人杀死了，是一惊一吓，就病倒了。这正值景泰八年（1457）正月初，病重的朱祁钰将石亨召到病榻前，一再嘱咐："朕在病中，尔等小心护卫。"

石亨一切都答应下来，但他亲眼看见朱祁钰的病态，内心已经打起了主意。他退出后，立即派人找到了前府右都督张𫐐和宦官曹吉祥，告诉二人朱祁钰已经不行了，商议要为自己谋后路。石亨说："事不宜迟，目前朱祁钰病已沉重，不若乘势请太上皇复位，还待何时，我们这样干是天道义举、不世之功。"

当场，三人做了分工，宦官曹吉祥进宫去见孙太后，密告她复辟一事，借机取得了孙太后的支持。石亨和张𫐐则一起去找太常寺正卿许彬商议。许彬听说二人的来意后，当即以手加额，说："这是不世之功！不过，我老了，不中用了。徐有贞多计谋，你们可以去找他商议。"

石亨和张𫐐又连夜去找徐有贞。徐有贞听石亨一说，大为兴奋，当即夜观天象，见紫微有变，忙道："帝星已见移位，咱们要干这件事，须得赶快下手。"

几个人经过详细谋划，决定在正月十六晚上动手。

※※※

单说正月十六这天晚上，徐有贞换上朝服，临行前对妻女交代说："我要去办一件大事，办成了是国家之福，办不成我徐家就是灭顶之灾，你们要有心理准备。"

徐有贞出门后，又顺路邀请了杨善和王骥作为同党。杨善和王骥二人

第三十五回　小红姑论道袖吞金　贼王振恶报丧黄泉

都表示要以死报答太上皇。王骥当时已经七十多岁，不但自己亲自披甲上马，还将儿子和孙子都带在了身边。三方人马会齐石亨叔侄、曹吉祥叔侄后，又等到了张軏率领的大队京营兵，一起向皇城进发。张軏调兵进城是借口瓦剌骚扰边境，要保护京城安全。而石亨现掌管皇城钥匙，所以能够通行无阻。

四鼓时分，大队人马从长安门直接进入皇城。进入紫禁城后，徐有贞重新将大门锁上，防止外面有援兵进来，并将钥匙投入水窦中。皇城内的守军见这伙人十分奇怪，不明所以，但也不敢过问。这时候，天气忽变，乌云密布，伸手不见五指。众人害怕有逆天意，会遭到天谴，都非常惶恐。精通天象的徐有贞站出来，劝大家不要退缩，说大事必济，于是众人继续前进，顺利地到达了南宫。然而，南宫宫门坚固异常，怎么也打不开。石亨派人用巨木悬于绳上，数十人一齐举木撞门。门没有撞开，门右边的墙反倒先被震坍了一大洞。众人便从墙的破洞中一拥而入。朱祁镇这时候还没睡觉，正秉烛读书，突然看见一大堆人闯了进来，还以为是弟弟派人来杀自己，不禁惊慌失措。谁料众人异口同声俯首称万岁，这才问："莫非你们请我复位？这事需要审慎。"

这时乌云突然散尽，月明星稀。众人的士气空前高涨，簇拥着朱祁镇直奔大内。路上，朱祁镇挨个儿问清诸人姓名，表示不忘功臣之意。

一行人来到东华门，守门的士兵上前阻拦。朱祁镇站了出来，表明自己太上皇的身份。守门的士兵顿时傻了眼，不敢阻拦，于是，众人兵不血刃地进了皇宫，朝皇帝举行朝会的奉天门而去，并迅速将朱祁镇扶上了奉天殿宝座。殿上的武士们挥金瓜要打徐有贞等人，被朱祁镇喝止。徐有贞等人一起叩拜，高呼"万岁"。石亨敲响钟鼓，召集群臣到来。

太监曹吉祥带着红姑等一行人马悄悄地来到后宫朱祁钰睡觉的屋内。曹吉祥告诉朱祁钰："皇上，您必须下台，现在英宗回来了。前边你靠着乌烟瘴气的东西，治理朝纲，你对不起你的哥哥啊。你哥哥回来了，你把他

583

软禁起来,这也是埋下了朝廷之祸啊。我们现在不杀你,你把皇位让出来吧。这也是情有可原的。你就说我哥哥没在,我替他执政一段时间,现在哥哥回来了,我就让给他。"

朱祁钰一看大难临头了,就什么都同意了:"行行行,我听你们的,只要不杀我就行。"

就这样,朱祁钰同意让位了。红姑说:"既然他已经让位了,咱们就不杀他了,放他一条活路吧。"

这时天色已经微亮,众臣因为朱祁钰事先说明今天要临朝,都已经早早等在午门外,准备朝见。听到钟鼓齐鸣后,众人按顺序走入奉天门。但眼前的一切使他们目瞪口呆,宝座上的皇帝已经不是景泰帝朱祁钰了,而是八年前的皇帝朱祁镇。群臣面面相觑,一时不明白是怎么回事。正在众人犹豫之际,徐有贞站出来大喊:"太上皇复位了!"

朱祁镇对百官宣布道:"景泰皇帝(指朱祁钰)病重,群臣迎朕复位,你们各人仍担任原来的官职。"

众朝臣见此,只好跪倒参拜。朱祁镇就这样又重新取得了皇位。朱祁镇复位后,改年号为天顺。当天,朱祁镇传旨逮捕兵部尚书于谦和吏部尚书王文,这又展开了新一轮的权力博弈。石亨受王振诱骗,听到不少于谦不战不抵抗瓦剌兵马的软骨头举动,很是生气,早就想遇到于谦后,一定要跟他干一场,他太给大明军队丢脸了!所以,于谦被囚禁后,石亨第一时间就在禁军看守的一个囚牢里与于谦相互质问。于谦是大义凛然,毫无惧色。红姑为保护石亨在一边听讲,只听于谦说:"我怕你们被王振的欺骗而都冲昏了头脑。王振是人是鬼,你们早在也先瓦剌兵进入土木堡擒获明英宗皇帝之前,辽东镇守太监亦失哈大人就掌握了大宗王振秘密勾结也先的实证物证。王振靠着他是皇帝老师,英宗一味庇护,才蒙混过关。"

说着,于谦把这些密档让石亨和红姑细看,二人不看则已,看完之后这才恍然大悟,心说:原来如此!

第三十六回

明宪宗重新记功账
宴终散解甲归故里

于谦指着他私藏的一些密档,对石亨和红姑说:"也先兵马逃回漠北,全靠我于谦二十万勤王大军,要说打败瓦剌顽敌首功就是亦失哈,其次就是我于谦,当然你虽然被王振控制,总算保护英宗还朝,也是功不可没。你说,我于谦是有功还是有罪?"

石亨和红姑听完于谦此番话,对他是敬佩不已。石亨下拜:"敬望尚书大人见谅。"

石亨问下一步行事,于谦说:"代宗朱祁钰,虽是英宗被俘后,由众朝臣扶上来的,可按事理,对他哥哥重用恶宦王振很有看法,是位明君。一位天子的登基坐殿,看他是否为百姓办实事,看他怎么施政,这是很关键的。看看民意吧。我死后,但愿历史会还事实真相一个清白。"

石亨与于谦这次推心置腹的谈话,让石亨对于谦以前所做诸事的许多误解一下子全解开了,但是石亨却改变不了于谦的命运。天顺元年(1457)一月二十二日,明英宗以谋逆罪杀于谦、王文,弃市,籍其家。并迫害于谦所荐之文武官员。但是历史终归是以事实说话的。到了明宪宗成化初年,于谦被复官,赐祭,明孝宗弘治二年(1489),追谥"肃愍"。明神宗时改谥"忠肃"。《明史》称赞其"忠心义烈,与日月争光"。

夺门之变后,朱祁镇论复位之功,对石亨、张轨、徐有贞、许彬、杨善和曹吉祥等人分别晋官加爵。二月初一,废朱祁钰,仍为郕王,迁于西内。朱祁钰去世时,年三十,谥曰戾,称"郕戾王"。这是一个恶谥,表示朱祁钰终身为恶,按亲王礼葬在北京西山,毁其所建寿陵,其妃嫔也都被赐死殉葬。朱祁钰因此成为明朝迁都北京之后,仅有的一个没有被葬入帝王陵寝的明朝皇帝。

※※※

天道正规,红姑告别石亨等密友,抱剑躬身施礼,众人正在惊愕中,

第三十六回　明宪宗重新记功账　宴终散解曰归故里

红姑跃身楼顶，转眼工夫，已不知去向。

明英宗朱祁镇又执政了八年，后来就把皇位交给他儿子朱见深了，年号为成化。

朱见深非常有魄力。他觉得：自己的叔叔朱祁钰不管怎么的，毕竟是自己的亲叔叔。我父皇被抓那段，我叔叔看摊，还是挺好的。只是我父皇回来之后，他处于那个位置上，不愿意交出皇位也是可以理解的。于是，朱见深又发了一条圣旨，规定：皇帝身边的太监应该有规矩，不应该什么事都参与。既然有兵部、刑部、吏部等，还有其他的参谋大臣，就不要听宦官的。宦官的使用，要小心行之。所以说，在朱见深在位的时候，宦官的使用得到了限制。

随着明宪宗朱见深这道圣旨下了之后，宦官的许多事就开始重新记账，这里面就包括亦失哈。但明宪宗朱见深觉得亦失哈与王振还不是一回事。有人把辽东的事都记到亦失哈身上是不对的。朱见深是非常理智的，他认为：有些宦官的话可以听，有些宦官的话不能听。亦失哈是皇祖朱棣身边的人，他的话还是可信的。所以，他专门下了一道圣旨，召亦失哈奉旨进京。

话说此时的辽东地域早已社会大变，可不是亦失哈当年镇守辽东时的繁荣安定景象。它又回到了文明低下、人心愚痴的原始部落割据状态。辽东女真各部竞相争长，达爷成千、扈伦成百，不少头领自封为王，连明朝府都难安抚控制。

当时，在辽东出现了辽东南部浑江至五女山李满柱、王杲祖上为首领的建州卫崛起的女真部；在辽东中部叶赫河中游崛起了吉林梨树叶赫部，雄踞一方；在辽东中部辉发河崛起了强大的辉发女真部落；在辽东北境的松花江中游，崛起了海西女真乌拉部，辖地最大，势力最强，使明廷胆惧。

亦失哈此时完全失去了太监的声威，像个谁都舍不了的神木匠，谁都找，谁都抓，亦失哈是谁也不得罪，谁家活计也舍不得丢，从早干到下半夜，打个盹儿又干上一天。一心道长很是心疼亦侯爷，劝也劝不住，劝谁谁也放不过亦失哈。最终还是紫霞真人嘱告一心说："由他性子做吧，他就是个闲不住的人。你暗中多保护点，小心歹人下手。"

一心道长记住了师父的话。从景泰元年起，朝中太监的权势在变小，不少太监也不大张扬了，天下变得宁静不少。可是心怀叵测的太监仍在暗自涌动。景泰元年春，宪宗皇帝朱见深忽然想念起了亦失哈，觉得亦失哈坦言直率，为人正派，心想：他来辅佐朕施政，必定遂民心，也恰合天意。

于是，他便一道旨下到辽东。亦失哈此刻干什么呢？他正忙着应建州女真和海西女真几部首领邀请，指导众人用亦氏家传造船技艺，选上好的松材，赶制扎卡大木帆船，一来联合治理松花江水泛滥成灾，二来没早没晚地打造数十条救命的大木船，正干得火热呢。突见宫里三个太监骑马到来，一路高喊："圣旨到！"

※※※

亦失哈急忙接旨，知皇帝召他回京，皇命不可违啊，海西和建州等诸部头领都慌了神了，一再扯着亦失哈侯爷哀告说："跟皇帝说说，您老人家可不能走，我们这儿离不开您老啊！"

亦失哈看了看众人急切的心情，就稳住大家情绪说："放心吧，我不走的，这么多的活计，让我扔下哪一块、哪一件，我都于心不忍，我去去就回。"

亦失哈奉旨回京。明宪宗朱见深见到亦失哈后，是龙颜大悦，马上把他让到上座，说："圣祖爷敬重的侯爷，今日朕见了，是三生有幸啊！见侯爷久经风霜风采依旧，朕安心喜悦，这是国家之福，朕之福也！"

亦失哈答谢圣上，而后是默不作声。亦失哈此时心灰意冷，早没有往日的朝气，更知晓朝里人吃人、人害人，更知道伴君如伴虎。亦失哈心想：

第三十六回　明宪宗重新记功账　宴终散解曰归故里

昨日一个王振走了，今日还不知尚有几个王振在等着、在暗地里涌上来争夺，何苦呢！

明宪宗朱见深一心要留下亦失哈，尊他为爷师。亦失哈谢过皇恩，说："皇上，我是这么想的，我在先皇面前都这么讲过，且然给我那么大的鼓励和鸿恩，但是我从来都认为我就是一个木匠。我并不想当太监，当皇上身边的钦差太监、钦差大臣。我不是这样想的。我还有许多自己的想法。奴才我本是当木匠的，就该去做木匠工了。我家祖师爷从小就是这么引路，让我走过八十余年，做大渔船、大帆船、大海船，这才是我家世代祖传的营生。先帝成祖皇爷让我北上奴儿干都司，命我帮依兰保造海船西行，今天我亦失哈更不能丢掉这份祖业，辽东百姓离不开我啊。皇上，亦失哈要别离皇上，祝吾皇万福吉祥！"

亦失哈是热泪横流，连连叩头不息："皇上，我就想告老还乡。我就是做木匠的，只是我从小就接受班爷爷的教导，一直到现在。我现在没别的想法，就想用我的锯、用我的斧头，做我的船。我心里总觉得欠一些账，我是没有给百姓造船啊。年至百年的福康王，还盼我回吉林船厂呢。现在奴儿干到混同江九百里水道，因连年争战，船舰均缺，百姓运货交通比上天还难，我亦家船工正当有用之时，百姓找我，我能不竭诚而为吗？北方百姓想要到达美丽的彼岸和幸福的生活，必须要造船啊。他们才能坐船过大海，过生活中的大海。我就是那个造船和开船的人。我应该回到北边船厂、北边的奴儿干，回到我原来的地方，继续在那里做船。"

宪宗不解，追赶着问："老侯爷呀，您真要离开朕走吗？"

亦失哈说："朝中文臣武将如云，皇帝何愁无人？如今，大明朝民富国强，天下太平。当前最缺人手的地方，就是荒野灾区了。臣挂心的就是民生生计，丰衣足食啊，我要回北疆辽东，北疆那里大大小小的部落和托克索，急着等我修船、造船、带徒弟、练纤夫，江海泛滥，遍地泽国，缺衣少船，最艰难者莫过于灾民，最需相助者莫过于百姓。"

明宪宗朱见深听完亦失哈此番话后，颇为感动，说："朕理解侯爷爷的心情，朕就封你为逢山开路、遇水行船的万里神帆侯！"

亦失哈听宪宗皇帝给这个封号，正中心意，起身下拜，千恩万谢后站起，缓步走出门。亦失哈心里悬着的一块石头终于落地了，他换下了太监的衣服，穿上自己找来的粗布衣服，背上自己老木匠的兜子，就离开了北京，彻底告老还乡，又回到吉林船厂阿什哈达。

※※※

亦失哈回到阿什哈达之后，正好碰上了一心监院。现在一心当上监院了。一心一看亦侯爷回来了，挺高兴，说："侯爷回来了，侯爷回来好啊。"

"别再叫我侯爷了，我现在就是一个普通的老头。现在朝廷把我放了。我在回来的路上想了许多的事，感觉自己多半生也做过许多糊涂事。我想回到家了，想再干自己的老本行。你说我下一步应该怎么办呢？你能告诉我吗？"

一心道长也非常无奈地打了声哀戚，说："你就应该回到自己的家乡。你回来得正好。你随我回观上一趟吧，看看紫霞奶奶。"

亦失哈就是一愣，说："紫霞奶奶不是早羽化了吗？"

"是啊，她虽然羽化了，但是你一有事，给她叩头，她马上会在你耳边说些东西。只要你认真听，就会听到她在你耳边说的话；你不认真听，你就不会听到她说的话。你跟我来吧。你的真心会感动奶奶的。她会告诉你，你下一步应该怎么办。"

亦失哈随一心来到了紫霞观，在晚上的时候，他和一心给紫霞真人上好了香，磕了头，一直跪到了子夜时分。因为屋里香一熏，也不知什么时候从外边吹进来一点点风，这烟与微风就在整个屋子里绕着转。亦失哈就感觉自己忽忽悠悠跟着云彩走了，是越飞越高。这时，亦失哈就听到云彩

第三十六回　明宪宗重新记功账　宴终散解曰归故里

里传出话来。

这话是谁讲的啊？亦失哈也不知道，要说是男人声也对，要说是女人声也像，说："万事皆根，万事皆通，闲事少听。自己走自己的路，自己干自己的事。老天知道，我知道，你知道，大家都放心。"

这是一句神家的箴言。

亦失哈听完此话之后，突然云彩就消失了，睁眼一看，自己哪都没动，还是跪在紫霞真人的画像前。

亦失哈不明白这话的意思，就问一心："我刚才听到的这句话是什么意思呀？"

一心说："师父说的这句话含义太深了，这里面怎么解释也不行，一切随缘而定吧。看起来，师父是给你终身画出路来了。可能你临死的时候，闭眼的时候，你才能明白它到底是什么意思。因为有许多事是你还没有经过的事情，所以，你还不能知道的。既然师父这么说了，你就按照她说的做吧。你不要受别人的诱惑，就按自己的想法做。既然你现在都回到根上了，你就把这个木匠当到底。你知道，我知道，大家都放心。不要因为权力而违背自己的意愿。亦侯爷，你现在就是自己走自己的路。从小不就是鲁班爷教你造船吗？这条路不是很好吗？后来，你听了皇上的话，当钦差大臣，又坐镇辽东十六年，现在回到老路上来了，我看挺好的。"

亦失哈似乎明白了，又似乎不太明白。一心告诉亦失哈："你现在还是再见一见福康王万福山吧。"

为什么要见一见福康王呢？万福山告老还乡之后，他仍然在北边一带活动。福康王见到老朋友是特别的高兴，说："亦侯爷，您回来得太好了。我有时想回北边看看都不成了。北边的水上和路道又不通了。老百姓靠打猎捕鱼生活，但是他们没船啊，这日子过得可苦了。"

"那以前造的那些船呢？"

"唉，你可别提了。以前的许多船都让人给破坏了。许多会造船的人也都被杀了。现在江上已经没船了。听说鞑靼海峡那块的人起来了，咱们跟前的乌拉部也起来了。乌拉部的水军非常厉害，他们把船也都控制起来了，就是怕人跑了。你回来正好，马上帮老百姓造船吧，要是需要人和银两的话，我拼上这把老骨头都能凑上。"

"老王爷，您就放心吧。我这次回来，就是干这事的。"

"太好了，太好了！这松花江边的老百姓又有好日子了。"

亦失哈听从了福康王的话，就安心在阿什哈达船厂造船。现在船厂已经彻底败落了，亦失哈不能造大船，就造小船。亦失哈用自己的船技，与乌拉部和沿江诸部搞好关系。其实，乌拉部水军的船就是继承的亦失哈的船技。他们的许多船工也都是亦失哈给留下的。后来乌拉部的布占泰的爷爷起家时，就是靠江上的船起来的，他们都是江上人、水上人。乌拉部真正起来是在清朝。

※※※

亦失哈到了老年的时候，为什么非要回到松花江、回到船厂呢？因为亦失哈心里太清楚了，北疆为造船死的人太多了，历史上都没法写。亦失哈心想：老哥哥们、兄弟们，我亦失哈一人荣华富贵也享受了，罪也受了，世态炎凉也看透了。我们曾经付出了那么多，到最后是值，还是不值呢？行啊！既然世态已经变成这样了，我还是回去，陪那些曾和自己一起为造船而死去的这些老哥哥、老兄弟吧。既可以为他们守守墓，也可以为他们的坟上添添土，还可以为他们的子孙后人修修船，终算也为自己积攒点阴间的福报吧。

后来，亦失哈死得也挺蹊跷，他都活到了一百多岁。他死后，人们在松花江和黑龙江沿岸上，时常会看到有一个白胡子老头。这个白胡子老头的胡子非常少，就那么几根，头发都是白的，他穿着白衣服，背着木匠家

第三十六回　明宪宗重新记功账　宴终散解曰归故里

晚年亦失哈

伙，不管哪家的船坏了，他都给修。另外，如果谁家的船搁浅了，只要说亦爷爷来了，亦爷爷来了，这船就能走了。有时是顶风变成顺风，顺利地航行。这个白胡子老头也是为百姓操劳，凡是老百姓需要船，他就给老百姓造；谁需要船技了，他就手把手地教；谁不会使帆了，他就教人怎么使帆。他的脚步走遍整个北疆大大小小的部落。

亦失哈百年之后，没有墓葬、没有记载，默默无闻地消失在松花江和黑龙江滚滚波涛中，为拯救渡海巨舟，英魂随流陨落东海，化成鲁班神爷，世世代代为行船人奔波忙碌。正因如此，北疆千年百代流传着船王亦失哈"乌勒本"的传奇神话。后人有诗赞曰：

几行白鸥唱云天，寰宇无涯有舵仙。
浩渺烟波雾霭沉，何惧狂涛荡秋千。
征帆点缀映碧海，行云有意翘风尖。
万户千家知寒暖，名震沧海亦家船。

讲述结稿有感

富育光

从我们伟大祖国早期的北疆地志图录中可以清楚地看到，那里是广袤的沃野和密如蛛网的壮美山河。大川黑龙江横亘北疆，汹涌澎湃地流淌千余里，注入波涛汹涌的东海。其支流有松花江、牛满江、嫩江、恒滚河等。渡海涉过鞑靼海峡，便是状如长靴的美妙沃土库页岛。时过境迁，至今仍可零星聆听到北方耆老那些沁人心脾、栩栩如生的民间优美歌谣、舞蹈、传说和故事，这些都是产生在元明清三朝，至今仍可追忆到的残散的珍贵逸闻。

※※※

说来本书所讲故事，明初便在黑龙江上流传。生活在黑龙江沿岸的各族人民难忘的记忆，永远不会被遏止。

据考，早在辽金以来，北疆黑龙江就是北方满族等民族生存的摇篮和温馨的故乡。黑龙江贯通北方流经长度近万里，为北疆民众提供了极大的便利，历来是与北方生产生活息息相关的重要水利交通枢纽和生存线。北方民众自古行船，靠从山中选下原木，凿木为舟，费工费时，而且装载甚少，后来有人发明了帆船，成为族民的神助神工。人人虔诚奉祭河神、海母，祈求自己有朝一日也能像海鸟一样，自由航行无阻，因此促使北疆民众养成聪明巧智，极力大兴舟船之才能，互不服输、互不相让，一个要比一个强。凡在舟船上能使舵、看风向者被奉作神才，颇受崇拜和敬仰。久居黑龙江流域的北方各族民众，游水恋海，成为俗习。特别是生活在江海中的水上人家，世世代代传诵着"护船神谣"秘诀。谣曰："早观风、晚盯波，船行千里快似风。凶涛浪险靠神帆，舟船海渡永平安。"史上涌现了许多"神舵手""神帆叟""造船神匠"，而其中最有威望、成就显赫者当推女真家族"亦家船"的亦失哈。他被奉为船神，凡船家必供奉之。此习俗一直沿袭至清代。

北方民间中最喜闻乐见的佳话，就是对英雄或为集体做出非凡贡献的人和事，加以讴歌和赞颂。"亦家船"自元代起开拓创制闯海的大帆船，为当地发展做出了重大贡献。从元明清时代起，北方的女真人民间就开始讲唱亦失哈非凡功勋的各种传奇和业绩，日积月累，渐渐汇集成亦失哈船王的神话故事，在民间传颂不衰。

在吉林省国家非遗抢救中，有识之士一致同意将"亦失哈传说"整理成书目。我与曹保明整理了由我讲述的《萨哈连老船王》，谷老阅读后，认为故事很好、吸引人，可是还没有说清楚咱们吉林省的古代船厂究竟在哪。于是，我将在长白山等地采访调查细节与情况做了介绍。保明很喜欢这些故事，参与整理，并主动提出去葫芦岛等地调查。保明很有创见，顺利完成了《萨哈连船王》这部书，出版后反映还较热烈。谷老跟我说："行啊，出版了。不过，我总觉得缺点什么。亦失哈这个人是明朝大太监，家祖上还是民间造大帆船的，这里肯定有不少故事。育光，你不应满足，最好能拿出个亦失哈的一生秘传，解开亦失哈史料太少之谜。"

后来，我与谷老闲聊时，他见我对他的话非常入心，还安慰我说："民间故事要多写民众心理，多记载民众中的一些秘密有趣的人和人之间的关系、经历，不要认为这些家长里短的事是浪费笔墨。满族'乌勒本'说部就是揭示满族世代成员的各种内心世界，只有写出人的心理，才会有人的特殊性格、特殊经历和特殊结局，才能够让人看了之后，感到有趣有味、合理生动，而且打动人心。"

《萨哈连船王》完稿，受到了一些好评。

一是首次触碰到北方民族制造江船和海船的许多鲜为人知的工艺，特别是首次介绍了满族先世女真人亦失哈的神奇工技，亦失哈因此得到崇拜，被奉为船神。

二是全书首次重点描写和介绍了吉林船厂的历史。这是多少年来社会上只知道吉林过去有船厂，但船厂究竟在哪里、怎么样个规模、主人公是谁，始终是谜，一直是莫衷一是。

另外，人们也提出很多问题，例如，希望对亦失哈这位主人公的个人身世、性格，应该多介绍一些。亦失哈很可爱很伟大，是明代皇上身边的一位大太监。为什么皇上如此信任他，并派他八次北巡奴儿干呢？要知道奴儿干和库页岛，居住的土著人是历史上与女真人祖系相近的费雅喀、乞烈迷、乌德赫人，他们的语言、习俗和信仰，相近又不完全一样，而且那里生活生产条件那么艰苦，一定会遇到很多的艰难，亦失哈是怎么做到的？俗话说，独木不成林。亦失哈不是孤军奋战，而是有朋友和知己相助的，这些都没有详细地表述出来，读后觉得遗憾，为亦夫哈担心。也有人建议，既然制造江船和海船都非常不易，那么书中最好多介绍亦失哈的功绩和他独到的制造帆船的秘技。

许多问题，也促使我做了很多反思和总结。就在这期间，我认识了吉林市的安紫波，通过与他谈话，知道了他的身世和他的敬业精神，以及他对说书艺术的追求，确有一股雄心，百尺竿头更进一步，不辜负评书大师单田芳先生的嘱托，于是，我非常兴奋地按照富察氏家族严格的祖制仪规收了安紫波为徒，这是我们家族之幸，繁荣乌勒本之幸。

我在与安紫波的多次接触中，屡屡谈道：自己虽然作为国家级的传承人，但总感到自身存在着许多的不足，如履薄冰。我每讲完一部作品，心里不是欢欣鼓舞，而是忐忑不安，发现很多让人后悔的事。

我曾与安紫波有一次严肃的谈话：我们不仅要继续整理和出版《群芳谱》《乾坤结》等满族"乌勒本"说部，而且我们还要不停止地努力前进。

我问紫波："你还有什么考虑和想法？"

他很坦荡地讲："吉林地区的人听了《萨哈连船王》的故事后，许多人很关心和关注它。但我觉得故事中还有许多没有回答和解决的疑问。比如说，它和吉林船厂是有直接联系的，但仔细看书中许多内容介绍得不细、不全，有雾里看花的感觉；说亦失哈是吉林船王，又有什么根据呢？与主人公联系最多的是吉林的什么地方、什么人士，他们又具体做了哪些事、留下了哪些动人故事？这些瓜葛都没有揭示清楚。吉林地区的领导很关心吉林船厂的历史，希望能有一部生动反映吉林船厂的民间传说故事，这些民间传说要和吉林船厂的历史能吻合起来。"

这与我在出版《萨哈连船王》后得到的众多反思是不谋而合。既然属于非物质文化遗产的挖掘和抢救，就应当下大功夫。我深思良久，特别是我想起谷老曾跟我谈过："你和保明整理的亦失哈挺好，吸引人，有特点，只是铺的面太大了，亦失哈个人讲得太少。我好琢磨事，总觉得缺点什么，故事讲述衔接得太硬了，这不怪保明，你还得细想想，要合乎人当时的机遇和情理，就会感人了。"

谷老话语十分严谨，他总怕影响我的积极性。谷老这么一说，对我有很大的触动，促使我更认真地开始了新的思索。

※※※

我自幼深受奶奶和父亲的影响，喜爱讲唱满族说部。我童年时就听奶奶、父亲和姑夫讲述过富察氏家传满族"乌勒本"说部"亦失哈秘传"，时间虽然久远，但是许多细节都深深地在我脑海里打下了烙印。在我印象中，亦失哈不是因为他是大太监受到尊敬的，在我们老人的讲述中，口口声声对亦失哈这个人都带有无限的叹息和怜悯。亦失哈一生没有家口和没有长辈的抚爱，被阉割成半性子人，生活很苦，很傻、很憨厚、很执着，只知道拼死干活，所以，在家族民众的讲述中，他是旧社会最下层的人，对他寄予了无限的怜爱和关怀，因此，在他的故事中，就出现了许多神灵来关爱他、帮助他。这是真正民间口传文学借以美丽的神话传说，来表现"好人必有好报"的一种精神寄托。在我的印象里，太监亦失哈是一个大大的好人。正因为如此，在深入挖掘和思索中，我认识到父辈们讲述亦失哈的许多情节是自成体系的、是相得益彰的。

一是亦失哈的出生，不是像平常人那样，而是有神灵相助的。他的一生，有神雀"五子"、有神匠鲁班爷、有紫霞真人师徒、有白云真人师徒，还有完颜希尹后裔万福山、"小豹子"刘清、海西侯纳哈出之子察尔法等人的鼎力相助。

二是亦失哈的操劳，也不像一般人那样，而是知难而上，忠诚地按照祖先神卷，在开发着神船。他不慕虚名、不羡高位、不恋京师生活，甘愿闷在荒野，用斧刨锛凿日夜不停地为民众造船。他是为造船而生，也是为造船而死的。

三是亦失哈待人和一般人不一样。只要看到对方有难、对方遭罪，他都会挺身而出。凡是像太监王振一样的歹人，他从不惧怕，从不苟且自安，哪怕在皇上面前，他也从来都不卑不亢，泰然处之。

四是亦失哈的遭遇，也和一般人不一样。他虽然是一个孤儿，但他的家族在北方民族的历史中是显赫无比的。他们的造船业，源于祖上的功德。金代阿骨打时期，他的祖上就是赫赫有名的船舶博吉烈（女真语：执掌官）。而金被元朝灭亡后，亦失哈祖上沦为可怜的囚徒，因他们造船闻名，元朝视其为"至宝"，代代关押，直到妥懽帖睦尔时，他的生父才得到了紫霞真人的相救。亦失哈降生时，父母双亡，一没享受母爱，二没受到祖亲，只是童年时，认识了同在襁褓中的一个女婴雅克娜。后来，俩人成丁懂得了情爱，却瞬间又被严峻的宫刑碾碎了情感。

上述这些内容，是《萨哈连船王》没有谈及和涉猎的。《亦失哈秘传》依据富察氏家族在 20 世纪 30 年代的传讲，主要内容是亦失哈坎坷史，有自己的一套"书路子"。这些在谷老的一再启发和鼓励下，做了深入的梳理和综合。2015 年，我与弟子安紫波在《萨哈连船王》的基础上，做了进一步的充实，才形成了本部《亦失哈秘传》。

※※※

在这部《亦失哈秘传》中，讲述了元明以来的北疆造船行业的艰难历史。通过故事里塑造的上自皇帝、皇后，下至大臣、太监以及各类形形色色的不同民族、不同技能的男女老少等，一个个鲜活的人物，生动地记载和揭示了明成祖朱棣开拓北疆，创建辽东卫所和奴儿干都司等功绩，并选贤任能，调动女真人造船后裔亦失哈为钦命御前太监数次北巡，筑固了北方疆域，使各部族一心归明向汉的丰功伟业。

我们通过上述采集的众多细节，重新丰富和充实了亦失哈的典型形象，其情节新颖奇特，曲折感人，富有极强的故事性和启示性、感召力，使亦失哈变得更加有血有肉、高大感人，真正塑造出典型环境下的典型人物，不陷入一般化、概念化，而且可以让读者听到昔日北方民族民众内心的真正的情感的脉搏跳动。

2018 年 10 月 30 日

后 记

安紫波

说起整理《亦失哈秘传》这部书，看似是一个偶然，其实也是一个必然。2018年年初以来，我通过微信与时任吉林市委常委、宣传部部长陈强多次汇报个人思想，还特意撰写了《个人特长如何更好服务于宣传工作进行创造性转化和创新性发展的几点想法》一文，让陈强部长逐步了解了我自2004年从部队转业考入市委宣传部后，近15年来的工作和学习情况，以及在市委宣传部工作期间还先后拜单田芳先生和富育光先生为师，并利用业余时间抓紧学艺和传承满族说部的过程。6月的一天，陈强部长抽时间让我到他办公室详谈。陈强部长开门见山地对我说：我在船营区（时任区委书记）时，就听说过你，你工作之外做的这些事都是宣传家乡、弘扬正能量的好事，我完全支持你，你需要什么，就直接说。

我说：我需要时间。我的大师父单田芳先生已经84岁了，二师父富育光先生86岁了，他们身体都不怎么好。他们满肚子的"宝贝"，有些必须是师徒间口传心授的，如果我这入室弟子不抓紧时间去传承下来、去整理他们肚子里的那些"宝贝"，那么，随着先生们终有一天的离去，那些国宝级的"宝贝"都会被带走，那些国家级的文化瑰宝将会失传和断裂。到时再来抢救就来不及了。另外，吉林省国家级非物质文化遗产满族说部项目里有许多内容都是宣传吉林历史的，比如已整理出来的《松水凤楼传》《雪山罕王传》等，但还有未整理的昔日吉林乌拉部格格历史的《阿巴亥小传》等，这些都是讲述吉林松花江流域文化的民间口述史。

陈部长听后深有感触地说，满族说部，我是了解的。我在船营区当书记主建吉林水师营博物馆时，找了许多人都没有把吉林明代古船厂文化搞清楚……

师父富育光先生曾与我交流过吉林明代古船厂的事，富先生在20世纪80年代和2000年，就曾两次专门做过吉林明代船厂的调查，取得了许多有价值的原始资料，其中就有许多关于亦失哈数次北巡的故事。所以这部书也在我们师徒二人后续"乌勒本"整理过程计划之中。于是，我就对部长说：吉林明代古船厂文化的整理，我和富育光先生能完成此事。因为明朝太监亦失哈在吉林市造船以及他北巡奴儿干的事，历史上记录了他十次北巡奴儿干，在满族说部"乌勒本"中记录了其中八次，所以，我们可以完成这件事。

陈强部长说：要是这样的话，我不但可以给你充足的时间，而且还可以给你提供后续工作上充足的资金支持，你就抓紧干吧。

我激动地给陈强部长鞠了一躬，陈强部长也有力地握了一下我的手，并把我送出门外。我出门后就把这个好消息告诉了富育光先生。富先生比我还激动，让我无论如何都要谢谢陈部长的理解与支持，并说：明天，咱们就开始！

我笔记上清楚地记录着2018年6月4日，是我与师父富育光先生开始系统整理《亦失哈秘传》的第一天。有了希望，自然就有了无限的动力。每周两三次，我都在吉林与长春这两座城市之间穿梭。富先生每次口述完一段内容，我马上回家仔细地整理录音，遇到哪些不清楚、不连贯的地方，我就通过发电子邮件请教富先生。有些地方，富先生就让我查阅史料。富先生告诉我：做学问必须要严谨，我们必须要对历史负责。我曾经做过"满族传统说部——萨哈连老船王（萨哈连萨克达扎呼台罕）"手写记录本，你拿去认真学习，这（手稿）里有许多事是不能变的，比如《船经》三诵、造船、修船的技艺流程等。你在整理时要千万注意。另外，他让我主要参阅东北史专家李健才先生的有关阿什哈达和整个松花江、黑龙江流

后　记

域的历史资料。富先生说：我和李健才先生很熟，也曾经就东北史方面有过深入的探讨和交流。关于明史上记载的辽东两名大将"马云、叶旺"，而在满族说部中却是"马云、康旺"，因为李健才曾经参阅过伪满时期日本人存的一些老档案，在老档案中他看到过"马云、康旺"的记载，所以，在本套书中沿用"康旺"一名。在明代奴儿干永宁寺碑汉字碑铭中，我主要摘要了傅朗云先生对其的补释。在朱伯西说唱满族"乌勒本"的过程中，可能只会对《永宁寺记》和《重建永宁寺记》进行简单的讲述，但是为了文本的完整性和全面性，特做了全文的摘录。这也是满族"乌勒本"文本与说唱的差异所在吧。

为了整理好《亦失哈秘传》，更是为了对得起和可报陈强部长对自己的这份信任与支持，我与富先生历时半年多的时间，在自己身体都要接近透支的情况下，眼看就要结稿的关键时刻，突然，陈强部长调任四平。这个消息对于我与富先生所共同努力的《亦失哈秘传》这部书来讲，算是一件不小的损失。富先生问我怎么办，我说："没了出版上的资金支持，我和家人商量了，咱们自己掏腰包，花钱自己出版。"随后，我和富先生的努力仍没有松劲，在结稿后一而再再而三地进行认真的修改和校对。

有道是"山穷水复疑无路，柳暗花明又一村"。就在我和富先生在对《亦失哈秘传》校对、修改阶段，（北京）学苑出版社的领导向我们师徒二人伸出了橄榄枝，洪文雄副社长和刘涟老师还专程来长春拜见富育光先生，并积极筹划我们师徒二人后续满族传统说部"乌勒本"丛书的出版事宜。富先生考虑到自己身体的原因，也是为了稳妥起见，我们师徒二人拟订了一个小的计划，第一步先整理《群芳谱》《亦失哈秘传》等五部，而后，再稳步推进。新的希望和新的机遇又来了，我们师徒二人重抖精神又投入到了满族说部"乌勒本"的整理之中。

这期间，富先生还专门派我两次赴黑龙江省黑河市进行实地调查。后来，为了校准亦失哈北巡奴儿干的路线图，富先生又把自己在田野调查中，想尽一切办法收集来的一些20世纪六七十年代的老地图让我逐一识别。因为我当过部队的作战参谋，所以，相对于一般人来说，在识图、用图上算是一个专业级水平了。我认真观察老地图上东北的每一个水系信息，发现辽河水系虽然相对独立，囊括了辽宁大部和吉林南部以及河北北部与内蒙古一小部分而后直接汇入渤海湾，但东辽河与松花河距离却如此之近。如果让我穿越到明代选择在北方建一座海港的话，我会首先考虑辽河入海口的一个适当位置。因为按照明代的生产力水平条件，人们在选择长途运输方式时通常首选是江河水路运输的。那么，在吉林船厂运输造船原木到渤海湾必然首选辽河水路运输。另外，我去辽宁省营口市演出过几次，也了解一点营口港的历史，1858年《天津条约》时，营口港就以"牛庄"之称开埠。同时，我听说它是一个具有上千年历史的古港，史料上也清晰地记载着它是清朝历史上最北方的，也是最早的一个深水港和对外开放的港口，绝对早于大连的旅顺港和现代的锦州港。富先生听到我读图体会后，也非常高兴，说：牛庄这个名字，我在听老人们讲说部时就听说过，但是我在地图上始终没有找到它，再加上自己腿脚行动也不便，也没有实地调查它到底在哪里，咱们搞民俗学必须要严谨、要较真，你有时间到营口替我好好调查调查，咱们说讲《亦失哈秘传》必须要遵循历史。

于是，我遵照富先生之命，在赴辽宁省鞍山市一次演出的同时，专程又赶到了营口，在与（评书门）师叔陈洁先生的提前沟通下，由营口近代史学者刘永春先生陪同我对整个营口港的四个场址和营口现在正在运行的渡口进行了实地走访，而后，刘永春先生又把营口港2000多年的历史古港的发展演变史给我做了详细介绍，特别是北方交通史，刘永春先生非常熟悉，还给我提供了许多有价值的历史资料，让我受益匪浅。自营口回来后，我直接就赶到富先生家，把此次调查情况进行了详细的汇报。富先生看到我带回的这些史料后，非常激动，说：紫波，你这次去营口实地调查很有价值，我们必须要以史为脉、以史为根，这样，我们的满族说部就找到

后　记

魂了。

　　有道是：井淘三遍出好水，人从三师武艺高。对于一部作品也是如此。在《亦失哈秘传》的后期校对时，我专门请了江城日报社第一审读朱杰瑛老师。她在身体不适的情况下，仍然爽快地答应了此事，经常在半夜对本部书稿进行认真校对，并提出了自己的意见，让我内心对她也是格外地敬重。我特别感谢的，还有曹保明老师。他在我整理这本书的过程中，多次给予我无私的支持与鼓励，让我放开手脚去做。同时，他在我的工作上，想尽一切办法，给我创造机会，更好地去传承满族说部。我感恩的人很多，我的家人，我的单位领导同事，我更感恩这个伟大的新时代，虽然满族传统说部的传承之路很难走，但是有了这么多领导和先生的支持与厚爱，只要自己内心永远充满积极向上的激情与斗志，总会有一个美好的前程与结果。

　　坚持，就是胜利！

2019 年 5 月 12 日于吉林市

富育光自述小传

富育光，满族，癸酉（1933年）闰五月初四日生，黑龙江省瑷珲县（今黑龙江黑河瑷珲区）人。自幼父母克严训诲，养成勤奋好学的习惯，分秒不肯少怠，屡试必夺魁乃安。

1939—1942年在父亲任教的孙吴县四季屯小学读书。1943年赴大五家子村姑母家升高小，半载后家父因师资难遂己愿，决意让我转学到孙吴县立高小，1946年冬在孙吴县高小读书毕业。1947年春，孙吴县政府奖励品学优异者，于是被保送至黑河中学寄宿就读，1949年结业。因慈母病逝、家境困难，无力升入高中，幸李瑛校长抚慰，暂在黑河完小任教。1950年被县教育局选拔进省齐齐哈尔师专学校进修，次年秋结业，至黑河中学任教员。1954年考入东北人民大学（今吉林大学）中文系，1958年毕业。

大学毕业后，分配到中国社会科学院吉林省分院文学研究所工作。1959年秋到吉林省委《奋进》杂志社任编辑，1962年到《吉林日报》社任编辑和记者。"文革"将过之时，吉林省社会科学院急需通晓满语言和民俗专业的人才，被时任院长佟冬力争要到省社会科学院，在新创建的东北民族文化研究室任主任，以抢救、挖掘、整理和调查以满族为主的东北诸民族文化遗产为研究方向。1980年春至1983年春，于中国社会科学院少数民族文学研究所进修，学习中国民间文艺理论。1988年，吉林省民委拟成立吉林省民族研究所，为筹备工作小组成员。1989年吉林省民族研究所正式成立，兼任吉林省民族研究所党支部书记。

1993年退休，退休以来，笔耕不辍，始终继续从事中国满族等北方诸民族文化抢救、挖掘、整理、翻译与研究工作。主持和参与了国家"八五""九五""十五"萨满文化科研课题和满族东海史诗《乌布西奔妈妈》的整理工作。受省、市、县与大专院校等多部门聘任，为顾问、导师、客座教授，为研究生授课。先后任吉林省民族宗教研究中心（原吉林省民族研究所）研究员、长春师范学院萨满文化研究所名誉所长、吉林省民俗学会名誉理事长、中国民间文艺家协会长春师范学院萨满文化研究中心名誉主任、吉林省文史馆馆员。

研究方向为人类文化学，是北方民族文化研究的学术带头人，是吉林省出类拔萃的文化人类学家、国内率先对萨满文化与满族说部进行研究的学者。1990年秋完成开山之作《萨满教与神话》，首例披露了鲜为人知的暗藏于民间底层的萨满以中草药和喷酒术医治疑难杂症，首例披露了萨满是氏族生存安宁和社会和谐的勤恳操持者和民众信赖之师，披露了各族萨满神谕中千载绝唱的创世神话与原始卜筮。当时，社会上长期将民间萨满现象视为封建"迷信之尤"，萨满研究处于禁锢状态。该书的问世，令人耳目一新，备受多学科社会学界的关注。之后，又相继出版专著七部；主编及参编著作19部；本人口述或整理三批共21部满族说部；在《中国社会科学报》《吉林日报》《社科战线》《东北史地》《黑龙江民族丛刊》等发表学术论文80余篇。承担国家社科基金科题两项，省部级科研项目十余项，荣获国家与省部级科研奖励五项。多年来，积极组织东北诸民族萨满文化遗存保护工作，包括专题资料片的文稿撰写、整理、翻译等，做民俗指导及参与摄制的录像片有15部。是有一定影响的国家级非物质文化遗产满族说部传承人，文化部授予"非物质文化遗产保护"工作先进个人称号。

（2020年2月5日，富育光先生逝世）

安紫波自述小传

甲寅出生,自幼尚武,舞象从戎十二载,数次竞技勇夺魁。立功保送军校,基层破格提职,赴京砺剑塞北,主席检阅献礼。转战参谋岗位,纵横白山黑水,铁蹄尘烟遍地,试问男儿多意气,父逝家故萌退役。

甲申之年,戎转从文,青灯作伴十六载,渐品文中淡墨香。工作琐事入手,力求至简尽意,处处留心多记,数年积累成文。静观政经两势,更应扬鞭奋蹄,下派民企锻炼,带薪离岗创业,跋山涉水求真谛,感叹青少未努力。

庚寅冬月,天付良缘,叩拜大师单田芳,方知评书难作艺。赴京家中学艺,形似蹒跚学步,恩师不厌其烦,倾授本门真语。历经三载勤学,方得百中无一,沈阳举办专场,黔桂黑辽献艺,拙嘴卫视说往事,笨舌电波话传奇。

乙未玄月,再结师缘,富察神龛九叩首,传颂神前乌勒本。口传心授家史,愚徒拙笔记忆,四载风雨无误,采集书目五部。故地黑河踏查,漠河祠堂寻遗,祭祖观星游学,问道山川星宇,锤炼天赐金子嘴,爱族爱国续佳绩。

图书在版编目（CIP）数据

亦失哈秘传 / 富育光口述、绘画；安紫波记录、整理 . -- 北京：学苑出版社，2020.7

（三足乌文库 . 富育光口述满族说部"乌勒本"系列）

ISBN 978-7-5077-5961-7

Ⅰ.①亦… Ⅱ.①富… ②安… Ⅲ.①中国－古代史－明代－通俗读物 Ⅳ.① K248.09

中国版本图书馆 CIP 数据核字 (2020) 第 132405 号

责 任 编 辑	洪文雄　杨　雷
编　　　辑	张敏娜
出 版 发 行	学苑出版社
社　　　址	北京市丰台区南方庄 2 号院 1 号楼
邮 政 编 码	100079
网　　　址	www.book001.com
电 子 邮 箱	xueyuanpress@163.com
联 系 电 话	010-67601101（营销部）、010-67603091（总编室）
经　　　销	全国新华书店
印　刷　厂	北京建宏印刷有限公司
开 本 尺 寸	787×1092　1/16
印　　　张	39.75
字　　　数	607 千字
版　　　次	2020 年 7 月第 1 版
印　　　次	2020 年 7 月第 1 次印刷
定　　　价	360.00 元（上下册）